Carl-Christian Freidank/Elmar Mayer (Hrsg.)

Controlling-Konzepte

Carl-Christian Freidank/Elmar Mayer
(Hrsg.)

# Controlling-Konzepte

Neue Strategien und Werkzeuge
für die Unternehmenspraxis

Mit einem Geleitwort von Albrecht Deyhle

6., vollständig überarbeitete
und erweiterte Auflage

Bibliografische Information Der Deutschen Bibliothek
Die Deutsche Bibliothek verzeichnet diese Publikation in der Deutschen Nationalbibliografie;
detaillierte bibliografische Daten sind im Internet über <http://dnb.ddb.de> abrufbar.

**Prof. Dr. Carl-Christian Freidank** ist Inhaber des Lehrstuhls für Revisions- und Treuhandwesen der Universität Hamburg.

**Prof. Dr. Elmar Mayer** (entpfl.) lehrte Betriebswirtschaftslehre, insbesondere Controlling und Rechnungswesen an der University of Applied Sciences Cologne (FH Köln).

Schriftleitung:
**Dipl.-Kfm. Ziad Bakhaya**, Universität Hamburg.

Mit freundlicher Unterstützung von

1. Auflage 1986   Herausgeber: Professor Dr. Elmar Mayer
2. Auflage 1987   Herausgeber: Professor Dr. Elmar Mayer
3. Auflage 1993   Herausgeber: Professor Dr. Elmar Mayer
4., vollständig überarbeitete und erweiterte Auflage Dezember 1998
            Herausgeber: Professor Dr. Elmar Mayer,
                    Professor Dr. Konrad Liessmann,
                    Professor Dr. Carl-Christian Freidank
5., vollständig überarbeitete und erweiterte Auflage Mai 2001
            Herausgeber: Professor Dr. Carl-Christian Freidank,
                    Professor Dr. Elmar Mayer
6., vollständig überarbeitete und erweiterte Auflage September 2003
            Herausgeber: Professor Dr. Carl-Christian Freidank,
                    Professor Dr. Elmar Mayer

Alle Rechte vorbehalten
© Betriebswirtschaftlicher Verlag Dr. Th. Gabler/GWV Fachverlage GmbH, Wiesbaden 2003

Lektorat: Jutta Hauser-Fahr / Annegret Eckert

Der Gabler Verlag ist ein Unternehmen der Fachverlagsgruppe BertelsmannSpringer.
www.gabler.de

 Das Werk einschließlich aller seiner Teile ist urheberrechtlich geschützt. Jede Verwertung außerhalb der engen Grenzen des Urheberrechtsgesetzes ist ohne Zustimmung des Verlags unzulässig und strafbar. Das gilt insbesondere für Vervielfältigungen, Übersetzungen, Mikroverfilmungen und die Einspeicherung und Verarbeitung in elektronischen Systemen.

Die Wiedergabe von Gebrauchsnamen, Handelsnamen, Warenbezeichnungen usw. in diesem Werk berechtigt auch ohne besondere Kennzeichnung nicht zu der Annahme, dass solche Namen im Sinne der Warenzeichen- und Markenschutz-Gesetzgebung als frei zu betrachten wären und daher von jedermann benutzt werden dürften.

Umschlaggestaltung: Ulrike Weigel, www.CorporateDesignGroup.de
Druck und buchbinderische Verarbeitung: Lengericher Handelsdruckerei, Lengerich
Gedruckt auf säurefreiem und chlorfrei gebleichtem Papier
Printed in Germany

ISBN 3-409-63004-X

# Geleitwort

Heute – zu Beginn des 21. Jahrhunderts – hat sich aus vielen erst urschleimartigen Ansätzen herausgeklärt, worin Sinngebung und Aufgabenstellung des Controllerdienstes besteht. Auch das Wort Controller sowie das Prozesswort Controlling stehen heute im Duden; und zwar nicht im Fremdwörterduden, sondern regulär im Wörterbuch der deutschen Sprache. Wer in seinem Computer beim Wordprogramm etwa die neue Rechtschreibung hinterlegt hat, findet unter den Worten Controller und Controlling keine rote Schlangenlinie mehr. Die Wörter sind zum Bestandteil der deutschen Sprache geworden.

Mit Hilfe der Controller Akademie in Gauting/München als Mitglied der IGC – International Group of Controlling – wurde Ende 1996 folgendes Controller-Leitbild beschlossen:

*Controller leisten begleitenden betriebswirtschaftlichen Service für das Management zur zielorientierten Planung und Steuerung.*

Das heißt:

- Controller sorgen für Ergebnis-, Finanz-, Prozess- und Strategietransparenz und tragen somit zu höherer Wirtschaftlichkeit bei.

- Controller koordinieren Teilziele und Teilpläne ganzheitlich und organisieren unternehmensübergreifend zukunftsorientiertes Berichtswesen.

- Controller moderieren den Controlling-Prozess so, dass jeder Entscheidungsträger zielorientiert handeln kann.

- Controller sichern die dazu erforderliche Daten- und Informationsversorgung.

- Controller gestalten und pflegen die Controllingsysteme.

*Controller sind interne betriebswirtschaftliche Berater aller Entscheidungsträger und wirken als Navigator zur Zielerreichung.*

Der kursiv gesetzte Text obenrüber kennzeichnet die Controller-Aufgabe eher mit der fachlichen Dominanz. Der untere, kursiv geschriebene Text betrifft Controller's Rolle. In der Rollenumschreibung haben wir uns der Gleichnisse bedient des internen betriebswirtschaftlichen Beraters auch mit der Legitimation zur ungefragten Beratung sowie die Navigatorrolle bei der Steuerung zur Zielerreichung hin. Das ist im Kern die Kompetenz für das Controllingberichtswesen im Sinne von Behilflichkeit einbringen, wie es weitergehen soll. Also Ziel für eine Periode wie zum Beispiel ein Jahr, Iststand innerhalb des Jahres und Erwartungsrechnung/Vorschaubericht, wie es weitergeht im year to go.

Das Wort Controller ist im Plural formuliert, um offenzuhalten, ob eine Kollegin oder ein Kollege zum Controller's Service antritt. Die ersten drei der fünf Punkte betreffen die Beratungsrolle. Da empfehlen wir sehr dieses „sorgen für" – und zwar für die

Transparenz im ganzheitlichen Sinn. Man muss es einsehen können; man muss im Bild oder im Bildschirm sein. Voraussetzung dafür ist, dass man es aufschreibt bzw. hereintippt. Natürlich gibt es dann auch sichtbare Abweichungen. Aus Abweichungen heraus ist zu organisieren das zukunftsorientierte Berichtswesen. Und ganz anspruchsvoll ist die Rolle des Moderierens des Controllingprozesses so, dass jeder Entscheidungsträger zielorientiert handeln kann. Die letzten beiden Punkte sind dann mehr das Informationsmanagement – also die Datenversorgung in einem Data Warehouse; in einem Portal für die verschiedenen Funktionen, und dann eben das gezielte Herausholen der Daten als Information zur Entscheidungsbegründung.

In der weiterführenden Diskussion um das Leitbild entstand auch die Frage, ob die Formulierung des „internen" Beraters dauerhaft so stehen bleiben soll. Vielfach haben ja auch zum Beispiel Finanzanalysten sich angewöhnt, bei ihren Fragen zur Empfehlung bestimmter Aktienanlagen sich an die Controller zu wenden. Und diese Zielgruppe hält sich nicht an unsere Berichtstermine in der Controllerarbeit, sondern kann mit Fragen kommen praktisch jeden Tag oder zu jeder Stunde.

Gelegentlich wird das Wort „begleitend" als zu weich empfunden. Im Wort begleiten steckt aber drin das Wort „leiten". Gutes Begleiten ist ganz schön auch Leiten. Wer schreibt, der führt. Wenn ein Controller sich erkundigt in einem Gremium, was er bitte nun schreiben darf im Sinne von umzusetzenden Maßnahmen, so steht man da zwar in Demut und bereit zu dienen und verlangt in Wirklichkeit, dass jetzt etwas entschieden werden muss.

Dass aus den Anfängen der Controllerentwicklung in den 60er und 70er Jahren des letzten Jahrhunderts etwas geworden ist, ist wesentlich auch zu verdanken Herrn *Prof. Dr. Elmar Mayer* an der *Fachhochschule Köln* mit seiner Gründung der *AWW – Arbeitsgemeinschaft*, aus der viele Ideen, Anregungen, Impulse und Beiträge zu State of the Art gekommen sind; zum Beispiel auch dokumentiert in diesem Buch der Controllingkonzepte, dem weiterhin viel Erfolg zu wünschen ist.

Wörthsee-Etterschlag im September 2003

Dr. Albrecht Deyhle
Vorsitzender des Aufsichtsrats der Controller Akademie AG, Gauting/München
Herausgeber des Controller Magazin (jetzt im 28. Jahrgang)

# Vorwort der Herausgeber

Nachdem die 5. Auflage der „Controlling-Konzepte" innerhalb eines Jahres fast vollständig vergriffen war, haben sich die Herausgeber sofort entschieden, den erfolgreichen Sammelband nach Maßgabe der zwischenzeitlich im Controlling eingetretenen Entwicklungen zu überarbeiten. So wurden bereits zum Controllingstandard gehörende Beiträge durch neue, teilweise noch nicht abschließend geklärte Themen ersetzt und bewährte Abhandlungen, die im Zentrum der Controllingdiskussion nach wie vor einen hohen Stellenwert besitzen, grundlegend aktualisiert. Im Ergebnis enthalten die vier Teile der im Vergleich zur 5. Auflage erweiterten Schrift siebzehn vollständig neue Einzelbeiträge und fünf überarbeitete Aufsätze, die einen gezielten Einblick in wichtige Fragestellungen aktueller Controlling-Konzepte geben (z.B. wert- und kennzahlenorientiertes Controlling, strategisches Erfolgs-Controlling, Netzwerk-Controlling, IT-gestütztes Controlling, Controlling in Professional-Service-Betrieben, prozessbezogenes Controlling, Risiko-Controlling, Controlling und Basel II, internationales Bilanz-Controlling und Marketing-Controlling).

Hierbei erschöpft sich der Inhalt des Sammelbandes nicht in einer ausschließlich theoretischen Reformanalyse neuer Strategien und Instrumente zur Unternehmenssteuerung. Vielmehr bezieht sich die Mehrzahl der Beiträge auf spezifische Sektoren, aktuelle Probleme und Neuerungen des Controlling, denen in der betriebswirtschaftlichen Praxis zentrale Bedeutung zukommt und die noch nicht ausdiskutiert sind. So wurde u.a. wiederum Vertretern aus Unternehmen Gelegenheit gegeben, bereits in der Praxis eingeführte Controllingkonzepte zu präsentieren. Aufgrund der Synthese von theoretischer Fundierung und zielgerichteter Umsetzung bedeutender Strategien und Werkzeuge des Controlling spricht die Schrift nicht nur Führungskräfte aus den Bereichen Controlling, Interner Revision, Rechnungswesen und Finanzen sowie Unternehmens-, Steuerberater und Wirtschaftsprüfer an, sondern richtet sich auch an Studenten und Dozenten der Wirtschaftswissenschaften an Universitäten, Fachhochschulen, Berufsakademien sowie Verwaltungs- und Wirtschaftsakademien.

Im ersten Teil des Buches werden Controllingstrategien behandelt, die für eine erfolgreiche Unternehmenssteuerung herausragende Bedeutung besitzen. Zunächst gibt *Thomas Reichmann* in seinem Beitrag einen systematischen Überblick über die Aufbau- und Ablauforganisation des Controlling, wobei er die Balanced Scorecard, das Risikomanagement sowie das Balanced Chance and Risk Management als bedeutende Controllinginstrumente beleuchtet. Anschließend legt *Martin Hauser* die entscheidenden Ansatzpunkte für ein wertorientiertes Controlling dar. Nachfolgend entwickelt *Elmar Mayer* aus konzeptioneller, funktioneller und instrumenteller Sicht unter Berücksichtigung strategischer und operativer Regelkreise ein in sich geschlossenes Controlling-Leitbild, wobei er auch auf neuere Kerntechnologien eingeht, die das moderne Controlling bereits maßgebend geprägt haben. Sodann arbeitet *Konrad Liessmann* vor dem Hintergrund der wertorientierten Unternehmensführung betriebswirtschaftliche Strukturen für die Implementierung eines strategischen Kosten-Controlling heraus. Unter Rückgriff auf den Shareholder-Value-Ansatz verdeutlicht *Ernst F. Schröder* im Folgenden anhand repräsentativer Beispiele aus der Unternehmenspraxis das Konzept des wertorientierten Controlling. Im weiteren stellt *Stefan Maus* in einem Beitrag auf hoher Abstraktionsebene die theoretischen Grundlagen für den Aufbau und Einsatz einer strategieorientierten Kostenrechnung vor. *Péter Horváth* zeigt zum Abschluss des ersten Teils, an welche Punkte ein netzwerkorientiertes Controlling aus konzeptioneller Sicht anknüpfen sollte.

Der zweite Teil des Buches beschäftigt sich mit der Anwendung neuerer Controlling-Werkzeuge in der Unternehmenspraxis. Die Beiträge von *Hans-Joachim Dinter/Marco Swoboda, Dieter Truxius* sowie von *Thomas Hoffmann/Dirk Suwelack* legen aus unterschiedlichen Blickrichtungen die Umsetzung des wertorientierten Controlling in deutschen Großunternehmen dar (*Henkel-, Heraeus-* und *Bayer-Konzern*). *Andreas Gadatsch* stellt anschließend Konzepte für ein Arbeitsplatzmanagement zum Zwecke der Integration von IT-gestützten Controllingwerkzeugen in die Aufbau- und Ablauforganisation des Unternehmens vor. Der Artikel von *Peter Sinn* vermittelt sodann einen Überblick über die Möglichkeiten der Web-basierten Unternehmenssteuerung im Mittelstand. Der nachfolgende Aufsatz von *Jobst Freiherr von Oldershausen* gibt schließlich die Ergebnisse einer jüngst durchgeführten empirischen Studie über die Eignung aktueller Softwareprodukte für Einsätze im Controlling wieder.

Der Inhalt des dritten Teils bezieht sich auf ausgewählte Werkzeuge des Controllerdienstes, die in jüngster Zeit im Zentrum der Diskussion über seine Nutzenoptimierung standen. Der Beitrag von *Klaus Palme* analysiert zunächst Einsatzmöglichkeiten des E-Commerce im Rahmen des strategischen und operativen Controlling. Mit einem Spezialproblem des branchenbezogenen Controlling setzt sich anschließend *Burkhard Wiemers* auseinander, der Anknüpfungen für die Implementierung eines prozessgetriebenen Controlling in Revisionsunternehmen aufzeigt. *Utz Schäffer* beleuchtet sodann die Balanced Scorecard als bedeutendes Steuerungsinstrument des Performance Measurement, das gegenwärtig in der Unternehmenspraxis erfolgreich zum Einsatz kommt. Die Ausführungen von *Matthias Sure* verdeutlichen den Stellenwert einer prozessorientierten Kostenrechnung zum Zwecke der Anpassung an Beschäftigungsschwankungen und Marktveränderungen. *Sven Fischbach* legt in seinem hochaktuellen Beitrag grundlegend dar, wie Mittel der Frühaufklärung sich im Rahmen des Risiko-Controlling zur Krisenbewältigung nutzen lassen. Vor diesem Hintergrund zeigen *Laurenz Lachnit* und *Stefan Müller* die konkreten Zusammenhänge zwischen Risiko sowie Erfolgs-, Bilanz- und Erfolgskalkülen auf und verdeutlichen darüber hinaus die erforderlichen Strukturen eines risikoorientierten Controlling-Werkzeugkastens.

Der vierte und letzte Teil des Sammelbandes gibt einen Ausblick auf wichtige Entwicklungen im Controlling. Die Herausgeber haben sich entschieden, an dieser Stelle Einflüsse von Basel II, der Internationalisierung der Rechnungslegung und des Marketing auf die Konzepte des Controlling zu analysieren. Während *Karsten Paetzmann* Grundsätze eines transparenzschaffenden Controlling mit Blick auf bankinterne Ratings entwickelt, stellen *Carl-Christian Freidank* und *Christian Reibis* IT-gestützte Entscheidungsmodelle im Bilanz-Controlling vor, mit deren Hilfe sich auf simultanem Wege unter Rückgriff auf internationale Rechnungslegungsstandards (IAS/IFRS) der Jahresabschluss deutscher Kapitalgesellschaften im Sinne der verfolgten Unternehmensziele gestalten lässt. Abschließend legt *Monika Palloks-Kahlen* dar, wie durch den strukturellen Aufbau eines Kennzahlensystems die strategische und operative Steuerung im dominierenden Funktionsbereich des Marketing verbessert werden kann.

Die Herausgeber danken allen Beteiligten für ihre engagierte Mitarbeit an dem Sammelband, dessen Erstellung gut ein Jahr in Anspruch genommen hat. Zunächst gilt der Dank allen Autoren, ohne deren Bereitschaft und Geduld das Projekt nicht hätte realisiert werden können. Danken möchten die Herausgeber vor allem Herrn Dipl.-Kfm. Ziad Bakhaya für die Übernahme der Schriftleitung, der durch seinen unermüdlichen Einsatz und seine Akribie entscheidend zur Erstellung des Buches in der vorliegenden Form beigetragen hat. Ein besonderer Dank geht ebenfalls an Herrn cand. rer. pol. Richard Simm für seine intensive und zuverlässige redaktionelle Unterstützung. Frau Hermine Werner sei für ihre Umsicht bei der Vorbereitung der Druckvorlage gedankt. Danken dürfen die Herausgeber weiterhin der *Brauerei VELTINS* in 59872 Meschede-Grevenstein für die Förderung des Projektes. Last but not least gilt der Dank Frau Jutta Hauser-Fahr vom Verlag Dr. Th. Gabler GmbH in Wiesbaden für die außerordentlich gute Zusammenarbeit bei der Publikation des Sammelbandes.

Hamburg/Bergisch Gladbach im August 2003

Carl-Christian Freidank und Elmar Mayer

# Inhaltsübersicht

Verzeichnis der wichtigsten Abkürzungen     XV

## Teil I:    Controlling-Strategien

THOMAS REICHMANN
Controlling mit Kennzahlen und Managementberichten     3

MARTIN HAUSER
Ansatzpunkte für ein wertorientiertes Controlling     33

ELMAR MAYER
Leitbildcontrolling als Denk- und Steuerungskonzept in der Informations- und BIONIK-Wirtschaft     61

KONRAD LIESSMANN
Strategisches Kostencontrolling - Wettbewerbsvorteile durch effiziente Kostenstruktur     109

ERNST F. SCHRÖDER
Wertorientiertes Controlling     141

STEFAN MAUS
Zum Aufbau und Einsatz einer strategieorientierten Kostenrechnung     185

PÉTER HORVÁTH
Controlling in Netzwerken     211

## Teil II:    Controlling-Werkzeuge in der Praxis

HANS-JOACHIM DINTER/MARCO SWOBODA
Operative Performance-Messung im Shareholder-Value-Konzept von Henkel     229

DIETER TRUXIUS
Wertorientierte Kennzahlensysteme im Heraeus-Konzern — 271

THOMAS HOFFMANN/DIRK SUWELACK
Performance Projekte als Bestandteil des wertorientierten Controllings im Bayer-Konzern — 291

ANDREAS GADATSCH
Arbeitsplatzmanagement mit Hilfe IT-gestützter Controlling-Konzepte — 331

PETER SINN
Web-basierte Unternehmenssteuerung im Mittelstand — 363

JOBST FREIHERR VON OLDERSHAUSEN
Eignung aktueller Softwareprodukte für Controllingeinsätze - Ergebnisse einer empirischen Studie — 399

## Teil III: Controllerdienst und Nutzenoptimierung

KLAUS PALME
Strategisches und operatives Controlling im Rahmen des eBusiness — 423

BURKHARD WIEMERS
Prozessorientiertes Controlling und Performance Measurement in Revisionsunternehmen — 457

UTZ SCHÄFFER
Strategische Steuerung mit der Balanced Scorecard — 485

MATTHIAS SURE
Informationsvorteile einer prozessorientierten Kostenrechnung — 519

SVEN FISCHBACH
Kriseninformation als Controlling-Aufgabe — 539

LAURENZ LACHNIT/STEFAN MÜLLER
Integrierte Erfolgs-, Bilanz- und Finanzrechnung als Instrument des Risikocontrolling 563

## Teil IV: Controlling Ausblick

KARSTEN PAETZMANN
Grundsätze eines transparenzschaffenden Controlling mit Blick auf bankinterne Ratings 589

CARL-CHRISTIAN FREIDANK/CHRISTIAN REIBIS
IT-gestützte Rechnungslegungspolitik auf internationaler Basis 621

MONIKA PALLOKS-KAHLEN
Kennzahlengestütztes Marketing-Controlling 671

Autorenverzeichnis 703

Stichwortverzeichnis 719

# Verzeichnis der wichtigsten Abkürzungen

| | |
|---|---|
| € | Euro |
| $ | Dollar |
| & | und |
| Δ | Delta, Veränderungszeichen |
| § | Paragraph |
| A | Entwicklungsausgaben, Amortisation |
| a. | aus |
| a.A. | anderer Auffassung |
| A.d.V. | Anmerkung des(r) Verfasser(in) |
| a.E. | alter Entwurf |
| a.F. | alte Fassung |
| a.L. | am Lech |
| a.M. | am Main |
| A.S.I.E.G.E. | Association Suisse pour l'Intégration de l'Ecologie dans la Gestion d'Entreprises (Firmenname) |
| ABAP/4 | SAP R/3 zugrundeliegende Programmiersprache |
| ABB | ASEA Brown Boveri (Firmenname) |
| ABC | Activity-Based Costing |
| abs. | absolut |
| ACCC | Australian Casemix Clinical Committee |
| ACSII | American Standard Code Of Information And Interchange |
| AfA | Absetzungen für Abnutzung |
| AFIX | Ausschüttungsfixierung (Programme) |
| AG | Aktiengesellschaft, Ausgleichsposten |
| AG EK | Ausgleichsposten für Eigenkapital |
| AG FK | Ausgleichsposten für Fremdkapital |
| akkum. | akkumuliert |
| AktG | Aktiengesetz |
| AM | Modul Asset Management / Anlagenbuchhaltung von SAP R/3 |
| AMAX | Ausschüttungsmaximierung (Programme) |
| AMIN | Ausschüttungsminimierung (Programme) |
| AN | Australian National |
| Anm. | Anmerkung |
| ANSI | American National Standards Institute |
| AOL | America Online |
| API | Application Programming Interface |
| APR | All Patient Refined |
| Apr | April |

| | |
|---|---|
| APS | (IT-)Arbeitsplatz |
| AR | Australian Refined |
| AR-DRGs | Australian Refined Diagnosis Related Groups |
| Ariba | Hersteller von Standardsoftware für die Erstellung von Portalen |
| ASAP | Accelerated SAP: Werkzeuggestütztes Vorgehensmodell |
| ASCII | American Standard Code for Information Interchange |
| ASP | Application Service Providing |
| Aug | August |
| Ausw. | Auswertung |
| AV | Anlagevermögen |
| AWW | Arbeitsgemeinschaft Wirtschaftswissenschaft und Wirtschaftspraxis im Controlling und Rechnungswesen |
| | |
| B.A.Y. | Unternehmen (potenzieller Käufer) |
| B2B | Business-To-Business |
| B2C | Business-To-Consumer |
| B2E | Business-To-Employee |
| Baan | Hersteller betriebswirtschaftlicher Standardsoftware |
| BAB | Betriebsabrechnungsbogen |
| BAKred | Bundesaufsichtsamt für das Kreditwesen |
| Bäurer | Hersteller betriebswirtschaftlicher Standardsoftware |
| B-C | Beschaffungs-Controlling |
| BCF | Brutto-Cash-Flow |
| BCR | Balanced Chance and Risk |
| Bd. | Band |
| BDE | Betriebsdatenerfassung |
| BE | Break-Even |
| Ber. | Bericht |
| bet. | betriebliche(r) |
| betriebl. | betriebliche(r) |
| Bez. | Beziehungen |
| BFC | Brutto Cash Flow |
| BFuP | Betriebswirtschaftliche Forschung und Praxis (Zeitschrift) |
| BG | Business Group |
| BGBl. | Bundesgesetzblatt |
| BGR | Business Group Repräsentatives |
| BIB | Brutto-Investitionsbasis |
| BIONIK | Biologie und Elektronik |
| BIT | Business Intelligence Tools |
| BME | Bundesverband für Materialwirtschaft, Einkauf und Logistik |
| BME-cat | eingetragenes Warenzeichen des Bundesverbandes Materialwirtschaft, Einkauf und Logistik e.V. |

Verzeichnis der wichtigsten Abkürzungen　　　　　　　　　　　　　　　　XVII

| | |
|---|---|
| BMW | Bayerische Motorenwerke |
| BMWi. | Bundesministerium für Wirtschaft |
| Br. | Breisgau |
| Brain | Hersteller betriebswirtschaftlicher Standardsoftware |
| BRD | Bundesrepublik Deutschland |
| bsbb | Beta Seminare Bonn Berlin |
| BSC | Balanced Scorecard |
| BSP | Bruttosozialprodukt |
| bspw. | beispielsweise |
| B-to-B-Bereich | Business-To-Business-Bereich |
| BTX | Bildschirmtext |
| BVL | Bundesvereinigung Logistik |
| BWL | Betriebswirtschaftslehre |
| bzgl. | bezüglich |
| bzw. | beziehungsweise |
| | |
| C&L | Coopers and Lybrand (Wirtschaftsprüfergesellschaft) |
| c.p. | ceteris paribus/unter sonst gleichen Bedingungen |
| C2B | Consumer-To-Business |
| ca. | circa |
| CAD | Computer-Aided Design |
| CADAC | Casemix Applications And Development Advisory Committee |
| CAM | Computer Aided Manufacturing |
| cand. | Kandidat |
| CAPM | Capital Asset Pricing Model |
| CAQ | Computer Aided Quality Control |
| CB | Controlling Berater (Zeitschrift) |
| cbm | Kubikmeter |
| CC | Complications And Comorbidities |
| CCCG | Clinical Coding And Classification Group |
| CCL | Clinical Complexity Level |
| CCM | Center for Controlling and Management |
| CD | Compact Disk |
| C-DAX | Composite Deutscher Aktien-Index |
| CE | Capital Employed |
| CEO | Chief Executive Officer |
| CFO | Chief Financial Officer |
| CFROI | Cash Flow Return On Investment |
| CGI Informatik | Tochtergesellschaft der IBM Deutschland |
| CIM | Computer Integrated Manufacturing |
| CIO | Chief Information Officer |
| Client/Server | Dreistufiges Architekturkonzept Computer |

| | |
|---|---|
| CM | Controller Magazin (Zeitschrift) |
| CO | Modul Controlling von SAP R/3 |
| Co. | Compagnie |
| COBRA | Computerised Bibliographic Record Actions |
| COM | Component Object Model |
| COMECON | Council for Mutual Economic Assistance |
| COO | Chief Operating Officer |
| COSO | Committee of Sponsoring Organizations of the Treadway Commision |
| CP | Corporate Planner/Corporate Planning |
| CPS | Computer, Peripherie, Software |
| CRM | Customer-Relationship-Management |
| CSC | Client Server Computing |
| CVA | Cash Flow Value Added |
| | |
| D | Dimension |
| d. | de(r)s |
| d.h. | das heißt |
| DAX | Deutscher Aktien-Index |
| DB | Deckungsbeitrag |
| DBC | DRG-System |
| DCF | Discounted Cash-Flow |
| ders. | derselbe |
| Dez | Dezember |
| DFCF | Discounted Free Cash Flow |
| DG | Deckungsgrad |
| DIN | Deutsche Industrie Norm |
| Dipl.-Kfm. | Diplom-Kaufmann |
| Dipl.-Wirtsch.-Ing. | Diplom-Wirtschaftsingenieur |
| Diss. | Dissertation |
| DLT | Deutsche Lufttransport GmbH |
| DM | Deutsche Mark |
| DNC | Direct Numerical Control |
| DNS | Desoxyribonucleinsäure |
| DOM | Document Object Model |
| DotCOM | häufig an Internet-Adressen mit der Endung „.com" erinnernden Namen kleiner innovativer Firmen |
| Dr. | Doktor |
| DRAM | Dynamic Random Access Memory |
| DRG | Diagnosis Related Group |
| DSS | Decision Support System |

| | |
|---|---|
| Dt. | Deutscher |
| DtA | Deutsche Ausgleichsbank |
| DUB | Delta-Unterschieds-Brutto-Cash-Flow |
| Durch.Ums. | Durchschnittumsatz |
| DV | Datenverarbeitung |
| DVFA | Deutsche Vereinigung für Finanzanalyse und Anlageberatung |
| | |
| E,e | Elektronic |
| E.ON | E.ON AG (privates Stromunternehmen in Europa) |
| e.V. | eingetragener Verein |
| EBIT | Earnings Before Interest And Taxes |
| EBITA | Earnings Before Interest, Taxes And Amortization |
| EBITDA | Earnings Before Interest, Taxes, Depreciation And Amortization |
| eBusiness | Electronic Business |
| eCash | Electronic Cash |
| eCl@ss | Electronic Class, Klassifikationsstandard |
| eCommerce | Electronic Commerce |
| ED | Zieleigenkapitalquote |
| EDI | Electronic Data Interchange |
| EDV | Elektronische Datenverarbeitung |
| EFQM | European Foundation Quality Modell |
| EG | Europäische Gemeinschaft |
| EIS | Enterprise Information System |
| EK | Eigenkapital |
| em. | emeritiert |
| E-Mail | Electronic Mail |
| EMAS | Eco-Management and Audit Scheme |
| EN | Europäische Norm |
| en. | entpflichtet |
| engl. | englisch |
| entpfl. | entpflichtet |
| Entwickl. | Entwicklung |
| EPK | Ereignisgesteuerte Prozesskette |
| eProcurement | electronic Procurement |
| ERFI | Modell zur integrierten Erfolgs-, Bilanz- und Finanzlenkung |
| Ergeb. | Ergebnis |
| ERI-System | Ensure Rapid Implementation |
| ERP | Enterprise Ressource Planning |
| ESC Lyon | Ecole Supérieure de Commerce de Lyon |
| ESt | Einkommenssteuer |
| et al. | et alii (lat. für „und andere") |
| etc. | et cetera/und so weiter |

| | |
|---|---|
| ETL | Extract - Transform – Load |
| EU | Europäische Union |
| EUR | Euro |
| EVA | Economic Value Added |
| EWG | Europäische Wirtschaftsgemeinschaft |
| ext. | extern |
| EZ | Entwicklungszeit |
| | |
| F&E, FuE | Forschung und Entwicklung |
| f. | folgende Seite |
| Fa. | Firma |
| FASB | Financial Accounting Standards Board |
| FAZ | Frankfurter Allgemeine Zeitung |
| F-C | Finanz-Controlling |
| FCA | Fellow of the Institute of Chartered Accountants |
| FCF | Freier Cash-Flow, Cash-Flow-Überschüsse |
| Feb | Februar |
| FERI | Financial Economic Research International (Branchenrating) |
| ff. | fortfolgende Seiten |
| FH | Fachhochschule |
| FI | Modul Financials/Finanzen von SAP R/3 |
| Fibu | Finanzbuchhaltung |
| FIFO | First in, First out |
| FIS | Führungsinformationssysteme |
| FK | Fremdkapital |
| FN | Fussnote |
| Ftg. | Fertigung |
| FTP | File Transfer Protokoll |
| FuE | Forschung und Entwicklung |
| FWS | Frühwarnsysteme |
| | |
| G+V | Gewinn- und Verlustrechnung |
| GAAP | Generally Accepted Accounting Principles |
| GB | Geschäftsbereich |
| Geb. | Gebäude |
| Ges | Gesellschaft |
| GewStG | Gewerbesteuergesetz |
| gez. | gezeichnetes |
| GF | Geschäftsfeld |
| GfK | Gesellschaft für Konsum-, Markt- und Absatzforschung |
| ggf. | gegebenenfalls |
| GGM | Gordon Growth Model |

Verzeichnis der wichtigsten Abkürzungen    XXI

| | |
|---|---|
| GH | Gesamthochschule |
| GHM | DRG-System |
| GK | Gesamtkapital |
| GL | Geschäftsbereich Land |
| GmbH | Gesellschaft mit beschränkter Haftung |
| GoÜ | Grundsätze ordnungsmäßiger Unternehmensüberwachung |
| GPO | Geschäftsprozessoptimierung |
| GuV | Gewinn- und Verlustrechnung |
| | |
| h | Stunde |
| H | Holding |
| h.M. | herrschende Meinung |
| HB II | Handelsbilanz II |
| HBS | Harvard Business School |
| HCFA | Health Care Financing Administration |
| HGB | Handelsgesetzbuch |
| HIV | Human Immunodeficiency Virus |
| HJ | Halbjahr |
| HK | Herstellkosten |
| HR | Modul Human Resources/Personal von SAP R/3 |
| HRG | DRG-System |
| Hrsg. | Herausgeber |
| HTML | HyperText Markup Language |
| HTTP | Hypertext Transfer Protokoll |
| HWF | Höhere Wirtschaftsfachschule |
| | |
| i | Kapitalisierungszinsfuß |
| i.a. | im allgemeinen |
| i.Br. | im Breisgau |
| i.d. | in der |
| i.d.F. | in der Fassung |
| i.d.R. | in der Regel |
| i.e.S. | im engeren Sinne |
| i.R. | im Rahmen |
| i.R.e. | im Rahmen einer |
| i.S. | im Sinne |
| i.S.d. | im Sinne des |
| i.S.e. | im Sinne einer(s) |
| i.S.v. | im Sinne von |
| i.ü. | im übrigen |
| i.V.m. | in Verbindung mit |
| i.w.S. | im weiteren Sinne |

| | |
|---|---|
| IAP | DRG-System |
| IAS | International Accounting Standards |
| IASB | International Accounting Standards Board |
| IBM | Internationale Büro-Maschinen AG, Anbieter von Produkten und Dienstleistungen der Informationstechnologie |
| I-C | Investitions-Controlling |
| ICD | Diagnosenschlüssel |
| ID | Identifikationssysteme |
| IDW | Institut der Wirtschaftsprüfer in Deutschland e.V. |
| IEC | International Electrotechnical Commission |
| IFP | integrierte Finanz- und Erfolgsplanung |
| IFRS | International Financial Reporting Standards |
| IGC | International Group of Controlling, Implementation Guidance Committee |
| IHK | Industrie- und Handelskammer |
| IIS | Internet Information Server |
| IMG | Implementation Guide |
| incl., inkl. | inklusiv |
| Infor | Hersteller betriebswirtschaftlicher Standardsoftware |
| Informix | Datenbanksystem |
| inkl. | inklusiv |
| insb. | insbesondere |
| insbes. | insbesondere |
| Intentia | Hersteller betriebswirtschaftlicher Standardsoftware |
| IÖW | Institut für ökologische Wirtschaft |
| IP | Internet Work Protocol |
| IRB | Internal ratings-based |
| IRR | Internal Rate of Return |
| IS | Branchenlösungen Industry Solutions von SAP R/3 |
| ISO | International Organization For Standardization |
| ISPM | International Senior Manager Programm |
| IT | Informationstechnik |
| IuK | Informations- und Kommunikationstechnologie |
| IV | Informationsverarbeitung |
| IV-C | Informationsverarbeitungs-Controlling |
| IW | Investitionswert, Institut der Deutschen Wirtschaft |
| | |
| JA-C | Jahresabschluss-Controlling |
| Jan | Januar |
| JD Edwards | Hersteller betriebswirtschaftlicher Standardsoftware |
| Jg. | Jahrgang |
| JIT | Just In Time |

| | |
|---|---|
| JSP | JavaServer Pages |
| Jul | Juli |
| Jun | Juni |
| JV | Joint Venture |
| | |
| Kanibali.-Verluste | Kanibalisierungs-Verluste |
| Kaufm. | Kaufmännische |
| Kd. | Kunde |
| KEK | Konzernentwicklungskonferenz |
| KFK | Kurzfristiges Fremdkapital |
| kfr. | kurzfristig |
| KfW | Kreditanstalt für Wiederaufbau |
| kg | Kilogramm |
| KG | Kommanditgesellschaft |
| KGaA | Kommanditgesellschaft auf Aktien |
| KHG | Krankenhausgesetz |
| KI | künstliche Intelligenz |
| KK | Kapitalkosten |
| Ko | Kosten |
| KonTraG | Gesetz zur Kontrolle und Transparenz im Unternehmensbereich |
| Kore | Kostenrechnung |
| KöSt | Körperschaftsteuer |
| KP | Konzernplanung |
| KPI | Key Performance Indicators |
| KPMG | Klynveld Peat Marwick Goerdeler (Wirtschaftsprüfungsgesellschaft) |
| KSt | Körperschaftssteuer |
| KStG | Körperschaftsteuergesetz |
| Kt | Kapazität |
| kt | Kilotonne |
| ku | kurzfristig |
| KuE-C | Kosten- und Erfolgs-Controlling |
| KUM. | kumulativ |
| kumul. | kumulierter |
| KW | Kapitalwert |
| KWG | Gesetz über das Kreditwesen |
| kWh | Kilowattstunde |
| KZA | Kundenzufriedenheitsanalyse |
| | |
| L.F.P. | Large Format Printer |
| la | langfristig |
| lat. | lateinisch |

| | |
|---|---|
| L-C | Logistik-Controlling |
| LCO | Lowest Cost of Ownership |
| LDAP | Leightweight Directory Access Protocol |
| lfd. | laufend |
| LFK | Langfristiges Fremdkapital |
| lfr. | langfristig |
| LGB | Landes-Geschäftsbereich |
| Liefer.-Ausw. | Lieferantenauswertung |
| Lifo | Last in, First out |
| Linux | Betriebssystem |
| Lkw | Lastkraftwagen |
| lmi | leistungsmengeninduziert |
| lmn | leistungsmengenneutral |
| lt. | laut |
| LW | Laufwerk |
| lzi | leistungszeitinduziert |
| | |
| M&A | Mergers & Acquisitions |
| M&V | Marketing & Vertrieb |
| m.RE | mit Rücklagenentnahme |
| m.w.N. | mit weiteren Nachweisen |
| MA | Materialaufwand, Manager |
| MAJC | Microprocessor Architecture For Java Computing |
| MaK | Mindestanforderungen an das Kreditgeschäft der Kreditinstitute |
| MAK | maximale Arbeitsplatz-Konzentration |
| Mär | März |
| Mass. | Massachusetts |
| Max | Maximum |
| max. | maximal |
| MBE | Management By Exception |
| MBO | Management By Objectives |
| M-C | Marketing-Controlling |
| MDC | Major Diagnostic Categories |
| ME | Markteinführung |
| MEMO | Memorandum |
| Mengenr. | Mengenrabatte |
| MER | Management-Erfolgsrechnung |
| MID | Management-Informationsdienst |
| MIFRI-Planung | Mittelfristplanung |
| Min | Minimum |
| min. | Minuten |
| MIND | Mittelstand in Deutschland (Studie) |

| | |
|---|---|
| mind. | mindestens |
| Mio. | Millionen |
| MIS | Management Information System |
| MIT | Massachusetts Institute Of Technology |
| MM | Modul Material Management / Materialwirtschaft von SAP R/3 |
| Mobile Commerce | Variante des Electronic-Commerce, bei der Geschäftsprozesse über mobile Endgeräte abgewickelt werden. |
| mod. | modifiziert |
| Mrd. | Milliarden |
| MS | Microsoft |
| MS-DOS | Microsoft Disk Operation System |
| MVA | Market Value Added |
| MVS | Multiple Virtual Storage |
| | |
| n | Basisjahr |
| n. St. | nach Steuern |
| N/A | Not Applicable |
| NAA | Neuanlagen Anschaffungswert |
| NASA | National Aeronautics & Space Administration |
| NCF | Netto-Cash-Flow |
| ND | Nutzungsdauer |
| NEMAX | Aktienindex des Frankfurter Neuen Marktes |
| NJ | New Jersey |
| NL | Niederlande |
| No. | Number |
| NOPAT | Net Operating Profit After Taxes |
| $NOPAT_{BI}$ | Net Operating Profit After Taxes Before Interest |
| Nov | November |
| NPV | Net Present Value |
| Nr. | Nummer |
| NVP | Net Present Value |
| | |
| o. | ordentlicher |
| o.a. | oder anderes |
| o.ä. | oder ähnliche(s) |
| Ö.B.U. | ökologisch bewusste Unternehmungsführung |
| o.g. | oben genannt |
| o.J. | ohne Jahresangabe |
| o.Jg. | ohne Jahrgang |
| o.Nr. | ohne Nummer |
| o.O. | ohne Ort |
| o.RE | ohne Rücklagenentnahme |

| | |
|---|---|
| o.S. | ohne Seite |
| o.T. | ohne Titel |
| o.V. | ohne Verfasser |
| ODBC | Open Data Base Connectivity |
| OECD | Organization For Economic Cooperation And Development |
| Okt | Oktober |
| OLAP | On-Line Analytical Processing |
| OLTP | On-Line Transaction Processing |
| OPE | Operatives Ergebnis |
| operat. | operativer |
| OPK | operative Planungskonferenz |
| OPS | Operations(Prozeduren)schlüssel |
| OQL | Object Query Language |
| Oracle | On-Line Inquiry And Report Generator |
| Ord. | Ordentliches |
| OS 400 | Betriebssystem |
| OWB | Operativer Wertbeitrag |
| | |
| P | Produktbereiche, Produktgruppe, Periode |
| p.a. | pro anno/jährlich |
| PAC | Pierre Audoin Conseil (Marktforschungsgesellschaft) |
| PC | Personal Computer |
| P-C | Produktions-Controlling |
| PCCL | Patient Clinical Complexity Level |
| PDA | Personal Digital Assistant |
| PDF | Portable Document Format |
| PH | Potenzial Of Hydrogen |
| PHP | Hypertext Preprocessor |
| PicoJava | Java-Prozessor |
| PIMS | Profit Impact Of Market Strategies |
| PIN | Personal Identity Number |
| PJ | Personenjahre |
| PKR | Prozesskostenrechnung |
| Pkw | Personenkraftwagen |
| PLT | Prozessleittechnik |
| PM | Modul Plant Maintenance / Instandhaltung von SAP R/3 |
| Portal | Über das Internet erreichbare Software, von der aus unterschiedliche Computerleistungen abgerufen werden können. |
| PP | Modul Production Planning / Produktionsplanung von SAP R/3 |
| PPS | Production Planning System |
| PR | Public Relations |
| PRO | Peer Review Organisation |

Verzeichnis der wichtigsten Abkürzungen XXVII

| | |
|---|---|
| PROCON | Model zur integrierten Erfolgs-, Bilanz- und Finanzlenkung für Unternehmen mit Einzel- oder individueller Großauftragsfertigung |
| Prof. | Professor |
| PS | Modul Project System / Projektsystem von SAP R/3 |
| PSI | Hersteller betriebswirtschaftlicher Standardsoftware |
| PWC | PricewaterhouseCoopers (Wirtschaftsprüfergesellschaft) |
| PZKR | Prozesskostenrechnung |
| | |
| Q | Quartal |
| QBR | Quarterly Business Review |
| Qm | Quadratmeter |
| QM | Modul Quality Management / Qualitätsmanagement von SAP R/3 |
| | |
| R | DRG-System/Return-Faktor |
| RCO | Real Cost of Ownership |
| rd. | rund |
| REACT | Real Earnings After Capital Charges and Taxes |
| rer. oec. | rerum oeconomicarum |
| rer. pol. | rerum politicarum |
| RHB-Stoffe | Roh-, Hilfs-, Betriebsstoffe |
| RL, R/L | *Reichmann* und *Lachnit* (Kennzahlensystem) |
| RMI | Remote Method Invocation |
| RMS | Risikomanagementsystem |
| ROC | Return on Customer |
| ROCE | Return on Capital Employed |
| ROE | Return on Equity |
| ROI | Return on Investment |
| ROIC | Return on Invested Capital |
| ROM | Read only memory |
| RONA | Return on Net Assets |
| RPO | Peer Review Organization |
| RSt | Rückstellungen |
| RU | Revisionsunternehmen |
| Rückstell. | Rückstellungen |
| RV | Relativ Value |
| RZ | Rechenzentrum |
| | |
| S | Sekunda |
| s. | siehe |
| S. | Seite |

| | |
|---|---|
| Sage KHK | Sage KHK Software GmbH & Co. KG, Softwarehaus für betriebswirtschaftliche Standardsoftware |
| SAP | SAP AG (Softwarehaus für betriebswirtschaftliche Standardsoftware) |
| SAP R/2 | Standardsoftware für Großrechner der 80er Jahre |
| SAP R/3 | Standardsoftware für Client/Server-Rechner unterschiedlicher Größenklassen |
| SAV | Sachanlagevermögen |
| S-C | Strategie-Controlling |
| Schm. | Schmälerung |
| SCM | Supply-Chain-Management |
| S-Commerce | Silent-Commerce, Weiterentwicklung des Electronic-Commerce |
| SD | Modul Sales And Distribution / Vertrieb von SAP R/3 |
| SEF | Strategische Erfolgsfaktoren |
| SEL | zu Verkauf stehendes Unternehmen |
| Sep | September |
| SET | Secure Electronic Transaction |
| SFA | Sales Force Automation |
| SFAS | Statements of Financial Accounting Standards |
| SGE | Strategische Geschäftseinheit |
| SGF | Strategisches Geschäftsfeld |
| SGR | Sustainable Growth Rate |
| SHV | Shareholder Value |
| Sic | lat. für so, wirklich so |
| SIC | Standard Industrial Classification |
| Silent-Commerce | Weiterentwicklung des Electronic-Commerce |
| SLA | Service Level Agreement(s) |
| SML | Standardmerkmalleiste |
| SMS | Short Message Service |
| SOAP | Simple Object Access Protocol |
| sog. | sogenannte |
| Sonderr. | Sonderrabatte |
| sonst. | sonstiges(r) |
| Sp. | Spalte |
| SQL | Structured Query Language |
| SSL | Secure Socket Layer |
| St., Stk. | Sankt, Stück, Stelle |
| Strako | Strategiekonferenz |
| strat., strateg. | strategisch |
| SVA | Shareholder Value Analysis |
| SVG | Scalable Vector Graphics |

| | |
|---|---|
| SWOT | Strength Weakness Opportunity Threat Analysis |
| Sybase | Sybase GmbH, Softwarehaus für betriebswirtschaftliche Standardsoftware |
| | |
| T€ | Tausend Euro |
| TBO | Total Benefit of Ownership |
| TCO | Total Cost of Ownership |
| TCP | Transmission Control Protocol |
| TEP | Totalendoprothese |
| TFT | Thin Film Transistor |
| TH | Technische Hochschule |
| TK | Teilkonzern |
| TM | Trade Mark |
| T-online | T-Online International AG |
| TQM | Total Quality Management |
| TRAP | Tandem Recursive Algorithm Process |
| Tsd | Tausend |
| TSR | Total Shareholder Return |
| TV | Television |
| Tz. | Textziffer |
| | |
| U | Unternehmen |
| u. | und |
| u.a. | unter andere(m), und andere |
| u.ä. | und ähnliche |
| u.a.m. | und anderes mehr |
| u.a.O. | und anderen Ort |
| u.E. | unseres Erachtens |
| u.U. | unter Umständen |
| u.v.a. | und viele andere |
| UAG | Umweltauditgesetz |
| UB | Unternehmensbereich |
| UBCF | Unterschieds-Brutto-Cash-Flow |
| UK | United Kingdom |
| Univ.-Prof. | Universitäts-Professor |
| Unix | Betriebssystem |
| US, U.S. | United States |
| USA | United States of America |
| USD | United States Dollar |
| US-GAAP | United States Generally Accepted Accounting Principles |
| usw. | und so weiter |
| UV | Umlaufvermögen |

| | |
|---|---|
| UW | Unternehmenswert |
| | |
| v. | von, vom |
| v. St. | vor Steuern |
| v.a. | vor allem |
| Varial | Varial Software AG (Softwarehaus für betriebswirtschaftliche Standardsoftware) |
| VBM | Value Based Management |
| V-C | Vertriebs-Controlling |
| VCI | Virtual Channel Identifier |
| VDI | Verein Deutscher Ingenieure |
| VEBA | ehemals Veba AG, neu E.ON AG (Firmenname) |
| Verä. | Veränderung |
| versch. | verschiedenen |
| vgl. | vergleiche |
| VIP | Very Important Person |
| VIS | Visible Imaging System |
| Vol. | Volume |
| vs. | versus |
| VU | Verbundene Unternehmen |
| | |
| w.o. | weiter oben |
| WACC | Weighted Average Cost of Capital |
| WAP | Wireless Application Protocol |
| WEG | Wachstum Entwicklung Gewinn |
| wertsch. | wertschöpfenden |
| Wettb. | Wettbewerber |
| WF | Modul Workflow von SAP R/3 |
| WFMS | Workflow Management System |
| WHU | Wissenschaftliche Hochschule für Unternehmensführung |
| Windows NT | Betriebssystem |
| WISO | Wirtschafts- und Sozialwissenschaft |
| WKZ | Werkkostenzuschuss |
| WP | Wirtschaftsprüfer |
| WpHG | Wertpapierhandelsgesetz |
| WPO | Wirtschaftsprüferordnung |
| WUF | Wertorientierte Unternehmensführung |
| www | World Wide Web |
| | |
| X,x | Variable, Multiplikationszeichen |
| XBRL | eXtensible Business Reporting |
| Xerox | Xerox GmbH (Firmenname) |

| | |
|---|---|
| XHTML | Hypertext-Auszeichnungssprache |
| XML | eXtensible Markup Language |
| XOR | Exclusive Or |
| XP | Experience |
| | |
| Y2K | Year 2000 |
| | |
| z.B. | zum Beispiel |
| z.T. | zum Teil |
| z.Z. | zur Zeit |
| ZBA | Zufriedenheitsbedürfnisanalyse |
| ZDE | Zeitdatenerfassung |
| ZP | Zeitschrift für Planung und Unternehmenssteuerung |
| ZSB | Zentrale Servicebereiche |
| ZVEI | Zentralverband Elektrotechnik- und Elektronikindustrie e.V. |
| zzgl. | zuzüglich |

# Teil I:

# Controlling-Strategien

THOMAS REICHMANN

# Controlling mit Kennzahlen und Managementberichten

| 1 | Einleitung | 5 |
|---|---|---|
| 2 | Die mehrdimensionale Controlling-Konzeption | 5 |
| 3 | Controlling-Konzeption und Management | 8 |
| 4 | Balanced Scorecard | 13 |
| | 4.1 Die vier Perspektiven der Balanced Scorecard | 14 |
| | 4.2 Operationalisierungsschritte zur Strategierealisierung | 17 |
| 5 | Risikomanagement | 18 |
| | 5.1 Risikopolitische Grundsätze | 18 |
| | 5.2 Risikomanagement-Prozess | 19 |
| 6 | Balanced Chance and Risk Management | 26 |
| | Literaturverzeichnis | 29 |
| | Symbolverzeichnis | 30 |
| | Abbildungsverzeichnis | 31 |

# 1 Einleitung

Die Bedeutungszunahme des Controllingkonzeptes in der Unternehmenspraxis hält unvermindert an. Die rezessiven Jahre zu Beginn des neuen Jahrhunderts haben im Gegenteil eher dazu beigetragen, dass viele Entscheidungsverantwortliche für den Aufbau bzw. den Ausbau eines leistungsfähigen Controllingsystems zusätzlich sensibilisiert wurden. Gerade bei einer weitreichenden Delegation von Entscheidungsbefugnissen, die natürlich auch wirtschaftliche Konsequenzen nach sich ziehen, vergrößert sich der Adressatenkreis der Controllinginformationen. Gegenüber bislang zentral durchgeführten Kostendokumentationsrechnungen (z.B. die Betriebsabrechnung) gewinnt die individuelle Kostenberatung am einzelnen Arbeitsplatz an Bedeutung. Dies verlangt einerseits eine sehr viel stärkere Berücksichtigung der individuellen Informationsbedürfnisse, da die Controllingauswertungen maßgeschneidert auf den jeweiligen Kostenverantwortungsbereich sein müssen. Andererseits gewinnen flexible Spezialanalysen gegenüber Standardauswertungen an Bedeutung. Als Konsequenz hat sich das Controlling in Zukunft weitaus stärker als bisher mit der Individualisierung der Informationsnachfrage und der Flexibilisierung zur Befriedigung dieser Informationsnachfrage auseinander zu setzen.

Voraussetzung zur Bewältigung dieser komplexen Anforderungen an das Controlling stellt der Einsatz adäquater Instrumentarien dar insbesondere in Form kennzahlengestützter Informationsbereitstellung. Die Notwendigkeit einer verdichteten Informationsversorgung hat vor dem Hintergrund des durch das KonTraG institutionalisiertem Risikomanagement sowie den Anforderungen des durch den Shareholder Value-Gedanken initiierten Performance Measurement zusätzliche Dimensionen erhalten. So verfolgt die Balanced Scorecard die Zielsetzung, das Management mit entscheidungsrelevanten Informationen zu versorgen, wobei zur Anpassung an erheblich veränderte Rahmenbedingungen, wie steigende Dynamik und Komplexität der Unternehmensumwelt, ein risikoorientiertes Management und Controlling im Mittelpunkt unternehmerischer Aktivitäten stehen. Ziel dieses Beitrags ist es aufzuzeigen, welche Anforderungen an ein kennzahlengestütztes Controlling und entsprechende Managementberichte vor dem Hintergrund der erweiterten Aufgabenstellung international tätiger Unternehmungen zu stellen und wie sie mit Hilfe der Balanced Chance & Risk Card umzusetzen sind.

# 2 Die mehrdimensionale Controlling-Konzeption

In einer sehr weiten Auslegung bezeichnet Controlling die Versorgung von Führungsverantwortlichen mit entscheidungsrelevanten Informationen. Zentrale Merkmale des Controlling-Begriffs sind neben der Informationsversorgung der Entscheidungsbezug und die Koordination.

Die Betonung der entscheidungs(ebenen)bezogenen Informationsversorgung als zentraler Funktion des Controlling verstehen wir unter:

Controlling ist die zielbezogene Unterstützung von Führungsaufgaben, die der systemgestützten Informationsbeschaffung und Informationsverarbeitung zur Planerstellung, Koordination und Kontrolle dient;[1] es handelt sich um eine rechnungswesen- und vorsystemgestützte Systematik in deren Mittelpunkt der Rückgriff auf die Daten des Rechnungswesens und der weiteren betrieblichen Vorsysteme zur Verbesserung der Entscheidungsqualität auf allen Führungsstufen des Unternehmens steht.[2] Die damit verbundene verdichtete Informationsversorgung erfolgt mittels Kennzahlen und Managementberichten. Diese Auffassung impliziert neben der betriebswirtschaftlichen Konzeptionsebene (Controlling-Konzeption) die explizite Einbindung der DV-Applikationsebene als Aufgabenbereich des Controlling.

Legt man den Fokus auf die funktionalen Aspekte, ist Controlling als Teil einer jeden Führungsaufgabe anzusehen. Da Controlling zumeist eine Querschnittsaufgabe darstellt, konzentrieren sich die Controllingaufgaben in den meisten Unternehmen auf das interne führungsorientierte Rechnungswesen, die Koordination der Budgetierung sowie die Planung und das Berichtswesen. Insoweit enthält die Controlling-Konzeption als genereller Bezugsrahmen entscheidungs- und informationsbezogene Elemente. Dies setzt voraus, dass, von den betrieblichen Funktionen ausgehend, funktionsbezogene und unter expliziter Berücksichtigung des Rechnungswesens funktionsübergreifende Entscheidungsbereiche des Controlling festgelegt und alle Systembestandteile zielbezogen durch ein (Informationssystem), i.d.R. in Form eines Kennzahlensystems, miteinander verbunden werden.

Während unter dem Begriff der Controllingkonzeption die Gesamtheit aller verfügbaren Methoden und Techniken, d.h. Applikationen, für einen bestimmten Controllingbereich zusammengefasst wird, umfassen die Controlling-Instrumente alle methodischen und sachlichen Hilfsmittel, die im Rahmen der Erfüllung der Controllingaufgaben zur Erfassung, Strukturierung, Auswertung, Speicherung und Weitergabe von Informationen verwendet werden. Dabei umfassen die methodischen Instrumente zweckmäßige Vorgehensweisen in Form von Verfahren (Techniken) und Modellen, sachliche Instrumente betreffen die betrieblichen Vorsysteme zur Informationsverarbeitung und -steuerung.

Die Informationssysteme des Unternehmens dienen in ihrem unmittelbaren Controllingkontext der Informationsbereitstellung und stellen zudem auf jeder Hierarchieebene die entsprechenden Analysewerkzeuge zur Verfügung, um eine adäquate, anforderungskonforme Auswertung zu ermöglichen.

---

[1] Vgl. *Reichmann* 2003, S. 122.
[2] Vgl. *Reichmann* 2001, S. 13.

# Controlling mit Kennzahlen und Managementberichten

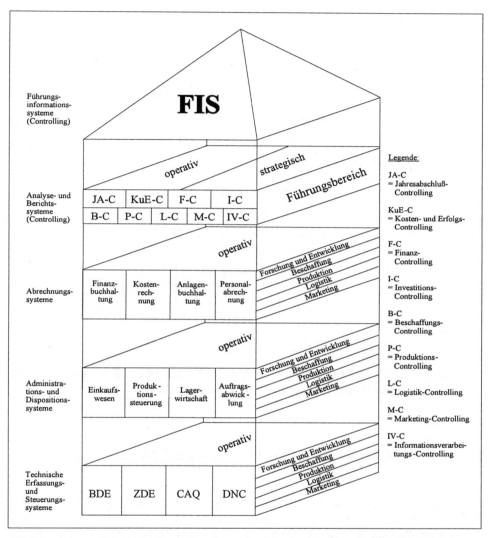

Abbildung 1:  Die mehrdimensionale Controlling- und Informationskonzeption[3]

---

[3]  *Reichmann* 2001, S. 6.

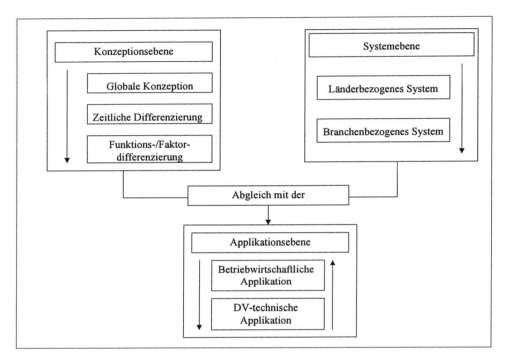

Abbildung 2: Controllingbezogene Analyse und stufenweise Konkretisierung der Konzeptions-, System- und Applikationsebene

# 3 Controlling-Konzeption und Management

Damit das Controlling auch in Zukunft ein akzeptierter Gesprächspartner des Managements bleiben kann, hat es den geänderten Anforderungen, die sich insbesondere aus den Aufgabenprofilen und dem daraus resultierenden Informationsbedarf ergeben, Rechnung zu tragen. Während in den 80er Jahren die „Konsolidierung" des Controllingsystems im Vordergrund stand, also insbesondere die Zusammenführung bewährter betriebswirtschaftlicher Planungs- und Kontrollinstrumente in der unternehmensspezifischen Informationssystemstruktur und der Aufbau eines adäquaten Berichtssystems, so verlagerte sich der Aufgabenschwerpunkt - vor dem Hintergrund der intensiven Auseinandersetzung über neuere Methodenansätze wie sie die Prozesskostenrechnung, das Zielkostenmanagement oder das Fixkostenmanagement darstellen - in den 90er Jahren in Richtung auf die „Revision" des Controlling-Instrumentariums. Daraus lässt sich der Anspruch ableiten, dass das Controlling konzeptionelle Entwicklungen bereits frühzeitig vordenken muss, wenn es zukünftig einen hohen Grad an Managementunterstützung sicherstellen will.

Um die Controllingfunktion „Managementunterstützung" zu konkretisieren, muss auf den Entscheidungsbezug als Operationalisierungskriterium zurückgegriffen werden, denn die Kernaufgabe der Entscheidungsträger des Unternehmens ist das Treffen von Entscheidungen. Jede einzelne Entscheidung setzt bei den für die Entscheidung zuständigen Personen oder Gremien eine bestimmte fachliche Qualifikation voraus, und zwar eine solche, die der Art und der Bedeutung des Entscheidungsgegenstandes entspricht.[4] Für den Zusammenhang von Management und Controlling ergeben sich daraus folgende Konsequenzen:

Das Management besitzt oftmals zwar exzellente übergreifende Informationen („Zusammenhangwissen"), ist jedoch bei Spezialproblemen auf den Sachverstand von Experten angewiesen. Der Controller ist ein (vorrangig) betriebswirtschaftlicher Experte, der das Management bei entsprechenden Spezialproblemen berät. Die Beratungsfunktion des Controlling kann also aus der Know-how-Differenzierung bzw. -Spezialisierung abgeleitet werden.

Das Management konzentriert sich auf die Koordination und Durchführung von dringlichen Entscheidungen und muss darauf vertrauen, dass wichtige Entscheidungen sorgfältig analysiert und möglichst beschlussfähig vorstrukturiert werden. Der Controller hält dem Management somit „den Rücken frei", indem er für anstehende Entscheidungen alternierende Problemlösungsstrategien antizipativ erarbeitet. Die Entwicklung von Problemlösungen ist dabei nur sekundär maßnahmenorientiert, da das Entscheiden eine Zentralfunktion des Managements darstellt. Gleichwohl sind Maßnahmenvorschläge unverzichtbar, da von vielen Entscheidungsträgern in der Praxis zunehmend ein unternehmerisch denkender Controller gefordert wird.

Daraus wird ersichtlich, dass die primäre Aufgabe des Controlling in der entscheidungsproblembezogenen Informationsversorgung der Führungskräfte besteht. Die anstehenden Entscheidungsprobleme stellen dabei das Bezugsobjekt der Controllingaufgabe „Versorgung mit Informationen" dar. Obwohl von einigen Autoren die Informationsversorgungsaufgabe des Controlling als „Verkürzung" oder als „Degeneration der Controllingidee an sich" bezeichnet wird,[5] stellt sie eine zentrale Bedingung für den Transformationsprozess von der allgemeinen Controlling-Konzeption in branchen- bzw. unternehmensspezifische Controllingsysteme dar. Der Aufbau einer Controlling-Konzeption verlangt stets auch die integrative Berücksichtigung einer entsprechenden Informationskonzeption. Diese Integrationsleistung mündet in der bereits aufgezeigten mehrdimensionalen Controlling-Konzeption. Gleichzeitig erfährt die Controllingfunktion - verstanden als Summe der Controllingaufgaben - eine deutliche Präzisierung insofern, als Controlling sich primär auf betriebswirtschaftliche Problemstellungen zu konzentrieren hat; dies

---

[4] Vgl. *Reichmann* 2001, S. 39 ff.
[5] Vgl. *Weber* 1999, S. 21.

verringert funktionsbezogene oder gar individuelle Spannungszustände bezüglich der Verteilung der Verantwortlichkeiten gerade in betrieblichen Schnittstellenbereichen wie z.B. der Neuproduktentwicklung, der Logistik oder der Qualitätssicherung. Controlling unterstützt lediglich alle relevanten betriebswirtschaftlichen Führungs- und Ausführungsfunktionen (z.B. Implementierung von DV-Lösungen für betriebswirtschaftliche Problemstellungen, wie bspw. Einführung von R/3-Software), ist jedoch nicht selbst für die Realisation verantwortlich. Insoweit kann eine langfristige Controllingakzeptanz dann hergestellt werden, wenn die Globalaufgabe „Führungsunterstützung" bzw. die daraus ableitbare Controllingaufgabe „betriebswirtschaftliche Unterstützung von unternehmensbezogenen Planungs-, Koordinations-, Implementierungs- und Kontrollprozessen" durch eine differenzierte Aufgabenbeschreibung konkretisiert wird. Das Aufgabenspektrum des Controlling reicht dann von der (begleitenden) Erarbeitung von Informationsbedarfsanalysen bis hin zur Bereitstellung von DV-Lösungen für konkrete Problembereiche (vgl. folgende Abbildung).

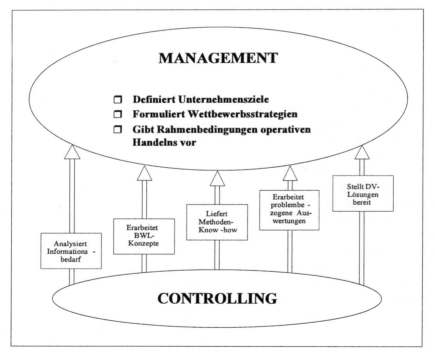

Abbildung 3: Controlling als „dispositiver Zulieferer" des Managements[6]

---

[6] *Reichmann* 1995, S. 8.

Damit wird auch deutlich, dass das Controlling im Sinne eines umfassenden betriebswirtschaftlichen Beratungsservice nicht allein dispositive, konzeptionell-orientierte Aufgaben wahrnimmt, sondern sich auch für die Umsetzung bzw. Implementierung der Konzepte verantwortlich zeichnet.

Anhand eines Beispiels aus dem Produktionsbereich kann der konzeptionelle Zusammenhang zwischen problembezogener und informationssystembezogener Informationsversorgung illustriert werden (vgl. *Abbildung 4*). Der spezifische Analysepfad wird top-down angelegt und ist durch Pfeile visualisiert, welche die konkrete (hier: produktionsbezogene) Ursache-Wirkungsanalyse dokumentieren. Den Anstoß zur Analyse gibt die Verschlechterung der Kennzahl „Umsatzrentabilität", welche im Führungsinformationssystem anzeigt wird.

Die Spitzenkennzahl „Umsatzrentabilität" - definiert als Relation des Betriebsergebnisses zum Umsatz - hat sich im Zeitpunkt $t_2$ gegenüber $t_1$ verschlechtert. Der Rückgang des Betriebsergebnisses wird durch den Vergleich des Kennzahlenwertes in $t_1$ mit dem Wert in $t_2$ erklärt. Für die dadurch angestoßene Abweichungsanalyse bilden die Kennzahlen des Kosten- und Erfolgs-Controlling den ersten Ansatzpunkt. Es handelt sich hierbei um die höchste Verdichtungsebene der Kosten- und Erfolgsgrößen aus den internen Abrechnungssystemen, insbesondere der Kostenrechnung. Ist bspw. im Kosten- und Erfolgs-Controlling - ausgehend von einer über mehrere Bezugsebenen aggregierten Deckungsbeitragsrechnung - die Relation „Deckungsbeitrag/Umsatz" als Kennzahl vorgesehen, kann in einem ersten Drill-Down eine Analyse der Umsatzrentabilität für die einzelnen Produktgruppen vorgenommen werden. Im Beispiel weist der Vergleich je Produktgruppe zu den Berichtszeitpunkten $t_1$ und $t_2$ darauf hin, dass offensichtlich die Produktgruppe X für den Rückgang des Betriebsergebnisses verantwortlich ist.

Zur weiteren, verfeinerten Analyse wird die (primär kennzahlengestützte) Analyse- und Berichtsebene des Controlling verlassen, um auf der Abrechnungssystemeebene - und hier insbesondere auf der Grundlage der Daten der Kostenrechnung - nach den Ursachen für die negative Entwicklung zu suchen. Im speziellen Fall ist in der Kostenstellenrechnung nun eine entsprechende Abweichungsanalyse, die ggf. in enger Zusammenarbeit mit dem Produktions-Controlling systematisch mögliche Kostenabweichungen identifiziert, denkbar. Wird dabei aufgedeckt, dass - wie im Beispiel unterstellt - in der Kostenstelle 23 eine Beschäftigungsabweichung aufgetreten ist, muss der Controller im nächsten Schritt die Ursachen bspw. im Produktionsplanungs- und -steuerungssystem (PPS) suchen. Die „Erforschung" der Fehlerquelle führt in einem weiteren Drill-Down zum CAQ-System auf der technischen Erfassungs- und Steuerungssystemebene. Im Beispiel ergibt sich, dass die Maschine 15 erhöhte Leerzeiten aufweist, welche auf erhöhte Rüstzeiten oder aber auf vermehrte Ausschussproduktion zurückzuführen sind. Auf der Grundlage der in der top-down-Analyse zunehmend detaillierter vorliegenden Informationen, ist es dann möglich, zusammen mit dem Kostenstellenleiter, ggf. auch mit dem Leiter Produktion, die erforderlichen Gegenmaßnahmen zu planen.

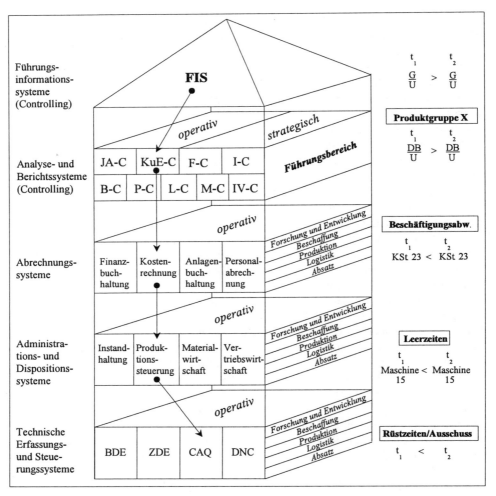

Abbildung 4: Drill-Down Produktion[7]

Gleichzeitig ist zu berücksichtigen, dass der mit dem oben skizzierten Analysepfad verbundene Drill-Down mit einem time lag verbunden ist, welcher sich aus der Zeitspanne zwischen der Erfassung aller kosten- und erfolgsbezogenen Informationen in den Dispositions- und Abrechnungssystemen und der verdichteten Informationsbereitstellung im Rahmen einer Standardberichterstattung auf den Analyse- und Berichtsebenen des Controlling ergibt. Das damit verbundene zeitliche Anpassungsproblem resultiert vor al-

---

[7] *Reichmann* 2001, S. 49.

lem daraus, dass in der Kostenrechnung i.d.R. eine monatliche Sichtweise vorgenommen wird. Aufgrund der DV-gestützten Verarbeitung und Aufbereitung der Daten sind die aktuellen Kosten- und Erfolgsgrößen nicht selten erst nach zehn Tagen des darauffolgenden Monats verfügbar. Sofern also die Rüstzeitabweichung im o.g. Beispiel bereits am 1. des Monats 01 auftritt, wird die Auswirkung frühestens am 10. Arbeitstag des Monats 02 sichtbar. Das hat zur Folge, dass auf den Fehler auf allen Ebenen günstigstenfalls erst nach 30 bis 40 Tagen reagiert werden kann. Daraus ergibt sich die Anforderung an das moderne Controlling, bereits auf der Administrationsebene Indikatoren zu installieren, die es erlauben, im Sinne von „Frühwarn"-Indikatoren bereits im Zeitpunkt des Fehlerauftritts Signale zu setzen, die einen entsprechenden Prüflauf auf der Erfassungs- und Steuerungsebene in Gang setzen.

Bezogen auf die informationssystembezogene Entwicklung des Analysepfades macht das Beispiel und die damit verbundene zeitliche Anpassungsproblematik zugleich deutlich, dass zur rechtzeitigen Initiierung von Gegensteuerungsmaßnahmen ein verstärkter Bedarf an integrierter Software besteht, die die bestehenden Schnittstellenprobleme vermeidet und einen systemübergreifenden Drill-Down ermöglicht. Hier ist der Controller mehr denn je gefordert, an der konzeptionellen wie auch informationssystembezogenen Weiterentwicklung integrierter Standardsoftware mitzuwirken.

# 4 Balanced Scorecard

Um der anspruchsvollen Aufgabenstellung einer integrierten Managementkonzeption gerecht zu werden, modelliert die Balanced Scorecard den Managementprozess unter Verwendung dreier hypothesenähnlicher Komponenten. Die Betrachtung des Managementprozesses und seiner operativen wie strategischen Messgrößen aus vier unterschiedlichen Perspektiven als erste Komponente ermöglicht eine Berücksichtigung der Interessen aller relevanten Stakeholder. Weiterhin wird ein Stufenbau der Strategieoperationalisierung angenommen, der einen Zusammenhang zwischen der Vision und Strategie des Unternehmens und den operativen Maßnahmen und deren Messung herstellt. Einen Zusammenhang dieser Elemente stellt die dritte Komponente her, die als Ursache-/Wirkungsbeziehungen die Perspektiven auf den verschiedenen Operationalisierungsstufen miteinander verbindet und durch ihre branchen-, unternehmens- und strategieindividuelle Festlegung eine individuelle Anpassung der Balanced Scorecard an die Erfordernisse des jeweiligen Unternehmens ermöglicht.

## 4.1 Die vier Perspektiven der Balanced Scorecard

Die Balanced Scorecard bedient sich vier verschiedener Perspektiven, aus denen die Umsetzung der Unternehmensstrategie mit jeweils unterschiedlicher Intention betrachtet wird. Eine Perspektive kann dabei als eine themenbezogene Auswahl von Zielen, Kennzahlen, Vorgaben und Maßnahmen verstanden werden, die gleichermaßen als Kategorie zur Systematisierung wie als Anhaltspunkt zur Erarbeitung strategierelevanter Mess- und Steuerungsgrößen fungiert.

Das vorrangige Ziel dieser Differenzierung besteht in der weitestgehend vollständigen Beschreibung der Auswirkungen getroffener Entscheidungen oder eingeleiteter Maßnahmen auf den Grad und die Qualität der Strategierealisierung. Die Auswirkungen solcher Entscheidungen betreffen zumeist eine Vielzahl von Personen innerhalb und außerhalb des Unternehmens, beeinflussen deren Handeln, ziehen Folgeentscheidungen nach sich und wirken damit in unterschiedlichster Weise im Sinne oder entgegen der Strategie. Eine Beurteilung dieses Wirkungsgeflechts anhand weniger, unter Umständen nur finanzieller Kennzahlen, würde sich lediglich mit einem nur mittelbar betroffenen Ausschnitt befassen und bildet die Strategie damit nur unzureichend ab. Eine Betrachtung anhand von vier unterschiedlichen Perspektiven dagegen ist in der Lage, eine strategiebezogene Auswahl von Maßgrößen zur angemessenen Beschreibung und Durchsetzung der Strategie zu treffen.

Zudem kann mit Hilfe mehrerer Perspektiven nicht nur eine singuläre Zielsetzung, wie bspw. die Maximierung des Unternehmenswertes, beschrieben, sondern vielmehr auch operationalisiert werden. Dies wiederum ermöglicht die angesprochene umfassende Berücksichtigung der Stakeholder mit den jeweils für sie interessanten Aspekten der Strategierealisierung. Dabei repräsentieren die Perspektiven nicht unmittelbar die Interessengruppen selbst, sondern vielmehr diejenigen Sachverhalte, die eine im Sinne der Stakeholder positive Entwicklung des Unternehmens maßgeblich beeinflussen.

### Die finanzwirtschaftliche Perspektive

Auch mit der Integration nicht-finanzieller Messgrößen und qualitativer Information in die Balanced Scorecard treten Funktion und Bedeutung finanzieller Kennzahlen keineswegs in den Hintergrund. Ihre Eignung als selbständige, langfristige Zielgrößen einerseits, und als Indikatoren des Erfolgs von Umsetzung und Durchführung der Unternehmensstrategie andererseits, lassen ihnen eine eigene Perspektive in der Balanced Scorecard zuteil werden.[8]

---

[8] Vgl. *Kaplan/Norton* 1997a, S. 24 und S. 46; *Weber* 1998, S. 184-188.

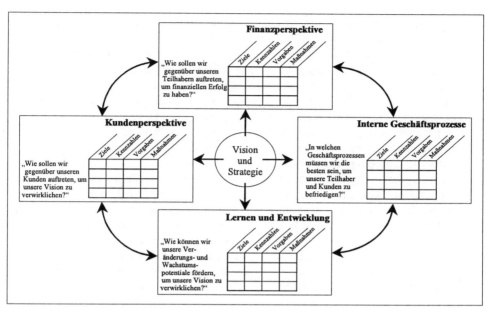

Abbildung 5:  Die vier Perspektiven der Balanced Scorecard[9]

## Die Markt- und Kundenperspektive

Aus der Markt- und Kundenperspektive wird die Strategie hinsichtlich ihrer Effekte auf die Zielmärkte und -kunden betrachtet. Die Kundenperspektive verbindet allgemeine, den Erfolg der Strategie repräsentierende Ergebnismessgrößen finanzieller Art mit spezifischen Leistungstreibern, die über eine gemeinhin hohe Korrelation mit Größen wie der Kundenzufriedenheit verfügen. Beispielhafte, nachlaufende Ergebnismessgrößen sind die Kundentreue, Kundenakquisition sowie Gewinn- und Marktanteile, die durch vorlaufende Leistungstreiber wie kurze Lieferzeiten und hohe Liefertreue, innovative Produkte und Dienstleistungen, geringe Durchlaufzeiten oder Liefertreue bestimmt werden.

## Die interne Prozessperspektive

Die Identifikation und Fortentwicklung der erfolgskritischen Prozesse zur Erfüllung von Wertvorgaben der ausgewählten Kunden- und Zielmarktsegmente ist die Hauptaufgabe der internen Prozessperspektive. Dazu betrachtet sie solche Prozesse, die direkt auf die Leistungstreiber der Kundenperspektive wirken oder unmittelbar, bspw. durch Kostenreduktion, Einfluss auf die Messgrößen der finanziellen Perspektive nehmen.

---

[9]  In Anlehnung an *Kaplan/Norton* 1997a, S. 9.

Aufgrund des Zusammenwirkens mit der Kundenperspektive, unterstützt die Balanced Scorecard nicht nur die Identifikation und Analyse vorhandener Prozesse, sondern zudem die Definition solcher, die zur bestmöglichen Erfüllung der Kundenbedürfnisse noch zu entwickeln sind. So kann die genaue Analyse der Marktsituation aus der Kundenperspektive bspw. zu dem Ergebnis kommen, dass ein Prozess zum Erkennen von Kundenwünschen oder zur Entwicklung neuartiger ergänzender Dienstleistungen der Kundenzufriedenheit zuträglich und deshalb zu implementieren ist.[10]

Mit der Erweiterung des beschriebenen Wirkungszusammenhanges über die Kundenperspektive hinaus in die finanzielle Perspektive, kann die Balanced Scorecard zudem den Impuls für die Integration eines langfristigen Innovationsprozesses in die Prozessperspektive geben. Ausgehend von einem unter gegebenen Umständen nicht zu erfüllenden, langfristigen Wachstumsziel, würde die Kundenperspektive hinsichtlich in Frage kommender Expansionspotenziale untersucht, die ihrerseits einen unternehmensinternen Forschungs- oder Entwicklungsprozess initiieren und durch eine Analyse von Kundenwünschen spezifizieren.[11] Auf diese Weise ist die Balanced Scorecard in der Lage, ausgehend von der internen Prozessperspektive und im Zusammenspiel mit den übrigen Perspektiven, strategische und operative Maßnahmen auszulösen, deren Realisierung und Erfolg mit Kennzahlen steuerbar sind.

## Lern- und Entwicklungsperspektive

Aus der vierten Perspektive der Balanced Scorecard werden Unternehmen und Strategie in Bezug auf ihre Potenziale zur Realisierung von Innovation und Wachstum betrachtet. Menschen, Systeme und Prozesse als Infrastruktur einer lernenden und wachsenden Organisation müssen, um langfristig Wachstum und Verbesserung zu sichern, über definierte Qualitäten und Fähigkeiten verfügen. Mit Hilfe der finanzwirtschaftlichen, internen und Kundenperspektive sind die Anforderungen an diese Eigenschaften spezifizierbar, werden jedoch von den vorhandenen Potenzialen üblicherweise nicht erfüllt.

Die Aufgabe, der auch als Innovations- und Wissensperspektive bezeichneten,[12] vierten Perspektive, besteht in der Entwicklung der Unternehmensinfrastruktur zur Verringerung oder gänzlichen Schließung der Lücke zwischen den Anforderungen seitens der Strategie und bestehender Potenziale.[13] Dazu bedient sie sich ähnlich wie die interne und die Kundenperspektive, sowohl generischer Ergebnismessgrößen, als auch vorlaufender Leistungstreiber. Als solche sind geschäftsspezifische Indizes spezieller Fähigkeiten der Mitarbeiter und Größen, die Auskunft über die Qualität und Funktion von Informations- und Anreizsystemen geben, vorstellbar. Ihre Ausprägung wirkt sich in Er-

---

[10] Vgl. *Kaplan/Norton* 1997b, S. 313-342.
[11] Vgl. *Guldin* 1997, S. 289-302.
[12] Vgl. *Kaplan/Norton* 1997a, S. 27.
[13] Vgl. *Kaplan/Norton* 1997b, S. 313-342.

gebnismessgrößen wie Mitarbeiterzufriedenheit, Firmentreue und Mitarbeiterproduktivität aus.[14]

Durch die kontinuierliche Bestrebung zur Schließung der Lücke zwischen strategischen Anforderungen und tatsächlichem Potenzial unterstützt die Perspektive „Lernen und Entwicklung" die Realisierung der Unternehmensstrategie, indem sie die Kapazitäten bzw. die Unternehmensinfrastruktur den abgeleiteten Anforderungen entsprechend zielgerichtet aufbaut bzw. entwickelt. Strategische Initiative, Leistungstreiber und strategische Ergebniskennzahl werden dabei in vier Operationalisierungsschritten ermittelt, die ebenso zur Herstellung einer Mess- und Steuerbarkeit der übrigen Perspektiven vollzogen werden.

## 4.2 Operationalisierungsschritte zur Strategierealisierung

Neben ihrer Funktion als strukturiertes System von verschiedenartigen Kennzahlen wird die Balanced Scorecard als Managementsystem beschrieben, welches es sich zur Aufgabe macht, die Unternehmensstrategie mit Maßnahmen zu deren Umsetzung zu verbinden.[15]

Zur Erfüllung dieser Zielsetzung verwendet die Balanced Scorecard eine schrittweise Operationalisierung von Strategien, die ausgehend von einer Mission bzw. Vision des Unternehmens Strategien formuliert und bis hin zur Einleitung von Maßnahmen konkretisiert. Im ersten Schritt wird aus Vision und Mission des Unternehmens ein System strategischer Ziele erarbeitet. Strategische Ziele beschreiben die beabsichtigte Entwicklung von Erfolgsfaktoren im Verlauf des Planungszeitraums und ihren angestrebten Zustand.

Für die derart definierten strategischen Ziele werden im nächsten Schritt Kennzahlen zur Messung eines Realisierungsgrades bzw. Indikatoren zur Beschreibung ihrer zukünftigen Entwicklung ausgewählt. Diese Kennzahlen werden mit Vorgaben versehen, die das gemessene strategische Ziel im angestrebten Zustand beschreiben und die Ermittlung der zu schließenden Lücke ermöglichen.

Diese Lücke zu schließen, ist Gegenstand des letzten Operationalisierungsschrittes, der strategische Initiativen zur Verringerung der festgestellten Lücke vorschlägt, definiert und auslöst. Anhaltspunkte zur Erarbeitung dieser Initiativen ergeben sich aus der inhaltlichen Aussage der verwendeten Kennzahlen und Indikatoren und dem jeweiligen strategischen Ziel. Hierbei wird auf die kontinuierliche Anpassung und Optimierung der Systemelemente abgestellt. Dies geschieht, indem die Phasen periodisch erneut durchlaufen

---

[14] Vgl. *Friedag/Schmid* 1999, S. 166.
[15] Vgl. *Kaplan/Norton* 1997a, S. 23.

werden. Unter Berücksichtigung veränderter Umfeldbedingungen sowie der gewonnenen Erfahrung werden die eingesetzten Instrumente laufend verbessert.

# 5 Risikomanagement

Die Zielsetzung des Risikomanagements ist es, risikobehaftete Entwicklungen frühstmöglich zu identifizieren, zu beurteilen, zu steuern und fortlaufend zu überwachen, um die langfristige Anpassung des Unternehmens an die Dynamik der Umfeldbedingungen und somit den Unternehmensfortbestand sicherzustellen. Unter dem Risikomanagement-Begriff wird infolgedessen die Implementierung organisatorischer Maßnahmen und die Gesamtheit aller Methoden, Systeme und systematischen Maßnahmen zur Identifikation, Analyse, Bewertung, Steuerung und Überwachung jener Risiken verstanden, die die Unternehmen in ihren Zielen und Erwartungen bedrohen.[16] Des Weiteren fallen sowohl die kontinuierliche Weiterentwicklung des Risikomanagement-Instrumentariums als auch die prozessübergreifende Überwachung und Kontrolle in den Aufgabenbereich des Risikomanagements. Das Risikomanagement beinhaltet demnach einerseits die Prozessphasen und andererseits die ergänzenden Kontrollen.

## 5.1 Risikopolitische Grundsätze

Ausgehend von der Definition des Risikobegriffes und seiner inhaltlichen Abgrenzung wird die Art und Weise, in der Risiko aufzufassen und zu handhaben ist, durch die risikopolitischen Grundsätze beschrieben.[17] Die Intention dieser Grundsätze liegt in der Etablierung und Stärkung des Risikobewusstseins und soll alle Mitarbeiter im Unternehmen zu risikoorientiertem Handeln auffordern.[18] Es gilt eine Risikomanagement-Kultur zu entwickeln, die es hierarchieübergreifend zu etablieren gilt, um ein allgemein erhöhtes Risikobewusstsein im Unternehmen zu schaffen.[19] Risikopolitische Grundsätze sind demnach auf das Sicherheitsziel ausgerichtete Verhaltensregeln und Handlungsanweisungen, die kontinuierlich Beachtung finden sollten, um die Stabilität des Risikoma-

---

[16] Vgl. *Diederichs/Richter* 2001, S. 137.
[17] Vgl. *Hornung/Reichmann/Diederichs* 1999, S. 319.
[18] Vgl. z.B. ähnlich *Kromschröder/Lück* 1998, S. 1573-1576.
[19] Vgl. dazu ausführlich *Steinle/Thiem/Bosch* 1997, S. 359-373.

nagements nachhaltig zu gewährleisten.[20] Diese sollen jedoch nicht zu einer allgegenwärtigen Risikoangst führen. Es soll damit erreicht werden, dass sich die Entscheidungsträger darüber bewusst werden, welche Risiken und in welchem Umfang sie Risiken eingehen.

Beispielhafte risikopolitische Grundsätze können wie folgt lauten:[21]

- Unternehmerisches Handeln i.S.d. Erzielung eines wirtschaftlichen Erfolges ist notwendigerweise mit Risiko verbunden,
- keine Handlung oder Entscheidung darf ein existenzgefährdendes Risiko nach sich ziehen,
- Ertragsrisiken müssen durch die entstehende Rendite angemessen prämiert werden,
- Risiken sind - soweit möglich - mit dem Risikomanagement-Instrumentarium zu steuern,
- alle Risiken sind permanent durch die Risikomanagement-Organisation zu beobachten.

## 5.2 Risikomanagement-Prozess

Eine erfolgreiche Erfüllung der an das Risikomanagement gestellten Aufgaben erfordert neben der grundsätzlichen Schaffung und Verbreitung einer Risikomanagement-Kultur insbesondere eine systematische und permanente Auseinandersetzung mit den unternehmerischen Risiken. Bei diesem Risikomanagement-Prozess handelt es sich um den eigentlichen Kern des Risikomanagements (vgl. Abbildung 6). Dieser umfasst sämtliche Aktivitäten zum systematischen Umgang möglicher Risiken. Grundsätzlich lässt sich der Risikomanagement-Prozess in die fünf Phasen der Identifikation, Analyse, Steuerung, Risikoüberwachung und Prozessüberwachung unterteilen.

Der Risikomanagement-Prozess darf jedoch nicht als eine einmalige, stichtagsbezogene Durchführung von Maßnahmen interpretiert werden; es ist vielmehr erforderlich, die einzelnen Schritte in einen kontinuierlichen Prozess einzubinden, um sich der Dynamik der unternehmerischen Rahmenbedingungen flexibel anpassen zu können. Für die Funktionsträger des Risikomanagements besteht somit die Aufgabe, koordinierend und gestaltend in oder zwischen den einzelnen Prozessphasen einzugreifen. Zu Beginn des

---

[20] Vgl. *Fally* 1998, S. 219-229; vgl. weiterhin: *Hornung/Reichmann/Diederichs* 1999, S. 319.
[21] Vgl. *Hornung/Reichmann/Diederichs* 1999, S. 319; vgl. weiterhin *Herrmann* 1986, S. 45-79; *Czempirek* 1993, S. 177-185.

erstmaligen Ablaufs dieses Prozesses müssen zunächst Risiken systematisch identifiziert werden.

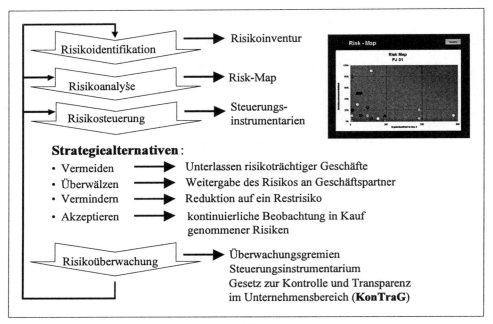

Abbildung 6: Risikomanagementprozess[22]

## Risikoidentifikation

Die Risikoidentifikation beinhaltet eine möglichst detaillierte und vollständige Erfassung aller wesentlichen Risikopotenziale unternehmerischer Aktivitäten einschließlich ihrer Wirkungszusammenhänge.[23] Neben dem externen Unternehmensumfeld gilt es zu untersuchen, inwieweit betriebliche Prozesse mit Risiken behaftet sind. Sie dient als Informationsbasis für die nachgelagerten Prozessphasen. Die Risikoidentifikation steht somit chronologisch am Anfang des Risikomanagement-Prozesses und stellt zugleich die wichtigste Komponente dar.[24] Ihre Qualität ist ausschlaggebend und richtungsweisend für alle weiteren auf ihr basierenden Maßnahmen.

---

[22] Mit Modifikation entnommen aus *Hornung/Reichmann/Diederichs* 1999, S. 321.
[23] Vgl. zu den folgenden Ausführungen beispielhaft *Hornung/Reichmann/Diederichs* 1999, S. 320; *Lück* 1998, S. 1926; *Diederichs* 2002, S. 86 ff.
[24] Vgl. *Härterich* 1987, S. 40.

Zur Unterstützung der erstmaligen und fortlaufenden Risikoidentifikation sollte im Vorfeld ein allgemeines branchen- u. unternehmerstrukturspezifisches Risikoprofil festgelegt werden, um die Gefahr einer unvollständigen oder mehrdeutigen Identifikation zu minimieren. Je nach Unterscheidung von Risikoarten nach ihrer Ursache oder den Unternehmensbereichen, auf die sich ihre Konsequenzen auswirken, können unterschiedliche Risikokategorien gebildet werden (vgl. Abbildung 7). Die Risiken können bspw. in die Kategorien Externe, Finanzwirtschaftliche, Leistungswirtschaftliche Risiken und Risiken aus Management und Organisation differenziert werden.[25]

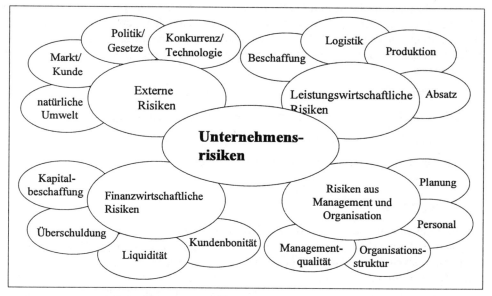

Abbildung 7:    Risikokategorisierung[26]

Im Anschluss daran gilt es, alle wesentlichen, auf die Unternehmensziele und Subziele wirkenden Risiken zu identifizieren (Risikoinventur).[27] Um die oben geforderte systematische, strukturierte und vollständige Erfassung aller Risiken zu gewährleisten, ist eine Analyse der Primär- und Sekundärfunktionen der unternehmerischen Wertkette sowie eine Untersuchung der einzelnen Arbeitsschritte erforderlich.[28] Bei der Analyse und der sich anschließenden Darstellung der Unternehmensprozesse sowie der Auflistung der

---

[25] Vgl. auch *Daube* 1998, S. 89-101; *Guserl* 1996, S. 519-534.
[26] Entnommen aus: *Hornung/Reichmann/Diederichs* 1999, S. 320.
[27] Vgl. *KPMG*, S. 18.
[28] Vgl. dazu auch *Haller* 1986b, S. 7-43; vgl. dazu weiterführend: *Diederichs* 2002, S. 86 ff.

internen und externen Einflüsse, die auf diese Prozesse einwirken, werden die Unternehmensrisiken transparent.[29]

Die unternehmensspezifischen Risiken sollten schließlich anhand des allgemeinen Risikoprofils zu den jeweiligen Risikokategorien zugeordnet und zu einem unternehmensindividuellen Risikoprofil weiterentwickelt werden, welches als universelle Grundlage für eine weitergehende Risikoanalyse in den Unternehmensbereichen und -prozessen dient. Das spezifische Risikoprofil kann dabei aber nur als eine Momentaufnahme zu werten sein, da sich Risiken aufgrund der Dynamik interner und externer Bedingungen verändern.

Problematisch erscheint in diesem Zusammenhang, dass eine vollständige Erfassung aller Risiken nicht immer gewährleistet werden kann, außerdem durch den Grundsatz der Wirtschaftlichkeit begrenzt bleibt. Werden Risiken nicht identifiziert, können adäquate Risikosteuerungsmaßnahmen nicht initiiert werden. Dementsprechend erfordert das Risikomanagement:[30]

- die Notwendigkeit einer kontinuierlichen Risikoerfassung,
- die Gewährleistung einer möglichst vollständigen Risikoerfassung,
- Aktualität des Datenmaterials sowie
- eine frühzeitige Erfassung neu auftretender Risiken.

## Risikoanalyse

An die Risikoidentifikation knüpft die Risikoanalyse an, die als zielgerichtete Beurteilung und Bewertung interner und externer Risikopotenziale verstanden wird. Unternehmerische Risiken können hierbei mit Hilfe unterschiedlicher Parameter beurteilt werden.[31] Die Risikoeintrittswahrscheinlichkeit kann entweder in Verbindung mit einer qualitativen oder andererseits mit einer quantitativen Beurteilung des Risikoausmaßes eingestuft werden. Hier zeigt sich allerdings bereits das Hauptproblem der Risikoanalyse, denn eine exakte Bewertung durch präzise Bestimmung der Risikointensität (d.h. eine rein monetäre Auswirkung) und der entsprechenden Eintrittswahrscheinlichkeit ist für die Mehrzahl der identifizierten Risiken kaum möglich. I.d.R. wird man im Rahmen der Risikoanalyse von subjektiven Einschätzungen der Verantwortlichen abhängig sein. Daher erscheint es sinnvoll, um eine Vergleichbarkeit der Risiken zu gewährleisten, die Risikoanalyse anhand normierter Skalen darzustellen. Anhand der qualitativen bzw. quantitativen Merkmale können die Risiken bspw. in einer Risk-Map dargestellt werden (vgl. Abbildung 8).

---

[29] Vgl. *Schenk* 1998, S. 43-62.
[30] Vgl. ähnlich *Kromschröder/Lück* 1998, S. 1574.
[31] Vgl. *Hornung/Reichmann/Diederichs* 1999, S. 321.

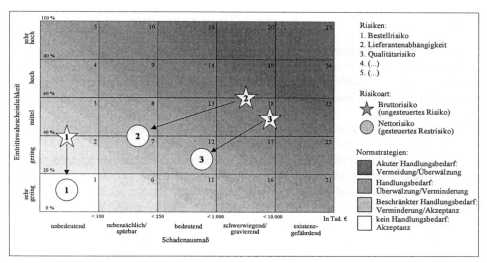

Abbildung 8: Risk-Map[32]

Die spezifische Bedeutung des Risikos und die Dringlichkeit gegensteuernder Maßnahmen wird durch eine unternehmensspezifische Risikoschwelle determiniert, die in Anlehnung an die Risikopräferenz des Managements festgelegt wird.[33] Die Risikoschwelle kann bspw. die Grenze der Risikotragfähigkeit des Unternehmens angeben.[34] Ein besonderer Fokus liegt daher auf solchen Risiken, die oberhalb der Risikoschwelle liegen, da sie existenzbedrohende bzw. schwerwiegende Verlustpotenziale nach sich ziehen können. Daher muss die Risikoschwelle kontinuierlich dahingehend überprüft werden, ob sie bezüglich ihrer Größenordnungen noch angemessen ist.

Hinsichtlich der Darstellungsweise in einer Risk-Map muss allerdings berücksichtigt werden, dass eine punktuelle Betrachtung der Risiken unvollständige Ergebnisse liefern kann, da Ursache-Wirkungs-Beziehungen zwischen den Risiken bestehen und sich verschiedene Risiken additiv auf das Gesamtergebnis auswirken können. Bei der Risikoanalyse muss infolgedessen das gesamte Risikopotenzial einer integrierten Betrachtungsweise unterworfen werden.

---

[32] Entnommen aus *Diederichs* 2002, S. 90.
[33] Vgl. *Diederichs/Richter* 2001, S. 139 f.
[34] Vgl. ähnlich *Lück*, S. 1927.

## Risikosteuerung

Gegenstand der Risikosteuerung ist die aktive Beeinflussung der im Rahmen von Risikoidentifikation und -analyse ermittelten und beurteilten Risiken unter Berücksichtigung der individuellen Geschäftspolitik und Risikostrategie des Unternehmens.[35] Ziel ist es, alle wesentlichen Risikopotenziale je nach Ausmaß durch gezielte Maßnahmen zu steuern.

Dem Unternehmen stehen dabei grundsätzlich die Risikostrategiealternativen „Vermeiden, Überwälzen, Vermindern und Akzeptieren" zur Verfügung.[36]

Geschäfte, deren Realisation existenzielle Risiken hervorbringen können, sollten grundsätzlich vermieden werden (Risikovermeidung). Das bedeutet, das Geschäft nicht durchzuführen und damit die resultierenden Chancen und Risiken nicht wahrzunehmen. Diese Maßnahme schränkt unternehmerisches Handeln ein und stellt insofern nur ein auf den Einzelfall bezogenes Steuerungsinstrumentarium dar.

Risiken zu überwälzen bedeutet, das risikobehaftete Geschäft in Verbindung mit einem zusätzlichen Geschäft einzugehen, welches das Risiko vollständig oder zu wesentlichen Teilen an andere weitergibt (Risikoüberwälzung).

Die Verminderung von Risiken meint, auf das zugrunde liegende Geschäft einzugehen und den identifizierten Risiken selbst eine geeignete Steuerungsmaßnahme entgegenzusetzen, die nicht das Risiko vollständig ausschaltet (Risikoverminderung). Diese Alternative wird für Geschäfte angewandt, deren Auswirkungen sich lediglich im Unternehmensergebnis niederschlagen.

Das Akzeptieren von Risiken kommt darin zum Ausdruck, dass auf Steuerungsmaßnahmen - gerade bei Kleinstrisiken - zunächst verzichtet wird (Risikoakzeptanz). Ein bewusstes Akzeptieren von Risiken erfolgt bspw., wenn gegensteuernde Maßnahmen mit einem unverhältnismäßig hohen Aufwand verbunden sind. Dennoch ist die permanente Überwachung auch in diesem Kontext von eminenter Wichtigkeit, da auch die Kumulation akzeptierter, minimaler Ergebnisrisiken mittel- bis langfristig existenzielle Risiken bergen kann.

Nach der Verdeutlichung aller Steuerungsalternativen und ihrer Wirkungsweise müssen Instrumente zur Risikosteuerung definiert werden. Die selektierten Risikosteuerungsmaßnahmen sind hinsichtlich ihrer Effektivität und Effizienz zu beurteilen. Ein besonderer Fokus bei der Durchführung risikosteuernder Maßnahmen muss auf einem ausgewogenen Verhältnis zwischen der Risikoauswirkung, der Kontrollstärke und den daraus resultierenden Risikokosten liegen.

Problematisch erscheint aber im Rahmen der dargestellten Systematik, dass sich die einzelnen Instrumente zur Steuerung der identifizierten Risiken nicht immer eindeutig abgrenzen lassen. Es bestehen zahlreiche Überschneidungen hinsichtlich ihrer Wir-

---

[35] Vgl. *Hornung/Reichmann/Diederichs* 2000, S. 320 f.
[36] Vgl. *Haller* 1986b, S. 9 f., S. 31 ff.; *Baetge* 1998, S. 63-87; *Hornung/Reichmann/Diederichs* 1999, S. 321.

kungsweise und insofern auch ihrer Anwendbarkeit. Die Darstellung möglicher Steuerungsmaßnahmen kann somit nur deskriptiver Art sein, da sich Aussagen über deren Eignung nicht losgelöst von situativen Einflussgrößen bestimmen lassen. Eine Umsetzung der Strategiealternativen ist somit abhängig von der Risikopräferenz der Unternehmensleitung sowie von der Art der Geschäftstätigkeit. Sie können dementsprechend eine unterschiedliche Gewichtung im Rahmen eines möglichen Strategie-Mix erfahren.[37]

Die Vielzahl von möglicherweise risikoverursachenden Sachverhalten und steuernden Instrumenten lässt zu deren Regulierung eine informationstechnologische Unterstützung sinnvoll erscheinen. Im Sinne eines dynamischen Risikomanagements und Risiko-Controlling sollte in einer Matrix (Dynamische Risikomatrix) eine Zuordnung der Steuerungsmaßnahmen zu den identifizierten und analysierten Risiken erfolgen.[38] Zu jeder Erscheinungsform der identifizierten Risiken sollten demnach Zusatzinformationen, wie die grobe Einschätzung von Auswirkungsbereich, Eintrittswahrscheinlichkeit und Risikoausmaß, das zur Steuerung eingesetzte Instrumentarium, der Verantwortungsbereich und der Revisionszyklus, aufgeführt werden, nach dessen Ablauf Angemessenheit und Wirkung des jeweiligen Instrumentes überprüft werden können und ggf. eine Anpassung ausgelöst wird.[39] Durch diese kontinuierliche Maßnahmenüberwachung kann das Risiko auf ein im Vorfeld definiertes Niveau dauerhaft kontrolliert und gesenkt werden.

### Risiko- und Prozessüberwachung

Unter Risikoüberwachung ist die Kontrolle der Durchführung zur Risikosteuerung ergriffener Maßnahmen zu verstehen und dementsprechend nicht eindeutig von dem Prozess der Risikosteuerung zu trennen.[40] Mit der Überprüfung der Maßnahmendurchführung und der daraus resultierenden Sicherstellung der Zielerreichung soll die Risikoüberwachung mittelbar die Übereinstimmung der tatsächlichen mit der anhand risikopolitischer Grundsätze definierten Risikosituation gewährleisten.[41] Durch einen kontinuierlichen Soll-Ist-Vergleich ist festzustellen, ob die tatsächliche unternehmerische Risikosituation jederzeit den vorgegebenen Risikolimits entspricht oder ob weitere Korrekturen notwendig sind.

Die Überwachung des Risikomanagement-Prozesses (Prozessüberwachung) erfolgt auf übergreifender Ebene und daher alle Prozessphasen begleitend. Mit besonderem Fokus auf Risikoidentifikation und -analyse sowie der Auswahl der Steuerungsmaßnahmen ist die Zielsetzung der Prozessüberwachung, Qualität und Eignung von Aufbau und Ablauf der Prozessphasen zu beurteilen.[42] Die Aufgabe, als wesentliches Unterscheidungs-

---

[37] Vgl. *Baetge* 1998, S. 69; *Baetge/Jerschensky* 1999, S. 171-176.
[38] Vgl. hierzu und zu den folgenden Ausführungen *Diederichs* 2002, S. 114.
[39] Vgl. hierzu auch *Helmke/Risse* 1999, S. 277-283.
[40] Vgl. *Hornung/Reichmann/Diederichs* 1999, S. 321 f.
[41] Vgl. *KPMG* S. 25; vgl. hierzu beispielhaft *ICARIS* 2001, S. 379 ff.
[42] Vgl. *Hornung/Reichmann/Diederichs* 1999, S. 322.

merkmal zur Risikoüberwachung, wird durch prozessunabhängige Dritte, nicht risikoauslösende oder davon betroffene Personen bzw. Gremien, wahrgenommen. Dafür kommen Jahresabschlussprüfer, externe Berater, Aufsichtsräte oder die interne Revision in Betracht.

# 6 Balanced Chance and Risk Management

Unternehmerisches Handeln, verstanden als Nutzung von Chancen und dem Management der damit verbundenen Risiken, stellt einen geeigneten Ausgangspunkt zur Entwicklung eines integrierten Steuerungsinstrumentariums dar. Die allein risikoorientierte Betrachtung von Entwicklungen, die den Erfolg oder gar die Existenz eines Unternehmens gefährden, ist daher unvollständig, solange sie den Zusammenhang mit den risikobegründenden Chancen nicht einbezieht.[43]

Ein betriebswirtschaftliches Modell unternehmerischen Handelns muss demnach den Zusammenhang von Chancen und Risiken abbilden, ohne dessen Komplexität sowie die mangelhafte Strukturierbarkeit des Risikophänomens zu vernachlässigen.

Das Modell der Balanced Chance and Risk-Card (BCR-Card)[44] verbindet eine ausgewogene Betrachtung sowohl von qualitativen und quantitativen, vorlaufenden und nachlaufenden Indikatoren der Unternehmensentwicklung mit einer Abwägung der damit verbundenen Chancen und Risiken. Mit der Integration von expliziten Risikobetrachtungen stellt es sowohl eine Erweiterung als auch Konkretisierung des bekannten Balanced Scorecard-Ansatzes dar. Mit Hilfe der zum Einsatz kommenden Spitzenkennzahlen werden Wirkungszusammenhänge zwischen den kritischen Erfolgsfaktoren, den damit verbundenen Chancen und Risiken und dem resultierenden Wert des Unternehmens aufgezeigt und eine gleichermaßen zielgerichtete wie integrierte Steuerung dieser Parameter unterstützt.

Chancen und Risiken bedürfen zu ihrer Identifikation, Beurteilung, der Erarbeitung von Handlungsempfehlungen und der Entscheidungsfindung eines Instrumentariums, welches eine Operationalisierung mit dem Ziel einer an den Unternehmenszielen und der Strategie orientierten Einflussnahme ermöglicht. Die Konzeption des Balanced Chance and Risk Managements systematisiert den Zusammenhang von Unternehmenszielen, Chancen und Risiken, um diese mit Hilfe von Kennzahlen mess- und steuerbar zu machen.

---

[43] Vgl. *Haller* 1986a, S. 117-127.
[44] *Reichmann* 2001, S. 624.

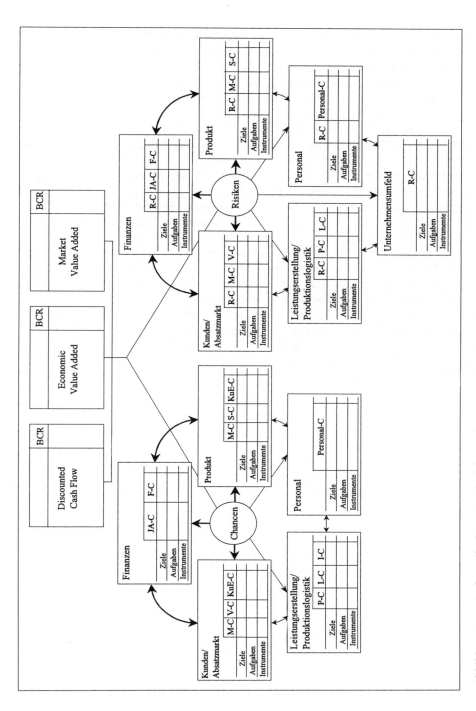

Abbildung 9: Balanced Chance and Risk Card

Dazu verbindet das BCR-Management strategisches und operatives Management sowie Risikomanagement, indem es den Ansatz der Balanced Scorecard durch eine Integration von Risikobetrachtungen erweitert. Die Kategorisierung chancen- und risikorelevanter Faktoren erfolgt anhand von Erfolgsfaktoren anstelle von Perspektiven. Im Unterschied zur Balanced Scorecard nimmt das BCR-Management eine zweigeteilte Betrachtung der Erfolgsfaktoren vor, die in der Definition entsprechender Kennzahlen für einerseits Chancen- und andererseits Risikoaspekte münden, die den Betrachtungsgegenstand der Risk-Card des BCR-Managements darstellen. Chancen gehen dabei immer von einem der Erfolgsfaktoren aus. Risiken lassen sich grundsätzlich ebenfalls an die Erfolgsfaktoren knüpfen und können zusätzlich aus Ereignissen und Handlungen im Umfeld des Unternehmens resultieren (Risikoarten). Im Hinblick auf die risikoorientierte Steuerung strategischer Erfolgspotenziale wird daher an dieser Stelle eine Unterscheidung von Risiken nach der Lokalisierung der ursächlichen Handlungen oder Ereignisse getroffen. Risiken sind demnach in endogene und exogene Risiken zu unterscheiden.

Die Umsetzung von Strategien vollzieht sich in einem Regelkreis, der die beschriebenen Ursache-Wirkungs-Zusammenhänge zwischen Erfolgspotenzialen nutzt. Zwischen Strategie, Zielen, Chancen, Risiken, Kennzahlen und Maßnahmen vollzieht sich der Regelkreis des Controlling. Bei Feststellung einer Abweichung durch das Instrumentarium wird eine Gegensteuerungsmaßnahme eingeleitet. Die Funktionsweise dieser stufenweisen Konkretisierung der Strategie findet in gleicher Weise wie im Grundmodell der Balanced Scorecard Anwendung. Im Balanced Chance and Risk Management werden die strategischen Ziele als Ausgangspunkt der Operationalisierung jedoch nach Chancen- und Risiken unterschieden.

# Literaturverzeichnis

*Baetge, J.:* Instrumente eines effizienten Risikomanagement und Controlling, in: Reichmann, T. (Hrsg.): Tagungsband 13. Deutscher Controlling Congress, München 1998, S. 63-87.

*Baetge, J./Jerschensky, A.:* Frühwarnsysteme als Instrumente eines effizienten Risikomanagement und -Controlling, in: Controlling, 11. Jg. (1999), S. 171-176.

*Czempirek, K.:* Risikomanagement und Unternehmensführung, in: Verpackungsrundschau, 48.Jg. (1993), S. 177-185.

*Daube, C.H.:* Neue Regeln für ein modernes Risikomanagement, in: Reichmann, T. (Hrsg.): Tagungsband 13. Deutscher Controlling Congress, München 1998, S. 89-101.

*Diederichs, M.:* Data Warehouse-gestütztes Risikomanagement, in: Controlling, 13. Jg. (2001), S. 113-115.

*Diederichs, M.:* Umsetzung eines prozessorientierten Risikocontrolling am Beispiel des Beschaffungsprozesses, in: Bilanz- und Buchhaltung, 26 Jg. (2002), S. 85-90.

*Diederichs, M./Richter, H.:* Transparenz durch risikoadjustiertes Berichtswesen, in: Bilanz- und Buchhaltung, 25 Jg. (2001), S. 135-142.

*Fally, M.:* Von der Idee zur Risikopolitk. Der Weg der STEWEAG/Energie STEIERMARK zum angewandten, betrieblichen Risk-Management, in: Hinterhuber, H./ Sauerwein, W./Fohler-Norek, Ch. (Hrsg.): Betriebliches Risikomanagement, Wien 1998, S. 219-229.

*Friedag, H.R./Schmidt, W.:* Balanced Scorecard - Mehr als nur ein Kennzahlensystem, Freiburg i. Br./Berlin/München 1999.

*Guldin, A.:* Kundenorientierte Unternehmenssteuerung durch die Balanced Scorecard, in: Horvath, P. (Hrsg.): Das neue Steuerungssystem des Controllers, Stuttgart 1997, S. 289-302.

*Guserl, R.:* Risiko-Management im industriellen Anlagengeschäft, in: Zeitschrift für Betriebswirtschaft, 66. Jg. (1996), S. 519-534.

*Haller, M.:* Ausblick: Künftige Entwicklung im Risiko-Management, in: Schriften zur Unternehmensführung, Band 33, Wiesbaden 1986a, S. 117-127.

*Haller, M.:* Risiko-Management. Eckpunkte eines integrierten Konzeptes, in: Schriften zur Unternehmensführung, Band 33, Wiesbaden 1986b, S. 7-43.

*Härterich, S.:* Risk Management von industriellen Produktions- und Produktrisiken, Karlsruhe 1987.

*Helmke, St./Risse, R.:* Chancen- und Risikomanagement im Konzern Deutsche Post AG, in: Kostenrechnungspraxis, 43. Jg. (1999), S. 277-283.

*Herrmann, J.:* Risk Management in einem internationalen Konzern, in Schriften zur Unternehmensführung, Band 33, Wiesbaden 1986, S. 45-79.

*Hornung, K.H./Reichmann, Th./Diederichs, M.:* Konzeptionelle Ansätze zur pragmatischen Realisierung gesetzlicher Anforderungen, in: Controlling, 11. Jg. (1999), S. 313-321.

*Kaplan, R.S./Norton, D.P.:* Balanced Scorecard. Strategien erfolgreich umsetzen, Stuttgart 1997a.

*Kaplan, R.S./Norton, D.P.:* Strategieumsetzung mit Hilfe der Balanced Scorecard, in: Gleich, R/Seidenschwarz, W. (Hrsg.): Die Kunst des Controlling, München 1997b, S. 313-342.

*KPMG:* Integriertes Risikomanagement, in: http://www.kpmg.de/library/brochures/satellit/IRM.pdf, 1998. Berlin 1998 vom 03.11.2002, S. 1-47.

*Kromschröder, B./Lück, W.:* Grundsätze risikoorientierter Unternehmensüberwachung, in: Der Betrieb, 51. Jg. (1998), S. 1573-1576.

*Lück, W.:* Der Umgang mit unternehmerischen Risiken durch ein Risikomanagementsystem und durch ein Überwachungssystem – Anforderungen durch das KonTraG und Umsetzung in der betrieblichen Praxis, in: Der Betrieb, 51. Jg. (1998), S. 1925-1930.

*Reichmann, Th.:* Kosten- und Erfolgs-Controlling - neuere Entwicklungen in der Führungsunterstützung, in: Reichmann, Th. (Hrsg.): Handbuch Kosten- und Erfolgs-Controlling, München 1995, S. 3-24.

*Reichmann, Th.:* Controlling mit Kennzahlen und Managementberichten, 6. Auflage, München 2001.

*Reichmann, Th.:* Stichwort „Controlling" in: Horvath, P./Reichmann, Th. (Hrsg.): Vahlens Großes Controlling Lexikon, 2. Auflage, München 2003, S. 122-124.

*Schenk, A.:* Techniken der Risikoidentifikation, in: Hinterhuber, H./Sauerwein, E./Fohler-Norek, Ch. (Hrsg.): Betriebliches Risikomanagement, Wien 1998, S. 43-62.

*Schön, D./Diederichs, M./Busch, V.:* Chancen- und Risikomanagement im Projektgeschäft. Transparenz durch ein DV-gestütztes Frühwarnsystem, in: Controlling, 13. Jg. (2001), S. 379-387.

*Steinle, C./Thiem, H./Bosch, Th.:* Chancen- und Risikenmanagement: Konzeption, Ausgestaltungsformen und Umsetzungshinweise, in: Zeitschrift für Planung, 7. Jg. (1997), S. 359-373.

*Weber, J.:* Macht der Zahlen, in: Manager Magazin, Jg. 28 (1998), S. 184-188.

*Weber, J.:* Einführung in das Controlling, 8. Auflage, Stuttgart 1999.

# Symbolverzeichnis

| | |
|---|---|
| $<$ | kleiner |
| $>$ | größer |
| DB | Deckungsbeitrag |
| G | Gewinn |
| t | Periodenindex mit t = 1, 2, ..., T |
| KSt. | Kostenstelle |
| U | Umsatz |

# Abbildungsverzeichnis

Abbildung 1:   Die mehrdimensionale Controlling- und Informationskonzeption
Abbildung 2:   Controllingbezogene Analyse und stufenweise Konkretisierung der Konzeptions-, System- und Applikationsebene
Abbildung 3:   Controlling als „dispositiver Zulieferer" des Managements
Abbildung 4:   Drill-Down Produktion
Abbildung 5:   Die vier Perspektiven der Balanced Scorecard
Abbildung 6:   Risikomanagementprozess
Abbildung 7:   Risikokategorisierung
Abbildung 8:   Risk-Map
Abbildung 9:   Balanced Chance and Risk Card

MARTIN HAUSER

# Ansatzpunkte für ein wertorientiertes Controlling

| 1 | Dimensionen eines wertorientierten Controllings | 35 |
|---|---|---|
| 2 | Grundlagen wertorientierter Erfolgsmessung | 37 |
| | 2.1 Betriebswirtschaftlicher Perspektivenwechsel | 37 |
| | 2.2 Free Cash Flow als zentrale Steuerungsgröße | 38 |
| 3 | Shareholder Value als Methodenverbund | 40 |
| | 3.1 Überblick | 40 |
| | 3.2 Strategiefindung und -formulierung | 42 |
| | 3.3 Langfristige Free Cash Flow Planung | 44 |
| | 3.4 Modifizierte Kapitalwertrechnung | 46 |
| | 3.5 Kapitalkosten | 49 |
| 4 | Alternative Konzepte zur wertorientierten Steuerung | 52 |
| | 4.1 Budgetierung des Gewinnbedarfs und der Managementerfolg | 52 |
| | 4.2 Economic Value Added nach *Stern/Stewart* | 54 |
| 5 | Value Driver – auf der Suche nach wertorientierten Stellschrauben | 57 |

Literaturverzeichnis 59

Symbolverzeichnis 59

Abbildungsverzeichnis 60

# 1 Dimensionen eines wertorientierten Controllings

Wirtschaftlich erfolgreiches Betreiben im Unternehmen orientiert sich an dessen Wert. Doch was ein Unternehmen wert ist, beantwortet sich nicht einfach mit einem Blick in die Bilanz. Gerade auch die öffentliche Debatte der letzten Jahre über „Shareholder Value" hat kontroverse Sichtweisen zum Vorschein gebracht.

Manch einer hat behauptet, bei der wertorientierten Unternehmensführung ginge es ausschließlich um die Befriedigung von Aktionärsinteressen. Die Bedürfnisse der Shareholder stünden im Vordergrund. Alle anderen Anspruchsgruppen - die sogenannten Stakeholder - müssten ins zweite Glied zurücktreten. Vor allem die Vertreter der Arbeitnehmerseite setzen die wertorientierten Rezepte mit dem kurzfristigen Streben nach maximalem Gewinn gleich. Insofern wird der betriebswirtschaftliche Werkzeugkasten im Rahmen des Wertmanagements der Investorenseite zugeschrieben. Dies gilt insbesondere dann, wenn aus unternehmensexterner Sicht das Shareholder Value Konzept auf die Steigerung des Börsenwertes verkürzt wird. Vor dem Hintergrund der jüngsten Börsen-Baisse wird bereits vom Ende des „Shareholder-Kapitalismus" gesprochen.

Insbesondere in der gesellschaftspolitischen Diskussion wird Shareholder Value mit astronomisch hohen Abfindungen und Pensionszahlungen an ausscheidende Top-Manager verbunden. So mag sich bei manch einem der Eindruck verfestigt haben, Shareholder Value diene primär dazu, bestimmte Anspruchsgruppen des Unternehmens (Manager, Eigner) auf ungerechtfertigte Weise zu bevorzugen.

Wenn wir die betriebswirtschaftlichen Methoden des wertorientierten Controllings betrachten, dann erleben wir das Thema allerdings aus einer ganz anderen Perspektive. Controller sind aufgefordert, Shareholder Value mehr Nüchternheit zu verleihen. Als Methodenarchitekt ist ein anspruchsvoller Werkzeugkasten auf Praktikabilität zu prüfen. In diesem Sinne ist wertorientierte Unternehmensführung weitaus mehr als die kurzfristige Befriedigung von Aktionärsinteressen.

Wertorientierung bedeutet zuerst, innerhalb des Unternehmens wertorientierte Steuerungsgrößen zu finden. Es geht also vielmehr um Fragen der Erfolgsentstehung und -messung, weniger um Fragen der Erfolgsverwendung. Damit sehen sich Controller innerhalb eines wertorientierten Controllings mit der Forderung konfrontiert, Erfolgsmaßstäbe zu entwickeln, die den tatsächlichen Unternehmenswert abbilden. Solche Messgrössen basieren auf der langfristigen Cash-Flow-Entwicklung eines Unternehmens und nicht auf kurzfristiger Gewinnmaximierung. Um es mit *Rappaport* zu sagen: „Cash is a fact, profit an opinion". Wertorientierte Unternehmensführung orientiert sich somit an Zahlungsstromgrößen. Sie ist im besten Sinne des Wortes eine ökonomische Mess- und Regeltechnik, die der Controller als Dienstleister dem Management zur zielorientierten Planung und Steuerung des Unternehmenswertes anzubieten hat.

Wertsteigerung wird durch zielführende strategische Entscheide des Managements und durch deren Umsetzen auf operativer Ebene bewirkt. Corporate Value entsteht somit durch das Zusammenwirken aller Stakeholder. Er kommt auch allen Stakeholdern zugute, indem er zur individuellen Zielerreichung der jeweiligen Anspruchsgruppe beiträgt.

Oftmals wird der Zielkonflikt zwischen Wertsteigerung und Arbeitsplatzsicherheit besonders betont. Gerade die jüngere Wirtschaftsgeschichte zeigt, wie Unternehmen mit hohen Wertsteigerungsraten zugleich eine große Anzahl von Arbeitsplätzen schaffen. SAP ist da ein Beispiel. Hier werden im Übrigen die Mitarbeiter durch Belegschaftsaktien zu Shareholdern und profitieren in zweifacher Weise vom Corporate Value. Insofern bedeutet Wertsteigerung die Sicherung von Dividenden und Aktienwert einerseits sowie den Erhalt von Arbeitsplätzen andererseits. Sie garantiert zudem dauerhafte Lieferantenverbindungen und Kundenzufriedenheit. Sie ermöglicht auch Zinszahlungen und Kredittilgungen an Banken ebenso wie das Begleichen der Steuerschuld an den Fiskus. Wertmanagement ist nicht eindimensional auf den Shareholder ausgerichtet. Dies hat sich mittlerweile auch in der Begrifflichkeit durchgesetzt. Neuerdings wird bevorzugt von Value Based Managment (VBM) oder von Wertorientierter Unternehmensführung (WUF) gesprochen.

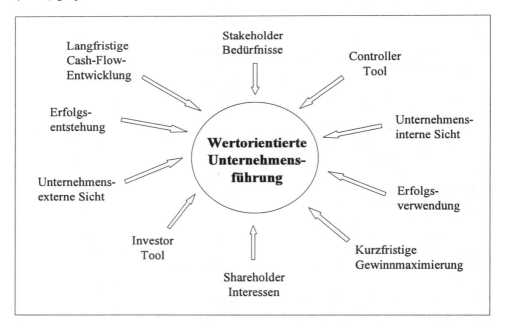

Abbildung 1: Dimensionen eines wertorientierten Controllings

# 2 Grundlagen wertorientierter Erfolgsmessung

## 2.1 Betriebswirtschaftlicher Perspektivenwechsel

Wertorientierte Erfolgsmaßstäbe in das Controlling-System eines Unternehmens einführen zu wollen, erfordert ein Umdenken auf allen Managementebenen. Wir verlassen die klassische Perspektive des Buchhalters, der Ertrag und Aufwand gegenüberstellt. Er konstatiert dann einen (bilanziellen) Gewinn, wenn die Erträge einer Periode größer sind als die Aufwendungen.

Der Buchhalter weist damit bereits einen wirtschaftlichen Erfolg aus, während der Controller aus wertorientierter Sicht noch von einem Verlust spricht. Um zu erkennen, ob Unternehmenswert geschaffen oder vernichtet wurde, sind nicht Erträge und Aufwendungen relevant, sondern Zahlungsströme. Dies entspricht einem Vorgehen, das wir aus der Investitionsrechnung kennen. Demzufolge stellt der Controller Ein- und Auszahlungen eines Betrachtungszeitraums gegenüber. Wenn die Summe der Einzahlungen größer ist als die Summe der Auszahlungen, dann liegt ein Zahlungsmittelüberschuss vor, der als „Free Cash Flow" bezeichnet wird.

Ökonomischer Gewinn im Sinne von „geschaffenem Unternehmenswert" liegt allerdings erst dann vor, wenn dieser Free Cash Flow größer ist als die in diesem Zeitraum zu berücksichtigenden Kapitalkosten.

Diese Sichtweise nahm der Nationalökonom *Alfred Marshall* bereits im Jahre 1890 ein, als er sagte: „Was nach Abzug der Zinsen zum geltenden Satz von seinem Gewinn (des Unternehmers, Anm. des Verfassers) bleibt, kann man als unternehmerischen Ertrag bezeichnen". Damit meint *Marshall*, dass man zur Errechnung des Unternehmenswertes nicht nur die in der Rechnungslegung erfassten Ausgaben berücksichtigen muss, sondern auch die Opportunitätskosten des im Unternehmen eingesetzten Kapitals.

Die adäquate Ermittlung der Kapitalkosten nimmt im Rahmen wertorientierter Werkzeuge einen breiten Raum ein. Sie entspringt der genannten Sicht, dass das Bereitstellen von Kapital nicht umsonst ist, sondern Kosten verursacht. Hierbei ist zwischen Fremdkapital- und Eigenkapitalkosten zu unterscheiden. Letztere werden als Opportunitätskosten im o.g. Sinne interpretiert und zum Teil mit mathematisch-statistischen Verfahren auf anspruchsvolle Weise berechnet. Hierbei steht die Beantwortung folgender Frage im Vordergrund: Wie hoch ist die Verzinsung einer alternativen Anlage und wie hoch ist das spezifische Unternehmensrisiko anzusetzen?

Das Bemühen einen Verzinsungsanspruch analytisch und für alle nachvollziehbar abzuleiten, ist nicht hoch genug einzuschätzen. Dies trägt im Sinne des „Telling Why" zur Motivation jener bei, die diesen Gewinnbedarf erwirtschaften müssen. Eine Warnung ist an dieser Stelle angebracht: Mit Methodenperfektionismus einen Verzinsungsanspruch bis zwei Stellen hinter dem Komma zu justieren beinhaltet eine Scheingenauigkeit, welche angesichts der Prognoseschwierigkeiten künftiger Zahlungsreihen seltsam anmutet.

Zudem entscheidet hier kein homo oeconomicus der Rationalität der Kapitalmärkte folgend, sondern ein Unternehmer oder Manager mit Herz und Verstand.

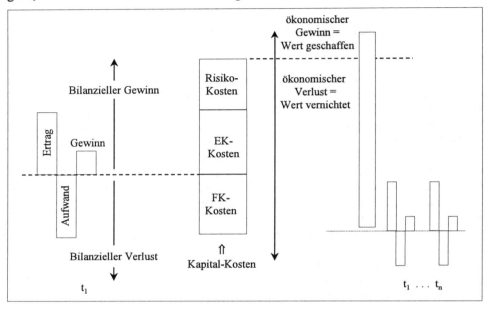

Abbildung 2: Betriebswirtschaftlicher Perspektivenwechsel

## 2.2 Free Cash Flow als zentrale Steuerungsgröße

Der Free Cash Flow ist die zentrale Steuerungsgröße im Rahmen wertorientierter Controlling-Konzepte. Er wird i.d.R. indirekt ermittelt, so wie es im Rahmen der Kapitalflussrechnung gehandhabt wird.

Bei der Rechenmethodik des Shareholder Value steht die operative Tätigkeit des Unternehmens im Vordergrund. Dies lässt sich dadurch begründen, dass wir den Wertbeitrag von Strategien ausgewählter strategischer Geschäftseinheiten ermitteln wollen. Ergebnisse aus außerordentlicher, Finanz- und nicht betriebsnotwendiger Tätigkeit spielen damit eine untergeordnete Rolle. Insofern bildet der Ausgangspunkt zur Ermittlung des Shareholder Value nicht der Jahresüberschuss, sondern das Betriebsergebnis. Dieses entnehmen wir entweder einer internen Rechnung im Stile einer Management-Erfolgsrechnung (MER) oder es resultiert aus der externen Rechnungslegung als Zwischensaldo einer Gewinn- und Verlustrechnung.

Ansatzpunkte für ein wertorientiertes Controlling

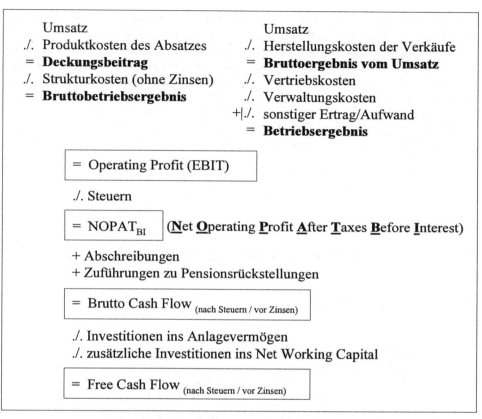

Abbildung 3: Indirekte Ermittlung des Free Cash Flow

Im ersten Fall kommen wir über die Stufen Umsatz, Produktkosten, Deckungsbeitrag und Strukturkosten zu einem Betriebsergebnis vor Zinsen. Dieses Ergebnis entspricht dann der klassischen EBIT-Kennzahl, d.h. Earnings Before Interest and Taxes, des internen Rechnungswesens.

Sofern das Betriebsergebnis der externen Rechnungslegung entnommen wird, ist es bei Anwendung des Umsatzkostenverfahrens über die Zeilen Umsatz, Herstellungskosten, Bruttoergebnis vom Umsatz, Vertriebs- und Verwaltungskosten sowie sonstige Ertrags- und Aufwandspositionen zu ermitteln. Dieser Saldo wird in der anglo-amerikanischen Literatur auch als „operating profit" bezeichnet.

Da es im Folgenden um den Einsatz der SHV-Methode als unternehmensinternes Controller-Tool geht, wird im weiteren unterstellt, dass der „operating profit" aus einer mehrjährigen Planungsrechnung im Stile einer Management-Erfolgsrechnung (MER) hervorgeht. Der nächste Schritt besteht nunmehr darin, den Zahlungsmittelabfluss in Form der Ertragssteuerzahlungen zu berücksichtigen. Hier wird i.d.R. eine kalkulatorische Steuerquote unterstellt, in der Gewerbeertragsteuer, Körperschaftssteuer und Solidarzuschlag enthalten sind. Auf diese Weise ergibt sich der häufig zitierte $NOPAT_{BI}$, der Net Operating Profit After Taxes Before Interest. Um vom $NOPAT_{BI}$ zum Brutto Cash Flow zu kommen, werden Abschreibungen und ggf. Zuführungen zu Pensionsrückstellungen addiert. Sie stellen nicht ausgabewirksame Aufwendungen dar und erhöhen den Zahlungsmittelsaldo. In einem letzten Schritt ist nunmehr der Zahlungsmittelabfluss infolge der Investitionstätigkeit zu berücksichtigen. Das bezieht sich einmal auf die Investitionen ins Anlagevermögen. Zudem sind die Erweiterungen des Net Working Capitals zu berücksichtigen. Letzteres ergibt sich aus der zusätzlichen Mittelbindung in Vorräten und Debitoren abzüglich der (zinslosen) zusätzlichen Lieferantenverbindlichkeiten. Diese Cash Flow Bereinigungen führen zum Free Cash Flow nach Steuern und vor Zinsen, welcher die zentrale Inputgröße der SHV-Rechnung darstellt.

# 3 Shareholder Value als Methodenverbund

## 3.1 Überblick

Die Shareholder Value-Methode kann als Verbund klassischer betriebswirtschaftlicher Werkzeuge gesehen werden. Grundlage der Erfolgsmessung ist der soeben gezeigte Free Cash Flow, der einer modifizierten Kapitalflussrechnung entspringt. Er findet als zentrale Planungs- und Steuerungsgröße Eingang in die Strategiefindung und -formulierung. Wertsteigerung oder -vernichtung ist immer auch das Resultat strategischer Entscheide. Diese transparent zu machen, ist im Rahmen der SHV-Methode unerlässlich. Parallel dazu ist eine Quantifizierung der Strategien erforderlich. Während das hier gezeigte strategische Formular auf die vorwiegend qualitative Beantwortung von fünf strategischen Kernfragen abstellt, beinhaltet die Mittel- bis Langfristplanung eine integrierte Ergebnis- und Free Cash Flow-Darstellung in der Fünf- bis Zehn-Jahres-Perspektive. Das Bekenntnis zur Shareholder Value Methode bedeutet gleichzeitig den Zwang zur Quantifizierung von Strategien. Es genügt nicht mehr, große oder kleine Kreise im Portfolio hin- und herzuschieben. Sondern es bedarf nunmehr eines eindeutigen Belegs im Sinne einer mittel- bis langfristigen Planungsrechnung, ob z.B. die angekündigte Cash Cow tatsächlich Free Cash Flow generiert.

Die SHV-Methode wirkt wie ein Trojanisches Pferd. Controller können sich mit ihrer Kernkompetenz „Rechnen" unbemerkt in die häufig noch als „Closed Shop" betriebene strategische Planung der Unternehmensleitung einschleichen. Sie bekommen damit auch die Chance, die häufig vernachlässigte Mittelfristplanung aufzuwerten und ihr den Stellenwert zuzuweisen, den sie im Controlling-System eines Unternehmens verdient.

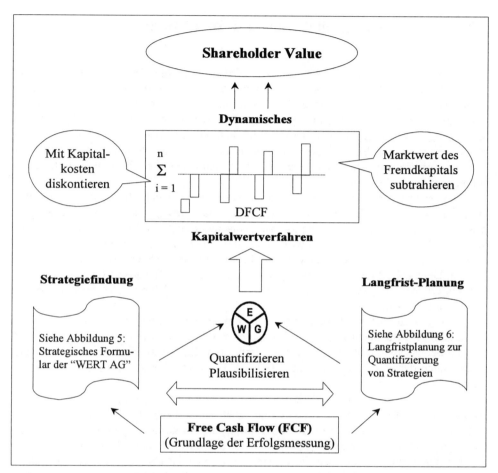

Abbildung 4: Shareholder Value Rechnung als Methodenverbund

Nämlich Bindeglied, Brückenkopf zu sein zwischen Strategie einerseits und Budget andererseits. Eine auf diese Weise optimierte und quantifizierte WEG-Findung mündet dann in ein dynamisches Kapitalwertverfahren, welches unter Berücksichtigung von Kapitalkosten und Fremdkapitalwert mittels des Discounted Free Cash Flow (DFCF) den Shareholder Value hervorbringt.

Wertorientiertes Controlling bedeutet demnach die Verbindung von Strategie- und Finanzplanung auf der einen Seite. Auf der anderen Seite erfordert dies, Strategien in einer Planungsrechnung operativ zu konkretisieren und deren Vorteilhaftigkeit mittels Verfahren dynamischer Investitionsrechnung quantitativ zu belegen.

## 3.2 Strategiefindung und -formulierung

Das strategische Formular in Abbildung 5 wird in Trainings der Controller Akademie verwendet. Es steht hier symbolisch für einen systematischen und kontinuierlichen Strategie-Planungsprozess. Ein solcher Prozess ist im Zuge eines wertorientierten Controllings unerlässlich. Es werden fünf Kernfragen zur strategischen Ausrichtung des Unternehmens gestellt. Insofern kann dieses Papier auch als Deckblatt einer strategischen Planung verstanden werden, welches die strategischen Eckpunkte zusammenfasst. Wertorientierte Unternehmenssteuerung bedeutet damit auch die stärkere Betonung strategischer Komponenten im Planungsprozess.

Im Verlauf einer Strategieklausur werden zwei Strategiealternativen zur weiteren Prüfung herausgearbeitet. Es wird zum einen darüber nachgedacht, ob der kränkelnde Wettbewerber X mit anerkannt guter Marke zum Ausbau der eigenen Marktstellung akquiriert werden soll. Als Alternative dazu wird überlegt, ob nicht der Aufbau einer eigenen neuen Produktlinie im Kundensegment des Wettbewerbers eine größere Wertsteigerung verspricht. Dem Leitbild wurde dabei folgender wertorientierte Grundsatz hinzugefügt: „Die kontinuierliche Steigerung des Unternehmenswertes zum Wohle aller Stakeholder bestimmt unser Handeln".

Blumige Leitbildformulierungen können konkretisiert werden zum Beispiel durch die Bedingung, welche nachhaltiges Erwirtschaften von Free Cash Flow beinhaltet, der deutlich größer ist als die anzusetzenden Kapitalkosten. Eine wertorientierte Vision könnte zudem auch darin bestehen, dass man sich zur Konzentration auf das Kerngeschäft bekennt.

Wenn der Free Cash Flow als Zeichen der Wertorientierung Eingang in die Leitbildformulierung gefunden hat, so liegt es nahe, auch einen diesbezüglichen Zielmaßstab zu berücksichtigen: So z.B. der Free Cash Flow in der vorherigen Definition als absolute Zielgröße und verbindliches Etappenziel einer Mittelfristplanung. Ergänzt könnte dies werden durch eine Brutto-Cash-Flow-Rate in Prozent vom Umsatz. Eine Zieleigenkapitalquote von 60% bedeutet gleichzeitig höhere finanzielle Stabilität einerseits und höheren Anspruch an die Kapitalkosten andererseits. Der Zielkorridor kann durch weitere wertorientierte Kennzahlen konkretisiert werden (Kapitalumschlag, Lagerreichweite, Working Capital Ratio o.ä.).

Die letzte Rubrik des strategischen Formulars soll robuste Schritte (Meilensteine) aufnehmen, die zum Umsetzen der Strategie notwendig sind. Sie geben der Strategieplanung Bodenhaftung. Sie beinhalten nicht einzelne detaillierte Schritte, sondern ein Maßnahmenbündel in Ausübung der festgelegten Strategie. Hier wird es deshalb darauf ankommen, eine Strategie soweit zu konkretisieren, dass die quantitativen Konsequenzen in einer langfristigen Cash Flow Planung plausibel aufzuzeigen sind. Es könnten beispielsweise aufgeführt werden:

Ansatzpunkte für ein wertorientiertes Controlling

---

**Unternehmen WERT AG: SGE Demoversion**

| Die richtigen Dinge tun | Strategie-Klausur | Strategische Planung 2000 ff |

**Leitbild: Wozu sind wir da?**
- Die kontinuierliche Steigerung des Unternehmenswertes zum Wohle aller Stakeholder bestimmt unser Handeln
- Nachhaltiges Erwirtschaften von Free Cash Flow, der deutlich größer ist als die Kapitalkosten
- Wir konzentrieren uns auf unser Kerngeschäft

**Ziele: Was wollen wir dabei erreichen?**

- FCF: .... Mio Euro
- BCF in % v. Umsatz: 10%
- ED-Quote: > 60%

- Kapitalumschlag
- Lagereichweite
- Working Capital Ratio

„Werttreiber":
- Umsatzwachstum
- Umsatzrentabilität
- Steuerzahlungen
- Net Working Capital
- Investitionen AV
- Gewichtete Kapitalkosten
  Dauer der Wertsteigerung

**Strategie:**
**Auf welche, sich von der Konkurrenz unterscheidende Art und Weise?**
- Akquisition des (kränkelnden) Wettbewerbers X, mit anerkannter Marke zum Ausbau der eigenen Marktstellung
- Aufbau einer eigenen neuen Produktlinie im Kundensegment Y des Wettbewerbers X

**Prämissen: Unter welchen benötigten Voraussetzungen?**
- Als Familienunternehmen ist der Zugang auf den Kapitalmarkt beschränkt
- Begrenztes Wachstum, weil Qualifizierung neuer Mitarbeiter viel Zeit beansprucht

**Robuste Schritte: Mit welchen realisierbaren Maßnahmen?**
- Modernisierung der Produktionsstätten von Wettbewerber X
- Neustrukturierung der Vertriebsorganisation
- Durchführung einer Werbekampagne
- Senkung der Beschaffungskosten durch „Single Sourcing"

Abbildung 5: Strategisches Formular der „WERT AG"

Investitionsmaßnahmen zur Modernisierung der Produktionsstätten des ehemaligen Wettbewerbers, Neustrukturierung der Vertriebsorganisation, Durchführung einer Werbekampagne und Senkung der Beschaffungskosten durch „Single Sourcing".

Die Berücksichtigung von Prämissen der Strategieformulierung lassen eine kompatible Strategie entstehen. Prämissen sind hier zu verstehen als selbstauferlegte Bedingungen, damit eine Strategie auch funktioniert. Es könnte z.B. genannt sein: Beschränkter Zugang auf den Kapitalmarkt als mittelständisches Familienunternehmen oder auch begrenztes Wachstum, weil die Qualifizierung neuer Mitarbeiter einen größeren Zeitraum beansprucht.

## 3.3 Langfristige Free Cash Flow Planung

Vielleicht sind wir damit bei einem der am stärksten vernachlässigten Planungsinstrumente der Controller. Aus wertorientierter Sicht sind hier vor allem drei Fragen interessant:

1. Welcher Planungshorizont ist zu wählen?
2. Welcher Detaillierungsgrad ist sinnvoll?
3. Wie ermögliche ich eine realistische Planung?

1. Der für die Mittelfristplanung übliche Zeithorizont von drei bis fünf Jahren ist für eine Shareholder Value-Berechnung zu kurz. Der Shareholder Value wird grundsätzlich nach dem Prinzip des going-concern berechnet. In unseren Planungsszenarien werden demnach die Cash Flows der Gesamtlebensdauer des Unternehmens zugrunde gelegt. Da wir die Lebensdauer nicht kennen und sich die Cash Flows nur für einen begrenzten Zeitraum realistisch einschätzen lassen, wird in der Regel mit einer 10-Jahres-Perspektive geplant. Diese Zeitspanne wird gegebenenfalls je nach Branche und Produktlebenszyklus verkürzt oder verlängert. In der Shareholder Value Berechnung wird dann explizit getrennt in einen Detailplanungszeitraum und einen Fortführungszeitraum. In beiden Perioden wird Free Cash Flow erwirtschaftet, letztere ergibt den sogenannten Fortführungswert oder Restwert.

2. Hinsichtlich der Detaillierung sind mindestens jene Planungsparameter als Zeilen zu erfassen, die den Free Cash Flow determinieren. Dies sind neben der Dauer der Wertsteigerung und den Kapitalkosten, die anderweitig ins Modell eingehen, Umsatzwachstum, Umsatzrentabilität, Steuerzahlungen, Investitionen ins Anlagevermögen und ins Net Working Capital. Zur besseren Plausibilisierung der Planung wird auf das Free Cash Flow-Schema von vorhin zurückgegriffen.

# Ansatzpunkte für ein wertorientiertes Controlling

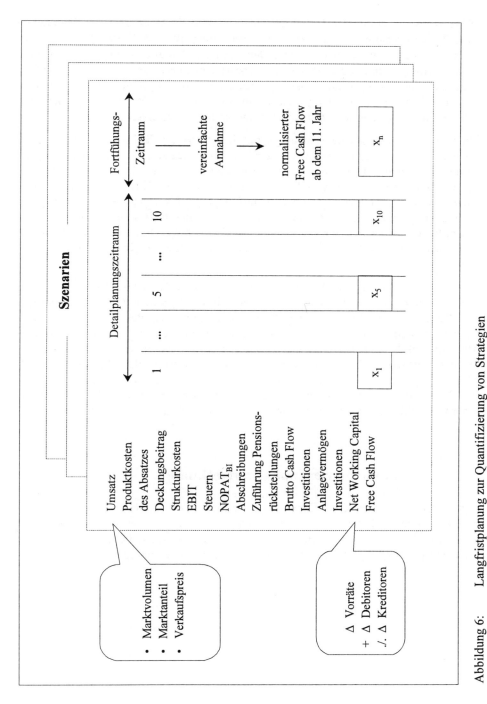

Abbildung 6: Langfristplanung zur Quantifizierung von Strategien

Eine Konkretisierung der Umsatzplanung hinsichtlich Marktvolumen, Marktanteil und Zielverkaufspreisen wäre wünschenswert. Auch das Net Working Capital lässt sich in seine Komponenten Vorräte, Debitoren und Kreditoren aufspalten. Weitere Verfeinerungen sind in der 10-Jahres-Perspektive nicht erforderlich. Für den Fortführungszeitraum wird ein normalisierter Free Cash Flow angenommen, der entweder konstant bleibt oder eine stetige Wachstums-/Schrumpfungsrate aufzeigt je nachdem, ob optimistische oder pessimistische Planungsszenarien unterstellt werden.

3. Inwieweit eine realistische Planung gelingt, hängt von der Fähigkeit der Planungsbeteiligten ab, das Prognoseproblem in den Griff zu kriegen. Nur eines ist gewiss, die Zukunft ist ungewiss. Insofern ist dafür Sorge zu tragen, dass die Planungsannahmen ausreichend und verlässlich sind. Hierzu gehört auch, den Hockey-Stick zu vermeiden. Je weiter das Geschehen in der Zukunft liegt, desto rosiger werden die Möglichkeiten eingeschätzt. Der Controller als ökonomisches Gewissen und betriebswirtschaftlicher Sparringpartner hat dem entgegen zu wirken. Dies kann auch durch verschiedene Planungsszenarien im Sinne einer Worst- und Best-Case-Planung geschehen.

Die Güte der Shareholder Value-Berechnung ist maßgeblich von der Güte der einfließenden Planungsdaten abhängig. Deren Plausibilisierung mittels Analyse der strategischen Position, der Wettbewerbs- und Branchenstruktur sowie des Wertschöpfungspotenzials ist deshalb erforderlich. Sämtliche Wertsteigerungsanalysen fußen auf einer fundierten strategischen Analyse. Insofern findet hier eine Rückkoppelung zum vorher begonnenen strategischen Planungsprozess statt. Die Planungsgrundlage für den Shareholder Value ist ganzheitlich gelungen, wenn qualitative Elemente der Strategie und quantitative Größen der Langfristplanung in sich stimmig zusammengehen. Zweifelsohne ist hier der Controller mit seiner ganzen Moderationskraft gefordert.

## 3.4 Modifizierte Kapitalwertrechnung

Die prognostizierten Free Cash Flows werden mittels der Kapitalwertrechnung - einem Verfahren der dynamischen Investitionsrechnung - zu einem Wert - dem sogenannten Kapitalwert oder Barwert - verdichtet. Dieses - auch als Discounted Cash Flow Methode bezeichnete - Verfahren stellt sich in drei Komponenten formelmäßig wie folgt dar:

$$\mathrm{SHV} = \sum_{t=1}^{n} \frac{\mathrm{FCF}_t}{(1+i)^t} + \frac{\mathrm{FW}}{(1+i)^n} - \mathrm{FK}$$

Legende:
SHV = Shareholder Value    FK = Barwert des Fremdkapitals
FCF = Free Cash Flow    n = Planungshorizont
FW = Fortführungswert    t = Planungsperiode
i = Kapitalisierungszinsfuß (gewichtete Kapitalkosten)

Abbildung 7:    Die drei Komponenten in der Shareholder Value-Formel

Der Shareholder Value ergibt sich aus der Summe der diskontierten Free Cash Flows (DFCF) der Planungsperiode zuzüglich dem diskontierten Fortführungswert abzüglich dem Barwert des Fremdkapitals. Für den Mathematiker mag die Formel genügen, ein transparenzverantwortlicher Controller hätte es wohl gerne plastischer dargestellt.

Im vorhin verwendeten Formular für die Langfristplanung wird deutlich, dass die detaillierte Berechnung in drei Etappen erfolgt. Hierbei sind drei Zeitperspektiven zu berücksichtigen: Der Zeitpunkt des Strategieentscheids, der Detailplanungszeitraum und der Fortführungszeitraum. Grundprinzip ist, dass alle eingehenden Werte auf den Entscheidungszeitpunkt bezogen werden. Damit ist der Zeitwert des Geldes berücksichtigt.

Im ersten Schritt werden die Free Cash Flows der Planungsperiode mit dem Kapitalisierungszinsfuß diskontiert. Dies ergibt dann einen Summenwert von Discounted Free Cash Flows, welcher den Unternehmenswert der Planungsperiode verkörpert.

Folgende Beispielrechnung soll das Vorgehen veranschaulichen. Wir unterstellen eine Free Cash Flow-Reihe die negativ mit -30 beginnt und bei einem normalisierten Free Cash Flow ab dem Jahre 11 von +80 endet. Bei einem Zinssatz von $i = 10\% = 0{,}1$ ergeben sich Diskontierungsfaktoren zwischen 0,909 im 1. Jahr und 0,386 im 10. Jahr. Sie verdeutlichen die Dämpfungswirkung durch den Zeitwert des Geldes. 1 Euro in 10 Jahren ist mir heute 38,6 Cent wert. Dementsprechend ergibt sich die Reihe der Discounted Free Cash Flows.

Das Diskontieren entspringt der Logik der Banker. Für den Shareholder Value bedeutet dies, dass eine Free Cash Flow Säule um so mehr reduziert wird, je ferner sie in der Zukunft erwartet wird. Dies mag zum einen tröstlich sein, denn so wird ein möglicher Hockey-Stick abgefedert. Zum anderen wird es dadurch für forschungsintensive Hochtechnologie-Branchen mit anfänglich stark negativem Cash Flow schwierig. Dies kann soweit gehen, dass der gesamte Shareholder Value aus dem Fortführungswert gespeist wird.

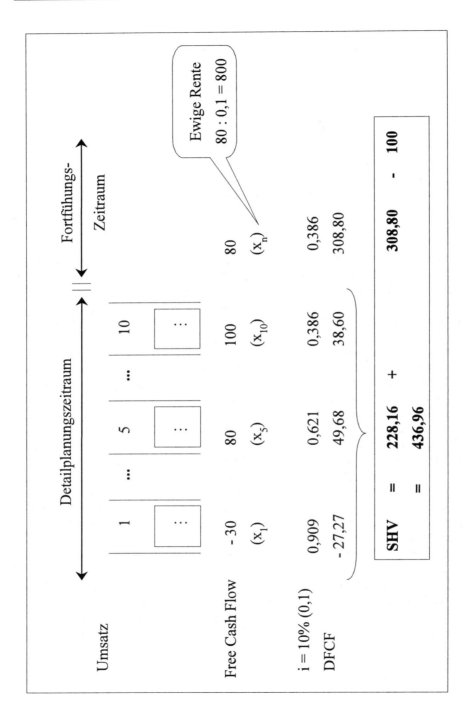

Abbildung 8: Shareholder Value-Beispielrechnung

Das fiktive Zahlenbeispiel zeigt die Wirkungsweise des Diskontierens. Der negative Free Cash Flow von -30 der ersten Periode geht bei einem Zins von 10% als Discounted Free Cash Flow in Höhe von -27,27 in den Shareholder Value ein. Die 100 FCF der 10. Periode schlagen nur noch in Höhe von 38,60 als DFCF zu Buche. Die Summe der DFCF beträgt 228,16. Dies ist der Unternehmenswert der Planungsperiode.

Im zweiten Schritt wird dann der Fortführungswert oder sogenannte Restwert ermittelt, indem der normalisierte Free Cash Flow durch den Kapitalisierungszinsfuß dividiert wird. In der Investitionsrechnung ist das die sogenannte ewige Rente. Beispiel: Bei einem Cash Flow von 1 Million Euro und einem Zins von 10 % oder 0,1, beträgt die ewige Rente 10 Millionen Euro. Dies lässt sich auch so erklären: Wenn ich heute 10 Mio. in Händen halte und ich brächte sie auf die Bank bei einem Zins von 10 %, so bekäme ich jedes Jahr 1 Mio Euro. Bei einem normalisierten FCF von 80 in unserem Beispiel beträgt die ewige Rente 800. Sie wird dann noch mit dem Kapitalisierungsfaktor des 10. Jahres diskontiert. Der diskontierte Fortführungswert beträgt 308,80 und wird zum Wert des Planungszeitraums addiert. Wir haben dann den Unternehmenswert von 536,96. Im letzten Schritt wird vom Unternehmenswert der Barwert des Fremdkapitals - in unserem Beispiel mit fiktiven 100 unterstellt - abgezogen und wir erhalten den Shareholder Value von 436,96. Diese Zahl bedeutet, dass die zur Entscheidung anstehende Strategiealternative einen Unternehmenswert aus Sicht der Eigner von 436,96 erbringen würde.

## 3.5 Kapitalkosten

Wie kommen wir nun auf den jeweils für das Unternehmen bzw. für die SGE gültigen Kapitalisierungszinsfuß? Er beinhaltet die gewichteten Kosten des Eigen- und Fremdkapitals. In der Ermittlung des i fließen nunmehr die Erkenntnisse moderner Kapitalmarkttheorien ein. Insofern verschmilzt hier altbekanntes Wissen der Investitionsrechnung (abzinsen) mit neuem Denken der Kapitalmärkte.

Das hier vorgestellte Verfahren wird durch das Kürzel WACC gekennzeichnet: Weighted Average Cost of Capital. Da die Gewichtung mittels der jeweiligen Anteile des Eigen- bzw. Fremdkapitals am Gesamtkapital erfolgt und das Kapital grundsätzlich zu Marktwerten anzusetzen ist, entsteht hier ein Zirkelproblem. In der Controller-Praxis hat sich ein Vorgehen mit einer festen Zielkapitalstruktur bewährt. Das heißt, wir unterstellen z.B. eine Zieleigenkapitalquote von 60%. Damit gehen die Eigenkapital- mit 60% und die Fremdkapitalkosten mit 40% in den WACC ein. Die hier verwendeten Zahlen dienen als Testzahlen und berücksichtigen nicht die aktuellen Kapitalmarktentwicklungen.

Das am häufigsten verwendete CAPM (Capital Asset Pricing Model) dient zur Bestimmung der Eigenkapitalkosten und geht vom Zins für eine risikolose Anleihe aus, also z.B. von Bundesschatzbriefen von 7%. Die Risikoprämie des Marktes ergibt sich aus der

Differenz der Marktrendite (z.B. langfristige DAX-Rendite von 12%) und risikolosem Zins. Das Marktrisiko seinerseits wird nun noch mit dem unternehmensspezifischen ß-Wert gewichtet: in unserem Beispiel mit 1,2 angenommen. Dieser macht sich fest am Unternehmensrisiko im Vergleich zum Marktrisiko. Bei börsennotierten Unternehmen sind diese Faktoren tagesaktuell erhältlich und zeigen die Schwankungen der Unternehmensaktie im Vergleich zum Markt, also z.B. zum DAX. Ein ß-Faktor, der größer als 1 ist, bedeutet, dass das Unternehmensrisiko größer ist als das Risiko, in den DAX zu investieren. Ein ß-Faktor, der kleiner als 1 ist, bedeutet dann ein geringeres Risiko als das DAX-Risiko. So errechnet sich ein unternehmensspezifischer Risikozuschlag, der über den Zins der risikolosen Anleihe hinaus zu verdienen ist. Er beträgt hier 6 %.

Für das Gros der nicht börsenorientierten Unternehmen ist es erforderlich, das Risiko individuell in Bezug auf das jeweilige Geschäftsfeld einzuschätzen. Dies kann integraler Bestandteil der strategischen Planung sein. Dann werden im Rahmen der Umfeldanalyse die Chancen und Risiken, welche die Marktattraktivität bestimmen, zu einem Risikoprofil verdichtet. Auf Basis eines solchen Profils werden die Eigenkapitalkosten als ganzzahliger Prozentwert innerhalb einer Bandbreite von z.B. 9% - 14% festgelegt. Ein vergleichbares Verfahren kennt der Verfasser aus einem internationalen Familienkonzern.

Bei den Fremdkapitalkosten gehen sämtliche Fremdfinanzierungsarten ein. Gemäß ihrem Anteil an der gesamten Fremdfinanzierung werden auch diese gewichtet. Zu berücksichtigen ist noch ein Abschlag in Höhe der kalkulatorischen Steuerquote auf den gewichteten Zinssatz, da die Nominal-Zinssätze Vorsteuergrößen sind und wir eine Nachsteuerbetrachtung anstellen.

Auch hier wird bezüglich einer pragmatischen Vorgehensweise sehr häufig mit einem kalkulatorischen Fremdkapital-Kostensatz von z.B. 8% für alle Geschäftsfelder des Konzerns gerechnet. Bei einer kalkulatorischen Steuerquote von 50% rechnen wir dann mit Fremdkapitalkosten von 4 % nach Steuern.

Gemäß der zugrunde gelegten Eigenkapitalquote von 60% werden die Eigenkapitalkosten mit 0,6 gewichtet und fließen in Höhe von 7,8% in den WACC ein. Analog werden die Fremdkapitalkosten mit 1,6% berücksichtigt. Daraus resultiert ein WACC von 9,4%. Mit diesem neu justierten Kapitalkostensatz müsste jetzt die Beispielrechnung nochmals durchgeführt werden. Wir erhielten dann einen SHV, der größer ist als die zuvor errechneten 436,96. Damit wird deutlich, dass die Höhe der Kapitalkosten die Höhe des SHV bestimmt (vgl. Abbildung 2).

Der Shareholder Value zeigt sich demnach als absolute Zahl in EURO oder Dollar. Er spiegelt den Wertbeitrag wieder, der auf Basis einer geplanten Cash Flow Entwicklung zu erwarten ist. Konsequente Cash Flow- und Zukunftsorientierung heben ihn vom Gros der gängigen Kennzahlen ab. Ermittlungs- und Prognoseprobleme sowie eine beachtliche Komplexität stehen dem entgegen. Vor allem auch beim Umtopfen des DCF-orientierten Wertbeitrages eines Geschäftsfeldes in arbeitsfähige Einzelziele der operativ Verantwortlichen werden Grenzen erkennbar.

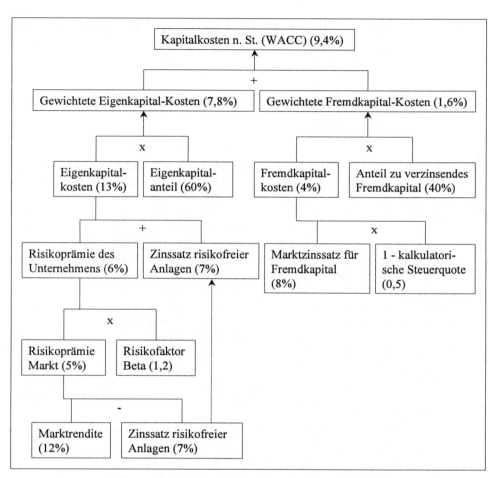

Abbildung 9: Das Verfahren der Weighted Average Cost of Capital (WACC)

# 4 Alternative Konzepte zur wertorientierten Steuerung

## 4.1 Budgetierung des Gewinnbedarfs und der Managementerfolg

In den Trainings der Controller Akademie werden die Kapitalkosten seit den siebziger Jahren mit dem sogenannten Gewinnbedarfsbudget begründet. Es soll zeigen, wie sich ein Gewinnanspruch aus der Sicht unterschiedlicher Interessengruppen zusammensetzt. Die zugrunde gelegte Planbilanz weist ein Anlagevermögen von 600 und ein Umlaufvermögen von 400 aus. Dies ist finanziert durch gezeichnetes Kapital von 300, Rücklagen von 180, langfristiges Fremdkapital von 200 und kurzfristiges Fremdkapital von 320.

Das Gewinnbedarfsbudget wird nunmehr auf Basis dieser Bilanzstruktur erarbeitet. Zuerst braucht es einen Entscheid über eine Plandividende. Nach Maßgabe der Dividendenpolitik werden hier 12% festgelegt. Das bedeutet einen ersten Anspruch in Höhe von 36 aus Sicht der Aktionäre (Gesellschafter). Da dies ein Betrag nach Steuern darstellt, ist hierauf noch Steueranspruch zu rechnen. Im zweiten Schritt sind die Zinsen für das Fremdkapital zu planen, womit eine zweite Stakeholdergruppe explizit berücksichtigt wird. Dies führt zu Ansprüchen von 42 für die Kreditgeber.

Zur Existenzsicherung und Risikovorsorge werden Rücklagen von 18 gebildet. Das Unternehmen selbst formuliert diesen Anspruch, der verschiedenen Stakeholdern zugute kommt. Existenzsicherung bedeutet gleichermaßen die Sicherung von Arbeitsplätzen, Aktienwert und Kredittilgung.

Mit einer kalkulatorischen Ertragsteuerquote von 50% wird dem Fiskus und damit dem Staat bzw. der Öffentlichkeit als Anspruchsgruppe Rechnung getragen. Die 54 errechnen sich auf der Grundlage der Dividendenausschüttung und der Rücklagenzuführung. Somit ergibt sich ein Gewinnbedarf von 150 als EBIT-Ziel, was einem ROI von 15% gleichkommt.

Immer wieder geht es doch darum, einen Gewinnanspruch auf nachvollziehbare Weise zu begründen. Diesem Telling Why sind Controller im Rahmen ihrer Verantwortung für Ergebnistransparenz verpflichtet. Der Weg von der Transparenz der Zahlen zur Akzeptanz solcher Ansprüche führt über intensive Kommunikation aller Beteiligten. Der Controller als Moderator hat sich einem solchen Telling Why in besonderer Weise anzunehmen. Strategische Zielrenditen sollten nicht vom Himmel fallen, sondern müssen auf unternehmensindividuelle Weise erläutert werden.

Dies trägt zur Identifikation und Motivation aller bei. Wie nun ein solcher Gewinnbedarf begründet wird, ist eine Methodenfrage. Legen wir rationale Ansätze der Kapitalmärkte zugrunde oder beziehen wir die besondere Situation des Unternehmens mit ein?

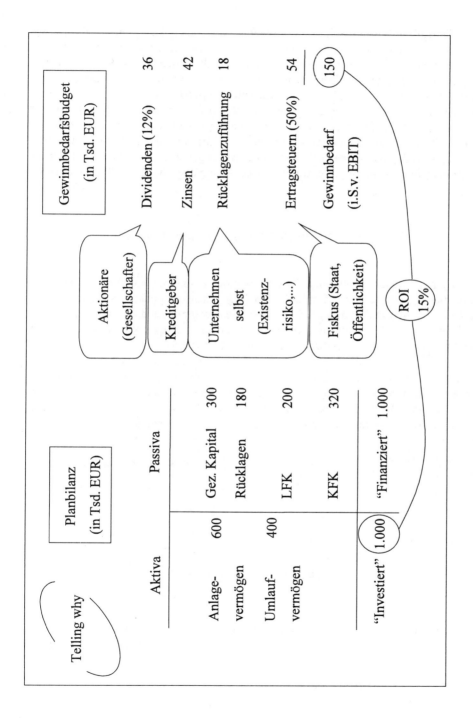

Abbildung 10: Die Ermittlung des Gewinnbedarfsbudgets

Wie so oft liegt die Lösung wohl in der goldenen Mitte. Langfristig müssen die Kapitalkosten erwirtschaftet werden. Sonst sind auf Dauer keine Investoren zu finden. Die flexible Formulierung des Gewinnbedarfsbudgets ermöglicht den Zielkonsens im Budget. Die Herausforderung des top down ermittelten Gewinnanspruchs ist in Einklang zu bringen mit der Erreichbarkeit des bottom up erarbeiteten operativ möglichen Gewinnziels.

Der Erfolg des Managements besteht nunmehr in der Erreichung eines solchen im Konsens vereinbarten ROI-Ziels. Rein rechnerisch ergäbe sich eine Null, wenn man vom geplanten EBIT das vereinbarte Gewinnbedarfsziel abzieht. Ist nun der erwirtschaftete EBIT größer als der Gewinnbedarf, dann ist der Managementerfolg größer Null. Ein positiver Managementerfolg bedeutet somit Wertschaffung über die Kapitalkosten hinaus.

## 4.2  Economic Value Added nach *Stern/Stewart*

Wie in 4.1 beschrieben, strebt auch die Methode des Economic Value Added (EVA$^{TM}$) eine Rendite an, die über den Kapitalkosten liegt. Ausgangspunkt des Konzeptes von *Stern/Stewart* ist die Differenz zwischen einer „Gesamtkapitalrendite" und den nach der Methode des WACC gebildeten „Gesamtkapitalkosten". Dieser sogenannte „Spread" wird mit der Kapitalbasis multipliziert und man erhält den EVA$^{TM}$.

Der EVA$^{TM}$ zeigt als absolute Größe den Wertbeitrag eines Unternehmens oder einer strategischen Geschäftseinheit nach Abzug der Kapitalkosten. Innerhalb eines Geschäftsjahres wird der EVA$^{TM}$ auch als „Übergewinn" bezeichnet, weil er jenen Gewinn darstellt, der über die Kapitalkosten hinaus erwirtschaftet wurde. Ein „Spread" größer Null bedeutet Wertschaffung, einer kleiner als Null Wertvernichtung.

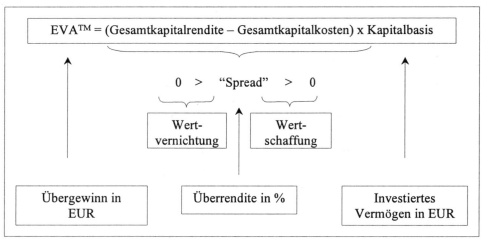

Abbildung 11:   Das EVA$^{TM}$-Modell

Ansatzpunkte für ein wertorientiertes Controlling

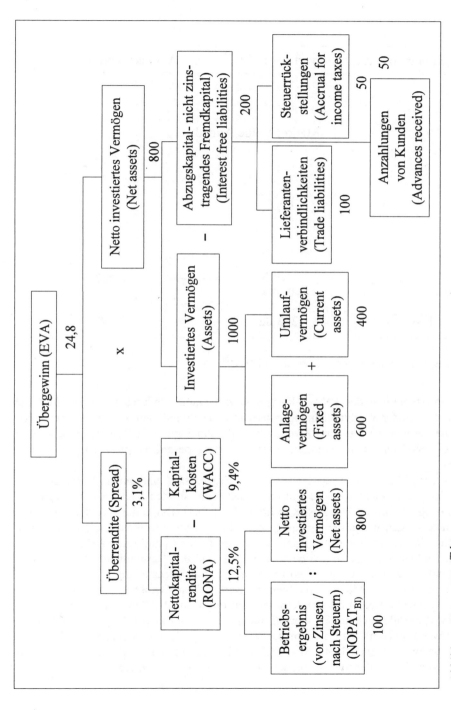

Abbildung 12: EVA™-Baum

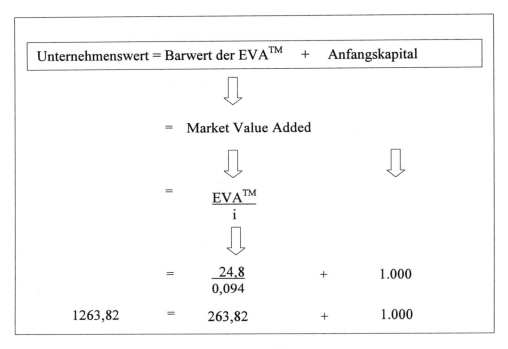

Abbildung 13:   Unternehmenswert nach EVA$^{TM}$

Die Praktikabilität des EVA$^{TM}$-Konzepts wird einmal dadurch realisiert, dass sich Wertschaffung oder Wertvernichtung innerhalb einer Periode am Vergleich zweier Prozentzahlen erkennen lässt. Zum Zweiten liegt die Analogie zum ROI-Baum sehr nahe, womit die Stellschrauben wertorientierter Steuerung besonders plastisch zur Geltung kommen.

Auch der EVA$^{TM}$-Baum teilt sich in einen „Ergebnisast" und einen „Vermögensast". Bei der Renditebetrachtung wird von einem netto investierten Vermögen ausgegangen, was zum sog. Return on Net Assets (oder RONA) führt. Der Return ist definiert durch den NOPAT$_{BI}$, den wir ja bereits aus unserem FCF-Schema kennen. Die Net Assets ergeben sich, in dem man von den Assets die Interest Free Liabilities abzieht; also solche Passiva, die keinen Zinsanspruch beinhalten. Das sind u.a. Verbindlichkeiten aus Lieferungen und Leistungen, Anzahlungen von Kunden, Steuerrückstellungen ...

Beachtenswert im Modell von Stern/Stewart ist das Bemühen um „ökonomische Buchwertgrößen", was zu allerlei Anpassungen (adjustments) führt. Transparenzverantwortliche Controller bekommen hier ein mulmiges Gefühl in der Magengegend. Wenn FuE-Aufwand aktiviert wird, kommt der Verdacht auf, dass Abgrenzungsmechanismen befürwortet werden. Im Hinblick auf praktikable und kommunizierbare Steuerungsgrößen wird von einem intensiven Gebrauch dieser „adjustments" abgeraten.

Möchte man nun einen Unternehmenswert aus dynamischer Sicht ermitteln, so sind entweder Zukunftsrenditen und künftige Kapitalkosten in einer Langfristplanung analog zum o.g. Prozedere zu ermitteln oder man kürzt das Verfahren mittels der ewigen Rente ab. Der Barwert der EVA$^{TM}$, der sog. Market Value Added (MVA) ist dann zum Anfangskapital zu addieren und man erhält den Unternehmenswert.

## 5  Value Driver – auf der Suche nach wertorientierten Stellschrauben

In jüngerer Zeit ist das wertorientierte Controlling durch die Suche nach wertorientierten Stellschrauben des operativen Geschäfts geprägt. Diese „Value Driver" sollen das „Umtopfen" wertorientierter Unternehmensziele in arbeitsfähige Einzelteile der operativ Verantwortlichen ermöglichen. Nur auf diese Weise lässt sich eine nachhaltige Wertsteigerung des Unternehmens konkret umsetzen. Werttreiberbäume sollen diesbezügliche Wirkungszusammenhänge möglichst filigran ins Bild setzen.

In diesem Sinne zeigt Abbildung 14, dass eine anzustrebende Wertsteigerung das Ende einer Erfolgsgeschichte ist und nicht der Anfang. Das Bild lässt sich aber auch als Pyramide interpretieren. An ihrer Spitze steht das Bekenntnis zu einer nachhaltigen Wertsteigerung.

Was auf der Leitbildebene formuliert ist, bedarf der Erweiterung über entsprechende Bewertungsmaßstäbe. Free Cash Flow und Kapitalisierungszinsfuß werden zu zentralen Stellgrößen des gemeinsamen Handelns.

Die Ebene darunter zeigt nun ausgewählte „Value Driver", die empirisch signifikant den Unternehmenswert beeinflussen. Der Verfasser hält die direkte Übersetzung von Value Driver in Werttreiber für nicht so glücklich. Die Formulierung „Wertschöpfung" oder „Wertschaffer" macht dagegen deutlich, dass Wertsteigerung die Resultierende des kreativen Potenzials aller Stakeholder ist.

Insbesondere durch die Dauer der Wertsteigerung wird die ursprüngliche Aussage des Shareholder Value Konzepts von *Rappaport* deutlich. Nicht kurzfristige Gewinnmaximierung, sondern nachhaltige Wertsteigerung ist die Leitmaxime. Damit ist die sog. „Competitive Advantage Period", also jener Zeitraum, in dem wir einen Wettbewerbsvorteil halten, ein wichtiger Wertschaffer. Diesen auf der strategischen Zielebene zu verankern, bedeutet konsequentes Forcieren der Entwicklungskomponente bzw. der Perspektive des Lernens und Wissens in der Balanced Scorecard von *Kaplan*. In dem Maße wie es uns gelingt, nachhaltig einen höheren Nutzen für den Kunden zu stiften als der Wettbewerb, sind hohes Umsatzwachstum und hohe Umsatzrentabilität gewährleistet.

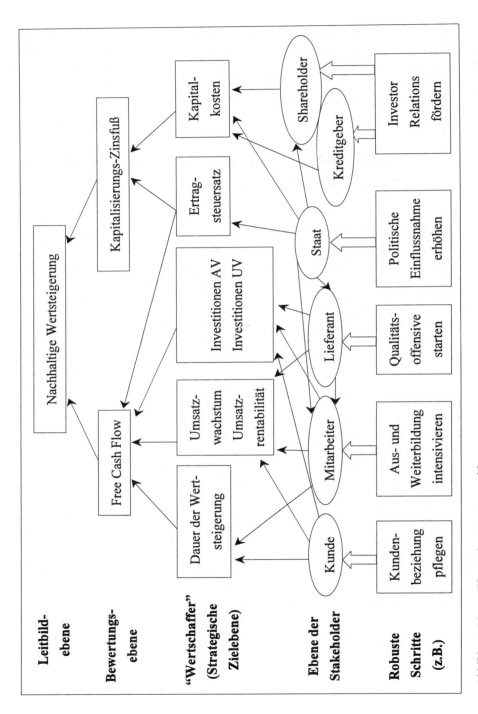

Abbildung 14: Wertsteigerungspyramide

Die Ebene der Stakeholder ist damit angesprochen. Zu beachten ist hier, dass Kunden neben Mitarbeitern, Lieferanten, Staat, Kreditgebern und letztendlich auch Shareholdern auf einer gleichberechtigten Ebene auftauchen. Wert wird geschaffen durch das Zusammenwirken aller Stakeholder. Wenn wir also Wertsteigerung anhand der Pluralität aller Stakeholder begründen, dann ist zielorientiertes Handeln in Form „Robuster Schritte" auf alle Anspruchsgruppen auszurichten. Ein Kanon von Maßnahmenbündeln sei hier angedeutet. Operative Stellschrauben eines wertorientierten Controllings werden erst dann Stück für Stück realisiert, wenn die robusten Schritte in konkrete Einzelmaßnahmen umgesetzt und mit Verantwortlichkeiten und Terminen versehen werden.

## Literaturverzeichnis

*Bühner, R.* : Der Shareholder-Value-Report: Erfahrungen, Ergebnisse, Entwicklungen, Landsberg/Lech 1994.

*Copeland, T./Koller, T./Murring, J.:* Unternehmenswert: Methoden und Strategien für eine wertorientierte Unternehmensführung, Frankfurt/New York 1998.

*Deyhle, A. et al.:* Controlling-Beispielheft 3: Wertorientierte Unternehmensführung, Offenburg 2002.

*Heesen, B. et al.:* Shareholder Value, Sonderdruck der Schitag Ernst & Young Unternehmensberatung, 1998.

*Naumann, E.:* Creating Customer Value: The Path to Sustainable Competitive Advantage, Cincinnati 1995.

*Rappaport, A.* : Shareholder Value: Wertsteigerung als Maßstab für die Unternehmensführung, Stuttgart 1994.

*Reinecke, S. et al.:* Total Customer Care: Kundenorientierung auf dem Prüfstand, St. Gallen/Wien 1998.

*Stewart, G. B.:* The Quest for Value, New York 1990.

*Unzeitig, E./Köthner, D.:* Shareholder Value Analyse: Entscheidung zur unternehmerischen Nachhaltigkeit: Wie Sie die Schlagkraft Ihres Unternehmens steigern, Stuttgart 1995.

## Symbolverzeichnis

| | |
|---|---|
| EK | Eigenkapital |
| FK | Fremdkapital |
| FCF | Free Cash Flow |
| FW | Fortführungswert |

| | |
|---|---|
| i | Periodenindex mit i = 1, 2, ..., n; Kapitalisierungszinsfuß (gewichtete Kapitalkosten) |
| n | Planungshorizont |
| SHV | Shareholder Value |
| t | Planungsperiode mit t = 1,2,...,n |
| x | Variable |
| $\Delta$ | Veränderungszeichen |
| % | Prozent |
| $\beta$ | Maßgröße zur Erfassung des Unternehmens- im Vergleich zum Marktrisiko |

# Abbildungsverzeichnis

| | |
|---|---|
| Abbildung 1 | Dimensionen eines wertorientierten Controllings |
| Abbildung 2 | Betriebswirtschaftlicher Perspektivenwechsel |
| Abbildung 3 | Indirekte Ermittlung des Free Cash Flow |
| Abbildung 4 | Shareholder Value Rechnung als Methodenverbund |
| Abbildung 5 | Strategisches Formular der „WERT AG" |
| Abbildung 6 | Langfristplanung zur Quantifizierung von Strategien |
| Abbildung 7 | Die drei Komponenten in der Shareholder Value-Formel |
| Abbildung 8 | Shareholder Value-Beispielrechnung |
| Abbildung 9 | Das Verfahren der Weighted Average Cost of Capital (WACC) |
| Abbildung 10 | Die Ermittlung des Gewinnbedarfsbudgets |
| Abbildung 11 | Das EVA$^{TM}$-Modell |
| Abbildung 12 | EVA$^{TM}$-Baum |
| Abbildung 13 | Unternehmenswert nach EVA$^{TM}$ |
| Abbildung 14 | Wertsteigerungspyramide |

ELMAR MAYER

# Leitbildcontrolling als Denk- und Steuerungskonzept in der Informations- und BIONIK-Wirtschaft

| | | |
|---|---|---:|
| 1 | Controllingkonzept und Leitbild | 63 |
| | 1.1 Wirkungsnetz- und Wirkungskettendenker | 63 |
| | 1.2 Dualität der Controllingkonzepte | 65 |
| | 1.3 „Leitbild - Grundsätze - Strategien" | 68 |
| |     1.3.1 Leitbild der *Henkel KGaA* (1994 - 2002) | 69 |
| |     1.3.2 Grundsätze der *Henkel KGaA* | 69 |
| |     1.3.3 Unternehmensstrategie der *Henkel*-Gruppe | 70 |
| 2 | Controllingkonzept und Denkansätze | 75 |
| | 2.1 Engpassorientiertes Denken und Handeln | 75 |
| | 2.2 Zielorientiertes Denken und Handeln | 75 |
| | 2.3 Nutzenorientiertes Denken und Handeln | 76 |
| | 2.4 Zukunftsorientiertes Denken und Handeln | 76 |
| 3 | Controllerfunktion als Controllerdienst | 77 |
| | 3.1 Definition Controller | 77 |
| | 3.2 Management-Informationsdienst | 78 |
| | 3.3 Controllerdienst als Bringschuld | 79 |
| 4 | Vernetzung von operativen und strategischen Regelkreisen | 80 |
| | 4.1 Operatives Controlling | 82 |
| | 4.2 Operatives Marketing | 82 |
| | 4.3 Strategisches Controlling | 82 |
| | 4.4 Strategisches Controlling und Marketing | 83 |

| 5   | Operativer und Strategischer Werkzeugkasten | 83 |
|---|---|---|
|     | 5.1   Umwelt-, Umfeld- und Strukturänderungen | 83 |
|     | 5.2   Offener Führungsstil | 83 |
|     | 5.3   Regelkreis Operativer Werkzeugkasten | 86 |
|     | 5.4   Regelkreis Strategischer Werkzeugkasten | 86 |
| 6   | Mindestbausteine für ein Controllingkonzept | 91 |
| 7   | Leitbild in der BIONIK-Wirtschaft | 92 |
|     | 7.1   Entscheidende Technologien der Gegenwart und Zukunft | 93 |
|     | 7.2   Nanotechnik und Supraleiter in der BIONIK-Wirtschaft | 95 |
|     | 7.3   BIONIK-Wirtschaft und Bio-Robotik | 96 |
|     | 7.4   Leitbildcontrolling im 21. Jahrhundert | 98 |
|     | 7.5   Ausblick | 100 |

Literaturverzeichnis 102

Symbolverzeichnis 107

Abbildungsverzeichnis 107

# 1 Controllingkonzept und Leitbild

Controlling ist als Konzept die Lehre erfolgreicher Unternehmens- und Gewinnsteuerung für die nachhaltige Existenzsicherung eines Unternehmens. Die Controllerfunktion ist primär als Controllerdienst - analog wie der Kapital- und Informationsdienst - zu verstehen. Der Controllerdienst liefert über ein empfänger- und zukunftsorientiertes DV-gestütztes Berichtswesen wesentliche Entscheidungshilfen. Dabei helfen operative und strategische Werkzeuge den Kurs des Unternehmens im Rahmen von Zielvereinbarungen unter Wahrung des finanziellen Gleichgewichts zu steuern. Der Controllerdienst integriert das traditionelle Rechnungswesen und die Unternehmensplanung gemeinsam mit dem Marketing in ein ganzheitlich orientiertes Führungskonzept, d.h. Wirkungsketten- und Wirkungsnetzdenken werden koordiniert.

## 1.1 Wirkungsnetz- und Wirkungskettendenker

| *Wirkungsnetzdenken* | *Wirkungskettendenken* |
|---|---|
| Biokybernetisch | Traditionell |
| Ganzheitliche Systembetrachtung unter Berücksichtigung ökonomischer, sozialpolitischer und ökologischer Faktorenverflechtung | Insolierte Betrachtung von Einzelfaktoren und Einzelbereichen |
| Gleichgewichtsorientierte, rollierende Zielvereinbarungen für eine langfristige Existenzsicherung | Dominanz kurzfristiger ökonomischer Ziele z.B. Quartals- oder Jahres-ROI in einer Absahnstrategie |
| Verantwortlicher Technologieeinsatz durch Symbiose und Lernen von der Natur | Unverantwortlicher Technologieeinsatz gegen die Natur |
| Ergänzung der Handels- und Steuerbilanzen durch eine Strategie-Bilanz und Energie-Bilanz und Umwelt-Bilanz (mit Recycling) | Ergänzung der Handels- und Steuerbilanzen durch eine ? ? ? |
| Gewinnoptimierung für Kapital und Menschen | Gewinnmaximierung primär für das Kapital, den Staat |
| Unterstützung des biokybernetischen Gleichgewichts der Biosphäre | Negierung des biokybernetischen Gleichgewichts der Biosphäre |

Abbildung 1: Wirkungsnetz- und Wirkungskettendenken nach *Frederic Vester* (modifiziert)

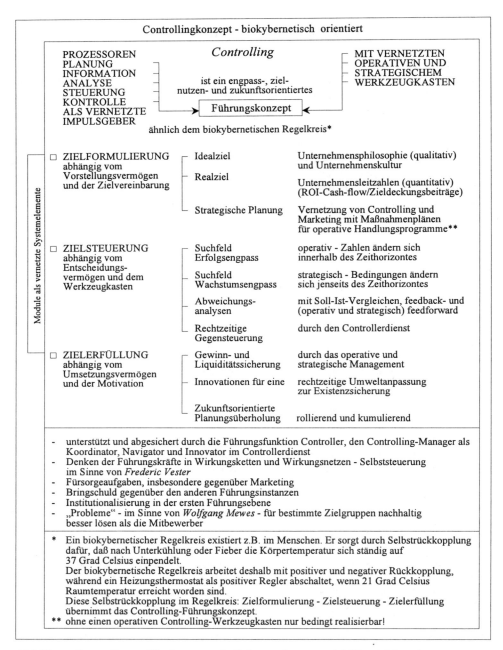

Abbildung 2: Controllingkonzept als Führungskonzept (© *Elmar Mayer*)

Die Unterschiede zwischen traditionellen Denk- und Verhaltensweisen von Wirkungskettendenkern und den biokybernetisch-analogen Denkern alias Wirkungsnetzdenkern lassen sich gegenüberstellen wie in Abbildung 1. Wirkungskettendenker - auch als Tunneldenker bezeichnet - fördern das ICH- statt WIR-Denken. Nur die Moderationstechnik ist in der Lage, alle Funktionsträger eines Unternehmens auf die Lösung von Engpassproblemen zu fokussieren, ein Denkwirkungsnetz für Entscheidungsvorbereitungen im operativen und strategischen Bereich zu bilden, z.B. bei der Erarbeitung von Maßnahmenplänen oder Strategien.

Zielformulierung, Zielsteuerung und Zielerfüllung sind dokumentationsfähig aufzubereiten. Erst wenn die Führungspersönlichkeiten und Mitarbeiter sich freiwillig mit der dokumentierten Zielvereinbarung identifizieren, z.B. „schneller bessere Engpassproblemlösungen als die Mitbewerber liefern", belohnt der Gewinn markt- und sozialgerechtes Verhalten. Freiwillige Identifikation mit dem Unternehmensleitbild, der Strategie und der Unternehmenspersönlichkeit - Corporate Identity - erhöht die Motivationsbereitschaft im Beruf.

## 1.2 Dualität der Controllingkonzepte

Wenn operativer und strategischer Controllerdienst über eine vernetzte Feedback- und Feedforward-Planung verfügen, organisatorisch miteinander verzahnt sind, dominiert das Wirkungsnetzdenken im Sinne von *Frederic Vester*.

Seit den 70er Jahren des vorigen Jahrhundert haben sich zwei Denkansätze für Controlling-Leitbilder entwickelt, so dass man von einer Dualität der Controllingkonzepte sprechen kann, vgl. dazu Abbildung 3.

Aus dem Wirkungsnetzdenken hat sich folgerichtig das Leitbildcontrolling, aus dem Wirkungskettendenken (mit linearen Kausalitäten für Einzelziele) das Kennzahlencontrolling entwickelt. In der Wirtschaftspraxis existieren natürlich viele Mischformen. Das Leitbildcontrolling tendiert zur sozialpflichtigen Marktwirtschaft (soweit finanzierbar), das Kennzahlencontrolling zur freien Marktwirtschaft. Aus der Abbildung 3 lässt sich Abbildung 4 entwickeln.

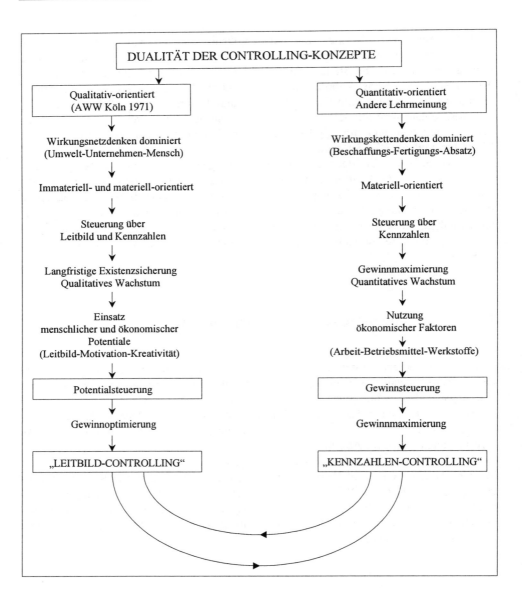

Abbildung 3: „Leitbildcontrolling" versus „Kennzahlencontrolling"
(© *Elmar Mayer*)

| Leitbild-Controlling | Kennzahlen-Controlling |
|---|---|
| - *KANT*: Ich lebe vorbildlich, also bin ich!<br>- Ich bin der erste Diener des Unternehmens.<br>- Fühlwissen = rechte Gehirnhälfte gleichberechtigt.<br>- Ganzheitsorientiert = Vernetzung von operativem und strategischem Controlling.<br>- Wirkungsnetzdenker = Gewinnoptimierer.<br>- Potenzialkombination dominiert.<br>- Vierdimensionaler Denkansatz gewährt Zeitfreiheit, weil sich im strategischen Raum-Zeit-Kontinuum nicht Zahlen, sondern Bedingungen hinter dem Zeithorizont ändern.<br>- Qualitativ maßvolle Orientierung am ROI praktiziert nur umweltschützendes Wachstum. | - *DESCARTES*: Cogito, ergo sum!<br>- Das Unternehmen bin ich.<br>- Kopfwissen = linke Gehirnhälfte dominiert.<br>- Teilorientiert = Trennung von operativem und strategischem Controlling.<br>- Wirkungskettendenker = Gewinnmaximierer.<br>- Faktorkombination dominiert.<br>- Dreidimensionaler Denkansatz unterliegt dem Zeitzwang, weil sich im operativen Raum Zahlen ändern, der Planungshorizont besteht.<br>- Quantitativ maßlose Orientierung am ROI oder Mengenwachstum missachtet das ökologische Gleichgewicht, gefährdet Weiterleben. |

Abbildung 4: Dualität der Denkansätze (© *Elmar Mayer*)

Erfolgreiche Unternehmen entwickeln ständig neue Verhaltensnormen und -muster durch die rechtzeitige Einleitung von Umdenkprozessen, z.B. für Maßnahmen gegen die Gefahren der Wohlstandsfalle und Globalisierung. Erfahrungsgemäß benötigt eine Gruppe von Menschen drei bis fünf Jahre, um neue Führungs- und Arbeitsgewohnheiten zu akzeptieren, wie z.B. beim Übergang von der Konferenztechnik zur Moderationstechnik, vom autoritären zum offenen Führungsstil, von der funktionalen zur divisionalen Organisation.

Unternehmenspersönlichkeit und Unternehmensleitbild dokumentieren die Unternehmenspolitik im Selbstbild für die Innenwirkung und Fremdbild für die Außenwirkung, die Entwicklung einer WIR-Verantwortung und eines WIR-Gefühls. Bei der Formulierung eines Unternehmensleitbildes durch die Führungsebenen in moderierten Workshops sind mindestens sechs W-Fragen in der Kleingruppenarbeit zu beantworten, um das Selbst- und Fremdbild, die Nutzenstiftung für die Kunden und Volkswirtschaft, die Nutzenstiftung für die Motivation und Produktivität als Zielkorridor zu dokumentieren.

Sie lauten:

| | | |
|---|---|---|
| WER | sind wir? .................................... | (Grundwerte) |
| WIE | tun wir das? ................................ | (Vorleben) |
| WO | werden wir tätig? ........................ | (Standortwahl) |
| WAS | sollen wir tun? ............................ | (Innovationen) |
| WEM | nützen wir? ................................. | (Kunden) |
| WARUM | tun wir das? ................................ | (Existenzsicherung) |

Erfolgskontrollen helfen, das Leitbild und Unternehmensverhalten zu vergleichen:

- Verhalten wir uns vorbildlich?
- Sind Aussagen und Verhalten deckungsgleich?
- Handeln und entscheiden wir innerhalb der Bandbreite des Leitbildes?
- Orientieren sich unsere Verhaltensweisen an der Tradition, Gegenwart und den Zukunftserwartungen?
- Sind unsere Entscheidungen in sich widerspruchsfrei?
- Können wir unsere Handlungsweisen offenlegen?
- Lassen sich unsere Versprechungen und Hoffnungen auch realisieren?
- Sind Selbstbild und Fremdbild Wunschvorstellungen?

Das Unternehmensleitbild prägt die Unternehmenspersönlichkeit. Aus beiden entsteht im Zeitablauf eine Unternehmenskultur mit Fremd- und Eigenbild als „WIR-Person". Erst die Identifikation mit der „WIR-Person" motiviert die Mitarbeiter, Aufgaben selbstverantwortlich im Sinne des Leitbildes zu lösen.

## 1.3 „Leitbild - Grundsätze - Strategien"

Der Verfasser beschränkt sich darauf, aus der Fülle der in der Praxis existierenden Leitbilder zwei vorzustellen:

## 1.3.1 Leitbild der *Henkel KGaA* (1994 - 2002)

Wir stellen uns den wirtschaftlichen und ökologischen Herausforderungen des neuen Jahrtausends. Wir wollen *Henkel* auf Dauer zu einem internationalen Spitzenunternehmen machen. Daran orientieren wir unser Handeln. Wir nutzen angewandte Chemie und intelligenten Service, um das Leben der Menschen leichter und besser zu machen. Wir wollen unseren Kunden helfen, ihre eigenen Ergebnisse zu verbessern und die an sie gestellten Anforderungen zu meistern. Wir leben den Wandel und wollen auf unsere Leistungen stolz sein können (*Albrecht Woeste* und *Hans-Dietrich Winkhaus*).

## 1.3.2 Grundsätze der *Henkel KGaA*

- *Henkel ist der Spezialist für angewandte Chemie.* Wir lösen die Probleme unserer Kunden mit Produkten und Systemen auf der Grundlage von Chemie. Dabei gehen wir strikt anwendungsorientiert vor.

- *Henkel ist in allen Bereichen kunden- und marktorientiert.* Wir spüren frühzeitig Kunden- und Marktbedürfnisse auf. Wir entwickeln und vermarkten Produkte und Systeme, die unseren Kunden einen besonderen Nutzen bieten. Wir wollen dauerhafte Wettbewerbsvorteile erreichen.

- *Henkel nutzt seine Marktpotenziale weltweit.* *Henkel* versteht sich als internationales Unternehmen. Zur Ausschöpfung aller Marktpotenziale fördern wir internationalen Know-how-Austausch und gehen, wenn nötig, strategische Partnerschaften ein.

- *Henkel ist durch Innovationen im Markt erfolgreich.* Wir sichern unsere Wettbewerbsposition durch permanente Innovation bei Produkten und Systemen. Dazu fördern wir die Kreativität aller Mitarbeiter.

- *Henkel will für tüchtige Mitarbeiter attraktiv sein.* *Henkel* sieht die Mitarbeiter als Träger aller Unternehmensleistungen. Wir wollen eine Vertrauens- statt einer Kontrollorganisation. Wir respektieren die persönlichen Ziele und Überzeugungen unserer Mitarbeiter. Wir sorgen für ein leistungsförderndes Klima und unterstützen die berufliche und persönliche Entwicklung unserer Mitarbeiter.

- *Henkel ist das ökologisch führende Unternehmen.* Wir verstehen unter Leistungsführerschaft nicht nur beste Produktleistung, sondern auch jeweils beste Umweltverträglichkeit. Dies gilt für unser gesamtes Sortiment. Unsere Produktionsprozesse sollen für Mitarbeiter und Nachbarn sicher sein und die Umwelt nicht beeinträchtigen.

- *Henkel achtet die gesellschaftlichen Werte und Normen aller Länder.* Wir beziehen gesellschaftliche Wertvorstellungen verantwortungsbewusst in unsere Unternehmenspolitik ein, folgen staatlichen Vorschriften und gehen darüber hinaus.

- *Henkel gibt sich eine Struktur, die schnelle Anpassungen an Veränderungen ermöglicht.* Wir wissen, dass wir nur durch die Bereitschaft zu ständiger Veränderung auf Dauer wettbewerbsfähig sein können und handeln entsprechend.

- *Henkel richtet alle Entscheidungen danach aus, seinen langfristigen Bestand zu sichern.* Wir wollen unser Wachstum aus eigener Kraft erwirtschaften. Dazu sind ausreichende Gewinne und eine hohe Kapitalverzinsung notwendig. Unser Risikoausgleich nach Produkten und Regionen sichert den langfristigen Bestand des Unternehmens, seine Eigenständigkeit und Unabhängigkeit.

- *Henkel pflegt die Tradition der offenen Familiengesellschaft.* Kontinuität, Offenheit, gegenseitiges Vertrauen sowie unternehmerisches Denken sind die Merkmale dieser Tradition. Sie bestimmen das Verhältnis zwischen dem Unternehmen und der Eigentümerfamilie, sie prägen aber auch unsere Beziehungen zu Aktionären, Mitarbeitern und Kunden.

### 1.3.3 Unternehmensstrategie der *Henkel*-Gruppe

*Henkel* bekennt sich zum internationalen Wettbewerb. Wir streben in allen Segmenten, in denen wir tätig sind, eine starke Marktposition und eine überdurchschnittliche Rentabilität an. In jedem dieser Segmente wollen wir beim Umweltschutz führend sein. Wir wollen gleichermaßen im Interesse der Aktionäre, der Kunden, der Mitarbeiter und der Gesellschaft handeln.

*Geschäftsportfolio*

Unser Leistungsspektrum beinhaltet Konsumgüter, Produkte für den handwerklichen und industriellen Bedarf sowie Dienstleistungen im Rahmen von Systemangeboten. Der Schwerpunkt des Leistungsprogramms liegt bei Markenprodukten und chemisch-technischen Spezialitäten mit hoher Wertschöpfung.

Die von uns angebotenen Leistungen sollen den Qualitätsanforderungen unserer Kunden entsprechen. Basis unseres Handelns sind die jeweils modernsten Kenntnisse in Forschung, Entwicklung, Anwendung, Produktion und Marketing.

Das Geschäftsportfolio von *Henkel* soll das Verhältnis von Wachstum, Risiko und Rentabilität optimieren. Als Voraussetzung hierzu baut es auf den Kernkompetenzen von *Henkel* auf. Die Kerngeschäfte gliedern wir in Markengeschäfte, Systemgeschäfte und Grundstoffgeschäfte.

Wir führen und entwickeln unsere Geschäfte durch weltweit verantwortliche Strategische Geschäftseinheiten (SGE). Die lokale Umsetzung der SGE-Strategien liegt bei den Verbundenen Unternehmen vor Ort. Regionale Schwerpunkte der Unternehmenstätigkeit sind Europa, Nordamerika und der asiatische Pazifikraum.

Zur Wahrnehmung unserer Entwicklungspotenziale konkurrieren Investitionen, Akquisitionen und F&E-Aufwendungen innerhalb eines gemeinsamen Finanzrahmens.

Im Aufbau befindliche, innovative Geschäfte mit Finanzierungsbedarf müssen in einem ausgewogenen Verhältnis zu reifen Geschäften mit Finanzierungsüberschüssen stehen. Produktbereiche oder Märkte, die aus Konzernsicht nachhaltig unrentabel sind, sollen aufgegeben werden.

*Synergien im Konzernverbund*

Die Größe und Internationalität sowie die ausgewogene, aufeinander abgestimmte Geschäftsstruktur von *Henkel* ermöglicht uns die Nutzung vielfältiger Synergien. Der internationale Know-how-Austausch auf allen Fachgebieten stellt sicher, dass neue Erkenntnisse, Methoden und Verfahren überall in der Firmengruppe umfassend zur Verbesserung der Geschäfts- und Renditeentwicklung genutzt werden.

Der weltweite Rohstoffverbund sichert eine stets qualitätsgerechte Versorgung im Konzern. Der hohe interne Rohstoffverbrauch zur Derivation führt zu einer gesicherten Grundauslastung und ist die Basis für strategische Wettbewerbsvorteile der rohstoffnahen Bereiche.

Der enge Verbund von Markenartikeln und Chemie bedeutet kostengünstige Bedarfsabdeckung und frühen Zugriff auf neue chemische Spezialitäten.

Weltweit verantwortliche SGE sind in der Lage, internationale Produkt- und Vermarktungskonzepte durchzusetzen; sie werden dabei von regionalen Kompetenzzentren unterstützt.

Der Austausch von Mitarbeitern zwischen den Verbundenen Unternehmen oder den Unternehmensbereichen sowie die gemeinsame Nutzung von Verfahren und Methoden erhöhen die konzernweite Effizienz und werden systematisch betrieben.

Mit länderübergreifenden Rechnernetzen, Informations-, Distributions- und Logistiksystemen sowie einem Corporate Purchasing werden Größenvorteile genutzt.

Unterschiedliche Geschäftszyklen der Unternehmensbereiche und Regionen stabilisieren den Konzerngewinn. Eine ausgewogene Konzernfinanzierung dient als Grundlage für das Wachstum der Unternehmensbereiche.

*Produktion/Technik*

Wir halten unsere Produktionsanlagen, -mittel und -prozesse auf dem Stand der Technik. Sie sollen dem jeweiligen Verwendungszweck wirtschaftlich optimal entsprechen und die ökologischen Anforderungen erfüllen.

Im Rahmen von Standortkonzepten werden alle Produktionsstätten unter wirtschaftlichen Gesichtspunkten optimiert. Dabei hat das Gruppeninteresse Vorrang vor Einzelinteressen. Kostengünstige, leistungsfähige Infrastrukturen und Dienstleistungen sollen den Standort Holthausen langfristig sichern.

*Forschung/Entwicklung*

Eine innovative, anwendungsnahe Forschung und Entwicklung ist eine unserer Kernkompetenzen. Dabei werden die Ergebnisse der Zentrale, das Know-how regionaler Kompetenzzentren sowie von außen erworbenes Wissen genutzt.

Ziel jeglicher F&E-Aktivität ist die Entwicklung effizienzsteigernder Verfahren sowie vermarktbarer Produkte.

Wir werden die Umsetzung chemisch-technischen Know-hows in neue Produkte, Verfahren und Problemlösungen weiter beschleunigen.

Unsere besondere Kompetenz auf dem Gebiet der Nutzung nachwachsender Rohstoffe soll als strategischer Wettbewerbsvorteil erhalten und ausgebaut werden.

Im produkt- und produktionsbezogenen Umwelt- und Verbraucherschutz soll eine Führungsposition aufgebaut und in Wettbewerbsvorteile umgesetzt werden.

*Mitarbeiter/Management*

Für unsere Mitarbeiter wollen wir durch ein leistungsförderndes Umfeld und herausfordernde Aufgaben attraktiv sein. Dies beinhaltet leistungs- und marktgerechte Bezahlung, kontinuierliche Aus- und Weiterbildung und einen vertrauensvollen Umgang miteinander. Wir streben eine Unternehmenskultur an, die zu einer hohen Identifikation der Mitarbeiter mit ihrer jeweiligen Aufgabe im Unternehmen führt.

Unsere Mitarbeiter sollen die erforderliche Orientierung und die Handlungsspielräume für schnelle und zielgerichtete Entscheidungen erhalten und damit selbst zu Trägern des unternehmerischen Handelns und Wandels werden.

Die Beziehungen zu den Mitarbeitern und zu den betrieblichen Vertretungen beruhen auf der Grundlage gegenseitigen Vertrauens und partnerschaftlichen Umgangs. Informationen sind für die Mitarbeiter nicht nur für die Aufgabenerfüllung, sondern auch für die Motivation, das Selbstwertgefühl und die Identifikation von großer Bedeutung. *Henkel* verpflichtet sich zu einer offenen, schnellen und mitarbeiterorientierten Informationspolitik. Die persönliche Kommunikation über die Hierarchiegrenzen hinweg und der Abbau von Distanz sind fortzuentwickeln.

Entscheidungen sollen nach einheitlichen, konzernübergreifenden Gesichtspunkten dort gefällt werden, wo der höchste Informationsstand und die beste Sachkenntnis vorhanden sind. Die Führungsgrundsätze sind verpflichtend für Vorgesetzte und Mitarbeiter.

Leitungspositionen werden in erster Linie aus dem eigenen Unternehmen besetzt. Dabei wird internationale Chancengleichheit angestrebt, genauso wie gleiche Chancen für männliche und weibliche Mitarbeiter.

Zu den erforderlichen Qualitäten für Leitungspositionen gehören Internationalität und Auslandserfahrung sowie die Fähigkeit und Bereitschaft, sich in anderen Kulturkreisen einzuleben.

## Finanzen

Zur Sicherung der finanziellen Stabilität und Flexibilität soll eine ausreichende Liquiditätsvorsorge und eine flexible Innenfinanzierung erreicht werden. Wir wollen die Abhängigkeit von der Kreditpolitik eines Landes und/oder einer Bank/Bankengruppe vermeiden.

Als offene Familiengesellschaft achten wir auf eine hohe Eigenkapitalausstattung. Die Aktionäre sollen eine marktkonforme Verzinsung auf ihr im Unternehmen investiertes Kapital zu Börsenwerten erzielen.

Der konzernweite Finanz- und Liquiditätsausgleich sowie die Absicherung von Zins- und Devisenkursrisiken werden zentral gesteuert.

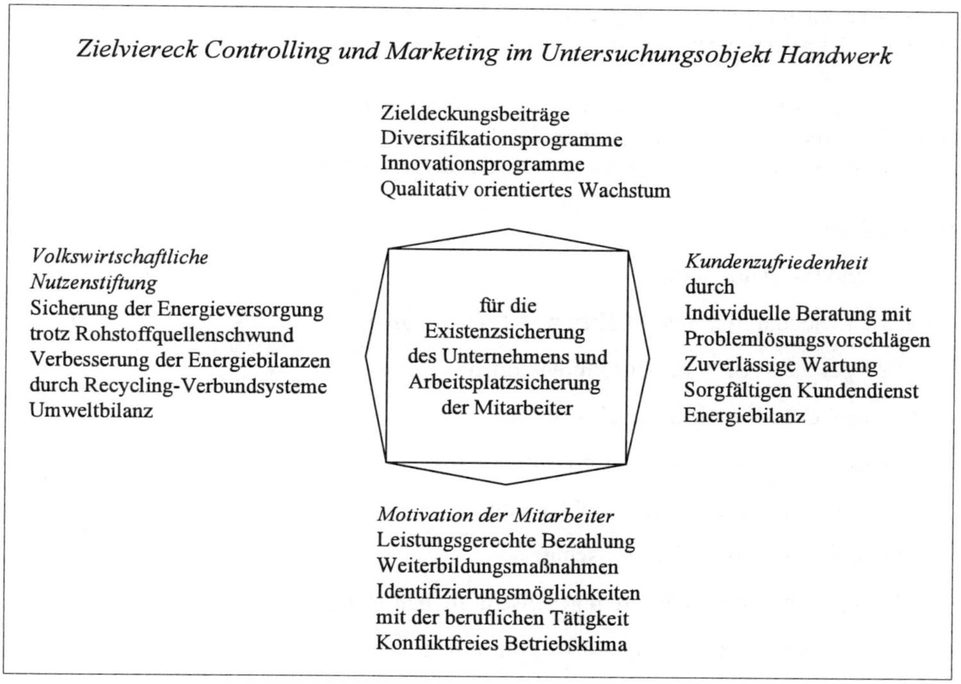

*Zielviereck Controlling und Marketing im Untersuchungsobjekt Handwerk*

Zieldeckungsbeiträge
Diversifikationsprogramme
Innovationsprogramme
Qualitativ orientiertes Wachstum

*Volkswirtschaftliche Nutzenstiftung*
Sicherung der Energieversorgung trotz Rohstoffquellenschwund
Verbesserung der Energiebilanzen durch Recycling-Verbundsysteme
Umweltbilanz

für die
Existenzsicherung des Unternehmens und Arbeitsplatzsicherung der Mitarbeiter

*Kundenzufriedenheit*
durch
Individuelle Beratung mit Problemlösungsvorschlägen
Zuverlässige Wartung
Sorgfältigen Kundendienst
Energiebilanz

*Motivation der Mitarbeiter*
Leistungsgerechte Bezahlung
Weiterbildungsmaßnahmen
Identifizierungsmöglichkeiten mit der beruflichen Tätigkeit
Konfliktfreies Betriebsklima

Abbildung 5: Zielviereck Controlling und Marketing *(© Elmar Mayer)*

## Partnerstrategie

Unsere Partnerbeziehungen sollen erhalten und weiter ausgebaut werden. Sie bilden einen wesentlichen Beitrag zur Risikostreuung und Rentabilität der *Henkel*-Gruppe.

Bei Beteiligungen streben wir die Managementverantwortung an. In allen Fällen sollen für die Nutzung von *Henkel*-Know-how Lizenzverträge abgeschlossen werden.[1]

Nach dem Verkauf der strategischen Geschäftsfelder GOGNIS und ECOLAB, die nunmehr als eigenständige Unternehmen operieren, wurde das „Corporate Design" (Vision und Werte) der *Henkel KGaA* auf die zwei strategische Säulen „MARKEN" und „TECHNOLOGIEN" verdichtet; die Unternehmensvision, mit ihren Werten und ihrem Design, im Jahre 2002 neu definiert. Als Dachmarke gilt nunmehr der Slogan *„Henkel - A Brand like a Friend"*.

Als Fritz Henkel vor 125 Jahren das Unternehmen gründete, da hatte er wenig Geld und eine große Vision: Er wollte Produkte schaffen, die das Leben der Menschen einfacher und leichter machen. Das gelang ihm eindrucksvoll mit dem ersten selbsttätigen Waschmittel der Welt, das das Ende des mühevollen Waschtages der Frauen brachte. Diese Idee machte aus einem kleinen Drei-Mann-Betrieb einen Weltkonzern, der heute in mehr als 75 Ländern vertreten ist.

*Unsere Vision ab dem Jahre 2002 in verdichteter Form*
*Henkel ist führend mit Marken und Technologie,*
*die das Leben der Menschen leichter, besser und schöner machen.*

*Unsere Werte*

- Wir sind kundenorientiert
- Wir entwickeln führende Marken und Technologien
- Wir legen unseren Fokus auf Innovationen
- Wir verstehen Veränderung als Chance
- Wir sind erfolgreich durch unsere Mitarbeiter
- Wir orientieren uns am Shareholder Value
- Wir betreiben aktiven Umweltschutz
- Wir engagieren uns in unserem gesellschaftlichen Umfeld
- Wir verfolgen eine aktive und offene Informationspolitik
- Wir wahren die Tradition einer offenen Familiengesellschaft

*Aus dieser Vision ergibt sich ein klares, neues Erscheinungsbild, ein neues Corporate Design. „A Brand like a Friend" (FCA/Petersen, 05.11.2002).*

Abbildung 5 dokumentiert das mit Hilfe der Moderationstechnik erarbeitete Leitbild in einem Handwerksunternehmen aus dem Ruhrgebiet. Teilnehmer am Workshop waren

---

[1] Vgl. *Henkel KGaA*, o. J., o. S.

die Geschäftsführung, Meister der einzelnen Gewerke und Vorarbeiter. Vier Module (Gewinnvorstellung /Gewinnverwendung, Volkswirtschaftliche Nutzenstiftung, Kundenzufriedenheit, Motivation der Mitarbeiter) dienen der Existenz- und Arbeitsplatzsicherung, wenn es der Mannschaft gelingt, die Kundenzufriedenheit zu realisieren. Interessant ist die Rangfolge für die Stabilisierung der Motivation - sie wurde durch eine anonyme Befragung aller Mitarbeiter (> 100) erstellt.

## 2 Controllingkonzept und Denkansätze

Leitbilder aktivieren die immateriellen Faktoren für eine langfristige Sicherung der Arbeitsplätze - wenn sie vorgelebt werden. Engpass, ziel-, nutzen- und zukunftsorientiertes Denken und Handeln wird von Unternehmern, Managern und Controllern erwartet, vgl. dazu Abbildung 2. Diese Hoffnung erfüllt sich, wenn die Führungsebenen in Personalunion Bedenken-, Verantwortungs- und Entscheidungsträger sind.

### 2.1 Engpassorientiertes Denken und Handeln

„Engpassorientiert" kennzeichnet das Suchen und Finden von operativen und strategischen Engpässen. Facharbeitermangel, fehlende Qualitätssicherung (TQM), veraltete Betriebsmittel etc. kennzeichnen operative Erfolgsengpässe. Technologiesprünge (Kalter Laser, Supraleiter, genetische Determinierung, Nanotechnologie, Neurochips Ressourcenwandel oder -verbesserung, z.B. durch Polymere, Biotechnik und Biokraft, Innovationen durch die Bionik, Plasmaantrieb), Klimaveränderungen führen zu strategischen Wachstumsengpässen, z.B. in der Wintersportindustrie.

### 2.2 Zielorientiertes Denken und Handeln

Zielorientiert bedeutet die Bündelung aller Aktivitäten (Zielvereinbarung, Zielsteuerung und Zielerfüllung) im sich selbst steuernden Regelkreis = biokybernetisch arbeitenden Regelkreis im Sinne *Frederic Vesters*, für eine Gewinn-, Liquiditäts- und langfristige Existenzsicherung des Unternehmens. Unternehmensleitzahlen (ROI, Dynamische Akquisitionsrendite u.a.), Shareholder-Value-Konzept (strittig-Überbetonung), EVA (Economic-Value-Konzept), Zielportfolios als Bezugsrahmen und Diagnoseinstrument, SGF,

CFROI (Cash Flow Return on Investment) usw. übernehmen die Funktion von Leuchtfeuern in Fahrrinnen.

## 2.3 Nutzenorientiertes Denken und Handeln

Nutzenorientiertes Denken und Handeln eines Unternehmens für den Markt, den Kunden und sich selbst ist ohne Beherrschung der Moderationstechnik, ohne Ergänzung der Vollkostenrechnung durch eine maßgeschneiderte Deckungsbeitragsrechnung mit Kundendeckungsbeitragsrechnung, Verkaufssteuerung über Artikelrangfolgen und eine Nutzenprovision, Orientierung aller Verkaufsaktivitäten an Zieldeckungsgraden bzw. Solldeckungsbeiträgen nicht realisierbar. Innovationen erhalten oder steigern den Kunden- und Eigennutzen.

## 2.4 Zukunftsorientiertes Denken und Handeln

Operative und strategische Werkzeugkästen mit Antennen für schwache und starke Früherkennungssignale sind erforderlich, damit Unternehmer, Manager mit ihrem Controllerdienst rechtzeitig notwendige Anpassungsprozesse vor ihren Wettbewerbern einleiten können. Der Controllerdienst ist gehalten, seine Lektüre z.B. um die VDI-Nachrichten und das „Spektrum der Wissenschaften" zu erweitern, um u.a. die Bedeutung und Langfristwirkung von Supraleitern, Neurochips oder Gigabit-Chips für die Zukunftsstrategie des eigenen Unternehmens richtig einzuordnen.

Unter diesen Prämissen fördert ein Leitbild-Controllingkonzept die Gewinnoptimierung für eine langfristige Arbeitsplatz- und Existenzsicherung. Sie wiederum setzt Kräfte für Innovationen frei, motiviert die Arbeit von Qualitätszirkeln, verbannt den Frust am Arbeitsplatz, die Flucht in die innere Emigration, fördert das Denken in Wirkungsnetzen, führt zu Erfolgserlebnissen, stärkt das positive Denken und damit die Produktivität. Das hohe Leistungsniveau unserer Facharbeiter und die Nutzung vernachlässigter immaterieller Werte sind die Garanten für die Wettbewerbsfähigkeit unserer Unternehmen und Erhaltung des erreichten Lebensstandards. Globalisierung (= Internationalisierung) und Wohlstandsfalle (= mangelnde Bereitschaft, Strukturänderungen zu akzeptieren) werden das soziale Netz straffen, damit nicht nur die Arbeitsplatzinhaber ihren Lebensstandard halten können.

Ein Plan-Ist-Vergleich mit Abweichungsanalysen ermöglicht eine Feedback-Betrachtung. Sie versucht zu erklären, warum der Plan nicht bzw. mit zeitlichem Verzug erreicht werden konnte, ohne Hinweise für zukünftige Aktivitäten zu bieten. Oft löst die

Feedbackanalyse eine Schuldigensuche aus, anstatt Gegensteuerungsmaßnahmen einzuleiten. Hier setzt die Bringschuld des Controllerdienstes ein, die Feedbackanalyse um eine Feedforwardanalyse mit rollierender Hochrechnung (viertel- oder halbjährlich) zu ergänzen. Sie soll die Maßnahmen aufzeigen, welche erforderlich sind, um trotz der Abweichungen noch das Jahresplanziel zu erreichen. Ein Feedback-Plan-Ist-Vergleich bestätigt abgelaufene Tatbestände wie eine Betriebsnachrechnung. Vorjahr, Plan und Ist des laufenden Jahres werden miteinander verglichen. Ein kombinierter Feedback- und Feedforward-Plan-Ist-Vergleich vernetzt die Erfahrungsbestände der Vergangenheit, Gegenwart und Zukunft miteinander. Dadurch wird der Controllerdienst in die Lage versetzt, den Führungsebenen Informationen für zukunftsorientierte Entscheidungen zu liefern.

# 3 Controllerfunktion als Controllerdienst

## 3.1 Definition Controller

> Controller ist oder wird,
> wer mehr als andere lernt, erkennt,
> und im Wirkungsnetz der Umwelt
> ziel- und zukunftsorientiert denkt und handelt,
> um ein Unternehmen erfolgreich zu steuern.
> (nach *Elmar Mayer, 1986*)

Diese Definition gilt gleichermaßen für Unternehmer, Manager und Controller in allen Führungsebenen, wenn sie als Problem- und Spannungsfeldlöser arbeiten (*Albrecht Deyhle*).

Eine überdurchschnittliche Allgemein- und Spezialbildung unterstützt den Controller beim Aufbau des Management-Informationsdienstes (MID) als Entscheidungshilfe für die Führungsebenen in enger Zusammenarbeit mit den Marketing- und IT-Kollegen. Die Koordination von Controllerdienst, Marketing und Informatik vernetzt Erfolgsverantwortung und Erfolgssteuerung miteinander, vgl. dazu Abbildung 6.

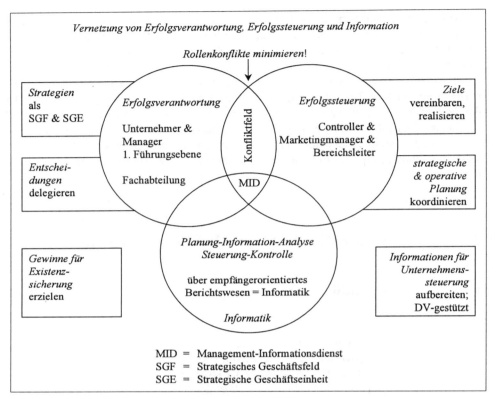

Abbildung 6: Vernetzung von Erfolgsverantwortung, Erfolgssteuerung und Informatik

## 3.2 Management-Informationsdienst

Erfolgsverantwortung tragen Unternehmer und Manager für die rechtzeitige Strategiewahl (das strategische Hauptziel = Overall Strategie Objective), richtige Strategieentscheidung und ausreichende Gewinnoptimierung für eine langfristige Existenzsicherung.

Bei der Erfolgssteuerung unterstützen Controller, Marketingmanager, Bereichsleiter und Informationsdienste die Führungsebenen durch eine termingerechte Bereitstellung von empfängergerechten und zukunftsorientierten Informationen. Dann können Controller- und Marketingdienste innerhalb der Bandbreite der gemeinsam erarbeiteten Zielvereinbarung durch den Einsatz der Moderationstechnik, den Aufbau von Qualitätszirkeln, Einsatz von Controlling-Werkzeugen eine motivierte Mitarbeiter-Mannschaft entwickeln, die bereit ist, den Übergang von der Fremd- zur Selbstkontrolle, von der Fremd- zur Eigensteuerung zu finden, d.h. Selbstverantwortung zu übernehmen, z.B. in Krisenzeiten (Auswirkungen der Globalisierungs- und/oder Wohlstandsfalle) einer Erhöhung der Arbeitszeit durch Verzicht auf ein bis zwei Wochen Urlaubszeit, einer Erhöhung der Regelarbeitszeit auf 40 Wochenstunden bei Bedarf (gleichbedeutend auf einen Verzicht von Überstundenbezahlung) zuzustimmen, um die Wettbewerbsfähigkeit des Unternehmens zu erhalten oder wiederherzustellen und die sozial Sicherung zu gewährleisten.

Controller bemühen sich, mit Hilfe ihres „Navigationsbesteckes" - den Werkzeugkästen - als betriebswirtschaftliche „Navigatoren" ihr Unternehmen in die Gewinnzone zu steuern. Dieser Versuch gelingt, wenn die erste Führungsebene zukunftsorientiert denkt und handelt, z.B. in einem Fertigungsunternehmen der Elektrotechnik beim Übergang zur Digitaltechnik und Elektronik die Mitarbeiter im Außendienst ohne ausreichende technische Vorbildung sukzessive durch Verkaufsingenieure der Fachrichtung Elektronik ersetzt.

Wenn die erste Führungsebene zukunftsorientiert denkt und handelt, installiert sie in „Sonnenscheinzeiten" die Blindflugeinrichtung für Schlechtwetterperioden (Deckungsbeitragsrechnung im operativen Werkzeugkasten als Ergänzung der Vollkostenrechnung), akzeptiert den Aufbau eines Controllingkonzeptes.

Controlling-Werkzeuge ermöglichen die Vernetzung von Erfolgsverantwortung (= strategischer Bereich) mit der Erfolgssteuerung (= operativer Bereich), liefern mit Hilfe der Datenverarbeitung empfängergerechte Informationen für die Erfolgssteuerung, ermöglichen die Koordination strategischer und operativer Planungen, ihre Umsetzung vor bzw. hinter dem Zeithorizont, vgl. dazu Abbildung 6. Die Installationszeiten für einen operativen und strategischen Werkzeugkasten bewegen sich zwischen drei und fünf Jahren.

## 3.3 Controllerdienst als Bringschuld

Der Controllerdienst versucht:

- Beteiligte (Führungsebenen und Mitarbeiter) mit Hilfe der Moderationstechnik zu Betroffenen zu machen,
- Identität zwischen persönlichen Zielen der Mitarbeiter und den Unternehmenszielen herzustellen,
- über einen offenen Führungsstil die Motivation als Treiber für den Unternehmenserfolg zu nutzen,
- Reagieren und Agieren aller Führungsebenen für die Existenzsicherung des Unternehmens und der Arbeitsplätze zu mobilisieren,

- seine Rolle als Entscheidungshelfer für alle Führungsebenen im Schulterschluss mit dem Kapital-, Informationsdienst und Marketing zu spielen,
- heute Entscheidungen vorzubereiten, an die die Wettbewerber erst morgen denken.

Der Controllerdienst liefert Anwenderberatung für die Zukunftsentwicklung, ist also das Gegenteil von „Management auf Zuruf" (*Albrecht Deyhle*). Üblich in Unternehmen, die sich auf den operativen Bereich konzentrieren, ohne zu bemerken, dass sie sich strategisch bereits aus dem Marktgeschehen verabschiedet haben. Wenn sich aus dem Rückwärtsbuchhalter durch Planbilanzen Vorwärtsbuchhalter, aus dem Betriebsnachrechner durch Plankosten Betriebsvorrechner entwickeln, wird Controllerdienst verrichtet. Die Vernetzung des bilanziellen mit dem betrieblichen Rechnungswesen und der Datenverarbeitung liefert der ersten Führungsebene zukunftsorientierte Entscheidungshilfen für eine aktive Gewinn- und Verkaufssteuerung auf Deckungsbeitrags- und Vollkostenbasis. Die Koordination von Marketing-, Controller-, Treasurer- und Informationsdiensten lässt einen Management-Informationsdienst für die nachhaltige Existenzsicherung des Unternehmens entstehen.

# 4 Vernetzung von operativen und strategischen Regelkreisen

Abbildung 7[2] verdeutlicht die Verknüpfung von operativen und strategischen Bereichen über den Zeithorizont durch die Prozessoren Planung, Information, Analyse, Steuerung und Kontrolle (zu verstehen als rollierender Soll-Ist-Vergleich).

Operative Controlling-Werkzeuge verlieren am Zeithorizont ihre Wirkung, strategische Controlling-Werkzeuge entfalten sie jenseits des Zeithorizontes. Merke: Im operativen Bereich ändern sich Zahlen, im strategischen Bereich Bedingungen. Diese Erkenntnis befähigt das strategische Management, früher als die mit traditionellen Instrumenten des Rechnungswesens ausgerüsteten Wettbewerber, jenseits des klassischen Prognosehorizontes von drei bis fünf Jahren, die sich ankündigenden Nachfrageänderungen, Umweltprobleme, Ressourcenbeschränkungen und den Wandel heute noch gültiger Technologien und Weltmarktstrukturen (zum globalen Wettbewerb) - wenn auch nur in Bandbreiten und Tendenzen - zu erkennen, wie z.B. die Ablösung der Hebelmechanik durch die Elektronik, die zukünftige Schlüsselrolle der Roboter als Dienst- und Sachleister mit fortschreitender Entwicklung der Neurobionik, die Bedeutung umweltschonender Antriebe, Biotechnik und Telekommunikation für die technologische Zukunft unseres Landes.

---

[2] Vgl. *Mann* 1983, modifiziert von *Elmar Mayer*.

# Leitbildcontrolling als Denk- und Steuerungskonzept in der Informations-/BIONIK-Wirtschaft 81

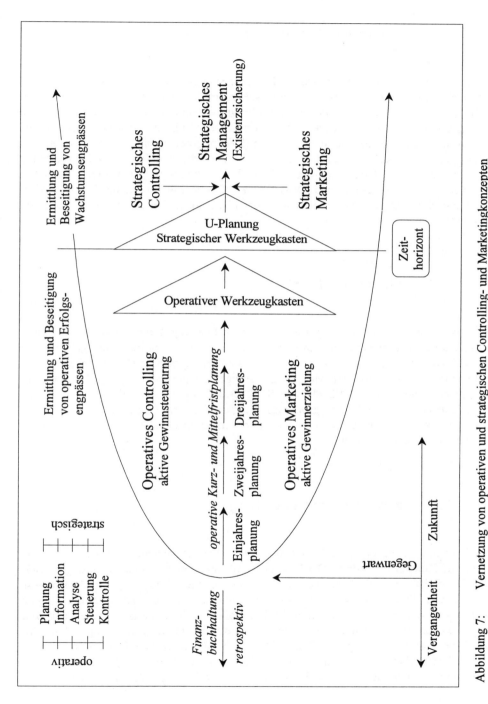

Abbildung 7: Vernetzung von operativen und strategischen Controlling- und Marketingkonzepten

## 4.1  Operatives Controlling

Im operativen Bereich liefert der Controllerdienst Steuerungshilfen für Aktionspläne, die sich in einem vorwärts rollierenden Planungszeitraum innerhalb eines Zeithorizontes von 12 bis 36 Monaten realisieren lassen, wenn Prognosen und Wirtschaftswirklichkeit sich innerhalb einer Bandbreite decken. Der operative Controllerdienst erlaubt eine aktive Gewinnsteuerung über den Solldeckungsgrad (Deckungsbeitrag in Prozenten) wenn eine ordnungsgemäße Deckungsbeitragsrechnung die Zielgrößen definiert. Dann vergleicht die IT-gestützte Nachkalkulation den Soll- und Istdeckungsgrad je Auftrag und drückt die Abweichung in Prozenten aus: DG-Ist 37% < DG-Soll 40% = minus 3%. Ursachenforschung und -analyse sind sofort nachvollziehbar, üblich bei einer Abweichung von plus/minus 5%.

## 4.2  Operatives Marketing

Operatives Marketing realisiert eine aktive Gewinnsteuerung, wenn Artikel mit > Solldeckungsgrad bevorzugt verkauft werden können. Artikel mit < Solldeckungsgrad werden nur auf Kundenwunsch (bei Sortimentszwang) geliefert und nicht mehr beworben.

Operatives Controlling und Marketing beseitigen operative Erfolgsengpässe gemeinsam, planen und sichern Teilziele wie ROI, Cash-Flow, CFROI, EVA, Shareholder-Value-Konzept etc., Zieldeckungsbeitragsvolumina für Artikelsortimente alias Profitcenter steuern die Gewinnsicherung über Kosten- und Leistungsfaktoren bis zum Zeithorizont der rollierenden Planung.

## 4.3  Strategisches Controlling

Die Kundendeckungsbeitragsrechnung signalisiert über die Deckungsbeitragstiefenanalyse, welche Kunden zu fördern (DG-Ist > DG-Soll) und welche zu vernachlässigen (DG-Ist < DG-Soll) sind. Die Kundendeckungsbeitragsrechnung löst einen Umdenkprozess aus, alle Aktivitäten im Unternehmen auf eine schnellere Problemlösung für die Kunden als die Mitbewerber zu konzentrieren. Dadurch bildet sich unbewusst eine Brücke vom operativen zum strategischen Controlling, wenn Forschung und Entwicklung sich um Innovationen und neue strategische Geschäftsfelder bemühen. Während sich im operativen Bereich bekanntlich Zahlen ändern, meldet der strategische Bereich die Änderung von Bedingungen in Umfeld und Umwelt als Auslöser für zukünftige Wachstumsengpässe.

## 4.4 Strategisches Controlling und Marketing

Beide Bereiche legen gemeinsam die Strategien für die nachhaltige Existenzsicherung des Unternehmens fest, sobald sich Bedingungen jenseits des Zeithorizontes zu ändern beginnen. Durch die Vernetzung der strategischen Controlling- und Marketingwerkzeuge mit der strategischen Unternehmensplanung lassen sich Entscheidungshilfen entwickeln, die mehr Aussagekraft als die traditionellen Hochrechnungen liefern, die den Zeithorizont nicht ausreichend beachten. Die Aufheizung des Erdklimas durch Störungen des biokybernetischen Gleichgewichts verändert z.B. die Bedingungen für die Wintersportindustrien. Die Skiindustrie hat die schwachen Frühwarnsignale empfangen und entwickelt schon heute Ausgleichsgeschäftsfelder im Flugzeugbau, um von den zu erwartenden Wachstumsengpässen nicht erdrückt zu werden. Ein nachahmenswertes Beispiel für alle betroffenen Controllerdienste, heute schon zu tun, woran andere erst morgen denken.

# 5 Operativer und Strategischer Werkzeugkasten

## 5.1 Umwelt-, Umfeld- und Strukturänderungen

Fortwährende Umwelt-, Umfeld- und Strukturänderungen (Internationalisierung, Klima etc.) schaffen neue Rahmenbedingungen für eine Gewinn- und Existenzsicherung, Wachstumsengpässe fluktuieren, Technologiesprünge beschleunigen sich, Führungskonzepte und Führungsstile sind gezwungen, sich permanent anzupassen. Operative Werkzeuge und strategische Planung wurden nach dem Jahre 1973 (Erdölkrise) durch strategische Werkzeuge ergänzt und miteinander vernetzt.

## 5.2 Offener Führungsstil

Nur durch den Einsatz der Moderationstechnik konnte sich ein „Offener Führungsstil" entwickeln. Er ermöglichte die Potenzialsuche, verstärkte die Kreativitätsschöpfung und Bereitschaft der Mitarbeiter zur Mitverantwortung, mobilisierte die immateriellen Faktoren, Motivation und Identifikation durch das gemeinsam erarbeitete Unternehmensleitbild und die für eine Umsetzung notwendigen Maßnahmenpläne, weil Betroffene zu Beteiligten wurden.

Operative und strategische Werkzeuge fördern mit Hilfe der Moderationstechnik die Managemententfaltung für die Existenzsicherung. Der Terminus „Strategisches Management" symbolisiert die mentale Fähigkeit, früher als die Mitbewerber Wachstumsengpässe jenseits des Zeithorizontes zu erkennen, aus eigener Kraft, d.h. mit Hilfe eines Strategieteams rechtzeitig Gegensteuerungsmaßnahmen einzuleiten.

*Exkurs: Welchen Nutzen kann die Moderation dem Controllerdienst bieten?*

- Mit ihrer Hilfe lassen sich für operative Erfolgs- und strategische Wachstumsengpässe (z.B. ausgelöst durch Technologiesprünge oder unvorhersehbare politische Ereignisse) Maßnahmenpläne erarbeiten. Alle Funktionsbereiche werden in die Problemsuche und -findung eingebunden. Es entsteht ein Denk-Wirkungsnetz, das sich auf das Engpassproblem fokussieren lässt.

- Latente Potenziale in den Mitarbeitern werden durch die Kartenabfrage sichtbar, so dass eine Kreativitätsschöpfung und ihre Steuerung für Innovationen möglich wird, besonders erfolgswirksam nachvollziehbar im F&E-Bereich.

- Der Einsatz der Moderationstechnik bereitet den Einstieg in eine hierarchiefreie Kommunikation vor, z.B. bei der Zielvereinbarung für das Unternehmensleitbild, bei Stärken- und Schwächenanalysen, bei der Suche nach neuen Strategien. Der „Offene Führungsstil" stärkt die Entscheidungskraft und Autorität der Führungsebenen.

- Komplexe Problemkreise lassen sich durch clustern in lösungsfähige Problemfelder aufteilen.

- Die Filterfunktion und Blockade einzelner Führungsebenen lässt sich ausschalten.

- Profilneurotiker haben keine Chance mehr, als Zeitdieb in Konferenzen aufzutreten. Die Arbeitsweise und Arbeitsergebnisse von Gruppen werden durch die Visualisierungstechniken und Kleingruppenarbeit aussagekräftiger.

- Stärken- und Schwächenanalysen, operative und strategische Planungen, Prognosen, Engpassanalysen, Potenzial-, Lebenszyklus-, Portfolioanalysen, Strategische Bilanzen, Umwelt-, Umfeld-, Energiebilanzen, Maßnahmenpläne sind ohne den Einsatz der Moderationstechnik nicht realisierbar.

| Gewinn- und Liquiditätssicherung | |
|---|---|
| Operativer Werkzeugkasten | |
| Mit Zeithorizont | |
| - Erfolgs-rechnungen | Umsatzkostenverfahren auf Grenz- oder Leistungskostenbasis mit Deckungsbeitragsanalysen ermittelt Artikelerfolgsbeiträge mit Preis-, Mengen- und Kostenabweichungen über Plan/Ist-Vergleiche |
| - Erfolgs-analysen | nach Entscheidungsparametern mit ausführlichen Rangfolgebestimmungen und -analysen (für Unter-/Vollbeschäftigung) |
| - Erfolgs-planungen | mit Alternativplänen nach Entscheidungsparametern, Zieldeckungsbeiträgen und Iso-Deckungsbeitragsverteidigungskurven |
| - Erfolgs-steuerungen | über Nutzenprovision, kombiniert mit dem Nutzentrapez (Planerfüllungsprämie) und einer Kundendeckungsbeitragsrechnung |
| - Erfolgs-kontrollen | über kumulierte Deckungsbeitragsanalysen, Solldeckungsbeiträge, Zieldeckungsgrade mit Plan/Ist-Vergleichen, Kennzahlen |
| - Erfolgs-engpässe | über die Zieldeckungsgrade finden und über die Vorsteuergrößen Kosten und Leistungen beseitigen (Facharbeitermangel, Beschaffungshemmungen, Prämiensysteme) |
| - Erfolgs-motivation | durch Identifikation mit der Unternehmensphilosophie auslösen! Wenn berufliche Einzel-Zielvorstellungen und bejahte Unternehmensziel-Vorstellungen übereinstimmen, erfolgt die Selbstverwirklichung in der Gruppe leichter |
| - Grenz- und Schwellen-werte | erkennen und berücksichtigen! Mindestlosgrößen für den Mindermengenzuschlag ermitteln, Mindestverkaufsmengen zur Deckung der auftragsfixen Kosten errechnen, Marginaldeckungsbeiträge zur Sicherung der Vollkostendeckung festlegen! |

| Existenz- und Liquiditätssicherung | |
|---|---|
| Strategischer Werkzeugkasten | |
| Ohne Zeithorizont | |
| - Potenzial-analysen | Schlüsselfaktorenwahl hilft bei der Stärken/Schwächen-Analyse, Festlegung von Maßnahmenplänen für die Verstärkung der Stärken und den Abbau der Schwachstellen, Engpassanalysen mit strategischer Bilanz, Energie- und Umweltbilanzen |
| - Zielverein-barung | qualitativ (Leitbild) und quantitativ (ROI, Cash-flow, Shareholder-Value-Konzept, Zieldeckungsbeitragsvolumen) als Zielbündel |
| - Wachstums-konzept | oder Erhöhung der Wertschöpfung bei gleichem Mengenvolumen in der Stagnation |
| - | Produkt/Markt-Strategien mit Portfolio für die Artikelpolitik |
| - | Funktionsstrategien zur Erfüllung der Produkt/Markt-Strategie |
| - | Umsetzung in Projekte und Maßnahmen mit Plan-/Ist-Vergleich |

Abbildung 8: Operativer und Strategischer Werkzeugkasten (© *Elmar Mayer*)

- Erst durch den Einsatz der Moderationstechnik ist der Übergang vom Wirkungsketten- zum Wirkungsnetzdenken möglich, wenn Workshops mit Teilnehmern aus tangierten Funktionsbereichen in Kleingruppen Engpassproblemlösungen erarbeiten, anschließend dem Plenum zur Diskussion vorstellen.

Deshalb ist an der FH KÖLN seit dem Jahre 1986 der Erwerb des Zertifikats „Moderationstechnik" für die Seminaristen im Schwerpunkt Controlling Pflicht (Dreitage-Crashkurs in der vorlesungsfreien Zeit).

## 5.3 Regelkreis Operativer Werkzeugkasten

Der Operative Werkzeugkasten wird in Abbildung 9 definiert. Das für den operativen und strategischen Bereich gültige Leitbild steuert die Aktivitäten des Controllerdienstes für den Transfer strategischer Pläne in operationale Maßnahmenpläne mit rollierenden Soll-Ist-Vergleichen für eine angemessene Gewinnerzielung. Im operativen Bereich ändern sich Zahlen, der Zeithorizont schwankt je nach Branche zwischen zwei bis fünf Jahren. Die Module Zielvereinbarung, Zielsteuerung, Zielerfüllung ermöglichen eine Gewinnoptimierung im Rahmen einer sozialpflichtigen Marktwirtschaft, die sich den Daten und Zwängen im Euroland anpassen muss, um wettbewerbsfähig zu bleiben. Die Sozialkostenrate wird sinken, d.h. sich dem Durchschnittswert der Euroländer annähern müssen. Das Suchfeld im operativen Bereich konzentriert sich auf den jeweiligen Erfolgsengpass. Der Kundennutzen - sichtbar gemacht durch die Kundendeckungsbeitragsrechnung - bildet die Brücke zum strategischen Bereich.

## 5.4 Regelkreis Strategischer Werkzeugkasten

Der Strategische Werkszeugkasten wird in Abbildung 10 definiert. Controller- und Marketingdienste führen gemeinsam Umfeld- und Prognoseanalysen durch. Der Controllerdienst verzahnt die operative und strategische Planung, erweitert die Handels- und Steuerbilanzen um Sozial-, Energie- und Umweltbilanzen bis zur Entsorgung mit Recycling-Plan, beobachtet sorgfältig die technologischen Weiterentwicklungen.

Der Controllerdienst verknüpft und integriert die F&E-Aktivitäten mit dem Projektmanagement zu einem Kernbaustein im strategischen Werkzeugkasten, um den Führungsebenen Empfehlungen anbieten zu können für die:

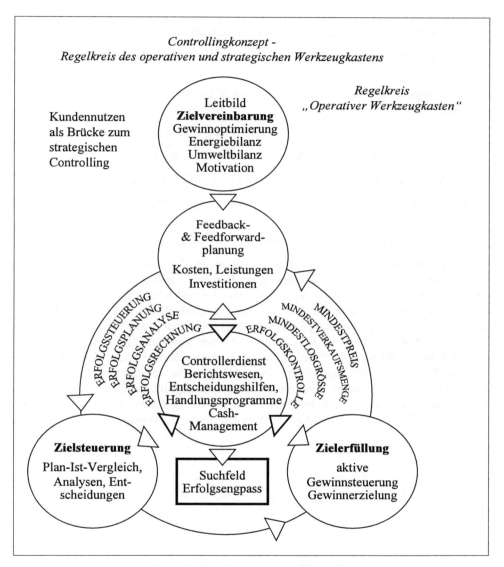

Abbildung 9: Regelkreis Operativer Werkzeugkasten (© *Elmar Mayer*)

- Planung und Trennung der F&E-Kosten (Grundlagen- und Innovationsforschung),
- Positionierung und Steuerung der F&E-Projekte in ihren entsprechenden Geschäftsfeldern,
- Genehmigung der Höhe der Forschungskosten am Umsatz- oder Deckungsbeitragsvolumen der Profitcenter,
- Kausalgerechte Erfassung und Zurechnung der F&E-Kosten,
- Bewertung der Forschungsergebnisse je Mitarbeiter oder Team,
- Durchführung von branchenorientierten Sachziel- und Kostenvergleichen,
- Vernetzung der Forschung und Entwicklung mit der Fertigung, den Controller- und Marketingdiensten,
- *Klärung der Kernfrage: Forschungsprojekt „abbrechen" oder „weiterforschen"?*

Die Vernetzung der Werkzeugkästen dokumentiert Abbildung 11. In einem Controllingkonzept dient der operative Controllerdienst durch Gewinnerzielung der Erhaltung des finanziellen Gleichgewichts, der strategische Controllerdienst einer nachhaltigen Existenzsicherung durch ständigen Aufbau neuer Potenziale. Beide Aufgaben sind nur im gemeinsamen Wirkungsnetz der Werkzeugkästen realisierbar. Neue Potenziale erfordern Vorleistungen, Investitionen in die Zukunft und einen Verzicht auf Gewinnausschüttungen. Gewinnmaximierung durch kurzfristiges Gewinnstreben blockiert den Aufbau zukünftiger Potenziale. Eine Zukunftssicherung erfordert ausreichende Sparleistungen. Die Werkzeugkästen signalisieren, dass im Euroland sich gegenwärtige Einkommen (= Lebensstandard) nur mit längerer Regelarbeitszeit erwirtschaften werden lassen. Im Klartext: Längere Arbeitszeit oder weniger Urlaubszeit stehen als Alternativen zur Auswahl.

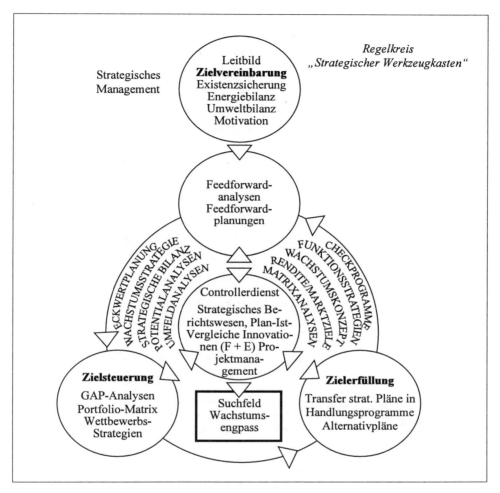

Abbildung 10: Regelkreis Strategischer Werkzeugkasten (© *Elmar Mayer*)

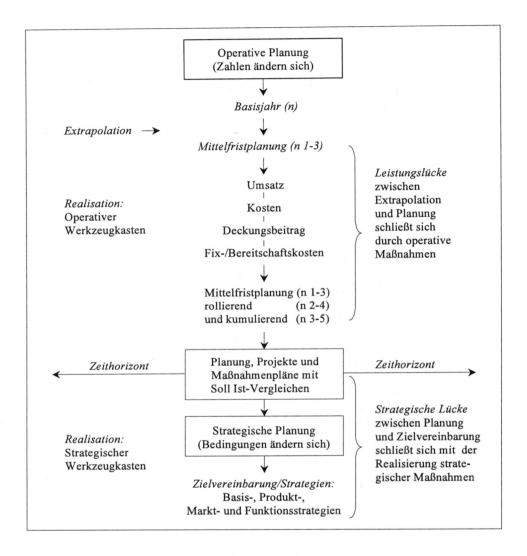

Abbildung 11: Vernetzung der Werkzeugkästen[3]

---

[3] Vgl. dazu *Mann* 1991, S. 113; *Mann* 1989, S. 37 ff.; *Liessmann* 1999, S. 138 ff.

# 6 Mindestbausteine für ein Controllingkonzept

Ein Controllingkonzept liefert den Führungsebenen harte und weiche Früherkennungssignale für entstehende Erfolgs- und Wachstumsengpässe und damit Hinweise für einen rechtzeitigen Einstieg in Innovationen und neue Schlüsseltechnologien, wenn operativer und strategischer Controllerdienst über ausreichende Mindestbausteine verfügen.

*Als Mindestbausteine gelten:*

- Ein dokumentationsfähiges (gedrucktes) Leitbild, das in Workshops von den Führungsebenen als Grundgesetz des Unternehmens (= Zielvereinbarung) erarbeitet worden ist,

- Ein Leitbild-Controllingkonzept mit einem biokybernetisch-orientierten Rückkopplungsprozess, vgl. dazu Abbildung 2,

- Eine vernetzt arbeitende Feedback- und Feedforward-Planung für beide Werkzeugkästen mit rollierenden und kumulierenden Plan-Ist-Vergleichen,

- Eine günstige Energiebilanz, die kostensparend den Recyclingprozess integriert,

- Der Einsatz von Sensoren, die Erfolgs-, Wachstumsengpässe und zukünftige Technologiesprünge orten,

- Eine kombinierte Vollkosten- und Deckungsbeitragsrechnung mit Deckungsbeitragstiefenanalysen für die Profitcenter,[4]

- Die Aktivierung der immateriellen Faktoren Motivation und Identifikation durch den Einsatz der Moderation und die Ausgabe von Belegschaftsaktien (Investivlohn),

- Der offene Führungsstil, der Wachstums- und Organisationsschwellen über Stärken- und Schwächenanalysen rechtzeitig an neue Marktbedingungen (wie z.B. im Euroland) anpassen kann.

*Merke: Nicht fragen, wer kauft unsere Produkte oder Dienstleistungen, sondern erfragen, „was benötigt unser Kunde"!*

---

[4] Vgl. *Mayer/Mann* 1996.

- Leitbild-Controllingkonzept als Grundgesetz des Unternehmens
- Vernetzte Feedback- und Feedforward-Planungen
- Automatische Rückkopplung der Module (Zielvereinbarung/Zielsteuerung/Zielerfüllung) für die Stabilisierung des finanziellen Gleichgewichts
- Ergänzung der Handels- und Steuerbilanzen um maßgeschneiderte Sozial-, Energie- und Umweltbilanzen mit integriertem Recyclingprozess
- Controlling-Werkzeugkasten (operativ und strategisch vernetzt)
- Sensoren für Quantensprünge in Technologie, Elektronik und Bionik
- Moderationstechnik mit offenem Führungsstil für die Aktivierung von Motivation und Identifikation
- Nutzenstiftung für den Kunden über Qualitätsleistungen und Service, für das Unternehmen durch Gewinnerzielung (gegenseitige Nutzenstiftung)

## 7 Leitbild in der BIONIK-Wirtschaft

Das Zeitalter der Informationswirtschaft wird mit dem Beginn des 21. Jahrhunderts durch die BIONIK-Wirtschaft (Bionik = Biologie und Elektronik) ergänzt und mit ihr vernetzt. Die Kommerzialisierung der Gentechnik in der Medizin und Landwirtschaft lässt neue Geschäftsfelder und Unternehmen mit entsprechender Hard- und Software entstehen, von *W. Davidson* und *Stanley Davis* bereits im Jahre 1991 prognostiziert.

Die BIONIK-Wirtschaft begann im Jahre 1953 mit der Entdeckung der Helixstruktur (spiralförmige Molekülstruktur) der genetischen Substanz der DNS durch *J.D. Watson* und *F.H. Crick*. Knapp 40 Jahre später wurden die ersten Ergebnisse der Genforschung veröffentlicht, denn seit dem Jahre 1973 war es möglich, die DNS zu teilen, zu kleben und neu zu reproduzieren. Anfang 2000 (26. Juni) erlaubte die Computertechnologie bereits die Entschlüsselung der Helix des menschlichen Genoms (Chromosomensatz jeder Zelle).

Medikamente auf gentechnologischer Basis, Genmanipulationen, Genommutationen benötigen noch Entwicklungszyklen von fünf bis zehn Jahren wie in der klassischen Pharmaforschung, solange die geltenden Zulassungsvorschriften nicht zeitgemäß verkürzt werden. Die restriktiven Zulassungsvorschriften bremsen den Übergang von der Informations- zur BIONIK-Wirtschaft zu stark, blockieren den notwendigen Nachholprozess gegenüber den *USA* und *Japan*. Diese Tatbestände müssen alle Controller in Sach- und Dienstleistungsunternehmen für die Existenzsicherung ihrer Unternehmen kennen.

## 7.1 Entscheidende Technologien der Gegenwart und Zukunft

Drei neue Kerntechnologien beeinflussen die Entwicklung und Vernetzung der Informationswirtschaft mit der BIONIK-Wirtschaft:

- Entscheidungsfähige Computer (Makro- und Mikroroboter) auf der Basis arbeitsfähiger Biochips mit neuronalen Netzen, auch im Bereich der Nanotechnik.

- Eine ausgereifte Gentechnologie als Basis für die Entwicklung bahnbrechender Medikamente und Heilmethoden zur Auffindung und Eliminierung genetischer Defekte.

- Die extreme Miniaturisierung der Computer für die Mikrobiologie mit entsprechender Hard- und Software.

Ergo: Diese drei neuen Technologien (*Biocomputer, Gentechnologie, Miniaturisierung*), ergänzt durch aktiven Umweltschutz, neue passive Energien (Wind, Wasser, Sonne, Plasma- und Brennstoffzellenantriebe) werden das Profil der BIONIK-Wirtschaft und ihr Wachstumspotenzial maßgeblich beeinflussen. Der Controllerdienst ist gut beraten, seine Führungsebenen über Entwicklungsschübe laufend zu informieren.

Unsere gegenwärtigen Computer (z.B. auf Pentium-4-Basis) arbeiten noch überwiegend nach dem deterministischen Modell, liefern Leistungen nur im Rahmen ihrer Programmierung, arbeiten von „oben nach unten" mit festen Regeln. Die neue Computergeneration wird auch in der Lage sein müssen, aufgrund unbestimmter Eingaben (z.B. bei Wettervorhersagen, Aktienbewegungen etc.) Entscheidungen treffen zu können. Das wird möglich sein, sobald die Bio-Computer auf der Basis von Neuro-Chips die Funktionsweise des menschlichen Gehirns imitieren können.

Die kommende Bio-Chip-Generation wird in der Lage sein, „Intuition, Urteilsvermögen, Ästhetik und Emotionen" wie ein menschliches Gehirn (im Gegensatz zur künstlichen Intelligenz (KI) der linear arbeitenden Computer) zu empfinden und zu äußern. Diese „neuronalen Rechner" des 21. Jahrhunderts arbeiten auf der Basis neuronaler Netze, die im Gegensatz zur KI „von unten nach oben" Intelligenz über künstliche Neuronen aufbauen. Sie simulieren unter Anlehnung an die Neuroanatomie unsere Gehirnfunktionen, um Denkprozesse entstehen zu lassen. Neuronale Rechner „denken holistisch (ganzheitlich) statt mechanisch," jeder erfolgreiche Problemlösungsvorschlag entspricht einer Lernerfahrung.

Nur neuronale Rechner können Bilder und Sprachen erkennen und ausarbeiten, reagieren logisch auf Spracheingaben, lassen sich zu Allzweck-Robotern entwickeln. Vernetzte KI und neuronale Rechner werden gemeinsam mit Unterstützung durch Neuro-Chips und/oder Nano-Chips neue Generationen von Hard- und Software entwickeln, die sich in miniaturisierter Form direkt für Mess- und Steuerungsaufgaben in neue Produkte oder lebende Körper integrieren lassen, z.B. für die Reinigung von verkalkten Arterien und Venen durch Mini-Rotoren.

Polymorphe Roboter - wichtig für die Raumfahrt und Planetenerkundung - entwickelt von den Forschern *H. Lipson* und *J. Pollack* an der *Brandeis-Universität in Boston*, sind in der Lage, aus Thermoplast (einem Kunststoff auf Polyesterbasis) ihre Gestalt einer gestellten Aufgabe anzupassen, erforderliche Werkzeuge (Schraubenschlüssel, Zangen etc.) aus dem Arbeitsarm wachsen zu lassen. Die neuen 3-D-Drucker von *Xerox* für die Herstellung von Robotern im Forschungszentrum *Palo Alto* (*Kalifornien*) werden Kunststoffe sofort in Formen gießen, dazu Drähte, Motoren und Schaltkreise herstellen. Nachdem der Roboter aus dem 3-D-Drucker kommt, kann er sich bewegen, sobald ein Mensch ihn aktiviert hat.

Ohne eine Biowissenschaft mit prognostizierenden Theorien, ohne eine praktizierende Biotechnologie, entsteht keine BIONIK-Wirtschaft, die sich auf eine mikrobiologische Gentechnik stützen kann. Erst mit Hilfe der Mikrobiologie lassen sich die heute annähernd 4000 bekannten Erbkrankheiten lokalisieren, verhindern, reparieren - beim Menschen, bei Tieren, in der Fischzucht und in der Landwirtschaft.

Zur Verkürzung der Entwicklungszeit für neue Medikamente sind auf dem Markt der Bio-Informatik an der Schnittstelle von Informationstechnologie und Molekularbiologie neue Datenbank-Informationssysteme entstanden, wie die *Lion-Bioscience AG* (Laboratories of the Investigation of Nucleotide Sequences) in Heidelberg.[5]

Die Mikrotechnologie mit entsprechenden Mikrowerkzeugen und Mikrosensoren kombiniert die Mikroelektronik und Mikrogeräte auf einen Chip. Er misst, meldet und steuert in der Raumfahrt, in der Medizin (im menschlichen oder tierischen Körper), in der BIONIK-Wirtschaft äußere Einflüsse, dient der Vorsorge und Fehlerbeseitigung von technischen und gesundheitlichen Störungen. Er liefert schnelle und aussagefähige Diagnosen, ermöglicht minimal-invasive Operationsmethoden, dokumentiert den Einstieg in die Nanotechnik. Ein Nanometer ist 1/1000 eines Mikrometers, gleich ein Milliardstelmeter. Ein Atom misst 0,2 Nanometer, ein Schreibmaschinenpunkt bereits 70.000 Nanometer.

Wir verlieren während der Lösung von Alltagsproblemen leicht die Übersicht. Controller müssen wissen, dass es in etwa fünfzig Jahren (oder sogar früher) möglich sein wird, „menschliche Gehirne nichtinvasiv zu scannen" und damit - nach *Ulrich Aldag* aus *Palo Alto* - komplettes menschliches Bewusstsein auf einen Computer herunterzuladen, dessen Rechnergeschwindigkeit und Fähigkeit zu komplexer Datenverarbeitung das menschliche Gehirn weit übertrifft und der mit diesem Bewusstsein arbeiten kann wie mit irgendeiner Software.

---

[5] Vgl. *Berger* 2000, S. 43.

## 7.2 Nanotechnik und Supraleiter in der BIONIK-Wirtschaft

Mit Hilfe der Nanotechnik ist es möglich, Daten der Informations- und BIONIK-Wirtschaft miteinander zu vernetzen, Entscheidungshilfen für die Controller zu liefern. Sach- und Dienstleistungen, Nahrungsmittel, Kleidung, Maschinen, Menschen, medizinische Eingriffe lassen sich nunmehr überwachen, warten, erhalten und verbessern.

Die Chaosforschung und „fuzzy logic" (Vielleicht-Logik jenseits der formalen zweiwertigen Wahr-Falsch-Logik) der Physiker *Stephen Wolfram* und *Brosl Hasslacher* weisen nach, dass in nichtlinearen Systemen geordnete Formen innerhalb scheinbar chaotischer Phänomene existieren, z.B. bei Herzrhythmen, der Wetterbildung, Fluktuationen am Aktienmarkt und ähnlichen Verhaltensweisen. Werden Zufall und Chaos statt Zielorientierung und Zielforschung unsere Wirtschafts- und Organisationstheorien im 21. Jahrhundert dominieren?

Die DNS ist bekanntlich ein Informationscode. Lassen sich Strategie-, Management- und Controllingkonzepte in einer zukünftigen BIONIK-Wirtschaft gemeinsam von Natur- und Wirtschaftswissenschaftlern, Informatikern, Genetikern, Medizinern, Mikrobiologen und Controllern entwickeln? Insider der BIONIK-Unternehmen prognostizieren für 25% bis 33% der neu gegründeten Unternehmen nach abgeschlossenen Allianzen noch eine Überlebenschance. Dieser Schrumpfungsprozess findet zur Zeit bereits statt. Strategie-, Führungs- und Steuerungskonzepte für Hightech-Unternehmen unterliegen anderen Gesetzen als in der reinen Informationswirtschaft. Ein neues Aufgabenfeld für den Controllerdienst ist in der BIONIK-Wirtschaft entstanden. Eine Teamarbeit für Informatiker, Mediziner, Genetiker, Mikrobiologen und Controller wird zur „Conditio sine qua non!"

Als ökologisch und wirtschaftlich akzeptable Energiequelle gelten zur Zeit nur Erdöl und Erdgas. Alternative, d.h. passive Energiequellen wie Wind, Sonne, Wasser, Plasma und Brennstoffzellen arbeiten noch nicht kostendeckend. Auf der Suche nach kostengünstiger und umweltverträglicher Energie entdeckten die Forscher die Kernspaltung und Supraleitung. Die Kernspaltung generiert umweltfreundliche Energie, der Katalysator (z.B. das *Higgs*-Teilchen) für die kalte Fusion wird intensiv gesucht.[6] Die Supraleitung kann Sonnenkollektoren-Energie aus den Tropen verlustfrei zu den Energieverbrauchern in sonnenarme Gebiete transportieren, weil sie nicht dem Ohmschen Gesetz unterliegt. Die Kostenunterdeckung für die notwendige Transporttiefkühlung der Supraleitung blockiert gegenwärtig einen rentablen Stromtransport aus den Sonnenscheingebieten zu den Energieverbrauchern. Dieses Problem wird sich in absehbarer Zeit lösen lassen. Die Controller bei den Energie-Versorgern sind dann entsprechend gefordert.

---

[6] Vgl. *Moravec* 1999, S. 249 ff.

## 7.3 BIONIK-Wirtschaft und Bio-Robotik

Die BIONIK-Wirtschaft wird anorganische Substanzen auf Siliziumbasis entwickeln, vernetzt mit Neuro-Chips. Sie werden gehirnähnliche Funktionen in Makro- und Mikrocomputern alias Robotern übernehmen können. *Robert Jastow*, der Gründer des Goddard-Institutes bei der *NASA*, prognostizierte bereits im Jahre 1981, „Das Zeitalter des Lebens mit der Kohlenstoff-Chemie endet auf der Erde, das Zeitalter des Lebens auf Siliziumbasis wird unzerstörbar, unsterblich, unendlich erweiterbar sein".[7]

In dem *FAZ*-Beitrag vom 06.06.2000, „Warum die Zukunft uns nicht braucht",[8] bezeichnet *Bill Joy* (Mitentwickler der Mikroprozessorarchitekturen - *JSPARC*, *picoJava* und *MAJC*) als mächtigste Technologien des 21. Jahrhunderts die Robotik, Gentechnik und Nanotechnologie. Er verweist dabei die Leser auf die Veröffentlichung von *Ray Kurzweil*: „Homo Sapiens, Leben im 21. Jahrhundert",[9] Köln 1999.

Bio-Informatiker, Hirn-, Gen-, und Nanoforscher glauben, dass sie über die Robotik eine „annähernde Unsterblichkeit"[10] (*Bill Joy*), über die Genetik die Heilung vieler Krankheiten, mit Hilfe der Nanotechnologie und Nanomedizin eine Verlängerung der Lebenserwartung erreichen können. Die Molekularelektronik, in der einzelne Atome und Moleküle an die Stelle der mit Hilfe lithographischer Techniken erzeugten Transistoren treten, wird durch ihre Vernetzung mit der Nanotechnologie die Entwicklungsgeschwindigkeit der Neurocomputer beschleunigen.

Computerleistungen, verbunden mit manipulativen Fortschritten der Physik, und vertieftes genetisches Wissen werden unsere Welt positiv und leider auch negativ vollständig umgestalten können. Replikations- und Schöpfungsprozesse, bisher der Natur vorbehalten, geraten in den Einflussbereich des Menschen. Bio-Roboter sind nach *Bill Joy* (Cybervisionär und Chefwissenschaftler von *Sun Microsystems*) in etwa 30 Jahren in der Lage, Kopien von sich selbst herzustellen. Die Robotik strebt danach, unser Bewusstsein durch Scannen abzuspeichern. Es kann bereits bei der Implantation von Mikrocomputern in der Form von Biochips im menschlichen Körper erfolgen.

Die Gentechnik verspricht, die Landwirtschaft durch eine Erhöhung der Ernteerträge und Verringerung des Pestizideinsatzes zu revolutionieren, die geschlechtliche Fortpflanzung durch Klonen zu ersetzen bzw. zu ergänzen, Lebensdauer und Lebensqualität zu verlängern. Wenn der Reis demnächst auch Vitamin A enthält, orientiert sich die Entwicklung der Pflanzen nicht am evolutionären, sondern am ökonomischen Erfolg. In den *USA* sind bereits mehr als 50 genetisch veränderte Nahrungspflanzen (u.a. Soja und Mais) zur unbegrenzten Aussaat freigegeben worden. Nobelpreisträger *Richard Feynman* referierte bereits im Jahr 1959, dass eine Vernetzung von KI (Künstlicher Intelligenz) und Nanotechnologie viele Krankheiten und körperliche Probleme (z.B. aufgrund feh-

---

[7] Vgl. *Jastow* 1981, S. 162.
[8] Vgl. *Joy* 2000a, S. 49.
[9] Vgl. *Kurzweil* 1999.
[10] *Joy* 2000b, S. 53.

lender Gliedmaßen) lösen wird, im Jahre 2000 für Bein- und Armamputierte bereits Realität.

Nanotechnische Assembler (Monteure) auf molekularer Ebene können nach der Ansicht von *Eric Drexler* (Experiment Zukunft: Die Nanotechnische Revolution) Solarenergie zu niedrigen Kosten gewinnen, Krebs und andere Krankheiten durch Stärkung des menschlichen Immunsystems heilen, Schadstoffe beseitigen, Supercomputer im Taschenbuchformat herstellen, Raumflüge selbständig werden lassen, u.U. ausgestorbene Arten wieder zum Leben erwecken. In rund zehn Jahren (1989 - 1999) hat die Molekularelektronik auf Nanobasis die im Jahre 1989 als utopisch prognostizierte Entwicklung erreicht.[11] Aufgrund der rasanten Entwicklung in der Molekularelektronik und Nanotechnologie ist nach *Bill Joy* ungefähr bis zum Jahre 2030 eine „atemberaubende Entwicklungsgeschwindigkeit"[12] zu erwarten. Die Preise der dazu benötigten Hardware und Geräte werden weiterhin sinken. Der Durchbruch zur Konstruktion der Assembler (Monteure) ist in den kommenden zwanzig Jahren aus dem gegenwärtigen Erkenntnisstand zu erwarten. Die Molekularelektronik - das neue Teilgebiet der Nanotechnologie, in dem einzelne Moleküle als Schaltelemente fungieren - wird bis zum Jahre 2010 lukrativ werden und große Investitionen bewirken.

*Eric Drexler*, Nanotechnologie-Pionier, Gründer des *Foresight Institutes*, fordert für alle Nanotechnik-Wissenschaftler den Erlass ethischer Richtlinien. *Ray Kurzweil* bezeichnet die Nanotechnologie potenziell viel gefährlicher als die Biotechnologie. Nanoboter (alias Nanoroboter) sind seiner Meinung nach physisch viel stärker und intelligenter als proteinbasierte Entitäten (gegebene Größen).

Nach *Eric Drexler* sollten alle Wissenschaftler, die sich mit der Nanotechnologie beschäftigen, vollständig auf die Entwicklung von physischen Entitäten verzichten, die sich in einer natürlichen Umwelt selbst reproduzieren können, da die Nanotechnologie die Fähigkeit besitzt, physische Objekte nicht nur Teil für Teil, sondern Atom für Atom - ergo: quasi identisch - zu erschaffen, z.B. in Solarzellen oder im menschlichen Körper. *Ray Kurzweil* empfiehlt daher, Robotergesetze zu formulieren, bevor es dazu zu spät ist:

*1. Robotergesetz*: Alle Aktivitäten gegen Menschen (die Robotschöpfer) müssen automatisch zur Selbstblockade bzw. Selbstvernichtung der Roboter führen. Ausnahmeregelung gilt nur für Polizeiroboter.

*2. Robotergesetz*: Roboter dürfen keinen eigenen Code zur Selbstproduktion enthalten (Vorschlag von *Ray Kurzweil*).

*3. Robotergesetz*: Ein Nanobot (Nanoroboter) muss wissen, wenn er die Selbstreplikation stoppen muss (Vorschlag von *Ray Kurzweil*).

Wir befinden uns im Stadium der Vernetzung von Informationswirtschaft und BIONIK-Wirtschaft, d.h. im Übergang zum High-tech-Zeitalter. Viele Menschen und Führungsebenen, voll engagiert im Tagesgeschäft, scheinen diesen Entwicklungssprung nicht wahrzunehmen.

---

[11] Vgl. *Drexler* 1987.
[12] *Joy* 2000b, S. 53.

*David Gelernter*, Computerwissenschaftler an der Yale-Universität, dokumentiert diesen Übergangszustand mit seinen 58 Thesen zur Zukunft der Informationsgesellschaft[13], bezeichnet ihn als den zweiten Einschnitt in die Wirtschaftswissenschaften nach *Erich Gutenberg*.

Entsprechend ist das Leitbild-Controlling der Informationswirtschaft vom 20. Jahrhundert evolutionär der BIONIK-Wirtschaft im 21. Jahrhundert anzupassen. Der Controllerdienst ist dazu nur in der Lage, wenn er sich laufend über die Entwicklungsphasen der Robotik, Gentechnik, Molekularelektronik, Neuro- und Nanotechnologie informiert. Sie erfordern Umdenkprozesse in strategischen und operativen Bereichen, den Umbau der entsprechenden Werkzeugkästen, der Hard- und Software.

## 7.4 Leitbildcontrolling im 21. Jahrhundert

Offene Märkte, eine sich beschleunigende Vernetzung der Informations- und BIONIK-Wirtschaft, kürzere Innovationsintervalle der neuen Technologie fördern die Globalisierung der Märkte, verlagern die Wertschöpfungen in andere Erdteile, Wirtschaftsräume, Länder. Organisationsstrukturen, Dienstleistungen, Produktionsprozesse. Vertriebskonzepte ändern sich. Roboter ersetzen Menschen, beeinflussen das Aufgaben- und Verantwortungsfeld im strategischen und operativen Controlling, im Bereich der Standortwahl und Analyse von Standortfaktoren für Neuinvestitionen. Das Zeitalter der Personalcomputer geht zuende. Die Zukunft wird den digitalen Assistenten (PDA) und Geräten für den intelligenten Umgang mit dem Internet gehören (*Stan Shih, Taiwan*[14]).

Die neuen Technologien (Biocomputer, Gentechnologie, Miniaturisierung) haben sich als „Katalysatoren des Wandels" etabliert, die Infrastruktur für eine digitale Ökonomie geschaffen (*Roland Berger*).[15] Das Internet beschleunigt Entscheidungs- und Realisierungsprozesse, die Internationalisierung, die Globalisierung. Unternehmen benötigen daher nationale und internationale Managementstrukturen für Forschung & Entwicklung, Marketing, Vertrieb, Personalführung und Controlling.

Networking knüpft schnelle Kontakte zu Kunden, Lieferanten, Kooperationspartnern, Forschungsclustern, Projektteams und Mitarbeitern. Das Leitbild muss auch für die BIONIK-Wirtschaft verständliche Visionen erarbeiten, vermitteln und aufrechterhalten. Gegenseitige Nutzenstiftung, Fairness, Führungsqualitäten, solides Finanz- und Controllingwissen kennzeichnen den Weg zum notwendigen Unternehmenserfolg auch weiterhin. Hinzu kommen im Zeitalter der BIONIK-Wirtschaft Zukunftsorientierung und Innovationskraft, Reaktionsschnelligkeit und die Beherrschung der *Workflow-Management-*

---

[13] Vgl. *Gelernter* 2000, S. 59.
[14] Vgl. *Shih* 2000, S. 21.
[15] Vgl. *Berger* 2000.

Leitbildcontrolling als Denk- und Steuerungskonzept in der Informations-/BIONIK-Wirtschaft 99

*Systeme*[16] und die Fähigkeit zum Networking. Gewinner im Zeitalter der Elektronik-Wirtschaft werden Unternehmen sein, die ihre bewährten Stärken (Qualität, Termintreue, Kundenservice) und Kernkompetenzen mit Hilfe der neuen Technologien unter bewusster Humankapitalpflege konsequent im Sinne eines erweiterten Unternehmensleitbildes erfolgsorientiert ausbauen.

Deshalb:

*Ortet der Controllerdienst* auftauchende Zukunftsentwicklungen bevorzugt in Forschungs-Clustern, z.B. für die Halbleitertechnologie in *Dresden*, die Biotechnologie (Mikrobiologie) in *München-Martinsried*, etc., möglichst früher als die Wettbewerber.

*Beobachtet der Controllerdienst* systematisch die Entwicklungsfortschritte bei Sach- und Dienstleistungsunternehmen in der Bionik, Gentechnologie, Genmanipulation, Genommutation, Biotechnologie für die Auffindung und Heilung genetischer Defekte, ihren Einfluss auf die Forschungsziele der betroffenen Unternehmen z.B. in der Pharma-Industrie, in der Chemie, bei der Miniaturisierung von medizinischen Werkzeugen, bei Computern, bei Robotern, ebenfalls bei den Produzenten im Bereich der Nanotechnologie, wie z.B. bei der Fertigung von Endoscopen für die minimal-invasive Chirurgie.

*Analysiert der Controllerdienst* sorgfältig die Zukunftsentwicklung und den Wirtschaftlichkeitsgrad passiver Energien (Sonne, Wasser, Wind), von Plasma- und Brennstoffzellen-Antrieben.

*Vergleicht der Controllerdienst* die Zukunftsentwicklung des deterministischen Computermodells der Informationswirtschaft mit dem neuronalen Computermodell der BIONIK-Wirtschaft, den Übergang vom linearen zum ganzheitlichen Denkansatz und die damit verbundene Nutzung holistischer Problemlösungsvorschläge auf Biochip-Basis, die Übergänge vom Halb- zum Vollroboter mit Lernerfahrung, Intuition, Urteilsvermögen, Ästhetik und Emotionen, ähnlich dem menschlichen Gehirn, von Robotern durch Scanner übernommen.

*Bildet der Controllerdienst* Forschungscluster für die Vernetzung von Wissenschaft und Praxis möglichst an oder im Umfeld von Hochschulstandorten, wie z.B. seit dem Jahre 1971 die *Arbeitsgemeinschaft Wirtschaftswissenschaft und Wirtschaftspraxis im Controlling und Rechnungswesen an der FH Köln (AWW KÖLN 1971)*, die *Controller-Akademie Gauting bei München (1971)*, das *Österreichische Controller-Institut an der Wirtschaftsuniversität Wien (1975)*, das *Stuttgarter Controller-Forum (1986)*, die *Wissenschaftliche Hochschule für Unternehmensführung (WHU) in Vallendar bei Koblenz (1986)*, der *Arbeitskreis Betriebswirtschaft der FH Nürtingen (1985)* u.v.a.

*Entwickelt der Controllerdienst* globales Denken und flexibles Handeln durch die strategische Planung und Realisierung von empfehlenswerten Allianzen und Fusionen für neue Wertschöpfungsstufen.

*Prüft der Controllerdienst* die Plausibilität von Wahlentscheidungen für Standorte und Standortfaktoren im Rahmen des Leitbildes und der Globalisierungs-Strategie. Prüft, wie sie sich mit Hilfe von Balanced Scorecard-Strategien umsetzen lassen, stellt finanzielle und nichtfinanzielle Messgrößen sowie Soll- und Istwerte dieser Größen gegen-

---

[16] Vgl. dazu das Architekturkonzept WFMS bei *Gehring/Gadatsch* 2000.

über, beschreibt jede strategische Aktion durch Termin- und Budgetvorgaben, setzt Verantwortungsbereiche fest, ermittelt Ursache-Wirkungsbeziehungen. Zu prüfen ist, wie sich Rollenkonflikte zwischen Shareholder (Aktionär, Anteilseigner) und Stakeholder (Interessengruppen) harmonisieren lassen.

*Vernetzt der Controllerdienst* in Projekte involvierte Fakultäten mit den Forschungsteams der Wirtschaftspraxis für die langfristige Existenzsicherung des Unternehmens (Controller, Informatiker, Biologen, Chemiker, Physiker, Mediziner, Wirtschaftswissenschaftler, Ingenieurwissenschaftler u. a., bilden je nach Bedarf Forschungsgruppen).

*Modifiziert der Controllerdienst* die strategischen Unternehmensziele und Leitbilder der Informationswirtschaft während des Übergangs zur BIONIK-Wirtschaft. Das ist aber nur möglich, wenn der Controllerdienst sich ständig über die Evolutionsschritte der Computer, *Workflow-Management-Systeme* (WFMS), Makro- und Mikroroboter, Biocomputer mit neuronalen Netzen, die Nanotechnologie, Gentechnologie und Alternativenergien informiert, um nicht den „technologischen Anschluss" zu verlieren.

*Informiert der Controllerdienst* aufgrund seiner umfassenden Sammlung, Analyse und Aufbereitung von Zukunftsprognosen rechtzeitig seine Führungsebenen, vorrangig das Innovations-Management (F&E).

Ergo: Der Controller-Leitspruch: *„HEUTE SCHON TUN, WORAN ANDERE ERST MORGEN DENKEN, DENN NUR BESTÄNDIG IST DER WANDEL"*, übernommen vom griechischen Philosophen *Heraklit von Ephesos*, gestorben 483 vor Christus, gilt heute mehr denn je.

## 7.5   Ausblick

*Arzneimittel:* Ein Milliardenmarkt für Proteine aus dem Genlabor. Beim „Genpharming" sollen demnächst gentechnisch veränderte Kühe arzneimittelhaltige Milch produzieren.

*Bioinformatik:* Neu entwickelte Software und leistungsstärkere Hardware sind in der Lage, die Datenmengen der Molekularbiologen zu verarbeiten.

*Diagnostik*: DNS-Chips bauen einen großen Zukunftsmarkt auf. Sie identifizieren Mikroben anhand ihres Erbguts, erkennen Genmerkmale von Menschen und erlauben es so, individuelle Krankheiten vorherzusagen.

*Genomik*: Sequenzier-Roboter entschlüsseln das Erbgut von Bakterien, Tieren und Menschen. Genomfirmen verkaufen den Zugang zu ihren Datenbanken und melden Patente auf Gensequenzen an.

*Gentherapie*: Durch den Eingriff in das Erbgut einzelner Zellen lassen sich neue Therapieformen entwickeln.

*Impfstoffe*: Neue Impfstoffe aus dem Genlabor existieren bereits. Als vielversprechende neue Impfgeneration gilt die Injektion „nackter DNS".

*Organzucht*: Eine Revolution der Organtransplantation steht bevor. Stammzellen sollen in der Kulturschale zu Haut, Leber, Herzen und anderen Organen reifen.

*Pharmakogenetik*: Sobald das „Genprofil" eines Menschen bekannt ist, lässt sich in der Zukunft die Arzneimitteltherapie individuell bestimmen.[17]

*Bionik als Wachstumsbranche der Zukunft mit effizienten Optimierungsmethoden:* Die Natur bietet für komplizierte Fragestellungen aus der Industrie und Technik geniale Problemlösungen an. Die in „Jahrmillionen optimierten Erfindungen der Natur" bieten Konstruktionsprinzipien und Verfahren von hoher Leistungsfähigkeit, die als Vorbild für ähnlich gelagerte technische Probleme dienen können.

*Werner Nachtigall (Universität Saarbrücken)* gilt als der Pionier der Bionik. Ihm verdanken wir die Beobachtung und systematische Untersuchung der Problemlösungen der Natur, auch im Hinblick auf ihre umweltschonende Übertragbarkeit auf alle Industriezweige, wie z.B. Medizintechnik, Design, Architektur, Informationstechnologie, Raumfahrttechnik, Schiffs-, Bahn- und Automobilbau u.v.a. Einsatzgebiete.

Die Bionik ist inzwischen zum Dechiffrierschlüssel für die großen Innovationsgeheimnisse der Natur geworden - bis auf die Photosynthese - die grüne Pflanzen als exklusiven Energielieferanten nutzt. Dem Zusammenspiel von Licht und Grün verdanken wir unser Leben und unsere Kultur. Den Energie-Code der Pflanzen gilt es nun zu knacken und zu kopieren, statt kostbares Erdöl gedankenlos zu verheizen, ohne Rücksicht auf die kommenden Generationen.

Wabenförmige Strukturen sind in der Natur erprobt und bewährt. Bienen nutzen symmetrische Sechsecke, Baumfrösche haften mit ihren so angeordneten Zehenballen besser an rutschigen Baumstämmen.

Der *Conti Winter Contact TS 780* hat unter Anlehnung an das Waben- und Bärentatzenvorbild ein Reifenprofil entwickelt, das in Kurvenfahrten mehr Seitenstabilität bietet. Die Bionik (Abkürzung für Biologie und Technik) übernimmt dabei biologische Prinzipien in die Technik, wie die *Hannover-Messe* 2003 dokumentiert.

Schwimmer-Anzüge und Flugzeugflügel sind der Haifischhaut-Struktur nachempfunden. Diese Struktur produziert positive Wasser- bzw. Luftwirbel, die einen niedrigeren Widerstand im Wasser bzw. der Luft erzeugen, den Energieeinsatz reduzieren.

Den bekannten schmutzabweisenden Lotusblüteneffekt haben Lackfabriken bereits bei Lackfarben für Fenster und Keramikflächen übernommen. Er lässt sich auch auf Chrom übertragen, ohne den Glanzeffekt zu schmälern.

Der Bionik-Propeller der Firma *Evologics* orientiert sich am Vorbild der Vogelanatomie, um den Luftwiderstand und die Fluggeräusche reduzieren zu können.

Über Radiowellen können Taucher unter Wasser nicht kommunizieren, über Ultraschall nur bedingt. Evologics hat deshalb ein Unterwassermodem für eine ausreichende Unterwasser-Verständigung nach dem Vorbild des Sonarsystems der Delphine entwickelt, das Störtöne ausblendet, weil nur mit „Obertönen" gemorst wird.

Wissenschaftler der *FH Rhein-Sieg* in *St. Augustin* haben für Gebäude ein Belüftungssystem nach dem Vorbild von Präriehundebauten entwickelt.

---

[17] Vgl. dazu ausführlicher *Bredow/Blumencron* 2000, S. 78-90.

Das Staubsaugermodell *Trilobite* der Firma *Elektrolux* wurde nach dem prähistorischen Vorbild von Meeresgrundbewohnern konstruiert.

Forscher der *Technischen FH Berlin* haben eine Waschmaschinentrommel mit Wabenstruktur vorgestellt, die sehr ökonomisch arbeitet und die Wäsche schont.

Hohe, noch ungenutzte Potenziale enthält das faszinierende lebenserhaltende Prinzip in der Natur, die Photosynthese. Dem Labor für Telekommunikation und industrielle Physik (TIP) in *Sydney* ist es bereits gelungen, Kohlendioxid in Kohlenmonoxid und Sauerstoff zu zerlegen. Wenn es gelingt, die Prinzipien der Fotosynthese zu verstehen und zu kopieren, vielleicht sogar zu optimieren, lassen sich neue Energiepotenziale auf der Erde nutzen.

## Literaturverzeichnis

*Beck, T.:* Institute for Soldier Nanotechnologies, in: Tagesspiegel, Nr. 18082 vom 04.04.2003, S. 29.

*Berger, R.:* Neue Manager für neue Märkte, in: Frankfurter Allgemeine Zeitung, o.Jg. (2000), Nr. 135 vom 13.06.2000, Beilage.

*Bothe, H.W./Engel, M.:* Die Evolution entlässt den Geist des Menschen (Disziplin Neurobionik), (Neuronale Netze und neuronale Prothesen), Frankfurt/Main 1993.

*Bredow, R. v./Blumencron, M. v.:* Die Gen-Revolution, in: Der Spiegel, o.Jg., Nr. 26 vom 26.06.2000, S. 78-90.

*Crichton, M.:* Unsere Zukunft mit der Nanotechnologie, New York und München 2002, Übersetzung USA.

*Drexler, E.K.:* Engine Creation. Edition Reprint. Anchore Books, o.O. 1987.

*Gehring, H./Gadatsch, A.:* Ein Architekturkonzept für *Workflow-Management-Systeme*, in: Information Management & Consulting, o.Jg. (2000), S. 2.

*Gelernter, D.:* Warum Sie an Ihrem Computer verzweifeln. 58 Thesen zur Informationsgesellschaft, in: Frankfurter Allgemeine Zeitung, o.Jg. (2000), Nr. 137 vom 15.06.2000, S. 59.

*Jastow, R.:* The Enchantes Loom: Mind in the Universe, New York 1981, S. 162.

*Joy, B.:* Warum die Zukunft uns nicht braucht, in: Frankfurter Allgemeine Zeitung, o.Jg. (2000a), Nr. 130 vom 06.06.2000, S. 49.

*Jüngling, Th.:* Bionik-Projekte mit Wabenmuster, in: Welt am Sonntag Nr. 15 vom 13.04.2003, S. 33.

*Joy, B.:* Manche Experimente sollten wir nur auf dem Mond wagen, in: Frankfurter Allgemeine Zeitung, o.Jg. (2000b), Nr. 135 vom 13.06.2000, S. 53.

*Kurzweil, R.:* Homo Sapiens. Leben im 21. Jahrhundert. Was bleibt vom Menschen?, Köln 1999.

*Liessmann, K.:* Strategisches Controlling, in: Freidank, C.-Chr./Mayer, E. (Hrsg.): Controlling-Konzepte, 5. Auflage, Wiesbaden 2000, S. 3-102.

*Mann, R.:* Praxis Strategisches Controlling, 5. Auflage, Landsberg/Lech 1989.
*Mann, R.:* Das visionäre Unternehmen, in: Management heute, o.Jg. (1991), S. 113.
*Mayer, E./Mann, R.:* Controlling für Einsteiger, 7. Auflage, Freiburg 2000.
*Moravec, H.:* Computer ergreifen die Macht. Vom Siegeszug der künstlichen Intelligenz, Hamburg 1999.
*Nachtigall, W.:* Vorbild Natur (Bionik-Design), Berlin/Heidelberg/New York 1998.
*Nachtigall, W./Blüchel, K.-G.:* Bionik, Neue Technologien nach dem Vorbild der Natur, Stuttgart/München 2000.
*Schwängere, Chr.:* Die Neurotechnik entwickelt sich rasant, in: Frankfurter Allgemeine Zeitung, o.Jg. (2003), Nr.126 vom 02.06.2003, S.33.
*Shih, S.:* Das Zeitalter der Personal Computer geht zuende, in: Frankfurter Allgemeine Zeitung, o.Jg. (2000), Nr. 135 vom 13.06.2000, S.21

# Weiterführende Literatur

*Aldag, U.:* Menschliches Bewusstsein als Software, in: Frankfurter Allgemeine Zeitung, o.Jg. (2000), Nr. 139 vom 17.06.2000, S. 57.
*Bauer, M.:* Controllership in Deutschland, Wiesbaden 2002.
*Bauer, U.:* Controlling in der virtuellen Unternehmung 2010, in: Controller Magazin, 25. Jg. (2000), S. 219.
*Baum, H.G./Coenenberg, A.G./Günther, T.:* Strategisches Controlling, 2. Auflage, Stuttgart 1999.
*Baumgartner, B.:* Die Controller-Conzeption, Bern/Stuttgart 1980.
*Bayer AG (Hrsg.):* Nervensignale aus dem Netzwerk. Sensorchips für die Pharmaforschung, in: Research, Nr. 11 (2000), S. 14.
*Bayer AG (Hrsg.):* Bildschirme der Zukunft, in: Research, Nr. 11 (2000), S. 27.
*Bayer AG (Hrsg.):* 1000 neuen Werkstoffen auf der Spur, in: Research, Nr. 11 (2000), S. 38.
*Bayer AG (Hrsg.):* Partner in der Biotechnologie. Bayer und Millenium (*USA*), in: Research, Nr. 11 (2000), S. 43.
*Bohlen, F.v.:* Lion Bioscience AG „Unser Schicksal hängt von Akquisitionen und Allianzen ab", in: Frankfurter Allgemeine Zeitung, o.Jg. (2000), Nr. 139 vom 17.06.2000, o.S.
*Bothe, W./Engel, M.:* Neurobionik, Zukunftsmedizin mit mikroelektronischen Implantaten, Frankfurt 1998.
*Bramsemann, R.:* Handbuch Controlling, 3. Auflage, München 1993.
*Coenenberg, A.G.:* Jahresabschluss und Jahresabschlussanalyse, 19. Auflage, Stuttgart 2003.
*Davidson, W./Davis, St.:* Vision 2020, Freiburg 1992.

*Deyhle, A./Steigmeier, B./Autorenteam:* Controller und Controlling, in: Die Orientierung Nr. 93, Bern 1988.
*Deyhle, A.:* Management und Controlling-Brevier, 7. Auflage, Wörthsee-Etterschlag 1997.
*Deyhle, A.:* Controller-Verein e.V., Controller Statements, Philosophie, Leitbild Controller, Gauting 2001.
*Deyhle, A.:* Controller Handbuch, 5 Bände, 5. Auflage, Gauting 2003.
*Eschenbach, R. (Hrsg.):* Controlling, 3. Auflage, Stuttgart 2003.
*Ebert, G.:* Kosten- und Leistungsrechnung, 9. Auflage, Wiesbaden 2000.
*Freidank, C.-Chr.:* Kostenrechnung, 7. Auflage, München und Wien 2001.
*Freidank, C.-Chr. (Hrsg.):* Die deutsche Rechnungslegung und Wirtschaftsprüfung im Umbruch, München 2001.
*Freidank, C.-Chr./Fischbach, S.:* Übungen zur Kostenrechnung, 5. Auflage, München 2002.
*Freidank, C.-Chr./Mayer, E. (Hrsg.):* Controllingkonzepte, 5. Auflage, Wiesbaden 2001.
*Gadatsch, A.:* Management von Geschäftsprozessen, 2. Auflage, Braunschweig und Wiesbaden 2002.
*Gadatsch, A.:* Best-Practice mit SAP, Braunschweig und Wiesbaden 2002.
*Günther, J. (Hrsg.):* Leistungsvereinbarungen. Ein Instrument zur Steuerung von Dienstleistungen, in: Heft 24 der Schriftenreihe Betriebswirtschaft und Finanzen, Verband der Chemischen Industrie e.V. (Hrsg.), Frankfurt/Main 1998.
*Hahn, D.:* Strategische Unternehmensplanung, 8. Auflage, Heidelberg 1999.
*Hahn, D/Hungenberg, H.:* PuK, 6. Auflage, Wiesbaden 2001.
*Horváth, P.:* Jahrbuch Controlling 1998, 6. Jahrbuch, Lehrstuhl Controlling (Hrsg.), Universität Stuttgart.
*Horváth, P.:* Controlling, 8. Auflage, München 2002.
*Kaplan, R../Norton, D.:* Balanced Scorecard, Stuttgart 1997.
*Kilger, W.:* Flexible Plankostenrechnung und Deckungsbeitragsrechnung, 10. Auflage, Wiesbaden 1993.
*Kleinebeckel, H.:* Finanz- und Liquiditätssteuerung, 5. Auflage, Freiburg 1998.
*Kotler, Ph./Bliemel, F.:* Marketing-Management, 10. Auflage, Stuttgart 2001.
*Kralicek, P.:* Kennzahlen für den Geschäftsführer, 4. Auflage, Wien 2001.
Kraus, H.: Controlling-Konzepte in einem Unternehmen des Maschinenbaus, in: Mayer, E./Landsberg, v.G./Thiede, W. (Hrsg.): Controlling-Konzepte im internationalen Vergleich, Freiburg 1986, S. 187-210.
*Kraus, H.:* Controlling als Steuerungsinstrument, in: Mayer, E. (Hrsg.): Controlling-Konzepte, 2. Auflage, Wiesbaden 1987, S. 184-232.
*Kraus, H.:* Operatives Controlling, in: Mayer, E./Weber, J. (Hrsg.): Handbuch Controlling, Stuttgart 1990, S. 117-172.
*Küpper, H.-U. (Hrsg.):* Controlling, 3. Auflage, Stuttgart 2001.
*Kück, U.:* Schnelleinstieg Controlling, Freiburg 2003.

*Liessmann, K.:* Bestimmungsfaktoren und Varianten der Controller-Organisation, in: Mayer, E./Weber, J. (Hrsg.): Handbuch Controlling, Stuttgart 1990, S. 511-533.

*Liessmann, K.:* Strategisches Controlling, in: Mayer, E. (Hrsg.), 3. Auflage, Wiesbaden 1993, S. 117-210.

*Liessmann, K. (Hrsg.):* Controlling-Konzepte für den Mittelstand, Festschrift E. Mayer, Freiburg 1993

*Liessmann, K. (Hrsg.):* Gabler Lexikon „Controlling und Kostenrechnung", Wiesbaden 1997.

*Liessmann, K.:* Strategisches Controlling, in: Gablers Wirtschaftslexikon, 14. Auflage, Wiesbaden 1997, S. 3641.

*Liessmann, K.:* Strategisches Controlling, in: Gablers Wirtschaftslexikon, 15. Auflage, Wiesbaden 2000, S. 2952.

*Liessmann, K.:* Strategisches Controlling, in: Freidank, C.-Chr./Mayer, E. (Hrsg.): Controlling-Konzepte für das 21. Jahrhundert, 5. Auflage, Wiesbaden 2001, S. 3-102.

*Mann, R.:* Praxis strategisches Controlling, 5. Auflage, Landsberg 1989.

*Mann, R./Mayer, E.:* Controlling für Einsteiger (Rezeptbuch), 7. Auflage, mit Software, übersetzt in 11 Sprachen, Freiburg 2000, ausverkauft, mehr als 100.000 Exemplare mit Lizenzen.

*Mayer, E./Autorenteam AWW Köln:* Entwicklungen und Erfahrungen aus der Praxis des Controlling (I) als Band 7 (1979) der GEBERA - Schriftenreihe und Band 11 (1982), Sieben, G. (Hrsg.), Köln 1979 und 1982.

*Mayer, E. (Hrsg.):* Der Controlling-Berater, Loseblatt-Zeitschrift, Rudolf Haufe Verlag 1983, mit Mann, R. gemeinsam von 1983 bis 1989, 1990 bis Ende 1994 Allein-Herausgeber, ab 1995, Hagen, K., Köln und Weber, P. (Hrsg.), München, mit CD-ROM, ab 2002 Klein, A. (Hrsg.), Worms, Vikas, K., Hinterbrühl, Zehetner, K., Wien, erscheint 7 mal per anno, 2003 im 20. Erscheinungsjahr.

*Mayer, E.:* Biokybernetisch-orientiertes Controlling als Unternehmensphilosophie?, in: Sieben, G. (Hrsg.): Band 11, Köln 1982, S. 441-471.

*Mayer, E.:* Sonderdruck (88 Seiten) „Controlling als Denk- und Steuerungssystem" der AWW KÖLN (1971), in: Controlling-Berater (CB), Freiburg 1984, 1985, 1989, 1990, 1994, 5. Auflage, überarbeitet, 20.000 Exemplare in Russisch, Moskau 1993 und 1994, Sonderausgabe in Deutsch, Englisch und Französisch für Referate in Paris und London, Freiburg 1986.

*Mayer, E./Thiede, W./Landsberg, v (Hrsg.):* Controlling-Konzepte im internationalen Vergleich, Tagungsband für das internationale Kölner Kolloquium zum 15-jährigen Bestehen der AWW KÖLN (1971), Freiburg 1989.

*Mayer, E.:* Arbeitsgemeinschaft Wirtschaftswissenschaft und Wirtschaftspraxis im Controlling und Rechnungswesen, AWW KÖLN (1971), in: Siegwart, H./Mahari, J./Caytas, I./Sanker, S. (Hrsg.): Buchreihe „Meilensteine im Management", Bd. III, Management Controlling, Basel 1990, S. 307-323.

*Mayer, E./Weber, J. (Hrsg.):* Handbuch Controlling, Stuttgart 1990.

*Mayer, E./Liessmann, K. (Hrsg.):* F&E-Controllerdienst, Stuttgart 1994.

*Mayer, E./Neunkirchen, P.:* Deckungsbeitragsrechnung im Handwerk, 4. Auflage mit Software, Stuttgart 1995.

*Mayer, E./Liessmann, K./Mertens:* Kostenrechnung, Basiswissen für den Controllerdienst, 7. Auflage, Stuttgart 1997,

*Mayer, E./Walter, B. (Hrsg.):* Management und Controlling im Krankenhaus, Stuttgart 1997.

Mayer, E.: Controllerdienst und Biokybernetik im Krankenhaus, in: Mayer, E./Walter, B. (Hrsg.): Management und Controlling im Krankenhaus, Stuttgart 1996, S. 267-302.

*Mayer, E./Walter, B./Bellingen, K. (Hrsg.):* Vom Krankenhaus zum Medizinischen Leistungszentrum, Köln/Stuttgart 1997.

*Mayer, E.:* Deckungsbeitragsrechnung für den Controllerdienst im Hotel, in: Controller Magazin, 22. Jg. (1997), S. 96-98.

*Mayer, E.:* Lässt sich der japanische Führungsdenkansatz KAIZEN in einem Medizinischen Leistungszentrum bzw. Krankenhaus realisieren?, in: Mayer, E./Bellingen, K./ Walter, B. (Hrsg.): Vom Krankenhaus zum Medizinischen Leistungszentrum, Köln/ Stuttgart 1997,, S. 279-296.

*Mayer, E.:* Controlling im Krankenhaus, KAIZEN in einem Medizinischen Leistungszentrum, in: Contolling-Berater, Nr. 2, Freiburg 1997, S. 60-86.

*Mayer, E.:* Ideen zur Herausforderung für deutsche Unternehmen im 21. Jahrhundert, in: cm Nr. 2, Gauting/München 1998, S. 138-140.

*Mayer, E.:* Controlling-Führungskonzeption, in: Gabler Wirtschaftslexikon, 13. Auflage, Wiesbaden 1992.

*Mayer, E.:* Controllingkonzept, in: Gabler Wirtschaftslexikon, 14. Auflage (4 Bände), Wiesbaden 1997, Band 1, S. 817-825.

*Mayer, E.:* Was den Controllerdienst im 21. Jahrhundert erwartet, in: Controlling Berater, Nr. 5, Freiburg 1998.

*Mayer, E./Liessmann, K./Freidank, C.-Chr. (Hrsg.):* Controlling-Konzepte, 4. Auflage, Wiesbaden 1999.

*Mayer, E.:* Leitbildcontrolling als Denk- und Steuerungskonzept in der Informations- und Bionik-Wirtschaft, in: Freidank, C.-Chr./Mayer E. (Hrsg.): Controlling-Konzepte, 5. Auflage, Wiesbaden 2001, S. 103-144.

*Mayer, E.:* Ein Blick in die Zukunft: Von der Informations- zur Bionik-Wirtschaft, in: Telekom-Unterrichtsblätter, 54. Jg. (2001), S. 294-297.

*Melis, A.:* Grüner Energiequell (Wasserstoffgas), in: GEO, o.Jg. (2000), S. 182.

*MTU München, Unternehmenskommunikation (Hrsg.):* Operation Zukunft, in: Report-Spezial, o.Jg. (2000), o.S.

*o.V.:* Für Oetker ist die Rendite nicht das Maß aller Dinge, in: Frankfurter Allgemeine Zeitung, o.Jg. (2000), Nr. 169 vom 24.07.2000, S. 27.

*Palme, K.:* Handlungsanleitung für Moderatoren, in: Mayer, E./Weber, J. (Hrsg.): Handbuch-Controlling, Stuttgart 1990, S. 443-476.

*Reichmann, T.:* Controlling mit Kennzahlen, 6. Auflage, München 2001.

*Riebel, P.:* Einzelkosten- und Deckungsbeitragsrechnung, 7. Auflage, Wiesbaden 1994.

*Risak, J./Deyhle, A. (Hrsg.):* Controlling, 2. Auflage, Wiesbaden 1992.
*Schirmer, H.:* Krankenhaus-Controlling, 2. Auflage, Renningen 2003.
*Schmalenbach, E.:* Pretiale Wirtschaftslenkung, 2 Bände, Bremen-Horn 1948.
*Schröder, E.F.:* Modernes Unternehmenscontrolling, 8. Auflage, Ludwigshafen 2003.
*Schwarz, R.:* Controlling-Systeme, Wiesbaden 2002.
*Seicht, G.:* Moderne Kosten- und Leistungsrechnung, 11. Auflage, Wien 2001.
*Siegwart, H.:* Meilensteine im Management, Band 1-3, Basel/Düsseldorf 1990.
*Siemens AG (Hrsg.):* New World - Siemens-Magazin, o.J. (2000), S. 46-48.
*Vellmann, K.H.:* Organisation des Controlling in einem Konzern, in: Mayer, E./Weber, J. (Hrsg.): Handbuch Controlling, Stuttgart 1990, S. 535-563.
*Vester, F.:* Wenn ich als Biologe Controller wäre, in: Controlling Berater, Freiburg 1984, Nr. 3.
*Vester, F.:* Neuland des Denkens, 9. Auflage, Stuttgart 1997.
*Vester, F.:* Leitmotiv vernetztes Denken, 2. Auflage, München 1998.
*Vester, F.:* Denken, Lernen, Vergessen, 21. Auflage, München 1998.
*Weber, J./Tylkowski (Hrsg.):* Controlling in öffentlichen Verwaltungen und Unternehmen, Stuttgart 1998.
*Weber, J./Schäffer, U.:* Balanced Scorecard & Controlling, 3. Auflage, Wiesbaden 2000.
*Weber, J.:* Einführung in das Controlling, 9. Auflage, Stuttgart 2002.

# Symbolverzeichnis

| | |
|---|---|
| < | kleiner |
| > | größer |
| = | gleich |
| ? | Fragezeichen |
| & | und |
| % | Prozent |

# Abbildungsverzeichnis

| | |
|---|---|
| Abbildung 1: | Wirkungsnetz- und Wirkungskettendenken nach *Frederic Vester* (modifiziert) |
| Abbildung 2: | Controllingkonzept als Führungskonzept |
| Abbildung 3: | „Leitbildcontrolling" versus „Kennzahlencontrolling" |
| Abbildung 4: | Dualität der Denkansätze |

Abbildung 5:   Zielviereck Controlling und Marketing
Abbildung 6:   Vernetzung von Erfolgsverantwortung, Erfolgssteuerung und Informatik
Abbildung 7:   Vernetzung von operativen und strategischen Controlling- und Marketingkonzepten
Abbildung 8:   Operativer und Strategischer Werkzeugkasten
Abbildung 9:   Regelkreis Operativer Werkzeugkasten
Abbildung 10:  Regelkreis Strategischer Werkzeugkasten
Abbildung 11:  Vernetzung der Werkzeugkästen

KONRAD LIESSMANN

# Strategisches Kostencontrolling - Wettbewerbsvorteile durch effiziente Kostenstruktur

| | | |
|---|---|---|
| 1 | Einleitung | 111 |
| 2 | Von der Kostenrechnung zum strategischen Kostencontrolling | 111 |
| 3 | Kostencontrolling und strategische Planung | 115 |
| | 3.1 Unternehmensstrategie | 116 |
| | 3.2 Geschäftsfeldstrategien | 119 |
| 4 | Strategisches Kostencontrolling im Konzept der generischen Wettbewerbsstrategien | 121 |
| | 4.1 Aufbau und Inhalt des Wachstumskonzeptes (nach Porter) | 121 |
| | 4.2 Strategisches Kostencontrolling alternativer Wachstumskonzepte | 123 |
| | 4.3 Instrumente des strategischen Kostencontrolling | 125 |
| |     4.3.1 Kostenstrategie bei Kostenführerschaft | 125 |
| |     4.3.2 Kostenstrategie bei Differenzierung | 129 |
| |     4.3.3 Kostenstrategie bei Spezialisierung | 132 |
| 5 | Opportunitätskosten und Innovationsstrategie | 134 |
| 6 | Zusammenfassung und Thesen | 136 |
| | Literaturverzeichnis | 138 |
| | Abbildungsverzeichnis | 139 |

# 1 Einleitung

Der Beitrag behandelt die Grundlagen des strategischen Kostencontrolling, nicht des strategischen Kostenmanagement. Controlling ist eine zielorientierte, kreative Aufgabe, die Planung, Analyse, Konzipierung von Steuerungsmaßnahmen umfasst.

Management (von manus, Hand, also Handeln) ist eine durchführende Funktion; der Manager fällt Entscheidungen und setzt diese in der Praxis um. Controlling ist also dem Management (zumindest zeitlich!) vorgeordnet, gibt den Handelnden durchdachte Empfehlungen.[1]

Dieses Prinzip erfolgreicher Unternehmensführung wird in der Praxis (leider) oft zu wenig beachtet, vor allem in Zeiten wirtschaftlicher Krisen. Hier ertönt der Ruf nach dem „harten" Manager, dem „Cost-Cutter" oder gar „Cost-Killer", der sofort einschneidende Personalentlassungen ankündigt. Die Finanzanalysten jubeln, der Kurs steigt kurzfristig. Niemand fragt aber, ob pauschales „cost cutting" mit dem strategischen Wachstumskonzept der Firma vereinbar ist, eine Frage, die der Controller beantworten könnte. Das Unternehmen ist nach zwei Jahren pleite, weil die Innovatoren entlassen wurden, obwohl der Mangel an neuen attraktiven Produkten und nicht die Kosten das Ertragsproblem verursachten. Der Supermanager geht und ruiniert die nächste Firma.

Trauriges Beispiel für dieses „Management-by-Scythe" ist der Niedergang von *L.M. ERICSSON*, einst Pionier und innovativer Marktführer für Mobiltelefone. Dauernder Wechsel von CEO`s, denen außer Personal zu entlassen und ziellos Kosten zu kappen nichts einfiel. Die Innovationskompetenz wurde systematisch vernichtet durch zum strategischen Denken unfähige Krisenmanager.

So hatte Mr. *Olilla*, der strategische Kopf von *NOKIA* es leicht, durch innovative Wachstumskonzepte und systematisches Kostencontrolling sich als neuer, überlegener, globaler Marktführer für Mobiltelefone zu etablieren.

# 2 Von der Kostenrechnung zum strategischen Kostencontrolling

Strategisches Controlling mit der Zielsetzung der Existenzsicherung des Unternehmens durch Schaffung und Nutzung zukünftiger Wettbewerbsvorteile ist ohne ein kreatives und effizientes Kostencontrolling nicht vorstellbar. Auch ein weit überlegener Kundennutzen durch einzigartige funktionelle oder technische Eigenschaften des eigenen Pro-

---

[1] Vgl. *Liessmann* 2000, S. 2952 ff.

duktes führt nicht zur strategisch erstrebten Erfolgsposition, wenn Produktkosten und resultierende Preise so hoch sind, dass diese den Nutzenvorteil für den Kunden aufheben. Aus Sicht des Kunden ist der zu zahlende Preis ein „Nutzenentgang", also wichtiger Bestandteil seines individuellen Nutzenkalküls.

So hat sich z.B. der Überschall-Luftverkehr am Markt nicht durchsetzen können, da trotz überragender Produktvorteile (Verkürzung der Reisezeiten) vor allem für das Segment des Geschäftsreiseverkehrs die Kosten des Transsonic-Luftverkehrs zu Flugpreisen führten, die den Kundennutzen „Zeitgewinn" überkompensierten.

Ein weiteres Beispiel ist das von der Firma *MOTOROLA* geplante Projekt *Iridium*, ein globales, Satelliten gestütztes Mobilfunknetz, das permanente Kommunikation an allen Orten der Welt sicherstellt („anytime, everywhere"), sich jedoch als zu teuer erwies. Es wurde eingestellt, Investitionen von mehrere Milliarden US-Dollars mussten abgeschrieben werden.

Ziel und Aufgabe des Management ist die ökonomische Output-/Inputoptimierung des Wertschöpfungsprozesses der Unternehmung zwecks Gewinnmaximierung unter Beachtung der sozialen, ökologischen, ethischen Regeln des Leitbildes.[2] Die im strategischen Controlling erarbeiteten Innovationsstrategien zur Erlangung zukünftiger Wettbewerbsvorteile müssen zu Kosten realisiert werden, die einerseits einen für den Kunden vorteilhaften Marktpreis ermöglichen, andererseits die strategischen Renditeziele des Unternehmens erfüllen.

Das Strategiekonzept des Unternehmens ist vom Kostencontrolling daraufhin zu analysieren, welcher Verzehr an Inputfaktoren bei seiner Umsetzung entsteht. Erst dann kann beurteilt werden, ob Wachstum und Renditeziele mit der Strategie erreichbar sind.

Strategisches und operatives Kostencontrolling haben einen unterschiedlichen Denkansatz.

Das Paradigma des operativen Controlling:

- *Zielerreichung durch Kostenkontrolle* wird ersetzt durch:

- *Zielformulierung durch Kostengestaltung.*

Das operative Controlling setzt die Instrumente Soll-/Istvergleich, Abweichungsanalyse und Korrekturmaßnahme zur Steuerung des Periodenerfolgs ein. Hierbei sind die Produktionsfaktoren (Kapital, Personal, Organisation, Material) weitgehend vorgegeben und nur marginal veränderbar. Die Produkt-/Marktposition liegt fest.

Strategisches Controlling strebt durch Gestaltung der Kostenstrukturen ein zukünftiges Kostenniveau an, welches das Erreichen der strategischen Erfolgsposition im Markt und die Realisierung der langfristigen Return-on-Investment-Ziele ermöglicht.

Die Produktionsfaktoren sind langfristig austauschbar. Die Positionierungsstrategie (Kostenführer, Differenzierer, Spezialisierer) legt den Rahmen fest, in dem das strategische Kostencontrolling agiert, um eine zukünftige Kostenstruktur zu schaffen, die eine

---

[2] Vgl. *Mayer* 2001, S. 103 f.

erfolgreiche Durchsetzung der Strategie sichert. Daher ist Rationalisierung kein absoluter Fokus des Controllers, weil z.B. eine Spezialisierungsstrategie (hoher Kundennutzen für ausgewählte Marktsegmente) nur bei einem (relativ) hohen Kostenniveau (F&E, kurze Innovationszyklen, keine Skaleneffekte, Servicestandard usw.) erfolgreich sein kann. Da Produktionsfaktoren langfristig veränderbar sind, ist die gesamte Wertschöpfungskette

- Entwicklung
- Fertigung
- Logistik
- Vermarktung
- Service

und nicht das Produkt Gegenstand des strategischen Kostencontrolling. Durch Austausch von Kapital- oder Personalkosten in Fremdleistungsaufwand (outsourcing, supply-chain-management) werden Fixkosten proportionalisiert und das Kostenniveau verändert, so dass durch Maßnahmen des Kostencontrolling oft ganz neue strategische Optionen eröffnet werden.

So hat z.B. die Firma *DELL* Geschäftsprozesse organisiert, welche die Lieferzeit der ausschließlich über moderne Medien (Internet) direkt vertriebenen Personal Computers (PC`s) innerhalb von 5 Tagen sicherstellt. Die Geräte sind kundenindividuell ausgestattet, *DELL* hält keinerlei Warenbestände vor. Die Kostenvorteile dieser Geschäftsprozess orientierten Strategie sind so groß, dass *DELL* durch aggressive Niedrigpreispolitik die Firma *COMPAC*, lange Zeit überlegener Marktführer bei PC`s, aus dieser Position verdrängt hat und vom Spezialisierer (Dell war zu Beginn der 90er Jahre ein unbedeutender auf Direktvertrieb im E-Commerce spezialisierter PC-Hersteller) zum neuen Marktführer mutierte.

Eine wichtige Erkenntnis der strategischen Kostenanalyse ist, dass bereits in frühen Phasen des Produktzyklusses die zukünftigen Produktkosten weitgehend festgelegt werden.

Moderne automatisierte, informationsgesteuerte Fertigungstechnologien und -prozesse haben dazu geführt, dass grundlegende Veränderungen in den Kostenstrukturen eingetreten sind. Gemeinkosten, und nicht mehr Einzelkosten, stellen den Hauptanteil der Gesamtkosten und bestimmen Umfang und Höhe der Produktkosten. Empirische Untersuchungen z.B. bei *Pfleger* zeigen, dass über 80% der Gesamtkosten eines Produktes typischerweise bereits durch Entwicklung/Konstruktion festgelegt werden, bei der Fertigung sind die so festgelegten Produktkosten nicht mehr (wesentlich) beeinflussbar.

Der bestimmende Einfluss der vorab festgelegten, kaum noch veränderbaren Gemeinkosten für die Produktkosten in modernen Fabriken wird durch weitere empirische Untersuchungen bestätigt.[3]

---

[3] Vgl. *Miller/Vollmann* 1985, S.142-145 oder *Coenenberg/Fischer* 1991, S. 21-38.

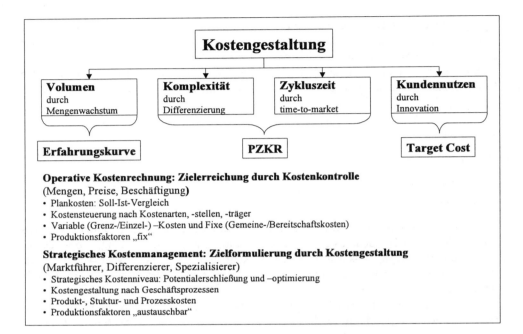

Abbildung 1:   Strategisches Kostencontrolling

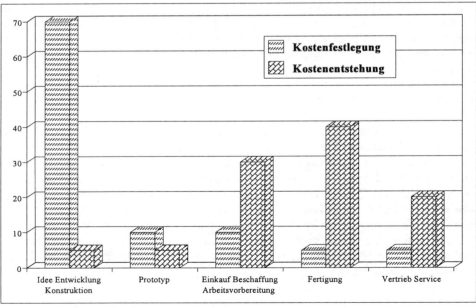

Abbildung 2:   Kostenbeeinflussung im Produktzyklus

Traditionelle Kostenrechnungsverfahren einschließlich weitere Entwicklungen wie stufenweise Fixkostendeckungsrechnung (*Aghte*) oder Grenzplankostenrechnung (*Kilger, Plaut* u.a.) ordnen grundsätzlich die Gemeinkosten mittels zeit- oder mengenabhängiger Bezugsgrößen (Bezugshierarchien) den Produkten zu. Grundlage quantitativer Erfassung und Zuordnung ist, soweit Gemeinkosten betroffen sind, die Kostenentstehung (Kostenstellenrechnung). Durch eine strategische Wachstumsentscheidung (Kostenführung – Differenzierung – Spezialisierung) ist jedoch bereits eine Kostenfestlegung erfolgt, welche die traditionelle Kostenrechnung oft nicht nachvollziehen kann. So führt aufgrund des *Boston*-Effekts eine Entscheidung zur Volumenmaximierung (homogene Produkte) zu tendenziell niedrigen, eine Spezialisierungsstrategie mit kleinen Serien oder gar Einzelfertigung zu hohen Gemein- und damit Produktkosten. Der Kundennutzenvorteil liegt im ersten Fall im niedrigen Preis, im zweiten im hohen Gebrauchsnutzen des Produktes. Die traditionelle Kostenrechnung ordnet die Gemeinkosten auf der Grundlage ihrer Entstehung den Produkten zu, z.B. werden alle Fertigungsgemeinkosten nach (mengenabhängigen) Schlüsseln homogenen wie differenzierten Produkten zugerechnet. Die Gemeinkosten der Fertigungskostenstelle werden aber tatsächlich zu überproportional hohem Anteil durch Differenzierung verursacht, die Personalkosten intensive Aktivitäten z.B in der Kostenstelle Engineering (Umprogrammierung der Fertigungsautomaten u.ä.) zur Folge hat. Diese Gemeinkosten, die bereits bei der Produktentwicklung als Folge der Differenzierung festgelegt wurden, werden von den homogenen Produkten nicht verursacht.[4]

Das strategische Kostencontrolling setzt zur wirtschaftlichen Bewertung von Wachstumskonzepten neuere Verfahren ein wie Erfahrungskurve, Prozess- und Zielkostenrechnung. Diese Methoden ermöglichen eine realistischere Zuordnung der durch Strategieentscheidungen ausgelösten Kostenwirkungen. Die Kenntnis der Produktkosten ist eine wichtige Voraussetzung für Kunden bezogene Preis-/Nutzenanalysen. Diese sind erforderlich, um die zukünftigen Erfolgschancen einer Strategie beurteilen zu können.[5]

## 3  Kostencontrolling und strategische Planung

Im Prozess der strategischen Planung werden Unternehmens- und Geschäftsfeldstrategien erarbeitet. Diese haben jeweils spezifische Zielsetzungen, Unternehmensstrategien erstreben Wettbewerbsvorteile durch Synergien (Optimierung des Gechäftsfeldportfolios), Geschäftsfeldstrategien dagegen durch (strategisch vorteilhafte) Produkt-/Markt-Positionierung.

---

[4] Vgl. auch bei *Ansari* 1997 oder *Blocher*1998.
[5] Vgl. hierzu Kapitel 4.

Dies hat wesentliche Bedeutung für das Kostencontrolling.

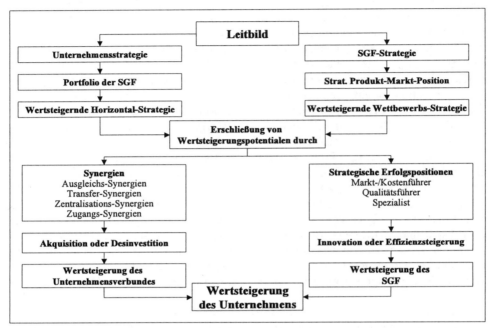

Abbildung 3: Unternehmens- und Geschäftsfeldstrategie

## 3.1 Unternehmensstrategie

Ziel ist es, Wettbewerbsvorteile durch wertsteigernde Horizontalstrategien zu schaffen, d.h. den Vorteil eines Portfolio unterschiedlicher Geschäftsfelder, das durch seine Zusammensetzung wirtschaftliche Synergien freisetzt („der Wert des Portfolio ist höher als die Summe der Firmeneinzelwerte") zu nutzen. Dieses ökonomische Ziel haben Konzerne wie z.B. *RWE* (Geschäftsfelder: Umwelt, Versorger/Strom/Gas/Wasser, Bau/Hoch-Tief, Maschinenbau/*Heidelberger*, Services) oder *DEUTSCHE TELEKOM* (Festnetz, Mobiltelefonie, *T-Online*/Internet, Kabelnetze) und viele andere Firmen. Der strategische Wettbewerbsvorteil z.B. von *TELECOM* gegenüber *VODAFONE PLC* könnte auf Synergien zwischen den Geschäftsfeldern Festnetz und Mobiltelefonie beruhen (letztere verfügt über kein größeres Festnetz).

Grundsätzlich können sich Synergien auf vier Ebenen ergeben:
- Ausgleichssynergien (Risikoausgleich)
- Transfersynergien (F&E)
- Zugangssynergien (Marktzugang)
- Zentralisierungssynergien (Verwaltung oder Finanzierung).

So hat *RWE* Ausgleichssynergien durch den Risikoausgleich zwischen dem von Konjunkturzyklen abhängigen Bausektor und dem durch diese wenig beeinflussten Geschäftsfeld Versorger (Strom, Wasser). *EUROPEAN AIRCRAFT DEFENSE & SPACE Company (EADS)* realisiert Transfersynergien im Entwicklungsbereich durch gemeinsame Technologien für kommerzielle (*Airbus*) und militärische (u.a. der europäische Militärtransporter) Flugzeuge. *GENERAL ELECTRIC* schaffte - ein Beispiel für Zugangssynergie - den Eintritt in den chinesischen Markt bei Flugzeugturbinen für das neue chinesische Regionalflugzeug (*CF 37-Turbine*) durch seine vorherige starke Präsenz im Kraftwerksgeschäft in *China*. Beispiel einer Zentralisierungssynergie ist die Zusammenfassung von Versicherungs- und Bankleistungen bei *ALLIANZ/DRESDNER*, deren Erfolg allerdings noch zu beweisen ist.

Grundsätzlich zeigt die empirische Erfahrung, dass Synergievorteile in der Praxis schwer zu realisieren sind und in ihrer positiven Wirkung als strategisch nutzbarer Wettbewerbsvorteil überschätzt werden. Die Nutzbarmachung von Synergien im Konzern setzt im allgemeinen voraus, dass in die Entscheidungsfreiheit der strategischen Geschäftsfelder eingegriffen wird. Dies beeinflusst deren Produkt-/Marktstrategie ungünstig.

So hat *DAIMLERCHRYSLER* das Problem, dass eine synergetisch gebotene Zentralisierung der Entwicklung und Standardisierung von Komponenten für die Marken *Mercedes* und *Chrysler* zu Image- und damit Marktanteilsverlusten der Marke *Mercedes* führen würde, da diese im Gegensatz zur Marke *Chrysler* im Prämienmarkt (Differenzierer) positioniert ist.

Neben vielen anderen Beispielen mißlungener synergiebasierender Strategie ist aktuell der Megamerger *AOL/TIME WARNER* zu nennen. Die angestrebten Synergien einer auf Distribution via Internet spezialisierten Firma mit einem Content-Marktführer (Filme, TV-Shows, Musik) lassen sich wohl ohne Gefährdung der Rentabilität und Marktstellung von *TIME WARNER* nicht verwirklichen.

Die Insolvenz mehrerer großer, durch Zukäufe schnell expandierter Unternehmen, wie *WORLDCOM, UNITED AIRLINES, PHILIPP HOLZMANN, ENRON* u.v.a. wird auch auf Fehleinschätzung von Synergiepotenzialen zurückzuführen sein.

Strategische Zielkonflikte zwischen Konzern und seinen SGF durch Zentralisierung werden vermieden, wenn Funktionen zusammengefasst und gemeinsam wahrgenommen werden, die einerseits geringe strategische Bedeutung für die Produkt–Marktpositionierung haben, andererseits hohe synergetische Kostenvorteile bieten. Dies ist oft bei administrativen/finanziellen Dienstleistungen der Fall. Hier ist ein guter Ansatzpunkt für das strategische Kostencontrolling gegeben.

Um Zentralisierungssynergien bei konzernweiten administrativen und finanziellen Leistungen zu realisieren und als strategischen Wettbewerbsvorteil („niedrige Kosten") zu etablieren, sollte der Controller folgende Grundsätze beachten:[6]

**Konzernvereinbarung (SLA Service Level Agreement)**

Eine schriftliche Vereinbarung (SLA) über im Konzern gemeinsamen Leistungen ist anzufertigen und mit dem Management der SGF abzustimmen. Insbesondere ist darauf zu achten, dass die Zentralisierung der Services die Markt-/Produktstrategien der SGF nicht behindert.

Die Vereinbarung sollte mindestens folgende Punkte ordnen:

- *Spezifikation* der Leistungen einschließlich Qualitätsstandards
- *quantitative oder sonstige Verrechnungseinheiten*, welche die Kosten der Leistungen bestimmen
- *interne Preise* der Einheiten, Preisstruktur, Mengenrabatte usw.
- *Dauer* der Vereinbarung (SLA) und Kündigungsmöglichkeiten
- *Vertragsstrafe*

**Bestimmung eines fairen Preises**

Der Preis der Leistungen muss fair sein und darf nicht von der Konzernleitung „diktiert" werden. Es muss ein Anreiz („Incentive") für den zentralen Dienstleister (in der Praxis meist eine Konzerntochtergesellschaft) vorhanden sein, Kosten zu senken (z.B. durch Markt- Vergleichspreise, welche die Funktion interner Höchstpreise haben). Der Transferpreis kann ein Markt- oder Verrechnungspreis sein. Eine getrennte Konzernverrechnung von Kapazitäts- und variable Kosten ist oft sinnvoll.

**Administrativer Aufwand**

Der Controller muss dafür sorgen, dass der administrative Aufwand des konzerninternen Verrechnungssystems gering gehalten wird. Eine hohe Anzahl interner Buchungs- und Bearbeitungsvorgänge sowie zeitraubende Konflikte zwischen den SGF und der Leistungsgesellschaft aufgrund unklarer oder zu hoher Belastungen können die Kostenvorteile der Zentralisierung gefährden. Der Controller muss daher Aufwand sparende Methoden der internen Verrechnung einsetzen sowie entsprechende technische Lösungen

---

[6] Vgl. auch *Glad*, S. 24 f.

vorsehen. Dies gilt auch für Konsolidierung (Zwischengewinneliminierung bei den Jahresabschlüssen).

**Steuerliche Aspekte**

Insbesondere in internationalen Konzernen ist zu beachten, dass die Verrechnungspreise zwischen ausländischen SGF und der Leistungsgesellschaft bei eigenständigen Firmen den Charakter von Transfer-Preisen haben und gegenüber den Finanzbehörden sachlich belegt und nachgewiesen werde müssen. Erkennen die nationalen Steuerbehörden die Verrechnungspreise nicht an, führt dies im Normalfall zu erheblichen steuerlichen Belastungen.

## 3.2  Geschäftsfeldstrategien

Die Leitstrategie der SGF ist eine Positionierungsstrategie. Der Wettbewerbsvorteil wird durch eine günstige Produkt-/Marktkonstellation als Kostenführer, Differenzierer oder Spezialisierer gesichert.

Der Prozess der strategischen Planung, der zur Ermittlung der zukünftigen Erfolgsposition und der zu deren Erreichung erforderlichen Maßnahmen durchgeführt wird, ist eine systematische, stufenweise Vorgehensweise, wobei jede Stufe zu einer zunehmenden Konkretisierung der Planung führt.

Eingeleitet wird der Planungsprozess durch eine gründliche Umwelt- und Unternehmensanalyse (Potenzialanalyse), die erste Bestimmung der künftigen Wettbewerbsposition erfolgt mittels der Portfoliotechnik (*Boston-* oder *McKinsey-Matrix*). Der Planungsablauf wird dann mit Hilfe der strategischen Instrumente verdichtet und detailliert.[7]

Hierarchisch gesehen genießt die Produkt-/Marktstrategie, die zum erstrebten Wettbewerbsvorteil führt, Priorität. Alle strategischen Maßnahmen werden aus dieser Leitstrategie abgeleitet, sind ihr untergeordnet. Dies gilt auch für die Kostenstrategie.

Das strategische Kostencontrolling hat hier zwei wichtige Aufgaben.

Zunächst ist eine Plausibilitätsprüfung durchzuführen. Der Controller ermittelt, welche Kosten bei der Umsetzung des Strategiekonzeptes langfristig entstehen und ob unter diesen Bedingungen die strategische Zielrendite erreicht werden wird. Ist dies der Fall, wird die strategische Planung freigegeben und die weiteren Maßnahmen, die zur Umsetzung erforderlich sind, geplant, vorbereitet und eingeleitet. Ergibt die Plausibilitätsprüfung aber bereits, dass das Kostenniveau zu hoch ist, muss entweder die Strategie über-

---

[7] Einzelheiten vgl. *Liessmann* 2001, S. 3-102.

arbeitet oder aufgegeben werden oder neue, effizientere Kostenstrategien entwickelt werden.

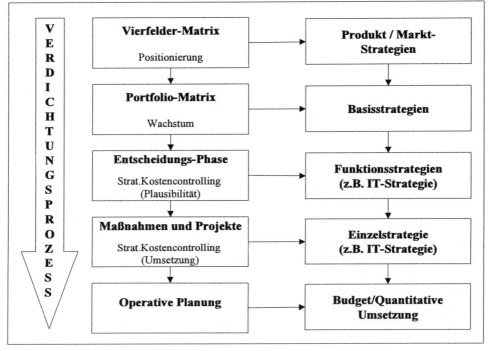

Abbildung 4: Hierarchischer Aufbau von Strategien

Beispiele für den Fall, dass wegen zu hoher Kosten radikale Änderungen der Unternehmensstrategien erfolgten, findet man z.B. bei der Firma *INTEL* (völliger Rückzug aus dem Markt für Speicherchips) (DRAM, Dynamic Random Access Memory Chip), *BOEING* (Aufgabe des Projektes „Sub-Sonic-Jet" in 2002), *L. M. ERICSSON* (Aufgabe der eigenständigen Fertigung von Mobiltelefonen in 2002) u.v.a. Beispiele für die Einführung neuer Kostenstrategien zur Sicherung der Wettbewerbsposition sind *VW* (Standardisierung durch Plattformtechnologie),[8] *ADIDAS* (virtuelle Organisation), *Dell* (Vertrieb von PC's über das Internet im E-Commerce).

---

[8] Vgl. auch Erfahrungskurve unter 4.3.1.

# 4 Strategisches Kostencontrolling im Konzept der generischen Wettbewerbsstrategien

Ziel der strategischen Planung ist es, Wettbewerbsvorteile zu erlangen. Dies wird erreicht durch günstige Positionierung der Firma (SGF) im Beziehungsdreieck *Kunde* (Nutzen) - *Markt* (Segment) - *Produkt* (Innovation).

## 4.1 Aufbau und Inhalt des Wachstumskonzeptes (nach *Porter*)

Grundsätzlich geht *PORTER* davon aus, dass ein Unternehmen einen Wettbewerbsvorteil erreicht, wenn es entweder niedrigere Kosten als der Wettbewerber hat oder – bei vergleichbaren oder etwas höheren Kosten – bessere Preise für seine Produkte erzielt.[9]

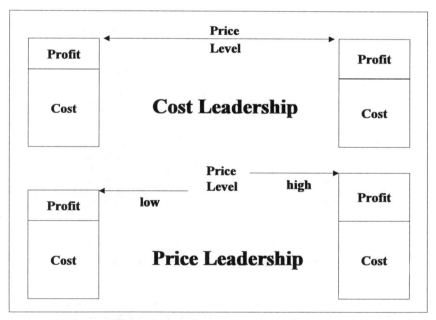

Abbildung 5:    Strategischer Wettbewerbsvorteil

---

[9]   Vgl. *Porter* 1999 und *Liessmann* 2001, S. 3-102.

Im Fall eins wird, unterstellt man einen Markt mit tendenziell einheitlichem Preisniveau (Price level), was bei homogenen Gütern der Fall sein wird (Strom, Benzin, Grundnahrungsmittel, Rasierklingen usw.), ein höherer Gewinn aufgrund niedrigerer Kosten erzielt. Der Kundennutzen liegt in einem niedrigen Preis, das Unternehmen positioniert sich als „Kostenführer". Im Fall zwei wird ein besserer Preis bei in etwa gleichen Kosten erreicht, der sich ebenfalls in einem verglichen mit der Konkurrenz höherem Gewinn niederschlägt. Der Kundennutzen ist ein im Vergleich zu anderen Anbieter höherer „Wert" des Produktes, der qualitativ, funktional oder auch emotional (Marke!) begründet sein kann. Das Unternehmen positioniert sich als Qualitätsführer (Differenzierer oder Spezialist).

Ist die strategische Entscheidung über den zukünftigen Marktauftritt gefallen, wird der relevante Markt (neu) definiert. Nach *PORTER* ist grundsätzlich eine Geschäftsaktivität im gesamten (oft globalen) Markt sinnvoll oder die Konzentration auf einen eng abgegrenzten (Region, Produkt, Kunde) Teilmarkt (branchenweit/besondere Marktsegmente). Abbildung 6 zeigt das *Porter'sche Konzept* des strategischen Wettbewerbsvorteils.

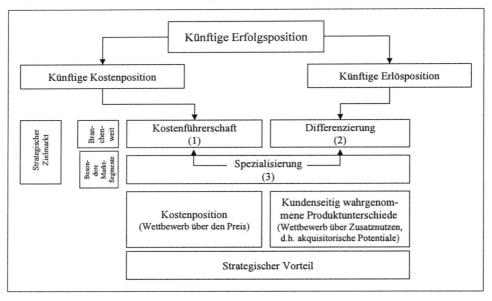

Abbildung 6: Generische Wettbewerbsstrategien nach *Porter*[10]

Zusammenfassend ist also die Positionierung als Kosten- oder Qualitätsführer strategisch vorteilhaft, entweder branchenweit oder konzentriert auf Marktnischen. Aus diesem

---

[10] Vgl. *Porter* 1999.

Konzept ergeben sich zwingende, erfolgsentscheidende Schlussfolgerungen für das strategische Kostencontrolling, die im Folgenden erläutert werden.

## 4.2 Strategisches Kostencontrolling alternativer Wachstumskonzepte

Zur Analyse der Konsequenzen der alternativen Wachstumskonzepte für das Kostencontrolling werden diese in Form einer Matrix dargestellt.

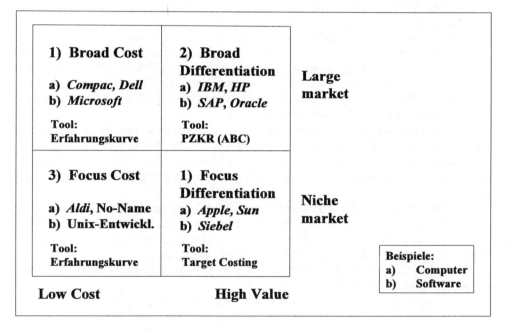

Abbildung 7: Strategische Wachstumskonzepte (Matrix)

Die Matrix stellt die vier möglichen Positionierungen dar.
- Feld 1 (Broad Cost) und Feld 2 (Broad Differentiation) zeigen die branchenweit agierenden Kosten- bzw. Qualitätsführer.
- Feld 3 (Focus Cost) und Feld 4 (Focus Differentiation) repräsentieren die auf besondere Segmente oder Nischen konzentrierten Spezialisierer.

Beispiele aus der Computer- und Softwareindustrie verdeutlichen den Denkansatz, wobei hier am Beispiel der Softwarebranche eine nähere Erklärung erfolgen soll.

*MICROSOFT* ist als Markt- und Kostenführer im Feld 1 plaziert. Der weltweite Marktanteil bei PC-Software ist über 90%. Die Wachstumsstrategie der Firma wird von Kostenvorteilen getragen, die eine aggressive Niedrigpreispolitik erlauben, wobei oft weniger durch nominelle als durch faktische Preissenkungen (Bündelung der Betriebs- mit Anwendersoftware) der Kundennutzen erhöht wird. Obgleich möglicherweise Anwender freundlichere und technisch bessere PC-Software vorhanden ist (*Apple*?), wird *MICROSOFT* seine überlegene Marktführerrolle solange behaupten, wie diese Kostenvorteile bestehen.

*SAP* und *ORACLE* sind Differenzierer, die kommerziellen Anwendern hohen Gebrauchsnutzen bieten, da sie für komplexe Geschäftsabläufe optimale Lösungen anbieten (*SAP* bei back-office- und *ORACLE* bei data-base-software). Sowohl *MICROSOFT* als auch *SAP/ORACLE* sind branchenweit und global tätig.

In Nischenmärkten sind zahlreiche, spezialisierte kleine Softwareentwickler tätig, die aufgrund niedriger Kosten (*Indien, Taiwan* u. a.) erfolgreich agieren. Viele sind Zulieferer der globalen Softwaregiganten. So hat z.B. die Firma *SUN MICROSYSTEMS* einen großen Teil der Softwareentwicklung für ihre mit Unix- oder Linux–Betriebssystemen ausgestalteten Großserver (high-end-server) im outsourcing an Nischenfirmen vergeben, um sich auf Innovationen konzentrieren zu können.

Beispiel einer Spezialisierungsstrategie (Focus Differentiation) ist die Firma *SIEBEL*, die sich auf die kundenbezogene Software CRM (Customer Relationship Management) konzentriert (wichtiges Marketing-Instrument für Markenartikler). Hier wird hoher Kundennutzen durch spezialisierte Dienstleistungen in einem eng abgegrenzten Segment geboten.

Die eindeutige strategische Positionierung des Unternehmens (SGF) ist ein entscheidender Erfolgsfaktor, nicht nur weil diese Grundlage der zu wählenden Produkt-/Marktstrategie ist, sondern auch unverzichtbare Voraussetzung für das effiziente, zielorientierte Kostencontrolling. Die Kostenstrategie folgt der Marktstrategie.

Oft ist Insolvenz Folge einer falschen oder unpräzisen strategischen Positionierung, wie das Beispiel der Firma *MOBILCOM* zeigt.

Der europäische Telekommunikationsmarkt ist wie folgt strukturiert.

| Position | Unternehmen (Beispiel) |
|---|---|
| Kostenführer (Broad Cost) | *Vodafone* |
| Differenzierer (Broad Differentiation) | *Deutsche Telekom, France Telecom* |
| Specialist (Focus Cost) | *Call–by–call–Anbieter* |
| Spezialist (Focus Differentiation) | *Swisscom, Debitel* |

Selbst ohne Branchenkenntnis wird dem betriebswirtschaftlich informierten Betrachter klar, dass *MOBILCOM* keinem Strategiefeld der *Porter'schen* Matrix zugeordnet werden kann. Als Kostenführer zu klein, als Differenzierer wegen fehlender Produktvorteile auszuschließen, als Nischenanbieter zu groß (keine Kostenvorteile, kein Spezialknow-how mit hohem Kundennutzen). Ohne klare Positionierung hat das strategische Kostencontrolling auch keine Zielvorgabe, welches zukünftige Kostenniveau erforderlich wird, um erfolgreich zu sein.

Der Erwerb der 3 G Lizenz , die eine Finanzierung in Milliardenhöhe erforderte, war bei der unklaren strategischen Positionierung der Firma im Telekommunikationsmarkt eine vorhersehbare Fehlinvestition. Eine Kostenanalyse des Controllers im Entscheidungszeitpunkt (Plausibilitätsprüfung) hätte dies frühzeitig aufgezeigt.

## 4.3 Instrumente des strategischen Kostencontrolling

Alternative Wachstumskonzepte erfordern den Einsatz geeigneter Instrumente im strategischen Kostencontrolling. Diese sind besonders geeignet, die mit der strategischen Leitstrategie ausgelöste Kostenproblematik zu lösen und werden vom Controller oft ergänzend zu den bekannten Techniken der Kostenplanung herangezogen. Die wichtigsten strategische Werkzeuge werden in Abbildung 7 (s. Tools) genannt.

### 4.3.1 Kostenstrategie bei Kostenführerschaft

Der Wettbewerbsvorteil des Marktführers (Broad Cost) sind niedrigere Kosten. Diese ermöglichen aggressive Preissenkungen mit der Folge, dass das quantitative Wachstum höher als das allgemeine Marktwachstum und als das der Wettbewerber ist.

Der Wettbewerbsvorteil beruht darauf, dass – insbesondere in Märkten mit geringen Differenzierungsmöglichkeiten (homogene Produkte) – steigende Absatzvolumina stetige Senkung der Produktkosten eo ipso ermöglichen. Der Grund hierfür liegt in der Lernkurve (*Boston*-Effekt).

Mitte der 60er Jahre wurde von *Bruce Henderson* (*Boston Consulting Group*) durch empirische Untersuchungen nachgewiesen, dass die Produktkosten mit jeder Verdopplung der Ausbringungsmenge um 20 bis 30% gesenkt werden können.[11]

---

[11] Einzelheiten vgl. *Schröder* 2000 oder *Liessmann* 2001, S. 34 -120.

Für die Strategie des Marktführers bedeutet dies, dass nur durch überproportionales Mengenwachstum der Wettbewerbsvorteil erhalten werden kann, da der höchste Marktanteil die niedrigsten Produktkosten ermöglicht. Marktführer (Broad Cost!) nutzen den *Boston*-Effekt oft zu einer (so genannten) Penetrationsstrategie, indem sie durch ständige Preissenkungen, ermöglicht durch den strategischen Kostenvorteil, Marktanteile zu Lasten der Wettbewerber gewinnen (Beispiele: *GILETTE, MICROSOFT, NOKIA, ALDI* u.v.a. Markt beherrschende Firmen).

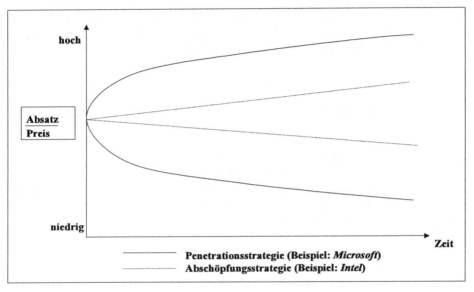

Abbildung 8:   Alternative Preisstrategien

Der Lern- oder Erfahrungskurveneffekt tritt jedoch nicht „automatisch" durch schieres Mengenwachstum ein (wie z.B. die bekannte Fixkostendegression bei zunehmender Kapazitätsauslastung), sondern erfordert den Einsatz eines konsequenten Kostencontrolling. Marktführer, die das Kostencontrolling vernachlässigen, verlieren diesen Wettbewerbsvorteil. Unternehmen wie *COMPAQ* (PC), inzwischen von *Hewlett* übernommen, oder *L.M. ERICSSON* (Mobiltelefone), einst unbestrittene Branchenführer wurden durch *DELL* und *NOKIA* aus dieser Position verdrängt und gerieten in eine existenzielle Krise. Weder *COMPAQ* noch *ERICSSON* beherrschten das Management des *Boston*-Effektes, sie konzentrierten sich zu stark auf Rationalisierung (Senkung der Fertigungskosten), anstatt wie ihre erfolgreicheren Konkurrenten *DELL* und *NOKIA* den gesamten Geschäftsprozess in ein innovatives Kostencontrolling einzubeziehen. Nur so lassen sich jedoch in einem modernen, durch die Informationstechnologie geprägten Umfeld die Potenziale der Erfahrungskurve ausschöpfen.

Die strategische Bedeutung des *Boston*-Effektes liegt darin, dass der Markt-/Kostenführer seine zukünftigen Produktionskosten in Abhängigkeit von der Volumensteigerung vorausberechnen und somit preisinduziertes Wachstum planen und strategisch nutzen kann.

Hierzu folgendes Beispiel:

Die *RODON AG* sei Marktführer (Broad Cost) für Autobatterien. Sie stellt bei der strategischen Planung fest, dass bei einer jährlichen Preissenkung von 10% der Umsatz im Planungszeitraum von 5 Jahre um 300% (also auf das vierfache) gesteigert werden kann. Der Controller, der die Wirkungen der Erfahrungskurve kennt, errechnet, dass die Strategie ohne Rentabilitätsverluste durchführbar ist, da durch zweimalige Umsatzverdoppelung eine Senkung der Stückkosten auf unter 50% ($100 \times 0{,}7^2$) möglich wird. Die Preissenkung entspricht ca. 40%. *RODON* kann diese Information nutzen, um durch günstiges Preisangebot die Lieferantenposition bei ihren Kunden, den Automobilfirmen, zu Lasten der Konkurrenz auszubauen.

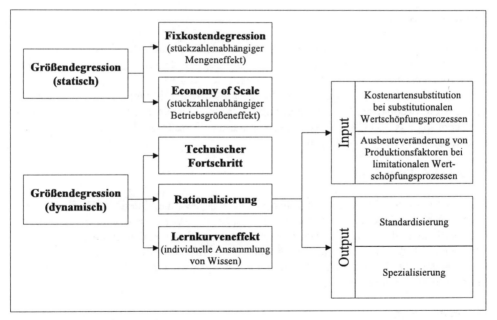

Abbildung 9:     Erfahrungskurve[12]

---

[12] Vgl. *Baum/Coenenberg* 1999.

Der *Boston*-Effekt ist allerdings, wie oben bereits erwähnt, keine zwangsläufige Folge des Mengenwachstums, sondern stellt vielmehr ein Kostensenkungspotenzial dar, das erst durch aktives Kostencontrolling zu sinkenden Produktkosten führt. Mehrere, zum Teil komplexe Einflussfaktoren gilt es zu beherrschen. Dies wird in der Praxis oft übersehen oder unterschätzt.

Das Mengenwachstum löst statische und dynamische Wirkungen im Wertschöpfungsprozess aus, die zur Kostenreduzierung genutzt werden können.

Die einzelnen Einflussfaktoren der Erfahrungskurve werden vom Controller systematisch analysiert und auf ihre Potenziale zur Kostensenkung untersucht.

**Fixkostendegression**

Es handelt sich um den bekannten Auslastungseffekt. Probleme bei der langfristigen strategischen Planung ergeben sich für der Festlegung der Kapazitätsdimension bzw. deren Ausnutzung, sowie bei steigendem Volumen bei der Entscheidung über Erweiterungs- oder Ersatzinvestitionen (Optimaler Ersatzzeitpunkt und Größe).

**Economy of Scale**

Der Betriebsgrößeneffekt besagt, dass grundsätzlich die Produktstückkosten von der Betriebsgröße beeinflusst werden, wobei bei homogenen Gütern („Massenproduktion") große Betriebseinheiten zu niedrigeren Produktkosten führen.

Dieser Grundsatz ist jedoch im modernen Industrieumfeld nicht mehr allgemein gültig. Flexible Produktion, Outsourcing, Supply-chain-management, Einsatz der Informationstechnologie (CAD/CAM – Systeme) können die Vorteile großer zentralisierter Fertigungseinheiten überkompensieren.

**Technischer Fortschritt**

Dieser ist bei schnell wachsenden Unternehmen eine wichtige Quelle zur Steigerung der Kosteneffizienz. Automatisierung und Modernisierung von Anlagen sind in expandierenden Märkten und Branchen grundsätzlich rentabler als in einem stagnierenden Wirtschaftsumfeld, da eine schnellere Amortisation der Investitionen erwartet werden kann. Das gleiche gilt für Entwicklungs- und Forschungsinvestitionen (-aufwendungen) für Produkt- und Verfahrensinnovationen.

**Rationalisierung**

Der Controller muss sowohl die Input- als auch die Outputaktivitäten in seine Analysen einbeziehen.

Kostenartensubstitution, z.B. den Austausch (fixer) Personalkosten durch (variable) Fremdleistungen (outsourcing) oder Kapitalkosten (Automatisierung) sowie Ausbeuteoptimierung bei den Produktionsfaktoren (Energie, Beschleunigung der Durchlaufzeiten,

Reduzierung interner Lagerhaltung usw.) bieten gute Ansätze ständiger Verbesserung der Effizienz.

Auf der Outputseite liegen die wichtigsten Kostensenkungspotenziale bei der Standardisierung von Produkten, Komponenten, Teilen und Serviceleistungen. Spezialisierung auf Kernkompetenzen und Fremdvergabe von Routineaufgaben führen zu Kosteneinsparungen und höherer Leistungsqualität, die sich oft indirekt positiv auswirken (geringere Fehlerquote, sinkende Fehlerbeseitigungs- und Garantieaufwendungen).

**Lernkurveneffekt**

Wachsendes Fertigungs- und Absatzvolumen führt zu einer Ansammlung individuellen Wissens bei den Mitarbeitern. Der Controller kann diese Erfahrungen im Sinne einer „Lernenden Organisation" zur Leistungs- und Qualitätssteigerung und damit zur Kostensenkung nutzen. Aus- und Fortbildungsinvestitionen führen nicht nur zu höherer Produktivität, sondern werden bei großen Betriebseinheiten auch schneller amortisiert.

### 4.3.2    Kostenstrategie bei Differenzierung

Differenzierer (Qualitätsführer) suchen den Wettbewerbsvorteil in einem höheren Produktnutzen für den Kunden. Dieser wird erreicht, in dem eine größere Anzahl unterschiedlicher, an besondere Kundenbedürfnisse angepasster Produkte angeboten wird. Verglichen mit einer Strategie der Kostenführerschaft sind die Entwicklungs-, Fertigungs- und Vermarktungsprozesse des Differenzierers aufgrund der Produktvielfalt komplexer.

Komplexität treibt Kosten, da in modernen, weitgehend automatisierten Fabriken Eingriffe durch Menschen (Ingenieure, Programmierer, Logistiker usw.) erforderlich werden, wenn die automatischen Fertigungsprozesse unterbrochen und die Maschinen umprogrammiert werden, um ein anders gestaltetes Produkt herzustellen.[13] Insbesondere folgende Aktivitäten treiben die Kosten:[14]

- *Logistik* (Materialbereitstellung, Informationsversorgung, Kapazitäts- und Transportmittelbereitstellung),

- *Koordinierung* (Personal, Maschinen, Material, Sicherung, Planung),

- *Qualitätssicherung* (Qualitätsstandards, Kontrollen, Wartung, Tests),

---

[13] Vgl. *Miller/Vollmann*, S. 142-150.
[14] Vgl. *Mayer/Liessmannn/Mertens* 1997, S. 264-273.

- *Änderungsdienste* (Anpassung von Serien, Programmierung, Losgrößen, Fertigungsplanung, Spezialwerkzeuge).

Der Kunde misst jedoch den Wert der differenzierten Produkte am Preis-/Leistungsverhältnis. Er bezahlt den höheren Preis nur, wenn dieser einerseits den (nach seiner oft subjektiven Einschätzung) Produktnutzen nicht übersteigt, andererseits auch attraktiv im Verhältnis zum Preis von Konkurrenzprodukten ist.

Bei hohem relativen Kundennutzen erhält der Differenzierer durch den im Vergleich zum Wettbewerb höheren Preis eine Prämie (Differentialrente, typisch bei Markenartikeln!). Die Absatzstrategie ist (oft) eine Abschöpfungsstrategie (s. Abbildung 8), die zwar geringeres Wachstum dafür aber hohe Renditen ergibt.

So hat z.B. die Firma *INTEL* durch permanente technische Innovation ihrer Prozessorchips (Serie 86 bis hin zum Pentium) über Jahre Nutzenvorteile geboten, die eine Hochpreispolitik (Abschöpfungsstrategie) ermöglichte. Bei vergleichsweise niedrigerem Marktanteil wurde aber aufgrund der Preisprämie ein sehr hoher Return-on-Investment erzielt.

Das strategische Controlling wird daher überprüfen, ob die differenzierten Produkte zu Kosten erstellt und vermarktet werden können, die unter Berücksichtigung der zu erwarteten Marktpreise das Erreichen der strategischen Zielrendite ermöglichen (Plausibilitätsprüfung). Hierzu steht dem Controller das Instrument *Prozesskostenrechnung* (PZKR) zur Verfügung. Traditionelle Vollkostenrechnungen ordnen Gemeinkosten, die in modernen, weitgehend automatisierten Unternehmen bis zu 80% der Gesamtkosten ausmachen, Volumen abhängig den Produkten zu. Die Stückkosten differenzierter Güter werden aber wesentlich von den vier, w.o. erwähnten Aktivitäten verursacht. Als Konsequenz ergibt sich, dass die klassische Vollkostenrechnung systembedingt differenzierte Produkte, die in kleineren Serien hergestellt werden, tendenziell zu gering, homogene Produkte zu stark mit Kosten belastet, sofern diese Erzeugnisse auf gleichen Produktionsanlagen hergestellt werden.

Durch Einsatz der Prozesskostenrechnung kann der Controller die „wahren" Kosten der Differenzierungsstrategie zweckgenau errechnen und strategische Fehlentscheidungen mit der Folge von in der Zukunft exponentiell steigenden Gemeinkosten und sinkendem Return-on-Investment verhindern.[15]

---

[15] Zum Verfahren der Prozesskostenrechnung vgl. *Mayer/Liesssmann/Mertens* 1997, S. 264-291. mit ausführlichen Anwendungsbeispielen sowie *Freidank* 2001, S. 351-369.

# Strategisches Kostencontrolling - Wettbewerbsvorteile durch effiziente Kostenstruktur

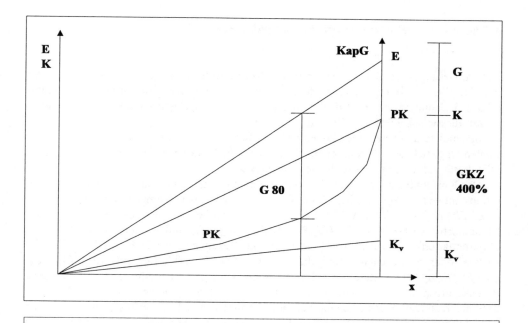

| | |
|---|---|
| E | Erlös |
| K | Gesamtkosten |
| G | Gewinn |
| Kv | variable Kosten |
| GKZ | Gemeinkostenzuschlag |
| PK | prozessbedingter Kostenverlauf |
| x | Menge (Leistungseinheit LE) |
| KapG | Kapazitätsgrenzen |
| G80 | Gewinn bei 80% Kapazitätsauslastung |

Die Darstellung zeigt, dass 20% Umsatzausweitung (von 80 auf 100 LE) bis zu 80% des möglichen Gewinns vernichten, da die 20 prozentige Umsatzausweitung nur durch Produktdifferenzierung und Fertigung von Spezialaufträgen ermöglicht wird. Die damit verbundenen Komplexitätskosten treiben die (langfristig) variablen Gemeinkosten. Der Effekt ist aus der traditionellen Kostenrechnung nicht erkennbar.

Abbildung 10: Voll- und Prozesskostenrechnung im Vergleich

### 4.3.3 Kostenstrategie bei Spezialisierung

Spezialisierungsstrategien fokussieren auf Nutzenvorteile eng abgrenzbarer Segmente oder Nischenmärkte (Kunden, Produkte, Regionen). In diesen Nischen werden Produkte (Güter, Leistungen) angeboten, die aufgrund besonderer Eigenschaften hohen Kundennutzen für die ausgewählten Zielgruppen bieten.

Spezialisierung setzt einen hohen Grad an Innovation voraus, da der Wettbewerb der großen Unternehmen („Broad market") die Marktlücke des Spezialisten ständig bedroht, falls dieser keine Produktvorteile mehr bieten kann.

Das Kostenniveau des Spezialisierers (Innovationsführer) ist durch extreme Konzentration entweder sehr niedrig (Focus Cost) – z.B. bei Komponentenfertigern wie *FLEXTRONIX* oder *QUANTA* Computer, die ausschließlich als Zulieferer der großen Computerfirmen (*IBM, HEWLITT PACKARD* u.a.) tätig sind – oder sehr hoch (Focus Differentiation) – wie z.B. bei Herstellern von Prestigegütern wie *PORSCHE, ROLEX, APPLE* oder technischen Topprodukten wie *MAYER* Werft (Kreuzfahrtschiffe) oder *GULFSTREAM* (Executive Jets). Im Fokus der strategischen Planung steht besonderer Produktnutzen und dieser wird durch ständige Innovation gesichert. Aber auch hier gilt, dass die Kundennutzenschätzung stets im Vergleich zum Preis erfolgt, dieser also die Produktkosten, die auch den Aufwand der Innovation einschließen, überkompensieren muss.

Das Kostencontrolling hat also auch hier die Aufgabe, im strategischen Planungsprozess die Kosten der Spezialisierung zu ermitteln und so eine wirtschaftliche Beurteilung des Konzeptes zu ermöglichen. Hierzu setzt der Controller ein Verfahren ein, das mit Zielkostenrechnung (Target Costing) bezeichnet wird.

Strategisches Kostencontrolling - Wettbewerbsvorteile durch effiziente Kostenstruktur

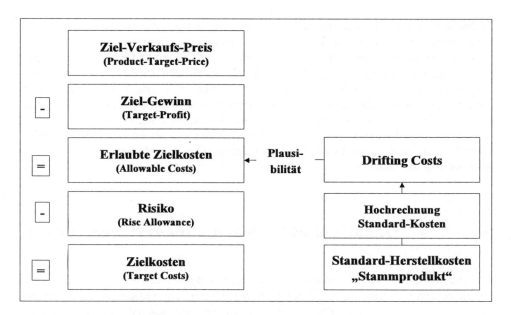

Abbildung 11: Zielkostenmodell

Das Prinzip der Methode ist eine Umkehrung der traditionellen Philosophie des Kostenrechners, der in einem progressiven Rechenvorgang, ausgehend von den Einzelkosten durch Zurechnung der geschlüsselten Gemeinkosten zu den Selbstkosten und zum Angebotspreis gelangt (die Prinzipien der Deckungsbeitragsrechnung sollen hier nicht weiter betrachtet werden). Die Zielkostenrechnung geht retrograd vor, indem durch Marketingforschung ein am Markt erzielbarer Preis (Zielpreis) für die Produktinnovation ermittelt wird und nach Abzug von Zielgewinn und Risikozuschlag sogenannte Zielkosten errechnet werden. Diese stellen die Obergrenze für die Kosten des neuen Produktes dar. Im weiteren Planungsablauf wird vom Controlling geprüft, ob Entwicklung, Produktion und Vermarktung des neuen Produktes zu Kosten erfolgen können, welche die Kostenobergrenze (Zielkosten) nicht überschreiten. Da bei Innovationen oft eine hohe Ungewissheit über zukünftig entstehende Kosten (insbesondere Forschung und Entwicklung) besteht, hilft sich die Praxis damit, Erfahrungswerte der Vergangenheit bei ähnlichen Projekten hochzurechnen („Drifting Costs", s. Abbildung 11). Auch werden zuweilen spezielle Planungsmethoden (Parametrische Kostenplanung, Benchmarking)[16] herangezogen.

Normalerweise liegen die hochgerechneten Standardkosten über den erlaubten Zielkosten. Das strategische Kostencontrolling wird nun analysieren, ob durch geeignete

---

[16] Vgl. Liessmann 1997, S. 49 und S. 493.

Maßnahmen die Plankosten gesenkt werden können, um das Zielkostenniveau zu erreichen. Gelingt das nicht, ist das Strategiekonzept zu ändern oder aufzugeben.[17]

In der Praxis der strategischen Planung wird Target Costing leider noch zu selten eingesetzt. Markantes Negativbeispiel ist die Telekommunikationsindustrie in Zusammenhang mit dem Erwerb der 3G – Lizenzen (G = Generation). Eine konsequente Anwendung der Zielkostenrechnung hätte den beteiligten Telefongesellschaften (*Deutsche Telekom* u. a.) bereits frühzeitig aufgezeigt, dass der Kundennutzen der neuen Technik und der für die resultierenden Produktinnovationen erzielbare Marktpreis die Milliarden-Investition für den Lizenzerwerb nicht rechtfertigt. Den Gesellschaften wären enorme Verluste erspart geblieben.

## 5     Opportunitätskosten und Innovationsstrategie

Opportunitätskosten sind „entgehende Deckungsbeiträge einer nicht gewählten Handlungsalternative"[18]. Sie spielen im strategischen Controlling insbesondere bei Innovationsentscheidungen eine wichtige Rolle. Differenzierer und Spezialisierer werden durch die Konkurrenz zu ständiger Innovation gezwungen, sollen Wettbewerbsvorteile gesichert oder neu geschaffen werden.

Die strategischen Innovationsalternativen sind jedoch in der Praxis weit gespannt, von schrittweiser Produktverbesserung bis hin zu völlig neuen Problemlösungen.

Ein systematischer und strategischer Planungsansatz ist möglich, wenn die Opportunitätskosten der strategischen Alternativen bekannt sind und dem Entwicklungsrisiko gegenüber gestellt werden.

Grundsätzlich ist bei hohen Opportunitätskosten aufgrund zu erwartender Verluste von Marktanteilen (oder ganzen Märkten) schnelles und entschlossenes Handeln geboten, insbesondere wenn das Entwicklungsrisiko gering ist.

Crash Programm bedeutet, dass alle Ressourcen des Unternehmens auf die schnelle Realisierung der notwendigen Innovation konzentriert werden. Wirtschaftshistorisch bekannt ist das Crash Programm der *IBM*, mit dem auf den überraschenden Marktauftritt von *APPLE* (*Steve Jobbs*, Erfinder des PC) reagiert wurde. Dieses Crash Programm führte im übrigen zur Entwicklung der *MICROSOFT* Betriebssysteme (MS-DOS), da *IBM* seinerzeit Bill Gates, Inhaber einer kleinen, unbekannten Softwarefirma mit der Erstellung eines PC-Betriebssystems beauftragte.

---

[17]   Vgl. *Mayer/Liessmann/Mertens* 1997, S. 292-310 und *Freidank* 2001, S. 369-391, jeweils ausgearbeitete Fallbeispiele.
[18]   *Liessmann* 1997, S. 486.

Strategisches Kostencontrolling - Wettbewerbsvorteile durch effiziente Kostenstruktur 135

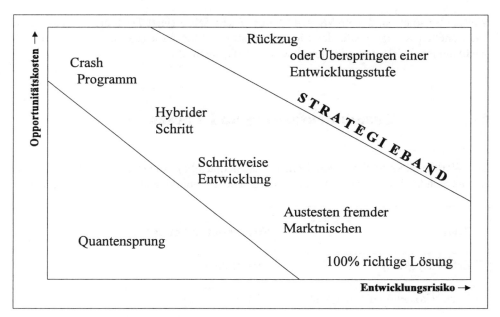

Abbildung 12: Opportunitätskosten und Entwicklungsstrategie

Hybride Schritte sind (technische oder sonstige) Erweiterungen zur Aufwertung des Nutzenprofils, wie die sogenannte G 2,5 – Technik, ein Zwischenschritt zur modernen G3/GSM – Mobiltelefonie, die z.B. die Ausstattung eines Handy`s mit einer Kamera ermöglicht.

Im mittleren Bereich ist eine schrittweise Entwicklung geboten, wie sie beispielsweise von *MICROSOFT* praktiziert wird (*Windows* 95, 97, usw.). Die Strategie dient dazu, durch optimale Marktabschöpfung den Konkurrenten stets ein kleines Stück voraus zu sein und den eigenen Marktanteil ständig auszubauen.

Bei niedrigen Opportunitätskosten hat das Unternehmen ausreichend Zeit, durch Austesten fremder Marktnischen Entwicklungskosten und Risiken zu minimieren, ohne Verluste von Marktanteilen befürchten zu müssen (Beispiel: Pharmafirmen testen Humanmedizin zunächst im Veterinärmarkt). Alternativ kann die 100% - Lösung angestrebt werden. Diese Strategie betreibt zur Zeit *AIRBUS* bei der Entwicklung des neuen Großflugzeuges *A 380*, da *BOEING* kein Konkurrenzprodukt anbieten kann und somit durch die lange Entwicklungszeit keine Opportunitätskosten zu befürchten sind.

Außerhalb des Strategiebandes liegen revolutionäre Innovationen. Ein Beispiel für derartige Quantensprünge ist das Überschallflugzeug *Concorde* aus den 70er Jahren.

Das andere Extrem ist der totale Rückzug aus einem Markt, wie dieser beispielsweise Ende der 80er Jahre von *INTEL* praktiziert wurde, indem die Produktion von Speicherchips (sogenannte DRAM Dynamic Random Access Memory) total aufgegeben wurde.

Weitere Beispiele sind *MANNESMANN* oder *PREUSSAG* (jetzt *TUI*), die sich aus ihrem traditionellen Kerngeschäft, der Montanindustrie, völlig zurückzogen und in neue Geschäftsfelder, Telekommunikation bzw. Touristik, wechseln.

# 6 Zusammenfassung und Thesen

Der Werkzeugkasten des strategischen Kostencontrolling sowie die den Instrumenten entsprechenden Leitstrategien sind in nachstehender Abbildung übersichtlich dargestellt.

| Tool | Strategischer Fokus |
|---|---|
| Erfahrungskurve | Marktführer |
| Prozesskostenrechnung (ABC) | Differenzierung |
| Target Costing | Spezialisierung (Innovator) |
| Balanced Scorecard | Monitoring |
| Parametrische Ko-Planung | Planung bei Innovation |
| Benchmarking | Zielfindung / Wettbewerbsposition |
| Opportunitätskosten | Wachstumskonzept |

Abbildung 13: Werkzeugkasten strategisches Kostencontrolling

Ziele, Aufgaben und Wirkungen des strategischen Kostencontrolling werden in folgenden Thesen zusammengefasst:

- Kostenstrategien sind in ein vorgegebenes Wachstumskonzept einzuordnen und dienen immer der Durchsetzung der (übergeordneten) Leitstrategie;
- Aufgabe des strategischen Kostencontrolling ist die Konzeption einer dem strategischen Wachstumskonzept angepassten langfristigen Kostenstruktur;

- Das Kostencontrolling prüft die Durchführbarkeit der Leitstrategie (Plausibiliät) ehe durch diese Finanzmittel gebunden werden (Investitionen);
- Kostenstrategien beeinflussen alle strategischen Maßnahmen, die zur erfolgreichen Umsetzung der Leitstrategie durchzuführen sind (Funktionsstrategien);
- Produkt-/-Marktstrategien richten den Hauptfokus auf die Steigerung der Effektivität (Kundennutzen);
- Kostenstrategien richten den Hauptfokus auf die Steigerung der Effizienz (Rationalisierung).

## Literaturverzeichnis

*Ansari, Sh. et.al.:* Management Accounting – A Strategic Focus, Mc.Graw-Hill 1997.
*Baum, H./Coenenberg, A.G.:* Strategisches Controlling, Stuttgart 1999.
*Blocher, E.:* Cost Management – A Strategic Emphasis, McGraw-Hill 1998.
*Coenenberg, A.G./Fischer, T.M.:* Prozeßkostenrechnung – Strategische Neuorientierung in der Kostenrechnung, in: Die Betriebswirtschaft, 51. Jg. (1991), S. 21-38.
*Freidank, C.-Chr.:* Kostenrechnung, 7.Auflage, München/Wien 2001.
*Glad, E.:* Equal Helping, in: Financial Management, Dec./Jan. 02/03.
*Kaplan, R./Cooper R.:* Cost And Effect, HBS Press 1997.
*Liessmann, K. (Hrsg.):* Gabler Lexikon Controlling und Kostenrechnung, Wiesbaden 1997.
*Liessmann, K.:* Stichwort „Strategisches Controlling", in: Gabler Wirtschaftslexikon, 15. Auflage, Wiesbaden 2000, S. 2952-2958.
*Liessmann, K.:* Strategisches Controlling, in: Freidank, C.-Chr./Mayer, E. (Hrsg.), Controlling Konzepte, 5. Auflage, Wiesbaden 2001, S. 3-102.
*Mayer, E.:* Leitbildcontrolling als Denk- und Steuerungsinstrument in der Informations- und BIONIK-Wirtschaft, in: Freidank, C.-Chr./Mayer, E. (Hrsg.), Controlling Konzepte, 5. Auflage, Wiesbaden 2001, S. 103-144.
*Mayer, E./Liessmann, K./Mertens, W.:* Kostenrechnung, 7. Auflage, Stuttgart 1997.
*Mayer, E./Weber J. (Hrsg.):* Handbuch Controlling, Stuttgart 1990.
*Miller, J.G./Vollmann, T.E.:* The Hidden Factory, in: Harvard Business Review, Vol. 55 (1985), S. 142-150.
*Pfleger, E.:* Marktorientiertes Zielkostenmanagement setzt neue Maßstäbe im Controlling, in: Kompetenz, 6. Jg. (1993), o. S.
*Porter, M.:* Wettbewerbsstrategie (Competitive Strategy), Frankfurt 1999.
*Schröder, E.F.:* Modernes Unternehmenscontrolling, 7. Auflage, Ludwigshafen 2000.

# Abbildungsverzeichnis

Abbildung 1:   Strategisches Kostencontrolling
Abbildung 2:   Kostenbeeinflussung im Produktzyklus
Abbildung 3:   Unternehmens- und Geschäftsfeldstrategie
Abbildung 4:   Hierarchischer Aufbau von Strategien
Abbildung 5:   Strategischer Wettbewerbsvorteil
Abbildung 6:   Generische Wettbewerbsstrategien nach *Porter*
Abbildung 7:   Strategische Wachstumskonzepte (Matrix)
Abbildung 8:   Alternative Preisstrategien
Abbildung 9:   Erfahrungskurve
Abbildung 10:  Voll- und Prozesskostenrechnung im Vergleich
Abbildung 11:  Zielkostenmodell
Abbildung 12:  Opportunitätskosten und Entwicklungsstrategie
Abbildung 13:  Werkzeugkasten strategisches Kostencontrolling

ERNST F. SCHRÖDER

# Wertorientiertes Controlling

| 1 | Shareholder Value als Auslöser | 143 |
|---|---|---|
| 2 | Ansätze des Wertorientierten Controlling | 144 |
| | 2.1 Betriebsergebnisse | 144 |
| | 2.2 Kapitalrenditen | 145 |
| | 2.3 Langzeitanalysen von Produkten, Sortimenten, Geschäftseinheiten | 146 |
| | 2.4 Bewertung von Geschäftseinheiten mit dem Cash-Flow-Return-on-Investment | 147 |
| | 2.5 Cash-Flow-Return-on-Investment und Investitionsentscheidungen | 150 |
| 3 | Ausgangsfragen der Kennzahlenbasis | 152 |
| | 3.1 Return-on-Investment (ROI) | 152 |
| | 3.2 Cash-Flow-Return-on-Investment (CFROI) | 153 |
| | 3.3 Return-on-Capital-Employed (ROCE) | 153 |
| | 3.4 Return-on-Net-Assets (RONA) | 156 |
| | 3.5 Economic-Value-Added (EVA) | 157 |
| 4 | Steuerung mit dem Freien Cash-Flow | 159 |
| | 4.1 Grundschema der Berichtsstruktur | 159 |
| | 4.2 Festlegen der Berichtsstruktur | 161 |
| | 4.3 Zuordnung von Bilanzpositionen | 162 |
| | 4.4 Kapitalausstattung und zentrale Finanzierung | 163 |
| | 4.5 Konsolidierung auf Unternehmensebene | 164 |
| 5 | Instrumente zur wertorientierten Unternehmenssteuerung | 166 |
| | 5.1 Rahmen der wertorientierten Führung | 166 |
| | 5.2 Ergebnissteuerung | 167 |

| | 5.3 | Liquiditäts-/Cash-Flow-Steuerung | 169 |
| --- | --- | --- | --- |
| | 5.4 | Wertsteuerung | 170 |
| | | 5.4.1 Ergebniskennzahlen und Wertsteigerung | 170 |
| | | 5.4.2 Strategisches Wertmanagement | 171 |
| | | 5.4.3 Operatives Wertmanagement | 176 |
| 6 | | Kennzahlen-Rahmen des wertorientierten Controlling | 179 |
| 7 | | Kapitalmärkte und Rechnungslegungsstandards als Einflussfaktoren | 180 |
| 8 | | Ausblick | 181 |

Literaturverzeichnis 183

Abbildungsverzeichnis 184

# 1 Shareholder Value als Auslöser

Wertorientierte Unternehmensführung ist in aller Munde. Kaum ein Geschäftsbericht oder eine Hauptversammlung haben nicht das Bekenntnis der Unternehmensführung zur wertorientierten Führung zum Inhalt.

Die Gedanken sind an sich nicht neu, erfahren aber durch die Internationalisierung der Kapitalmärkte, Wachstum der Investmentfonds, Zunahme der Unternehmensbeurteilung durch Analysten und täglich neue Erfolgsrechnungen zur Steigerung des Shareholder Value von Unternehmen einen Stellenwert, der die Frage aufwirft, nach welchen Kriterien denn in der Vergangenheit Unternehmen gesteuert wurden.

Auslöser zur Betonung der Interessen der Aktionäre war das Mitte der 80er Jahre erschienene Buch von *Rappaport* „Creating Shareholder Value". *Rappaport* wendet seine Überlegungen des Shareholder Value zur Bewertung von Produkt-Marktstrategien und ihrer Wertsteigerungen für die Anteilseigner an. Wertsteigerung wird dann erreicht, wenn eine Maßnahme eines Unternehmens, eines Geschäftsbereiches oder ein Einzelprojekt eine Barwertsumme der Cash-Flows erwirtschaftet, die größer 0 ist und damit für die Aktionäre Wert schafft.

Zur Ermittlung des zu diskontierenden Cash Flow nimmt *Rappaport* eine Zerlegung in sogenannte Werttreiber (Value drivers) vor. Solche Value drivers im Konzept von *Rappaport* sind

- das Umsatzwachstum,
- die Umsatzüberschussrate, die das Verhältnis des operativen Cash-Flow zum Umsatz wiedergibt,
- die Erweiterungsinvestitionsraten für Working Capital und Anlagevermögen,
- der Cash-Flow-Steuersatz.

Nach Abzug der Auszahlungen von den Einzahlungen verbleibt der Netto-Cash-Flow, der zur Verteilung an die unterschiedlichen Gruppen der Kapitalgeber zur Verfügung steht. Dieser Netto-Cash-Flow ist die zu diskontierende Größe, wobei sich der Diskontierungsfaktor als gewichteter Mittelwert aus Fremd- und Eigenkapitalkosten zusammensetzt. Der diskontierte Netto-Cash-Flow stellt nach Abzug der diskontierten Finanzschulden den Unternehmenswert dar.

## 2 Ansätze des Wertorientierten Controlling

Im Controlling haben uns seit jeher Kennzahlen zur Steuerung zur Verfügung gestanden. Allerdings war die Thematisierung eine auf interne Steuerungsbelange ausgerichtete Formulierung. Für den Betrachter ergibt sich aufgrund des „Überangebotes" an Kennzahlen zurzeit ein eher konfuses Bild, da:

- firmenindividuell Kennzahlen in der Öffentlichkeit als Zielgrößen mit totalem Anspruch vorgestellt werden,
- Kennzahlen nach unternehmensbezogenen Zwängen abgewandelt werden,
- nicht immer die Zielsetzung der verwendeten Ansätze klar ist (Unternehmenswertorientierung, interne Ergebnissteuerung, Anreizsysteme für das Management, Projektentscheidungen),
- in der betriebswirtschaftlichen Forschung Grundfragen noch nicht beantwortet sind und weitere Forschungsanstrengungen notwendig erscheinen. Als Beispiel kann hier auf die Probleme der Bestimmung eines unternehmens- bzw. spartenspezifischen Risikofaktors $\beta$ verwiesen werden, soweit ein marktadäquates $\beta$ fehlt.

Vor diesem Hintergrund stellt sich die Frage, ob nicht die traditionellen Steuerungsgrößen wie beispielsweise das Betriebsergebnis und der Return-on-Investment „wertkonforme" Steuerungsgrößen waren bzw. immer noch sind.

### 2.1 Betriebsergebnisse

Die im Controlling historisch verwendeten Betriebsergebnisse, die sich nach einer firmenindividuell festgelegten Mindestverzinsung auf das eingesetzte Kapital ergaben und über die kalkulatorischen Abschreibungen steuerliche und sonstige Bewertungswahlrechte eliminierten, waren bereits erste Ansätze einer wertorientierten Steuerung. Positive, über die Mindestverzinsungsansprüche der Anteilseigner hinausgehende Ergebnisse bedeuteten die Schaffung von „Unternehmenswert".

So gesehen entspricht das Betriebsergebnis unter Berücksichtigung von Opportunitätskosten bereits dem „Economic Value Added", wie er von *Stern/Stewart* propagiert wird. Der Unterschied ist hier allenfalls in der Verwendung differenzierter Kapitalkosten im EVA-Konzept zu sehen, wohingegen bei den kalkulatorischen Zinsen in der Regel von einem einheitlichen Opportunitätskostensatz für das eingesetzte Kapital ausgegangen wurde.

## 2.2 Kapitalrenditen

Der Return-on-Investment (die Gesamtkapitalrendite) hat als zentrale operative Steuerungsgröße im Controlling eine breite Anwendung erfahren, da sie die Rendite im Verhältnis zum eingesetzten Kapital misst, unabhängig von der zugrunde liegenden Kapitalstruktur. Darüber hinaus ist der Return-on-Investment insofern eine prädestinierte und über unterschiedliche Branchen anwendbare Kennzahl, da er durch die Aufspaltung in die Umsatzrendite vor Zinsen und in den Kapitalumschlag die Erfolgskomponente und die Ressourcennutzung ausreichend misst:

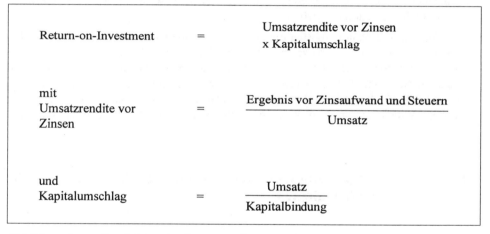

Abbildung 1:   Ermittlung des Return-on-Investment

Ohne den Ansatz von Soll-Vorgaben für den Return-on-Investment ist auch diese Renditeziffer in ihrem Gebrauch eingeschränkt. Zwar gibt sie den Vergleich unterschiedlicher Geschäfte sehr gut wieder, die Mindestverzinsungsansprüche der Anteilseigner kommen aber zu kurz.

Insofern wurde im Controlling schon frühzeitig dazu übergegangen, die Aussagekraft von Firmen-/Sparten- oder Produktgruppen-Return-on-Investment-Kennziffern mit Hilfe von Sollvorgaben transparenter zu machen. Gerade diese Überlegungen finden in ersten vereinfachten Ansätzen der Shareholder-Value-Gedanken ihren Niederschlag.

Zur Umsetzung dieser Gedanken wird wie folgt vorgegangen:

1. In einem ersten Schritt werden die relevanten Kapitalkosten bestimmt. Dabei entsprechen die Kapitalkosten den strukturell gewichteten Durchschnittskosten von Eigen- und Fremdkapital. Während sich die Fremdkapitalkosten aus dem am Kapitalmarkt gültigen Sollzinssatz ableiten, entsprechen die Eigenkapitalkosten der Summe aus dem Zinssatz für langfristige risikolose Anlagen (Rendite von Bundesanleihen)

und einer Risikoprämie, die die Anteilseigner für das Eingehen eines bestimmten Engagements fordern. Bei der praktischen Bestimmung der Risikoprämie wird zumeist die Risikoprämie zugrunde gelegt, die am Aktienmarkt gezahlt wird. Die Risikoprämie ergibt sich dabei als durchschnittliche Aktienrendite abzüglich des Zinssatzes für risikolose Kapitalanlagen. Um gleichzeitig das spezifische Risiko einer Branche, einer Firma und eines Engagements zu berücksichtigen, wird diese durchschnittliche Risikoprämie um einen individuellen, engagementspezifischen Risikofaktor korrigiert. Dabei gilt der Grundsatz, dass mit steigendem Risiko des Engagements auch der Korrekturfaktor und damit die Risikoprämie steigt.

2. In einem zweiten Schritt werden die derzeitigen und geplanten Rentabilitäten der einzelnen Firmen oder Sparten ermittelt. Hierbei wird auf den Return-on-Investment oder den ROCE zurückgegriffen.

3. In einem dritten Schritt werden die unter 1. festgelegten Kapitalkosten mit dem Return-on-Investment der Engagements verglichen. Die Differenz entspricht dem Wertbeitrag bzw. Spread (in % des eingesetzten Kapitals), den das Tochterunternehmen/die Geschäftseinheit zum Unternehmenswert beiträgt. Liegt die Rentabilität über den Kapitalkosten, wird ein positiver Wertbeitrag erwirtschaftet und das eingesetzte Kapital steigt im Wert. Im umgekehrten Fall findet eine Wertvernichtung statt.

## 2.3 Langzeitanalysen von Produkten, Sortimenten, Geschäftseinheiten

Produkterfolgsrechnungen werden typischerweise im operativen Controlling als Spartenrechnungen in der laufenden Berichterstattung angewendet. Im Rahmen der strategischen Sortimentsbetrachtung lassen sich diese operativen Produktgruppen-Betrachtungen bis zum Cash-Beitrag eines Sortiments im Rahmen der strategischen Steuerung erweitern.

Das operative Berichtswesen des Controlling hat den entscheidenden Nachteil, das in den Kategorien Vorjahr, Plan, Ist und zusätzlich Hochrechnung des laufenden Geschäftsjahres gedacht wird. Damit ist der Betrachtungszeitraum immer auf eine „kurze" Periode eingegrenzt.

Für grundlegende Fragestellungen empfiehlt es sich, die wesentlichen Produktgruppen oder strategischen Geschäftseinheiten eines Unternehmens im Rahmen von Langzeitanalysen zu betrachten. Solche Langzeitanalysen werden zweckmäßigerweise über einen Zeitraum von 10 Jahren angestellt und sollten folgende Eckwerte enthalten:

- Marktdaten (Marktanteil, Distribution etc.),
- Eckdaten der stufenweisen Deckungsbeitragsrechnung,

- das Gesamtergebnis und den Cash-Flow,
- den Freien Cash-Flow nach den den Produktgruppen zuzurechnenden bilanziellen Veränderungen,
- die Kumulation der Freien Cash-Flows zur Bestimmung der Kapitalbindung bzw. -fixierung.

Abbildung 2 zeigt beispielhaft den Aufbau einer Langzeitanalyse, wie sie zur Analyse von Unternehmen, Sparten und Sortimenten eingesetzt werden kann.

## 2.4 Bewertung von Geschäftseinheiten mit dem Cash-Flow-Return-on-Investment

Wir haben bereits darauf hingewiesen, dass von vielen Unternehmen der Return-on-Investment (ROI) als renditeorientierte Kennzahl zur operativen Steuerung verwendet wird. Darüber hinaus ist in letzter Zeit zunehmend der Cash-Flow-Return-on-Investment (CFROI) als wertorientierte Steuerungsgröße in die Betrachtung eingeführt worden. Sowohl der Return-on-Investment als auch der Cash-Flow-Return-on-Investment dienen in erster Linie der Berechnung der Rentabilität ganzer Geschäftseinheiten. Während der Return-on-Investment stärker auf buchhalterischen Bilanzdaten aufbaut, ist der Cash-Flow-Return-on-Investment stärker zahlungsorientiert. Er ist im Kern eine interne Zinsfussrechnung und misst für jedes strategische Geschäftsfeld den Cash-Rückfluss auf das eingesetzte Kapital.

Das Konzept des Cash-Flow-Return-on-Investment wurde von der *Boston Consulting Group* in die Diskussion eingeführt und bereits erläutert. Basis der Betrachtung ist der betriebliche Cash-Flow (betrieblicher Cash-Flow = Gesamtergebnis vor Ertragsteuern ./. neutrales Ergebnis + Abschreibungen + Zinsaufwendungen ./. Ertragsteuern). Darüber hinaus wird die Bruttoinvestitionsbasis verwendet, die sich aus Sachanlagen + immaterielle Aktiva + nichtabschreibbare Nettoaktiva + kumulierte Abschreibungen ergibt. In der betrieblichen Praxis hat es sich durchgesetzt, den Cash-Flow-Return-on Investment auf der Basis von Buchwerten der Bilanz zu ermitteln.

| Marktdaten | 10-Jahres-Entwicklung ||||||||||
|---|---|---|---|---|---|---|---|---|---|---|
| | 1992 | 1993 | 1994 | 1995 | 1996 | 1997 | 1998 | 1999 | 2000 | 2001 | 2002 |
| Marktvolumen | | | | | | | | | | | |
| - Menge | | | | | | | | | | | |
| - Wert | | | | | | | | | | | |
| Marktwachstum | | | | | | | | | | | |
| - Menge | | | | | | | | | | | |
| - Wert | | | | | | | | | | | |
| Handelsmarkenanteil am Gesamtmarkt | | | | | | | | | | | |
| Marktanteil | | | | | | | | | | | |
| - Menge | | | | | | | | | | | |
| - Wert | | | | | | | | | | | |
| Relativer Marktanteil | | | | | | | | | | | |
| - Menge | | | | | | | | | | | |
| - Wert | | | | | | | | | | | |
| Werbeausgaben | | | | | | | | | | | |
| - absolut | | | | | | | | | | | |
| - % v. Nettoumsatz | | | | | | | | | | | |
| - % v. Gesamtmarkt | | | | | | | | | | | |
| Veränderung Marktabgrenzung | | | | | | | | | | | |

| Ergebnisdaten | 10-Jahres-Entwicklung ||||||||||
|---|---|---|---|---|---|---|---|---|---|---|
| | 1992 | 1993 | 1994 | 1995 | 1996 | 1997 | 1998 | 1999 | 2000 | 2001 | 2002 |
| Bruttoumsatz | | | | | | | | | | | |
| Erlösschm./WKZ | | | | | | | | | | | |
| Nettoumsatz | | | | | | | | | | | |
| Deckungsbeitrag 1 | | | | | | | | | | | |
| Deckungsbeitrag 2 | | | | | | | | | | | |
| Deckungsbeitrag 3 | | | | | | | | | | | |
| Gesamtergebnis | | | | | | | | | | | |
| - absolut | | | | | | | | | | | |
| - % v. Nettoumsatz | | | | | | | | | | | |

Abbildung 2: Aufbau einer Langzeitanalyse

| Cash-Flow-Daten | 10-Jahres-Entwicklung |||||||||||
|---|---|---|---|---|---|---|---|---|---|---|---|
| | 1992 | 1993 | 1994 | 1995 | 1996 | 1997 | 1998 | 1999 | 2000 | 2001 | 2002 |
| Gesamtergebnis | | | | | | | | | | | |
| + Abschreibungen | | | | | | | | | | | |
| = Cash Flow 1 | | | | | | | | | | | |
| - Zuschreibungen | | | | | | | | | | | |
| +/- Verä. Rückstell. | | | | | | | | | | | |
| +/- Verä. Debitoren | | | | | | | | | | | |
| +/- Verä. Vorräte | | | | | | | | | | | |
| +/- Verä. Kreditoren | | | | | | | | | | | |
| = Operat. Cash Flow | | | | | | | | | | | |
| + Desinvestitionen | | | | | | | | | | | |
| - Investitionen | | | | | | | | | | | |
| = Freier Cash Flow | | | | | | | | | | | |
| - Steuern | | | | | | | | | | | |
| = Freier Cash Flow nach Steuern | | | | | | | | | | | |
| Kumul. Freier Cash Flow nach Steuern | | | | | | | | | | | |

| Kennzahlen | 10-Jahres-Entwicklung |||||||||||
|---|---|---|---|---|---|---|---|---|---|---|---|
| | 1992 | 1993 | 1994 | 1995 | 1996 | 1997 | 1998 | 1999 | 2000 | 2001 | 2002 |
| Umsatzrendite | | | | | | | | | | | |
| Umsatzrendite vor Zinsen | | | | | | | | | | | |
| Kapitalumschlag | | | | | | | | | | | |
| Return on Investment | | | | | | | | | | | |
| Operativer Cash Flow | | | | | | | | | | | |
| Freier Cash Flow | | | | | | | | | | | |
| Freier Cash Flow nach Steuern | | | | | | | | | | | |
| Kumul. Freier Cash Flow nach Steuern | | | | | | | | | | | |

Abbildung 2: Aufbau einer Langzeitanalyse (Fortsetzung)

Der Cash-Flow-Return-on Investment (vgl. Abbildung 3) verläuft weitgehend parallel zum Return-on-Investment, hebt jedoch die Verzerrungen, die aus unterschiedlichen

- Kapitalintensitäten,
- Finanzierungsstrukturen,
- Abschreibungspolitiken und
- Lebensdauern

resultieren, auf. Er spiegelt damit tendenziell besser die operative Ertragskraft eines Geschäftes in Phasen hoher und/oder zyklischer Investitionstätigkeit wieder. Beide Kennziffern, Return-on-Investment und Cash-Flow-Return-on-Investment, ergänzen sich zweckmäßigerweise. Für das operative Management bieten sich Zielvorgaben anhand des Return-on-Investment besser an, da sie leichter kommunizierbar sind und im Zeit- und Branchenvergleich einen wichtigen Erfolgsindikator darstellen.

$$\text{Cash-Flow-Return-on-Investment} = \text{Cash-Flow-Rate vor Zinsen} \times \text{Kapitalumschlag}$$

$$\text{mit Cash-Flow-Rate vor Zinsen} = \frac{\text{Ergebnis vor Zinsaufwand, Abschreibungen und Steuern}}{\text{Umsatz}}$$

$$\text{und Kapitalumschlag} = \frac{\text{Umsatz}}{\text{Kapitalbindung}}$$

Abbildung 3: Ermittlung des Cash-Flow-Return-on-Investment

## 2.5 Cash-Flow-Return-on-Investment und Investitionsentscheidungen

Sehr gute Dienste leistet die Kennzahl Cash-Flow-Return-on-Investment bei der Beurteilung der Mittelzuteilung für Investitionsentscheidungen.

Es bietet sich dazu an, den Cash-Flow-Return-on-Investment der einzelnen Geschäftseinheiten der Wachstumsquote (Investitionen : Abschreibungen) gegenüberzustellen.

Während auf der senkrechten Achse der Cash-Flow-Return-on-Investment abgetragen wird, zeigt die waagerechte Achse die Wachstumsquote.

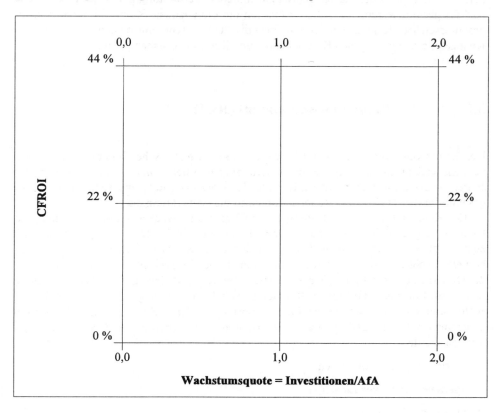

Abbildung 4: CFROI und Investitionsentscheidungen

Durch Markierung der Mindestzielvorgaben des Unternehmens für den Cash-Flow-Return-on-Investment und die Investitionsquote von 1 (Investitionen = Abschreibungen) lassen sich die einzelnen Geschäfte danach sortieren, welchen Cash-Beitrag sie über die eigenen Investitionen hinaus generieren. Geschäftseinheiten im linken oberen Teil benötigen wenig Investitionsmittel und bringen einen hohen Cash-Beitrag für das Gesamtunternehmen. Die Darstellung der einzelnen Geschäftsbereiche erfolgt zweckmäßigerweise anhand des absoluten Ergebnisbeitrages. Damit werden auch optisch sehr schnell die Ergebnis- und Cash-Beiträge der einzelnen Geschäftseinheiten gezeigt.

# 3 Ausgangsfragen der Kennzahlenbasis

Die Entwicklung des Wertorientierten Controlling wird durch Kennzahlen geprägt, die gerade in Europa in den letzten Jahren zunehmende Verbreitung gefunden haben. Dabei darf festgestellt werden, dass die Diskussion um die adäquate Kennzahl noch nicht abgeschlossen ist, da gerade unternehmensindividuelle Steuerungsbelange sehr stark die Kennzahl, die einbezogenen Komponenten und ihre Zielvorgaben prägen.

## 3.1 Return-on-Investment (ROI)

Der Return-on-Investment ist mittlerweile schon als historische Kennzahl zu bezeichnen. Entwickelt als Zielvorgabe im Steuerungssystem bei *General Electric* in den 30er Jahren, misst diese Kennzahl die Rendite des Gesamtkapitals und schließt damit das gesamte im Unternehmen investierte Kapital in die Betrachtung ein.

Die Kennzahl hat im Controlling und zu Vergleichszwecken große Verbreitung erlangt. Sie eignet sich sowohl zur Anwendung auf Geschäftsfelder und Sparten als auch zum Wettbewerbsvergleich im internationalen Rahmen, da es sich um eine weit verbreitete, leicht zu ermittelnde Kennzahl handelt. Der Return-on-Investment baut in der Zählergröße auf dem EBIT (Earnings before Interest and Tax) auf. Er lässt sich problemlos auf bilanzielle Größen im Rahmen der HGB-orientierten Bilanzierung aufbauen, auch wenn die Kennzahl selbst ihren Ursprung in den USA hatte. Der Return-on-Investment hat mannigfaltige Varianten erfahren, wobei sowohl die Zählergröße abgewandelt wurde zum

- Betriebsergebnis vor Zinsen,
- Spartenergebnis vor Zinsen,

als auch in der Nennergröße in

- beeinflussbare Bilanzsumme,
- Spartenbilanzsumme,
- usw.

Der Return-on-Investment ist eine einfache und verständliche Größe zur Beurteilung der Ertragskraft von Unternehmen. Sein Vorteil besteht darin, dass verantwortungsbezogen die einzelnen Einheiten für eine angemessene Verzinsung des gesamten investierten Kapitals verantwortlich sind. Allerdings wird vielfach als Nachteil gegen diese Kennzahl eingewendet, dass ihr die notwendige Objektivität fehlt, da die Liquiditätsausstattung der in Frage kommenden Einheiten über den Kapitalumschlag den Return-on-Investment maßgeblich beeinflusst. Insofern wird ihr die Eignung für Vergütungszwecke abgesprochen.

## 3.2 Cash-Flow-Return-on-Investment (CFROI)

Der Cash-Flow-Return-on-Investment stellt gegenüber dem Return-on-Investment eine Erweiterung dar, indem er die Zählergröße um die Abschreibungen erweitert. Insofern stellt die Zählergröße das Ergebnis vor Abschreibungen, Zinsen und Steuern dar und ist vergleichbar mit dem EBITDA. Im Vergleich zum Return-on-Investment als Gesamtkapitalrendite werden unterschiedliche Abschreibungsverfahren und Abschreibungszeiträume sowie Abschreibungsintensitäten der zugrunde liegenden Einheiten berücksichtigt. Darüber hinaus stellt der Ansatz sicher, dass Geschäftsbereiche mit unterschiedlicher Altersstruktur der Aktiva vergleichbar sind und die Altersstruktur der Geschäftsbereiche transparenter wird. Befürworter des Cash-Flow-Return-on-Investment sehen in dieser Kennzahl eine stärker wertorientierte Steuerungsgröße als im Return-on-Investment, da die Größe stärker zahlungsorientiert ist. Sie argumentieren, dass der Cash-Flow-Return-on-Investment im Kern eine interne Zinsfuss-Rechnung darstellt und für jedes strategische Geschäftsfeld den Cash-Rückfluss auf das eingesetzte Kapital misst.

Der Cash-Flow-Return-on-Investment verläuft weitgehend parallel zum Return-on-Investment, hebt jedoch die Verzerrungen, die aus unterschiedlichen

- Investitionsintensitäten,
- Kapitalintensitäten,
- Finanzierungsstrukturen,
- Abschreibungspolitiken,
- Lebensdauern

resultieren, auf.

## 3.3 Return-on-Capital-Employed (ROCE)

Der Return-on-Capital-Employed (ROCE) ist wie der Return-on-Investment eine Kennzahl zur Messung der Gesamtkapitalrendite. Er stellt die periodenbezogene Verzinsung des eingesetzten Kapitals dar und ist somit ein Beurteilungsmaß für das Wirtschaften mit der Ressource Kapital. Der Return-on-Capital-Employed ermöglicht den Vergleich von Geschäften unterschiedlicher Größenordnungen durch die Relativierung des Mitteleinsatzes.

Die Anwendung des Return-on-Capital-Employed steht in engem Zusammenhang mit dem Übergang vieler Unternehmen auf die Bilanzierung nach US-GAAP und/oder IAS/IFRS. Sie ist Ausfluss der Änderung der Rechnungswesenstandards und Ergebnis nicht vergleichbarer Bilanzierungsphilosophien zwischen HGB und US-GAAP bzw. IAS/IFRS.

Die Zählergröße des Return-on-Capital-Employed ist der Operating Profit als Ergebnisgröße, in der operative und neutrale Ergebnisse – jedoch ohne das Zinsergebnis – enthalten sind:

$$\text{Return-on-Capital-Employed} = \frac{\text{Operating Profit}}{\text{Capital Employed}}$$

Abbildung 5: Ermittlung des Return-on-Capital-Employed

Die Nennergröße als Kapitaläquivalent wird abgebildet über das Capital-Employed, eine Kapitalbasis nach Eliminierung von Finanz- und Steuerpositionen:

| **Operating Profit** | = | **Umsatz ./. zurechenbare Kosten** |
|---|---|---|
| | = | Umsatz |
| | – | Umsatzkosten |
| | – | Vertriebskosten |
| | – | übrige Kosten/Aufwendungen |
| **Capital Employed** | = | **betriebsnotwendiges Anlage- und Umlaufvermögen** |
| | = | Bilanzsumme |
| | – | Finanz- und Steuerpositionen |
| | – | Abzugskapital |

Abbildung 6: Ermittlung des Operating Profit und des Capital Employed

Der Return-on-Capital-Employed ergibt sich somit als Quotient aus der Division von Operating Profit (nach US-GAAP) und Capital-Employed nach US-GAAP. Der Return-on-Capital-Employed hat ebenso wie der Return-on-Investment unterschiedliche Abwandlungen erfahren, die sich in der steuerungsadäquaten Definition der Zähler- und der Nennergröße niederschlagen.

Der Return-on-Capital-Employed weist einen linearen Zusammenhang zum Return-on-Investment auf, ist aber als Wert bei gleicher Datenausgangsbasis (Operating Profit) höher als der Return-on-Investment, da letzterer die vollständige Bilanzsumme beinhaltet. Je höher der Anteil nicht operativer Bilanzsummenanteile (z.B. liquide Mittel), um so höher wird die Kennzahl im Vergleich zum Return-on-Investment.

Für die praktische Umsetzung im Unternehmen ist die Frage Return-on-Investment oder Return-on-Capital-Employed letztlich eine Frage der zugrunde liegenden Rechnungswesenstandards und der einbezogenen Bilanzpositionen, auf die das Management Einfluss ausüben kann und soll. Bei HGB-orientierter Bilanzierung ist der Return-on-Investment die adäquatere Steuerungsgröße, bei Bilanzierung nach US-GAAP oder IAS/IFRS empfiehlt sich die Anwendung des Return-on-Capital-Employed. Klar sein muss man sich aber bei letzterer Kennzahl, dass sie tendenziell höhere Werte generiert und im Rahmen der „psychologischen Ergebnissteuerung" leichter ein Ergebnisniveau suggeriert, das letzte Kraftanstrengungen zur Ergebnisverbesserung nicht so herausfordert wie der Return-on-Investment. Der Return-on-Capital-Employed ist näherungsweise bei gleicher Basiseinheit mit dem betrieblichen Return-on-Investment, bereinigt um Finanz- und Steuerpositionen, vergleichbar:

---

Return-on-Investment (ROI)
versus Return-on-Capital-Employed (ROCE)

- Unterschiede aus verschiedenen zugrunde liegenden Rechnungswesenstandards

- Return-on-Capital-Employed (ROCE) entspricht dem betrieblichen Return-on-Investment (ROI) - bereinigt um Finanz- und Steuerpositionen - bezogen auf die in Frage kommende Führungs- und Steuerungseinheit

---

Abbildung 7: Vergleich von ROI und ROCE

## 3.4 Return-on-Net-Assets (RONA)

Den konsequentesten Übergang zur Einführung einer Kennzahl zur Shareholder-Value-orientierten Unternehmenssteuerung ging *Daimler-Benz* nach der Fusion mit *Chrysler*.

Während nach der Neuorientierung 1995 die Kennzahl Return-on-Capital-Employed (ROCE) mit 12% vor Steuern Zielmaßstab war, wurde durch die Fusion mit *Chrysler* auf Konzernebene die Kennzahl Return-on-Net-Assets (RONA) eingeführt. Auslöser dieser Umorientierung war die Tatsache, dass die Mehrheit der Aktionäre des fusionierten Unternehmens nicht in *Deutschland* ansässig sind und damit die deutsche Körperschaftsteuergutschrift auf den ausländischen Aktionär nicht durchgereicht werden kann. Konsequenz dieser Tatsache ist, dass für den Aktionär die Netto-Dividende nach Steuern maßgebend ist, was den Übergang auf den Return-on-Net-Assets als Steuerungsgröße zur Folge hat. *Daimler-Benz* verwendet diese Größe auf Konzernebene mit einer Zielvorgabe von 9,2%. Diese Größe ergibt sich, indem das Net-Operating-Income durch die Net Assets dividiert wird.

Das Net-Operating-Income misst das Ergebnis des Konzerns vor Zinsaufwand des Industriegeschäfts und nach Steuern, bezogen auf das eingesetzte zu verzinsende Kapital. Mit dem operativen Nettoergebnis soll deutlich werden, in welcher Weise der Konzern dem Verzinsungsanspruch seiner Kapitalgeber gerecht wird:

```
    Ergebnis nach Steuern
+   Zinsaufwand
=   Net-Operating-Profit
```

Abbildung 8:   Ermittlung des Net-Operating-Profit

Dabei sind die Net-Assets definiert als Gesamtvermögen minus der nicht zinstragenden Verbindlichkeiten, der Rückstellungen (außer Pensionsrückstellungen), den passiven latenten Steuern und den Rechnungsabgrenzungsposten (Abbildung 9).

Die Zielvorgabe orientiert sich an den gewichteten durchschnittlichen Kapitalkosten des Konzerns nach Steuern. Dabei haben die Eigenkapitalkosten mit 70% und einer Zielvorgabe von 11,6% den größten Einfluss, die Finanzschulden gehen mit 10% Gewicht und 2,9% ein und mit 20% die Zinsen für Pensionsansprüche. Insgesamt beträgt die Zielvorgabe der gewichteten Kapitalkosten 9,2%.

# Wertorientiertes Controlling

```
    Gesamtvermögen
  - nicht zinstragende Verbindlichkeiten
  - Rückstellungen
  - passive latente Steuern
  - Rechnungsabgrenzungsposten

  = Net Assets
```

Abbildung 9:   Ermittlung der Net Assets

Die 9,2% Zielvorgabe gilt nur auf Konzernebene. Auf der Ebene der Geschäftsbereiche verwendet *DaimlerChrysler* nach wie vor den Return-on-Capital-Employed, d.h. die bereits beschriebene Kennzahl ohne Steuern. Der Grund ist einfach: Beide Größen können vom operativen Management nicht beeinflusst werden. Entsprechend den gewichteten durchschnittlichen Kapitalkosten des Unternehmens vor Steuern beträgt hier der Mindestverzinsungsanspruch 15,5%.

Wird in einer Periode die Zielgröße der Kapitalkosten nach Steuern überschritten, so wird ein positiver Wertbeitrag, d.h. eine Erhöhung des Shareholder Value, erzielt.

## 3.5   Economic-Value-Added (EVA)

Der Economic-Value-Added (EVA) stellt nichts Anderes dar als den Überschuss, den das Unternehmen erwirtschaftet hat im Vergleich zur Zielvorgabe. Es ist der Wertbeitrag der Periode abzüglich der gewichteten Kapitalkosten, die sich ergeben aus den Eigenkapitalkosten nach Steuern als risikofreier Zins multipliziert mit dem Beta-Faktor als Marktprämie und den Kapitalkosten für das Fremdkapital.

Der Economic-Value-Added ist der Renditeüberschuss, der den Anstieg des Aktienwertes misst. Er ist identisch mit dem im vorigen Abschnitt beschriebenen Überschuss zwischen dem Return-on-Net-Assets und den gewichteten Kapitalkosten.

Das Economic-Value-Added-Konzept wurde von der Beratungsfirma *Stern, Stewart & Co.* entwickelt. *Stewart* definiert den Economic-Value-Added als „Operating profits less cost of all of the capital employed to produce those earnings". Die Ermittlung der Zähler- und Nennerbasis zeigen die Abbildungen 10 und 11.

```
    Net Operating Profit

+   Erhöhung der Wertberichtigungen auf Forderungen
+   Erhöhung der Differenz zwischen Ansatz der Vorräte
    mit der LIFO-Methode gegenüber der FIFO-Methode
+   Abschreibungen von derivativen Geschäftswerten
+   Erhöhung des Barwertes kapitalisierter F&E-Aufwendungen
+   sonstige betriebliche Erträge
+   Erhöhung der sonstigen Rückstellungen
+   "marktwertbildende" Vorlaufkosten
-   finanzwirksame Steuern

=   operativer Cash Flow nach Steuern und vor Zinsen
    (NOPAT = Net Operating Profit after Taxes)
```

Abbildung 10: Ermittlung des Net Operating Profit after Tax[1]

```
    Buchwert des Anlagevermögens

+   Buchwert des Umlaufvermögens
-   Nicht verzinsliche, kurzfristige Verbindlichkeiten
-   Marktgängige Wertpapiere
-   Anlagen im Bau
+   (passivische) Wertberichtigungen auf Forderungen
+   Differenz zwischen Bewertung der Vorräte mit der LIFO-
    Methode gegenüber der FIFO-Methode
+   kumulierte Abschreibungen von derivativen
    Geschäftswerten
+   kapitalisierte Miet- und Leasingaufwendungen
+   kapitalisierte F&E-Aufwendungen
+   kapitalisierte "marktwertbildende" Vorlaufkosten
+   kumulierte außerordentliche Verluste nach Steuern

=   Investiertes Kapital
    (Capital Employed)
```

Abbildung 11: Ermittlung des Capital Employed[2]

---

[1] *Günther* 1997, S. 234.
[2] *Günther* 1997, S. 235.

# 4 Steuerung mit dem Freien Cash-Flow

Nachfolgend wird ein pragmatischer Ansatz vorgestellt, der einen ersten Einstieg in das Wertorientierte Controlling darstellt und mit vertretbarem Aufwand unter Nutzung der im Unternehmen vorhandenen Datenbasis umgesetzt werden kann. Die Gedanken orientieren sich am Freien Cash-Flow als einer Zielgröße, die

- zur Controlling-orientierten Steuerung des Finanzbeitrages von Unternehmensstrategien geeignet ist,
- ohne große Schwierigkeiten aus der vorhandenen Datenbasis im Unternehmen zu ermitteln ist,
- eine gut kommunizierbare, prägnante und verständliche Steuerungsgröße darstellt
- und ideal als Ergänzung der klassischen Steuerungsgrößen und Zielvorgaben Umsatzrendite und Return-on-Investment anwendbar ist.

## 4.1 Grundschema der Berichtsstruktur

In der Praxis hat es sich bewährt, die Berechnung des Freien Cash-Flow über die indirekte Methode vorzunehmen: Ausgehend von den Ergebnissen der Berichtseinheiten wird unter Addition der Abschreibungen, durch Hinzurechnung der Veränderungen der relevanten Bilanzpositionen, der Investitionen und Desinvestitionen und der Steuerposition der Freie Cash-Flow der Berichtseinheit ermittelt. Dabei werden aus Vereinfachungsgründen nur Investitionen und Akquisitionen als bilanzielle Positionen in die Betrachtung einbezogen.

```
         Gewinn vor Ertragsteuern
    ./.  Steuern (kalkulatorische Steuerquote 50%)
    =    Gewinn nach Steuern
    +    Abschreibungen
    =    Cash-Flow nach Steuern
    ./.  Investitionen
    =    Freier Cash-Flow I
    ./.  Akquisitionen
    =    Freier Cash-Flow II
```

Abbildung 12:   Ermittlung des Freien Cash-Flows I und II

Der Vorteil dieser Berichtsstruktur liegt darin, dass sie sehr schnell aus den Daten des Controlling und des Rechnungswesens ermittelbar ist und auf für die Entscheidungsträger bekannten und auch kommunizierbaren Größen aufbaut. Die direkte Form der Ermittlung über die Einzahlungen und Auszahlungen ist aufgrund der in den Unternehmen seitens des Controlling etablierten Berichtsstrukturen eher aufwendiger und nicht so gut kommunizierbar.

Im Rahmen der operativen Führung und Steuerung der Geschäftseinheiten empfiehlt es sich, die bestehende Berichtsstruktur um die Kennzahlen Freier Cash-Flow I (Netto-Cash-Flow nach Investitionen) und Freier Cash-Flow II (Netto-Cash-Flow nach Investitionen und Akquisitionen) zu ergänzen. Damit ist auch im Rahmen der operativen Führung und der kurzfristigen Ergebnissteuerung der Bezug zum Wertorientierten Controlling sichergestellt.

# Wertorientiertes Controlling

| | | | | | Ergebnisbericht 200X | | | | | X-01 |
|---|---|---|---|---|---|---|---|---|---|---|
| | | | | | BEREICH X | | | | | |
| | Berichtsmonat | | | Abweichung | | Text | Januar - Berichtsmonat | | | Abweichung | |
| Vorjahr | Plan | Ist | abs. | % | | Vorjahr | Plan | Ist | abs. | % |
| Unternehmen 1 | | | | | | | | | | |
| | | | | | Nettoumsatz | | | | | |
| | | | | | Betriebsergebnis | | | | | |
| | | | | | Gesamtergebnis | | | | | |
| Unternehmen 2 | | | | | | | | | | |
| | | | | | Nettoumsatz | | | | | |
| | | | | | Betriebsergebnis | | | | | |
| | | | | | Gesamtergebnis | | | | | |
| Bereich X | | | | | | | | | | |
| | | | | | Nettoumsatz | | | | | |
| | | | | | Betriebsergebnis | | | | | |
| | | | | | Gesamtergebnis | | | | | |
| KENNZAHLEN | | | | | | | | | | |
| | | | | | Umsatzwachstum (%) | | | | | |
| | | | | | Umsatzrendite (%) | | | | | |
| | | | | | Umsatzrendite vor Zinsen (%) | | | | | |
| | | | | | Kapitalumschlag | | | | | |
| | | | | | Return on Investment (%) | | | | | |
| | | | | | Cash Flow (T€) | | | | | |
| | | | | | Cash Flow (%) | | | | | |
| | | | | | Freier Cash Flow II (T€) | | | | | |
| | | | | | Freier Cash Flow II (T€) | | | | | |

Abbildung 13: Muster für Ergebnisberichterstattung

## 4.2 Festlegen der Berichtsstruktur

Bei der Einführung des Wertorientierten Controlling ist vorab - wie bei der Einführung jeder Berichtsstruktur - festzulegen, welche stufenweise Verdichtung die Berichtsstruktur umfassen soll und welche Entscheidungsebenen angesprochen werden. Dabei wird zweckmäßigerweise von der kleinsten Entscheidungsebene ausgegangen, ob es nun eine Produktgruppe, eine strategische Geschäftseinheit oder eine Firma ist.

Hinzuweisen ist, dass aufgrund der gesellschaftsrechtlichen Einheit die Berichtsstruktur des Freien Cash-Flow am leichtesten auf Firmenebene einzuführen ist. Je stärker sich die Berichtsstruktur unterhalb der Firmenebene bewegt, um so differenzierter wird die Zuordnung von Bilanzpositionen und Aktiva- und Passivagrößen aus dem Rechnungswesen, da das Rechnungswesen normalerweise für Segmentrechnungen nicht ausreichend vorbereitet ist.

## 4.3 Zuordnung von Bilanzpositionen

Bei der Erweiterung der in einem Unternehmen vorhandenen Controlling-orientierten Berichtssysteme in Form von Produktgruppenrechnungen und Segmentrechnungen in Richtung des Wertorientierten Controlling tauchen die größten Probleme in der Vorbereitung diverser Aktiva- und Passiva-Positionen zur Überleitung auf den Freien Cash-Flow auf. Dazu können folgende Anmerkungen gemacht werden:

- Anlagenbuchhaltung: Die Anlagenbuchhaltung ist so zu organisieren, dass die einzelnen Anlagengegenstände nicht nur nach Konten, sondern auch nach Kostenstellen und sonstigen Berichtseinheiten zur Verfügung stehen. Zweckmäßigerweise werden die Anlagengegenstände nach Kostenstellen und ggf. auch nach Kostenplätzen kontiert. In diesem Falle ist es möglich, aus der Anlagenbuchhaltung die entsprechenden Werte in die Überleitungsbrücke zum Freien Cash-Flow zu ermitteln. Gleiche Aussagen gelten für Desinvestitionen und natürlich auch für die entsprechenden Abschreibungswerte.

- Finanzanlagen: Finanzanlagen haben normalerweise in der Freien Cash-Flow-Rechnung keine Bedeutung. Sie fallen auf Konzernebene an und erfordern hier keine gesonderten Zuordnungen.

- Umlaufvermögen: Die wesentlichen Positionen des Umlaufvermögens wie Vorräte und Debitoren sind ebenso zu organisieren, wie für die Anlagengegenstände beschrieben. Besondere Schwierigkeiten tauchen hier einerseits bei den Vorräten auf. Sie sind aber lösbar durch eine Materialabrechnung und die retrograde Auflösung von Stücklisten und des Abgleichs mit den Beständen. Bei den Debitoren tauchen dann besondere Probleme auf, wenn gleiche Kunden von unterschiedlichen Geschäftseinheiten bedient werden und unterschiedliche Zahlungsmodalitäten für die einzelnen Geschäftseinheiten gelten. In diesem Falle hilft nur die kalkulatorische Zuordnung von Debitoren.

- Übrige Aktiva: Bei den übrigen Aktiva ist analog vorzugehen.

- Rückstellungen: In Abhängigkeit der Größe der Geschäftseinheiten ist es häufig schwierig, aus dem Rechnungswesen die Rückstellungen für die einzelnen Geschäftseinheiten zu ermitteln. Liegen keine gesellschaftsrechtlichen Einheiten oder sonstige klare Zuordnungen vor, so bleibt auch hier nur der kalkulatorische Ausweis.

- Kreditoren: Aus der Zuordnung der Vorräte lassen sich über den durchschnittlichen Kreditorenaußenstand die Kreditoren auf Geschäftseinheiten zuordnen.

- Übrige Fremdverbindlichkeiten: Bei den übrigen Fremdverbindlichkeiten ist analog vorzugehen. Sind diese Fremdverbindlichkeiten eindeutig zuzuordnen, entstehen keine besonderen Probleme. Falls eine eindeutige Zuordnung nicht möglich ist, empfiehlt es sich, die Fremdverbindlichkeiten auf Basis der durchschnittlichen Verbindlichkeitenquote des Gesamtunternehmens auf die einzelnen Geschäftseinheiten zuzuordnen.

- Eigenkapital: Auch der Eigenkapitalanteil ist schwerlich auf die einzelnen Geschäftseinheiten zuzuordnen. Hier empfiehlt es sich, als Differenzgröße einen Ausgleichsposten Eigenkapital einzufügen, der auf der Ebene des Gesamtunternehmens in der Segmentrechnung der Finanzabteilung als Aktivposten erscheint und in der Ergebnisrechnung des Gesamtunternehmens einen Ausgleich findet.

## 4.4 Kapitalausstattung und zentrale Finanzierung

Wie bereits vorstehend angesprochen, liegen die größten Schwierigkeiten in der Frage der Kapitalausstattung der einzelnen Geschäftseinheiten und ihrer Finanzierungen. Handelt es sich bei den einzelnen strategischen Geschäftseinheiten um rechtlich selbständige Einheiten, so macht diese Zuordnung keine Probleme. Wird aber unterhalb der rechtlichen Einheit das Unternehmen in strategische Geschäftseinheiten segmentiert, so entsteht zwangsläufig die Frage nach der Zuordnung von Zinsen in der Segmentrechnung und der Strukturierung der Passivseite.

Die einfachste Darstellung sieht derart aus, dass in den einzelnen strategischen Geschäftseinheiten in Abhängigkeit der Kapitalbindung der Aktiva ein Ausgleichsposten für das Eigenkapital (AG EK) in Höhe der durchschnittlichen Eigenkapitalquote des Gesamtunternehmens und ein Ausgleichsposten in Höhe der durchschnittlichen Fremdkapitalbindung des Gesamtunternehmens angesetzt werden. Dabei bestimmt die Höhe des Ausgleichsposten des Fremdkapitals (AG FK) auf der Passivseite zusammen mit dem kalkulatorischen Zinssatz des Gesamtunternehmens die Zinsbelastung der strategischen Geschäftseinheit. Zur Konsolidierung auf Unternehmensebene werden diese Passivseiten der einzelnen Geschäftseinheiten in der Segmentrechnung der Finanzabteilung ausgeglichen.

|  Geschäftseinheit 1 | | Geschäftseinheit 2 | | Finanzabteilung | | Unternehmen | |
|---|---|---|---|---|---|---|---|
| $AV_1$ | $AG\ EK_1$ | $AV_2$ | $AG\ EK_2$ | $AG\ EK_1$ | EK | $AV_1$ | EK |
| $UV_1$ | $AG\ FK_1$ | $UV_2$ | $AG\ FK_2$ | $AG\ FK_1$ | RSt | $UV_1$ | RSt |
|  |  |  |  | $AG\ FK_2$ | sonst. FK | $UV_2$ | sonst. FK |

**Legende:**

AV = Anlagevermögen
UV = Umlaufvermögen
EK = Eigenkapital
FK = Fremdkapital
AG = Ausgleichsposten
RSt = Rückstellungen

Abbildung 14: Zuordnung von Kapital zu einzelnen Geschäftseinheiten

Die vorstehende Darstellung zeigt zwei strategische Geschäftseinheiten, deren Passivseiten über Ausgleichsposten dargestellt werden. In der zentralen Finanzabteilung werden diese Ausgleichsposten als Aktiva angesetzt und die effektiven Eigenkapital- und Fremdkapitalwerte auf der Passivseite belastet. In der GuV der Finanzabteilung sind die kalkulatorischen Zinsen, die auf die einzelnen Betriebseinheiten verrechnet werden, Erlöse, denen die effektiven Zinsen gegenübergestellt werden. Mit dieser Ausgleichsposition wird dann die Überleitung in die Gewinn- und Verlustrechnung des Gesamtunternehmens hergestellt.

Nach gleicher vorstehend beschriebener Vorgehensweise kann auch bei Zuordnungsproblemen auf den einzelnen Zwischenkonsolidierungsstufen vorgegangen werden.

Natürlich kann auf der Ebene der einzelnen Geschäftseinheiten die Passivseite auch nur über Fremdkapital strukturiert werden. Diese Vorgehensweise ist einfacher, kann aber bei den Verantwortlichen auf Akzeptanzprobleme stoßen.

## 4.5 Konsolidierung auf Unternehmensebene

Die Konsolidierung der Freien Cash-Flows der einzelnen Geschäftseinheiten auf Unternehmensebene läuft vereinfacht wie folgt ab:

- Addition der Freien Cash-Flows II der Geschäftseinheiten;

# Wertorientiertes Controlling

- Ermittlung und Hinzurechnung des Freien Cash-Flow II der „restlichen" Unternehmensaktivitäten;
- Ermittlung der Bilanzbrücke Steuern als Unterschiedsbetrag zwischen den in den Geschäftseinheiten kalkulatorisch verrechneten Steuern und dem effektiven Steueraufwand;
- Ermittlung der Bilanzbrücke Finanzen aus dem Ergebnis der Finanzabteilung als Unterschiedsbetrag zwischen den in den Geschäftseinheiten verrechneten und den effektiven Zinsen.

Das nachfolgende Formular zeigt die Überleitungsrechnung zur Konsolidierung der Freien Cash-Flows auf Unternehmensebene.

|  | Ist 2002 | HR 2003 | Plan 2004 | Plan 2005 | Plan 2006 | Plan 2007 |
|---|---|---|---|---|---|---|
| Geschäftseinheit 1 | | | | | | |
| Geschäftseinheit 2 | | | | | | |
| ⋮ | | | | | | |
| Geschäftseinheit n | | | | | | |
| **Freier Cash Flow II Geschäftseinheiten** | | | | | | |
| Freier Cash Flow II restliche Aktivitäten | | | | | | |
| **Freier Cash Flow II** | | | | | | |
| verrechnete Steuern | | | | | | |
| effektive Steuern | | | | | | |
| **Abstimmbrücke Steuern** | | | | | | |
| verrechnete Zinsen | | | | | | |
| effektive Zinsen | | | | | | |
| **Ergebnis Finanzabteilung** | | | | | | |
| sonstige Differenzen | | | | | | |
| **Freier Cash Flow II Unternehmen** | | | | | | |

Abbildung 15: Überleitungsrechnung für die Freien Cash-Flows auf Unternehmensebene

# 5 Instrumente zur wertorientierten Unternehmenssteuerung

## 5.1 Rahmen der wertorientierten Führung

Die wertorientierte Führung von Unternehmen baut auf der integrierten Nutzung der Bereiche
- Ergebnissteuerung,
- Liquiditäts-/Cash-Flow-Steuerung,
- Wertsteuerung,
- Risikosteuerung,
- Portfoliosteuerung

auf:

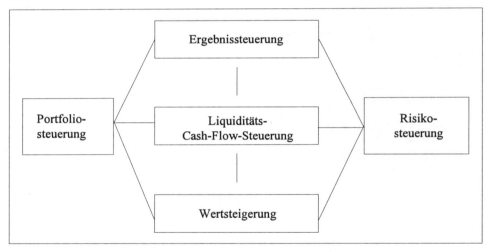

Abbildung 16:  Ebenen der Wertorientierten Unternehmenssteuerung

Die zweckentsprechende Verzahnung dieser verschiedenen Ebenen der Unternehmenssteuerung bedeutet eine neue Herausforderung für das Controlling als Ergänzung der strategischen Planung und der Verzahnung zwischen der strategischen Planung und der operativen Steuerung des Unternehmens.

Betrachten wir die einzelnen Bausteine, so sind sie als solche vielleicht bis auf das Risiko-Controlling nicht neu, ihre Verzahnung und Integration bildet aber einen Ansatz, der die einzelnen Teilbereiche in einen integrierten Zusammenhang stellt und damit wertvolle Dienste bei der Unternehmenssteuerung leistet.

## 5.2 Ergebnissteuerung

In diesem Beitrag wurden unterschiedliche Kennzahlen der Ergebnissteuerung diskutiert, die im Rahmen des wertorientierten Controllings zur Anwendung gelangen. Diese Kennzahlen unterscheiden sich danach,

- welcher Rechnungslegungsstandard zugrunde gelegt wird,
- ob sie an das Betriebsergebnis und die betrieblich gebundenen Vermögensgegenstände oder das Gesamtergebnis und die Total Assets anknüpfen und
- ob es sich um ergebnis- oder cash-flow-orientierte Kennzahlen handelt.

Für die Ergebnissteuerung finden zweckmäßigerweise ergebnisorientierte Renditekennzahlen Anwendung. Dabei hängt das Anknüpfen an das Betriebsergebnis davon ab, ob es sich um Teilbereiche des Unternehmens handelt oder ob die Ergebniskennzahl für das Gesamtunternehmen angewendet wird, was dann zweckmäßigerweise Kennzahlen zur Folge hat, die gesamtergebnisorientiert sind. Tendenziell gilt aus unserer Erfahrung, dass am Gesamtergebnis anknüpfende Kennzahlen das Ergebnisgefüge eines Unternehmens vollständiger abbilden und damit zweckmäßigerweise zur Anwendung gelangen sollen. Zudem generieren in Teilbereichen anknüpfende Kennzahlen tendenziell hohe Werte, die im Rahmen der Psychologie der Unternehmenssteuerung aufgrund der höheren Ausgangswerte tendenziell eher nachteilig sind.

Aus unserer Erfahrung leistet der Return-on-Investment, verstanden als Kennzahl, die auf die gesamte Bilanzsumme Bezug nimmt und damit die Rendite auf das Gesamtkapital im Sinne der Total Assets misst, die besten Dienste.

In der Kennzahlendiskussion erfreut sich der EBITDA zunehmender Anwendung. Der EBITDA (Earnings before Interest, Taxes, Depreciation and Amortisation) ist bis auf die Zinserträge identisch mit der Zählergröße des Cash-Flow-Return-on-Investment und zeigt das Ergebnis vor (Soll- und Haben-)Zinsen, Steuern, Abschreibungen und der Amortisation von Firmenwerten. Diese Kennzahl wird immer dann zusätzlich zur Anwendung kommen, wenn es darum geht, tradierte Geschäftsbereiche, die im Unternehmen selbst aufgebaut worden sind und keine Firmenwertabschreibungen besitzen, mit den Ergebnissen solcher Geschäftsbereiche zu vergleichen, die käuflich erworben worden sind und hohe Firmenwertabschreibungen zur Folge haben. Unseres Erachtens kann diese Kennzahl aber nur zusätzlich zur renditeorientierten Steuerung herangezogen werden, da letztlich auch die Firmenwerte längerfristig über die Abschreibungen verdient werden und im Ergebnis „unter dem Strich" auch die Firmenwertabschreibungen abgedeckt werden müssen.

Während der Return-on-Investment die zweckentsprechende Kennzahl zur Steuerung des Unternehmens darstellt, ist die Eigenkapitalrendite als gesellschafterorientierte Kennzahl anzusehen. Die Eigenkapitalrendite misst die Rendite auf das Eigenkapital und hat als Zielgruppe aus unserer Sicht ausschließlich die Anteilseigner.

Der Zusammenhang zwischen Return-on-Investment als Gesamtkapitalrendite und der Eigenkapitalrendite wird damit ausschließlich von der zugrunde liegenden Kapitalstruktur und der Leverage-Wirkung des Fremdkapitals bestimmt. So lässt sich der Zusammenhang bei einer Zielvorgabe für die Gesamtkapitalrendite von 10% und einem Finanzierungssatz für das Fremdkapital von 7% wie nachfolgend darstellen.

---

10% Return-on-Investment bedeuten:

| | | | | |
|---|---|---|---|---|
| Gesamtkapital | 100% | zu | 10% | (ROI) |
| FK-Anteil | 50% | zu | 7% | (Refinanzierung) |
| EK-Anteil | 50% | zu | 13% | (implizierte EK-Rendite) |

10% ROI    bedeutet    13% EK-Rendite

---

Abbildung 17:    Zusammenhang zwischen Eigen- und Gesamtkapitalrendite (ROI)

Unter vorstehenden Prämissen entspricht eine Gesamtkapitalrendite von 10% einer Eigenkapitalrendite von 13%. Damit ist die Höhe der Eigenkapitalrendite abhängig von der Gesamtkapitalrendite, der zugrunde liegenden Kapitalstruktur und der Höhe der Refinanzierungskosten. Für die interne Steuerung im Industrie-Unternehmen halten wir die Eigenkapitalrendite nicht für eine zweckentsprechende Kennzahl, wohl aber bei Banken und Versicherungsgesellschaften.

## 5.3　Liquiditäts-/Cash-Flow-Steuerung

Die Verbindung zwischen Ergebnissteuerung und Liquiditätssteuerung nimmt im wertorientierten Controlling die Kennzahl Freier Cash-Flow wahr. Die Vorteile des Freien Cash-Flow als Zielgröße liegen darin, dass sie

- zur Controlling-orientierten Steuerung des Finanzbeitrages von Unternehmensstrategien geeignet ist,
- ohne große Schwierigkeiten aus der vorhandenen Datenbasis im Unternehmen abgeleitet werden kann,
- eine gut kommunizierbare, prägnante und verständliche Steuerungsgröße darstellt und
- ideal als Ergänzung der klassischen Steuerungsgrößen und Zielvorgaben wie Umsatzrendite und Return-on-Investment anwendbar ist.

Im Abschnitt 4 dieses Beitrages wurde diese Zielgröße und ihre Anwendung auf unterschiedliche Unternehmenssituationen dargestellt. Dabei haben wir unterschieden zwischen dem Freien Cash-Flow I und dem Freien Cash-Flow II.
Der Freie Cash-Flow I stellt den Finanzmittelüberschuss aus der Ergebnisrechnung nach Steuern, Abschreibungen und Ausgaben für Investitionen dar. Als Zielgröße macht er zwei wichtige Aussagen:

- Er gibt zum einen den Finanzmittelüberschuss wieder, der zur Tilgung von Fremdverbindlichkeiten zur Verfügung steht.
- Darüber hinaus kann er Basis sein für Akquisitionsausgaben und damit für Marktwachstum, zum anderen aber auch für Ausschüttungen an die Anteilseigner.

Hingegen macht der Freie Cash-Flow II, der sich aus dem Freien Cash-Flow I durch Abzug der Ausgaben für Akquisitionen ergibt, eine Aussage darüber, welcher Finanzmittelüberschuss aus der Ergebnisrechnung für Ausschüttungen und zur Tilgung von Verbindlichkeiten zur Verfügung steht.
Der Freie Cash-Flow leistet einen wichtigen Beitrag im Rahmen einer sehr einfachen Verzahnung zwischen Ergebnisrechnung und Liquiditätsplanung, die in letzter Konsequenz über Einnahmen und Ausgaben erfolgt und als eigenständiger Rechnungskreis anzusehen ist. Die Stärke des Freien Cash-Flow liegt darin, dass er abgeleitet aus der Ergebnisrechnung eine gute Indikation des erwirtschafteten Finanzmittelüberschusses einer Periode und damit eine erste Näherung für die Liquiditätssituation eines Unternehmens darstellt.

## 5.4 Wertsteuerung

### 5.4.1 Ergebniskennzahlen und Wertsteigerung

Ausgelöst durch die Überlegungen von *Rappaport* zum Shareholder-Value wurden die Grenzen der klassischen Kennzahlen zur Ergebnissteuerung dargelegt. Nach *Rappaport* wird Wertsteigerung dann erreicht, wenn eine Maßnahme eines Unternehmens, eines Geschäftsbereiches oder Einzelprojekte eine Barwertsumme der Cash-Flows erwirtschaften, die größer Null ist. Wertsteigerung findet mithin nur dann statt, wenn in mehrperiodiger Betrachtung unter Diskontierung der Wirkungen einer Maßnahme Überschüsse erzielt werden.

Die Gedanken der Wertsteigerung kommen aus der Kapitalmarkttheorie und sind getrieben worden von der Frage, welchen Nutzen eine Unternehmensentwicklung besitzt, die zwar unternehmensintern bestimmte Kennzahlen erreicht, aber den Aktionärsnutzen außen vor lässt.

Die bereits angesprochenen Kennzahlen Return-on-Investment und Freier Cash-Flow sind Kennzahlen zur Steuerung des Unternehmens. Mit der Eigenkapitalrendite werden die Belange des Gesellschafters abgedeckt. Eigenkapitalrenditen, die über den Renditen vergleichbarer Anlagen liegen und für den Aktionär verfügbar sind, führen letztlich zu einer Werterhöhung seines Vermögens. Die Schwierigkeit liegt im Rahmen der Unternehmenssteuerung aber darin, dass die Ausschüttungsproblematik nicht expliziter Bestandteil der Unternehmenssteuerung über die klassischen Kennzahlen ist.

Die klassischen Kennzahlen zur Unternehmenssteuerung benötigen eine Erweiterung dergestalt, dass sie die Belange des Gesellschafters/Aktionärs in ihre Überlegungen einbeziehen. Diese Einbeziehung ist auf verschiedene Weise möglich:

- Zum einen misst der Gesellschafter die Wertsteigerung seines Portefeuilles daran, welche Einnahmen ihm zufließen. Eine maximale Ausschüttung muss aber nicht konform zur Wertentwicklung eines Unternehmens laufen, insbesondere dann, wenn größere Maßnahmen zur Unternehmensentwicklung anstehen. In diesem Falle konkurrieren Zielsetzungen der Unternehmensführung und des Aktionärs miteinander.

- Um den vorstehenden Konflikt zu überbrücken, kann als zweiter Aspekt die Wertsteigerung des Unternehmens, die mit Maßnahmen des Managements erreicht wird, herangezogen werden. Handelt es sich um fungible Unternehmensanteile, so kann der Aktionär die Wertsteigerung seines Portefeuilles entweder über die laufende Dividende oder die Wertsteigerung seiner Gesamtanlage als jederzeit fungible Vermögensmasse messen.

## 5.4.2 Strategisches Wertmanagement

Um vorstehende, manchmal konträre Zielsetzungen in Übereinstimmung zu bringen, müssen die klassischen Kennzahlen der Unternehmenssteuerung um Ansätze der Unternehmensbewertung erweitert werden. Dafür sind in den letzten Jahren unterschiedliche methodische Ansätze entwickelt worden, die über die klassischen Methoden der Unternehmensbewertung wie Substanzwert oder Ertragswert hinausgehen. Es handelt sich um Ansätze aus der Kapitalmarkttheorie, die auf den Grundgedanken des Kapitalwertes und des internen Zinsfußes beruhen und das Unternehmen als Investitionsprojekt sehen. Im Rahmen dieser Ansätze wird analog zur Investitionstheorie die Unternehmensentwicklung als Investitionsprojekt abgebildet und über die Diskontierung der Einnahmen und Ausgaben der Überschuss der Unternehmensentwicklung ermittelt. Diese Ansätze bauen auf der Methode des Discounted Cash-Flow auf und ermitteln den Unternehmenswert als Barwert der erwarteten Entnahmeüberschüsse der Anteilseigner unter Ansatz der risikoäquivalenten Alternativrendite. Während die Entnahmeüberschüsse des Anteilseigner mit den Freien Cash-Flows bei der Annahme der Vollausschüttung erfasst werden, werden die Kapitalkosten über risikoäquivalente Alternativzinssätze abgebildet.

Ohne auf die unterschiedlichen Ansätze im Rahmen der Unternehmensbewertung einzugehen soll an dieser Stelle aufbauend auf den bereits diskutierten Kennzahlen ein sehr einfaches Modell skizziert werden.

Basis der Wertermittlung sind:

- die mittelfristige Zahlenreihe der Diskontierungswerte, dargestellt als: Freier Cash-Flow vor Zinsaufwand und vor Einkommen- bzw. Körperschaftsteuer (Brutto-FCF),

- der Diskontierungszinsfuß: einheitlicher, zeitlich unveränderter Vor-Steuer-WACC von z.B. 10%,

- der Endwert als abgezinste unendliche Rente der letzten Planungsperiode.

Die Basis der Wertermittlung ist der Freie Cash-Flow vor Zinsaufwand und vor Einkommen- bzw. Körperschaftsteuer (Brutto-FCF). Die Berechnung erfolgt nach folgendem Schema

```
  Gesamtergebnis vor ESt/KöSt
+ Zinsaufwand (brutto)
+ Abschreibungen
- Investitionen
- Akquisitionen
+ Investitionskorrektur Endwert
  (Investitionen - Abschreibungen)
= Brutto-FCF
```

Der Zinsaufwand ist wie bei der Ermittlung des ROI brutto, d.h. ohne Berücksichtigung von Zinserträgen zu ermitteln. Zahlt ein Unternehmen keine Fremdkapitalzinsen, so ist der Zinsaufwand gleich null. Die Akquisitionen sind netto, d.h. abzüglich möglicher Desinvestitionen zu berechnen. Wichtig ist, dass Akquisitionen sowohl mit den Anschaffungsausgaben als auch mit den erwarteten späteren Freien Cash-Flows geplant werden. Der Brutto-FCF wird ohne die Veränderung des working capital und ohne Berücksichtigung der Veränderung von Rückstellungen berechnet. Zwar können kurzfristig Veränderungen des working capital und der Rückstellungen die Freien Cash-Flows stark beeinflussen, dies gleicht sich im Zeitablauf erfahrungsgemäß jedoch wieder aus, so dass im Standard-Modellfall darauf verzichtet wird. In Einzel- und Sonderanalysen und insbesondere bei der Beurteilung von Akquisitionen, bedeutender Investitionen und Desinvestitionen sind Veränderungen des working capital und der Rückstellungen natürlich zu berücksichtigen.

Der Brutto-FCF stellt eine Brücke zwischen strategischem und operativem Wertmanagement dar. Einerseits stellt er die Diskontierungsbasis für die Ermittlung des Brutto-Unternehmenswertes dar. Andererseits deckt er sich im „eingeschwungenen" Zustand, also bei Identität von Abschreibungen und Investitionen (sowie konstantem working capital und Rückstellungen) mit dem Gesamtergebnis vor Zinsaufwand und vor ESt/KSt als der Zählergröße bei der ROI-Ermittlung.

Der Zinsfuß wird einheitlich mit dem Wert der operativen Zielvorgabe vorgegeben. Damit stimmen der operative Verzinsungsanspruch auf das Gesamtkapital (ROI-Vorgabe) und der langfristige Verzinsungsanspruch überein. Die Vorgabe der operativen Zielvorgabe entspricht einem einheitlichen Vor-Steuer-WACC. Der WACC (Weighted Average Cost of Capital bzw. gewogene Kapitalkosten) ermittelt sich approximativ aus der geforderten Eigenkapitalrendite vor Steuern der Gesellschaft und der Gesellschafter, dem langjährigen Mittel des Fremdkapitalzinsfußes und der Ziel-Eigenkapitalquote des Unternehmens. An dieser Stelle verzichten wir bei der Bestimmung des WACC bewusst auf eine kapitalmarktorientierte Begründung, da zwischen den Betafaktoren deutscher Aktien und den Unternehmenskennzahlen bislang keine ökonomisch erklärbaren, stabilen und signifikanten Zusammenhänge gefunden werden konnten. Auf eine Nach-Steuer-Rechnung, d.h. auf die Berechnung eines Nach-Steuer-WACC wird ebenfalls verzichtet, da die Steuergestaltung bzw. Optimierung meistens zentral gesteuert wird, schwankende Steuersätze und Kapitalstrukturen eine permanente Anpassung der Nach-Steuer-WACC erforderlich machen und damit die intertemporale Vergleichbarkeit erschwert würde.

In den gängigen Ansätzen des Shareholder Value wird zur Bestimmung des Endwerts für die letzte Planperiode eine ewige Rente unterstellt. Diese besagt, dass das Unternehmen in der letzten Planperiode ein Vielfaches (bei Verwendung eines Zinssatzes von 10% das 10-fache) des Brutto-FCF der letzten Periode brutto wert ist. In den Unternehmenswert geht der diskontierte Gegenwartswert des Endwertes ein. Hierbei wird unterstellt, dass ab dem letzten Jahr der Mittelfristplanung der Brutto-FCF konstant bleibt. Dies ist eine Annahme, die in Einzelanalysen abgewandelt werden kann, wenn aus den Erfahrungen der Vergangenheit oder den Markteinschätzungen für die Zukunft von dauerhaft steigenden (oder sinkenden) Freien Cash-Flows ausgegangen werden kann (oder muss).

Basis für unser Modell ist die Planung für das Jahr 2002 sowie die Mittelfristplanung für die Jahre 2003 bis 2005. Die diskontierte Zahlungsreihe ergibt sich, wie bereits erläutert, aus dem Gesamtergebnis zzgl. der Abschreibungen und Zinsaufwendungen und abzüglich der Investitionen und Akquisitionen.

Über die „Investitionskorrektur Endwert" werden ausschließlich für die letzte Planperiode und damit für die unendliche Rente die Investitionen an das Niveau der Abschreibungen angepasst. Grund hierfür ist die Tatsache, dass nur in den wenigsten Fällen die Investitionen in der letzten Planungsperiode den Abschreibungen entsprechen. Für den Fall höherer Investitionen als Abschreibungen fällt der Unternehmenswert zu niedrig, für den Fall geringerer Investitionen als Abschreibungen fällt der Unternehmenswert zu hoch aus. In theoretisch exakter Weise müsste nun der Planungshorizont ausgedehnt werden, bis sich die Investitionen und die Abschreibungen „eingeschwenkt" haben, also gleich hoch sind. Dies ist jedoch in der Praxis kaum umsetzbar, so dass wir vereinfachend unterstellen werden, dass in der letzten Periode die Investitionen den Abschreibungen entsprechen.

| Mio. Euro | HR 2003 | Unternehmen X - Mittelfristplanung - | | | |
|---|---|---|---|---|---|
| | | 2004 | 2005 | 2006 | 2007 |
| Nettoumsatz | 150,0 | 165,0 | 170,0 | 185,0 | 200,0 |
| Gesamtergebnis | 10,0 | 15,0 | 20,0 | 25,0 | 30,0 |
| Abschreibungen SAV | 15,0 | 17,0 | 19,0 | 21,0 | 23,0 |
| Investitionen | 17,0 | 20,0 | 20,0 | 23,0 | 25,0 |
| Zinsaufwand | 5,0 | 6,0 | 6,0 | 5,0 | 6,0 |
| Investitionskorrektur Endwert | | | | | 2,0 |
| Brutto-FCF | 13,0 | 18,0 | 25,0 | 28,0 | 36,0 |
| *Diskontierungsfaktoren 10,0%* | *1,0000* | *0,9091* | *0,8264* | *0,7513* | *7,5131* |
| Unternehmenswert brutto (Firm Value) | 341,5 | | | | |
| *in % vom Umsatz* | *227,7 %* | | | | |
| Marktwert des Fremdkapitals | 100,0 | | | | |
| Unternehmenswert netto (Marktwert des Eigenkapitals) | 241,5 | | | | |

Abbildung 18: Mittelfristige Eckwerte 2003 - 2007

Bei der Ermittlung des Unternehmenswertes können sowohl die vierstelligen Diskontierungsfaktoren wie auch die Formeln verwendet werden.

Durch die Investitionskorrektur Endwert wird als Diskontierungsgröße in der letzten Periode das Gesamtergebnis vor Zinsaufwand und ESt/KSt verwendet.

Die Korrektur entfällt, wenn die Planung der letzten Periode von Anfang an gleich hohe Investitionen und Abschreibungen in vertretbarer Höhe unterstellt und damit ein eingeschwungener, für die Zukunft repräsentativer Zustand angenommen wird.

Die Summe aus Brutto-FCF-Barwert und Investitionskorrektur Endwert ergibt den Brutto-Unternehmenswert, der gemeinhin auch als Firm Value bezeichnet wird. Hierbei handelt es sich um den Wert des gesamten Geschäftes inklusive des Wertes des Fremdkapitals. Um auf den Netto-Unternehmenswert als den Marktwert des Eigenkapitals zu kommen, muss vom Firm Value noch der Marktwert des Fremdkapitals abgezogen werden.

Zur Ermittlung der Wertsteigerung muss die Mittelfristplanung für den nächsten Planungszeitraum herangezogen werden.

| Mio. Euro | HR 2004 | Unternehmen X - Mittelfristplanung - | | | |
|---|---|---|---|---|---|
| | | 2005 | 2006 | 2007 | 2008 |
| Nettoumsatz | 164,0 | 172,0 | 185,0 | 190,0 | 205,0 |
| Gesamtergebnis | 15,5 | 20,5 | 23,0 | 26,5 | 31,0 |
| Abschreibungen SAV | 18,0 | 20,0 | 22,0 | 23,0 | 24,0 |
| Investitionen | 18,0 | 23,0 | 23,0 | 24,0 | 24,0 |
| Zinsaufwand | 6,5 | 6,5 | 5,0 | 5,5 | 6,0 |
| Investitionskorrektur Endwert | | | | | 0,0 |
| Brutto-FCF | 22,0 | 24,0 | 27,0 | 31,0 | 37,0 |
| *Diskontierungsfaktoren* 10,0% | 1,0000 | 0,9091 | 0,8264 | 0,7513 | 7,5131 |
| Unternehmenswert brutto (Firm Value) | 367,4 | | | | |
| *in % vom Umsatz* | 224,0 % | | | | |
| Marktwert des Fremdkapitals | 100,0 | | | | |
| Unternehmenswert netto (Marktwert des Eigenkapitals) | 267,4 | | | | |

Abbildung 19: Mittelfristige Eckwerte 2004 - 2008

Der Vergleich beider Mittelfristplanungen führt zu folgenden Ergebnissen:

1 Die Mittelfristplanungen zeigen unterschiedliche Unternehmenswerte:

| Unternehmenswert MIFRI-Planung 2003 - 2007 | 341,5 Mio. € |
|---|---|
| Unternehmenswert MIFRI-Planung 2004 - 2008 | 367,4 Mio. € |

Abbildung 20: Unternehmenswert-Ermittlung

2 Der Vergleich der Unternehmenswerte ist nur auf den gleichen Zeitpunkt möglich:

|  | 2003 | 2004 | 2005 | 2006 | 2007 | 2008 |
|---|---|---|---|---|---|---|
| Brutto-FCF Mifri 2003 - 2007 | 13,00 | 18,00 | 25,00 | 28,00 | 36,00 | |
| Brutto-Unternehmenswert | 341,53 | 361,39 | | | | |
| Brutto-FCF Mifri 2004 - 2008 | 10,00 | 22,00 | 24,00 | 27,00 | 31,00 | 37,00 |
| Brutto-Unternehmenswert | 344,01 | 367,41 | | | | |
| Wachstum Unternehmenswert | 2,47 | 6,02 | | | | |

Abbildung 21: Unternehmenswert-Wachstum

Der Unternehmenswertvergleich zeigt ein Wachstum um 6,02 Mio. € im Zeitpunkt 2004, d.h. die in den Zahlen der zweiten Mittelfristplanung zum Ausdruck kommenden Maßnahmen tragen zu einer Unternehmenswert-Erhöhung bei. Der Vergleich beider Mittelfristplanungen erfolgt – für die Zielvorgabe der Unternehmenswertsteigerung – nach der Formel

> Unternehmenswert > (Unternehmenswert Vorjahr
>
> ./. Brutto-FCF Vorjahr)
>
> x (100 % + Zielvorgabe in %)

Abbildung 22: Unternehmenswert-Zielvorgabe

Auf Sonderfälle soll an dieser Stelle nicht eingegangen werden.[3]

Der Vorteil des Modellansatzes besteht darin, dass die Mittelfristplanung einen höheren Verbindlichkeitscharakter erlangt. Der Unternehmenswert ermittelt sich nicht mehr auf Basis des heutigen Ergebnisses oder der Ergebnisse der Vergangenheit, sondern auf Basis der zukünftig generierten Geldmittelflüsse. Ergänzend empfiehlt sich eine GAP-Analyse zur Überprüfung der Erreichung von mittelfristigen Zielvorgaben.

### 5.4.3 Operatives Wertmanagement

Da das strategische Wertmanagement an den zukünftigen Planansätzen ansetzt, ist es für eine unterjährige Ergebnissteuerung nicht geeignet. Unternehmenswertänderungen würden sich nur in der ersten Periode und damit nur sehr marginal auswirken, da die Planansätze der Mittelfristplanung nicht mit jeder Hochrechnung überarbeitet werden. Ein solches Verfahren könnte zwar für den Fall größerer Ergebnisabweichungen theoretisch eingeführt werden, führt aber zu einem sehr hohen administrativen Aufwand in den Unternehmen.

Für das operative Wertmanagement empfehlen sich folgende Kennzahlen:

- Betriebsergebnis,
- ROI sowie
- Operativer Wertbeitrag.

Das Betriebsergebnis misst den operativen Erfolg einer Sparte, eines Unternehmens oder eines Unternehmensteiles. Im Betriebsergebnis werden Anderskosten für die Kostenkategorien Abschreibungen, Zinsen und teilweise auch Mieten oder Instandhaltungen angesetzt. Hinzu kommt, dass das Betriebsergebnis den Erfolg der Periode auf die abge-

---

[3] Siehe dazu *Schröder*2003 *(in Vorbereitung)*.

setzten Leistungsmengen und nicht auf die produzierten Leistungen bezieht, d.h. die Fixkosten der Bestandsveränderung werden abgegrenzt.

Das so definierte Betriebsergebnis weist sehr starke Überschneidungen mit der modernen, in zahlreichen Unternehmen eingesetzten Erfolgskennzahl EVA nach *Stern/ Stewart* auf. Die Opportunitätskosten des Kapitaleinsatzes werden durch die Berücksichtigung von kalkulatorischen Zinsen berücksichtigt, die Abschreibungen werden linearisiert, um Ergebnisbelastungen aus hohen handelsrechtlichen, degressiven Abschreibungen zu vermeiden, kalkulatorische Mieten und kalkulatorische Instandhaltungen sollen der Opportunität von ggf. kostenfrei zur Verfügung gestellten Gebäuden/Anlagen Rechnung tragen, und durch die Abgrenzung von kalkulatorischen Instandhaltungen sollen Ergebnisausschläge vermieden werden.

In Verbindung mit dem Wertmanagement empfiehlt es sich, das Betriebsergebnis - dem EVA ähnlich - zu einer Übergewinngröße weiterzuentwickeln, indem die verrechneten, im Betriebsergebnis kalkulatorischen Zinsen in Höhe der ROI-Zielvorgabe angesetzt werden. Das Betriebsergebnis gibt damit nicht mehr den Gewinn nach Abzug von kalkulatorischen Zinsen auf das betriebsnotwendige Kapital an, sondern den Übergewinn (Economic Value Added) über die Kapitalverzinsungsansprüche der Kapitalgeber. Break Even bedeutet, dass das Unternehmen die Kapitalverzinsungsansprüche in Bezug auf das betriebsnotwendige Vermögen erfüllt, bzw. ein positives Betriebsergebnis gibt einen entsprechenden Übergewinn an.

Der Return-on-Investment ist definiert als das Gesamtergebnis vor ESt/KöSt-Steuern zzgl. Zinsaufwendungen dividiert durch die Bilanzsumme (Stichtagsbilanzsumme). Das ROI-Ziel beträgt 10%. Der ROI verlangt eine Verzinsung von in unserem Beispiel 10% auf die gesamte Bilanzsumme einschließlich der nicht operativen Vermögensgegenstände.

Ein positives Betriebsergebnis (nach kalkulatorischen Zinsen in Höhe des Soll-ROI von 10% im Beispiel) ist kein Garant für das Erreichen der ROI-Vorgabe, da in der Bilanzbrücke weitere (positive oder negative) Ergebniseffekte im Zähler des ROI auftreten und ferner das nicht betriebsnotwendige Kapital den ROI über den Nenner belastet. Nachdem sich das nicht betriebsnotwendige Kapital (etwa liquide Mittel) in der Regel deutlich unter der Soll-ROI-Vorgabe verzinst, ist tendenziell ein deutlich positives Betriebsergebnis, d.h. eine über dem Soll-ROI liegende Verzinsung des betriebsnotwendigen Kapitals nötig, um insgesamt die ROI-Zielvorgabe zu erreichen.

Der Operative Wertbeitrag (OWB) ist eine neue Kennzahl, die ein einfaches Äquivalent zum Economic Value Added darstellt. Der Operative Wertbeitrag ermittelt sich aus der Differenz des Ist-Gesamtergebnisses vor Zinsaufwand und dem Soll-Gesamtergebnis vor Zinsaufwand, wobei das Soll-Gesamtergebnis sich aus der Multiplikation der Bilanzsumme mit der ROI-Zielvorgabe von 10% ergibt.

| | |
|---|---:|
| Bilanzsumme | 500.000 € |
| Zinsaufwand | 7.000 € |
| Gesamtergebnis | 43.000 € |
| Ist-Gesamtergebnis vor Zinsaufwand | 52.000 € |
| Ist-ROI | 10,4 % |
| Soll-ROI | 10,0 % |
| Soll-Gesamtergebnis vor Zinsaufwand | 50.000 € |
| Gruppenwertbeitrag<br>= 52.000 € ./. 50.000 €<br>= 500.000 € x (10,4% - 10,0%) | 2.000 € |

Abbildung 23:    Beispiel zum operativen Wertbeitrag

Der Operative Wertbeitrag stellt die Überrendite dar, die das Unternehmen über die Kapitalverzinsungsansprüche hinaus generiert. Positive Wertbeiträge, d.h. Überrenditen können per Definition nur jene Unternehmen generieren, die die ROI-Vorgabe von 10% übertreffen.

Brutto-FCF: Die Kennzahlen Freier Cash-Flow I und II, welche nach Steuern und nach Zinsen berechnet werden, bleiben unverändert bestehen. Ergänzend empfiehlt es sich, im Reporting den Brutto-FCF, als Freien Cash-Flow vor Zinsaufwand und vor ESt/KSt, ebenfalls darzustellen. Der Brutto-FCF stellt eine Brücke zwischen strategischem und operativem Wertmanagement dar. Einerseits deckt er sich im „eingeschwungenen" Zustand, also bei Identität von Abschreibungen und Investitionen (sowie konstantem Working Capital und Rückstellungen) mit dem Gesamtergebnis vor Zinsaufwand und vor ESt/KSt als der Zählergröße bei der ROI-Ermittlung. Andererseits stellt er die Diskontierungsbasis für die Ermittlung des Brutto-Unternehmenswertes dar. So muss sich in der kurzfristigen bzw. einperiodigen Betrachtung beispielsweise der Brutto-FCF der Hochrechnung 2004 an der 10-prozentigen Verzinsung des aus der Mittelfristplanung 2004 bis 2007 zuvor ermittelten Unternehmenswertes messen lassen. Auf diese Weise kann auch vergangenheitsorientiert der Wert(steigerungs)beitrag einzelner Perioden bestimmt werden.

Die ROI-Kennzahl bleibt in ihrer Definition unverändert. Auch beim Betriebsergebnis ergibt sich über die Veränderung der kalkulatorischen Zinsen nur in den Eingangsgrößen eine kleine Änderung, die hier aber nicht anhand eines Beispiels dargestellt werden soll. Gleiches gilt für die Ermittlung des Brutto-FCF.

## 6 Kennzahlen-Rahmen des wertorientierten Controlling

Auf Basis der vorstehenden Diskussionen dürfen wir Folgendes zusammenfassen:

- Die Zielsetzung der langfristigen Absicherung einer Unternehmung bedeutet zwangsläufig die kontinuierliche Steigerung des Unternehmenswertes.
- Der Wert einer Unternehmung ist das Ergebnis der strategischen Positionierung als Aufbau von Erfahrungspotenzialen und der konsequenten Umsetzung der strategischen Leitlinien, die operativ gemessen werden über Kapitalkosten, Risikokosten und Renditen.
- Vom Controlling werden für die wertorientierte Steuerung ausreichend Instrumente zur Verfügung gestellt.
- Die Auswahl und Anwendung dieser Instrumente sollte den Kriterien

  - einfach
  - konsistent
  - zukunftsorientiert
  - kommunizierbar

  gehorchen.
- Dabei sollte bedacht werden, dass „weniger" häufig „mehr" ist.

Vor diesem Hintergrund empfehlen wir aus unserer Erfahrung folgenden Kennzahlen-Rahmen des wertorientierten Controlling als Zielrahmen zur Unternehmenssteuerung:

1   Zur Steuerung von Sparten/Teilbereichen, Firmen und einer Unternehmensgruppe.

| | |
|---|---|
| Return-on-Investment | $\geq$ „X"% |
| Wertbeitrag | $\geq$ 0 |
| Cash-Flow in % vom Nettoumsatz | $\geq$ „X"% |
| Unternehmenswert | $\geq$ (Unternehmenswert Vorjahr ./. Brutto-FCF Vorjahr) x (100% + Zielvorgabe in %) |

Abbildung 24:   Zielrahmen

2   Ergänzt um nachfolgende bilanzielle Kennzahlen.

> Eigenkapital-Rendite   ≥   „X"%
> Eigenkapital-Quote     ≥   „X"% der Bilanzsumme
> Schuldentilgungsdauer  ≤   „X" Jahre

Abbildung 25:   Zielrahmen

Damit steht ein einfacher, verständlicher und umsetzbarer Rahmen der zielorientierten Steuerung im Wertorientierten Controlling zur Verfügung.

# 7 Kapitalmärkte und Rechnungslegungsstandards als Einflussfaktoren

Die Entwicklung des Wertorientierten Controlling ist in vollem Gange. Es steht mittlerweile eine Vielzahl von Kennzahlen zur Verfügung, die in Abhängigkeit der Unternehmensphilosophie, der verwendeten Rechnungswesenstandards und der Steuerungsnotwendigkeiten zur Anwendung gelangen können. Dabei wird die Entwicklung von den großen Unternehmen getrieben, die ihre Führungsinstrumente an den Erfordernissen und Informationsbedürfnissen der Kapitalmärkte auszurichten haben. Gemäß einer 1996 von *Coopers & Lybrand* durchgeführten Untersuchung orientieren sich 91% der Unternehmen bei wichtigen Geschäftsentscheidungen am Shareholder Value. Gemäß dieser Untersuchung verwenden 71% die Discounted-Cash-Flow-Methode, 16% das Economic-Value-Added-Konzept, 4% das Market-Value-Added-Modell von *McKinsey*.

Das Konzept des Economic-Value-Added ist jedoch vor dem Hintergrund zu sehen, dass eben dieser Grundgedanke der Wertsteigerung dem deutschen internen Rechnungswesen sehr artverwandt ist. In beiden Konzepten, beim Betriebsergebnis über die kalkulatorischen Zinsen und beim Economic-Value-Added über die Verzinsung des eingesetzten Kapitals und Vergleich mit den gewichteten Kapitalkosten, wird der Opportunität des Kapitals Rechnung getragen. Insbesondere kleinere Unternehmen, die nicht unter dem Zwang der internationalen Angleichung des Rechnungswesens stehen, sollten sich daher überlegen, ob es sich lohnt, dem modernen Trend zu folgen.

Die Frage nach der adäquaten Steuerungskennzahl hat jedes Unternehmen - abgeleitet aus der Unternehmensstrategie - zu beantworten. Dabei wird die internationale Angleichung der Rechnungslegungs- und Bilanzierungsstandards die Entwicklung beschleunigen.

Es wird davon auszugehen sein, dass sich internationale Rechnungslegungsstandards angleichen. Vergessen werden darf aber nicht, dass börsenpublizierte Unternehmen in Deutschland nach wie vor die Minderheit bilden und für viele Unternehmen, gerade Personenunternehmen, nach wie vor die Bilanzierung nach HGB maßgebend ist. So sind seit Inkrafttreten des Kapitalaufnahmeerleichterungsgesetzes im Frühjahr 1998 gemäß § 292a HGB börsennotierte Mutterunternehmen bei Vorliegen bestimmter weiterer Bedingungen von der Aufstellung eines HGB-Konzernabschlusses bis 31.12.2004 befreit, wenn sie stattdessen einen Konzernabschluss nach international anerkannten Rechnungslegungsgrundsätzen aufstellen.

Zum anderen sollten wir auch daran denken, dass sich in den meisten Fällen das Controlling nicht auf Konzernebene allein abspielt, sondern nach wie vor Schwerpunktaufgaben des Controlling wie die tagtägliche Steuerung von Produkten, Segmenten, Kunden und allenfalls Sparten die Arbeit bestimmen. Hier können Ansätze des Wertorientierten Controlling häufig durch die fehlende Zurechnung von Vermögensgegenständen keine Unterstützung bieten. Vielmehr sind hier nicht monetäre Steuerungskennzahlen als Vorsteuergrößen des Unternehmenserfolges zu definieren.

## 8  Ausblick

Das Wachstum des weltweiten Asset-Managements verbunden mit gestiegenem Renditebewusstsein und Performance-Anforderungen der Anleger wird die Entwicklung der Shareholder-Value-Orientierung in unseren Märkten weiter erhöhen. Zusammen mit der wachsenden internationalen Verflechtung der Wirtschaft und der daraus folgenden Notwendigkeit, Rechnungslegungsstandards anzugleichen, werden sich im Zeitablauf auch einheitliche Steuerungsgrößen für das Wertorientierte Controlling herausbilden. Der gegenwärtige Stand des Wertorientierten Controlling lässt es nicht zu, eine eindeutige Präferenz für die eine oder andere Kennzahl zum gegenwärtigen Zeitpunkt auszusprechen. Tatsache ist, dass die Maximierung des Freien Cash-Flow eine der zentralen Zielgrößen des Wertorientierten Controlling darstellt. Wie die ergebnisorientierte Steuerung von Unternehmen vor dem Hintergrund der übergeordneten Unternehmenszielsetzung vorgenommen wird, ob mit dem Return-on-Investment, dem Return-on-Capital-Employed oder dem Return-on-Net-Assets, hängt von einem unterschiedlichen Bündel von Einflussfaktoren ab. So ist die konkret angewendete Kennzahl abhängig davon

- welche Rechnungslegungsphilosophie verwendet wird,
- wie weit der Einfluss des Managements auf die einzelnen Steuerungsgrößen reicht,
- wie stark die Verzahnung von internem und externem Rechnungswesen ist,
- welche firmenindividuelle Steuerungsphilosophie zur Anwendung kommt.

Zum anderen ist die Frage der angewendeten Steuerungsgröße davon abhängig, ob

- es sich um Einzelfallentscheidungen handelt,
- die Kennzahlen im laufenden Reporting Anwendung finden sollen,
- die Kennzahlen für Vergütungsfragen die Basis bilden.

Grundsätzlich ist es möglich, mit all den zur Verfügung stehenden Steuerungskennzahlen eine effiziente Unternehmenssteuerung umzusetzen. Dabei empfiehlt es sich auf Nachhaltigkeit zu setzen, damit die Wirkung von Kennzahlen im Zeitablauf im Unternehmen empirisch erlebt und – auch unternehmenskulturell - verinnerlicht werden kann. Ein vielfach auch leider zu beobachtendes „Kennzahlenhopping", d.h. ein ständiger Wechsel der quantitativen Führungsinstrumente würde es nicht zulassen, notwendige Erfahrungen zu sammeln. Führungsverantwortliche (und Mitarbeiter) würden verunsichert.

Die gesamte Diskussion um den Shareholder Value war zumindest in der Anfangsphase in Deutschland von einer starken Polarisierung geprägt. Sie gipfelte in dem Ausspruch: „Kapitalinteressen gegen Sozialinteressen", „Eigentümer gegen Mitarbeiter". Sehr klar hat *Helmut Sihler* den Stellenwert des Shareholder-Value-Ansatz angesprochen: „Der Shareholder-Value-Ansatz signalisiert dem Management, dass Eigenkapital die teuerste Form der Kapitalbeschaffung ist." und: „Durch den Shareholder-Value-Ansatz in seiner heutigen Ausprägung werden die Interessengegensätze zwischen Eigentümern und Mitarbeitern verschärft. Die Ausrichtung des Unternehmens ausschließlich auf das „Shareholder-Value"-Prinzip kann, ja muss zwangsläufig zu einer ethischen Verengung, ja Verarmung führen. Das Management in allen Ebenen kann auf Dauer nicht optimal nur mit der Zielsetzung eines hohen Börsenkurses motiviert werden. Die Wirklichkeit zeigt doch, dass Unternehmen mit innerer Motivation, mit „Geist", auf Dauer erfolgreicher sind." Und *Klaus Schweickart*, der Vorsitzende des Vorstandes der *Altana AG*, brachte in der Hauptversammlung am 04. Mai 1999 zum Ausdruck: „Ich rate zu größerer Härte gegenüber manchen Akteuren auf den Kapitalmärkten, die den Unternehmen ihre Spielregeln aufzwingen wollen." und: „Uns ärgert diese Verengung des Denkens, beeindrucken kann sie uns nicht – genauso wenig wie die Kurzfristigkeit in der Beurteilung unternehmerischer Entscheidungsprozesse."

## Literaturverzeichnis

*Bufka, J./Schiereck, D./Zinn, K.:* Kapitalkostenbestimmung für diversifizierte Unternehmen, in: Zeitschrift für Betriebswirtschaft, 69. Jg. (1999), S. 115-131.
*Bühner, R.:* Das Management-Wert-Konzept, Stuttgart 1990.
*Bühner, R.:* Unternehmerische Führung mit Shareholder Value, in: Bühner, R. (Hrsg.): Shareholder-Value-Report: Erfahrungen, Ergebnisse, Entwicklungen, Landsberg/ Lech 1994, S. 9-76.
*FAZ vom 01.04.1999:* DaimlerChrysler verwendet neue Steuerungsgrößen, S. 15.
*FAZ vom 12.04.1999:* Noch ein weiter Weg zu einem globalen Bilanzierungsstandard, S. 25.
*Gebhardt, G./Pellens, B (Hrsg.):* Rechnungswesen und Kapitalmarkt, in: Schmalenbachs Zeitschrift für betriebswirtschaftliche Forschung, 51. Jg. (1999) Sonderheft 41.
*Günther, T.:* Unternehmenswertorientiertes Controlling, München 1997.
*Lauk, K. J.:* Kunde oder Aktionär - ein Dilemma für das Controlling?, in: Horváth, P. (Hrsg.): Kunden und Prozesse im Focus. Controlling und Reengineering, Stuttgart 1994, S. 27-46.
*Liessmann, K.:* Shareholder Value-Konzept: Instrument der Bewertung von Strategien in der Unternehmenspraxis, in: Der Controlling Berater (1994), S. 435-460.
*Lewis, T.G./Lehmann, S.:* Überlegene Investitionsentscheidungen durch CFROI, in: Zeitschrift Betriebswirtschaftliche Forschung und Praxis, 44 Jg. (1992), S. 1-13.
*Mansch, H./Wysocki v., K. (Hrsg.):* Finanzierungsrechnung im Konzern, in: Schmalenbachs Zeitschrift für betriebswirtschaftliche Forschung, 48. Jg. (1996) Sonderheft 37.
*Mayer, E.:* Controllingkonzept, in: Gabler Wirtschaftslexikon, 14. Auflage, Wiesbaden 1997, S. 817–825.
*o. V.:* Von ROCE zu RONA: Wie Daimler den Wertwert steuert, in: Börsenzeitung vom 16.03.1999, S. 8.
*o. V.:* Dinosaurier des HGB, in: Börsenzeitung vom 26.03.1999, S.1.
*Pellens, B./Rockholtz, C./Stienemann, M.:* Marktwertorientiertes Konzerncontrolling in Deutschland - Eine empirische Untersuchung -, in: Der Betrieb, 50. Jg. (1997), S. 1933-1939.
*Rappaport, A.:* Creating Shareholder Value, New York, Oxford 1986.
*Schröder, E.F.:* Wertorientiertes Controlling, in: Der Controlling Berater (1997).
*Schröder, E.F.:* Kennzahlen des Wertorientierten Controlling zur Steuerung von Geschäften - CFROI und Ergebnisberichte -, in: Controller Magazin, 23. Jg. (1998), S. 81-90.
*Schröder, E.F.:* Wertorientiertes Controlling in: Horváth, P. (Hrsg.): Controlling & Finance, Stuttgart 1999, S. 75-100.
*Schröder, E.F.:* Modernes Unternehmens-Controlling. 8. Auflage, Ludwigshafen/Rhein 2003 (in Vorbereitung).
*Schweickart, K.:* Stellungnahme zu Shareholder Value und Einfluss der Investmentfonds, in: Handelsblatt vom 10.05.1999, o.S.

*Sihler, H.:* Shareholder Value versus Stakeholder Value, in: Meffert, H./Gishold, O. (Hrsg.): Managementperspektiven und Managementausbildung, Leipzig 1997, S. 84-88.

*Töpfer, A.:* Die Restrukturierung des Daimler-Benz Konzerns 1995-1997, Neuwied/ Kriftel 1998.

# Abbildungsverzeichnis

Abbildung 1:  Ermittlung des Return-on-Investment
Abbildung 2:  Aufbau einer Langzeitanalyse
Abbildung 3:  Ermittlung des Cash-Flow-Return-on-Investment
Abbildung 4:  CFROI und Investitionsentscheidungen
Abbildung 5:  Ermittlung des Return-on-Capital-Employed
Abbildung 6:  Ermittlung des Operating Profit und des Capital Employed
Abbildung 7:  Vergleich von ROI und ROCE
Abbildung 8:  Ermittlung des Net-Operating-Profit
Abbildung 9:  Ermittlung der Net Assets
Abbildung 10: Ermittlung des Net Operating Profit after Tax
Abbildung 11: Ermittlung des Capital Employed
Abbildung 12: Ermittlung des Feien Cash-Flows I und II
Abbildung 13: Muster für Ergebnisberichterstattung
Abbildung 14: Zuordnung von Kapital zu einzelnen Geschäftseinheiten
Abbildung 15: Überleitungsrechnung für die Freien Cash-Flows auf Unternehmensebene
Abbildung 16: Ebenen der Wertorientierten Unternehmenssteuerung
Abbildung 17: Zusammenhang zwischen Eigen- und Gesamtkapitalrendite (ROI)
Abbildung 18: Mittelfristige Eckwerte 2003 - 2007
Abbildung 19: Mittelfristige Eckwerte 2004 - 2008
Abbildung 20: Unternehmenswert-Ermittlung
Abbildung 21: Unternehmenswert-Wachstum
Abbildung 22: Unternehmenswert-Zielvorgabe
Abbildung 23: Beispiel zum operativen Wertbeitrag
Abbildung 24: Zielrahmen
Abbildung 25: Zielrahmen

STEFAN MAUS

# Zum Aufbau und Einsatz einer strategieorientierten Kostenrechnung

| | | | |
|---|---|---|---|
| 1 | Strategische Kostenrechnung? | | 187 |
| | 1.1 | Problemstellung | 187 |
| | 1.2 | Ausgewählte Erfolgsrechnungen und ihre Eignung für eine strategische Kostenrechnung | 188 |
| | 1.3 | Möglichkeiten zur Entwicklung einer strategischen Kostenrechnung | 190 |
| 2 | Strategiekonforme Kostenrechnung! | | 192 |
| | 2.1 | Problemstellung | 192 |
| | 2.2 | Unternehmerisches Totalmodell und zeitliche Verbundwirkungen | 193 |
| | 2.3 | Strategiekonforme Potenzialfaktorkosten | 196 |
| 3 | Aufbau und Einsatz einer strategiekonformen Kostenrechnung auf Basis der investitionstheoretischen Kostenrechnung | | 199 |
| | 3.1 | Die investitionstheoretische Kostenrechnung | 199 |
| | 3.2 | Anwendungsprobleme | 200 |
| | 3.3 | Risiko und Mehrpersonenkontext | 201 |
| 4 | Zusammenfassung und Ausblick | | 206 |

Literaturverzeichnis 207

Symbolverzeichnis 209

Abbildungsverzeichnis 209

# 1 Strategische Kostenrechnung?

## 1.1 Problemstellung

Die Frage nach dem richtigen Kostenrechnungssystem bewegt die Betriebswirtschaftslehre schon seit langem. Wie die Kostenarten erfasst bzw. bewertet und auf die Kostenträger zugerechnet werden sollen, kann aber nicht allgemeingültig mit *einem* System der Kostenrechnung beantwortet werden. Hat doch die Kostenrechnung mehrere Zwecke zu erfüllen. Im Rahmen ihrer Dokumentationsfunktion kommt der *verursachungsgerechten* Kostenzuordnung eine besondere Bedeutung zu. Eine weitere wichtige Funktion der Kostenrechnung besteht darin, unternehmerische Entscheidungen zu unterstützen. Dabei muss neben der *Verursachungsgerechtigkeit* vor allem die *Entscheidungsrelevanz* der produzierten Informationen beachtet werden. Auch hier sind in der Vergangenheit immer wieder unterschiedliche Ansätze diskutiert worden. Strittig war, ob neben variablen auch fixe Kosten entscheidungsrelevant sein können. Kontrovers wurde auch diskutiert, ob Vollkosten oder Teilkosten einer Handlungsalternative zugerechnet werden müssen, um die auch wirklich entscheidungsrelevanten Informationen zu berücksichtigen. Bei diesen Diskussionen stand immer die Unterstützung operativer Entscheidungen im Vordergrund.

Zur Fundierung strategischer Entscheidungen wird meistens die Investitionsrechnung herangezogen. Allerdings wird auch einigen Kostenrechnungssystemen immer wieder die Eignung zugesprochen, für die strategische Entscheidungsfindung relevante Informationen zu produzieren. Ob hierzu vorhandene (entscheidungsorientierte) Kostenrechnungssysteme tatsächlich in der Lage sind oder weiter- bzw. neuentwickelt werden können und somit der Ruf nach einer *strategischen Kostenrechnung* gerechtfertigt ist, soll im Folgenden überprüft werden.

Hierzu wird zunächst einmal zwischen entscheidungsorientierten Rechnungssystemen und Entscheidungsmodellen unterschieden. Rechnungssysteme wandeln Daten in entscheidungsrelevante Informationen um. Entscheidungsmodelle benutzen diese Informationen, um Aussagen über die Vorteilhaftigkeit von Handlungsalternativen zu erzeugen. Dies bedeutet für strategische Rechnungssysteme, dass sich deren Ausgestaltung am Informationsbedarf strategischer Entscheidungsprobleme und ihrer Modellierung orientieren muss.

Strategien sind Maßnahmen zur Schaffung zukünftiger und zur Erhaltung vorhandener Erfolgspotenziale. Sie führen i.d.R. zum Auf- oder Abbau von Kapazitäten und haben langfristige Wirkungen. Strategien umfassen Maßnahmen von unterschiedlichem Konkretisierungsgrad. So sind Unternehmensstrategien, die die generelle Ausrichtung der Unternehmenstätigkeit festlegen, unschärfer formuliert als Wettbewerbsstrategien,[1] wie „Differenzierung" oder „Kostenführerschaft". Den größten Konkretisierungsgrad weisen

---

[1] Vgl. *Porter* 1987.

i.d.R. funktionale Strategien (z.B. im Produktionsbereich) auf. Die sehr stark aggregierten Unternehmensstrategien setzen Rahmenbedingungen für stärker disaggregierte Wettbewerbs- und Funktionsbereichsstrategien.

Entscheidungen über Unternehmensstrategien sind also sehr komplex; ihre Modellierung erfordert in letzter Konsequenz eigentlich ein Totalmodell, in dem sämtliche Handlungsmöglichkeiten eines Unternehmens vom Beginn des Planungszeitraumes an bis zur Liquidation abgebildet sind. Solche Totalmodelle sind jedoch nicht praktikabel. Daher sind zur Lösung strategischer Entscheidungsprobleme in praxi einfachere Entscheidungsmodelle notwendig, die zeitliche und sachliche Interdependenzen zwischen Handlungsalternativen zerschneiden. I.d.R. sind strategische Planungszeiträume so lang, dass zeitliche Verbundwirkungen jenseits dieses Horizontes vernachlässigt werden können. Sachliche Verbundwirkungen können aber auf keinen Fall vernachlässigt werden, da sie die Entscheidungsqualität beeinflussen.

Zusammengefasst muss also ein strategisches Rechnungssystem mit standardisierten Methoden Informationen erzeugen, die Handlungskonsequenzen mit ihrem unterschiedlichen zeitlichen Anfall und ihrer Unsicherheitsstruktur abbilden und die sachlichen Verbundwirkungen zu anderen Entscheidungen darstellen.

## 1.2 Ausgewählte Erfolgsrechnungen und ihre Eignung für eine strategische Kostenrechnung

Die Investitionsrechnung stellt kein strategisches Rechnungssystem in o.g. Sinne dar: Sie setzt die Verfügbarkeit entscheidungsrelevanter Zahlungsinformationen voraus und ist damit ein Entscheidungsmodell zur Unterstützung langfristiger Entscheidungen.

Auf der Suche nach einem strategischen Rechnungssystem ist es naheliegend, die entscheidungsorientierte Kostenrechnung in Betracht zu ziehen: Diese erzeugt über standardisierte Zurechnungsverfahren aus Kostenarteninformationen entscheidungsrelevante Kostenträgerinformationen. Damit erfüllt sie das erste der o.g. Kriterien. Ob sie auch den anderen beiden Kriterien genügen kann, soll anhand der Prozesskostenrechnung als weiter entwickelte Form der entscheidungsorientierten Kostenrechnung überprüft werden.

Der Prozesskostenrechnung wird immer wieder die Eignung zu einer strategischen Kostenrechnung zuerkannt.[2] Hauptziel der Prozesskostenrechnung ist die Erfassung der in den indirekten Leistungsbereichen von Unternehmen anfallenden Gemeinkosten und deren verursachungsgerechte Zurechnung auf Kostenträger. Zu diesem Zweck bilden (repetitive) Aktivitäten bzw. Prozesse, die sich in den Kostenstellen wiederholen, den Ausgangspunkt der Betrachtung. Im Sinne der Prozesskostenrechnung „variable" Kosten

---

[2] Vgl. z. B. *Horvath/Mayer* 1989, S. 218 f.

sind die Kosten eines Prozesses, die durch die Leistungsmenge einer Kostenstelle induziert werden. Um die Prozesskosten auf Kostenträger weiterverrechnen zu können, sind Prozesskostensätze mittels Division der Prozesskosten durch die jeweiligen Kostentreiber bzw. ihre Leistungsmenge zu bilden. Die Prozesskostenrechnung wird i.a. als Vollkostenrechnung konzipiert, d.h. den Kostenträgern werden die leistungsmengeninduzierten aber auch die leistungsmengenneutralen Prozesskosten zugerechnet. Mit der Prozess- und der Vollkostenorientierung wird auch die Eignung als strategische Kostenrechnung begründet.

Beispiele für strategische Entscheidungsprobleme, zu deren Lösung Prozesskosten relevant sein können, sind Make-or-buy-Entscheidungen nicht wertschöpfender Prozesse. Hier werden mittels Prozesskostenbetrachtungen oftmals Kosteneinsparungen für das Outsourcing aufgezeigt. Diese Potenziale werden aber nur dann durch die Kosten dieser Aktivität richtig abgebildet, wenn sich Kostentreiber und Prozesskosten proportional verhalten. Da in den Kosten der Aktivität i.d.R. jedoch auch leistungsmengenneutrale Kosten enthalten sind, die bei einer Rationalisierung nicht wegfallen, kann nicht von einer solchen proportionalen Beziehung ausgegangen werden. Damit erfassen die Prozesskosten - wie traditionelle Gemeinkostenschlüsselungen - auch nicht entscheidungsrelevante Zielwirkungen einer Rationalisierungsentscheidung; zudem vernachlässigen sie sachliche Verbundwirkungen. Wird z.B. eine make-or-buy-Entscheidung ausschließlich auf Prozesskosten gestützt, können die - aus strategischer Sicht entscheidungsrelevanten - Folgewirkungen eines derartigen Wechsels (Kosten der organisatorischen Umstrukturierung, Abfindungen) nicht berücksichtigt werden.

Für strategische Entscheidungen über Produkte (Preisuntergrenzen, Sortiment, etc.) sind Stückkosten relevant. Diese können mittels Prozesskostenkalkulation - im Vergleich zur traditionellen Zuschlagskalkulation - verursachungsgerechter ermittelt werden. Die Gemeinkosten werden nicht proportional, sondern nach ihrer Inanspruchnahme durch die Produkte zugerechnet. Damit kann auch die Produktkomplexität als Kostenbestimmungsfaktor berücksichtigt werden: Wenig komplexe Standardprodukte (hohe Stückzahlen, wenig Varianten) werden im Vergleich zur Zuschlagskalkulation günstiger, komplexe Produkte (hohe Variantenanzahl, geringe Stückzahlen) teurer kalkuliert, da die Prozesskostenrechnung die stärkere Inanspruchnahme der betrieblichen Ressourcen mit höheren Gemeinkostenverrechnungen abbildet.[3]

Insgesamt wird mit einer Gemeinkostenverrechnung mittels Prozesskostenrechnung im Vergleich zu traditionellen Kostenrechnungssystemen ein höheres Maß an Verursachungsgerechtigkeit erreicht. Die Prozesskostenrechnung vermag darüber hinaus wichtige und notwendige Informationen auch für die strategische Entscheidungsfindung liefern. Strategische Entscheidungen können aber durch Prozesskosteninformationen nicht hinreichend fundiert werden: Die Prozesskostenrechnung erzeugt zwar mit standardisierten Methoden Kosteninformationen. Diese Prozesskosten bilden aber weder die Unsicherheits- und Zeitstruktur der Ergebnisse strategischer Handlungsalternativen, noch deren Verbundwir-

---

[3] Vgl. *Coenenberg/Fischer* 1991, S. 32.

kungen hinreichend ab. Dadurch, dass auch leistungsmengenneutrale Kosten, d.h. fixe Gemeinkosten, auf die Produkte verteilt werden, erfassen die (Prozess-)Stückkosten eines Produktes Wirkungen, die von der strategischen Entscheidung über das Produkt nicht ausgelöst werden. Vor dem Hintergrund der Anforderungskriterien kann die Prozesskostenrechnung daher nicht als strategische Kostenrechnung bezeichnet werden.

Mit der Differenzzahlungsrechnung[4] ist ein weiterer potenzieller Ansatz für eine strategische Kostenrechnung zu nennen. Sie geht davon aus, dass zur Fundierung strategischer Entscheidungen Zahlungen relevant sind, die durch eine Handlungsalternative im Vergleich zur Unterlassensalternative zusätzlich bewirkt werden. Zu diesen Zahlungswirkungen gehören die von einer Handlungsalternative alleine verursachten (und ihr somit direkt zurechenbaren) sowie die zusammen mit anderen Alternativen ausgelösten Zahlungen. Ist als Konsequenz eines Marktaustritts z.B. eine strategische Geschäftseinheit aufzulösen, dann sind neben den unmittelbar wegfallenden Ein- und Auszahlungen auch die Zahlungen zu berücksichtigen, die aufgrund von Verbunden mit anderen strategischen Geschäftseinheiten wegfallen oder zusätzlich entstehen.

Diese Zahlungskonsequenzen will die Differenzzahlungsrechnung als Differenz zweier Zahlungsreihen ermitteln. Prämisse ist zunächst, dass für ein bestimmtes Handlungsprogramm, in dem die betrachtete Handlungsalternative nicht berücksichtigt ist, zukünftige Zahlungen prognostizierbar sind. Von dieser Zahlungsreihe ist diejenige Zahlungsreihe zu subtrahieren, die sich ergäbe, wenn die Alternative Bestandteil des Handlungsprogramms wäre. Die Differenzzahlungsrechnung versucht also, das Problem der Zurechnung von Verbundzahlungen über den Vergleich zweier Prognosen zu lösen. Die Differenzzahlungsrechnung stellt auf spezifische Entscheidungsproblemtypen ab. Die Zeitstruktur der Ergebnisse strategischer Handlungsalternativen berücksichtigt sie explizit, während sie das Unsicherheitsproblem durch eine risikoneutrale Entscheidungsregel eher vereinfachend behandelt. Im Unterschied zu anderen Kostenrechnungen berücksichtigt die Differenzzahlungsrechnung sachliche Verbundwirkungen. Insgesamt stellt aber auch die Differenzzahlungsrechnung kein geschlossenes strategisches Rechnungssystem dar.[5]

## 1.3 Möglichkeiten zur Entwicklung einer strategischen Kostenrechnung

Wenn vorhandene Rechnungssysteme die Funktion einer strategischen Kostenrechnung nicht erfüllen können, müssen neue entwickelt werden.[6] Hierbei ist es naheliegend, an der

---

[4] Vgl. *Holzwarth* 1993.
[5] Vgl. *Ossadnik/Maus* 1995, S. 152-154.
[6] Vgl. *Ossadnik/Maus* 1995, S. 155 f.

traditionellen Methodik der Kostenrechnung mit Kostenarten-, -stellen- und -trägerrechnung anzuknüpfen. Ein strategisches Rechnungssystem muss demnach Zahlungsarten erfassen (Zahlungsartenrechnung) und diese strategischen Handlungsalternativen entweder indirekt (Zahlungsstellenrechnung) oder direkt zurechnen (Zahlungsträgerrechnung). Dabei sind Zahlungsarten für mehrere Perioden und wahrscheinlichkeitsgewichtet zu prognostizieren.

Grundsätzlich ist die Entwicklung eines solchen Systems nur dann möglich bzw. sinnvoll, wenn strategische Entscheidungsprobleme strukturell ähnlich sind. Für operative Entscheidungsprobleme, wie z.B. Preisober-/untergrenzen und Produktionsprogramme ist es charakteristisch, dass sie in gleicher oder ähnlicher Form wiederkehren und dass die Kostenarten - wenn auch unterschiedlich - immer den gleichen Bezugsobjekten (d.h. Produkten) zugerechnet werden können. Strategische Entscheidungen sind aber i.d.R. innovativ, d.h. mindestens für das Unternehmen selbst neu evtl. aber auch für den Markt oder andere Stakeholder. In diesen Fällen können keine standardisierten Methoden zur Gewinnung entscheidungsrelevanter Informationen eingesetzt werden. Somit ist die Entwicklung einer strategischen Kostenrechnung für o.g. Typen strategischer Entscheidungsprobleme generell nicht möglich - sind doch Innovation und Standardisierung grundsätzlich nicht miteinander zu vereinbaren. Wenn die Zahlungswirkungen strategischer Alternativen mit einer strategischen Kostenrechnung im o.g. Sinne nicht bereitgestellt werden können, müssen diese Wirkungen problemspezifisch und entsprechend den eingeführten entscheidungstheoretischen Anforderungen ermittelt werden.

Neben den dargestellten „innovativen" Typen strategischer Entscheidungsprobleme existieren aber auch solche, die sich in strukturell ähnlicher Form wiederholen, wie z.B. Entscheidungen über Ersatz- und Erweiterungsinvestitionen. In diesen Fällen ist es sinnvoll und möglich ein strategisches Rechnungssystem zu entwickeln. Dieses müsste zunächst die Aus- und Einzahlungen realisierter Ersatz- und Erweiterungsinvestitionen systematisch (im Sinne einer Istzahlungsartenrechnung) erfassen und den betrieblichen Anlagen als Bezugsobjekten (Istzahlungsträgerrechnung) zurechnen. In einem weiteren Schritt müssen Plan-Zahlungsreihen für alternativ mögliche Ersatz- bzw. Erweiterungsinvestitionen entwickelt werden. Das strategische Rechnungssystem hat dabei fortlaufend Veränderungen bei den Nachfolgemodellen bereits realisierter Investitionsobjekte sowie Unterschiede bei den Investitionsalternativen, wie z.B. eine Anlage eines anderen Herstellers, zu berücksichtigen und in modifizierten Zahlungsreihen abzubilden. In Unternehmen, die sich zur Implementierung und systematischen Pflege eines solchen Systems entschlossen haben, könnten Entscheidungsträger, die über Ersatz- und Erweiterungsinvestitionen zu befinden haben, jederzeit Zahlungsreihen alternativ möglicher Ersatz- bzw. Erweiterungsinvestitionen abrufen. Würden diese Zahlungsinformationen in Investitionsrechnungen eingespeist, ließe sich die Vorteilhaftigkeit der Alternativen z.B. mit Hilfe des Kapitalwertkriteriums ermitteln.

Die bisherigen Ausführungen haben gezeigt, dass ein strategisches Kostenrechnungssystem nicht vorhanden ist, aufgrund der Eigenschaften strategischer Entscheidungsprobleme ein solches System in vielen Fällen aber auch gar nicht entwickelt werden kann. Demgegenüber ist eine strategiekonforme Kostenrechnung sinnvoll; erste Ansätze liegen vor. Das soll im Folgenden gezeigt werden.

## 2 Strategiekonforme Kostenrechnung!

### 2.1 Problemstellung

Das vollständige unternehmerische Entscheidungsfeld wird in Theorie und Praxis in einzelne Planungen und Entscheidungen zerlegt, so z.B. in strategische und operative Teilplanungen. Mit dieser Dekomposition werden allerdings Interdependenzen zwischen lang- und kurzfristigen Planungen beziehungsweise Entscheidungen zerschnitten. So trägt vor allem die Kostenrechnung „Scheuklappen bezüglich der Welt außerhalb ihres engen Entscheidungsfeldes"[7] und ist daher nicht in der Lage, Wirkungen operativer Entscheidungen auf strategische Ziele abzubilden.

*Beispiel*: Im Rahmen der operativen Budgetplanung beabsichtigt ein Unternehmen, als Teil eines Programms zur Portfoliobereinigung einen bestimmten Auftrag mit unzureichendem Deckungsbeitrag an einen Kunden zurückzugeben. Das Geschäft mit diesem Kunden soll im Rahmen der strategischen Planung deutlich ausgebaut werden. Wird diese Entscheidung ausschließlich mit traditionellen Kosteninformationen fundiert, können die Verbundwirkungen auf die Strategie nicht erfasst werden; die Strategie wird womöglich konterkariert.

Vor diesem Hintergrund wird hier untersucht, mit welchen Informationen operative Entscheidungen strategiekonform gesteuert werden können. Eine Erfolgsrechnung, die in der Lage ist, solche Informationen bereitzustellen, soll als *strategiekonforme Kostenrechnung* bezeichnet werden. Eine solche strategiekonforme Kostenrechnung lässt sich wie folgt in die Entwicklungslinien der entscheidungsorientierten Kostenrechnung einordnen.

---

[7] *Maltry* 1989, S. 1.

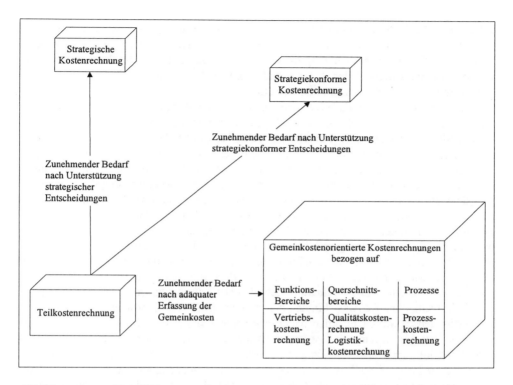

Abbildung 1: Entwicklungstrends der entscheidungsorientierten Kostenrechnung

## 2.2 Unternehmerisches Totalmodell und zeitliche Verbundwirkungen

Der Ausgangspunkt der Betrachtungen über die notwendige Ausgestaltung einer strategiekonformen Kostenrechnung ist wiederum entscheidungstheoretisch motiviert. Die Ermittlung entscheidungsrelevanter Kosten hat sich am Informationsbedarf des betrachteten Entscheidungsmodells zu orientieren. Dieser Informationsbedarf wird grundsätzlich bestimmt durch die Art der Zielinformationen und die Struktur des Entscheidungsfeldes. Da Entscheidungsträger i.d.R. mehrere Ziele verfolgen, sich ihre Präferenzen auf die Höhe und Art sowie die Unsicherheits- und Zeitstruktur der Zielwirkungen beziehen können und das unternehmerische Entscheidungsfeld theoretisch auf sämtliche Handlungsalternativen eines Unternehmens vom Planungszeitpunkt bis zur Liquidation erstreckt, ist bei der Gestaltung von entscheidungsorientierten Kostenrechnungen theoretisch eine Ausrichtung am Informationsbedarf des unternehmerischen Totalmodells notwendig. Gesicherte

Erkenntnis der Betriebswirtschaftslehre ist, dass die Entwicklung eines Totalmodells zwar theoretisch richtig, jedoch nicht praktikabel ist. Sollen Kostenrechnungen der praktischen Entscheidungsunterstützung dienen, sind Vereinfachungen des Totalmodells notwendig. Vereinfachungen des Totalmodells können die Art der Zielinformationen und die Struktur des Entscheidungsfeldes betreffen.

Betrachtet man die Zielinformationen, stellt sich das Problem, wessen Ziel- und Präferenzvorstellungen zur Lösung betrieblicher Entscheidungsprobleme maßgeblich sind. Unterstellt man gemäß dem Shareholder-value-Konzept,[8] dass alle betrieblichen Entscheidungen im Hinblick auf die Maximierung der Konsumzahlungen der Anteilseigner zu treffen sind, reicht es nicht aus, wenn dem Totalmodell bzw. einer entsprechenden entscheidungsorientierten Kostenrechnung die Zielsetzung „Maximierung des Totalerfolges (über die gesamte Lebensdauer eines Unternehmens kumulierter Überschuss der Einzahlungen über die Auszahlungen)" zugrunde liegt und sie die Zielwirkungen unternehmerischer Handlungsalternativen in Zahlungsströmen abbildet. Stellt doch ein Unternehmen für deren Anteilseigner i.d.R. nur eine von mehreren Anlagemöglichkeiten dar. Ihre Zielsetzung besteht nicht ausschließlich in der Maximierung der Zahlungen aus der Unternehmenstätigkeit, sie wollen vielmehr ein Portfolio von Anlagemöglichkeiten optimal zusammenstellen. Die Optimalität betrieblicher Entscheidungen im Hinblick auf die o.g. Zielsetzung ohne Berücksichtigung der individuellen Portfolioprobleme der Anteilseigner bestimmen zu wollen, erfordert daher eine Separation der betrieblichen Entscheidungsprobleme von den individuellen Anlageproblemen der Anteilseigner. Unter der Voraussetzung eines vollkommenen Kapitalmarktes repräsentiert der Kapitalwert die Konsumzahlungen der Anteilseigner, so dass die betrieblichen Entscheidungsträger im Interesse der Anteilseigner handeln, wenn sie Entscheidungen mit Hilfe des Kapitalwertkriteriums treffen. Das Problem der Bestimmung optimaler Zahlungsströme für ein Unternehmen kann von den Konsumproblemen der Anteilseigner separiert werden.[9]

Die bisher eingeführten Vereinfachungen des Totalmodells betreffen die Art der Zielinformationen und führen zu einem unikriteriellen Totalmodell. Die Aufstellung des vollständigen Entscheidungsfeldes ist weiterhin notwendig. Praktische unternehmerische Entscheidungsfindung bedarf der Dekomposition des vollständigen Entscheidungsfeldes in Teilentscheidungsfelder. Diese Abgrenzung kann grundsätzlich nach sachlichen und/ oder zeitlichen Kriterien erfolgen. Dabei werden sachliche und/oder zeitliche Interdependenzen zwischen Handlungsalternativen des vollständigen Entscheidungsfeldes zerschnitten. Sachliche Verbundwirkungen bestehen dann, wenn eine Handlungsalternative Zielwirkungen sonstiger Handlungsalternativen in der gleichen Periode beeinflusst. Werden Entscheidungen zukünftiger Perioden beeinflusst, gilt es, zeitliche Verbundwirkungen zu berücksichtigen. Abbildung 2 veranschaulicht diese Zusammenhänge für zeitlich abgegrenzte Partialmodelle.

---

[8] Vgl. *Rappaport* 1986.
[9] Vgl. *Fisher* 1930, S. 269 ff. und *Rudolph* 1983, S. 264 ff.

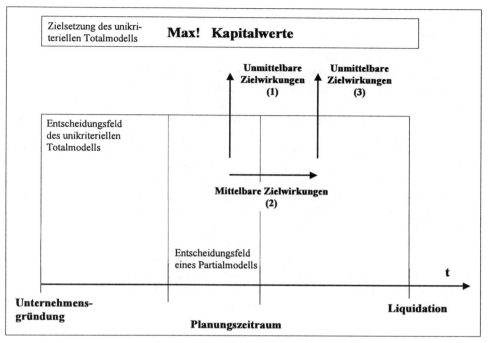

Abbildung 2: Zeitliche Verbundwirkungen

Die Handlungsalternativen des Partialentscheidungsfeldes bewirken unmittelbare, d.h. in dem zeitlich abgegrenzten Planungszeitraum anfallende, Einzahlungsüberschüsse und haben damit direkten Einfluss auf die Kapitalwerte (Pfeil 1). Wenn die zeitliche Zerlegung des Totalentscheidungsfeldes zeitliche Interdependenzen zerschnitten hat, verändern die Handlungsalternativen darüber hinaus den Bedingungsrahmen (Pfeil 2) und schließlich die Zahlungs- bzw. Kapitalwertwirkungen (Pfeil 3) der Alternativen des restlichen Entscheidungsfeldes. So löst z.B. eine Betriebsmittelnutzung innerhalb des betrachteten Planungszeitraumes unmittelbar Auszahlungen u.a. für Betriebsstoffe aus. Aufgrund der Verkürzung der Nutzungsdauer werden ferner zukünftige Nutzungsmöglichkeiten eingeschränkt oder ganz vernichtet, so dass mittelbar Auszahlungen für Instandhaltungsmaßnahmen bzw. die Neuanschaffung eines Betriebsmittels erforderlich werden.

Die exakte, d.h. theoretisch richtige Bestimmung dieser zeitlichen Verbundwirkungen bzw. Opportunitätskosten setzt voraus, dass

- die optimalen Entscheidungen des restlichen Entscheidungsfeldes,
- die durch die im partiellen Entscheidungsmodell betrachteten Handlungsalternativen verursachten Veränderungen dieser optimalen Entscheidungen und

- die daraus resultierenden Erhöhungen oder Verminderungen der Einzahlungsüberschüsse

bekannt bzw. ermittelbar sind.

Aufgrund der zeitlichen Interdependenzen setzt die Bestimmung der optimalen Entscheidungen im restlichen Entscheidungsfeld jedoch voraus, dass die optimale Entscheidung des betrachteten Partialentscheidungsfeldes bekannt ist. Insgesamt sind die mittelbaren Zahlungswirkungen daher exakt nur über die optimale Lösung des Totalmodells ermittelbar; dann erübrigt sich allerdings eine zeitlich zerlegte Partialplanung.

Trotz dieses Dilemmas der (zeitlichen) Opportunitätskosten[10] dürfen zeitliche Verbundwirkungen von zeitlich abgegrenzten Erfolgsrechnungen nicht vollständig vernachlässigt werden. Wenn die Betriebswirtschaftslehre die theoretisch richtige Problemlösung nicht bereitzustellen vermag, so hat sie zumindest (aufgrund der Vernachlässigung zeitlicher Interdependenzen) schlechten Lösungsansätzen, solche vorzuziehen, die zeitliche Interdependenzen schätzen und daher weniger schlecht sind. Hier gilt im besonderen die allgemeine Feststellung *Schneiders*: „Das Problem der Theorie der Unternehmensrechnung lautet ... nicht, richtige Wertansätze zu suchen; richtig sind nur die tatsächlichen Zahlungen in einem Gesamtmodell des Unternehmensgeschehens. Das Problem der Theorie der Unternehmensrechnung lautet: Welche vereinfachenden Pauschalannahmen sind unter bestimmten Umweltbedingungen zulässig?".[11]

## 2.3 Strategiekonforme Potenzialfaktorkosten

Als eine Zerlegung des vollständigen unternehmerischen Entscheidungsfeldes vor allem nach zeitlichen Kriterien hat sich eine Dekomposition in strategische und operative Planungen bzw. Entscheidungen durchgesetzt. Zwischen strategischen und operativen Planungen bestehen Interdependenzen. Einerseits umfassen strategische Planungszeiträume mehrere operative Planungsperioden, so dass strategischen Entscheidungen (zumindest implizit) Annahmen über einzelne operative Entscheidungen zugrunde liegen müssen. Andererseits gibt die strategische Planung den Rahmen für die operativen Planungen vor. Wenn diese eine Strategie umsetzen sollen, müssen die einzelnen operativen Entscheidungen mit der bereits getroffenen strategischen Entscheidung konform sein. Da die im Zeitpunkt der strategischen Planung unterstellten Rahmenbedingungen aber nicht starr sind, muss während des strategischen Planungszeitraumes ständig damit gerechnet werden, dass andere als die im Rahmen der strategischen Planung unterstellten operativen Entscheidungen notwendig werden. Um die Strategiekonformität operativer Entschei-

---

[10] Vgl. *Hax* 1965, S. 208-209 und *Schneider* 1966, S. 265 sowie *Adam* 1970, S. 44 ff.
[11] *Schneider* 1971, S. 546.

dungen angesichts dessen trotzdem gewährleisten zu können, müssen im Rahmen operativer Planungen die Auswirkungen operativer Handlungsalternativen auf die ursprüngliche strategische Planung berücksichtigt werden. Bei jeder operativen Planung sind also zum einen die unmittelbaren, das heißt die in der betrachteten Planungsperiode anfallenden Wirkungen operativer Handlungsalternativen zu erfassen und im Hinblick auf die strategische Zielsetzung zu bewerten. Zum anderen müssen auch die mittelbaren, das heißt die aufgrund der Beeinflussung späterer operativer Planungen entstehenden Wirkungen auf die strategische Zielsetzung berücksichtigt werden. Hierzu ist die Ermittlung zeitlicher Opportunitätskosten notwendig. Da diese aufgrund des Dilemmas der (zeitlichen) Opportunitätskosten grundsätzlich nicht exakt bestimmt werden können, müssen sie geschätzt werden.

Eine strategiekonforme Kostenrechnung hat beim Verbrauch von Repetierfaktoren neben den unmittelbaren Wirkungen nur sachliche Verbundwirkungen zu berücksichtigen. Die Bestimmung strategiekonformer operativer Potenzialfaktorkosten erfordert dagegen zusätzlich die Ermittlung zeitlicher Opportunitätskosten. Dies soll am Beispiel kalkulatorischer Anlagenabschreibungen verdeutlicht werden.

Zur Bestimmung operativ entscheidungsrelevanter Anlagenabschreibungen müssen sachliche Opportunitätskosten ermittelt werden, die den durch alternative Verwendung eines Betriebsmittels in einer Periode entgehenden Nutzen erfassen, d.h. die den Nutzen angeben, der aufgrund eines Betriebsmitteleinsatzes für andere Produkte zum selben Zeitpunkt entgeht. Sollen derartige Anlagenabschreibungen auch strategiekonform sein, muss ferner die Wirkung heutiger Betriebsmittelnutzung auf das zukünftige Nutzungspotenzial erfasst werden, d.h. es müssen zusätzlich zeitliche Opportunitätskosten ermittelt werden, die die durch heutige Nutzung eines Betriebsmittels bedingte verringerte zukünftige Nutzungsmöglichkeit und den damit verbundenen Nutzenentgang abbilden. Dabei darf nicht die Tatsache vernachlässigt werden, dass das Nutzungspotenzial eines Betriebsmittels durch ökonomische Entscheidungen über Nutzungs-, Wartungs-, Instandhaltungs- und Ersatzmaßnahmen und nicht nur technologisch determiniert wird.

Grundsätzlich ist die optimale Höhe und Art des Betriebsmittelbestandes abhängig von dessen Nutzung. Umgekehrt ist aber die Optimalität der Nutzung abhängig von den Entscheidungen über die Gestaltung des Produktionsapparates. Die Interdependenzen zwischen langfristiger Investitionsplanung, die den Betriebsmittelbestand nach Art und Höhe festzulegen hat, und kurzfristiger Produktionsplanung, die die Betriebsmittelnutzung bestimmt, veranschaulicht Abbildung 3.

Die Investitionsplanung muss von bestimmten Annahmen über die Betriebsmittelnutzung ausgehen und auf dieser Basis den Betriebsmittelbestand nach Art und Höhe festlegen. Dieser bildet dann den Bedingungsrahmen für die kurzfristigen Produktionsplanungen. Abweichungen der tatsächlichen Entscheidungen dieser Partialmodelle von den unterstellten wirken auf die erwarteten, aber noch nicht endgültig festgelegten Aktionsparameter der Investitionsplanung. Eine gegenüber der eigentlichen Planung überhöhte

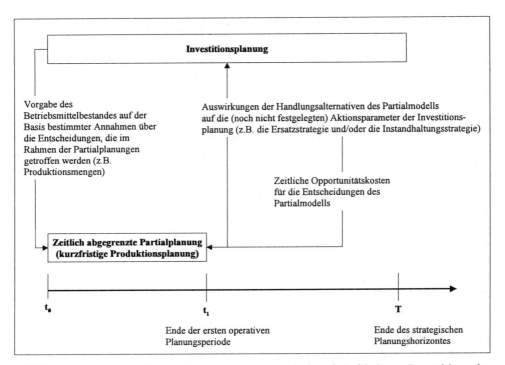

Abbildung 3: Grundsätzliche Interdependenzen zwischen langfristiger Investitionsplanung und kurzfristiger Produktionsplanung

kurzfristige Betriebsmittelnutzung erfordert z.B. Veränderungen der ursprünglich geplanten Instandhaltungsstrategie. Diese Anpassungen im restlichen Entscheidungsfeld verändern aber die ursprünglich geplanten Einzahlungsüberschussreihen.

Vor diesem Hintergrund wird klar, dass eine theoretisch richtige Ermittlung strategiekonformer (variabler) Abschreibungen einer simultanen dynamischen Planung der Investition in ein Betriebsmittel, seiner periodenspezifischen Beschäftigung und der optimalen Nutzungsdauer bedarf. Ansätze zur investitionstheoretischen Bestimmung entscheidungstheoretischer Anlagenabschreibungen versuchen, das hierbei wieder sichtbare Dilemma der zeitlichen Opportunitätskosten durch vereinfachende Annahmen zu umgehen, ohne die Interdependenzen zwischen den (strategischen) Entscheidungen über die Art und Höhe des Betriebsmittelbestandes und den (operativen) Entscheidungen über dessen Nutzung vollständig zu vernachlässigen. D.h. zur Approximation der zeitlichen Opportunitätskosten schätzen sie die Auswirkungen kurzfristiger Betriebsmittelnutzungen auf die langfristige Investitionsplanung. Dies soll im folgenden gezeigt werden.

## 3  Aufbau und Einsatz einer strategiekonformen Kostenrechnung auf Basis der investitionstheoretischen Kostenrechnung

### 3.1  Die investitionstheoretische Kostenrechnung

Die Grundkonzeption der investitionstheoretischen Kostenrechnung soll vor dem Hintergrund der Interdependenzen zwischen strategischen Kapazitätsbereitstellungsplanungen und operativen Kapazitätsnutzungsplanungen veranschaulicht werden. Dabei wird die bereits dargestellte Problematik der Bestimmung strategiekonformer Abschreibungen zugrundegelegt.

Im Rahmen der traditionellen Kostenrechnung werden Anlagenabschreibungen in der Regel zeitabhängig durch Verteilung der Anschaffungskosten auf die Nutzungsdauer hergeleitet. Demgegenüber bilden investitionstheoretische Anlagenabschreibungen[12] die durch kurzfristige Betriebsmittelnutzungen verursachten Veränderungen der im Rahmen der strategischen Investitionsplanung prognostizierten Zahlungsreihe ab. Wird der Kapitalwert als strategisches Zielkriterium verwendet, lassen sich diese Veränderungen, das heißt die Abschreibungen, durch den Differentialquotienten des Kapitalwertes zu diesem Zeitpunkt bestimmen. Geht man zum Beispiel davon aus, dass der Kapitalwert des Betriebsmitteleinsatzes zum Zeitpunkt t von dem Alter der Anlage und seiner bisherigen kumulierten Beschäftigung abhängt, das heißt $K_t = f(t, Y_t)$ gilt, ergeben sich die investitionstheoretischen Anlagenabschreibungen aus dem totalen Differential.

(1) $\dfrac{dK_t}{dt} = \dfrac{\partial K_t}{\partial t} + \dfrac{\partial K_t}{\partial Y_t} \dfrac{dY_t}{dt}$

Die investitionstheoretischen Abschreibungen setzen sich also aus einem zeit- und einem beschäftigungs- beziehungsweise nutzungsabhängigen Anteil zusammen. Die nutzungsabhängige Periodenabschreibung gibt die Veränderung des Kapitalwertes eines Betriebsmittels an, die durch eine kurzfristige (infinitesimal kleine) zeitliche Anpassung der Beschäftigung in einem infinitesimal kleinen Zeitraum verursacht wird. Werden diese Abschreibungen der operativen Handlungsalternative zugerechnet, die diese Beschäftigungsanpassung bewirkt hat, können auch die mittelbaren, das heißt langfristigen Zahlungswirkungen dieser Alternative erfasst werden. Die nutzungsabhängigen Abschreibungen stellen also die entscheidungsrelevanten und strategiekonformen Kosten einer kurzfristigen Betriebsmittelnutzung dar.

---

[12]  Vgl. *Hotelling* 1925; *Mahlert* 1976 und *Küpper* 1984.

Dass operative Betriebsmittelnutzungsentscheidungen tatsächlich strategiekonform gesteuert werden können, wenn den betrachteten Alternativen neben den variablen Kosten zusätzlich nutzungsabhängige Abschreibungen zugerechnet werden, ist bereits mehrfach anhand von Produktionsprogrammplanungsproblemen gezeigt worden.[13] Diese Eigenschaft investitionstheoretischer Kosten konnte auch anhand anderer Entscheidungsprobleme (zum Beispiel make-or-buy-Entscheidungen und Preisuntergrenzenentscheidungen)[14] aufgezeigt werden. Neben Abschreibungen sind zudem Personal- beziehungsweise Fluktuationskosten,[15] Werkzeugkosten[16] und Zinskosten[17] investitionstheoretisch bestimmt worden. Schließlich konnten einige Annahmen des investitionstheoretischen Ansatzes empirisch bestätigt werden.[18] Die investitionstheoretische Kostenrechnung kann daher als eine theoretisch fundierte Grundkonzeption für eine strategiekonforme Kostenrechnung bezeichnet werden.

## 3.2  Anwendungsprobleme

Der dargestellten Grundform der investitionstheoretischen Kostenrechnung liegen allerdings realitätsferne Prämissen zugrunde. So stellt zum Beispiel die Annahme, dass die Instandhaltungskosten mit dem Alter eines Betriebsmittels monoton steigen, eine starke Vereinfachung gegenüber der Realität dar. Wesentlich kritischer ist jedoch die Annahme, dass die entscheidungsrelevanten Daten mit Sicherheit bekannt sind. Gerade bei einer weit in die Zukunft gerichteten Investitionsplanung kann nicht von sicheren Erwartungen über die (periodenkonstante) Planbeschäftigung, die Liquidationserlöse und die Instandhaltungszahlungen ausgegangen werden. Auch bei der operativen Planung kann nicht grundsätzlich eine Entscheidungssituation unter Sicherheit unterstellt werden.

Die praktischen Anwendungsmöglichkeiten der investitionstheoretischen Kostenrechnung werden aber nicht nur durch die Annahme *sicherer Erwartungen* eingeschränkt. Anwendungsprobleme resultieren auch daher, dass bisher immer von einem sog. *Einpersonenkontext* ausgegangen wird, in dem die Träger der operativen und der strategischen Entscheidungen identisch sind oder zumindest die gleichen Präferenzen haben. In praxi werden strategische und operative Planungen dagegen in der Regel von verschiedenen Personen mit unterschiedlichen Informationsständen und Präferenzen durchgeführt.

---

[13] Vgl. *Küpper* 1984 und *Maus* 1996.
[14] Vgl. *Küpper* 1985.
[15] Vgl. *Küpper* 1985, S. 32 f.
[16] Vgl. *Küpper* 1985, S. 33-36.
[17] Vgl. *Küpper* 1991.
[18] Vgl. *Zhang* 1990.

Dass diese beiden Annahmen die Modellwelt zu stark vereinfachen und dadurch wesentliche Aspekte des Realproblems vernachlässigt werden, liegt auf der Hand. Zu welchen Erkenntnissen entsprechend erweiterte Modelle führen können, ist am Beispiel der traditionellen entscheidungsorientierten Kostenrechnung gezeigt worden. Diese geht davon aus, dass zur Fundierung operativer Entscheidungen grundsätzlich nur variable Kosten entscheidungsrelevant sind und die Zurechnung von Fixkosten auf operative Handlungsalternativen Fehlentscheidungen induzieren kann.[19] Daher wurden bisher Teilkostenrechnungen aus theoretischer Sicht als entscheidungsorientierte Kostenrechnungen gegenüber Vollkostenrechnungen immer bevorzugt, obwohl letztere in praxi viel beliebter sind. Untersuchungen, die die Ursachen für diese Theorie-Praxis-Lücke nicht in der Praxis, sondern in der Kostenrechnungstheorie suchen, haben demgegenüber herausgearbeitet, dass bei einer expliziten Einbeziehung von Unsicherheits- und Mehrpersonenaspekten Fixkosten entscheidungsrelevant werden können. So ist zum Beispiel anhand von Einpersonenmodellen unter Risiko gezeigt worden, dass die Zurechnung von Fixkosten unter bestimmten Bedingungen Einfluss auf die Risikonutzen der Alternativen und damit auf die Entscheidung hat.[20] Dass Fix- beziehungsweise Gemeinkosten nicht nur entscheidungsrelevant sind, sondern mit ihrer Zurechnung darüber hinaus sogar positive Steuerungswirkungen erzielt werden können, ist in einigen Mehrpersonenmodellen festgestellt worden. Die Zurechnung von Fix- beziehungsweise Gemeinkosten ist in bestimmten Mehrpersonenentscheidungssituationen vorteilhaft, weil dadurch die Interdependenzen zwischen den einzelnen Entscheidungen approximiert werden können.[21]

Vor diesem Hintergrund ist eine Erweiterung der investitionstheoretischen Kostenrechnung um Unsicherheits- und Mehrpersonenaspekte zwingend notwendig. Der bisher unterstellte Modellrahmen ist nicht nur unrealistisch. Er vernachlässigt auch wesentliche Aspekte des Problems strategiekonformer Entscheidungsfindung, deren Berücksichtigung die bisherigen Erkenntnisse in Frage stellen kann.

### 3.3   Risiko und Mehrpersonenkontext

Zur Erweiterung der investitionstheoretischen Kostenrechnung um Unsicherheitsaspekte wird davon ausgegangen, dass alle zukünftigen (unsicheren) Umweltzustände bekannt sind und deren Eintritt mit einer bestimmten Wahrscheinlichkeit vorhergesagt werden kann. In solchen Entscheidungssituationen unter Risiko wird i.d.R. das *Bernoulli*-Prinzip

---

[19]   Vgl. *Schweitzer/Küpper* 1991, S. 416 und *Hummel* 1992, S. 79.
[20]   Vgl. *Dillon/Nash* 1978, S. 12-15; *Schneider* 1984, S. 2522; *Maltry* 1990; *Siegel* 1993.
[21]   Vgl. *Schildbach* 1993, S. 354-356 und *Pfaff* 1993.

verwendet. Ein Entscheidungsträger handelt nach dem *Bernoulli*-Prinzip, wenn er seinen Erwartungsnutzen maximiert.[22]

Der Verfasser hat gezeigt, dass investitionstheoretische Kosten operative Entscheidungen in Entscheidungssituationen bei Risiko nicht mehr in jedem Fall strategiekonform steuern können.[23] Ein Grund dafür, dass die investitionstheoretische Kostenrechnung bei Risiko nicht mehr grundsätzlich zur Fundierung einer strategiekonformen Kostenrechnung geeignet ist, besteht darin, dass Bewertungsverbunde zwischen den periodenspezifischen operativen Entscheidungen bestehen.[24] Rationale Entscheidungsfindung bei Risiko setzt voraus, dass die Konsequenzen der relevanten Handlungsalternativen anhand des Präferenzsystems des Entscheidungsträgers bewertet werden. Die Präferenzen müssen dabei in Nutzenfunktionen abgebildet werden. Zwischen zwei Teilentscheidungsproblemen bestehen Bewertungsinterdependenzen, wenn die Nutzenfunktion des Gesamtproblems nicht separierbar ist. Derartige Interdependenzen vermag die investitionstheoretische Kostenrechnung bisher nicht zu erfassen, da sie annahmegemäß, das heißt durch die Prämisse sicherer Erwartungen, ausgeschlossen werden.

Diese Überlegungen lassen sich auf die Problematik der Steuerung strategiekonformer operativer Entscheidungen bei Risiko übertragen. Unterstellt man die Wurzelfunktion als Nutzenfunktion und damit einen risikoaversen Entscheidungsträger, werden die Periodengewinne $G_t$ im Rahmen der strategischen Planung nämlich im Prinzip wie folgt bewertet.

(2) $U(G_1,...,G_T) = \sqrt{G_1 + ... + G_T}$

In der strategischen Planung wird also von Bewertungsinterdependenzen zwischen den einzelnen Periodenplanungen ausgegangen, so dass sich das über den gesamten Planungszeitraum betrachtete Entscheidungsproblem nicht in unabhängig voneinander zu treffende Entscheidungen dekomponieren lässt. Trotzdem sind operative Planungen notwendig. Dass diese im allgemeinen keine Bewertungsinterdependenzen erfassen, wird deutlich, wenn man die entsprechenden (additiv separablen) Nutzenfunktionen über den gesamten Planungszeitraum betrachtet:

(3) $U(G_1,...,G_T) = \sqrt{G_1} + ... + \sqrt{G_T}$

Dass die investitionstheoretische Kostenrechnung in ihrer bisherigen Form noch nicht als eine strategiekonforme Kostenrechnung bezeichnet werden kann, wird noch deutlicher, wenn man die unrealistische Annahme des Einpersonenkontextes aufhebt und die

---

[22] Vgl. *v. Neumann/Morgenstern* 1944.
[23] Vgl. *Maus* 1996 und 1997.
[24] Vgl. *Laux/Liermann* 1990, S. 211.

Problematik strategiekonformer Entscheidungsfindung in einem realistischeren Mehrpersonenkontext untersucht. Hierzu soll zunächst davon ausgegangen werden, dass strategische und operative Entscheidungen von verschiedenen Entscheidungsträgern mit unterschiedlichen Risikopräferenzen getroffen werden. In diesem Mehrpersonenkontext müssen investitionstheoretische Kosten aus Sicht des strategischen Entscheidungsträgers in der Lage sein, „fremde" operative Entscheidungen strategiekonform zu steuern.

Dass investitionstheoretische Kosten hierzu (unabhängig von der Problematik der Bewertungsinterdependenzen) nicht in jedem Fall geeignet sind, hat der Verfasser anhand eines Beispiels zur Produktionsprogrammplanung veranschaulicht.[25] Das Beispiel zeigt, dass ein risikoscheuer strategischer Entscheidungsträger, einen „fremden" operativen Entscheidungsträger mit der Zurechnung nutzungsabhängiger Abschreibungen nur dann strategiekonform steuern kann, wenn dieser die gleiche Risikoeinstellung hat. Investitionstheoretische Kosten können eine strategiekonforme Steuerung operativer Entscheidungen nicht mehr generell gewährleisten, wenn zwischen strategischen und operativen Entscheidungsträgern Unterschiede in den Risikopräferenzen bestehen.[26]

Diese Problematik verschärft sich noch, wenn man bedenkt, dass die Träger strategischer und operativer Planungen in der Regel nicht nur unterschiedliche Einstellungen zum Risiko haben. Da die strategische Planung im allgemeinen von der Unternehmensleitung durchgeführt wird, die operativen Planungen dagegen in hierarchisch weiter unten angesiedelten, dezentralen Unternehmensbereichen stattfinden, wird man realistischerweise davon ausgehen müssen, dass die operativen Planungsträger auch andere Präferenzen, wenn nicht sogar andere Zielvorstellungen haben. Zudem sind operative Entscheidungsträger vielfach besser über entscheidungsrelevante Daten informiert als strategische. Wenn strategische Planungsträger vor diesem Hintergrund operative Planer zu strategiekonformen Entscheidungen bewegen wollen, müssen sie also nicht nur asymmetrische Informationsverteilungen beachten, sondern auch potenzielle Anreizprobleme lösen. Ist es doch durchaus denkbar, dass die operativen Entscheidungsträger ihre Informationsvorteile zur Verwirklichung ihrer persönlichen Ziele nutzen, die mit den strategischen Zielsetzungen nicht übereinstimmen. Zur strategiekonformen Steuerung operativer Entscheidungen müssen strategische Entscheidungsträger daher geeignete Anreizsysteme einsetzen, mit denen die operativen Planer motiviert werden können, ihre Informationsvorteile für die Erreichung der strategischen Ziele zu nutzen. Die Problematik strategiekonformer operativer Entscheidungsfindung erweist sich also bei realistischer Modellierung, das heißt unter Einbeziehung von Risiko- und Mehrpersonenaspekten, als ein typisches Principal-Agent-Problem.[27] Die strategische Planungsinstanz (Principal) muss die operative Planungsinstanz (Agent) mit einem geeigneten Anreizsystem dazu motivieren, die gewählte Strategie mit operativen Entscheidungen strategiekonform umzusetzen.

---

[25] Vgl. *Maus* 1996.
[26] Vgl. *Maus* 1997.
[27] Vgl. *Ross* 1973.

Agencytheoretische Untersuchungen haben die Eignung verschiedener Kostenallokationsmodelle für ein solches Anreizsystem untersucht.[28] Sie zeigen, dass die gewünschten Anreizwirkungen erzielt werden können, wenn die operativen Entscheidungsträger anhand operativer Erfolgsgrößen entlohnt werden, in die die vollen Kosten der im Rahmen der strategischen Planung ausgewählten Kapazität eingehen. Ferner arbeiten sie heraus, dass die operativen Entscheidungsträger mit der alleinigen Zurechnung variabler Kosten beziehungsweise Einzelkosten nicht zu strategiekonformen operativen Entscheidungen motiviert werden können. Auch wenn diese Agency-Modelle nur einperiodig sind und mit ihnen die Steuerungswirkungen investitionstheoretischer Kosten noch nicht analysiert worden sind, werfen diese Ergebnisse doch die Frage auf, ob nutzungsabhängige investitionstheoretische Kosten nicht generell ungeeignet sind, operative Entscheidungen strategiekonform zu steuern. Stellen sie doch nur den variablen Teil der investitionstheoretischen Kosten dar.

Zur genaueren Untersuchung dieser These müssen mehrperiodige agencytheoretische Modelle formuliert werden. So könnte ein Produktionsprogrammplanungsproblem bspw. in folgendem Modell abgebildet werden:

Die strategische Planungsinstanz wählt ein strategisches Produktionsprogramm und stellt der operativen Planungsinstanz daraufhin in jeder Periode des strategischen Planungszeitraumes die entsprechenden Produktionskapazitäten zur Verfügung. Zur Fundierung ihrer Entscheidung verlangt sie von der operativen Instanz, dass diese ihre besseren Informationen, zum Beispiel über die Eintrittswahrscheinlichkeiten der Deckungsbeiträge, an sie weiterleitet. Diese Berichte der operativen Instanz implizieren die periodenspezifischen operativen Produktionsprogrammentscheidungen. Wird diese doch antizipieren, dass die strategische Planungsinstanz die Produktionskapazität auf der Basis der Berichte festlegt. Die operativen Instanzen werden daher so berichten, dass die strategische Planungsinstanz ihnen genau die Produktionskapazität zur Verfügung stellt, mit der sie nutzenmaximale operative Programme produzieren können. Gelingt es der strategischen Instanz, die operative Instanz mit einem geeigneten Entlohnungssystem zu wahrheitsgemäßen Berichten zu bewegen, hat sie damit gleichzeitig erreicht, dass die operativen Entscheidungen strategiekonform sind.

In diesem Modellrahmen können die Steuerungswirkungen investitionstheoretischer Kosten untersucht werden. Zu diesem Zweck müssen die Zielvorstellungen der beiden Planungsinstanzen in Nutzenfunktionen abgebildet werden. Ferner sind die Handlungsvariablen, also die Produktionsprogramme beziehungsweise die Kapazitäten, die zu untersuchenden Entlohnungssysteme und die Berichte der operativen Planungsinstanzen in geeigneter Form zu konkretisieren. In einem solchen Modell lassen sich dann die Anreizwirkungen investitionstheoretischer Kosten mit anderen Kostenallokationen vergleichen, indem investitionstheoretische Kosten in die Bemessungsgrundlage der Entlohnungen, das heißt in die operativen Periodenerfolge, einbezogen werden und die entspre-

---

[28] Vgl. *Balachandran/Li/Magee* 1987 und für eine analoge Problemstellung *Pfaff* 1993.

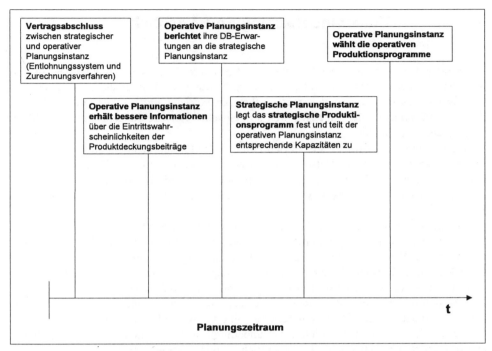

Abbildung 4: Principal-Agent-Modell für ein Produktionsprogrammplanungsproblem

chenden Einflüsse auf die Berichte der operativen Planungsinstanz analysiert werden.[29]

Ergebnis der Principal-Agent-Untersuchung ist, dass investitionstheoretische Kosten im Vergleich mit der „Einzelkostenrechnung" bessere Steuerungswirkungen erzielen. In dem Vergleich mit den beiden „Vollkostenrechnungen" lässt sich kein Verfahren als generell überlegen identifizieren. Es zeigt sich aber, dass lineare Anlagenabschreibungen durchaus bessere Steuerungswirkungen aufweisen können als investitionstheoretische. Unter der Voraussetzung, dass die Verfahren wahrheitsgemäße Berichte induzieren, ist die Art der Risikoverteilung entscheidend für die Anreizkompatibilität eines Zurechnungsverfahrens.

---

[29] Vgl. *Maus* 1996.

## 4 Zusammenfassung und Ausblick

Die Strategieorientierung eines Kostenrechnungssystems kann sich zum einen auf die Eigenschaft beziehen, dass es strategische Entscheidungen zu unterstützen vermag. Der Beitrag hat gezeigt, dass *solche strategischen Kostenrechnungssysteme* noch nicht vorhanden und aufgrund der Eigenschaften strategischer Entscheidungsprobleme auch nur bedingt entwickelbar sind.

Zum anderen kann die Strategieorientierung einer Kostenrechnung aber auch die Fähigkeit bedeuten, operative Entscheidungen zu unterstützen, die mit der Unternehmensstrategie konform sind. Sollen operative Entscheidungen mit der Strategie konform sein, muss eine *strategiekonforme Kostenrechnung* zeitliche Opportunitätskosten approximieren.

Die investitionstheoretische Fundierung der Kostenrechnung ist in der Lage zeitliche Opportunitätskosten zu approximieren und erscheint somit zur Fundierung einer strategiekonformen Kostenrechnung geeignet. Die Steuerungswirkungen investitionstheoretischer Kosten sind bisher allerdings in einem zu engen Modellrahmen untersucht worden. Erweitert man diese Modellwelt um Risiko- und schließlich um Mehrpersonenaspekte, erweist sich die Problematik strategiekonformer Entscheidungsfindung als ein typisches Principal-Agent-Problem. In einem derart erweiterten Modellrahmen vermag der investitionstheoretische Ansatz aber nicht mehr unbedingt, operative Entscheidungen strategiekonform zu steuern. Hierzu sind - wesentlich einfacher zu ermittelnde - Vollkosten zumindest nicht generell schlechter, in einigen Fällen sogar besser in der Lage.

Die investitionstheoretische Kostenrechnung ist also in ihrer bisherigen Form zur Fundierung einer strategiekonformen Kostenrechnung noch nicht geeignet. Daher müssen sich zukünftige Weiterentwicklungen dieser Kostenrechnungskonzeption darauf konzentrieren, investitionstheoretische Kosten endogen aus mehrperiodigen Principal-Agent-Modellen herzuleiten. Allgemeiner formuliert müssen die Anreiz- und Risikoverteilungswirkungen von Kostenallokationen in mehrperiodigen Principal-Agent-Beziehungen genauer analysiert werden.

Dabei muss insbesondere untersucht werden, ob es aus Sicht einer strategischen Planungsinstanz (Principal) zur Steuerung strategiekonformer Entscheidungen sinnvoll ist, mit den operativen Entscheidungsträgern (Agenten) Langzeitverträge abzuschließen. Diese schreiben bereits im Planungszeitpunkt für den gesamten Planungszeitraum Kostenzurechnungen fest, die in jeder Periode von berichteten Erfolgserwartungen der Vorperiode abhängig gemacht werden, so dass die operative Entscheidung des Agenten in einer Periode von seiner Berichterstattung in der vorhergehenden Periode abhängig gemacht werden kann.[30]

---

[30] Vgl. *Fellingham/Young* 1990; *Arya/Fellingham/Young* 1993 und 1994; *Sivaramakrishnan* 1994.

Unabhängig davon ist ferner zu überprüfen, ob strategiekonforme operative Entscheidungen mit anderen Anreizmechanismen, die ohne Kostenzurechnungen auskommen fundiert werden können. Vielleicht gibt es ja sogar ein *pareto*-optimales Anreiz- und/oder Kontrollsystem, mit dessen Hilfe operative Entscheidungen strategiekonform gesteuert werden können.

## Literaturverzeichnis

*Adam, D.:* Entscheidungsorientierte Kostenbewertung, Wiesbaden 1970.

*Arya, A./Fellingham, J. C./Young, R. A:* The Effects of Risk Aversion on Production Decisions in Decentralized Organizations, in: Management Science, 39. Jg. (1993), S. 794-805.

*Arya, A./Fellingham, J. C./Young, R. A:* Contract-based Motivation for Keeping Records of a Manager's Reporting and Budgeting History, in: Management Science, 40. Jg. (1994), S. 484-495.

*Balachandran, Bala V./Li, Lode/Magee, Robert P.:* On the Allocation of Fixed and Variable Costs from Service Departments, in: Contemporary Accounting Research, 4. Jg. (1987), S. 164-185.

*Coenenberg, A. G./Fischer, Th.:* Prozesskostenrechnung - Strategische Neuorientierung in der Kostenrechnung, in: Die Betriebswirtschaft, 51 Jg. (1991), S. 21-38.

*Dillon, Ray D./Nash, John F.:* The True Relevance of Relevant Costs, in: Accounting Review, 53 Jg. (1978), S. 11-17.

*Fellingham, J. C./Young, R. A.:* The Value of Self-Reported Costs in Repeated Investment Decisions, in: Accounting Review, 85. Jg. (1990), S. 837-856.

*Fisher, I.:* The Theory of Interest - As Determined by Impatience to Spend Income and Opportunity to Invest, New York 1930 (Deutsche Übersetzung: Die Zinstheorie, Jena 1932).

*Hax, H.:* Kostenbewertung mit Hilfe der mathematischen Programmierung, in: Zeitschrift für Betriebswirtschaft, 35. Jg. (1965), S. 197-210.

*Holzwarth, J.:* Strategische Kostenrechnung?, Stuttgart 1993.

*Horvath, P./Mayer, R.:* Prozesskostenrechnung, in: Controlling, 1. Jg. (1989), S. 214-219.

*Hotelling, Harold A.:* General Mathematical Theory of Depreciation, in: The Journal of the American Statistical Association, 20. Jg. (1925), S. 340-353.

*Hummel, S.:* Die Forderung nach entscheidungsrelevanten Kosteninformationen, in: Männel, W. (Hrsg.): Handbuch Kostenrechnung, Wiesbaden 1992, S. 76-83.

*Küpper, H.-U.:* Kosten- und entscheidungstheoretische Ansatzpunkte zur Behandlung des Fixkostenproblems in der Kostenrechnung, in: Zeitschrift für betriebswirtschaftliche Forschung, 36. Jg. (1984), S. 794-811.

*Küpper, H.-U.:* Investitionstheoretische Fundierung der Kostenrechnung, in: Zeitschrift für betriebswirtschaftliche Forschung, 37. Jg. (1985), S. 26-46.

*Küpper, H.-U.:* Bestands- und zahlungsstromorientierte Berechnung von Zinsen in der Kosten- und Leistungsrechnung, in: Zeitschrift für betriebswirtschaftliche Forschung, 43. Jg. (1991), S. 3-20.

*Laux, H./Liermann, F.:* Grundlagen der Organisation: Die Steuerung von Entscheidungen als Grundproblem der Betriebswirtschaftslehre, 2. Auflage, Berlin et al. 1990.

*Mahlert, A.:* Die Abschreibungen in der entscheidungsorientierten Kostenrechnung, Opladen 1976.

*Maltry, H.:* Plankosten- und Prospektivkostenrechnung, Bergisch Gladbach 1989.

*Maltry, H.:* Überlegungen zur Entscheidungsrelevanz von Fixkosten im Rahmen operativer Planungsrechnungen, in: Betriebswirtschaftliche Forschung und Praxis, 42. Jg. (1990), S. 294-311.

*Maus, St.:* Strategiekonforme Kostenrechnung, Stuttgart 1996.

*Maus, St.:* Strategiekonforme Kostenrechnung bei Unsicherheit, in: Zeitschrift für betriebswirtschaftliche Forschung, 49. Jg (1997), S. 1019-1046.

*Ossadnik, W./Maus, St.:* Strategische Kostenrechnung?, in: Die Unternehmung, 49. Jg. (1995), S. 143-158.

*Pfaff, D.:* Kostenrechnung, Unsicherheit und Organisation, Heidelberg et al. 1993.

*Porter, M.:* From Competitive Advantage to Corporate Strategy, in: Harvard Business Review, 65. Jg. (1987), S. 43-59.

*Rappaport, A.:* Creating Shareholder Value. The New Standard for Business Performance, New York/London 1986.

*Ross, St. A.:* The Economic Theory of Agency: The Principal's Problem, in: American Economic Review, 63. Jg. (1973), S. 134-139.

*Rudolph, B.:* Zur Bedeutung der kapitaltheoretischen Separationstheoreme für die Investitionsplanung, in: Zeitschrift für Betriebswirtschaft, 53. Jg. (1983), S. 261-287.

*Schildbach, Th.:* Vollkostenrechnung als Orientierungshilfe, in: Die Betriebswirtschaft, 53. Jg. (1993), S. 345-359.

*Schneider, D.:* Zielvorstellungen und innerbetriebliche Lenkungspreise in privaten und öffentlichen Unternehmen, in: Zeitschrift für betriebswirtschaftliche Forschung, 28. Jg. (1966), S. 260-275.

*Schneider, D.:* Investition und Finanzierung, 2. Auflage, Opladen 1971.

*Schneider, D.:* Entscheidungsrelevante fixe Kosten, Abschreibungen und Zinsen zur Substanzerhaltung, in: Der Betrieb, 37. Jg. (1984), S. 2521-2528.

*Schweitzer, M./Küpper, H.-U.:* Systeme der Kostenrechnung, 5. Auflage, Landsberg am Lech 1991.

*Siegel, Th.:* Relevanz und Irrelevanz fixer Kosten bei Sicherheit und Unsicherheit, in: Zeitschrift für betriebswirtschaftliche Forschung, 45. Jg. (1993), S. 548-550.

*Sivaramakrishnan, K.:* Information Asymmetry, Participation, and Long-term Contracts, in: Management Science, 40. Jg. (1994), S. 1228-1244.
*Neumann von, J./Morgenstern, O.:* Theory of Games and Economic Behavior, Princeton (NJ) 1944.
*Zhang, S.:* Instandhaltung und Anlagenkosten, Wiesbaden 1990.

## Symbolverzeichnis

| | |
|---|---|
| $G_t$ | Gewinn in der Periode t |
| $K_t$ | Kapitalwert des Betriebsmitteleinsatzes zum Zeitpunkt t |
| t | Periodenindex |
| T | Periodensumme mit t= 1,2,...,T |
| U | Nutzenwert |
| $Y_t$ | Kumulierte Beschäftigung des Betriebsmittels zum Zeitpunkt t |

## Abbildungsverzeichnis

| | |
|---|---|
| Abbildung 1 | Entwicklungstrends der entscheidungsorientierten Kostenrechnung |
| Abbildung 2 | Zeitliche Verbundwirkungen |
| Abbildung 3 | Grundsätzliche Interdependenzen zwischen langfristiger Investitionsplanung und kurzfristiger Produktionsplanung |
| Abbildung 4 | Principal-Agent-Modell für ein Produktionsprogrammplanungsproblem |

PÉTER HORVÁTH

# Controlling in Netzwerken

| 1 | Die Unternehmung der Zukunft – ein Netzwerk? | | 213 |
|---|---|---|---|
| 2 | Was sind Unternehmensnetzwerke? | | 214 |
| 3 | Netzwerk-Controlling | | 217 |
| | 3.1 | Die Aufgaben im Überblick | 217 |
| | 3.2 | Strategiebildung | 219 |
| | 3.3 | Strategieumsetzung | 220 |
| | 3.4 | Betrieb | 222 |
| | 3.5 | Auflösung | 222 |
| 4 | Resümee | | 224 |

Literaturverzeichnis 225

Abbildungsverzeichnis 225

# 1 Die Unternehmung der Zukunft – ein Netzwerk?

Der visionäre Managementdenker *Peter F. Drucker* sieht die Unternehmung der Zukunft als „confederation":
„The corporation of the next society will be very different from today. Traditional corporations today are organized along product or service lines and held together by ownership. The multinationals of 2025 are likely to be held together and controlled by strategy. Alliances, joint ventures, minority stakes, know-how agreements and contracts will increasingly be the building blocks of a confederation. This kind of organization will need a new kind of top management. One of the most important jobs ahead for top management will be to balance the conflicting demands on business being made by the need for both short-term and long-term results, and by the corporation's various constituencies: customers, shareholders, knowledge employees and communities."[1]

Die Zukunft, die *Drucker* beschreibt, hat bereits begonnen. Über zahlreiche Beispiele aus der Unternehmenspraxis zu „collaborative business" wird berichtet. In der betriebswirtschaftlichen Literatur schwillt die Anzahl der populären aber auch der wissenschaftlichen Veröffentlichungen in den letzten drei Jahren sprunghaft an. Auch das Thema „Controlling in Unternehmensnetzwerken" wurde bereits aufgegriffen.[2] Dennoch, das Thema „Netzwerke" hat trotz der überragenden Bedeutung den Mainstream des Controllings noch nicht erreicht. Die meisten Veröffentlichungen befassen sich mit Themen, die die einzelne Unternehmung zum Gegenstand haben.

Einen wichtigen Meilenstein in der betriebswirtschaftlichen Literatur bildet das Buch von *Picot, Reichwald* und *Wigand*, „Die grenzenlose Unternehmung" (1. Auflage: 1996).[3] Die Autoren weisen auf die von der Informationstechnologie vorangetriebene Entwicklung zu unscharf werdenden Grenzen der Unternehmen und deren Vernetzung mit anderen Unternehmen hin. Das Thema hat wichtige Facetten auch im Hinblick auf die voranschreitende Globalisierung.

In der Praxis sind zahlreiche Formen der Vernetzung von schlichten Zuliefererbeziehungen bis zu komplexen Entwicklungspartnerschaften vorzufinden. Die Evolution schreitet voran. Die Informationen aus der Praxis sind dabei etwas widersprüchlich. Am selben Tag (09.12.2002) berichtete die *FAZ* über eine *Roland Berger*-Studie, die den Erfolg flexibler Netzwerke in der Automobilindustrie beschreibt und über eine Studie der Bundesvereinigung Logistik (BVL), die die Probleme beim Logistik-Outsourcing beleuchtet.[4]

---

[1] *Drucker* 2002.
[2] Vgl. z.B. *Hess* 2002; *Ries* 2001; *Veil* 2001.
[3] Vgl. *Picot/Reichwald/Wigand* 1999.
[4] *O.V.*: 2002 und *o.V.*: 2002.

Im folgenden Beitrag soll ein kurzer Überblick über das Controlling in Unternehmensnetzwerken geliefert werden. Als erstes wollen wir uns mit Unternehmensnetzwerken grundsätzlich auseinandersetzen – insbesondere ist da Definitorisches zu klären – und deren spezifische Controllinganforderungen herausarbeiten. Im zweiten Schritt erfolgt dann die Darstellung von Funktion, Organisation und Instrumenten des Netzwerkcontrolling. Dabei wollen wir lebensphasenorientiert vorgehen, d.h. Entstehung, Betrieb und Auflösung von Netzwerken bilden die Gliederungskriterien der Darstellung.

## 2    Was sind Unternehmensnetzwerke?

Unternehmensnetzwerke werden als „innovative" Organisationsformen angesehen. Die Umfeldveränderungen der letzten Jahre haben ihre Entstehung bewirkt. Ihr wesentlicher Vorteil gegenüber herkömmlichen Organisationen wird darin gesehen, dass hier trotz Größe und Komplexität die Flexibilität und Reaktionsfähigkeit erhalten bleibt. In der Literatur gibt es inzwischen zahlreiche Definitionen, die unterschiedliche Aspekte des Sachverhalts hervorheben.[5] Die Problematik bei der Fassung und Abgrenzung des Begriffs „Netzwerk" beleuchtet der Definitionsversuch von *Sydow*:

- Unternehmensnetzwerke stellen „eine auf die Realisierung von Wettbewerbsvorteilen zielende, polyzentrische, gleichwohl von einer oder mehreren Unternehmungen *strategisch* geführte Organisationsform ökonomischer Aktivitäten zwischen Markt und Hierarchie dar, die sich durch komplex-reziproke, eher kooperative denn kompetitive und relativ stabile Beziehungen zwischen rechtlich selbständigen, wirtschaftlich jedoch zumeist abhängigen Unternehmungen auszeichnet".[6]

- „Faktisch stellt die Netzwerkorganisation, die ein erhebliches Maß an strategischer Flexibilität aufweisen soll, *das* Gegenmodell zur vertikal tief integrierten und/oder breit diversifizierten Unternehmung dar".[7]

Viele bereits in Literatur und Praxis gängigen Formen der Zusammenarbeit lassen sich hier subsummieren (Kooperationen, Allianzen, Joint Ventures, Supply Chains, Outsourcing-Beziehungen, Betreibermodelle usw.).

Auf die für das Controlling relevanten Typen und Merkmale kommen wir noch in Abschnitt 3 zurück. In engem Zusammenhang mit dem Begriff des Netzwerkes steht der Begriff des virtuellen Unternehmens. Wir wollen unter einem virtuellen Unternehmen eine Form des Netzwerkes verstehen, bei der dem Kunden gegenüber die Wirkung eines

---

[5]  Vgl. z.B. *Ries* 2001, S. 14-23.
[6]  *Sydow* 1992, S. 82.
[7]  *Sydow* 1999, S. 1.

einheitlichen Unternehmens erzielt wird. „Die virtuelle Unternehmung ist nur dem Schein und der erzielten Wirkung nach eine Unternehmung bzw. Organisation. In Wirklichkeit handelt es sich um ein Organisationskollektiv, genauer um ein Netzwerk von rechtlich selbständigen, wirtschaftlich mehr oder weniger abhängigen Unternehmungen, die sich zum Zwecke der Erbringung einer bestimmten wirtschaftlichen Leistung und unter Nutzung informationstechnischer Möglichkeiten zusammengeschlossen haben."[8]

In Literatur und Praxis werden – häufig ohne Beleg – zahlreiche erwartete Vorteile von Netzwerken genannt:

- Kostenvorteile,
- Zeitvorteile,
- Know-how-Vorteile,
- Risiko- und Kostenteilung,
- Marktzugangserweiterung,
- Ressourcenvorteile,
- Wettbewerbsvorteile.

Hier wird bereits ein weites Betätigungsfeld für nüchterne Controller erkennbar.

Die Funktionalität von Netzwerken bestimmt ihre Struktur. *Otto*[9] liefert hierzu ein übersichtliches und plausibles Schema (s. Abbildung 1).

Auf Netzwerke als Gegenstand wissenschaftlicher Forschungsbemühungen lassen sich alle Ansätze der betriebswirtschaftlichen Forschungsmethodik anwenden:

- Realtheoretische Modelle,
- Optimierungs- und Simulationsmodelle,
- Kontrolltheoretische Ansätze,
- Agencytheoretische Ansätze,
- Verhaltenswissenschaftliche Ansätze.

Ziele, Funktionen und Struktur von Netzwerken sind aufeinander abzustimmen.

Eine besondere Rolle spielen u.E. die Principal-Agent-Theorie und die Systemtheorie.[10]

---

[8] *Sydow* 1996, S. 10.
[9] *Otto* 2002, S. 226-229.
[10] Vgl. z. B. *Hess* 2002, S. 93 ff.

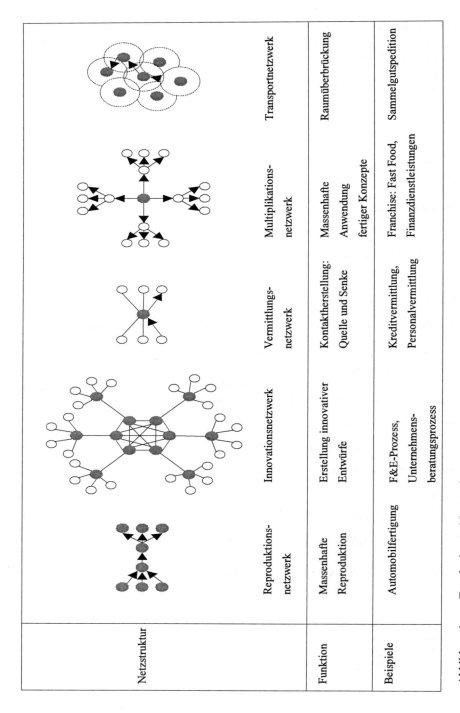

Abbildung 1:  Typologie von Netzwerken

# 3 Netzwerk-Controlling

## 3.1 Die Aufgaben im Überblick

Die Aufgaben des Controllings in einem Netzwerk unterscheiden sich von der Funktionalität her nicht vom Controlling in einem einzelnen Unternehmen. Es gibt allerdings zwei besondere Aspekte, die eine starke Komplexitätszunahme im Netzwerk für das Controlling mit sich bringen:

- Da die Mitglieder des Netzwerkes wirtschaftlich selbständige Unternehmen mit eigenen Zielsetzungen sind, kann sich ein Zielkonflikt bzw. ein Abstimmungsproblem zwischen dem Netzwerkziel als Ganzes und den individuellen Unternehmenszielen einzelner Netzwerkmitglieder ergeben. Die Gefahr opportunistischen Verhaltens ist groß.

- Die geforderte Flexibilität des Netzwerkes bedingt eine ständige Überprüfung und Anpassung von Strategien, Zielen, Funktionen und Struktur des Netzwerkes. Die operative Steuerung hat die geforderte Strategieflexibilität abzubilden.

In der Literatur findet man eine kaum noch überschaubare Anzahl von Klassifikationsansätzen von Netzwerken. Aus der Controllingperspektive sind die folgenden Merkmale von Netzwerken von besonderer Bedeutung:[11]

- Steuerungsform
- Stabilität

Die Steuerungsform beschreibt die grundlegenden Mechanismen der Koordination in einem Netzwerk. Man unterscheidet hierbei polyzentrisch und fokal gesteuerte Netzwerke. In polyzentrischen Netzen bestimmen alle Partner gleichgewichtig mit, in fokalen Netzwerken entscheidet ein einzelnes Unternehmen bzw. eine kleine Kerngruppe von Unternehmen.

Der Begriff der Stabilität bezieht sich auf den Erhalt der Konfiguration des Netzwerks über mehrere Aufträge bzw. Projekte. Im Sinne der beiden Kriterien lassen sich vier Grundtypen von Netzwerken unterscheiden:

---

[11] Vgl. *Hess* 2002, S. 14-16; ähnlich *Sydow* 1999 und Abbildung 2, *ebenda*, S. 16.

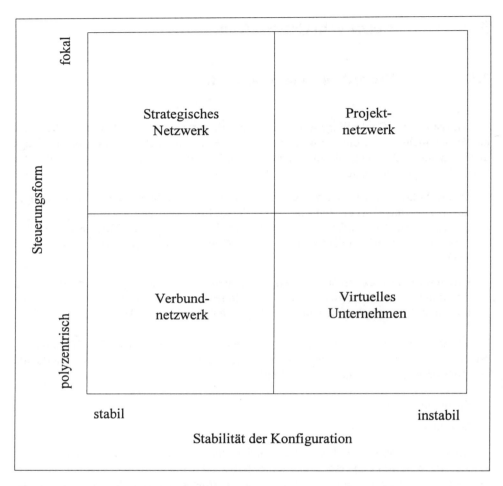

Abbildung 2:   Netzwerke aus Controllerperspektive[12]

- Projektnetzwerke sind in der Regel fokal und werden pro Projekt gebildet.
- Strategische Netzwerke sind ebenfalls fokal; sie sind stabil, weil sie über eine größere Zahl von Aufträgen bestehen bleiben.
- Virtuelle Unternehmen sind polyzentrisch. Sie konfigurieren sich je Auftrag neu.

---

[12] Vgl. *Hess* 2002, S. 16.

- Verbundnetzwerke verbinden polyzentrische Steuerung und eine stabile Konfiguration.

In der Literatur wurden bereits verschiedene Strukturierungsversuche zur umfassenden Darstellung des Netzwerkcontrollings vorgenommen.[13]

Uns scheint die am Lebenszyklus eines Netzwerkes orientierte Systematisierung am plausibelsten, zumal der temporäre Charakter eines Netzwerkes immer wieder hervorgehoben wird. Mit den hierbei hervorgehobenen Aufgabenaspekten lassen sich die ansonsten angesprochenen instrumentellen und organisationellen Strukturierungsmerkmale gut verbinden.

Wir wollen dementsprechend die folgenden Phasen im Lebenszyklus eines Netzwerkes unterscheiden:[14]

- Phase 1: Strategiebildung
- Phase 2: Strategieumsetzung
- Phase 3: Betrieb
- Phase 4: Auflösung

Die Phasen 1 und 2 lassen sich im Sinne des koordinationsorientierten Controllingansatzes als systembildende Koordination sowie als strategisches Controlling beschreiben. Die Phase 3 kann als systemkoppelnde Koordination bezeichnet werden. Der Schwerpunkt liegt auf der operativen Steuerung. Die Phase 4 beinhaltet sowohl strategische als auch operative Elemente. Die oben angesprochene Differenzierung der Netzwerktypen kommt in allen Phasen zum Ausdruck.

Für ein Netzwerkcontrolling ist das Controllingkonzept nicht neu zu erfinden. Strukturen und Instrumente des Konzern-, Projekt- und Prozesscontrollings lassen sich unter Berücksichtigung des spezifischen Netzwerktyps gut übertragen.

## 3.2 Strategiebildung

Der Beginn der Netzwerkbildung stellt die Strategiegenerierung dar. Sie kann fokal oder polyzentrisch erfolgen. In der Praxis gibt es in beiden Fällen in der Regel einen Initiator. Es muss für das Netzwerk festgelegt werden:[15]

---

[13] Vgl. z.B. *Hess* 2002; *Otto* 2002; *Veil* 2001; *Ries* 2001.
[14] Vgl. hierzu z.B. *Ries* 2001, S. 42-50.
[15] Vgl. *Sydow* 1999, S. 294 f.

- Selektion: Auswahl von Netzwerkpartnern,
- Allokation: Aufgabenzuordnung im Netzwerk,
- Regulation: Entwicklung und Durchsetzung von Regeln der Zusammenarbeit,
- Evaluation: Planung, Ermittlung und Kontrolle des Netzwerkerfolges.

Dabei wird jeder potenzielle Partner für sich die kritische Prüfung der Gestaltung der eigenen Mitwirkung vornehmen. Es ist eine eminent wichtige Fragestellung an jeden potenziellen Mitwirkenden, welche Ressourcen er im Sinne von Kernkompetenzen ins entstehende Netzwerk einbringen will.

Vom Controlling her steht in dieser Phase die Bewertung der wirtschaftlichen Vor- und Nachteile der möglichen Geschäftsmodelle des geplanten Netzwerkes im Vordergrund. Das Controlling übernimmt dabei die Rolle eines „strategischen Beraters". Wie schon oben angesprochen, ist der Betrachtungsfokus entweder gesamtnetzwerkorientiert oder auf das einzelne Partnerunternehmen bezogen. Das Ergebnis dieser Phase ist das Geschäftsmodell und die Netzwerkarchitektur. Auch das Controllingsystem des Netzwerks ist hierbei in seinen grundsätzlichen Dimensionen festzulegen. Diese systembildende Koordinationsaufgabe lässt sich sehr überzeugend in die in Abbildung 3 dargestellte Form strukturieren.[16]

Das Ergebnis der Phase 1 ist die strategische Grundsatzentscheidung über das Netzwerk und sein Geschäftsmodell. Auch die Struktur des Controllingsystems wird festgelegt.

## 3.3  Strategieumsetzung

Durch die Strategiefestlegung wurde das Geschäftsmodell des Netzwerks definiert. Bei der Strategieumsetzung geht es darum, die Strategie in konkrete Aktivitäten zu transformieren. Am besten lässt sich dieser Schritt mit dem Entwurf einer Balanced Scorecard für das Netzwerk konkretisieren.

Die Controllingaufgaben lauten: Übersetzung der Netzwerkstrategie in konkrete, aufeinander abgestimmte Einzelziele, Festlegung der dazu gehörenden Leistungs- bzw. Steuerungsgrößen, Erarbeitung der Zielvorgaben. Die Strategieumsetzung benötigt ein funktionierendes Controllingsystem. Ausgehend von den grundsätzlichen Entscheidungen der Phase 1 ist die Architektur des Controllingsystems im Detail zu erarbeiten.

---

[16] Vgl. *Hess* 2002, S. 146.

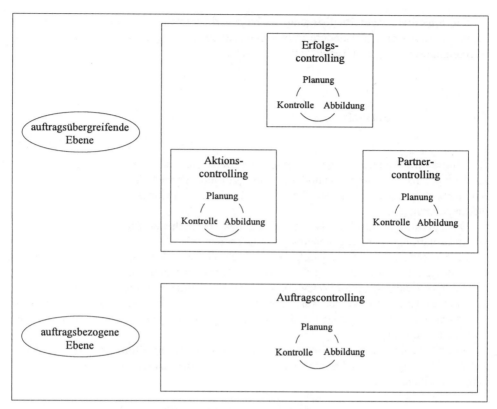

Abbildung 3: Bildung des Controllingsystems in Netzwerken

Je nach Typ des Netzwerkes handelt es sich hier um Bausteine, die Elemente aus dem Konzern-, Projekt- und Prozesscontrolling übernehmen. Auf jeden Fall zu bestimmen sind:

- Planung und Budgetierung,
- Reporting,
- Kosten- und Erlösrechnung,
- Verrechnungspreise,
- internes Kontrollsystem,
- IT-Unterstützung.

Die organisatorische Realisierung des Netzwerkcontrollings ist im Einzelnen festzulegen. Hierbei sind insbesondere interne Kontrollen und gegebenenfalls Sanktionen für Nichteinhaltung der „Spielregeln" zu bestimmen.

## 3.4 Betrieb

Der Betrieb im Rahmen des geschaffenen Netzwerks richtet sich nach den Charakteristika des spezifischen Geschäftsmodells. Eine „virtuelle Fabrik" für die Abwicklung von Kundenbestellungen wird anders betrieben als ein Entwicklungsnetzwerk für eine Produktneuentwicklung.

Das operative Controlling ist im Rahmen des vorgesehenen Planungs-, Kontroll- sowie Informationsversorgungssystems wahrzunehmen.

Eine wichtige Abstimmungsaufgabe stellt die laufende Koordination des Netzwerkcontrollings mit dem Controlling der einzelnen Partnerunternehmen dar.

Die operative Steuerung im Netzwerk wird im Wesentlichen mittels der Unterstützung des internen Rechnungswesens wahrgenommen. Die hierbei herangezogenen Informationen lassen sich auftragsbezogen und auftragsübergreifend systematisieren (vgl. die Abbildungen 4 und 5).[17]

Im Falle projektbezoger Netzwerke muss ein Projektcontrolling installiert werden.

Die festgelegten „Spielregeln" bestimmen die Auftragszuteilung, Kapazitätsauslastung, Preisfindung etc.

## 3.5 Auflösung

Es ist davon auszugehen, dass ein Netzwerk zwar langfristig bzw. unbefristet angelegt wird, aber dennoch eine endliche Existenz hat. Die Auflösung führt zur Beendigung der kooperativen Beziehungen; das Netzwerk wird aufgelöst.

Das Controlling hat im Rahmen seiner strategischen Kontrollaufgabe Kriterien zu definieren und im Sinne einer Früherkennung wahrzunehmen, die eine Auflösung des Netzwerks notwendig machen. Bei der Beendigung der Kooperationsbeziehungen ist der Auflösungsprozess operativ zu begleiten.

---

[17] *Veil* 2001, S. 108 und 109.

| Aufgabe | Art | Objekt |
|---|---|---|
| Abschätzung des Auftragserfolges | • Gewinn und Verlust<br>• Deckungsbeitrag | Auftrag |
| Vergeben von Teilaufträgen | • Preise<br>• Kosten | Teilauftrag |
| Leistungsvereinbarungen Treffen | • Preise<br>• Kosten<br>• Mengen-, Zeit- und Qualitätsdaten | Teilauftrag; Auftrag |
| Preise gestalten | • Preise | Auftrag |
| Leistungsvereinbarungen überwachen | • Preise<br>• Kosten<br>• Mengen-, Zeit- und Qualitätsdaten | Teilauftrag; Auftrag |
| Ergebnis verteilen | • Erlöse<br>• Gewinn und Verlust | Auftrag |

Abbildung 4: Operativer Informationsbedarf auf Auftragsebene des Netzwerks

| Aufgabe | Art | Objekt |
|---|---|---|
| Netzwerkerfolg messen | • Kosten<br>• Erlöse<br>• Gewinn und Verlust | Unternehmensnetzwerk |
| Strukturieren des Partnerpools | • Erlöse<br>• Gewinn und Verlust<br>• Kosten | Netzwerkunternehmen |
| Kooperationsfelder bewerten | • Erlöse<br>• Gewinn und Verlust<br>• Deckungsbeitrag | Kooperationsfeld |
| Verrechnungs- und Umlagemethoden gestalten und überprüfen | • Kosten | Auftrag |

Abbildung 5: Operativer Informationsbedarf auf der auftragsübergreifenden Ebene des Netzwerks

## 4 Resümee

Die Steuerung von Unternehmensnetzwerken steht noch am Anfang. Die Praxis kann noch nicht auf gesicherte wissenschaftliche Konzepte und auf bewährte best practice-Lösungen zurückgreifen. Die weitere konzeptionelle Arbeit muss noch im Hinblick auf bestimmte Netzwerktypen und auf bestimmte Branchen detaillierte Ansätze entwickeln.

Besonders lohnenswert erscheint es, Erkenntnisse zu den Erfolgsfaktoren der Netzwerkgestaltung zu gewinnen.

## Literaturverzeichnis

*Drucker, P.:* Next Society, in: Frankfurter Allgemeine Zeitung vom 9. November 2002, o.S.
*Hess, T.:* Netzwerkcontrolling: Instrumente und ihre Werkzeugunterstützung, Wiesbaden 2002.
*Otto, A.:* Management und Controlling von Supply Chains: ein Modell auf Basis der Netzwerktheorie, Wiesbaden 2002.
*o.V.:* Das Netz in der Autoindustrie bekommt mehr Maschen, in: Frankfurter Allgemeine Zeitung vom 9. Dezember 2002, o.S.
*o.V.:* Logistik-Outsourcing stößt an Grenzen, in: Frankfurter Allgemeine Zeitung vom 9. Dezember 2002, o.S.
*Picot, A./Reichwald, R./Wigand, R.:* Die grenzenlose Unternehmung, 4. Auflage, Wiesbaden 1999.
*Ries, A.:* Controlling in Virtuellen Netzwerken: Managementunterstützung in dynamischen Kooperationen, Wiesbaden 2001.
*Sydow, J.:* Strategische Netzwerke: Evolution und Organisation, Wiesbaden 1992.
*Sydow, J.:* Virtuelle Unternehmen – Erfolg der Vertrauensorganisation?, in: Office Management 1996, Nr. 7/8, S. 10-13.
*Sydow, J. (Hrsg):* Management von Netzwerkorganisationen – zum Stand der Forschung, Wiesbaden 1999.
*Veil, T.:* Internes Rechnungswesen zur Unterstützung der Führung von Unternehmensnetzwerken, Göttingen 2001.

## Abbildungsverzeichnis

Abbildung 1:   Typologie von Netzwerken
Abbildung 2:   Netzwerke aus Controllerperspektive
Abbildung 3:   Bildung des Controllingsystems in Netzwerken
Abbildung 4:   Operativer Informationsbedarf auf Auftragsebene des Netzwerks
Abbildung 5:   Operativer Informationsbedarf auf der auftragsübergreifenden Ebene des Netzwerks

# Teil II:

# Controlling-Werkzeuge in der Praxis

HANS-JOACHIM DINTER/MARCO SWOBODA

# Operative Performance-Messung im Shareholder-Value-Konzept von *Henkel*

| | | |
|---|---|---|
| 1 | Einleitung | 231 |
| 2 | Elemente eines Shareholder-Value-Konzeptes | 232 |
| 3 | Unterscheidung zwischen strategischer und operativer Messung der Wertschaffung | 237 |
| 4 | Strategische Messung der Wertschaffung | 240 |
| 5 | Operative Messung der Wertschaffung | 245 |
| | 5.1 Anforderungen an wertorientierte operative Messgrößen | 245 |
| | 5.2 Traditionelle Messgrößen | 247 |
| |     5.2.1 Betriebsergebnis (EBIT) | 247 |
| |     5.2.2 Kapitalrenditen | 248 |
| | 5.3 Wertorientierte Konzepte zur operativen Performance-Messung | 250 |
| |     5.3.1 Überblick | 250 |
| |     5.3.2 Das Economic-Value-Added (EVA®)-Konzept nach *Stern Stewart & Co.* | 252 |
| 6 | Operative Messung der Wertschaffung bei *Henkel* auf Basis des Economic-Value-Added-Ansatzes (EVA®) | 254 |
| | 6.1 Definition des Economic Value Added (EVA) bei *Henkel* | 254 |
| |     6.1.1 EVA vor Steuern und vor Goodwillabschreibungen | 254 |
| |     6.1.2 Kapitalkosten | 258 |

|       |     |                                              |     |
|-------|-----|----------------------------------------------|-----|
|       | 6.2 | Performance-Messung von Geschäftsbereichen   | 259 |
|       | 6.3 | Interpretation von EVA                       | 261 |
| 7     | Fazit |                                            | 264 |

Literaturverzeichnis 267

Symbolverzeichnis 269

Abbildungsverzeichnis 269

# 1 Einleitung

Das Konzept des „Shareholder Value", über das seit Anfang der 90er-Jahre auch in Deutschland intensiv diskutiert wird, nimmt inzwischen einen festen Platz in der Führungspraxis vieler großer Unternehmen ein.[1] Im Grundsatz geht es dabei um die Forderung, dass die primäre Zielsetzung eines Unternehmens und dementsprechend das Bestreben des Managements darin bestehen soll, den Unternehmenswert und somit das Vermögen der Anteilseigner bzw. Aktionäre zu maximieren. Zielgröße ist hierbei der sogenannte „Marktwert des Eigenkapitals (Shareholder Value)".[2]

Die besondere Betonung der Interessen der Anteilseigner ergibt sich aus deren Stellung als Risikokapitalgeber. Dabei gibt es ein breites Grundverständnis darüber, dass langfristig die Ertragssteigerungsziele nur verwirklicht werden können, wenn auch den Erwartungen der übrigen mit dem Unternehmen verbundenen Anspruchsgruppen (Stakeholder), vor allem der Mitarbeiter, Kunden und Lieferanten, Rechnung getragen wird.[3] Andererseits nutzt eine in dieser Weise unter Shareholder-Value-Vorzeichen verfolgte Geschäftspolitik letztlich auch den Interessen der Stakeholder, denn eine hohe Ertragskraft des Unternehmens verbessert die Möglichkeiten der Finanzierung mit Eigen- und Fremdkapital und führt damit zu niedrigeren Finanzierungskosten. Angesichts des starken Wettbewerbs auf den meisten Absatzmärkten ist dies ein wichtiger finanzwirtschaftlicher Faktor für nachhaltiges Wachstum und langfristigen Erfolg.[4]

Im Zeitablauf stand insofern immer weniger die anfangs sehr dominierende Frage des „ob überhaupt" als vielmehr des „wie umsetzen" im Vordergrund.[5] Es haben sich in der Praxis mittlerweile einige Kernelemente eines Shareholder-Value-Konzeptes herausgebildet (Kapitel 2). Auch die Wissenschaft hat sich mit dem Thema intensiv auseinandergesetzt und eine Fülle an Beiträgen und Untersuchungen hervorgebracht, die sich vor allem der Frage der richtigen Messung der Wertschaffung widmen, dabei aber auch die verschiedenen Stellhebel zur Steigerung des Shareholder Value („Value Driver" bzw. „Wertgeneratoren") analysieren. Der Praxis wurde dabei verschiedentlich vorgehalten, ihre Konzepte seien zu rechnungswesenorientiert und die damit verbundene Beschränkung auf traditionelle Rechengrößen sei gerade nicht wertorientiert, wobei aber meist unterlassen wurde, die Beweggründe der Praxis für die eine oder andere Ausprägung ihrer Wertmanagementsysteme zu beleuchten.

---

[1] Vgl. *Ballwieser* 2000; *Börsig* 2000; *Esser* 2000; *Neubürger* 2000; *Pellens/Tomaszewski/Weber* 2000.
[2] Vor allem *Rappaport* machte in seinem Standardwerk 1986 die Shareholder-Value-Zielsetzung populär, vgl. *Rappaport* 1986.
[3] Vgl. zur Shareholder-/Stakeholder-Anspruchsthematik *Groh* 2000, S. 2153.
[4] Vgl. zum Aspekt der Wachstumsfinanzierung auch *Bühner/Tuschke* 1999, S. 6. Vgl. bzgl. Wettbewerbsfähigkeit *Müller* 2000, S. 347; *Pellens/Rockholtz/Stienemann* 1997, S. 1933.
[5] Vgl. *KPMG* 1999; *o.V.* 1999.

Daher sollen hier, bevor auf *Konzepte* zur Messung der Wertschaffung näher eingegangen wird, zentrale *Anforderungen* aus Sicht der Unternehmenspraxis dargestellt werden (Kapitel 3), wobei keineswegs ein Anspruch auf Vollständigkeit erhoben wird, da jeder Anforderungskatalog letztlich situations- bzw. unternehmensspezifisch auszugestalten ist. Aus der Grunderkenntnis heraus, dass unterschiedliche Informationszwecke unterschiedliche Rechen- bzw. Messgrößen erfordern, wird der Problembereich „Messung der Wertschaffung" in zwei Teile gegliedert - in die „strategische" und die „operative" Messung der Wertschaffung.

Da die quantitative Planung und Kontrolle des Unternehmenserfolges („Performance") schon immer ein Kerngebiet des Controlling war,[6] kann der Controller in besonderer Weise bei der Auswahl und Konzeptionierung eines Systems zur wertorientierten Performance-Messung Hilfestellung leisten, ebenso wie bei der späteren Implementierung und beim „laufenden Betrieb" in der Unternehmenspraxis. Die wertorientierte Performance-Messung ist daher integraler Bestandteil des modernen Controlling geworden.[7]

## 2 Elemente eines Shareholder-Value-Konzeptes

Oberstes Ziel einer wertorientierten Unternehmenssteuerung ist die nachhaltige Steigerung des Marktwertes des Eigenkapitals. Im Falle von börsennotierten Aktiengesellschaften kommt der Marktwert des Eigenkapitals in der sog. Marktkapitalisierung (Anzahl der Aktien multipliziert mit dem Aktienkurs) zum Ausdruck. Davon zu unterscheiden ist, wie später noch gezeigt wird, der Marktwert des Eigenkapitals auf der Basis von dafür entwickelten internen Bewertungen (rechnerischer Unternehmenswert). Zumindest über einen längeren Zeitraum gesehen sollten sich Erhöhungen dieses Marktwertes auch in höheren Aktienkursen widerspiegeln. Als Grundsatz einer wertorientierten Unternehmenssteuerung lässt sich festhalten: Die Anteilseigner sollen eine wettbewerbskonforme Verzinsung auf ihr im Unternehmen investiertes Kapital zu Marktwerten erzielen.

Ein Shareholder-Value-Konzept sollte u.E. im Kern folgende Elemente beinhalten (vgl. Abbildung 1):

---

[6] Vgl. *Dirrigl* 1995, S. 164.
[7] Es hat sich sogar schon der Begriff des „wertorientierten Controlling" herausgebildet. Vgl. *Günther* 1997; *Pellens/Rockholtz/Stienemann* 1997, S. 1933.

- Wertorientierte Strategieformulierung und Wege zu deren Umsetzung;
- Messung der Wertschaffung („Performance Measurement");
- Incentivesystem;
- Interne Berichterstattung;
- externe Kommunikation.

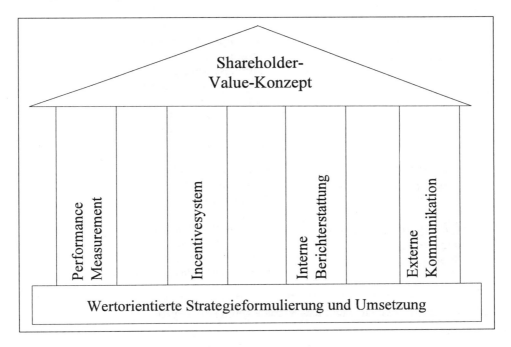

Abbildung 1:    Elemente eines Shareholder-Value-Konzeptes

Zur *„wertorientierten Strategieformulierung und deren Umsetzung"* gehören alle sach- und geschäftsbezogenen strategischen Planungen, Entscheidungen und Aktionen. Dabei gilt es unter den möglichen Strategiealternativen jeweils diejenigen Strategien zu identifizieren und auszuwählen, die den höchsten Beitrag zur Steigerung des Unternehmenswertes erwarten lassen. Am Anfang stehen die Formulierung der Konzernstrategie und des Konzernzielportfolios sowie die Ressourcenallokation (Investitionen, F&E, Akquisitionen). Innerhalb dieser Festlegungen müssen die einzelnen Geschäftseinheiten ihrerseits wertmaximierende Strategien festlegen (Wettbewerbsstrategien, Cost Management, Asset Management, Standortstrategien, usw.), so dass insgesamt ein Konzernoptimum erreicht wird. Durch die Shareholder-Value-Debatte ist insbesondere auch die Finanzstrategie verstärkt in den Blickpunkt der Unternehmensführung gerückt, da durch eine Verringerung der Fremdkapitalkosten und durch ein adäquates Risikomanagement die durchschnittlichen, gewichteten Kapitalkosten des Unternehmens gesenkt werden können, was letztlich zu einem höheren rechnerischen Unternehmenswert führt. Grundsätzlich kann somit zwischen realwirtschaftlichen und finanzwirtschaftlichen Strategieansätzen zur Wertsteigerung unterschieden werden (vgl. Abbildungen 2 und 3). Neben der Formulierung der Strategien kommt es letztlich natürlich entscheidend auf deren erfolgreiche Umsetzung an.

| | |
|---|---|
| *- Positionierung des Gesamtunternehmens* | - Strategische Positionierung/ Tätigkeitsfelder<br>- Portfoliosteuerung<br>- Konzentration auf Kernkompetenzen<br>- Akquisitionen<br>- Divestments<br>- Strategische Allianzen<br>- Konzernstruktur |
| *- Effizienzsteigerung des Gesamtunternehmens* | - Ressourcenallokation (Akquisitionen, Investitionen, F&E,...)<br>- Restrukturierungskonzepte |
| *−Effizienzsteigerung des dezentralen Ressourceneinsatzes* | - Wettbewerbsstrategien<br>- Cost Management<br>- Asset Management<br>- Internationale Standortstrategie |

Abbildung 2: Realwirtschaftliche Wertsteigerungsstrategien[8]

Es ist festzustellen, dass das Shareholder-Value-Konzept somit nicht über bekannte Systematiken des Strategischen Management hinausgeht, sondern vor allem eine Ziel- und Messvorschrift darstellt. Die Einbeziehung der Strategiekomponente als Element eines Shareholder-Value-Konzepts soll vor allem deutlich machen, dass die anderen Elemente - Messung, Incentivierung, Berichterstattung, externe Kommunikation - erst in Verbindung mit wertschaffenden Unternehmensstrategien und deren Umsetzung ihre spezifische wertorientierte Wirkung entfalten können. Letztere bilden gewissermaßen das notwendige Fundament (vgl. Abbildung 1). Shareholder-Value-Management ist insofern auch keine alleinige Aufgabe der Controller, sondern betrifft alle Manager des Unternehmens und setzt u.U. einen Wandel der Unternehmenskultur voraus.

---

[8] Angelehnt an *Pape* 1997, S. 205.

Abbildung 3: Finanzwirtschaftliche Wertsteigerungsstrategien[9]

Bei der „*Messung der Wertschaffung (Performance Measurement)*" ist festzulegen, mittels welcher Messgröße die Wertschaffung quantifiziert werden soll, welches die Messobjekte sind und um welche Phasen des Management-Kreislaufs (vgl. Abbildung 4) es geht. Die Definition der Messgröße richtet sich grundsätzlich nach dem Analysezweck, so dass durchaus unterschiedliche wertorientierte Größen im Unternehmen zweckmäßig sein können. Darauf wird in Kapitel 3 noch ausführlicher eingegangen. Messobjekte können sowohl das Gesamtunternehmen, einzelne Geschäftseinheiten oder auch einzelne Projekte (Investitions-, Akquisitions-, Divestment- oder sogar F&E-Projekte) sein. In Bezug auf einzelne Projekte ist zu definieren, ab welcher Größenordnung wertorientierte Analysen, z.B. auf Basis der Kapitalwertbetrachtung, vorgenommen werden sollen, da eine vollständige Abdeckung aller Projekte in den meisten Fällen unwirtschaftlich ist. So ist bei *Henkel* bspw. eine Discounted-Cash-Flow-(DCF)-Rechnung bei Investitionsprojekten erst ab einer Größenordnung von 1,5 Millionen Euro vorgeschrieben. Akquisitions- und Divestmentprojekte werden demgegenüber unabhängig von ihrer Größe grundsätzlich auf Basis einer DCF-Analyse beurteilt. Auch ausgewählte F&E-Projekte werden einer Wertschaffungsanalyse unterzogen, um möglichst frühzeitig Projektbudget und Wertpotenzial gegenüberstellen zu können.

Die Wertschaffung („Wertbeitrag") sollte innerhalb des Management-Kreislaufs (vgl. Abbildung 4) sowohl in der Planungs- als auch in der Kontrollphase gemessen werden,

---

[9] Angelehnt an *Pape* 1997, S. 231.

um Wertschaffer und Wertvernichter ex ante (Entscheidungsunterstützung) bzw. ex post identifizieren zu können (mit anschließender Analyse der Abweichungsursachen, ggf. als Vorstufe für einen Incentive-Bemessungsansatz).

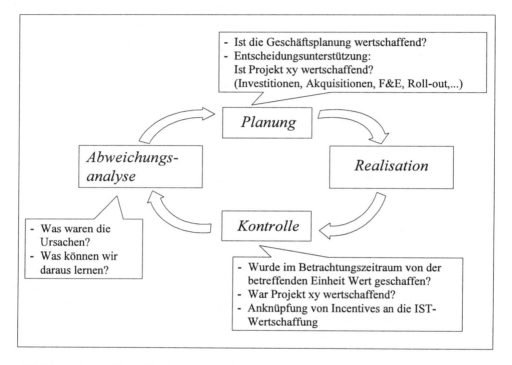

Abbildung 4: Identifikation von Wertschaffern im Management-Kreislauf

Durch eine wertorientierte Ausgestaltung des „*Incentivesystems*" sollen die Interessen des Management und der Mitarbeiter mit den Anteilseignerinteressen harmonisiert werden, wodurch potenzielle Principal-Agent-Konflikte gemildert werden. Mitarbeiter sollen damit wie Unternehmer im eigenen Unternehmen handeln und entscheiden. Als Bemessungsgrundlage ist dazu eine wertorientierte Messgröße zu wählen, so dass bei Erhöhungen des Shareholder Value auch die Incentivezahlung steigt. Mögliche Bestandteile eines solchen Incentivesystems sind Stock Options, Belegschaftsaktien und eine erfolgsabhängige Vergütung, die an eine bestimmte wertorientierte Kennziffer gekoppelt ist.

Im Rahmen des Elements „*Interne Berichterstattung*" ist festzulegen, in welcher Häufigkeit für welche Objekte die Wertschaffung gemessen und berichtet werden soll. Zu denken ist an eine monatliche, quartalsweise oder jährliche Berichterstattung, die regelmäßig alle Geschäftseinheiten oder bspw. nur den Gesamtkonzern und die Unternehmensbereiche (Sparten) umfassen kann. Das wertorientierte „Reporting" kann in die interne Standardberichterstattung, z.B. im Rahmen bestehender EDV-Systeme eingebunden sein oder die Form einer „Nebenberichterstattung" haben.

Die *„externe Kommunikation"* gegenüber Anteilseignern bzw. Aktionären (Investor Relations) stellt ein weiteres und überaus wichtiges Element eines Shareholder-Value-Konzeptes dar. Eine möglichst offene und umfassende Information über finanzwirtschaftliche Größen bis hin zur Erläuterung von strategischen Zielen erleichtert es den Anlegern, sich ein Bild über die weiteren Entwicklungsmöglichkeiten des Unternehmens zu machen und auf dieser Basis ihre Anlageentscheidungen zu treffen bzw. zu überprüfen. Eine hohe Transparenz in der Unternehmenskommunikation trägt dazu bei, die Unsicherheit bei den Anlegern über die zukünftige Entwicklung des Unternehmens zu vermindern. Dadurch verringert sich die geforderte Risikoprämie und die Kapitalkosten sinken, was sich letztlich positiv auf den Unternehmenswert auswirkt. Durch eine Verbesserung der Transparenz mittels entsprechender Investor-Relations-Aktivitäten lässt sich somit direkt Shareholder Value schaffen. *Henkel* berichtet aus diesem Grunde bereits seit 1997 nach *International Accounting Standards (IAS,* jetzt *International Financial Reporting Standards, IFRS)* mit ausführlicher Segmentberichterstattung und detaillierter Finanzierungsrechnung. Eine quartalsweise Berichterstattung sowie regelmäßige Road Shows und Telefonkonferenzen mit Investoren und Analysten ergänzen die jährlichen Informationen.

## 3 Unterscheidung zwischen strategischer und operativer Messung der Wertschaffung

Wertschaffung ist ein häufig verwendeter Begriff, der aus der heutigen Unternehmenspraxis, vor allem bei börsennotierten Unternehmen, nicht mehr wegzudenken ist. Gleichzeitig sind die Vorstellungen darüber, wie die Wertschaffung genau zu definieren und damit zu messen ist, vor allem in der Praxis sehr unterschiedlich, was sich an der Vielzahl der verwendeten Kennzahlen erkennen lässt. Um diese Vielfalt zu ordnen, ist es zweckmäßig, neben der aus dem Börsenkurs abgeleiteten „externen Marktwertrendite" zwischen strategischen und operativen Messkonzepten zu unterscheiden. Messobjekte sind im Folgenden die einzelnen Unternehmenseinheiten (Gesamtunternehmen, Unternehmensbereiche, Strategische Geschäftseinheiten oder auch einzelne Tochtergesellschaften). Auf die Messung der Wertschaffung einzelner Projekte wird in diesem Beitrag nicht weiter eingegangen, da dazu in der Regel die aus der Investitionsrechnung bekannten Cash-Flow-orientierten Verfahren (Kapitalwert, Interner Zinsfuß) anwendbar sind.

Aus Aktionärssicht ist letztendlich die *externe Marktwertrendite (Total Shareholder Return - TSR)* relevant, die auf der Börsenkursentwicklung basiert. Ein Aktionär, der am Anfang einer Periode, z.B. 1 Jahr, eine Aktie zu einem bestimmten Aktienkurs erwirbt, setzt am Ende der Periode die erzielte Kurssteigerung zusammen mit der erhaltenen Dividende ins Verhältnis zu seinem Kaufkurs, um die Rendite seines Investments zu ermitteln. Diese Rendite ist die externe Marktwertrendite.

$$(3.1) \quad TSR = \frac{Kurssteigerung + Dividende}{Aktienkurs_{Periodenanfang}}$$

Das Adjektiv „extern" deutet an, dass es sich hier um eine vom Börsenkurs und damit vom externen Kapitalmarkt abgeleitete Größe handelt. Für die Aktionäre ist dies die finale Größe, mit der sie ihren Anlageerfolg beurteilen. Sie ist als unternehmensinternes Steuerungsinstrument aber weitaus weniger geeignet, da Aktienkurse durch viele unternehmensexogene Faktoren beeinflusst werden, wie bspw. durch das makroökonomische Umfeld (vor allem das Zinsniveau), das politische Umfeld, die Liquiditätslage der Kapitalmarktteilnehmer und die „Psychologie" der Anleger, die zur zumindest temporären Unvollkommenheit des Kapitalmarktes führen können, wodurch ein rechnerischer „Innerer Wert" („Intrinsic Value") vom börsenkursabgeleiteten Wert abweichen kann.[10] Die genannten unternehmensexogenen Einflussfaktoren wirken auf den Börsenkurs vor allem kurzfristig.

Die langfristige Entwicklung des Aktienkurses ist demgegenüber zu einem hohen Teil durch die Entwicklung der finanziellen Performance des einzelnen Unternehmens bestimmt. Mittel- bis langfristig haben somit unternehmensendogene Faktoren einen starken Einfluss auf den Aktienkurs.

Um die finanzielle Entwicklung des Unternehmens innerhalb einer bestimmten Periode zum Zwecke des wertorientierten Management zu beurteilen, sollte also nicht allein auf börsenkursabgeleitete Kennzahlen zurückgegriffen werden, da nie sicher ist, wie groß der Einfluss kurzfristiger, unternehmensexogener Faktoren ist. Es müssen „interne", d.h. an der finanziellen Entwicklung des Unternehmens orientierte Performance-Maßstäbe hinzugezogen werden, die auf Größen aufbauen, die durch das Management und die Mitarbeiter des Unternehmens beeinflusst werden können und die gleichzeitig eine hohe Indikatorfunktion für die Entwicklung des Unternehmenswertes besitzen.

An einen internen, wertorientierten Performance-Maßstab sind u.E. aus Praxissicht folgende Anforderungen zu stellen:

- Theoretische Fundierung der Wertorientierung;

- Verfügbarkeit der erforderlichen Daten;

- interne und externe Kommunizierbarkeit;

- Eignung als Incentivebasis.

---

[10] Aus diesem Grunde sollte man hier anstelle von „Marktwerten" eigentlich besser von „Marktpreisen" sprechen (vgl. *Schneider* 1998, S. 1475). Vgl. insgesamt auch *Günther* 1997, S. 244; *Hachmeister* 1998, S. 38 ff.

Im Hinblick auf die *„theoretische Fundierung der Wertorientierung"* sollte eine klare Verknüpfung zur Unternehmensbewertungslehre und zum Konzept der internen Marktwertrendite („DCF-Rendite") bestehen, so dass die Messgröße als Indikator für die Wertschaffung in theoretischer Hinsicht geeignet ist. Dazu gehört insbesondere die Berücksichtigung von Eigenkapitalkosten, die aus den Renditeforderungen der Kapitalmarktteilnehmer unter Berücksichtigung des systematischen Risikos der jeweiligen Aktie abgeleitet werden. Das Modell der DCF-Rendite wird in Kapitel 4 dargestellt.

Die *„Verfügbarkeit"* der Daten zur Berechnung der Messgröße ist zwar eine triviale Anforderung, andererseits aber auch der Grund, warum manche Konzepte in der Praxis kaum umsetzbar sind. Leicht verfügbar sind die Daten, wenn sie bereits zentral im bestehenden Rechnungswesen oder in anderen Berichtssystemen bereitgestellt werden. Dies ist nach unserer Erfahrung in den wenigsten Fällen bei der Einführung von wertorientierten Konzepten vollständig der Fall. Der Grad der Verfügbarkeit der Daten und der Aufwand zur Erhebung der fehlenden Daten sind ein wesentliches Kriterium bei der Auswahl der Messgröße in der Praxis.

Die *„interne Kommunikation"* bezieht sich auf die Verankerung der Messgröße „in den Köpfen der Manager". Um eine breite Akzeptanz des Konzeptes auf allen Managementebenen zu gewährleisten, muss die Berechnung der Größe und die Verbindung zum Ziel der Wertschaffung transparent sein. Dabei muss ersichtlich werden, mit welchen operativen „Stellhebeln" Wert geschaffen werden kann. Nur dann kann eine angestrebte Verhaltensänderung bzw. wertorientierte Entscheidungsfindung realisiert werden. Sehr differenzierte, umfassende finanztheoretische Modelle werden daher in der Regel scheitern, wenn sie eine breite Zielgruppe ansprechen sollen, die nicht nur aus Finanzexperten besteht, sondern auch aus Managern, deren Kernkompetenzen auf anderen Gebieten liegen.

Da wertorientierte Steuerungssysteme zumeist auch Aktionären und Analysten vorgestellt werden, sind auch die Möglichkeiten und Auswirkungen der *„externen Kommunikation"* abzuwägen. Unter diesem Aspekt sind gleichfalls einfache und möglicherweise bereits bekannte Systeme zu bevorzugen. Die Transparenz im Sinne der Nachvollziehbarkeit der Berechnung ist für Analysten und Investoren ein Anliegen, das inzwischen auch zu einem bedeutsamen Trend in der deutschen Rechnungslegungspraxis - der Harmonisierung von externer und interner Rechnungslegung - geführt hat.

Schließlich eignen sich Messgrößen in unterschiedlicher Weise als Bemessungsgrundlage für die erfolgsabhängige Vergütung (Incentives). Eine *„Incentivebasis"* muss möglichst objektiv berechenbar und nachprüfbar sein. Hier geht es sowohl um die Objektivität und Nachprüfbarkeit der Eingangsdaten als auch um die Transparenz und Akzeptanz des Rechenschemas. Selbst die Testierung der Ausprägung der Messgröße durch den Wirtschaftsprüfer, z.B. im Rahmen der Jahresabschlussprüfung, ist denkbar und kann im Hinblick auf die Akzeptanz und mögliche arbeitsrechtliche Auseinandersetzungen sinnvoll sein.

Bei der Analyse der in der Literatur und Praxis vorgeschlagenen und verwendeten Modelle zeigt sich, dass es nicht die eine Kennzahl gibt, die alle anderen im Hinblick auf die genannten Anforderungen dominiert.[11] Vielmehr gibt es einen Zielkonflikt zwischen theoretischer Exaktheit und Praktikabilität (Kriterien 2-4). Kernproblem ist dabei vor allem die Verfügbarkeit der notwendigen Daten in der zeitlichen Dimension: Werden lediglich Daten einer einzelnen Betrachtungsperiode benötigt oder ist eine mehrperiodige Prognose von Finanzgrößen notwendig? Im einen Fall geht es um die operative, im anderen Fall um die strategische Performance-Messung.

Die strategische Performance-Messung basiert auf einer Prognose von Finanzdaten, die alle zukünftigen Perioden einbezieht, ist also zwangsläufig in höchstem Maße subjektiv. Die operative Performance-Messung hingegen bezieht nur Daten der Betrachtungsperiode in die Rechnung ein, ist also wesentlich objektiver, sofern es sich dabei um bereits realisierte Werte handelt. Wie noch gezeigt wird, sind Messgrößen sowohl zur strategischen als auch zur operativen Performance-Messung in der Unternehmenspraxis sinnvoll und notwendig, wenn eine Shareholder-Value-orientierte Unternehmenspolitik praktiziert werden soll, da jeweils spezifische Aspekte und Fragestellungen abgedeckt werden.

## 4   Strategische Messung der Wertschaffung

*Henkel* hat bereits 1996 ein Shareholder-Value-Programm initiiert, nach dem alle Unternehmensbereiche zu einer Steigerung des Marktwertes von *Henkel* beitragen müssen. Es handelt sich um einen strategischen, langfristigen Ansatz, der u.a. die finanzielle Beurteilung der strategischen Pläne sowie die Ressourcenallokation umfasst. Ausgangspunkt ist eine Bewertung der einzelnen Unternehmensbereiche. Dazu ist zunächst näher zu erläutern, wie der „Wert" eines Unternehmens bzw. einzelner Unternehmensteile grundsätzlich bestimmt werden kann.

Der Wert eines Unternehmens leitet sich aus dem Nutzen ab, den es für seine Eigentümer stiften kann. Sieht man von altruistischen Motiven ab und unterstellt man rational denkende und handelnde Anteilseigner, so liegt der Nutzen im zukünftigen Netto-Zahlungsstrom des Unternehmens zu seinen Eigentümern (Ausschüttungen minus Einlagen). Im Detail hält die Unternehmensbewertungslehre zahlreiche Konzepte zur Berechnung eines Unternehmenswertes (Intrinsic Value) bereit, die auf unterschiedlichen Prämissen basieren und verschiedene Informationsanforderungen aufweisen.[12]

---

[11] Zu diesem Schluss kamen neben den Autoren auch weitere Beiträge, vgl. z.B. *CPS Alcar* 1997.
[12] Vgl. dazu z.B. den Überblick bei *Ballwieser* 1993, S. 151-177 und *Mandl/Rabel* 1997, S. 28-65.

Im Zusammenhang mit der Shareholder-Value-Diskussion hat sich vor allem die anglo-amerikanisch geprägte Unternehmensbewertung auf Basis des „Discounted Cash Flow (DCF)" durchgesetzt. Auch hier gibt es einige Varianten, wobei die Methode auf Basis der gewichteten Kapitalkosten („Weighted Average Cost of Capital -wacc") am weitesten verbreitet ist. Die Vorteile bestehen in den Vereinfachungen, die vor allem im Vergleich zur „deutschen" Methode des Ertragswertverfahrens gemacht werden: So wird ausschließlich die Sphäre des Unternehmens betrachtet, der Anteilseigner kommt im Bewertungsmodell nicht explizit vor. Entsprechend werden bspw. Steuern nur auf Unternehmensebene berücksichtigt, nicht aber die individuelle Steuerbelastung der Anteilseigner. Die Bewertungsbasis ist der sogenannte „Free Cash Flow", das ist derjenige Cash Flow, der zur Ausschüttung an die Kapitalgeber „frei" zur Verfügung steht. Dies bedeutet, dass Auszahlungen für Investitionen in das Anlage- und Umlaufvermögen und für Unternehmenssteuern bereits subtrahiert wurden. Zinsaufwendungen und Dividendenzahlungen werden allerdings nicht in Abzug gebracht. Der Gesamtunternehmenswert entspricht der Summe der mit den gewichteten Kapitalkosten (wacc) diskontierten zukünftigen Free Cash Flows.[13] Der Marktwert des Eigenkapitals (Shareholder Value) ergibt sich durch Abzug des Marktwertes des Fremdkapitals vom Gesamtunternehmenswert.

(4.1) $$Wert_{DCF} = \sum_{t=1}^{\infty} \frac{FCF_t}{(1+wacc)^t}$$

(4.2) $$EK^{MW} = Wert_{DCF} - FK^{MW}$$

mit:

| | |
|---|---|
| Wert$_{DCF}$ | Gesamtunternehmenswert (Summe der mit den Kapitalkosten diskontierten zukünftigen Free Cash Flows) |
| FCF$_t$ | Free Cash Flow in Periode t (nach Steuern, vor Zinsaufwendungen und Dividenden) |
| wacc | gewichtete Kapitalkosten (weighted average cost of capital) |
| EK$^{MW}$ | Marktwert des Eigenkapitals (Eigentümerwert; Shareholder Value) |
| FK$^{MW}$ | Marktwert des Fremdkapitals (häufige Annahme: Marktwert gleich Buchwert) |

Hervorzuheben ist, dass für eine Unternehmensbewertung eine Prognose *aller* zukünftigen Cash Flows notwendig ist. Der Rückgriff auf Daten von nur einer Periode reicht keinesfalls aus. Der Wert eines Unternehmens hängt somit in höchstem Maße von den subjektiven Schätzungen über die zukünftige Entwicklung ab, was insbesondere beim Vorliegen von Agency-Problemen problematisch ist.[14] Dies bedeutet ferner, dass

---

[13] Vom Vorhandensein nicht-betriebsnotwendigen Vermögens wird hier und im Folgenden abstrahiert.
[14] Vgl. *Ballwieser* 2000, S. 162.

der „Ist-Wert" eines Unternehmens auf einer langfristigen „Planung" basiert. Eine Veränderung des Ist-Wertes (Wertschaffung/-vernichtung) in einem bestimmten Zeitraum ist mithin im Wesentlichen auf eine Veränderung von Plänen zurückzuführen.

Bei der DCF-Methodik liegt auch der Ansatzpunkt von *Rappaport*, der bereits 1986 sein Shareholder-Value-Konzept zur Unternehmenssteuerung vorstellte, das im wesentlichen auf den Grundlagen der anglo-amerikanischen Unternehmensbewertungslehre aufbaut.[15] Die Wertschaffung berechnet sich bei Konstanz der Kapitalstruktur z.B. für eine Jahresperiode folgendermaßen.[16]

(4.3)  $\quad$ Wert$_{DCF}$ zum Jahresende
$\qquad$ - Wert$_{DCF}$ zum Jahresanfang
$\qquad$ + Free Cash Flow der Periode
$\qquad$ - wacc x (Wert$_{DCF}$ zum Jahresanfang)
$\qquad$ = Wertschaffung der Periode

Als Wertschaffung wird im allgemeinen also nur derjenige Teil bezeichnet, der über die Erwirtschaftung der Kapitalkosten hinausgeht. Die von den Eigenkapitalgebern geforderte Mindestverzinsung ist dann gedeckt, so dass in diesem Sinne bereits eine „*Überrendite*" erzielt wird. Setzt man die Rechnung in der nächsten Periode fort, so wird der Jahresendwert zum neuen „Startwert" (Wert$_{DCF}$ zum Jahresanfang). Eine einmal erreichte Wertsteigerung bildet somit den neuen Ausgangspunkt zur Messung der Wertschaffung der Folgeperiode. Eine Wertschaffung wird nur dann erzielt, wenn dieser Wert wiederum nach Abzug der Kapitalkosten und zuzüglich des in der Periode erwirtschafteten Free Cash Flows übertroffen wird. Dies stellt eine sehr anspruchsvolle Hürde dar, da auch bei einem bereits hohen Startwert ein noch höherer Endwert erzielt werden muss, um eine Wertsteigerung zu erreichen („*Spiraleffekt*").

Bemerkenswert ist weiterhin, dass Wertsteigerungen bereits in der Periode rechentechnisch „realisiert" werden, in der sie das erste Mal *prognostiziert* werden.[17] Die tatsächliche Umsetzung des Prognostizierten wird dann nicht weiter honoriert, da lediglich die Deckung der Kapitalkosten angezeigt würde. Lediglich das Nicht-Erreichen würde c.p. zu einer „Wertvernichtung" in derjenigen Periode führen, in der die Nicht-Erreichung das erste Mal prognostiziert oder realisiert wird. Auch dies ist eine anspruchsvolle Messlatte, die aber ganz der Sichtweise der Kapitalmärkte entspricht. Kursgewinne werden im allgemeinen nur dann erzielt, wenn die bisherigen Erwartungen der Anleger, z.B. im Hinblick auf Umsatz- und Gewinnwachstum, übertroffen werden. Die Eignung des Messverfahrens als internes Steuerungsinstrument, an das möglicherweise sogar Incentivezahlungen geknüpft werden, ist aber deutlich eingeschränkt.

Das Verfahren entspricht auf Grund seiner finanztheoretischen Fundierung und seines ausschließlichen Bezugs auf Marktwerte voll einer Shareholder-Value-orientierten Per-

---

[15] Vgl. *Rappaport* 1986.
[16] Vgl. in Renditeschreibweise dazu *Rappaport* 1994, S. 36-41.
[17] Vgl. zu diesem Aspekt auch *Ferguson/Leistikow* 1998, S. 83.

formance-Messung. Da in die Berechnung alle zukünftigen Perioden einfließen, ist es ein Verfahren der *strategischen Performance-Messung*. Ebenso wie am Kapitalmarkt werden sämtliche Veränderungen zukünftiger Zahlungsströme bereits in der heutigen Wertveränderung (Wertschaffung oder -vernichtung) antizipiert. Insofern kann das Verfahren auch als *quantitatives „Frühwarnsystem"* charakterisiert werden, da nach unten revidierte Prognosen sich sofort als Wertverringerung niederschlagen.

Gleichzeitig liegt in der *Prognosenotwendigkeit* aber auch der wesentliche Schwachpunkt des Modells für dessen praktische Anwendung. Zunächst ist eine umfassende Prognose (strategische Finanzplanung) notwendig, die bis zum Free Cash Flow aufgeschlüsselt ist. Da die Einschätzung der künftigen wirtschaftlichen Entwicklung immer mit erheblichen Unsicherheiten behaftet ist, ist eine solche Prognose zwangsläufig subjektiv und lässt dem Planer einen mehr oder weniger großen Beurteilungsspielraum.[18] Dieser Umstand ist in der Regel die Barriere für einen Einsatz des Verfahrens zur Incentivebemessung, da subjektive Prognosen immer eine breite „Angriffsfläche" für Argumente bieten, warum es sich auch ganz anders entwickeln könnte. Man kann sich zudem nie sicher sein, dass eine Wertveränderung auch wirklich auf veränderte Geschäftsaussichten oder lediglich auf eine veränderte subjektive Einschätzung, z.B. bedingt durch einen personellen Wechsel des Planers, zurückgeht.

Eine zweite Problematik resultiert ebenfalls aus dem Zukunftsbezug, und zwar speziell aus der *„Unendlichkeit"* des Modells: *alle* zukünftigen Cash Flows müssen geplant werden. In der Bewertungspraxis begegnet man dieser Problematik mit sogenannten „Phasenmodellen", die den Prognosezeitraum z.B. in zwei oder drei Phasen einteilen. Bei einem Zwei-Phasenmodell wird z.B. ein Zeitraum von 5 Jahren detailliert geplant (1. Phase). Nach dem 5. Jahr unterstellt man dann, dass der Cash Flow des letzten Jahres konstant bleibt („ewige Rente") oder mit einer bestimmten Wachstumsrate, z.B. in Höhe der Inflation, wächst. Für diese 2. Phase lässt sich nun über Formeln der Finanzmathematik ein Wert errechnen (Restwert, Terminal Value oder Residual Value genannt), der zusammen mit der Summe der diskontierten Free Cash Flows der 1. Phase den Unternehmenswert ergibt. Problematisch ist dabei, dass der Terminal Value oftmals 80% und mehr des gesamten Unternehmenswertes ausmacht.[19] Das Modell ist also sehr sensibel im Hinblick auf Annahmen über den Cash Flow im letzten Jahr der 1. Phase (hier: 5. Jahr) und ggf. auf die danach unterstellte Wachstumsrate. Dagegen wirken Veränderungen in der 1. Phase nur sehr schwach, obwohl diese mit der Gegenwart viel enger verknüpft und zuverlässiger prognostizierbar sind als ferne Zukunftswerte. Bei der strategischen Performance-Messung in der beschriebenen Form empfiehlt es sich, Wertveränderungen zusätzlich separat für die 1. und 2. Phase zu analysieren. Trotzdem verbleibt ein „Störgefühl", wenn die ausgewiesene Wertschaffung dermaßen stark von den Annahmen über den Basis-Cash Flow der 2. Phase abhängt. Daraus ergeben sich in der Regel auch mehr oder weniger starke Kommunikationsprobleme hinsichtlich der Methode.

---

[18] Vgl. zu daraus resultierenden Kommunikationsproblemen auch *Ballwieser* 2000, S. 163.
[19] Vgl. *Copeland/Koller/Murrin* 1993, S. 223.

Um den oben beschriebenen „Spiraleffekt" zu vermeiden, kann als „Werthürde" anstelle des DCF-Wertes zum Jahresanfang bspw. auch ein fortgeschriebener Marktwert verwendet werden.[20] Bei *Henkel* wurden dazu 1995 für jeden Unternehmensbereich Marktwerte ermittelt, die in den Folgejahren zunächst mit einer Soll-Marktwertsteigerung von 8% fortgeschrieben wurden.[21] Diese bilden die Hürde für die DCF-Werte der Unternehmensbereiche, die sich aus deren langfristigen Planungen ergeben. Dabei ist sichergestellt, dass, solange die zu Grunde liegenden Planungsannahmen realistisch sind, die Aktionäre bei längerfristiger Betrachtung im Mittel mindestens eine marktkonforme Rendite erzielen können. Diese liegt für *Henkel* derzeit bei 9,6 % und ist Vorgabe für den intern anzuwendenden Eigenkapitalkostensatz. Bei der dargestellten Vorgehensweise werden zu hohe Werthürden für einzelne Perioden vermieden.

Zusammenfassend kann festgestellt werden, dass die strategische Performance-Messung in Form der DCF-Methodik eine Frühwarnfunktion erfüllen kann, indem frühzeitig Änderungen in der strategischen Planung, zusammengefasst in einer einzigen Zahl, sichtbar werden. Die Konsequenzen von Investitionen in Sachanlagen, Werbung oder F&E werden implizit in die Bewertung mit einbezogen. Das Verfahren basiert auf der herrschenden Unternehmensbewertungslehre und ist völlig kompatibel mit der Betrachtungsweise an den Kapitalmärkten. Auf Grund der Prognoseabhängigkeit, der daraus folgenden Subjektivität und der Problematik der Restwertbestimmung ist es aber u.E. nicht für Incentivierungszwecke geeignet. Die Verfügbarkeit der Daten hängt vom jeweiligen Vorhandensein detaillierter strategischer Finanzpläne für die jeweiligen Unternehmensebenen ab. Die Frage, wie die Betrachtungsperiode allein auf Basis bereits realisierter Ergebnisse unter Wertschaffungsgesichtspunkten zu beurteilen ist, wird nicht beantwortet, da in die strategische Rechnung immer (unrealisierte) Planwerte eingehen. Auch die Kommunizierbarkeit der Methodik stellt ein erhebliches Umsetzungsproblem dar, da das Verständnis der Berechnungsweise eine gute Kenntnis der Finanztheorie voraussetzt. Ohne Verständnis des Verfahrens wird eine Akzeptanz der Ergebnisse intern aber kaum erreichbar sein. Der Adressatenkreis der strategischen Performance-Messung sollte daher auf die obersten Management-Ebenen beschränkt sein, wo dieses Basisverständnis noch am ehesten vorausgesetzt werden kann, zumal dieser Kreis auch der Adressat einer „strategischen" Analyse sein sollte. Extern lässt sich das Verfahren auf Grund seiner Komplexität ebenfalls nur schwer kommunizieren, zumal die expliziten Inhalte der strategischen Planung und mithin die Analyseergebnisse in der Regel nicht veröffentlicht werden. Insgesamt lässt sich eine hohe theoretische Fundierung in Bezug auf das Shareholder-Value-Konzept feststellen, die praktische Umsetzbarkeit ist u.E. aber auf strategische Analysen, primär für die oberen Organisations- und Managementebenen, begrenzt. Für eine unternehmensweite Umsetzung der wertorientierten Performance-Messung bedarf es weiterer, operativer Messkonzepte.

---

[20] Vgl. zum Begriff der „Werthürde" *Richter* 1996, S. 136-141.
[21] Vgl. dazu im Detail *Panichi/Swoboda/Ziegler* 1998.

# 5 Operative Messung der Wertschaffung

## 5.1 Anforderungen an wertorientierte operative Messgrößen

Die operative Performance-Messung basiert nach der in Kapitel 3 vorgenommenen Definition ausschließlich auf Daten der Betrachtungsperiode (auf IST-Daten, sofern es sich um eine Vergangenheitsperiode handelt), um so die bei der strategischen Performance-Messung auftretenden praktischen Probleme zu umgehen.

Ausgangspunkt bei der Ableitung einer solchermaßen operativen, wertorientierten Performance-Messgröße ist die Frage, welche Faktoren den Wert eines Unternehmens bestimmen. Der bewertungsrelevante Free Cash Flow kann dazu in sogenannte „Value Driver" zerlegt werden, deren zukünftige Entwicklung letztlich vom strategischen Potenzial des Unternehmens abhängt (vgl. Abbildung 5).

Wichtige Value Driver sind profitables Wachstum, Umsatzmarge, Auszahlungen für Investitionen in das Anlage- und Umlaufvermögen und die Steuerquote. Zusammen mit dem Value Driver „Kapitalkosten" determinieren sie den rechnerischen Unternehmenswert (Intrinsic Value). Es wird erkennbar, mit welchen finanziellen Stellschrauben dieser Unternehmenswert beeinflusst werden kann.[22] Zumindest mittel- bis langfristig sollte ein gestiegener Intrinsic Value von der Börse in Form eines höheren Aktienkurses honoriert werden (vgl. Abbildung 5).

An eine operative Performance-Messgröße ist im Hinblick auf den *theoretischen Bezug zum Shareholder-Value-Modell* die Anforderung zu stellen, dass sie möglichst viele Value Driver berücksichtigt, da sie dann eine gute Näherungsgröße für Veränderungen des Unternehmenswertes bildet. Verbesserungen in der Ausprägung eines Value Drivers indizieren somit c.p. eine Wertsteigerung. Kennzahlen, die wichtige Value Driver gar nicht erfassen, sind dagegen als weniger wertorientiert einzustufen. Einige Beiträge in der Literatur und vor allem aus der Beratungspraxis wählen als Begründung der Wertorientierung der untersuchten oder vorgeschlagenen Kennzahlen einen etwas anderen Weg. In umfangreichen statistischen Untersuchungen wird die Korrelation zwischen der Ausprägung der Kennzahl und der Höhe des Aktienkurses des jeweiligen Unternehmens ermittelt. Die Kennzahl mit der höchsten Korrelation sei schließlich am besten geeignet, die Wertschaffung zu messen. Solche statistisch gewonnenen Erkenntnisse entbinden aber nicht von der Aufgabe, die Wertorientierung der jeweiligen Kennzahlen durch eine theoretische Betrachtung, z.B. durch das angesprochene Werttreibermodell, zu untermauern.

---

[22] Vgl. zum Konzept der Value Driver *Rappaport* 1994, S. 79 f.

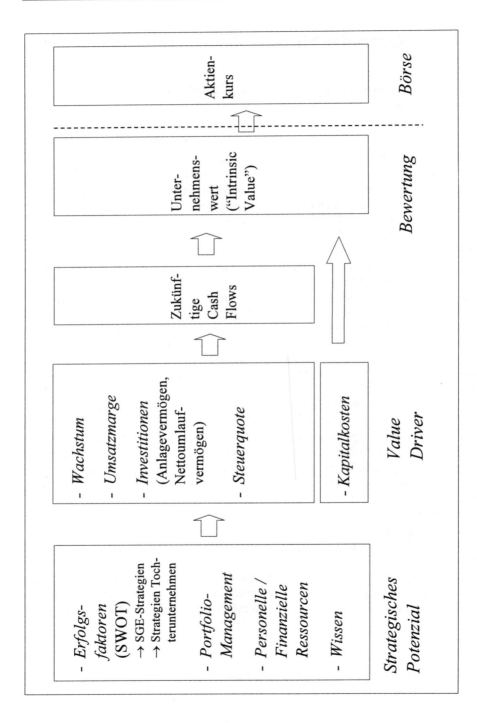

Abbildung 5: Determinanten des Unternehmenswertes

Weitere Beurteilungskriterien für operative Performance-Messgrößen sind die bereits diskutierten Kriterien Datenverfügbarkeit, interne und externe Kommunizierbarkeit sowie die Eignung als Incentivebasis.

## 5.2 Traditionelle Messgrößen

### 5.2.1 Betriebsergebnis (EBIT)

EBIT (Earnings Before Interest and Taxes) bezeichnet das betriebliche Ergebnis vor Zinsen und Steuern. Wachstum im Sinne von Umsatzwachstum kann sowohl über neue Investitionen als auch - bei noch freier Kapazität - ohne zusätzliche Sachanlagen erzielt werden (im ersten Fall ist auch das externe Wachstum über Akquisitionen eingeschlossen).

Ohne zusätzliche Sachanlagen schlägt sich das Umsatzwachstum in einem höheren Free Cash Flow nieder, sofern ein zusätzlicher EBIT erzielt wird und kein zusätzliches Nettoumlaufvermögen[23] aufgebaut wird. EBIT bildet in diesem Fall den Value Driver „Wachstum" adäquat ab. Wird dagegen zusätzliches Kapital im Nettoumlaufvermögen gebunden, was bei einer Geschäftsausweitung zumindest mittelfristig wahrscheinlich ist, so lässt sich auf Basis des EBIT keine eindeutige Aussage im Hinblick auf die mit dem Wachstum verbundene Wertschaffung treffen.

Sind zur Realisierung des Umsatzwachstums zusätzliche Sachanlagen notwendig, so erhöht sich der EBIT, sofern mehr als die Abschreibungen durch die Geschäftsausweitung verdient werden. Profitabel ist eine Investition aber aus Aktionärssicht erst, wenn auch die Kosten des zusätzlich eingesetzten Kapitals gedeckt sind. Darüber gibt die Kennzahl EBIT keine Auskunft. Ein Defizit der Kennzahl EBIT liegt somit in der Nichtberücksichtigung der Kosten des eingesetzten Kapitals, woraus sich eine Tendenz zur Überinvestition ergeben kann, da Kapital quasi grenzkostenlos zur Verfügung zu stehen scheint. Insgesamt lässt sich also feststellen, dass der EBIT für sich genommen kein geeigneter Indikator für die erzielte Wertschaffung darstellt.

Die Anforderungen hinsichtlich Datenverfügbarkeit, interner und externer Kommunizierbarkeit und der Eignung als Incentivebasis werden von der Kennzahl EBIT demgegenüber in hohem Maße erfüllt, da die Größe ohne weiteres aus der externen Rechnungslegung abzuleiten ist. Sie ist zudem einfach, verständlich sowie objektiv nachprüfbar.

---

[23] Vorräte zuzüglich Forderungen und abzüglich Lieferantenverbindlichkeiten.

## 5.2.2 Kapitalrenditen

Schon seit langer Zeit sind Kapitalrenditen wichtige Steuerungskennzahlen für Unternehmen. Neben der Eigenkapitalrendite (Return on Equity - ROE), die vor allem in der Bilanzanalyse und bezogen auf das Gesamtunternehmen verwendet wird, haben Gesamtkapital- bzw. Vermögensrenditen eine hohe Bedeutung erlangt, da sie auch für einzelne Unternehmenseinheiten ermittelt werden können und zudem vom Verschuldungsgrad (Leverage-Effekt) des Unternehmens unabhängig sind. Die Bezeichnungen sind vielfältig, wie beispielsweise

- Gesamtkapitalrendite,
- ROI (Return on Investment),
- ROCE (Return on Capital Employed) oder
- RONA (Return on Net Assets).

Bei *Henkel* wurde bislang der Return on Investment (ROI) als Kennzahl zur Messung der Kapitalrentabilität im Unternehmen verwendet. Dabei wird das betriebliche Ergebnis vor Zinsen und Steuern (EBIT) auf das eingesetzte operative Vermögen zu Buchwerten bezogen. Die Kennzahl gibt an, wie sich das eingesetzte Vermögen in der Betrachtungsperiode verzinst hat.

(5.1) $$ROI = \frac{EBIT}{Operatives\ Vermögen} \ in\ \%$$

Das Vermögen besteht aus dem Anlagevermögen und dem Nettoumlaufvermögen. Die Wertansätze der Konzernbilanz („HB II") werden übernommen, um eine möglichst große Übereinstimmung zwischen internem und externem Rechnungswesen zu erreichen. Das abschreibbare Sachanlagevermögen geht also zu Restbuchwerten in die Größe „Operatives Vermögen" ein. Der Terminus „operativ" soll kennzeichnen, dass nicht-operative Vermögensteile, wie bspw. Finanzanlagen, hier nicht eingeschlossen sind.[24]

Mit der Einführung des EVA-Konzeptes bei *Henkel* wurde der ROI durch die Kennzahl ROCE abgelöst. Diese ist bei Henkel wie folgt definiert: Betriebliches Ergebnis vor Zinsen, Steuern und Goodwillabschreibungen (EBITA) in Prozent des Capital Employed (operatives Vermögen mit Goodwill zum Anschaffungswert).

(5.2) $$ROCE = \frac{EBITA}{Capital\ Employed} \ in\ \%$$

---

[24] Vgl. *Dinter* 1999, S. 262.

Positiv ist, dass bei der Beurteilung der Performance das in der betrachteten Unternehmenseinheit investierte Kapital berücksichtigt wird. Dadurch werden Anreize zu einem möglichst sparsamen Umgang mit Kapital gegeben, z.B. durch eine ökonomisch sinnvolle Minimierung des Nettoumlaufvermögens.

Eine Schwäche des ROI (aber auch des ROCE) liegt allerdings darin, dass er profitables Wachstum nicht in allen Fällen als vorteilhaft anzeigt: Eine Investition, deren ROI unter dem gegenwärtigen ROI der betreffenden Geschäftseinheit liegt, wird möglicherweise unterlassen, da sie den Gesamt-ROI des Geschäfts verringern würde (vgl. Abbildung 6).

## ROI - Maximierung

*Tendenz, profitable Investitionen zu unterlassen, wenn die Projektrendite unterhalb der aktuellen Geschäftsrendite liegt*

|  | Basisgeschäft | Investition | Summe |
|---|---|---|---|
| EBIT | 230 | 170 | 400 |
| Vermögen | 1000 | 1000 | 2000 |
| ROI | 23 % | 17 % | 20 % |
| Kapitalkosten | 10 % | 10 % | 10 % |

⇒ *Tendenz zur Unterinvestition*

Abbildung 6: Beispiel zur ROI-Situation mit/ohne einer zusätzlichen Investition

Liegt die Rendite der Investition aber über den Kapitalkosten, so wird aus Shareholder-Value-Sicht in jedem Fall Wert geschaffen. Die Investition sollte somit durchgeführt werden, was aber möglicherweise unterbleibt, wenn die operative Performance der Geschäftseinheit sowie die Leistung ihrer Manager auf Basis des ROI beurteilt werden. Der ROI kann also zu einer Situation der Unterinvestition führen und wirkt dann wachstumshemmend.

Falsche Signale ergeben sich auch bei einer Konstellation, in der der ROI einer Geschäftseinheit noch deutlich unter den Kapitalkosten liegt und eine Investitionsmöglichkeit eine höhere Projektrendite verspricht, die allerdings noch unterhalb der Kapitalkosten liegt. In diesem Fall besteht ein Anreiz, die Investition zu realisieren, da sie den ROI des Geschäfts insgesamt erhöht, obwohl die Investition aus Aktionärssicht nachteilig ist, da sie die Kapitalkosten nicht erwirtschaftet.

Der ROI bildet Wachstum als Value Driver somit teilweise inadäquat ab, da wertschaffendes Wachstum über Investitionen zu einer Verringerung der Kennzahl und vice versa führen kann. Der ROI erfüllt die Indikatorfunktion für Wertschaffung nicht in vollem Maße.

Eine partielle Verbesserung ergibt sich, wenn ROI und EBIT gleichzeitig zur Beurteilung der operativen Performance herangezogen werden. Profitables Wachstum führt dann in jedem Fall zu einer Erhöhung des EBIT und scheint erstrebenswert. Neben der höheren Komplexität aus dem Nebeneinander zweier Kennzahlen stellt sich allerdings zusätzlich das Problem, dass in bestimmten Fällen keine abschließende Beurteilung dahingehend möglich ist, ob eine Geschäftsentwicklung aus Wertschaffungsgesichtspunkten nun positiv oder negativ zu sehen ist, nämlich dann, wenn eine Investition zu einer Verringerung des ROI und gleichzeitig zu einer Erhöhung des EBIT führt.

Der theoretische Bezug des ROI zum Shareholder-Value-Konzept weist somit insgesamt Defizite auf. Zugleich ist der ROI aber durch die Berücksichtigung des Kapitaleinsatzes wesentlich geeigneter als allein die Kennzahl EBIT oder vergleichbare Ergebnisgrößen. Die Anforderungen hinsichtlich Datenverfügbarkeit, interner und externer Kommunikation und der Eignung als Incentivebasis werden vom ROI ebenso wie beim EBIT verhältnismäßig gut erfüllt.

## 5.3   Wertorientierte Konzepte zur operativen Performance-Messung

### 5.3.1   Überblick

Im Zuge der zunehmenden Verbreitung des Shareholder-Value-Konzeptes wurde eine Reihe von Ansätzen entwickelt, die den Anforderungen an eine wertorientierte Performance-Messung besser gerecht werden sollen als die traditionellen Messgrößen. Abbildung 7 gibt einen Überblick über die bekanntesten Ansätze.

Ausgehend von diesen Basiskonzepten wurden in der Unternehmenspraxis auf das jeweilige Unternehmen zugeschnittene Ansätze entwickelt. Dabei haben Firmen wie *Bayer*, *Lufthansa* und *E.ON* für ihre wertorientierte Performance-Messung das CFROI- bzw. CVA-Konzept gewählt, während andere Firmen wie *Siemens*, *Haniel*, *Metro* und auch *Henkel* sich für das EVA-Konzept entschieden haben.[25] Im Folgenden sollen kurz die Grundlagen des EVA nach *Stern Stewart & Co.* dargestellt werden, bevor auf die spezifische Ausgestaltung bei *Henkel* eingegangen wird. Bezüglich der anderen Konzepte wird auf die aufgeführte Literatur verwiesen.

| Messgröße/-konzept | Definition/Merkmale |
|---|---|
| CFROI[26] | $$CFROI = \frac{EBITDA - \text{"Ökonomische Abschreibung"} - \text{Steuern}}{\text{Vermögen zu Anschaffungswerten als "Bruttoinvestitionsbasis"}}$$ <br> - „Cash Flow Return On Investment" <br> - Entwickelt von der *Boston Consulting Group* <br> - Cash-Orientierung als Leitlinie <br> - Vorteile durch Cash-Flow-Bezug (z.B. Unabhängigkeit von Abschreibungsverfahren) und durch Unabhängigkeit der Kennzahl vom Alter des Anlagevermögens <br> - Gleicher Nachteil in Bezug auf Wachstum wie beim ROI |
| CVA[27] | $CVA = EBITDA - \text{"Ökonomische Abschreibung"} - \text{Steuern} - (wacc \times \text{Bruttoinvestitionsbasis})$ <br> - „Cash Flow Value Added" <br> - Konzipiert von der *Boston Consulting Group* als Weiterentwicklung bzw. Ergänzung zum CFROI <br> - Vermeidet den beim CFROI bestehenden Nachteil in Bezug auf Wachstum |
| EVA[28] | $EVA^{®}[29] = NOPAT - (wacc \times Capital\ Employed)$ [30] <br> - Entwickelt von *Stern Stewart & Co.* <br> - Konzept des Residualgewinns <br> - Anpassung von Größen des traditionellen Rechnungswesens <br> - Verbindung zum DCF-Wert durch den Market Value Added (MVA) |

Abbildung 7: Konzepte zur wertorientierten operativen Performance-Messung

---

[25] Vgl. *Hermann/Xhonneux/Groth* 1999; *Kley* 2000; *Metro AG* 1999; *Neubürger* 2000.
[26] Frühere Darstellungen definierten den CFROI als internen Zinsfuß eines Cash-Flow-Profils. Vgl. z.B. *Günther* 1997, S. 213-221; *Kley* 2000, S. 293 f.; *Lewis/Lehmann* 1992.
[27] Vgl. *Günther* 1997, S. 219 f.; *Lewis* 1995, S. 125 f.
[28] Vgl. *Stewart* 1991.
[29] EVA® ist ein eingetragenes Warenzeichen der *Stern Stewart & Co.*
[30] NOPAT: Net Operating Profit After Taxes; wacc: gewichtete Kapitalkosten.

### 5.3.2 Das Economic-Value-Added (EVA®)-Konzept nach *Stern Stewart & Co.*

Die Kennzahl *EVA (Economic Value Added)* basiert auf dem Konzept des Residualgewinns und sagt aus, welches Ergebnis über die Deckung der Kapitalkosten hinaus in der jeweils betrachteten Periode erwirtschaftet wurde. Von einer operativen Ergebnisgröße nach Steuern und vor Zinsen (NOPAT = Net Operating Profit After Taxes) werden die Kapitalkosten (wacc), bezogen auf das eingesetzte Kapital (Capital Employed), abgezogen.[31]

(5.3)  EVA = NOPAT - (wacc x Capital Employed)

Alternativ lässt sich EVA auch über die Renditegröße ROCE (Return On Capital Employed) definieren:

(5.4)  EVA = (ROCE -wacc) x Capital Employed.

Dabei entspricht ROCE dem Quotienten aus NOPAT und Capital Employed. Die Differenz zwischen ROCE und wacc wird auch als „Rendite-Spread" bezeichnet.

Das EVA-Konzept sieht eine Vielzahl von Anpassungen auf der Ergebnis- und Vermögensseite vor. Zweck dieser Anpassungsmaßnahmen ist es, den wirtschaftlichen Gewinn einer Periode zu ermitteln. Die Zahlen des externen Rechnungswesens geben darüber nicht von vornherein Aufschluss, insbesondere dann nicht, wenn sie auf Bilanzierungsregeln basieren, bei denen das Vorsichtsprinzip und der Gläubigerschutz im Vordergrund stehen. Anpassungserfordernisse werden u.a. beim F&E-Aufwand, beim Marketingaufwand und in Bezug auf die Goodwillabschreibungen gesehen.[32] So wird vorgeschlagen, F&E- und Marketingaufwand bei der Ermittlung von EVA zu „aktivieren" und über die Nutzungsdauer abzuschreiben. Dies würde dem Investitionscharakter dieser Aufwendungen besser entsprechen und hätte eine gleichmäßigere Belastung der einzelnen Perioden zur Folge.

Des Weiteren wird im Rahmen des EVA-Konzeptes vorgeschlagen, auf eine Abschreibung von Goodwill (derivativer Firmenwert) zu verzichten, da davon ausgegangen wird, dass er sich im Gegensatz zum abschreibbaren Sachanlagevermögen nicht planmäßig abnutzt. Goodwillabschreibungen sollen daher bei der Berechnung des NOPAT wieder zum operativen Ergebnis zurückaddiert werden. In der Kapitalbasis „Capital Employed" werden die Goodwill-Restbuchwerte um die bereits vorgenommenen Abschreibungen erhöht, so dass der Goodwill in das Capital Employed zum Anschaffungswert eingeht. Dies folgt logisch aus dem Verzicht auf die Abschreibung. Vorteile liegen bei dieser Vorgehensweise zum einen in der cash-näheren Betrachtung, zum anderen in der Vermeidung eines abschreibungsbedingten Anstiegs von EVA im Zeitablauf. Bei

---

[31] Vgl. *Hostettler* 1995; *Hostettler* 2000; *Röttger* 1994, S. 27-33; *Stewart* 1991.
[32] Vgl. *Stewart* 1991, S. 91 und S. 112-117.

sonst gleichen Bedingungen würde EVA nämlich allein auf Grund der Abschreibung des Goodwill steigen, da sich die Kapitalkosten von Periode zu Periode als Folge des sinkenden Goodwill-Restbuchwertes verringern, der NOPAT aber c.p. gleich bleibt. Dieser Anstieg kann, da er rein rechentechnischer Natur ist, verständlicherweise nicht als Wertschaffung interpretiert werden. Das abnutzbare Sachanlagevermögen wird im Gegensatz zum Goodwill stets zu Restbuchwerten angesetzt. Das CFROI-Konzept stellt demgegenüber auch hierfür auf Anschaffungskosten ab. Bei den Sachanlagen kann man allerdings auf den höheren Aggregationsstufen davon ausgehen, dass laufend bestimmte Teile ersetzt werden müssen („ausgeglichener Anlagenbestand"), so dass ein permanenter abschreibungsbedingter Renditeanstieg wie beim Goodwill hier nicht zu erwarten ist. Zudem führt die Nutzung im Zeitablauf in der Regel auch zu einer Verringerung des Wertes, so dass eine planmäßige Abschreibung sinnvoll erscheint. Der Ansatz von Restbuchwerten für das abnutzbare Sachanlagevermögen im EVA-Konzept ist somit verhältnismäßig unproblematisch.

Im Hinblick auf den theoretischen Bezug zum Shareholder-Value-Modell im Sinne einer Abbildung der wichtigsten Value Driver lässt sich feststellen, dass EVA den Wachstumsaspekt adäquat berücksichtigt: Im Fall des Umsatzwachstums ohne zusätzliche Kapitalbindung im Anlagevermögen erhöht sich der EVA einer Geschäftseinheit, wenn der zusätzlich erzielte NOPAT die Kapitalkosten aus einer Erhöhung des Nettoumlaufvermögens übersteigt. Werden zur Erzielung zusätzlicher Umsätze Investitionen vorgenommen, so nimmt der EVA der Geschäftseinheit nur dann zu, wenn der dadurch erzielte NOPAT höher als die Kapitalkosten des zusätzlichen Vermögens ist. Jede Investition, deren Rendite die Kapitalkosten übersteigt, führt zu einem Anstieg des EVA, anders als beim ROI, bei dem nur Investitionsrenditen oberhalb der bestehenden Geschäftsrendite als erstrebenswert erscheinen. Unter Shareholder-Value-Gesichtspunkten ist aber jede Investition vorteilhaft und wertschaffend, die die Renditeanforderungen der Kapitalgeber übertrifft.

EVA steigt, wenn die Umsatzmarge c.p. erhöht wird. Auch dieser Value Driver wird im EVA-Konzept somit abgebildet. Der Value Driver Investitionen in das Anlage- und Umlaufvermögen wurde im Zusammenhang mit Wachstum schon thematisiert. Die Steuerquote findet ebenfalls explizit Berücksichtigung in der Kennzahl EVA, da es sich beim NOPAT um eine Nachsteuergröße handelt. Eine Verringerung des Steueraufwands führt zu einer Erhöhung des EVA und signalisiert somit Wertsteigerung. Die Kapitalkosten bilden ein tragendes Element des EVA-Konzeptes, werden hier also auch explizit abgedeckt.

Auch unter dem Aspekt der Datenverfügbarkeit erscheint das EVA-Konzept vorteilhaft, da es sich in starkem Maße auf Größen des bestehenden Rechnungswesens stützt und damit die Anwendung auf einzelne Geschäftseinheiten oder Tochterunternehmen ermöglicht. Um eine bestimmte IST-Periode zu beurteilen, werden nur Daten dieser oder vorheriger Perioden benötigt. Subjektive Prognosen sind nicht erforderlich. Dadurch weist das Verfahren eine hohe Objektivität auf und ist leicht nachprüfbar.

Die interne Kommunizierbarkeit ist u.E. wesentlich einfacher als bspw. bei der DCF-Methode oder beim CFROI-Konzept, da die Grunddefinitionen zu einem großen Teil auf Elementen des Rechnungswesens aufbauen, die dem Management bereits vertraut sind.

Die externe Kommunizierbarkeit wird nicht zuletzt dadurch erleichtert, dass es sich um ein mittlerweile weit bekanntes und praktiziertes Konzept handelt, das von Analysten und Investmentbanken zum Teil sogar selbst zur Beurteilung der Unternehmens-Performance eingesetzt wird.

Insgesamt deckt das EVA-Konzept die in Abschnitt 5.1 formulierten Anforderungen an einen Maßstab der operativen Performance-Messung in guter Weise ab. Deshalb hat sich *Henkel* entschieden, für die operative wertorientierte Performance-Messung seiner Geschäftseinheiten einen Ansatz zu wählen, der den Grundlinien des EVA-Konzeptes folgt.

# 6 Operative Messung der Wertschaffung bei *Henkel* auf Basis des Economic-Value-Added-Ansatzes (EVA®)

## 6.1 Definition des Economic Value Added (EVA) bei *Henkel*

### 6.1.1 EVA vor Steuern und vor Goodwillabschreibungen

Zur operativen Performance-Messung wird EVA bei *Henkel vor* Steuern und unter Rückrechnung der Goodwillabschreibungen ermittelt:

(6.1) $\quad EVA^{33} = EBITA - (wacc \times Capital\ Employed)$

mit:

| | |
|---|---|
| EBITA | Ergebnis vor Zinsen, Steuern und Goodwillabschreibungen |
| wacc | gewichtete Kapitalkosten vor Steuern |
| Capital Employed | operatives Vermögen mit Goodwill zum Anschaffungswert |

---

[33] Im Folgenden ist EVA in der bei *Henkel* verwendeten Berechnungsweise vor Steuern und unter Rückrechnung von Goodwillabschreibungen zu verstehen.

Der EVA-Ansatz vor Steuern nimmt Bezug auf die Konzernstruktur von *Henkel*. Das Stammhaus und die Mehrzahl der Tochtergesellschaften sind sog. Mehrsparten-Unternehmen. Die Steuerung der Geschäfte erfolgt weltweit über die Unternehmensbereiche, Ressorts und Strategischen Geschäftseinheiten. Die jeweiligen Gesellschaften bilden lediglich den rechtlichen Rahmen. In der operativen Berichterstattung wird durchweg nur über Ergebnisse vor Steuern informiert. Mit der Entscheidung für eine wertorientierte Kennzahl vor Steuern wird somit weiterhin auf den unmittelbaren Verantwortungsbereich des Managements der einzelnen Geschäftseinheiten abgestellt. Vierteljährlich wird der Steueraufwand der Konzernunternehmen in deren externen Abschlüssen sichtbar. Die Steueroptimierung setzt bei *Henkel* primär bei diesen legalen Einheiten an.

Die Rückrechnung der Goodwillabschreibungen zum betrieblichen Ergebnis (EBIT) und die Berücksichtigung des Goodwill zum vollen Anschaffungswert im Capital Employed erfolgt in Übereinstimmung mit dem Grundkonzept von *Stern Stewart & Co.*

Die Einbeziehung des Goodwill zum Anschaffungswert in das Capital Employed hat zunächst zur Konsequenz, dass er damit im Grunde zeitlich unbegrenzt renditepflichtig bleibt. Hier ergibt sich ein Konflikt mit der angestrebten Harmonisierung zwischen externer und interner Rechnungslegung. Bilanziell wird der Goodwill nach voller Abschreibung - in der Regel nach 15 bis 20 Jahren - ausgebucht. Für die EVA-Berechnung müssten die Goodwillbeträge jedoch in einer statistischen Rechnung weiter geführt werden (das Gleiche würde im übrigen auch bei Anwendung des CFROI- bzw. CVA-Konzeptes gelten). Wenn der Zeitpunkt der bilanziellen Ausbuchung heranrückt, wird nach einer pragmatischen Regelung zu suchen sein. Da bei *Henkel* Goodwill in der Konzernbilanz erst seit 1993 aktiviert wird (vorher erfolgte die Verrechnung unmittelbar gegen das Eigenkapital), werden solche Fälle jedoch erst nach dem Jahr 2007 auftreten.

Der International Accounting Standards Board (IASB) ist jedoch dabei, seine Rechnungslegungsvorschriften für Fusionen und Firmenübernahmen weiter zu entwickeln. Erworbener Goodwill soll künftig nicht mehr planmäßig abgeschrieben, sondern jährlich einer Werthaltigkeitsprüfung („Impairment Test") unterzogen werden. Soweit dabei der anzusetzende Zeitwert (Fair Value) niedriger liegt als der bisherige Buchwert, ist in Höhe des Unterschiedsbetrages eine Abschreibung vorzunehmen.

Der Financial Accounting Standards Board (FASB), Standardsetter für die US-amerikanische Rechnungslegung (US-GAAP), hat bereits mit den im Jahr 2001 veröffentlichten *Statements of Financial Accounting Standards (SFAS)* No. 141 und 142 die planmäßige Abschreibung auf immaterielle Vermögensgegenstände mit unbestimmter Nutzungsdauer aufgegeben. Statt dessen ist eine jährlich durchzuführende Werthaltigkeitsprüfung vorgesehen.

Die im Rahmen einer Werthaltigkeitsprüfung festgestellte Wertminderung wird auch bei der Ermittlung von EVA zu berücksichtigen sein. Bei einer *IAS/IFRS*-basierten Rechnungslegung bedeutet dies, dass in Zukunft (voraussichtlich ab 2004) nach einer einmaligen Methodenumstellung die bilanziellen Goodwillwerte in gleicher Höhe auch für das Capital Employed angesetzt werden können.

Sollte derzeit ein akquiriertes Geschäft, für das ein Goodwill ermittelt wurde, wieder veräußert werden, bevor der Goodwill voll abgeschrieben ist, müssen für die EVA-Berechnung die bisher nicht zu Aufwand gewordenen Goodwillabschreibungen in kumulierter Form im Jahr des Divestment auf der Ergebnisseite in Abzug gebracht werden. Andernfalls würde die Kennzahl EVA zu hoch ausgewiesen, denn in der Grenzbetrachtung wird der beim Divestment erzielte EBIT als Basis für EVA positiv beeinflusst durch die Tatsache, dass vom Verkaufserlös - neben anderen Positionen - nur ein um die Abschreibungen der Vorjahre geminderter Restbuchwert des Goodwill abgesetzt wird.

Bei einem Divestment wird daher in der entsprechenden Betrachtungsperiode die EVA-Berechnung wie folgt vorgenommen:

(6.2)          EBITA (einschließlich EBIT-Gewinn aus dem Divestment)
                 - *(Anschaffungswert - Restbuchwert des divestierten Goodwills)*
                 - (wacc x Capital Employed)
                 = EVA vor Steuern.

Weitere Anpassungen werden auf der Ergebnis- und Vermögensseite im Hinblick auf die erwähnte Harmonisierung zwischen internem und externem Rechnungswesen nicht vorgenommen. Dabei ist zu berücksichtigen, dass in den *International Accounting Standards (IAS)*, die *Henkel*, wie schon erwähnt, seit 1997 für den Konzernabschluss zu Grunde legt, bereits eine periodengerechte Erfolgszurechnung („matching principle") als Basisannahme verankert ist und generell den Informationsbedürfnissen der Investoren Vorrang vor anderen Interessen eingeräumt wird. So ist nach *IAS* im Grundsatz eine Aktivierung von Entwicklungsaufwendungen geboten, ferner die Aktivierung von geleasten Anlagegegenständen beim Leasingnehmer, soweit es sich um Finanzierungsleasing handelt.

Bei *Henkel* werden in der Konzernbilanz die im Rahmen eines Finanzierungsleasing genutzten Anlagegegenstände gemäß *IAS* 17 aktiviert, so dass in dieser Hinsicht keine Anpassung beim Capital Employed erforderlich ist. Für eine Aktivierung von Entwicklungsaufwendungen waren bei *Henkel* die Voraussetzungen wegen der Risiken bis zur Markteinführung bisher nicht erfüllt.

Es wurde auch nicht Vorschlägen in der Literatur gefolgt, das Capital Employed innerhalb des EVA-Konzeptes auf der Basis von Marktwerten, z.B. mittels der DCF-Methode, zu definieren.[34] Zwar ist aus Sicht der Anteilseigner die Bewertung des eingesetzten Kapitals zum Marktwert der relevante Ansatz, wie dies bei der strategischen Performance-Messung explizit zum Ausdruck kommt. In Verbindung mit einer operativen Stromgröße wie dem NOPAT oder hier dem EBITA ist jedoch der Buchwert des investierten Kapitals heranzuziehen, da sonst Erfolgsgröße und Kapitalbasis nicht mehr mit-

---

[34] Vgl. befürwortend *Badicore/Boquist/Milbourn/Thakor* 1997 und *Ganz* 1999.

einander kompatibel sind und aus dem Missverhältnis falsche strategische Schlussfolgerungen gezogen werden könnten.[35]

Für die Ermittlung von EVA sind alle benötigten Daten an der Basis, d.h. bei den Tochtergesellschaften in der weiteren Aufteilung nach Geschäftseinheiten, vorhanden. Dies gilt auch für den Goodwill, der in der Regel auf der Konzernebene bei der erstmaligen Einbeziehung eines akquirierten Unternehmens in den Konzernabschluss entsteht. Bereits bei der erwähnten Umstellung der externen Rechnungslegung auf die *International Accounting Standards* wurde entschieden, die bei der Konzernkonsolidierung entstandenen Goodwill-Beträge den erworbenen Firmen zuzuweisen und diese zu veranlassen, die zugewiesenen Goodwill-Beträge in die sog. Handelsbilanz II zu übernehmen und planmäßig abzuschreiben. Die Rechnungslegung der Tochtergesellschaften nach den jeweiligen landesrechtlichen Vorschriften bleibt von dieser Regelung unberührt, da die Handelsbilanz II nur dazu dient, nach gruppeneinheitlichen Bilanzierungs- und Bewertungsregeln einen Konzernabschluss zu erstellen. Im Zuge der bereits angesprochenen Harmonisierung zwischen externer und interner Rechnungslegung wurden die den Tochtergesellschaften zugewiesenen Goodwill-Beträge für die interne Berichterstattung übernommen und auf die jeweils vorhandenen Geschäftseinheiten aufgeteilt.

Viele Beiträge in der Literatur sehen die Anpassung des Goodwills bei der Berechnung des Capital Employed wie folgt vor:

(6.3)  Restbuchwert des Vermögens (einschließlich Goodwill)
+ kumulierte Goodwillabschreibungen der Vergangenheit.

Aus praktischen Gründen wird bei *Henkel* auf der Vermögensseite für die Berechnung des Capital Employed der Goodwill zum Restbuchwert durch den Goodwill zum Anschaffungswert ausgetauscht.

Die Ermittlung und der Ausweis von EVA sind bei *Henkel* voll in die monatliche operative Berichterstattung integriert, wie der nachstehende Auszug aus dem Zeilenschema für die interne Ergebnisrechnung und Kapitalergebnisrechnung zeigt.

---

[35] Vgl. bzgl. der Ablehnung des Marktwertansatzes *Albrecht* 1998; *Ferguson/Leistikow* 1998 und *Küting/Eidel* 1999.

| *Interne Ergebnisrechnung* | *Interne Kapitalergebnisrechnung* |
|---|---|
| Zeile/Bezeichnung | Zeile/Bezeichnung |
| 9   Nettogesamtumsatz<br>14  Herstellkosten<br>27  Blockkosten (Verkauf, Verwaltung)<br>33  Goodwillabschreibung<br>46  EBIT<br>46A EBITA (=46+33)<br>49  Kumulierte vergangene Goodwillabschreibung von divestierten Geschäften (in der Periode des Divestments) | 52  Anlagevermögen ohne Goodwill<br>56  Vorräte<br>61  Forderungen<br>66  Abzugskapital<br>67  Goodwill (Restbuchwert)<br>71  Betriebliches Vermögen<br>72  Goodwill-Anschaffungswert<br>73  Capital Employed (71-67+72)<br>74  Kapitalkosten (12% x Zeile 73) |
| 75 EVA (46A-49-74) | |

Abbildung 8:   Auszug aus der Internen Ergebnisrechnung und Internen Kapitalergebnisrechnung bei *Henkel*

### 6.1.2 Kapitalkosten

Bei den Kapitalkosten stellt sich einerseits die Frage der Ermittlung, andererseits ist zu klären, wie häufig der Kapitalkostensatz an sich ändernde Bedingungen an den Kapitalmärkten anzupassen ist.

Die Kapitalkosten im Rahmen des EVA-Konzeptes werden genauso ermittelt wie innerhalb der DCF-Methodik (vgl. Kapitel 4); sie stellen einen mit den jeweiligen Kapitalanteilen gewichteten Durchschnitt aus Eigen- und Fremdkapitalkosten dar (weighted average cost of capital - wacc).

Die *Eigenkapitalkosten* werden bei *Henkel* aus der Renditeerwartung der Aktionäre abgeleitet, die mit Hilfe des in der Literatur vielfach beschriebenen Capital Asset Pricing Model (CAPM) quantifiziert wird. Die zu *erwartende* Eigenkapitalverzinsung entspricht dabei der Verzinsung einer alternativen Anlage am Kapitalmarkt, die das gleiche Risiko wie die *Henkel*-Aktie aufweist. Sie setzt sich zusammen aus einer risikolosen Sockelrate (Rendite von 10-jährigen deutschen Staatsanleihen) zuzüglich einem Risikoaufschlag, der das systematische Risiko der *Henkel*-Aktie vergütet. Der Risikoaufschlag basiert auf der Risikoprämie des Gesamtmarktes (Deutscher Aktienindex) und wird mit Hilfe des „Beta-Faktors" entsprechend dem spezifischen Risiko der *Henkel*-Aktie angepasst:

(6.4)     Risikoaufschlag *Henkel*-Aktie = Marktrisikoprämie x Beta-Faktor von *Henkel*.

Bei der in dieser Form abgeleiteten Renditeerwartung der Aktionäre - bei *Henkel* beläuft sich diese, wie bereits erwähnt, auf 9,6% - handelt es sich aus Unternehmenssicht um Eigenkapitalkosten nach Unternehmenssteuern. Zusammen mit den Fremdkapitalkosten ergeben sich die gewichteten Kapitalkosten nach Steuern. Da das EVA-Konzept bei *Henkel* auf Vorsteuergrößen basiert, ist auch ein Kapitalkostensatz vor Steuern zu verwenden:

(6.5)  Kapitalkosten  = Kapitalkosten nach Steuern / (1-Steuerquote).
       vor Steuern

Die gewichteten Kapitalkosten vor Steuern betragen bei *Henkel* 12%. Theoretisch müsste dieser Kapitalkostensatz stets an das sich ändernde Zinsniveau des Kapitalmarktes angepasst werden. Veränderungen von EVA im Zeitablauf wären dann aber nicht nur auf eine Veränderung der Größen EBITA und Capital Employed, sondern auch auf einen veränderten Kapitalkostensatz zurückzuführen. Nach dem sog. „Controllability"-Prinzip sollten Manager jedoch nur das verantworten, was sie auch beeinflussen können.[36] Da die im operativen Geschäft tätigen Manager praktisch keinen Einfluss auf die Höhe des Kapitalkostensatzes haben, ist zur EVA-Berechnung im Rahmen der operativen Steuerung eine ständige Anpassung der prozentualen Kapitalkosten nicht sinnvoll. Zudem wird die interne Umsetzung erleichtert, insbesondere im Hinblick auf die Akzeptanz der Kennzahl und den laufenden Ermittlungsaufwand, wenn die Berechnungsweise über einen längeren Zeitraum konstant bleibt. Erst bei gravierenden Änderungen an den Kapitalmärkten erfolgt eine Anpassung des wacc. Dies impliziert schließlich auch, dass sich die Festlegung des wacc weniger am aktuell gültigen Zinsniveau orientiert, als vielmehr am voraussichtlich zu erwartenden Durchschnittsniveau.

Eine Differenzierung der Kapitalkosten nach Geschäftseinheiten wird bei *Henkel* nicht vorgenommen, da das Risiko der einzelnen Geschäfte in den meisten Fällen sehr ähnlich ist. Ein einheitlicher Kapitalkostensatz für alle Geschäftseinheiten hat den großen praktischen Vorteil, dass das EVA-System einfacher zu kommunizieren ist und die Diskussion der EVA-Ergebnisse mit den verantwortlichen Managern nicht Gefahr läuft, sich auf die Frage der Angemessenheit des jeweiligen Kapitalkostensatzes zu fokussieren.

## 6.2  Performance-Messung von Geschäftsbereichen

Bei der Einführung des EVA-Konzeptes stellt sich als weitere Frage, für welche Geschäftsebenen EVA ermittelt werden soll.

---

[36] Vgl. zum genannten Grundsatz auch *Ballwieser* 1994, S. 1400.

Wie erläutert wurde, liegt ein besonderer Vorteil von EVA, z.B. gegenüber ROI und EBIT, darin, dass Anreize zu wertsteigerndem Investitionsverhalten und damit Wachstum gegeben werden. Daraus leitet sich ab, dass auf jeden Fall die Performance auf derjenigen geschäftlichen Ebene, auf der die maßgeblichen Investitionsentscheidungen getroffen oder im Wesentlichen initiiert werden, anhand von EVA beurteilt werden sollte. Dies ist bei *Henkel* die Ebene der Ressorts bzw. teilweise der Strategischen Geschäftseinheiten (vgl. Abbildung 9).

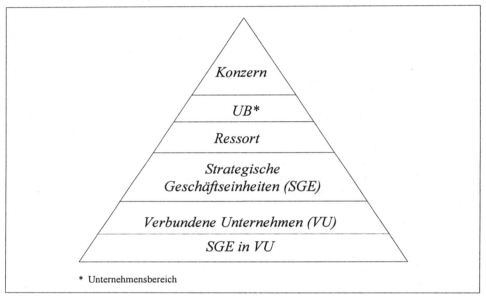

Abbildung 9: Ebenen der operativen Berichterstattung bei *Henkel*

Im ersten Schritt wurde EVA vor Steuern für die weltweiten Einheiten eingeführt (je nach Geschäft bis zur Ebene Ressort bzw. SGE). Inzwischen wird die Kennzahl – ausgehend von einer Ergebnisebene vor Verrechnung von Kosten für die internationale Geschäftssteuerung und für übergreifende Forschung und Entwicklung – auch für die lokalen Geschäfte der Verbundenen Unternehmen (SGE in VU) ermittelt. Dies dient einer noch stärkeren Identifikation des lokalen Managements mit den Zielen der wertorientierten Konzernsteuerung.

Gegen die Anwendung eines einheitlichen Kapitalkostensatzes für die einzelnen Tochtergesellschaften lässt sich einwenden, dass damit die zwischen den Ländern und den Regionen bestehenden Unterschiede im Zins- und Risikoniveau ignoriert und zudem die jeweiligen steuerlichen Effekte bei der Ermittlung von Kapitalkosten vor Steuern außer Acht gelassen werden. Auch hier gilt jedoch das bereits Gesagte: Mit einem einheitlichen Kapitalkostensatz ist das EVA-Konzept konzernweit leichter verständlich zu machen und einfacher zu handhaben. Gleichzeitig werden letztlich unergiebige Diskussionen über die „richtige" Höhe des jeweiligen Kapitalkostensatzes vermieden. In diesem Zusammenhang ist auch darauf hinzuweisen, dass Tochtergesellschaften in Ländern mit hoher Inflation ihre Abschlüsse entweder in Euro oder US-Dollar erstellen, um Inflationsauswirkungen auszuschalten.

## 6.3 Interpretation von EVA

Grundsätzlich sind bei der Interpretation von EVA zwei Dimensionen bedeutsam:
- Ist EVA positiv oder negativ?
- Steigt oder sinkt EVA im Zeitablauf?

Ist *EVA positiv*, so wurde das Kapital, das vom Unternehmen in das betreffende Geschäft investiert wurde, in der Betrachtungsperiode angemessen verzinst. Damit ist eine notwendige Bedingung für den langfristigen Erhalt des Unternehmens erfüllt. Auf Grund des Rechenansatzes zu *Buchwerten* (Capital Employed) lässt sich aber noch nicht sagen, ob auch der *Marktwert* des Geschäfts sich positiv entwickelt hat. Aus Sicht der Aktionäre ist dieser aber letztlich maßgebend.

Wie in Abschnitt 5.3.2 gezeigt wurde, werden die wichtigsten Value Driver durch EVA abgebildet. Verbesserungen von EVA haben somit c.p. auch eine Erhöhung des Unternehmenswertes - und wenn dies von der Börse honoriert wird - auch eine Erhöhung des Aktienkurses und damit des Total Shareholder Return zur Folge. Hieraus wird deutlich, dass das absolute Niveau des EVA nicht von entscheidender Bedeutung ist, sondern die Veränderung im Zeitablauf. Dem liegt die These zugrunde, dass das erreichte Niveau auch für die Zukunft erwartet wird und daher bereits in den heutigen Aktienkursen berücksichtigt ist. Um einen höheren Marktwert zu erzielen, sind EVA-*Steigerungen* notwendig. Die Erhöhung des EVA (positives „Delta EVA") kann demnach als notwendige Voraussetzung für steigende Börsenkurse betrachtet werden.[37]

---

[37] Vgl. auch *Greth* 1998, S. 76; *Neubürger* 2000, S. 190.

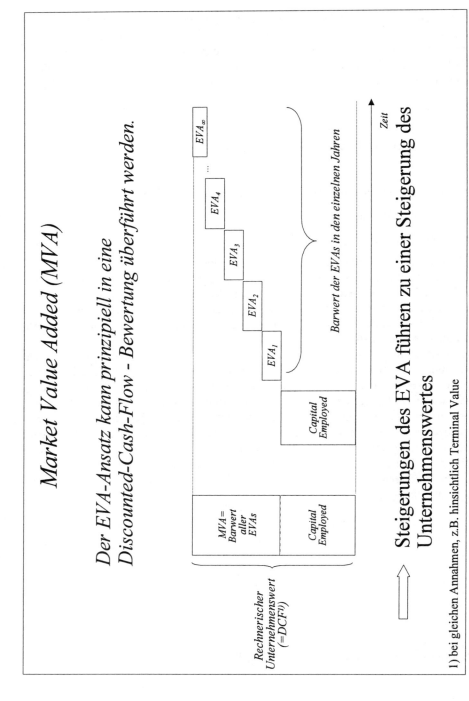

Abbildung 10: Zusammenhang von DCF-Bewertung und EVA-Entwicklung

Der Zusammenhang von EVA und Marktwert lässt sich auch theoretisch herleiten. Allgemein gilt nämlich, dass der Barwert aller zukünftigen EVAs (nach Unternehmenssteuern) zuzüglich dem heutigen Capital Employed genau den Marktwert (DCF-Wert) des Unternehmens ergibt.[38]

(6.6) $$Wert_{DCF} = \sum_{t=1}^{\infty} \frac{EVA_t}{(1+wacc)^t} + Capital\ Employed_0$$

Auf diesen Zusammenhang von periodisierten Rechnungsgrößen und einer zahlungsstrombasierten Rechnung hat im Grundsatz bereits *Lücke* 1955 („*Lücke*-Theorem") hingewiesen.[39]

Der Barwert aller zukünftigen EVAs (in der Formel der Summenterm) wird als „*Market Value Added*" bezeichnet.[40] Es wird deutlich, dass Steigerungen des EVA über einen höheren Market Value Added zu einem höheren Unternehmenswert führen (vgl. Abbildung 10). Steigerungen von EVA können so eindeutig als Marktwertsteigerungen interpretiert werden, so dass hiermit auch eine „Brücke" zur in Kapitel 4 diskutierten Strategischen Performance-Messung hergestellt ist.[41]

Als „Handlungsanweisung" ergeben sich daraus für alle Manager drei allgemeine Ansatzpunkte für ein wertorientiertes Management:

- Erhöhung des EBITA ohne Einsatz von zusätzlichem Kapital; dadurch Erhöhung des Return on Capital Employed [(vgl. Abbildung 11 Fall a)];

- Investitionen in Projekte mit Renditen oberhalb der Kapitalkosten [hier wird Wertschaffung angezeigt, auch wenn die Rendite der gesamten Einheit konstant bleibt [(vgl. Abbildung 11 Fall b)];

- Verringerung des investierten Kapitals (einschließlich Reduzierung des Nettoumlaufvermögens), wenn die damit verbundenen Aktivitäten weniger als die Kapitalkosten verdienen.

---

[38] Diese Gleichheit gilt allerdings bei genauerer Betrachtung nur dann, wenn die Berechnung des Terminal Value bei der DCF-Rechnung über Free Cash Flows wie auch bei der Ermittlung über EVA auf dem Konzept der ewigen Rente (vgl. Kapitel 4) basiert. Geht man - z.B. auf Grund von Inflationserwartungen - von nominalem Wachstum aus, so wirkt sich eine Steigerung des Free Cash Flow in der „DCF-Welt" anders aus als die gleiche prozentuale Steigerung der EVAs. Dies geht auf unterschiedliche implizite Investitionsprämissen des EVA-Ansatzes zurück.

[39] Vgl. *Lücke* 1955.

[40] Vgl. *Stewart* 1991, S. 153-158.

[41] Damit wird auch das „Planungsintegritätsproblem" (vgl. *Ballwieser* 2000, S. 163) gelöst: Operative Planungs- und Steuerungsgrößen können in die DCF-Betrachtung überführt werden.

Das EVA-Konzept ermöglicht zudem im Gegensatz zur DCF-Methodik eine Aufteilung des Unternehmenswertes nach Beiträgen einzelner Perioden. Zwar beziehen sich die Free Cash Flows der DCF-Rechnung ebenfalls auf einzelne Perioden, jedoch sind diese Größen weniger aussagekräftig im Hinblick auf die Periodenperformance, da im Free Cash Flow enthaltene Auszahlungskomponenten wie Investitionen oder Akquisitionen - wenngleich für mehrere Perioden relevant - Belastungen einer einzelnen Periode darstellen, während die damit in Zusammenhang stehenden Rückflüsse sich über mehrere Perioden erstrecken. Tritt eine Häufung von solchen Auszahlungen in einer Periode auf, wodurch sich ein niedriger Free Cash Flow ergibt, so kann daraus nicht geschlossen werden, dass die Periodenleistung schlecht war. Beim EVA-Ansatz werden solche Einflüsse hingegen periodisiert, so dass die Aussagekraft für die einzelne Periode höher ist. Gleichzeitig wird durch die Berücksichtigung von Kapitalkosten die Äquivalenz zum DCF-Ansatz sichergestellt.

Die Aufteilung der Wertschaffung auf einzelne Perioden kann auch bei Projektrechnungen für Investitionen und Akquisitionen nützlich sein. So wird bspw. ersichtlich, in welchen Jahren Wertschaffungen geplant sind. Schließlich macht es einen Unterschied, ob bereits in den ersten Jahren einer Investition oder Akquisition mehr als die Kapitalkosten verdient wird oder erst in den letzten Jahren des Prognosezeitraums, die in der Regel noch schwieriger zu planen sind. Eine solche Transparenz liefert die DCF-Methodik nicht, und auch die Kapitalrückflussdauer informiert als zusätzliche Kennzahl lediglich über den Zeitpunkt, zu dem das investierte Kapital zurückgeflossen sein wird. Die zeitliche Verteilung der wertschaffenden Rückflüsse wird auch dabei nicht deutlich.

Zusammenfassend kann festgestellt werden, dass die Unternehmenseinheiten sowohl positive als auch im Zeitablauf steigende EVAs generieren müssen, um Wert zu schaffen.

# 7 Fazit

Die Shareholder-Value-Orientierung bildet inzwischen für viele Großunternehmen die übergreifende Zielsetzung im Rahmen der Geschäftssteuerung. Ein Shareholder-Value-Konzept sollte dabei ganzheitlich angelegt sein und die Aspekte Strategieformulierung und Umsetzung, Performance-Messung, Incentivierung sowie interne Berichterstattung und Kommunikation nach außen thematisieren.

Die wertorientierte Erfolgsmessung erweist sich als eine komplexe und in der Praxis sehr unterschiedlich gelöste Problemstellung. Einerseits gilt es, der in der Theorie betonten Unternehmenswert- und Zukunftsorientierung gerecht zu werden, andererseits sind die Möglichkeiten und Grenzen der Praxis für eine erfolgreiche Implementierung zu beachten. Es erscheint sinnvoll, den Themenkomplex „Performance-Messung" in zwei Bereiche aufzuteilen, nämlich in die strategische und die operative Performance-Messung.

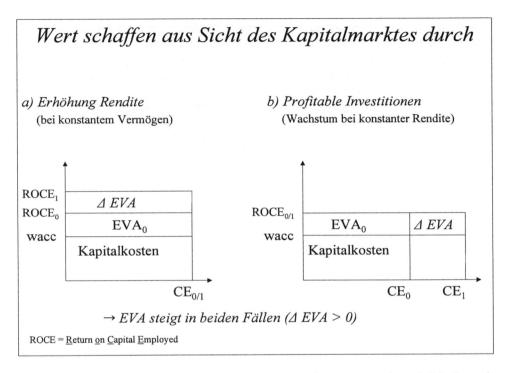

Abbildung 11: Erhöhung des EVA durch Renditesteigerungen und profitable Investitionen

Die strategische Performance-Messung baut auf der Unternehmensbewertungslehre auf und ist durch die vollständige Zukunftsorientierung geeignet, als „Frühwarnsystem" zu fungieren. Die methodische Basis bildet die DCF-Methode.

Die operative Performance-Messung soll die Wertentwicklung einer einzelnen Periode ohne Rückgriff auf Prognosedaten anzeigen. In der Literatur und Unternehmenspraxis finden sich dafür verschiedene Ansätze. Die Auswahl eines dieser Ansätze sollte unternehmensspezifisch anhand verschiedener Kriterien erfolgen. Zunächst sollte in theoretischer Hinsicht die Wertorientierung daran geprüft werden, ob eine enge Korrelation zu den aus der Unternehmensbewertungslehre abgeleiteten Value Drivern Wachstum, Umsatzmarge, Investitionen in das Anlage- und Umlaufvermögen, Steuerquote sowie Kapitalkosten besteht. Die erfolgreiche Implementierung und Anwendung des jeweiligen Ansatzes in der Unternehmenspraxis wird darüber hinaus auch stark von Überlegungen hinsichtlich der Verfügbarkeit der erforderlichen Daten, der internen und externen Kommunizierbarkeit sowie der Eignung als Incentivebasis abhängen.

*Henkel* hat sich nach eingehender Beschäftigung mit den verschiedenen Aspekten der Shareholder-Value-Thematik für das EVA-Konzept entschieden. Von den zahlreichen nach diesem Konzept vorgesehenen Anpassungsmaßnahmen auf der Ergebnis- und Vermögensseite hat für *Henkel* nur die Rückrechnung von Goodwillabschreibungen Relevanz. Abweichend vom Grundkonzept wird die Kennzahl EVA für die einzelnen Geschäftseinheiten jedoch vor Steuern errechnet, da die Manager für die Ergebnisse ihrer Geschäftseinheiten vor Steuern verantwortlich sind.

Mit der Integration des EVA-Konzeptes in die monatliche operative Berichterstattung wurden die Voraussetzungen dafür geschaffen, dass die neue Kennzahl die notwendige laufende Beachtung durch das Management findet und die zugedachte zentrale Rolle bei der wertorientierten Steuerung der Geschäfte übernehmen kann.

# Literaturverzeichnis

*Albrecht, T.:* The Search for the Best Financial Performance Measure, in: Financial Analysts Journal, 38. Jg. (1998), S. 86-87.

*Badicore, J.M./Boquist, J.A./Milbourn, T./Thakor, A.V.:* The Search for the Best Financial Performance Measure, in: Financial Analysts Journal, 37. Jg. (1997), S. 11-20.

*Ballwieser, W.:* Methoden der Unternehmensbewertung, in: Gebhardt, G./Gerke, W./ Steiner, M. (Hrsg.): Handbuch des Finanzmanagements, München 1993, S. 151-177.

*Ballwieser, W.:* Adolf Moxter und der Shareholder Value-Ansatz, in: Ballwieser, W. et al. (Hrsg.): Bilanzrecht und Kapitalmarkt, Düsseldorf 1994, S. 1377-1405.

*Ballwieser, W.:* Wertorientierte Unternehmensführung, in: Schmalenbachs Zeitschrift für Betriebswirtschaftliche Forschung und Praxis, 52. Jg. (2000), S. 160-166.

*Börsig, C.:* Wertorientierte Unternehmensführung bei RWE, in: Schmalenbachs Zeitschrift für Betriebswirtschaftliche Forschung und Praxis, 52. Jg. (2000), S. 167-175.

*Bühner, R./Tuschke, A.:* Wertmanagement, in: Bühner, R./Sulzbach, K. (Hrsg.): Wertorientierte Steuerungs- und Führungssysteme, Stuttgart 1999, S. 4-41.

*Copeland, T./Koller, T./Murrin, J.:* Unternehmenswert: Methoden und Strategien für eine wertorientierte Unternehmensführung, Frankfurt/Main 1993.

*CPS Alcar:* CPS Alcar on EVA, in: CPS Alcar Global Review, Vol. III (1997), S. 1-10.

*Dinter, H.-J.:* Führung mit ROI-Kennzahlen und Shareholder Value, in: Mayer, E./Liessmann, K./Freidank, C.-Ch. (Hrsg.): Controlling-Konzepte, Werkzeuge und Strategien für die Zukunft, 4. Auflage, Wiesbaden 1999, S. 255-292.

*Dirrigl, H.-D.:* Koodinationsfunktion und Principal-Agent-Theorie als Fundierung des Controlling?, in: Elschen, R. et al. (Hrsg.): Unternehmenstheorie und Besteuerung, Wiesbaden 1995, S. 129-170.

*Esser, K.:* Wertorientierte Unternehmensführung bei Mannesmann, in: Schmalenbachs Zeitschrift für Betriebswirtschaftliche Forschung und Praxis, 52. Jg. (2000), S. 176-187.

*Ferguson, R./Leistikow, D.:* Search for the Best Financial Performance Measure, in: Financial Analysts Journal, 38. Jg. (1998), S. 81-85.

*Ganz, P.:* Shareholder Value als Analyse- und Portfolioinstrument dargestellt anhand des PREMIUM-Konzeptes der Preussag AG, in: Bühner, R./Sulzbach, K. (Hrsg.): Wertorientierte Steuerungs- und Führungssysteme, Stuttgart 1999, S. 66-93.

*Greth, M.:* Managemententlohnung aufgrund des Economic Value Added (EVA), in: Pellens, B. (Hrsg.): Unternehmenswertorientierte Entlohnungssysteme, Stuttgart 1998, S. 69-100.

*Groh, M.:* Shareholder Value und Aktienrecht, in: Der Betrieb, 53. Jg. (2000), S. 2153-2158.

*Günther, T.:* Unternehmenswertorientiertes Controlling, München 1997.

*Hachmeister, D.:* Der Discounted Cash Flow als Maß der Unternehmenswertsteigerung, 2. Auflage, Frankfurt/Main 1998.

*Hermann, H.-E./Xhonneux, P./Groth, S.:* Integriertes Wertmanagement bei der *Bayer* AG, in: Controlling, 6. Jg. (1999), S. 399-406.

*Hostettler, S.:* Economic Value Added als neues Führungsinstrument, in: Der Schweizer Treuhänder, o.Jg. (1995), S. 307-315.

*Hostettler, S.:* Economic Value Added (EVA), 4. Auflage, Bern u.a. 2000.

*Kley, K.-L.:* Das neue Wertsteigerungskonzept der *Lufthansa*, in: Controlling, 7. Jg. (2000), S. 289-295.

*KPMG:* Value Based Management, Value Based Management Research Report 1999.

*Küting, K./Eidel, U.:* Performance-Messung und Unternehmensbewertung auf Basis des EVA, in: Die Wirtschaftsprüfung, 52. Jg. (1999), S. 829-838.

*Lewis, T.G.:* Steigerung des Unternehmenswertes, 2. Auflage, Landsberg/Lech 1995.

*Lewis, T.G./Lehmann, S.:* Überlegene Investitionsentscheidungen durch CFROI, in: Betriebswirtschaftliche Forschung und Praxis, 44. Jg. (1992), S. 1-13.

*Lücke, W.:* Investitionsrechnung auf der Grundlage von Ausgaben oder Kosten?, in: Zeitschrift für handelswissenschaftliche Forschung, 7. Jg. (1955), S. 310-324.

*Mandl, G./Rabel, K.:* Unternehmensbewertung, Wien 1997.

*Metro AG:* Analystentreffen 26. Mai 1999 (http://195.227.51.132/DE/ INVESTORS/pdf/ presentationen1999/konzernsteuerung.pdf).

*Müller, H.:* Managing Shareholder Value, in: Controlling, 12. Jg. (2000), S. 347-353.

*Neubürger, H.J.:* Wertorientierte Unternehmensführung bei *Siemens*, in: Schmalenbachs Zeitschrift für Betriebswirtschaftliche Forschung und Praxis, 52. Jg. (2000), S. 160-166.

*o.V.:* Wertsteigerung manchmal nur eine Worthülse, in: Handelsblatt, o.Jg. (1999), 17.11.1999, S. 41.

*Panichi, M./Swoboda, M./Ziegler, M.:* Henkel KGaA, in: Verband der Chemischen Industrie e.V. (Hrsg.): Unternehmenssteuerung durch Zielvorgaben, Frankfurt/Main, 1998, S. 114-119.

*Pape, U.:* Wertorientierte Unternehmensführung und Controlling, Berlin 1997.

*Pellens, B./Rockholtz, C./Stienemann, M.:* Marktwertorientiertes Konzerncontrolling in Deutschland, in: Der Betrieb, 50. Jg. (1997), S. 1933-1939.

*Pellens, B./Tomaszewski, C./Weber, N.:* Wertorientierte Unternehmensführung in Deutschland, in: Der Betrieb, 53. Jg. (2000), S. 1825-1833.

*Rappaport, A.:* Creating Shareholder Value, New York/London 1986.

*Rappaport, A.:* Shareholder Value, Wertsteigerung als Maßstab für die Unternehmensführung, Stuttgart 1994.

*Richter, F.:* Konzeption eines marktwertorientierten Steuerungs- und Monitoringsystems, Frankfurt/Main et al. 1996.

*Röttger, B.:* Das Konzept des Added value als Maßstab für finanzielle Performance, Kiel 1994.

*Schneider, D.:* Marktwertorientierte Unternehmensrechnung: Pegasus mit Klumpfuß, in: Der Betrieb, 51. Jg. (1998), S. 1473-1478.

*Stewart, G.B.:* The Quest for Value, New York 1991.

*Verband der Chemischen Industrie e.V.* (Hrsg.): Unternehmenssteuerung durch Zielvorgaben, Frankfurt/Main 1998.

## Symbolverzeichnis

| | |
|---|---|
| $CE_t$ | Capital Employed in Periode t |
| $EK^{MW}$ | Marktwert des Eigenkapitals (Eigentümerwert) |
| $EVA_t$ | Economic Value Added in Periode t |
| $FCF_t$ | Free Cash Flow in Periode t |
| $FK^{MW}$ | Marktwert des Fremdkapitals |
| t | Periodenindex mit t = 1, 2, ..., T |
| TSR | Total Shareholder Return |
| wacc | weighted average cost of capital (gewichtete Gesamtkapitalkosten) |
| $Wert_{DCF}$ | Nach der DCF-Methode ermittelter Gesamtunternehmenswert |
| / | geteilt durch, zu |
| = | gleich |
| x | mal |
| - | minus |
| + | plus |
| % | Prozent |
| $\Sigma$ | Summe |
| $\infty$ | unendlich |
| $\Delta$ | Veränderungszeichen, Differenz |

## Abbildungsverzeichnis

| | |
|---|---|
| Abbildung 1: | Elemente eines Shareholder-Value-Konzeptes |
| Abbildung 2: | Realwirtschaftliche Wertsteigerungsstrategien |
| Abbildung 3: | Finanzwirtschaftliche Wertsteigerungsstrategien |
| Abbildung 4: | Identifikation von Wertschaffern im Management-Kreislauf |
| Abbildung 5: | Determinanten des Unternehmenswertes |
| Abbildung 6: | Beispiel zur ROI-Situation mit/ohne einer zusätzlichen Investition |
| Abbildung 7: | Konzepte zur wertorientierten operativen Performance-Messung |
| Abbildung 8: | Auszug aus der Internen Ergebnisrechnung und Internen Kapitalergebnisrechnung bei *Henkel* |
| Abbildung 9: | Ebenen der operativen Berichterstattung bei *Henkel* |
| Abbildung 10: | Zusammenhang von DCF-Bewertung und EVA-Entwicklung |
| Abbildung 11: | Erhöhung des EVA durch Renditesteigerungen und profitable Investitionen |

DIETER TRUXIUS

# Wertorientierte Kennzahlensysteme im *Heraeus*-Konzern

| | | |
|---|---|---:|
| 1 | Themenstellung und Zielsetzung | 273 |
| 2 | Die Abbildung von Wachstum und Wertsteigerung in betriebswirtschaftlichen Kennzahlen | 274 |
| | 2.1 Kennzahlentypen | 274 |
| | 2.2 Anwendbarkeit bei Wachstumszielen | 276 |
| |     2.2.1 Renditekennzahlen | 276 |
| |     2.2.2 Economic Value Added | 277 |
| |     2.2.3 Sustainable Growth Rate | 278 |
| 3 | Design und Umsetzung des wachstumsorientierten Kennzahlensystems in der Praxis | 281 |
| | 3.1 Verbindung von EVA und Sustainable Growth Rate | 281 |
| | 3.2 Festlegung der finanzwirtschaftlichen Zielgrößen | 283 |
| | 3.3 Festlegung der operativen Zielgrößen | 283 |
| 4 | Ausblick | 284 |
| Anhang | | 285 |
| | Anhang 1: Renditedefinitionen | 285 |
| | Anhang 2: Formale Darstellung der Sustainable Growth Rate | 288 |
| Literaturverzeichnis | | 290 |
| Symbolverzeichnis | | 290 |
| Abbildungsverzeichnis | | 290 |

# 1 Themenstellung und Zielsetzung

Der vermeintliche Siegeszug der „New Economy" und die fulminante Steigerung der Aktienkurse gegen Ende der Neunziger Jahre erschienen vielen als der endgültige Beweis für die Richtigkeit des Shareholder Value-Konzepts. In seinem Kern zielt dieses Konzept auf die *kurzfristige* Steigerung des Unternehmenswertes ab, der als Börsenwert bzw. als Marktwert des Eigenkapitals gemessen wird. Eine längerfristige Sicht des unternehmerischen Handelns geriet dabei stark ins Hintertreffen. Analysten und Journalisten, und ihnen folgend auch viele Anleger, belohnten schnell und kurzfristig wirkende Maßnahmen. Wer für das nächste Geschäftsjahr kein zweistelliges Wachstum von Umsatz und Ergebnis versprach und sich nicht von Quartal zu Quartal steigerte, wurde abgestraft.

Nach dem Platzen der Internet- und Elektronikblase ist es nun wohl offensichtlich, dass nur eine Unternehmenspolitik, die auf ein nachhaltiges, also längerfristig durchhaltbares und finanzierbares Wachstum ausgerichtet ist, im Interesse der Shareholder - und damit letztlich auch im Interesse aller anderen Stakeholder - liegt.

Zur Sicherstellung eines nachhaltigen und wertsteigernden Wachstumskurses muss das interne Steuerungssystem des Unternehmens um geeignete Key Performance Indicators bzw. Kennzahlen erweitert werden. Gleichzeitig müssen bestehende Kennzahlensysteme auf ihre Vereinbarkeit mit dem Ziel des nachhaltigen Wachstums überprüft und ggf. modifiziert und bereinigt werden.

Der vorliegende Beitrag gliedert sich in zwei Teile:

Im ersten Teil werden zunächst „alte", gewinnorientierte Kennzahlen und „neue", wertorientierte Kennzahlen daraufhin überprüft, ob sie richtige oder falsche Signale im Hinblick auf eine wachstumsorientierte Unternehmenspolitik geben.

Im zweiten Teil wird dann ein praxisorientiertes Kennzahlensystem vorgestellt, dessen Eckpfeiler die „Sustainable Growth Rate" und das Konzept des „Economic Value Added (EVA®) bilden. Dieses System wird gegenwärtig im *Heraeus*-Konzern eingeführt.

Der Edelmetall- und Technologiekonzern *Heraeus* ist ein weltweit tätiges Familienunternehmen mit einem Jahresumsatz von 6,5 Mrd. € und weltweit 9000 Mitarbeitern in über 100 Tochter- und Beteiligungsunternehmen. Das 1851 gegründete Unternehmen gliedert sich heute in die Kernarbeitsgebiete Edelmetalle, Dentalwerkstoffe, Sensoren, Quarzglas und Speziallichtquellen.

## 2 Die Abbildung von Wachstum und Wertsteigerung in betriebswirtschaftlichen Kennzahlen

### 2.1 Kennzahlentypen

Eine der Kernaufgaben des Controllings besteht darin, die Fülle der im Unternehmen anfallenden Daten und weiteren Informationen zu einem System von Key Performance Indicators (KPI) zu ordnen, so dass auf den verschiedenen Ebenen des Unternehmens die Abweichungen von den jeweiligen Zielvorgaben schnell erkannt und Gegenmaßnahmen rechtzeitig eingeleitet werden können. Ein solches KPI- bzw. Kennzahlensystem besteht aus finanziellen und nicht-finanziellen Kennzahlen und ist üblicherweise pyramidal strukturiert, wobei an der Spitze eine finanzwirtschaftliche Kennzahl steht. Das beste Beispiel für ein solches System ist immer noch die von *Donaldson Brown* bereits vor dem ersten Weltkrieg entwickelte „*DuPont*-Pyramide" mit der Spitzenkennzahl Return on Investment (ROI). *Brown* war sich sehr wohl darüber im Klaren, dass eine Zielvorgabe für den ROI nur im Sinne eines nachhaltigen Wachstums (Sustainable Growth) sinnvoll ist und eine kurzfristige ROI-Maximierung auf den falschen Weg führen kann. Nachdem er in den Zwanziger Jahren zu *General Motors* gewechselt war, hat er das ROI-Konzept in diesem Sinne weiter ausgebaut. Er entwickelte verschiedene Vorschläge, wie die einperiodige Kennzahl ROI auch für das mehrperiodige Problem des optimalen Wachstumskurses eines Unternehmens sinnvoll eingesetzt werden kann.[1]

Ein anderer Ansatz zur Ableitung einer finanzwirtschaftlichen Spitzenkennzahl entstand aus dem von *Irving Fisher* und *Jack Hirshleifer* entwickelten Kapitalwertkonzept, das in verschiedenen Varianten heute unter dem Schlagwort Discounted Cash Flow (DCF) in die Praxis Eingang gefunden hat und aus dem die Spitzenkennzahl Cash Flow Return on Investment (CFROI) abgeleitet wurde. Obwohl es sich hierbei um einen mehrperiodigen Ansatz handelt, sind die sich in der Praxis stellenden Wachstumsprobleme lange vernachlässigt worden, so dass *Myron Gordon* nicht zu Unrecht von „elegant intellectual models of limited usefulness" sprach.

Um ein Kennzahlensystem für den *Heraeus*-Konzern zu entwickeln, das gleichzeitig Wachstums- und Wertsteigerungsaspekte berücksichtigt, erschien es uns sinnvoll, die aus Theorie und Praxis bekannten Kennzahlen in die nachfolgend genannten Typen zu untergliedern.

---

[1] Vgl. *Goetzmann/Garstka* 2002, S. 6 f.

|  | Zielgröße | | |
| --- | --- | --- | --- |
|  | Rendite | Gewinn | Cashflow |
| einperiodig | ROE, RONA, ROIC, ROCE, CFROI-„light" | EVA | CVA |
| mehrperiodig *ohne* explizite Wachstumskomponente | CFROI IRR |  | DCF/NPV |
| mehrperiodig *mit* expliziter Wachstumskomponente | SGR | GGM |  |

Abbildung 1: Kennzahlentypen

| | |
|---|---|
| ROE | Return on Equity |
| RONA | Return on Net Assets |
| ROIC | Return on Invested Capital |
| ROCE | Return on Capital Employed |
| CFROI | Cash Flow Return on Investment |
| EVA | Economic Value Added |
| CVA | Cash Value Added |
| IRR | Internal Rate of Return |
| DCF | Discounted Cash Flow |
| NPV | Net Present Value |
| SGR | Sustainable Growth Rate |
| GGM | Gordon Growth Model |

Wir werden nun im folgenden Abschnitt die Eignung ausgewählter Kennzahlen für die Berücksichtigung von Wachstumszielsetzungen prüfen. Hierbei konzentrieren wir uns, in Anbetracht der Zielsetzung dieses Beitrages, auf einige praxisrelevante Aspekte.

## 2.2 Anwendbarkeit bei Wachstumszielen

### 2.2.1 Renditekennzahlen

In vielen Presseveröffentlichungen von Unternehmen, aber auch in manchen Beiträgen der Fachliteratur, werden Renditekennzahlen genannt, die nicht präzise definiert sind, so dass sie für den Außenstehenden nicht oder nur schwer aus den verfügbaren Angaben über Umsätze, Gewinne, Vermögen und Kapital nachvollziehbar sind. Das mag im Einzelfall verständlich sein, da man so durch Einbeziehen oder Weglassen bestimmter Ergebnis- oder Vermögenskomponenten eher die gewünschte Aussage erreicht. Für eine Darstellung eines Kennzahlensystems mit dem Anspruch allgemeiner praktischer Anwendbarkeit ist es aber unerläßlich, zunächst eine präzise Definition der verwendeten Kennzahlen vorzulegen und schwammige bzw. mehrdeutige Begriffe zu vermeiden.

Die Ermittlung der Rendite des operativen Geschäftes wird daneben auch dadurch erschwert, dass Unternehmen, insbesondere große und international tätige Konzerne, historisch gewachsene, vielschichtige Organismen sind, die über das rein operative Geschäft hinaus z.B. auch Beteiligungen an Gemeinschaftsunternehmen halten und verschiedene „nicht operative" Aktivitäten ausüben. Daraus ergeben sich gewisse Verzerrungen der Bilanz- und GuV-Daten, z.B. im Anlagevermögen, im Beteiligungs- und im Finanzergebnis, die so gut es geht bereinigt werden müssen.

Im Schrifttum zu betriebswirtschaftlichen Kennzahlensystemen wird in aller Regel implizit von einem rein operativen Modellunternehmen ausgegangen, das keine oder nur 100%-Beteiligungen hält und auch über keine Liquiditätsreserve verfügt, die in Kapitalmarkttiteln angelegt ist. Unterschiede zwischen handelsrechtlichem und steuerlichem Gewinn, mit denen man sich in der Praxis herumzuschlagen hat, kommen ebenfalls nicht vor.

Wir haben bei der Erarbeitung unseres Kennzahlensystems für den *Heraeus*-Konzern im ersten Schritt ebenfalls eine solch vereinfachte Unternehmensstruktur unterstellt, um zu übersichtlichen Kernaussagen und Faustformeln zu kommen. Die dabei getroffenen Annahmen und Begriffsdefinitionen sind im *Anhang 1* aufgeführt. Sollte der Leser Abweichungen zu anderen Beiträgen in der Literatur oder zur Praxis in anderen Unternehmen feststellen, z.B. bei dem schillernden Begriff „Return on Investment", empfiehlt es sich zu prüfen, welche Grundannahmen dort über die Ermittlung der jeweiligen Kennzahlen getroffen wurden - wenn sie denn überhaupt genannt werden.

## 2.2.2 Economic Value Added

Die im vorigen Abschnitt behandelten Renditekennzahlen erlauben, für sich genommen, noch keine Aussage darüber, ob eine operative Aktivität den Unternehmenswert steigert. Dazu ist eine Mindestrenditevorgabe erforderlich, die aus einem Wertsteigerungskonzept schlüssig abgeleitet wird.

Hier hat sich *Heraeus* 1998 für das Konzept des Economic Value Added (EVA) entschieden, da dieses mit vertretbarem Aufwand als „Add On" auf das vorhandene Kostenrechnungssystem mit der Spitzenkennzahl ROCE aufgesetzt werden konnte.[2] Aufgrund des urheberrechtlichen Schutzes des Namens EVA durch *Stern Stewart* haben wir unseren eigenen *Heraeus*-Namen kreiert: EVA heißt bei uns REACT (Real Earnings After Capital Charges and Taxes).

Die Ermittlung des REACT kann anhand der folgenden schematischen Darstellung grob skizziert werden.

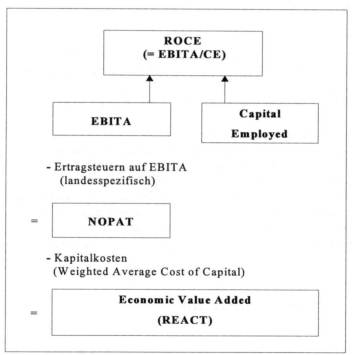

Abbildung 2: REACT-Ermittlungsschema

---

[2] Vgl. *Truxius* 2001, S. 323-342.

Daraus kann die Mindestrenditevorgabe, auf die es im vorliegenden Beitrag ankommt, wie folgt abgeleitet werden: Der REACT ist gemäß Abbildung 2 definiert als

(2.1)  REACT = (1-t) • EBITA – w • CE,

mit t als dem durchschnittlichen Ertragsteuersatz und w als den gewogenen durchschnittlichen Kapitalkosten nach Steuern (Weighted Average Cost of Capital, WACC).

Wie in *Anhang 1* dargestellt wird, gilt unter bestimmten Annahmen

(2.2)  RONA = (1-t) • ROCE.

Eine Steigerung des Unternehmenswerts wird erreicht, wenn der REACT positiv ist, also wenn gilt

(2.3)  RONA ≥ w oder
(2.4)  ROCE ≥ w/(1-t).

Die Mindestrendite in Bezug auf den RONA ist also, w, die WACC *nach* Steuern. Bezogen auf die Vorsteuerrendite ROCE ist die Mindestrendite entsprechend in Höhe der „WACC vor Steuern", w/(1-t), definiert.

Die Grundvoraussetzung für eine längerfristig wertsteigernde Unternehmenspolitik lautet damit:

*Über den mehrjährigen Betrachtungszeitraum hinweg muss die operative Rendite über den Kapitalkosten liegen.* Damit ist allerdings noch nichts darüber gesagt, in welchem Ausmaß das Unternehmen in diesem Zeitraum wachsen muss bzw. darf. Diese Frage übersteigt die Möglichkeiten des EVA/REACT-Konzeptes.

Man kann jedoch die Feststellungen zur Mindestrendite mit dem Konzept der Sustainable Growth Rate verbinden, um Wachstums- und Wertsteigerungsziele gemeinsam zu verwirklichen. Bevor wir darauf näher in Abschnitt 3.1 eingehen, wird zunächst das Konzept der Sustainable Growth Rate in seinen Grundzügen dargestellt.

### 2.2.3  Sustainable Growth Rate

Mit dem Konzept der Sustainable Growth Rate bestimmt man diejenige Wachstumsrate des Umsatzes, die erreicht werden kann, ohne die finanziellen Ressourcen des Unternehmens zu überfordern oder zu unterfordern.[3] Um diese einleuchtende Forderung ope-

---

[3]  Vgl. *Donaldson* 1984, S. 65-73; *Higgins* 1998, S. 119-126.

rational zu gestalten, müssen auch hier einige vereinfachende Annahmen getroffen werden. Diese sind allerdings in der Praxis nicht allzu restriktiv:

- Im Betrachtungszeitraum ist es nicht vorgesehen, dass sich das Unternehmen neues Eigenkapital über die Börse beschafft.
- Der Verschuldungsgrad des Unternehmens soll über den Betrachtungszeitraum hinweg konstant bleiben.
- Das Unternehmen strebt eine konstante Thesaurierungsquote, ausgedrückt als Prozentsatz des Jahresüberschusses, an.
- Der Kapitalumschlag, d. h. das Verhältnis von Umsatz zu Net Assets, bleibt im Betrachtungszeitraum unverändert.

Auf dieser Grundlage muss in jedem Jahr des Betrachtungszeitraums folgende Beziehung gelten: Die Wachstumsrate des Eigenkapitals ist gleich der Wachstumsrate der Net Assets, und diese ist wiederum gleich der Wachstumsrate des Umsatzes. Formal ausgedrückt:

(2.5) $g^* = g(S) = g(NA) = g(E)$,

$g^*$ = Gleichgewichtswachstumsrate (Sustainable Growth Rate)
$S$ = Umsatz (Sales)
$NA$ = Nettovermögen (Net Assets)
$E$ = Eigenkapital (Equity)

Das Eigenkapital wächst unter den getroffenen Annahmen in Höhe der einbehaltenen Gewinne, die sich ihrerseits aus der vorher festgelegten Thesaurierungsquote ergeben. Da der Verschuldungsgrad des Unternehmens konstant bleiben soll, wird auch das verzinsliche Fremdkapital in dem entsprechenden Verhältnis erhöht. Aufgrund des Bilanzzusammenhangs muss dann die Aktivseite der Bilanz in dem selben Maße wachsen wie Eigen- und Fremdkapital. Damit ist die Wachstumsrate der Net Assets gleich der Wachstumsrate des Eigenkapitals. Da weiter vorausgesetzt worden ist, dass der Kapitalumschlag konstant bleibt, muss die Wachstumsrate der Net Assets dann gleich der Wachstumsrate des Umsatzes sein.

Wie im *Anhang 2* im Einzelnen dargelegt wird, lässt sich die Sustainable Growth Rate zu einem sehr handlichen Ausdruck umformen:

(2.6) $g^* = R \cdot L_0 \cdot r$

oder in Worten:

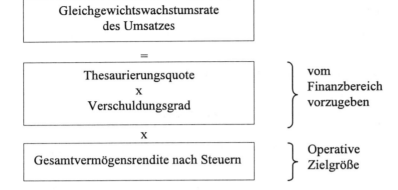

Die Kernaussage lautet also: Wenn die Thesaurierungs- bzw. die Dividendenquote in Bezug auf den Jahresüberschuss und der Verschuldungsgrad als hinreichend konstant angenommen werden können, dann verändert sich die Gleichgewichtswachstumsrate des Umsatzes linear mit der Vermögens- bzw. Kapitalrendite. Wir haben hier mit r eine bestimmte Variante der Gesamtvermögensrendite nach Steuern (RONA) gewählt. Für die bei *Heraeus* übliche Renditegröße ROCE ist die Formel etwas komplizierter, führt aber zum gleichen Ergebnis. Auch dies ist im *Anhang 2* dargestellt.

Der Wachstumskorridor des Unternehmens wird also zunächst einmal ganz wesentlich dadurch festgelegt, welche maximale Verschuldung die Unternehmensleitung für vertretbar hält und welche Ausschüttungspolitik sie verfolgt. Wäre das Unternehmen völlig schuldenfrei und würden die Anteilseigner laufend auf Ausschüttungen verzichten, dann wäre die Gleichgewichtswachstumsrate des Umsatzes gleich der operativen Gesamtvermögensrendite nach Steuern. Ein solides Unternehmen, das sich nur in begrenztem Rahmen verschuldet, das aber andererseits auch eine gewisse Dividende an die Anteilseigner ausschüttet, wird nur ein Umsatzwachstum unterhalb der Gesamtvermögensrendite realisieren können ($R \cdot L_o < 1$). Ein Unternehmen mit einer aggressiven Verschuldungspolitik wird dagegen eine deutlich über der Gesamtvermögensrendite liegende Umsatzwachstumsrate erreichen können, geht dabei aber auch entsprechende Risiken ein, wenn sich die Renditeerwartungen nicht erfüllen. Und schließlich zeigt die Formel auch, dass ein Unternehmen, in dem die Anteilseigner in jedem Jahr auf Vollausschüttung des Gewinns bestehen, überhaupt nicht wachsen kann.

Es wird auch sehr deutlich, was geschieht, wenn die tatsächliche Umsatzentwicklung von dem Gleichgewichtswert nach oben oder unten abweicht:

Ein Umsatzwachstum oberhalb des Gleichgewichtswertes ist nicht finanzierbar. Will man es trotzdem erreichen, muss das Dividendenziel gesenkt und/oder der Verschuldungsgrad erhöht werden (falls dies möglich ist).

Ein Umsatzwachstum unterhalb des Gleichgewichtswerts führt zu einem Überschuss an finanziellen Mitteln. Falls das Management keine weiteren rentablen Investitionsmöglichkeiten sieht, sind diese Mittel an die Anteilseigner zurückzugeben.

Diese Zusammenhänge sind in Abbildung 3 grafisch dargestellt.

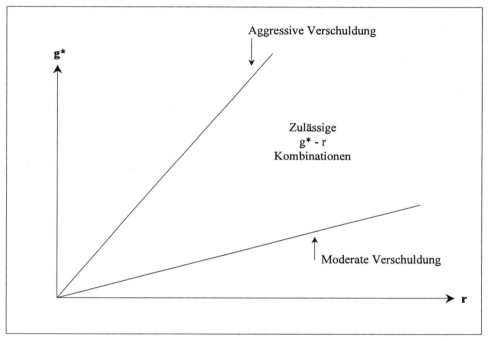

Abbildung 3:  Sustainable Growth Rate

# 3 Design und Umsetzung des wachstumsorientierten Kennzahlensystems in der Praxis

## 3.1 Verbindung von EVA und Sustainable Growth Rate

So einleuchtend das Sustainable Growth Rate Konzept auch ist, es bleibt doch in einem entscheidenden Punkt unvollständig. Es liefert für jede beliebige Renditehöhe die zugehörige Gleichgewichtswachstumsrate des Umsatzes und umgekehrt, schränkt jedoch nicht den zulässigen Bereich für die Rendite, z.B. durch eine Mindestrenditevorgabe im Sinne einer Hurdle Rate, ein. Eine solche Hurdle Rate kann aber z.B. durch das EVA-Konzept vorgegeben werden. Da *Heraeus* das EVA-Konzept bereits seit zwei Jahren in der Praxis einsetzt (vgl. oben 2.2.2), lag es auf der Hand, beide Ansätze zu verbinden.

Aus der Forderung nach Erwirtschaftung eines positiven REACT für jede operative Einheit ergeben sich unterschiedliche Hurdle Rates für den ROCE bzw. den RONA in Abhängigkeit vom Risikoprofil und von der geografischen Aufstellung jeder einzelnen Einheit. Im Konzerndurchschnitt liegt diese Hurdle Rate bei einem ROCE von rund 12% bzw. einem RONA von 8%. Wenn man andererseits berücksichtigt, dass auch die Verschuldungs- und Dividendenpolitik des Unternehmens in gewissen Bandbreiten veränderbar ist, ergibt sich der in Abbildung 4 dargestellte Lösungspfad für die zulässigen Werte von RONA und Umsatzwachstum.

Die praktische Umsetzung dieses Konzeptes haben wir erstmals für die Mittelfristplanung 2003-2005 versucht. Wie wir dabei vorgegangen sind, wird in den restlichen Abschnitten dieses Beitrages dargestellt.

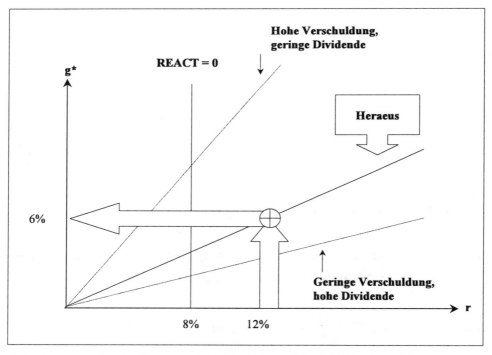

Abbildung 4: Verbindung von EVA (REACT) und Sustainable Growth Rate

## 3.2  Festlegung der finanzwirtschaftlichen Zielgrößen

Ein wesentlicher Bestandteil des *Heraeus*-Planungssystems ist der mittelfristige Konzernfinanzplan, der, vereinfacht gesagt, die Planbilanzen, die Planergebnisrechnungen sowie die Plankapitalflussrechnungen für einen dreijährigen Planungszeitraum beinhaltet. Neben den operativen Teilplänen gehen auch der Konzerninvestitionsplan sowie die grundlegenden Vorstellungen der Gesellschafter über die künftigen Ausschüttungen in diesen Konzernfinanzplan ein. In einem iterativen Prozess werden dann die erforderlichen Finanzierungsentscheidungen getroffen. Der Konzernfinanzplan enthält damit die beiden für das Sustainable Growth Konzept erforderlichen Ausgangsgrößen: Den Verschuldungsgrad ($L_0$) und die Thesaurierungsquote (R) im Planungszeitraum.

Angesichts der guten Eigenkapitalausstattung des Konzerns werden die verzinslichen Schulden nach den aktuellen Planungen mittelfristig bei etwa 30% des Eigenkapitals erwartet, so dass sich für $L_0$ ein Wert von 1,3 ergibt. Zusammen mit der geplanten Thesaurierungsquote von rund 65% folgt daraus, dass die Gleichgewichtswachstumsrate des Konzernumsatzes bei rund 85% des Konzern-RONA liegt. Ferner gehen wir von einem durchschnittlichen effektiven Ertragssteuersatz von 40% auf den weltweiten Konzerngewinn aus und kommen damit näherungsweise zu der Faustformel:

(3.1)  $g^* = 0,5$ ROCE.

Diese maximal finanzierbare Umsatzwachstumsrate ist von allen operativen Konzerneinheiten in ihrer Mittelfristplanung zu beachten. Zusätzlich muss gewährleistet sein, dass das Umsatzwachstum auch den Unternehmenswert steigert (REACT > 0). Diese Forderung ist im Konzerndurchschnitt bei einem ROCE von 12% erfüllt, so dass sich letztlich eine generelle Mindestvorgabe für das Umsatzwachstum von 6% p.a. ergibt.

Dieser konzernweite Durchschnittswert ist gut genug für eine erste Grobplanung. In der anschließenden Detailplanung kann er aber nur von denjenigen operativen Einheiten als Richtschnur verwendet werden, die in ihrem Risikoprofil und in ihrer regionalen Aufstellung in etwa dem Konzerndurchschnitt entsprechen. In Einzelfällen weicht der Mindestwert für den ROCE deutlich nach oben oder unten von diesem Durchschnittswert von 12% ab.

## 3.3  Festlegung der operativen Zielgrößen

Aus den dezentral erstellten operativen Teilplänen ergeben sich in der ersten Planungsrunde häufig Umsatzwachstumsraten und Planwerte für den ROCE, die nicht aufeinander abgestimmt sind. Sofern solche Widersprüche zu den Gleichgewichtsbedingungen des

Sustainable Growth Konzepts auftreten, müssen die entsprechenden operativen Teilpläne nachbearbeitet werden. Dies hat bei erstmaliger Anwendung des Konzepts zu einer Reihe von fruchtbaren Diskussionen geführt.

Einzelne Bereiche hatten nach den konjunkturellen Einbrüchen der Jahre 2001 und 2002 besonders ambitionierte Umsatzzuwächse geplant. Für diese wären sie früher gelobt worden; jetzt wurden sie dagegen mit der Frage konfrontiert, wie denn dieses Wachstum finanziert werden solle. Dabei stellte es sich in einigen Fällen heraus, dass die von den betreffenden Bereichen erwirtschafteten ROCE-Werte nicht ausreichend waren.

Andere Einheiten mit dem Hang zu konservativer Planung konnten bisher darauf verweisen, dass sie zum Teil ausgezeichnete ROCE-Werte erreichen würden, so dass auch bei einem schwächeren geplanten Umsatzwachstum („Der Markt gibt nicht mehr her!") die Planung wohlwollend beurteilt wurde. Hier zeigt das Sustainable Growth Konzept jetzt deutlich auf, dass die Wachstumsziele solcher renditestarken Bereiche forciert werden müssen, wobei auch in gewissem Maße Abstriche an der Rentabilität hingenommen werden können.

Da das Sustainable Growth Konzept ausdrücklich auch den Finanzbedarf für Akquisitionen einschließt, stellt es in den genannten Fällen sicher, dass die Finanzmittel des Konzerns in die richtigen Bahnen gelenkt werden.

# 4    Ausblick

Bereits nach der ersten praktischen Testphase sind wir davon überzeugt, dass die Erweiterung unseres wertorientierten Kennzahlensystems um eine Wachstumskomponente ausgesprochen sinnvoll ist. Insbesondere die Verbindung von operativen Zielsetzungen der Konzernbereiche und finanzwirtschaftlichen Rahmenvorgaben der Konzernobergesellschaft stellt ein wertvolles Hilfsmittel dar, den Konzern langfristig auf dem angestrebten Kurs des profitablen Wachstums aus eigener Kraft zu halten. Wir werden das Kennzahlensystem jetzt dazu einsetzen, grundlegende, längerfristige Wachstumsziele für das Jahr 2010 zu erarbeiten, um damit die langfristigen Wachstumspotenziale der einzelnen Geschäftsfelder besser auszuschöpfen, Investitionsmittel in die richtigen Bereiche zu lenken und damit das Konzernportfolio nachhaltig zu optimieren.

# Anhang

## Anhang 1: Renditedefinitionen

Für die Definition der operativen Rendite und deren Anwendung auf Wachstumszielsetzungen ist es zweckmäßig, von einer *vereinfachten Unternehmensstruktur* auszugehen, die auf folgenden Grundannahmen beruht:

- Das Unternehmen verfügt über keine nennenswerte Liquiditätsreserve und erwirtschaftet somit auch keinerlei Zinserträge.
- Sofern verbundene Unternehmen als Tochter- und Enkelgesellschaften existieren, werden diese zu 100% gehalten, es gibt somit keine Ergebnisanteile Dritter in der Gewinn- und Verlustrechnung
- Beteiligungen an assoziierten Unternehmen werden nicht gehalten, somit ist kein Beteiligungsergebnis in der Gewinn- und Verlustrechnung zu berücksichtigen.
- Die Bilanz enthält keinen Goodwill, so dass keine Goodwill-Abschreibungen, auch nicht aus früheren Perioden, zu berücksichtigen sind.
- Weiteres immaterielles Anlagevermögen ist vollständig für das operative Geschäft erforderlich.
- Außer den Verbindlichkeiten aus Lieferungen und Leistungen gibt es keine weiteren nennenswerten unverzinslichen Verbindlichkeiten.
- Pensionsrückstellungen, sofern vorhanden, zählen zum verzinslichen Fremdkapital. Ansonsten gibt es keine wesentlichen weiteren Rückstellungen.

Mit diesen Vereinfachungen wird erreicht, dass das betrieblich gebundene Kapital (Capital Employed) identisch ist mit den Net Assets der Bilanz, wobei die Net Assets definiert sind als Anlagevermögen plus Umlaufvermögen abzüglich unverzinslicher Verbindlichkeiten. Ferner sind damit auch die Net Assets identisch mit der Summe aus Eigenkapital und verzinslichem Fremdkapital. Wie wir gleich sehen werden, lassen sich dann die verschiedenen gebräuchlichen Renditedefinitionen leicht hintereinander überführen:

*Eigenkapitalrendite (ROE = Return on Equity)*

(A1.1) $$ROE = \frac{EAT}{E} = \frac{Earnings\ After\ Tax}{Equity}$$

Die EAT sind dabei identisch mit dem handelsrechtlichen Konzernjahresüberschuss (in unserem Modellunternehmen gibt es keine Beteiligungsergebnisse assoziierter Unternehmen etc.). Das Equity entspricht dem handelsrechtlichen Eigenkapital.

Die Eigenkapitalrendite ist immer als Größe nach Steuern zu verstehen.

*Gesamtkapitalrendite nach Steuern (ROIC = Return on Invested Capital)*

$$(A1.2) \quad ROIC = \frac{NOPAT}{E + D} = \frac{Net\ Operating\ Profit\ After\ Taxes}{Equity + Interest\ Bearing\ Debt}$$

Dabei ist der NOPAT die aus dem EVA-Konzept bekannte Ergebnisgröße *vor* Zinsen und *nach* Steuern: NOPAT = (1 − t) EBIT mit t als dem durchschnittlichen Ertragsteuersatz und EBIT als dem operativen Ergebnis vor Zinsen und Steuern. Gelegentlich wird der ROIC auch als Return on Permanent Capital bezeichnet.

Da in der Definition des ROIC ausdrücklich auf das *operative* Ergebnis abgestellt wird, dürfen das Eigenkapital und das verzinsliche Fremdkapital nur in dem Umfang angesetzt werden, wie sie für die operativen Tätigkeiten gebraucht werden. Dies kann in der Praxis durchaus eine Quelle von Schwierigkeiten bei der Renditemessung sein, wenn Finanzanlagen und Liquiditätsreserven vorhanden sind, denen Eigen- und Fremdkapitalanteile zugeordnet werden müssten. Neben diesem Problem liegt die große Schwäche des ROIC darin, dass er nicht für operative *Teilbereiche* eines Unternehmens berechnet werden kann. Die Eigen- und Fremdkapitalzuordnung zu diesen Teilbereichen ist grundsätzlich unmöglich, wenn es sich dabei nicht um rechtlich selbständige Einheiten handelt. Und selbst wenn letzteres der Fall ist, wird in aller Regel die Konzernzentrale bei der Kapitalausstattung der Tochtergesellschaften nicht nur deren operativen Finanzbedarf, sondern auch steuerliche und andere Aspekte im Auge haben, die sich insbesondere in der Dividendenpolitik und in den konzerninternen Lieferantenkrediten niederschlagen.

Zur Rentabilitätsmessung der operativen Teilbereiche muss deshalb eine Vermögensrendite verwendet werden, da die Assets der Konzernbilanz im Gegensatz zu Eigen- und Fremdkapital relativ problemlos bis auf kleine, operative Berichtseinheiten unterhalb der gesellschaftsrechtlichen Struktur heruntergebrochen werden können.

*Gesamtvermögensrendite nach Steuern (RONA = Return on Net Assets)*

$$(A1.3) \quad RONA = \frac{NOPAT}{NA} = \frac{Net\ Operating\ Profit\ After\ Taxes\ (s.o.)}{Net\ Assets}$$

Die Net Assets entsprechen der Bilanzsumme des handelsrechtlichen Konzernabschlusses, vermindert um die Lieferantenverbindlichkeiten (andere zinslose Forderungen oder Verbindlichkeiten sowie nicht operative Assets gibt es im Modellunternehmen annahmegemäß nicht). Für die praktische Anwendung des RONA ist der Hinweis wichtig, dass die oben definierten Net Assets auch die im Unternehmen vorhandenen flüssigen Mittel, also eine ggf. nur temporäre, aber eben nicht operativ verwendete Liquiditätsreserve beinhalten (im Modellunternehmen haben wir das Problem wegdefiniert).

Allein aus Zweckmäßigkeitsgründen haben wir im Text in Gleichung (2.6) eine andere RONA-Definition gewählt:

(A1.4) $\quad r = \dfrac{EAT}{NA}$.

Damit vereinfacht sich die Formel für die Sustainable Growth Rate um den Preis, dass r nicht für Teilbereiche eines Unternehmens anwendbar ist, weil der in EAT enthaltene Zinsaufwand und damit das Fremdkapital nicht oder nur ungenau aufgeteilt werden können. Die etwas komplexer wirkende Darstellung der Sustainable Growth Rate auf der Grundlage der „üblichen" RONA-Definition gemäß (A1.3) findet sich im *Anhang 2*.

*Operative Gesamtvermögensrendite vor Steuern (ROCE = Return on Capital Employed)*

(A1.5) $\quad ROCE = \dfrac{EBITA}{CE} = \dfrac{\text{Earnings Before Interest, Taxes and Amortization}}{\text{Capital Employed}}$

Als betrieblich gebundenes Kapital (Capital Employed) werden hier nur die wirklich operativ gebundenen Ressourcen angesetzt: CE = Net Assets – Liquiditätsreserve. Ein eventueller Goodwill aus Akquisitionen wird nicht in das Capital Employed einbezogen, deshalb muss das operative Ergebnis *vor* Goodwill-Abschreibungen (A = Amortization) verwendet werden. Dieses EBITA ist eine sehr gut für Ergebnisvergleiche mit Wettbewerbern oder zwischen Standorten in verschiedenen Ländern geeignete Bruttoerfolgsgröße, da es die wesentlichen unternehmens- und länderspezifischen Unterschiede eliminiert, sofern diese keine Bedeutung für die operative Performance haben.

Unter den eingangs aufgeführten Annahmen können folgende Beziehungen zwischen den einzelnen Renditegrößen hergestellt werden:

(A1.6) $\quad ROE = \dfrac{EAT}{E} = \dfrac{(1-t) \cdot EBIT}{E} - i_t \cdot d$

$i_t$ = (1-t) i = Fremdkapitalzinssatz nach Steuern
$i$ = Fremdkapitalzinssatz vor Steuern
$d$ = D/E = Verschuldungsgrad (Fremdkapital zu Eigenkapital)

(A1.7) $\quad ROIC = \dfrac{NOPAT}{E+D} = \dfrac{(1-t) \cdot EBIT}{E+D}$

Aus (A1.6) und (A1.7) folgt:

(A1.8)  $ROE = ROIC + (ROIC - i_t) \cdot d$.

Gleichzeitig ist E + D = NA und damit ROIC = RONA, d. h.

(A1.9)  $ROE = RONA + (RONA - i_t) \cdot d$.

Die beiden Ausdrücke (A1.8) und (A1.9) beschreiben den allgemeinen Zusammenhang zwischen der Eigenkapitalrendite und der Gesamtkapital- bzw. Gesamtvermögensrendite, den sog. Leverage-Effekt. Diese Beziehung kann auch für die Vor-Steuer-Rendite ROCE formuliert werden: Da annahmegemäß keine Goodwill-Abschreibungen anfallen, gilt EBITA = EBIT und damit RONA = (1-t) · ROCE. Damit wandelt sich (A1.8) zu

(A1.10)  $ROE = (1-t) \cdot [ROCE + (ROCE - i) \cdot d]$.

## Anhang 2: Formale Darstellung der Sustainable Growth Rate

Die Wachstumsrate des Eigenkapitals g(E) ist definiert als

(A2.1)  $g(E) = \dfrac{E_1 - E_0}{E_0} = \dfrac{R \cdot EAT}{E_0} = R \cdot ROE_0$

mit $E_1$ und $E_0$ als dem Eigenkapital zu Anfang und zum Ende des Jahres, R als der Thesaurierungsquote und ROE als der Eigenkapitalrendite gemäß (A1.1).

Da voraussetzungsgemäß der Verschuldungsgrad konstant gehalten werden soll, gilt die Beziehung (2.5) g(E) = g(NA) = g(S), mit NA als den Net Assets und S als dem Umsatz (Sales). Das heißt zugleich:

(A2.2)  $g(S) = R \cdot ROE_0$.

Bekanntlich lässt sich die Eigenkapitalrendite zerlegen in Gesamtkapital- bzw. Gesamtvermögensrendite und Verschuldungsgrad:

(A2.3)  $ROE = \dfrac{EAT}{E} = \dfrac{EAT}{NA} \cdot \dfrac{NA}{E}$

Der Ausdruck EAT/NA ist r, unsere „praktische" Variante des RONA auf Basis EAT. Annahmegemäß gilt NA = E + D, so dass

(A2.4) $\quad ROE = r \cdot \dfrac{E+D}{E}$

ist. Das Verhältnis von Gesamtkapital (E + D) zu Eigenkapital (E) bezeichnen wir als Verschuldungsgrad L, so dass sich (A2.2) schließlich zu der im Text unter (2.6) genannten Formel für g(S) verwandelt:

(A2.5) $\quad g(S) = R \cdot L_0 \cdot r$.

Wenn wir andererseits ROE gemäß Gleichung (A1.9) durch die gebräuchlichere RONA-Version auf Basis des NOPAT ersetzen, erhalten wir[4]

(A2.6) $\quad g(S) = R \left[ RONA + d \cdot (RONA - i_t) \right]$.

Die beiden Ausdrücke (A2.5) und (A2.6) lassen sich ineinander überführen, denn es gilt:

(A2.7) $\quad r = RONA - i_t \dfrac{d}{1+d}$,

wobei die unterschiedlichen Definitionen des Verschuldungsgrades austauschbar sind, da L = 1+d ist.

Schließlich kann die gleiche Ableitung auch für den ROCE vorgenommen werden. Aus (A1.10) und (A2.2) folgt:

(A2.8) $\quad g(S) = R \cdot (1-t) \left[ ROCE + d \cdot (ROCE - i) \right]$.

Dabei kommt neben der Vor-Steuer-Rendite ROCE auch der Fremdkapitalzinssatz *vor* Steuern i zur Anwendung.

Bei einem Fremdkapitalzinssatz vor Steuern i von 5%, einem Steuersatz t von 40%, einer Thesaurierungsquote R von 65% und einem Verschuldungsgrad d von 30% errechnet sich eine Sustainable Growth Rate des Umsatzes g (S) = 0,507 ROCE − 0,00585. Das vereinfachen wir zu der im Text genannten Faustformel g*= 0,5 ROCE.

---

[4] Vgl. *Donaldson* 1984, S. 66.

# Literaturverzeichnis

*Donaldson, G.:* Managing Corporate Wealth, New York 1984.
*Goetzmann, W. N./Garstka, S. J.:* The Development of Corporate Performance Measures: Benchmarks Before EVA$^{TM}$, Discussion Paper, Yale School of Management, 2002.
*Higgins, R. C.:* Analysis for Financial Management, 5. Auflage, Boston 1998.
*Stewart, G. B.:* The Quest for Value, New York 1991.
*Truxius, D.:* Anwendung des EVA-Konzeptes im *Heraeus*-Konzern, in: Freidank, C.-Chr./Mayer, E. (Hrsg.): Controlling – Konzepte. Neue Strategien und Werkzeuge für die Unternehmenspraxis, 5. Auflage, Wiesbaden 2001, S. 323-342.

# Symbolverzeichnis

| | |
|---|---|
| CE | Capital Employed |
| d | Verschuldungsgrad (D/E) |
| D | Interest Bearing Debt |
| E | Eigenkapital (Equity) |
| EAT | Earnings After Tax |
| g | Wachstumsrate |
| g* | Gleichgewichtswachstumsrate (Sustainable Growth Rate) |
| i | Fremdkapitalzinssatz vor Steuern |
| $i_t$ | Fremdkapitalzinssatz nach Steuern |
| L | Verschuldungsgrad |
| NA | Nettovermögen (Net Assets) |
| R | Thesaurierungsquote |
| r | Gesamtvermögensrendite nach Steuern |
| S | Umsatz (Sales) |
| t | durschnittlicher Ertragsteuersatz |
| w | Weighted Average Cost of Capital |

# Abbildungsverzeichnis

| | |
|---|---|
| Abbildung 1 | Kennzahlentypen |
| Abbildung 2 | REACT-Ermittlungsschema |
| Abbildung 3 | Sustainable Growth Rate |
| Abbildung 4 | Verbindung von EVA (REACT) und Sustainable Growth Rate |

THOMAS HOFFMANN/DIRK SUWELACK

# Performance Projekte als Bestandteil des wertorientierten Controllings im *Bayer*-Konzern

| 1 | Die Neuausrichtung des *Bayer*-Konzerns | 293 |
|---|---|---|
| 2 | Der Planungs- und Steuerungsprozess im *Bayer*-Konzern | 295 |
| 3 | Wertorientierte Unternehmenssteuerung im *Bayer*-Konzern | 299 |
| 4 | Die Zielableitung im *Bayer*-Konzern | 305 |
| | 4.1 Top-down Zielvorschlag | 306 |
| | 4.2 Bottom-up Zielvorschlag | 308 |
| | 4.3 Zielvereinbarungsprozess | 309 |
| 5 | Performance Projekte als Unterstützung zur Zielerreichung | 309 |
| | 5.1 Projektorganisation | 312 |
| | 5.2 Ermittlung von Zielkostenstrukturen | 315 |
| | 5.3 Analysephase und Generierung von Maßnahmen | 317 |
| | 5.4 Das Tracking der Projekte | 323 |
| 6 | Weitere Controlling-Initiativen | 326 |

Literaturverzeichnis 329

Abbildungsverzeichnis 329

# 1 Die Neuausrichtung des *Bayer*-Konzerns

Der *Bayer* Konzern befindet sich seit Ende des Jahres 2001 in einer Phase des Wandels vom Stammhauskonzern zur strategischen Managementholding. Mit dieser Richtungsentscheidung wird *Bayer* sich zukünftig im Wettbewerbsumfeld besser behaupten können. Höhere Freiheitsgrade in der operativen Geschäftsführung stärken das Verantwortungsbewusstsein und die Motivation des Managements und der Mitarbeiter. Durch die Bündelung von im gleichen Marktsegment aktiven Geschäftseinheiten zu einzelnen Teilkonzernen ist eine hohe Präsenz aller Produkte bei den Kunden gewährleistet. Die rechtliche Selbständigkeit einzelner Teilkonzerne gewährleistet die vom Kapitalmarkt geforderte Transparenz über die Performance der einzelnen Geschäftsaktivitäten. Nicht zuletzt wird durch diesen Schritt auch die Kooperation mit anderen Unternehmen erleichtert und die Flexibilität hinsichtlich Portfolioveränderungen gesteigert.

Unter der Holding sind sieben in der operativen Führung autonome Teilkonzerne angesiedelt. Neben den vier Arbeitsgebietsgesellschaften *Bayer* Healthcare, *Bayer* Crop Science, *Bayer* Polymers und *Bayer* Chemicals ergänzen die *Bayer* Business Services, *Bayer* Industry Services und *Bayer* Technology Services als Servicegesellschaften den Konzernverbund. Aufgabe dieser Servicebereiche ist die Sicherstellung von Know-How und die Bündelung und Realisierung von Größenvorteilen bei Querschnittsfunktionen, die die anderen vier Teilkonzerne betreffen. Das folgende Organigramm zeigt die neue Konzernstruktur mit Teilkonzernen und den hier nur schematisch dargestellten dazugehörigen strategischen Geschäftseinheiten Das Konzerncontrolling ist im Corporate Center ein Bestandteil des Bereiches Konzernplanung.

Diese Neuausrichtung der Konzernstruktur führt zu neuen Verantwortungsstrukturen, Führungs-, Entscheidungs- und Kommunikationsprozessen. Ziel dieser neuen Corporate Governance Strukturen ist auch eine größere Offenheit und eine neue Diskussionskultur bezüglich der strategischen Ziele und der Mittel und Wege zur Zielerreichung im Management des Konzerns.

Im Folgenden wird der neue Planungs- und Steuerungsprozess als Teilelement dieser veränderten Corporate Governance Strukturen vorgestellt. Im Anschluss daran wird auf das Wertmanagement-Konzept der *Bayer* AG eingegangen, durch das die Steuerung des Konzerns unterstützt wird. Anhand der Zielableitungssystematik wird aufgezeigt, wie für den Konzern, Teilkonzerne und strategische Geschäftseinheiten Wertsteigerungsziele auf Basis des Wertmanagementkonzeptes abgeleitet werden. Mit den Performance Programmen wird ein Weg aufgezeigt, über den sich ein Unternehmensbereich den Wertsteigerungszielen nähern kann. Abschließend werden ergänzende Alternativen skizziert, mit denen vom Controlling aus die wertorientierte Steuerung des Konzerns unterstützt werden kann. Mit diesen Ausführungen soll aufgezeigt werden, wie die Performance Projekte bei *Bayer* durchgeführt werden und wie diese Projekte im Kontext der wertorientierten Unternehmenssteuerung bei *Bayer* positioniert sind.

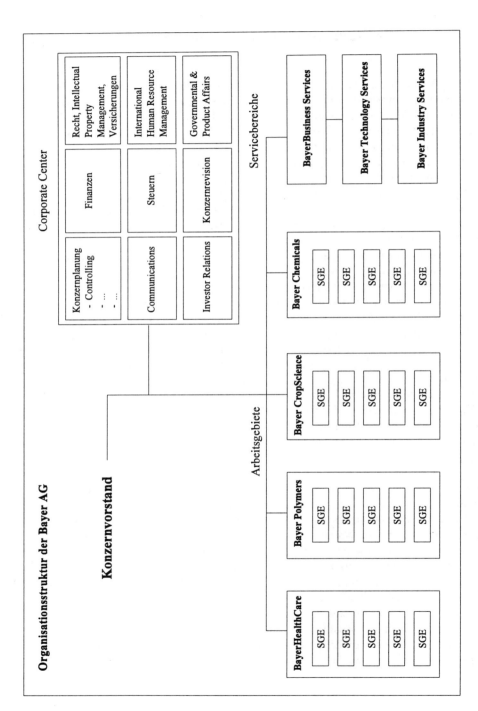

Abbildung 1: Organisationsstruktur der *Bayer AG*

## 2 Der Planungs- und Steuerungsprozess im *Bayer*-Konzern

Die Gründe für eine Veränderung des Planungs- und Steuerungsprozesses wurden oben dargelegt. Ziel der Neugestaltung des Prozesses war es, die strategische Management Holding bei ihren Steuerungs- und Controllingfunktionen zielgerichtet zu unterstützen. Die wesentlichen Aufgaben der Holding sind im Folgenden kurz beschrieben:

- Die *strategische* Ausrichtung des Gesamtkonzerns vornehmen, finanzielle und strategische Ziele für den Gesamtkonzern und die Teilkonzerne vorgeben und die Teilkonzerne bei ihrer strategischen Ausrichtung unterstützen.

- Durch ein *strategisches Controlling* ist sicherzustellen, dass die vereinbarten Finanzziele und strategischen Meilensteine erreicht werden und die *Strategieimplementierung* konsequent verfolgt wird.

- Ein wichtiges Handlungsfeld der Holding liegt im *Portfoliomanagement* und in der *Ressourcenallokation*. Das Ziel hierbei muss sein, einen effizienten internen Kapitalmarkt abzubilden und Ineffizienzen, etwa durch Informationsasymmetrien, zu vermeiden.

- Die Überwachungsfunktion der Holding bezieht sich auf die Umsetzung der strategischen Ziele und auf rechtliche Vorgaben, so dass der Holdingvorstand seiner Aufsichtspflicht nachkommen kann. Dies bezieht sich insbesondere auch auf die Funktion eines aktiven *Risikomanagements*.

- Die zentrale *Finanzierung* für den Gesamtkonzern *und die Gewährleistung der Liquidität* erfolgt ebenso durch die Holding.

- *Auswahl, Förderung und Vergütung des Top-Managements* im Konzern wird ebenso von der Holding gesteuert. Zudem werden Rahmenvorgaben für die Entlohnungssysteme der Mitarbeiter entwickelt.

- Darüber hinaus versteht es die Holding als ihre Aufgabe, Business und *Technology Excellence* Initiativen zu initiieren und die Teilkonzerne bei deren Durchführung zu unterstützen. Bestandteile dieser *Business-Excellence* Initiativen sind die weiter unten noch zu behandelnden Performance Programme.

- Für einen großen Teil der oben beschrieben Holdingfunktionen ist eine konsequente *Wertorientierung* in den Geschäftsabläufen unabdingbare Voraussetzung, so dass dies durch die Holding sicherzustellen ist.

Aus diesen Aufgaben für die Holding ergeben sich bestimmte Anforderungen für das Planungs- und Steuerungssystem. So muss der Beitrag der Teilkonzernstrategie zur Konzernstrategie und zum Wertsteigerungsziel der Holding transparent werden. Die Planung muss die Basis und Informationsgrundlage für das Portfoliomanagement und die Ressourcensteuerung sein. Das Planungs- und Steuerungssystem muss auch die Grundlage für ein aktives Risikomanagement bilden, so dass Fehlentwicklungen frühzeitig erkennbar sind und Gegensteuerungsmaßnahmen frühzeitig ergriffen werden können. Die Planung muss die Grundlage für Finanzierungsentscheidungen liefern.

Nicht zuletzt basiert auch die Incentivierung der Führungskräfte zu einem Teil auf der Planungsrechnung.

Planung wird bei *Bayer* als kontinuierlicher Prozess verstanden. Der Planungs- und Steuerungsprozess besteht mit der Konzernentwicklungskonferenz (KEK), der Strategiekonferenz (Strako), der operativen Planungskonferenz (OPK) und dem Quarterly Business Review (QBR) aus vier ineinander greifenden Basismodulen. In der Konzernentwicklungskonferenz wird die Konzernstrategie entwickelt bzw. modifiziert. Die Konzernentwicklungskonferenz bildet den Rahmen für die strategischen Pläne der Teilkonzerne, die auf der Strategiekonferenz diskutiert und genehmigt werden. Diese werden dann in der operativen Planung konkretisiert und in der operativen Planungskonferenz diskutiert und verabschiedet. Die unterjährige Steuerung und Information des Holdingvorstandes erfolgt im Rahmen der vierteljährlich stattfindenden Quarterly Business Reviews.

Die folgende Abbildung beschreibt die verschiedenen Planungsmodule und Interdependenzen der verschiedenen Konferenzen im Zeitablauf.

Der Planungs- und Steuerungsprozess beginnt mit der Konzernentwicklungskonferenz zu Beginn eines Jahres.

Konkret wird in der KEK ein gemeinsames Verständnis und Commitment über die Konzernstrategie geschaffen. Die Teilkonzernziele und deren Rahmenstrategien werden auf die Strategie des Gesamtkonzerns ausgerichtet. Es werden Wachstums- und Rentabilitätsziele für den Gesamtkonzern und die Teilkonzerne definiert und es wird der Finanzmittelrahmen festgelegt, der den Teilkonzernen für die Erreichung ihrer Ziele zur Verfügung steht.

Die Funktion der KEK ist es, mit den Teilkonzernen eine klare Zielsetzung bezüglich der strategischen Richtung und den finanziellen Erwartungen der Holding zu entwickeln. Insbesondere ist auch die unmittelbare Berücksichtigung der Kapitalmarktinteressen hervorzuheben. Größere Investitions- oder Akquisitionsvorhaben der Teilkonzerne werden unter Berücksichtigung der Verschuldungskapazität bzw. der Erwartungen/Reaktionen der Fremd- und Eigenkapital-Investoren auf der KEK diskutiert. Im Rahmen dieser Konferenz werden die nicht unmittelbar dem Kapitalmarkt ausgesetzten Teilkonzerne in kapitalmarktorientierte Erwägungen einbezogen.

Mit den aus der KEK erhaltenen Rahmenvorgaben erarbeiten die Teilkonzerne in den nächsten Monaten ihre spezifischen Strategien. Diese Strategien werden auf der Ebene der strategischen Geschäftseinheiten entwickelt. Diese Strategien müssen letztlich mit der aus der KEK vorgegebenen Richtung für die Gesamtkonzern und Teilkonzernstrategie kompatibel sein. Wichtig ist dabei, dass nicht nur eine einzelne Strategie erarbeitet wird, die vom Holdingvorstand genehmigt wird. Als Alternative zu der vom Teilkonzern präferierten Strategie, sind andere mögliche Strategieoptionen zu erarbeiten, die ggf. aus Sicht

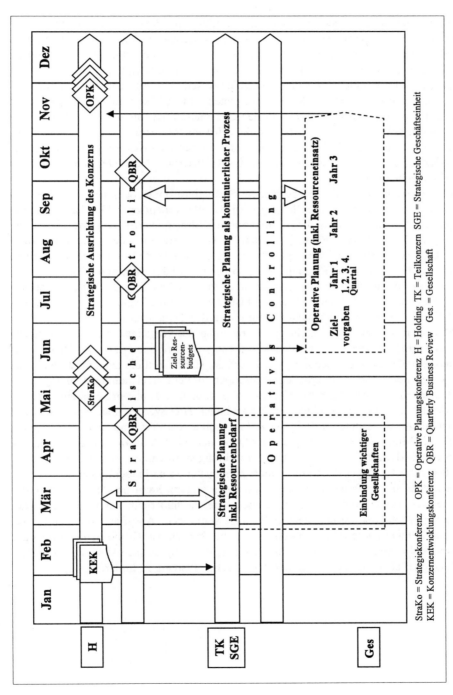

Abbildung 2: Der Planungs- und Steuerungsprozess im *Bayer*-Konzern

des Gesamtkonzerns zu bevorzugen sind. Diese bilden die Basis für eine intensive Diskussion mit dem Holdingvorstand über die optimale Gesamtstrategie. Neben den finanziellen und strategischen Zielen stehen insbesondere die Risikoaspekte der verschiedenen Strategien bezüglich der Umfeldeinflüsse und der internen Entwicklungen im Mittelpunkt der Diskussion. Im Rahmen der Strako ist es eine wesentliche Aufgabe des Holdingsvorstandes, im Sinne eines aktiven Risikomanagements die Risiken der unterschiedlichen Teilkonzernstrategien abzuwägen und für den Gesamtkonzern eine optimale Risikosituation zu gewährleisten. Im Rahmen der Strako wird mit der Strategie auch ein strategisches Ressourcenbudget verabschiedet. Also der Betrag an Investitionsmitteln, der für die Umsetzung der Strategie und somit für die Realisierung der strategischen Ziele als notwendig erachtet wird.

Nach der Strako wird die verabschiedete Strategie in einer operativen 3-Jahresplanung konkretisiert. Die operative Planung wird für alle strategischen Geschäftseinheiten durchgeführt. Sie ist die Basis für die unterjährige Strategieverfolgung und Geschäftssteuerung. In der operativen Planung werden konkrete Ziele mit Aktionspunkten, Maßnahmen und Meilensteinen hinterlegt. In der im Dezember stattfindenden Operativen Planungs Konferenz wird die Planung für die folgenden 3 Jahre verabschiedet.

Der bisher beschriebene Planungs- und Steuerungsprozess wird durch den Quarterly Business Review ergänzt. Anders als in den bisher beschrieben Planungsmodulen wird in der QBR auch die bis dato erbrachte Performance der Teilkonzerne diskutiert. Im Mittelpunkt steht jedoch auch hier nicht die Betrachtung der vergangenen Monate, sondern der Focus liegt in der zukunftsgerichteten Steuerung. Es wird gefragt, ob die Planung auf Basis der aktuellen Performance noch realistisch ist. Haben sich die externen Rahmenbedingungen geändert, gibt es interne Veränderungen, die ein Erreichen der Planung unrealistisch erscheinen lassen? Ein wesentlicher Aspekt dabei ist auch das Meilensteincontrolling der in der OPK verabschiedeten Maßnahmen. Hier werden auch Status und zukünftiges Potenzial der unten noch näher zu beschreibenden Performance Programme erörtert. Dieses Meilensteincontrolling auf der QBR dient als Frühwarnindikator für mögliche Fehlentwicklungen. Sind solche Fehlentwicklungen erkennbar, werden im Rahmen der QBR rechtzeitig Gegensteuerungsmaßnahmen diskutiert und beschlossen.

Sofern sich die Umfeldbedingungen wesentlich ändern, kann im Rahmen der QBR auch eine Neuplanung einzelner Unternehmensbereiche außerhalb der fest installierten Konferenzen veranlasst werden. Die QBR trägt somit dem Anspruch Rechnung, dass Planung und Steuerung letztlich ein kontinuierlicher Prozess ist. Grundsätzlich bildet die operative 3-Jahresplanung die Basis für die QBR, dennoch ist auch stets die Gültigkeit der Rahmenvorgaben und Prämissen der strategischen Planung zu hinterfragen.

## 3 Wertorientierte Unternehmenssteuerung im *Bayer*-Konzern

Oben wurde bereits darauf hingewiesen, dass die Sicherstellung der Wertorientierung eine wesentliche Holdingfunktion ist. Bei der Ausübung dieser Funktion kommt dem Controlling eine bedeutende Rolle zu, daher soll das bei *Bayer* angewendete Wertmanagementkonzept im Folgenden dargestellt werden.[1]

Wertmanagement hat bei *Bayer* mittlerweile eine fast 10-jährige Tradition. Erstmals wurde der CFROI als Cash-Flow orientierte Renditegröße 1994 eingeführt. Im Laufe der Zeit wurde dieses Konzept sukzessive verändert und von einem reinen rentabilitätsorientierten zu einem wertschaffungsorientierten Steuerungssystem weiterentwickelt. Neben der reinen Rentabilitätssteigerung ist Wachstum ein weiterer Hebel, um eine Erhöhung des absoluten Unternehmenswertes zu erreichen. Folgerichtig wurde das CFROI-Konzept um ein absolutes Wertschaffungsmaß ergänzt. Wertmanagement als Instrument zur Unternehmenssteuerung wird für den Gesamtkonzern, die Teilkonzerne und die strategischen Geschäftseinheiten systematisch angewendet.

*Der CFROI*
Der CFROI (Cash Flow Return on Investment) als Rentabilitätskennzahl setzt als Stromgröße den Brutto-Cash-Flow (BCF) ins Verhältnis zum zu verzinsenden investierten Kapital, dem Investitionswert (IW).

*CFROI = BCF/IW*
Der BCF als liquiditätsorientierte Größe wird indirekt aus dem Operativen Ergebnis (OPE) abgeleitet, indem im Wesentlichen die nicht in der betrachteten Periode zu Auszahlungen geführten Aufwendungen korrigiert werden und andererseits Auszahlungen berücksichtigt werden, die nicht zu Aufwand geführt haben.

| *Operatives Ergebnis* |
| --- |
| - Ertragsteueraufwand |
| + Abschreibungen auf Sachanlagen und immaterielle Vermögensgegenstände |
| - Zuschreibungen auf Sachanlagen und immaterielle Vermögensgegenstände |
| + Bildung langfristiger Rückstellungen |
| - Inanspruchnahme langfristiger Rückstellungen |
| - Auflösungen langfristiger Rückstellungen wegen Nicht-Inanspruchnahme |
| *Brutto Cash Flow* |

Abbildung 3: Die Berechnung des Brutto Cash Flows

---

[1] Vgl. hierzu auch *Horváth* 2002, S. 638 f.

Die im Betrachtungszeitraum gezahlten Steuern mindern also in diesem Konzept den BCF. Aus Vereinfachungsgründen wird hier der Steueraufwand und nicht die Steuerzahlung angesetzt.

Der Investitionswert bildet das Kapital ab, welches zur Erzielung des BCF eingesetzt wird, und für das Eigenkapital- oder Fremdkapitalgeber eine Verzinsung erwarten. Die Komponenten des IW lassen sich grob in drei Kategorien einteilen. Einerseits steht auf der Aktivseite der Bilanz das Anlagevermögen und das Umlaufvermögen. Dieses Vermögen ist grundsätzlich erforderlich, um aus dem operativen Geschäft heraus Brutto-Cash-Flow zu erwirtschaften. Es ist somit Bestandteil des Investitionswerts. Demgegenüber steht auf der Passivseite das Kapital, das dem Unternehmen zur Verfügung steht, ohne dass hierauf Zinszahlungen zu leisten sind. Um dieses zinsfreie Kapital ist der IW entsprechend zu reduzieren.

| | *Investitionswert* | |
|---|---|---|
| | Bilanzposition | Wertansatz |
| | *Anlagevermögen* | |
| | Grund und Boden | Anschaffungskosten |
| + | Immaterielle Vermögensgegenstände | Anschaffungskosten |
| + | Sachanlagevermögen | Anschaffungskosten |
| | *Working Capital* | |
| + | Vorräte | Bilanzwert |
| + | Kundenforderungen | Bilanzwert |
| + | Sonstige Forderungen/Aktive Rechnungsabgrenzungsposten | Bilanzwert |
| + | Operative Kasse | 2% vom Außenumsatz des Jahres |
| + | Rückstellungen (ohne Pensionsrückstellungen und Rückstellungen gegenüber Konzerngesellschaften) | Bilanzwert |
| + | Lieferantenverbindlichkeiten | Bilanzwert |
| + | Sonstige Verbindlichkeiten/Passive Rechnungsabgrenzungsposten | Bilanzwert |
| = | Investitionswert | |

Abbildung 4: Die Berechnung des Investitionswertes

Neben der Frage, welche Positionen der Bilanz im Rahmen der IW-Ermittlung zu berücksichtigen sind, stellt sich auch die Frage nach dem geeigneten Wertansatz für diese Positionen. Das Konzept geht grundsätzlich davon aus, dass das im IW gebundene Kapital durch die Erwirtschaftung von BCF, also einer cash-orientierten Größe vor AfA, verzinst und reproduziert werden muss. Das bedeutet, dass Gegenstände des Sachanlagevermögens, die der Abnutzung unterliegen und daher abgeschrieben werden, mit den vollen Anschaffungskosten angesetzt werden. Die übrigen betrieblich genutzten Vermögensgegenstände und Schulden gehen dagegen mit ihren jeweiligen Bilanzwerten in den IW ein. Aufgrund ihrer hohen Umschlagsgeschwindigkeit ist gewährleistet, dass diese Gegenstände des Working Capital normalerweise mit ihren aktuellen Marktwerten im IW berücksichtigt sind.

Der CFROI bildet das Verhältnis des in einer Periode erwirtschafteten BCF zum IW und stellt somit die in der abgelaufenen Periode erreichte Rentabilität dar. Der absolute CFROI allein erlaubt jedoch noch keine Aussage darüber, ob die eingesetzten Mittel wertschaffend eingesetzt wurden. Sowohl Fremd- als auch Eigenkapitalgeber erwarten für das von ihnen überlassene Kapital eine gewisse Mindestverzinsung. Erst wenn mehr BCF erwirtschaftet wird als zur Deckung der Kosten für die Kapitalüberlassung notwendig ist, wird wirklich Wert geschaffen. Es muss also ein Mindest-BCF, bei *Bayer* als BCF-Hurdle bezeichnet, erzielt werden. Ebenso lässt sich dieser Mindestanspruch auch auf die Rentabilität beziehen, d.h. es muss eine CFROI-Hurdle erreicht werden.

*CFROI-Hurdle = BCF-Hurdle/IW*

Um sich die Logik der BCF-Hurdle zu vergegenwärtigen, kann man sich das Gesamtunternehmen als ein Investitionsprojekt vorstellen. Die Kapitalgeber müssten zunächst einmal eine Anschaffungsauszahlung leisten. Diese entspräche dem Investitionswert. In den folgenden Perioden würden dann Überschüsse erwirtschaftet, die den Kapitalgebern als Zinszahlungen zufließen und am Ende der Laufzeit wäre eine Rückzahlung fällig. Unterstellt man nun rein gedanklich, dass diese Rückzahlung wieder reinvestiert wird, hätte man gleichsam ein unendliches Projekt. Diese Annahme entspricht der going-concern Prämisse, die dem *Bayer* Wertmanagementansatz zugrunde liegt.

Rein gedanklich lässt sich der Investitionswert in zwei Arten von Bestandteilen untergliedern. Der eine Teil des Investitionswertes unterliegt während der Nutzungsdauer keinerlei Abnutzung, etwa Grund und Boden. Für diesen Teil sind also nur Zinszahlungen zu leisten. Der anderer Teil des Investitionswertes wird jedoch im Produktionsprozess während der Nutzungsdauer abgenutzt. Für diesen Teil muss neben den Zinszahlungen ein zusätzlicher Beitrag erwirtschaftet werden, der genau diesen Werteverzehr durch Abnutzung ausgleicht. Diesen als Ausgleich für die Abnutzung zu erwirtschaftenden Teil kann man auch als Reproduktionsanteil bezeichnen.

Die Summe der Verzinsungskomponente und die Reproduktionskomponente gibt nun genau den Betrag an, der in einer Periode mindestens erwirtschaftet werden muss, um die Ansprüche an Verzinsung und Reproduktion erfüllen zu können.

Unterstellt man exemplarisch einen Investitionswert von 34,50 Mrd. €, wovon 8,45 Mrd. € nicht zu reproduzieren sind, beträgt die strategische Nutzungsdauer 17 Jahre und die Kapitalkosten liegen bei 7%, dann liegt die BCF-Hurdle bei 3,26 Mrd. €.[2]

Diese 3,26 Mrd. € entsprechen genau dem annualisierten IW unter Berücksichtigung der Freisetzung des nicht abnutzbaren Umlaufvermögens am Ende der strategischen Nutzungsdauer. Folglich ist der Kapitalwert der gesamten Zahlungsreihe gleich null, d.h. wenn diese BCF-Hurdle erzielt wird, so können genau die Kapitalkosten gedeckt werden, es wird jedoch darüber hinaus kein Wert geschaffen.

Die in jeder Periode mindestens zu erzielende BCF-Hurdle besteht aus einer Verzinsungshurdle in Höhe von 2,415 Mrd. € (= 34,5 Mrd. € · 7%). Der Reproduktionsanteil beträgt 0,845 Mrd. €. Dieser Anteil wird üblicherweise auch als ökonomische AfA bezeichnet.

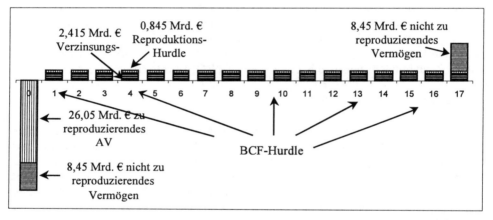

Abbildung 5: BCF-Hurdle als Annuität aus dem Verzinsungs- und Reproduktionsanspruch des Investitionswertes

Für die CFROI-Hurdle gilt:

*CFROI-Hurdle = BCF-Hurdle/IW = 3,26/34,5 = 9,4%*

Die CFROI-Hurdle gibt also genau die Rentabilität vor, die mindestens erreicht werden muss, damit über Kapitalkosten und Reproduktionsanspruch hinaus Cash-Flow erwirtschaftet wird.

---

[2] Die Kapitalkosten werden bei *Bayer* nach dem WACC-Ansatz ermittelt. Zur Bestimmung der EK-Kosten kommt das CAPM zur Anwendung. Vgl. hierzu *Brealey/Myers* 2000, S. 187 ff.

Führt man diesen Vergleich zwischen Hurdle und Ist-Kennzahl nun nicht bezüglich des CFROI sondern auf Basis des BCF durch, so gelangt man zum UBCF, dem Unterschieds Brutto Cash Flow.[3] Dies ist genau der Betrag, der über den mindestens zu erzielenden BCF erreicht wurde.

*UBCF = BCF − BCF-Hurdle*

Indirekt lässt sich der UBCF auch aus dem Spread zwischen Ist-CFROI und CFROI-Hurdle ermitteln.

*UBCF = (Ist-CFROI − CFROI-Hurdle)\*IW*

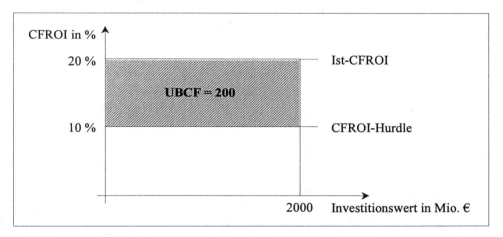

Abbildung 6: Schematische Darstellung der UBCF-Berechnung

Die oben dargestellte strategische Geschäftseinheit hat mit einem Investitionswert von 2 Mrd. € einen CFROI von 20% erzielt. Damit liegt sie bei einer CFROI-Hurdle von 10% und einer BCF-Hurdle von 200 Mio. € um 200 Mio. € über dem mindestens zu erzielenden BCF. Dieser in der Grafik dunkel schraffierte Betrag ist der UBCF.

Es ist also nicht das absolute Renditeniveau einer strategischen Geschäftseinheit allein von Bedeutung, sondern die Rentabilität ist stets in Verbindung mit dem investierten Kapital, also dem Investitionswert, zu sehen. Nur so kann mit dem UBCF eine Kennziffer ermittelt werden, die ein Maß für die absolute Wertschaffung darstellt.

Für die Beurteilung verschiedener Geschäftsstrategien ist die Entwicklung der Wertschaffung im Zeitablauf die maßgebliche Größe. Nur wenn es gelingt, den UBCF zu stei-

---

[3] In der Literatur ist hierfür die englische Bezeichnung Cash Value Added (CVA) gebräuchlicher.

gern, wird zusätzlicher Wert geschaffen. Bei *Bayer* wurde als dynamische Kennziffer der Delta Unterschieds Brutto Cash Flow (DUB) definiert. Der DUB misst die Veränderung des UBCF von einer Periode zur nächsten Periode.

Eine ideale Strategie mit maximalem Wertsteigerungspotenzial zeichnet sich durch ein Wachstum des IW bei gleichzeitiger Steigerung der Rentabilität aus.

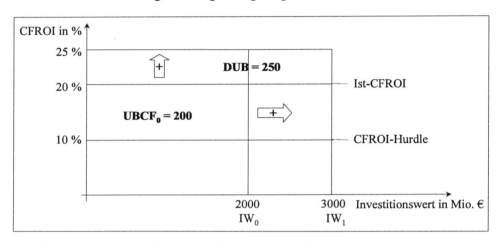

Abbildung 7: Schematische Darstellung des DUB-Konzeptes

Gelingt es der oben dargestellten Geschäftseinheit, den Investitionswert von 2 Mrd. € auf 3 Mrd. € auszudehnen und bleibt sie dabei grundsätzlich in ihrem angestammten Geschäft, so dass die CFROI-Hurdle bei 10% bleibt, so beträgt die neue BCF-Hurdle 300 Mio. €. Gelingt darüber hinaus beispielsweise durch Effizienzsteigerung mit einem neuen Produktionsverfahren auch eine Erhöhung der Rentabilität von 20% auf 25%, so beträgt der BCF 750 Mio. €, der UBCF liegt also bei 450 Mio. €. Gegenüber der Vorperiode, in der ein UBCF von 200 Mio. € erzielt wurde, konnte der UBCF also um 250 Mio. € gesteigert werden, d.h. der DUB beträgt 250 Mio. €.

Geschäftsstrategien werden im Sinne des Wertmanagements nach ihrem Potenzial zur Wertsteigerung bewertet. Insofern bildet der DUB die Spitzenkennzahl im Rahmen des wertorientierten Steuerungssystems.

## 4 Die Zielableitung im *Bayer*-Konzern

Um die Wertsteigerung des Unternehmens langfristig zu sichern, ist es sinnvoll, sowohl für den Konzern als auch für die Teilkonzerne eine einheitliche Methodik zur Herleitung von DUB-Zielen aufzustellen.[4] Die Zielableitung wird dabei in drei Phasen aufgeteilt: *Zielvorschlag, Zielfindungsprozess* und *Zielvereinbarung*. In der ersten Phase, der Vorschlagsphase, werden durch zwei alternative Methoden auf Basis externer Daten Zielvorschläge für Wertschaffung abgeleitet. In den darauffolgenden Phasen findet ein Managementprozess statt, in dem basierend auf den Vorschlägen konkrete Ziele für die Wertschaffung der Teilkonzerne abgeleitet werden.

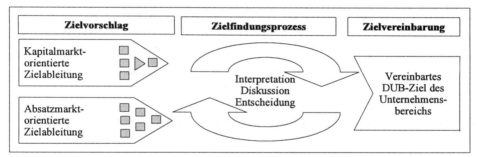

Abbildung 8: Wertschaffung über den DUB als unmittelbarer Bestandteil der Zielvereinbarung

Grundsätzlich kommen zwei verschiedene Verfahren zur Anwendung, um Ziele abzuleiten. Einerseits wird versucht, aus dem Kapitalmarkt ein Ziel für die Wertsteigerung der *Bayer* Aktie und damit für die Performance des Gesamtkonzerns abzuleiten. Dieser Ansatz wird als Top down Verfahren bezeichnet. Der alternative Ansatz orientiert sich an der Performance der Wettbewerber, die auf den gleichen Absatzmärkten aktiv sind. Es wird untersucht, welche Wertschaffung das Unternehmen in einem bestimmten Zeitraum erreichen könnte, wenn es bezüglich der Werthebel Rentabilität und Wachstum genauso gut agiert wie die besten Wettbewerber. Der Vergleich der Rendite erfolgt über die beiden Treiber der Rendite, den BCF und den IW. Die Zielvorgabe für das Wachstum erfolgt auf Basis des historischen Umsatzwachstums und/oder auf Basis von Marktprognosen.

---

[4] Vgl. zum Folgenden *Hermann/Schaefer* 2001, S. 296-299.

## 4.1 Top-down Zielvorschlag

Der Top-down Zielvorschlag ist ein dreistufiger Prozess, bei dem eine Zielüberschusswertrendite, die absolute Wertsteigerung des Unternehmens bzw. der -bereiche und ein DUB-Ziel für den Gesamtkonzern und die Teilkonzerne abgeleitet wird.

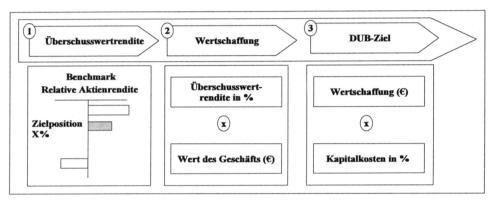

Abbildung 9: Ableitung von Wertschaffungszielen aus dem Kapitalmarkt

*Ausgehend vom Kapitalmarkt* wird ein ehrgeiziges aber realistisches Wertschaffungsziel bestimmt. Dieses Wertschaffungsziel orientiert sich an der Aktienrendite des Unternehmens. Die Aktienrendite beinhaltet sowohl die Kursbewegung als auch Erträge aus Dividendenzahlungen. Um externe Einflussfaktoren zu eliminieren, wird die Aktienrendite eines bestimmten Zeitraums ins Verhältnis zu der Rendite eines bestimmten Indices des relevanten Kapitalmarktes gesetzt, in dessen Performance sich die externen Einflussfaktoren, wie etwa Zinsniveau, Konjunktur, Inflation etc. niederschlagen. Man spricht hier auch von der relativen Aktienrendite. Hat beispielsweise der DAX eine 1-Jahres-Rendite von 8% und die *Bayer* Aktie in dem gleichen Zeitraum eine Rendite von 11%, so beträgt die relative Aktienrendite:

*Relative Aktienrendite Bayer:* $\frac{1+11\%}{1+8\%} - 1 = 2,8\%$ .

Diese relative Aktienrendite der *Bayer*-Aktie wird nun mit den relativen Renditen der Wettbewerber verglichen. Hierbei sind nicht die spezifischen Positionierungen einzelner Wettbewerber von Relevanz, sondern der Vergleich dient der Abschätzung eines ehrgeizigen aber erreichbaren Korridors für eine in die Zukunft gerichteten Zielvorgabe.

Die ermittelte relative Aktienrendite kann zunächst nur die Basis einer Zielvorgabe für die Eigenkapitalrentabilität sein. Erforderlich ist aber eine Zielvorgabe für die Gesamtkapitalrentabilität, daher wird unter Berücksichtigung der relativen Aktienrendite eine Überschusswertrendite ermittelt. Diese Überschusswertrendite ist die Zusatzrendite, die über die vom Markt geforderte Mindestverzinsung für die Überlassung von Fremd- und Eigenkapital, also die Gesamtkapitalkosten, hinaus erwirtschaftet werden muss, um die angestrebten Wertschaffungsziele zu erreichen.

Nach der Berechnung der Überschusswertrendite wird sie auf den bestehenden Unternehmenswert bezogen, um ein in absoluten Geldeinheiten ausgedrücktes Wertschaffungsziel bestimmen zu können. Als Unternehmenswert wird bei *Bayer* der aus dem Wertmanagement ableitbare Unternehmensbasiswert verwendet. Der Unternehmensbasiswert entspricht prinzipiell einer DCF-Bewertung, wobei hier jedoch nur der Cash-Flow der letzten Periode als nachhaltig unterstellt wird. Im Sinne einer ewigen Rente wird dieser Cash-Flow durch die Kapitalkosten dividiert. Als Cash-Flow Größe wird der BCF verwendet, wobei eine Korrektur um den Reproduktionsanteil in der Hurdle (ökonomische AfA) erfolgt. Durch diese Korrektur ist die going concern Prämisse und somit die Nachhaltigkeit der Cash-Flows gewährleistet.

$$Unternehmensbasiswert = \frac{BCF - \ddot{o}konomische\ AfA}{KK}$$

Die Wertschaffung kann nach der Bestimmung der Überschusswertrendite und des Unternehmensbasiswertes einfach ermittelt werden:

*Wertschaffung = Überschusswertrendite · Unternehmensbasiswert*

In einem dritten Schritt wird die Wertschaffung in ein DUB-Ziel pro Jahr umgewandelt. Eine angestrebte Erhöhung des Unternehmensbasiswertes um einen bestimmten %-Betrag muss nicht in einem einzigen Jahr erreicht werden. Vielmehr kann dies durch eine nachhaltige Steigerung des DUB erreicht werden. Daher muss für die Berechnung des DUB-Ziels eines Jahres das Wertschaffungsziel mit den Kapitalkosten multipliziert werden.

$$Wertschaffung = \frac{DUB}{KK};\ DUB = Wertschaffung \cdot KK$$

Diese Annualisierung der Wertschaffung beruht auf dem bereits oben angesprochenen Prinzip der Nachhaltigkeit und des going-concern.

Die nachfolgende Grafik stellt die Vorgehensweise noch einmal zusammenfassend dar.

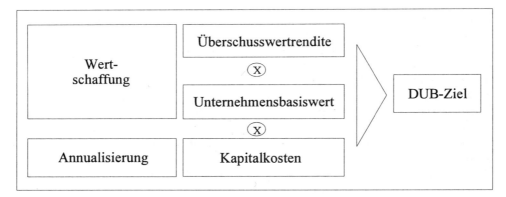

Abbildung 10: DUB-Ziel als annualisierte Wertschaffung

## 4.2 Bottom-up Zielvorschlag

Das bottom-up Verfahren beruht im Gegensatz zum top-down Verfahren nicht auf dem Kapitalmarkt, sondern auf dem *Absatzmarkt*. Hier werden Zielgrößen, die das Wachstum und die Rentabilität von Wettbewerbern widerspiegeln, auf Basis von Vergleichen mit den Wettbewerbern ermittelt. Bei diesen Vergleichen ist jedoch immer ein Kompromiss zwischen Genauigkeit und Verfügbarkeit der jeweiligen Kennzahl zu schließen. So ist beispielsweise die Datenermittlung zur Berechnung der Umsatzrendite der Wettbewerber relativ einfach, die Aussagekraft aber auch entsprechend gering.

Der bottom-up Zielvorschlag kann in diesem Zusammenhang auch als Konvertierungsformel für nicht direkt DUB- und UBCF-kompatible Zielgrößen verstanden werden. Hat ein Unternehmensbereich beispielsweise etablierte Benchmarks für Kapitalumschlag, Cash-flow-Marge und Umsatzwachstum, so kann daraus ein entsprechendes, langfristiges UBCF- und DUB-Ziel abgeleitet werden.

Zur Berechnung der Zielgrößen sind Informationen über Wachstum, Rentabilität und Kapitaleinsatz erforderlich. Auf Basis dieser Informationen wird dann ein UBCF-Ziel zu einem bestimmten Zeitpunkt und damit ein DUB-Ziel für eine bestimmte Periode ermittelt.

Als Wachstumsindikator wird generell das zukünftige erwartete Umsatzwachstum verwendet. Als erste Näherung wird das historische Umsatzwachstum einzelner Wettbewerber verwendet. Ergänzt werden diese Informationen um externe Marktwachstumsprognosen. Für die Ermittlung des UBCF-Ziels kann nun die Genauigkeit mit der Qualität der verglichenen Kennzahlen ansteigen:

- *Umsatzrendite* (Ergebnis vor Steuern/Umsatz): ein Umsatzrenditeziel ohne weitere Informationen geht davon aus, dass der Kapitaleinsatz mit dem der Wettbewerber übereinstimmt
- *Kapitalumschlag* (Umsatz/Investitionswert): mit der Ergänzung des Kapitalumschlags der Wettbewerber wird die 1. Annahme aufgehoben
- *Cash-Flow-Marge* (BCF/Umsatz): Mit der Cash-Flow-Marge werden buchhalterische Verzerrungen der Ergebniskomponenten ausgeschlossen.

Grundsätzlich werden die Daten aus veröffentlichten Jahresabschlüssen der Wettbewerber erhoben. Schwierigkeiten bereitet dies jedoch stets dann, wenn der Wettbewerber nicht ein börsennotiertes Unternehmen ist oder nur ein einzelnes Segment eines Konzerns als Wettbewerber anzusehen ist.

## 4.3 Zielvereinbarungsprozess

Wie bereits bei der Einführung erwähnt sind die oben skizzierten Verfahren zur Ableitung von Wertschaffungszielen nur die Basis für einen Managementprozess. Mittels der beschriebenen Verfahren können Leitplanken vorgegeben werden. Innerhalb dieses Korridors muss das jeweils konkrete DUB-Ziel im Rahmen eines Vereinbarungsgesprächs mit dem Vorstand in der Konzernentwicklungskonferenz (KEK) diskutiert werden.

## 5 Performance Projekte als Unterstützung zur Zielerreichung

Wie oben bereits angesprochen, sind Rentabilität und Wachstum die beiden Hebel für die Wertschaffung. Die hier zu beschreibenden *Performance Projekte* setzen primär an der *Rentabilität* als Hebel an. Stellt ein Unternehmensbereich fest, dass er die vereinbarten Wertschaffungsziele mit einer Fortführung seines Geschäftes mit etablierten Prozessen und statischen Kostenstrukturen nicht erreichen kann, so bieten Performance Projekte eine Möglichkeit, um vorwiegend über Rentabilitätssteigerungen dem Wertschaffungsziel näher zu kommen.[5] Diese Projekte fließen in den zu Beginn beschriebenen Planungs- und

---

[5] Eine umfassende Darstellung der Inhalte und Methoden des Kosten-Controlling findet sich bei *Fischer* 2000.

Steuerungsprozess ein, d.h. sie werden, bei entsprechender Größe und wenn sie Bestandteil der Strategie sind, auf der Strako vorgestellt. Auf jeden Fall fließen sie dezidiert in die operative 3-Jahresplanung ein und ihr Monitoring erfolgt über die QBR.

Grund für die Durchführung derartiger Projekte ist eine sich bereits seit Mitte der 90-er Jahre abzeichnende parallele Entwicklung des Umsatz- und Kostenwachstums bei einer gleichzeitig expansiven Investitionspolitik. Dies führte zu einer Konstanz der zentralen Rentabilitätsindikatoren Umsatzrendite und CFROI. Hinzu kommen die massiven Veränderungen für *Bayer* in den letzten anderthalb Jahren, wobei neben der für *Bayer* schwerwiegenden Rücknahme des Cholesterinsenkers Lipobay/Baycol, der 11. September und die globale Konjunkturschwäche der letzten Zeit zählt. Zu betonen ist jedoch, dass diese Programme keine kurzfristige Reaktion auf diese Ereignisse ist. *Bayer* ist dieser Entwicklung frühzeitig begegnet, indem bereits Mitte 1998 mit den ersten Projekten frühzeitige Schritte in diese Richtung unternommen wurden. Neben den konzernweit gültigen Umfeldfaktoren gibt es jedoch auch spezifische Probleme in einzelnen Unternehmensbereichen, die eine gezielte Gegensteuerung erforderlich machen. So wurde das erste Projekt bereits Mitte 1998 im Pharmabereich gestartet. Hintergrund war das damals kräftige Umsatzwachstum. Damit verbunden war ein überproportionaler Ausbau von einzelnen Funktionen insbesondere im Bereich der Forschung und Entwicklung und im Marketing und Vertrieb. Dies führte zu einer Erosion der Margen, so dass im Vergleich zu den Wettbewerbern und angesichts der Kapitalmarktanforderungen eine frühzeitige Gegensteuerung angezeigt war. Diese Initiativen sind erfolgreich umgesetzt wurden. Durch die unabsehbaren Entwicklungen im Pharmageschäft erwies es sich jedoch als zwingend, die Strukturanpassungen weiter voranzutreiben. Inzwischen sind weitergehende Performance Projekte beschlossen, an deren Umsetzung bereits erfolgreich gearbeitet wird. Im Pflanzenschutzgeschäft ist die Integration des *akquirierten Aventis CropScience*-Geschäftes auch Bestandteil dieser Programme. In den Polymerbereichen ergibt sich die Notwendigkeit von Performance Projekten aus verschiedenen Gründen. Teilweise befindet sich *Bayer* in einem Wandel von Spezialitätengeschäft zu einem Commoditygeschäft, der entsprechende Anpassungen in den Kostenstrukturen erforderlich macht. Andererseits ist auch hier die Integration kleinerer Geschäftseinheiten noch erfolgreich zu bewältigen.

Generell lässt sich feststellen, dass *Bayer* als Konglomerat im Vergleich der Kostenstrukturen gegenüber anderen LifeScience Unternehmen hohe Herstellkosten hat, verglichen mit anderen Chemieunternehmen wird dagegen für Vertrieb und Marketing viel Geld ausgegeben, so dass die Rentabilität insgesamt Steigerungspotenzial aufweist. Dieses Potenzial soll unter anderem durch die Performance Programme gehoben werden. Die folgende Grafik zeigt einen Vergleich der Kostenstrukturen mit Wettbewerbern aus dem Industrie- und dem HealthCare-Bereich.

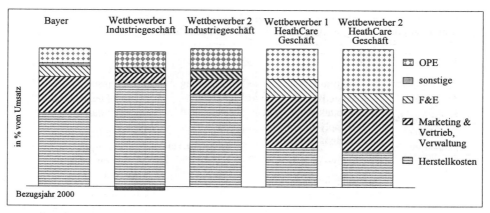

Abbildung 11: Vergleich der Kostenstrukturen

Man mag einwenden, dass die Erreichung einer möglichst hohen Rentabilität selbstverständliche Aufgabe des Managements ist und dass es hierzu nicht spezieller, vorwiegend von der Konzernzentrale initiierter, Projekte bedarf. Wenn jedoch große Organisationen vorwiegend auf Wachstum ausgerichtet sind, so kann dies beispielsweise durch einhergehenden Margenverfall zunächst zu Lasten der Rentabilität gehen. Wenn die Märkte wachsen, will der Unternehmensbereich daran teilhaben. Dies bedeutet zusätzlichen Ressourcenaufwand. Hinzu kommt auch eine natürliche Kosteninflation beispielsweise über steigende Lohnkosten.

In dieser Konstellation aus gewolltem Wachstum und natürlicher Kosteninflation ist eine absolute Steigerung der Kosten die Folge. Gehen diese Entwicklungen mit einem Strukturwandel einher, so treten nachhaltige Einbußen in der Rentabilität erst nach und nach zu Tage. Denkt man nur an die Integration akquirierter Geschäfte oder die Einführung neuer Geschäftsmodelle, neuer Produktionstechnologien, die Reaktionen auf die Globalisierung von Nachfrage und Produktion, so erfordert dies zunächst höhere Kosten durch Strukturveränderungen, so dass insbesondere in Zeiten des Wandels mitunter Strukturen aufgebaut werden und sich manifestieren, durch die die Rentabilität eines Geschäftes nachhaltig gemindert wird.

Gerade in Umbruchsphasen sind die operativen Einheiten neben dem Tagesgeschäft mit einer Vielzahl von Projekten beschäftigt. Daher ist gerade dann das Konzern-Controlling mit einer gewissen Distanz zum operativen Tagesgeschäft gefordert, frühzeitig auf Fehlentwicklungen hinzuweisen und Gegensteuerungsmaßnahmen einzuleiten.

Um einen Eindruck davon zu vermitteln, wie diese Projekte aufgesetzt werden und mit welchen Methoden die Kostensenkungen erzielt werden, wird im Folgenden die Vorgehensweise bei einem Performance Projekt dargestellt.

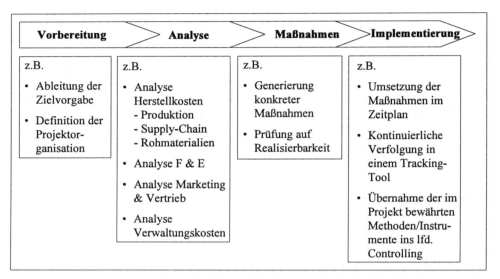

Abbildung 12: Phasenmodell eines Performance Projektes

In der Regel wird ein Performance-Projekt wie in der obigen Abbildung dargestellt in 4 Phasen unterteilt. Das Konzerncontrolling begleitet das Projekt bis zum Abschluss der Phase Maßnahmengenerierung. Danach erfolgt durch das Konzerncontrolling das Monitoring des Projektfortschritts im Rahmen des Controlling-Prozesses. Die durchschnittliche reine Projektdauer beträgt etwa 6 Monate. Nach diesen 6 Monaten erfolgt die Implementierung der einzelnen Maßnahmen. Bis alle Maßnahmen umgesetzt sind und die angestrebten Einsparungen vollständig realisiert sind, vergehen in der Regel 3 - 6 Jahre. Nach Abschluss der Projektarbeitszeit von 6 Monaten wird die Implementierung der Maßnahmen in der persönlichen Zielvereinbarung der verantwortlichen Mitarbeiter verankert. Eine längere Projektdauer ist nach unseren Erfahrungen nicht zu empfehlen, da die Mitarbeiter der betroffenen Bereiche einer hohen zeitlichen und emotionalen Zusatzbelastung ausgesetzt sind. Durch eine kurze Projektdauer und eine straffe Organisation kann verhindert werden, dass die Motivation und die Akzeptanz der Mitarbeiter für dieses Projekt nachlassen und so der Erfolg gefährdet wird.

## 5.1 Projektorganisation

Die meisten Projektorganisationen bestehen aus einem Lenkungsausschuss, einem Beirat, einem Kernteam mit den Projektleitern und einzelnen Subteams. Die folgende Grafik verdeutlicht eine typische Form der Projektorganisation.

# Performance Projekte als Bestandteil des wertorientierten Controllings im Bayer-Konzern

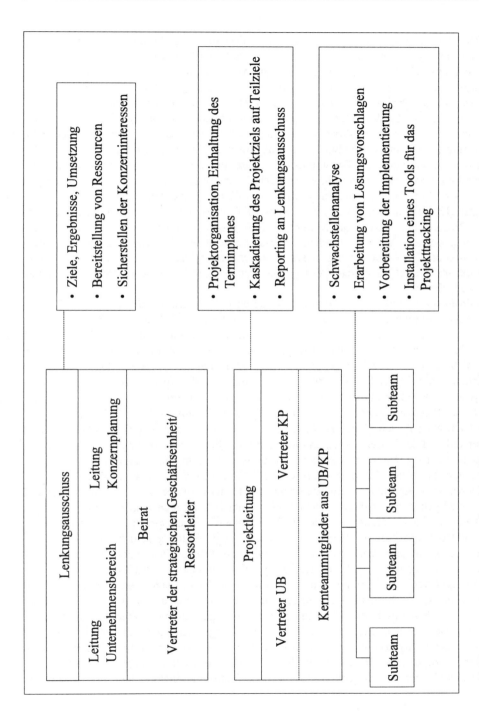

Abbildung 13: Organisationsstruktur eines Performanceprojektes

Der *Lenkungsausschuss* ist das oberste Entscheidungsgremium des Projektes. Mitglieder sind typischerweise der Leiter des betroffenen Unternehmensbereichs, also ein Mitglied aus dem Vorstand/Geschäftsführung des Teilkonzerns, der Leiter des Konzerncontrollings und gegebenenfalls ein Mitglied des Holdingvorstands. Der Lenkungsausschuss gibt das Projektziel vor und entscheidet über die Durchführung einzelner Maßnahmen, die das Konzerninteresse berühren. Dies bezieht sich auf größere Investitionsvorhaben oder Schließungskosten aber auch auf die Bereitstellung entsprechender Instrumente für Personalmaßnahmen. Er kontrolliert die Einhaltung des Zeitplans und den Erfolg nach den einzelnen Projektphasen. Weiterhin sorgt er für die entsprechende Bereitstellung von Ressourcen, d.h. er hat auch dafür Sorge zu tragen, dass die im Projekt engagierten Mitarbeiter Freiräume in ihren operativen Tätigkeiten haben.

Der *Beirat* besteht meist aus der zweiten Führungsebene des Unternehmensbereichs (z.B. Ressortleiter Produktion, Marketing, FuE ) und somit oft aus den unmittelbar betroffenen operativ Verantwortlichen, so dass diese in die Entscheidungsfindung eingebunden sind. Die Einbeziehung dieses Personenkreises fördert nicht zuletzt die Akzeptanz der im Projekt erarbeiteten Vorschläge und gewährleistet eine effiziente Umsetzung der Maßnahmen.

Die *Projektleitung* wird üblicherweise durch einen Vertreter des Corporate Centers und einen Vertreter des Unternehmensbereichs gestellt. Sie haben letztlich die operative Verantwortung für die Zielerreichung und sind dem Lenkungsausschuss Rechenschaft schuldig. Die Projektleitung wird häufig durch ein sogenanntes *Kernteam* unterstützt, in dem sich ca. 4 - 7 Vertreter aus dem Unternehmensbereich und dem Corporate Center befinden. Aufgabe der Projektleitung ist es, einzelne Arbeitspakete zu definieren, einen Zeitplan für das Gesamtprojekt zu entwickeln, dessen Einhaltung sicherzustellen und die einzelnen Projektmitglieder auszuwählen. Darüber hinaus sollten Projektleitung und Kernteam auch in den einzelnen Teilteams vertreten sein und eine Gesamtkoordination sicherstellen. Dies bezieht sich zum einen auf inhaltliche Fragestellungen, damit einzelne Themen nicht von mehreren Teams bearbeitet werden, zum anderen auf die verwendeten Methoden, Tools und Templates, um so eine Standardisierung sicherzustellen.

Neben dem Kernteam werden einzelne Subteams gebildet, die sich unmittelbar mit den jeweiligen Arbeitspaketen beschäftigen. Gute Erfahrungen wurden damit gemacht, die Teilteams so aufzuteilen, dass jedem Teilteam auch die entsprechende Verantwortung für eine Kostenposition der Ergebnisrechnung obliegt. Häufig geschieht dies nach Funktionen, so ist z.B. ein Team Produktion vorwiegend für das Einsparziel bei den Herstellkosten verantwortlich. Ein Team Marketing/Sales verantwortet das Einsparziel bei den Marketingkosten usw. Mitunter kann es jedoch auch sinnvoll sein, Teams zu installieren, die sich mit Querschnittsthemen wie etwa dem Thema Outsourcing befassen. Für diese Querschnittsthemen gibt es jedoch in den meisten Organisationen keine dauerhaft installierten Verantwortlichkeiten und die Kosteneinsparungen schlagen sich nicht in einer klar zurechenbaren Position in der Ergebnisrechnung nieder. Bei solch einer Projektstruktur ist insbesondere die Projektleitung in ihrer Koordinationsfunktion gefordert, so dass diese Ergebnisse von den anderen Teams, welche funktional entsprechend der Organisationsstruktur des Unternehmensbereichs gebildet wurden, akzeptiert und aufgenommen werden.

## 5.2 Ermittlung von Zielkostenstrukturen

In dem Abschnitt zur Zielfindung bei *Bayer* wurde schon einiges über die Zielableitung auf der Ebene des Konzerns oder einzelner Unternehmensbereiche festgehalten. Selbstverständlich orientieren sich die Ziele der Projekte an den übergeordneten Zielvorgaben. Dennoch ist es für ein Projekt meist erforderlich, Ziele für einzelne Einheiten und Ressorts so zu definieren, dass sie von dem Projektteam in der angesetzten Zeit und mit den gewährten Freiheitsgraden auch erreicht werden können.

Ausgehend von einem Benchmark auf Basis von Wettbewerberinformationen wird zunächst die Umsatzrendite der in Bezug auf die Kostenstruktur der Wettbewerber näher analysiert. Diese hierzu notwendigen Informationen lassen sich nicht immer unmittelbar aus den veröffentlichten Daten entnehmen. Häufig ist die Branchenkenntnis der eigenen Mitarbeiter unerlässlich, um ein realistisches Bild von der Kostensituation der Konkurrenzunternehmen zu zeichnen.

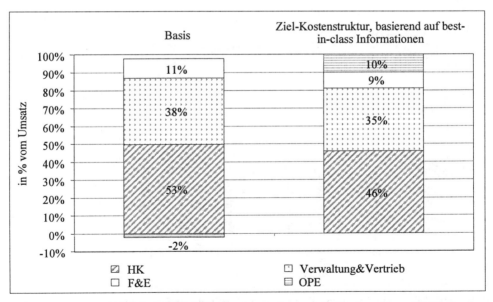

Abbildung 14: Ableitung einer Zielkostenstruktur auf Basis eines Wettbewerbsbenchmark

Hier kann nicht blind die Kostenstruktur des best-in-class Konkurrenten als Zielvorgabe gesetzt werden, sondern ein Abgleich mit der strategischen Ausrichtung des Unternehmensbereichs ist unerlässlich.

Ausgehend von den Ist-Kosten des letzten Jahres werden absolute Zielkosten unter Zugrundelegung der Zielkostenstruktur ermittelt. Hieraus lassen sich dann die absoluten Einsparziele für die einzelnen Funktionskostenblöcke ermitteln. Diesen absoluten Zielkosten liegt zunächst die ceteris paribus Prämisse zugrunde. Will der Unternehmensbereich während des Zeitraums der Kosteneinsparungen wachsen, wird man diese absoluten Kosten in den einzelnen Funktionskostenblöcken nach Ablauf des Projektes nicht wiederfinden. Um die bezüglich der absoluten Kostensituation gegenläufige Entwicklung zu berücksichtigen und um ein realistisches Bild der zukünftigen Situation in dem Unternehmensbereich zu zeichnen, ist eine zusätzliche Wachstumskomponente zu berücksichtigen. In der folgenden Abbildung ist die Entwicklung eines Unternehmensbereichs dargestellt, der ausgehend von einer negativen Ergebnissituation in 2000 durch Einsparungen in allen Funktionsbereichen ein positives fiktives Ergebnis unter der ceteris paribus Prämisse erzielen wird. Neben den reinen Projektergebnissen wird sich jedoch auch das Geschäft durch Wachstum weiterentwickeln, so dass die realistische Ergebnis- und Kostensituation durch das Szenario 2005 dargestellt wird.

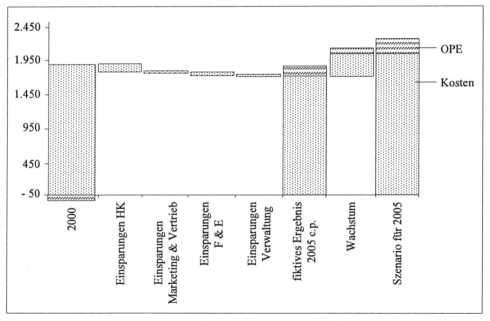

Abbildung 15: Ableitung von Einsparzielen für Funktionsbereiche

Insbesondere bei der Vorgabe von Kosteneinsparzielen für einzelne Ressorts ist darauf zu achten, dass die Einsparziele sich stets auf die im Rahmen des Projektes beeinflussbaren Kosten beziehen. Bei den Polymerbereichen beispielsweise sind die Herstellkosten in erheblichem Ausmaß durch die Rohstoffkosten determiniert. Es gibt jedoch Konkurrenten, deren Herstellkosten durch eine rückwärtige Integration weit weniger sensitiv auf Bewegungen auf dem Rohstoffmarkt reagieren. Weisen diese Konkurrenten unter bestimmten Marktkonstellationen deutlich günstigere Herstellkosten auf, so lassen sich diese nicht auf eine bessere operative Performance zurückführen, sondern es ist letztlich eine strategische Fragestellung, ob man diese Rückwärtsintegration vornehmen will. Es ist also stets darauf zu achten, dass mit den Zielvorgaben auch die entsprechenden Freiheitsgrade der Projektverantwortlichen einhergehen. Bei *Bayer* werden die Projekte unterschiedlich aufgesetzt, wobei bei den meisten Projekten die operative Performance im Vordergrund steht. Allerdings wird aus diesen Projekten mitunter durchaus der Anstoß für weitergreifende Initiativen gegeben, die dann über den eigentlichen Auftrag des Projektes hinausgehen. Neben den Rohstoffkosten sind die Abschreibungen von bestehenden Anlagen ein weiterer Kostenblock der sich häufig der unmittelbaren Beeinflussbarkeit entzieht. In einigen Projekten wurden die prozentualen Einsparziele daher bewusst auf eine Kostenbasis bezogen, die um – im Rahmen des Projektauftrages – nicht beeinflussbare Kosten, wie Abschreibungen oder Rohstoffkosten, bereinigt wurde.

Üblicherweise wurden konkrete Einsparziele für einzelne Ressorts bzw. Funktionskostenblöcke vorgegeben. Es wurden in einem Projekt aber auch gute Erfahrungen mit einer alleinigen Zielvorgabe für das Gesamtprojekt gemacht. Die einzelnen Ressorts haben in diesem Fall auch ohne konkrete Vorgaben im ersten Schritt so viel an Einsparungen erzielt, dass das Gesamtziel auf Anhieb erreicht wurde.

## 5.3 Analysephase und Generierung von Maßnahmen

Exemplarisch sollen hier einige Analysemethoden dargestellt werden, die in vielen Fällen dazu geführt haben, dass Ineffizienzen in Prozessabläufen, Führungsstrukturen oder Produkt- bzw. Kundenportfolios aufgedeckt werden konnten. Hierbei handelt es sich nicht um wissenschaftlich anspruchsvolle Analysen, sondern meist um betriebswirtschaftliches Basisinstrumentarium. Erfahrungen der Praxis zeigen jedoch, dass es häufig die einfachen Methoden sind, mit denen man recht schnell die notwendigen Ergebnisse erzielen kann. Komplexere Ansätze scheitern dagegen häufig an den erforderlichen Basisdaten und an der Akzeptanz der Ergebnisse bei den betroffenen Personen. Dabei bleibt zu beachten, dass auch die praktische Durchführung scheinbar einfacher Analysen in einem Großunternehmen wie *Bayer* mit seinen komplexen Prozessen erhebliche zeitliche und personelle Kapazitäten beansprucht.

Ein wichtiger Hebel zur Verbesserung der Rentabilität im Bereich der *Produktion* liegt insbesondere im herstellkostenintensiven Industriegeschäft in der Anlagenstruktur. So wurden beispielsweise auf globaler Ebene die verschiedenen Standorte und Anlagenstrukturen analysiert. Hierzu wurden nach dem Prinzip der *Industriekostenkurve* die Herstellkosten der einzelnen Anlagen in Beziehung zu den Kapazitäten der einzelnen Anlagen gesetzt.

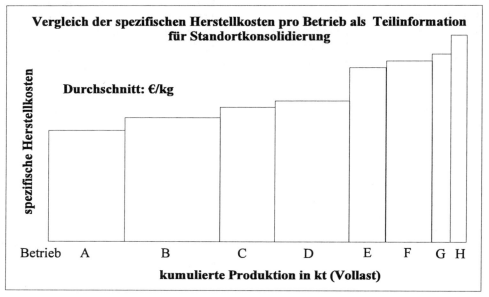

Abbildung 16: Vergleich spezifischer Herstellkosten in verschiedenen Betrieben

Es liegt auf der Hand, dass man mit den kleinen Anlagen, die deutlich höhere Kosten als der Durchschnitt aufweisen, auf Dauer im Wettbewerb nicht bestehen kann. Allerdings ist es in einer großen Organisation mit einer komplexen, historisch gewachsenen Struktur mit lokalen Notwendigkeiten und Verantwortlichkeiten nicht einfach, diese suboptimalen Anlagen ohne weiteres zu schließen und die Produktion in World-Scale-Anlagen zu konzentrieren. Daneben ist selbstverständlich zu beachten, dass die spezifischen Herstellkosten nicht das alleinige Entscheidungskriterium für eine Anlagenkonsolidierung sein kann. Konzentriert man die Produktion in wenigen World-Scale-Anlagen, so geht dies mit einer erheblichen Belastung durch Fixkosten in Form von Abschreibungen einher. Können diese Anlagen nicht annähernd im Bereich der Vollauslastung gefahren werden, so kann sich dass Verhältnis der spezifischen Herstellkosten leicht umkehren. Zudem ist auch die Transportkostenproblematik zu berücksichtigen. Ein weiterer nicht zu vernachlässigender Aspekt liegt auch in dem Einfluss von großen regional konzentrierter Investitionen auf die Kapitalkosten des Geschäftes. Werden die Investitionen in Ländern mit hohen politischen Risiken getätigt, so ist der Rentabilitätsfortschritt häufig bereits notwendig, um die höheren Kapitalkosten zu decken, so dass diese Investitionen wertschaffungsneutral sind. Hier wurden nur einige Aspekte aufgezeigt um zu verdeutlichen, dass aus einer einzelnen Analyse noch keine Entscheidung abgeleitet werden kann. Dennoch verdeutlicht obige Grafik sehr wohl die Problematik und trotz aller anderen Aspekte führt auf Dauer kein Weg an Standortkonsolidierungen und einer Konzentration in World-Scale-Anlagen vorbei, da nur auf diese Weise Kostenstrukturen zu erreichen sind, mit denen man im Wettbewerb bestehen kann. Das Thema Standortkonsolidierung ist im Übrigen ein Aspekt, der in den meisten Projekten einen wichtigen Beitrag für die Erreichung der Einsparziele leistet.

Sehr aufschlussreich war auch eine *Arbeitsprozessanalyse* im Bereich der Instandhaltung. Man sieht hier, dass in dem untersuchten Werk von 100% der Zeit, die für Maintenance-Leistungen aufgewendet wurde, ein erheblicher Anteil mit unproduktiven Aktivitäten wie Warten auf Teile, lange Pausen, Nacharbeiten, Wegezeiten etc. verbracht wurde.

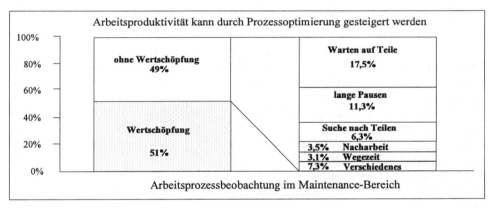

Abbildung 17:    Arbeitsprozessanalyse

Wenn sich auch in Einzelfällen unproduktive Tätigkeiten erklären und rechtfertigen lassen, so schafft eine solche Analyse dennoch für alle Beteiligten eine Transparenz, die zu kritischem Nachdenken über Verbesserungspotenziale bei dem Prozess führt.

Im Rahmen der Projekte wurden auch *Lieferantenportfolien* untersucht. Es besagt zwar per se noch nichts, wenn bei 90% der Lieferanten nur 10% des Materials eingekauft wird, aber es stellt sich auch hier die Frage, ob nicht eine weitere Optimierung möglich ist.

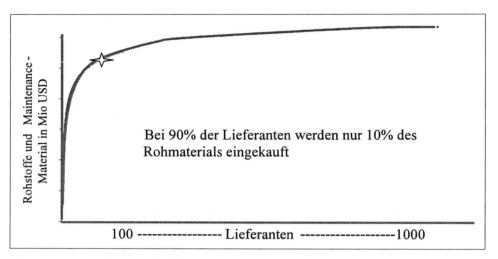

Abbildung 18:   Analyse der Lieferantenstruktur

Gerade in solchen Themen sind auch die Verantwortlichen der Produktion oder die Betriebsingenieure gefordert, darüber nachzudenken, ob tatsächlich so viele verschiedene Teile oder Varianten notwenig sind, oder ob man sich nicht betriebsübergreifend auf eine geringe Anzahl standardisierte Produkte beschränken kann. In Zusammenarbeit mit dem Einkauf könnten dann günstigere Konditionen bei wenigen großen Lieferanten erzielt werden. Gegebenenfalls können diese Teile auch in einen elektronischen Bestellkatalog aufgenommen werden, was den gesamten Beschaffungsprozess erheblich vereinfachen kann. Weiterhin kann eine Reduktion der Variantenvielfalt auch zu einer Reduktion des Vorratsbestandes genutzt werden.

Dem Thema *Lagerbestandsoptimierung* wurde sich im Rahmen der Projekte im ersten Schritt über eine Reichweitenanalyse genähert.

Man sieht an der Analyse eines Maintenance-Lagers deutlich, dass für einen erheblichen Anteil des wertmäßigen Lagerbestandes Reichweiten von mehreren Jahren vorliegen. Dies führt unmittelbar zu einer beträchtlichen Bindung von Cash-Flow und zu entsprechenden Finanzierungskosten. Auch in diesem Bereich wurden unter anderem durch Reduktion der Variantenvielfalt beträchtliche Fortschritte erzielt.

Eine andere interessante Untersuchung bezieht sich auf die *Produktportfolien* einzelner Unternehmensbereiche. Typischerweise wurde in dem hier untersuchten Bereich auf Produktebene nur ein Deckungsbeitrag ermittelt, der auf der Kostenseite lediglich die variablen Herstellkosten berücksichtigte. Auf dieser Basis leisten nahezu alle Produkte einen positiven Beitrag zur Deckung der übrigen Kosten. In einem nächsten Schritt ist man

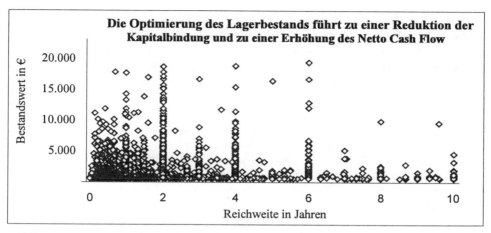

Abbildung 19: Reichweitenanalyse in einem Maintenance-Lager

jedoch weitergegangen und hat versucht, Kriterien zu finden, nach denen sich auch bestimmte Kosten aus dem Marketing- und FuE-Bereich verursachungsgerecht auf die Produkte zurechnen lassen. Akzeptiert man die getroffenen Zurechnungsprinzipien und bezeichnet den so ermittelten Deckungsbeitrag als modifizierten Deckungsbeitrag, so stellt sich ein vollkommen konträres Bild dar.

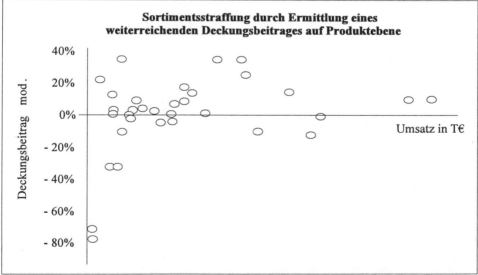

Abbildung 20: Analyse des Produktportfolios auf Basis einer Deckungsbeitragsrechnung

Demnach können viele Produkte nicht annähernd die durch sie unmittelbar verursachten Kosten decken. Selbstverständlich kann hier das Bild durch cross-selling Effekte verzerrt werden, d.h. wenn ein nicht rentables Produkt A aus dem Sortiment genommen wird, kann ein Kunde den Lieferanten wechseln und somit geht auch der Absatz von einem rentablen Produkt B verloren. Hier stellt sich dennoch zwingend die Frage nach notwendigen Produktportfoliobereinigungen. In ähnlicher Form wurden auch Kundenportfolios untersucht. Es wurde geschaut, ob mit den einzelnen Kunden stets der kundenspezifische Aufwand im Marketing und Vertrieb gedeckt werden konnte. Auch im Rahmen dieser Analyse wurde Bereinigungsbedarf aufgezeigt.

Der Ansatz dieser Projekte war aber nicht, eine Teiloptimierung zu betreiben, sondern Wertschöpfungsketten und Strukturen möglichst ganzheitlich zu untersuchen. Das folgende Beispiel zeigt, wie die *Supply Chain* als Ganzes analysiert wurde. Die Beschaffung, Lagerung von Fertigprodukten, die Vertriebslogistik und der Transport wurde inklusive des dazugehörigen Aufwandes analysiert. Auch hier wurde alleine durch das Aufzeigen der mit den einzelnen Stufen verbundenen Kosten unmittelbar Verbesserungsvorschläge unterbreitet.

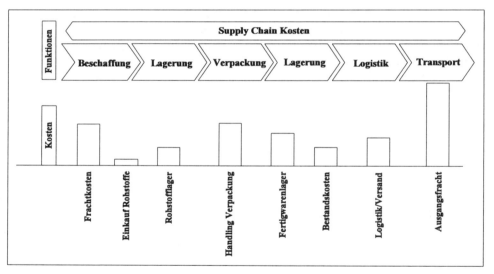

Abbildung 21: Analyse der Supply Chain Kosten

Auch die *Verwaltungskosten* wurden auf der Suche nach Verbesserungspotenzial nicht ausgenommen. Als Beispiel dient die Organisation in einem US Werk, die mit einschlägigen Wettbewerbern verglichen wurde. Im Ergebnis wurde festgestellt, dass es dort zu viele Führungsebenen und eine relativ geringe Führungsspanne gibt. Dies verzögert in der Regel die Entscheidungsprozesse und führt zu Ineffizienz, macht Prozesse komplex und aufwendig.

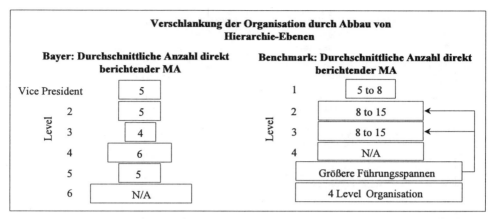

Abbildung 22: Analyse der Führungsstrukturen

## 5.4 Das Tracking der Projekte

Nachdem auf Basis der oben exemplarisch aufgezeigten Analysemethoden von den einzelnen Teilteams Maßnahmen erarbeitet wurden, um die aufgezeigten Effizienzpotenziale zu heben, werden diese auf dem Lenkungsausschuss vorgestellt. Akzeptiert der Lenkungsausschuss diese Vorschläge einschließlich der damit verbundenen Personalmaßnahmen, Schließungskosten und Investitionskosten, ist es für das weitere Tracking der Maßnahmen unerlässlich, diese unmittelbar an die für die Umsetzung verantwortlichen Personen zu knüpfen. Ein Projekt besteht in der Regel aus mehreren hundert Einzelmaßnahmen. Sind damit Betriebsschließungen oder ganze Standortkonsolidierungen verbunden, kann es durchaus einige Jahre dauern, bis die Maßnahme vollständig ergebniswirksam umgesetzt ist. Es ist daher nach unseren Erfahrungen ein wesentlicher Erfolgsfaktor, diese Projekte und die Einzelmaßnahmen der Projekte einem engen und nach Möglichkeit systemgestützten Controlling zu unterziehen. Bei *Bayer* erfolgt dies über das *ERI-System* (Ensure Rapid Implementation).

Die Philosophie dieses Tools ist: "only what gets measured gets done". Jede einzelne Maßnahme ist hierin mit einer Kurzbeschreibung hinterlegt. Für jede Maßnahme ist genau zu spezifizieren, wie hoch der Einspareffekt insgesamt ist und wie hoch die Einsparungen in den jeweiligen Funktionskostenblöcken (HK, M&V, F&E etc) sind. Daneben ist der Personalabbau und die gegebenenfalls anfallenden Einmalkosten (z.B. Sonder-AfA bei Standortschließungen, Abfindungszahlungen etc.) anzugeben. Sind zur Realisierung Investitionsausgaben notwendig, so werden auch diese erfasst.

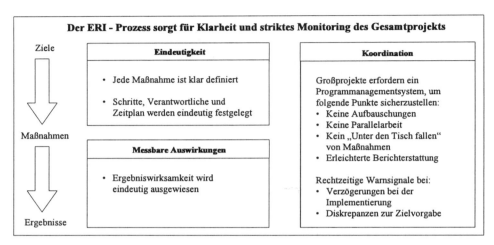

Abbildung 23: Funktionsweise des EDV-gestützten Controlling Tools

Entscheidend ist, dass für jede Maßnahme ein Umsetzungsverantwortlicher mit seiner elektronischen Unterschrift unterzeichnet und dass ein detaillierter Zeitplan für die Umsetzung angegeben wird. Bei größeren und längerfristigen Maßnahmen werden auch einzelne Meilensteine angegeben. So können rechtzeitig Warnsignale bei einer Verzögerung der Umsetzung oder einer Abweichung von der Zielerreichung angezeigt werden.

Das Projektverfolgungssystem arbeitet mit insgesamt 5 Stufen, die den Umsetzungsstatus der jeweiligen Maßnahme angeben. In Stufe 1 befindet sich die Maßnahme noch in der Phase der groben Ideenfindung, es sind noch keine konkreten Einsparziele definiert und es gibt noch keinen Umsetzungsverantwortlichen. Ein wesentlicher Schritt ist mit Stufe 4 erreicht, da Voraussetzung für das Erreichen von Status 4 ist, dass die Maßnahme hinsichtlich der detaillierten Einsparziele und der inhaltlichen Ausgestaltung hinreichend konkret spezifiziert ist und dass ein Umsetzungsverantwortlicher die Maßnahme elektronisch unterzeichnet hat. Der letzte Status ist erst dann erreicht, wenn sich anhand der realisierten Einsparungen nachweisen lässt, dass die Maßnahmen erfolgreich ergebniswirksam implementiert wurden.

In der Regel werden diese Auswertungen einmal monatlich innerhalb des Unternehmensbereichs von einer zentralen Stelle durchgeführt und dem Management vorgelegt, so dass frühzeitig Gegensteuerungsinitiativen ergriffen werden können.

Aus Sicht des Konzerns belaufen sich die Einsparungen aus den zur Zeit laufenden Projekten auf ca. 2,2 Mrd. €, die bis zum Jahr 2005 ergebniswirksam umgesetzt werden sollen. Die Einsparungen werden zum größten Teil bei den Herstellkosten (55%) erzielt.

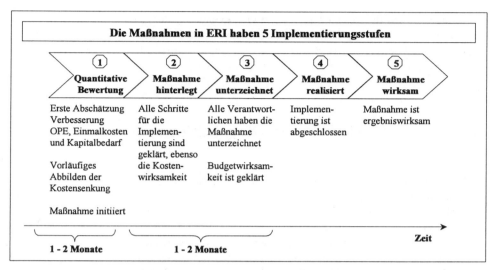

Abbildung 24:   Implementierungsstufen für Kostensparmaßnahmen

Marketing & Vertrieb ist mit ca. 20% daran beteiligt. Kleinere Beiträge liefern die Bereiche Forschung & Entwicklung und Verwaltung. Diese Einsparungen sind absolut gesehen, ein hoher und ambitionierter Betrag, betrachtet man dagegen eine jährliche zusätzliche Einsparung von 700 Mio. € und bezieht diese auf die gesamten Kosten, die bei knapp 30 Mrd. € liegen, so ist dies lediglich eine Einsparung im Bereich von 2%. Diese Größenordnung macht deutlich, dass es gerade aus Sicht des Konzerncontrollings nicht einfach ist, den Effekt auf Konzernebene nachzuweisen.

In der Praxis gibt es zahlreiche gegenläufige Effekte, die diese Einspareffekte überkompensieren können. Daher ist ein enges und spezifisches Projektcontrolling zwar notwendig und unerlässlich, letztendlich ist jedoch nicht nur das isolierte Projektergebnis von Bedeutung, sondern die Auswirkungen des Projektes auf die Gesamtperformance des Teilkonzerns und des Konzerns. Schließlich ist niemandem geholfen, wenn es durch gezielte Maßnahmen in einzelnen Verantwortungsbereichen zu Kostenverlagerungen in andere Bereichen kommt, die nicht im Fokus des Projektes stehen und sich daher für den Konzerns als ganzes kein positiver Effekt erzielen lässt.

Schaut man sich die Struktur der Projekte an, so erkennt man, dass es häufig eine vergleichsweise geringe Anzahl an Maßnahmen ist, mit denen bereits ein großer Teil der Einsparungen erzielt wird (siehe Abbildung 25). Diese großen Maßnahmen, die hohe Bedeutung für die Gesamtperformance des Teilkonzerns haben, wie etwa Standortkonsolidierungen, werden auch im Konzerncontrolling verfolgt und einzelne Meilensteine werden im Rahmen der QBR auch dem Holdingvorstand vorgestellt.

Daneben wird die gesamte Kostenentwicklung des Unternehmensbereichs detailliert analysiert. Hierbei werden explizit die Einspareffekte von den gegenläufigen Effekten separiert. Im Focus steht dann die Plausibilisierung insbesondere dieser gegenläufigen Effekte in Zusammenarbeit mit den operativen Einheiten.

# 6 Weitere Controlling-Initiativen

Neben den Performance Programmen, die sich primär auf eine Verbesserung der Kostenstruktur konzentrieren, gibt es bei *Bayer* weitere Initiativen, die sich mit der Verbesserung der Leistungsfähigkeit im Sinne der Wertschaffung befassen. So steht insbesondere die Reduktion des Investitionswertes durch eine Optimierung des Working Capitals im Fokus. Durch Optimierung der Außenstandstage bei den Lieferanten und der Zahlungsziele auf der Kundenseite und eine Reduktion des Vorratsbestands kann der Investitionswert reduziert werden. Dies führt über eine Reduktion der BCF-Hurdle, bei Konstanz des BCF zu einer Erhöhung des UBCF. Darüber hinaus führt eine Reduktion des Working Capitals unmittelbar zu einer Erhöhung des Netto-Cash-Flows, so dass dieser etwa für eine Reduktion der Verschuldung genutzt werden kann.

Die unten stehende Abbildung verdeutlicht noch einmal, dass neben einer überzeugenden strategischen Ausrichtung und einem konsequenten Portfoliomanagement letztlich alle für die Wertschaffung bedeutenden Komponenten, also Cash-Flow, Kapitalbindung und Kapitalkosten im Rahmen eines wertorientierten Controllings zu beachten sind.

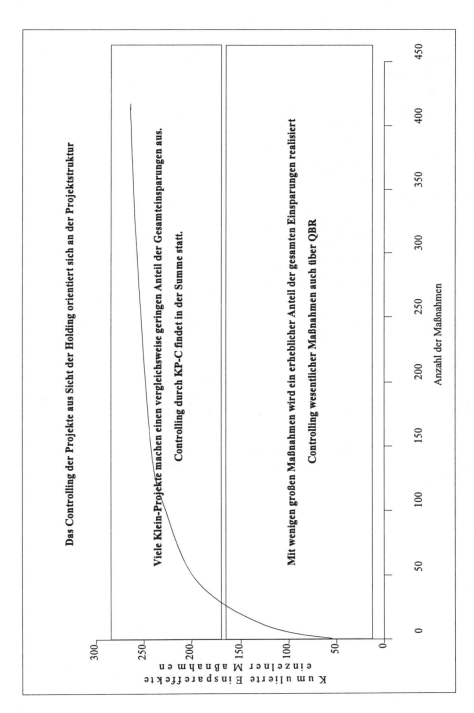

Abbildung 25: Struktur der einzelnen Einsparmaßnahmen in einem Projekt

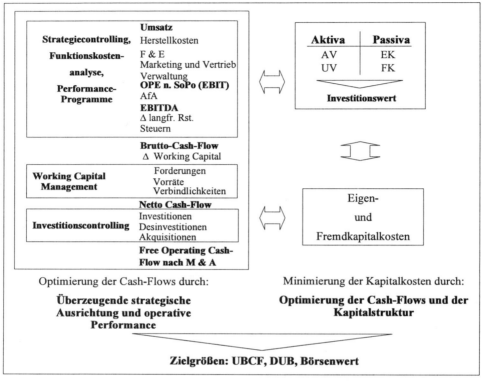

Abbildung 26: Komponenten des Unternehmenswertes und der Controlling-Initiativen

Wenn den Performance Programmen im Rahmen dieses Artikels verstärkt Raum gewidmet war, so wird wertorientiertes Controlling bei *Bayer* in einem weiteren Sinne verstanden und gelebt.

## Literaturverzeichnis

*Brealey, R.A./Myers, S.C.:* Principles of Corporate Finance, 6. Auflage, Boston 2000.
*Fischer T.M.(Hrsg):* Kosten-Controlling, Stuttgart 2000.
*Hermann, H.E./Schaefer, O.M.:* Wertmanagement des *Bayer*-Konzerns zur Unternehmenssteuerung, in: Freidank, C.-Chr./Mayer E. (Hrsg.): Controlling-Konzepte. Neue Strategien und Werkzeuge für die Unternehmenspraxis, Wiesbaden 2001, S. 289-322.
*Horváth, P.:* Controlling, 8. Auflage, München 2001.

## Abbildungsverzeichnis

| | |
|---|---|
| Abbildung 1: | Organisationsstruktur der *Bayer AG* |
| Abbildung 2: | Der Planungs- und Steuerungsprozess im *Bayer-Konzern* |
| Abbildung 3: | Die Berechnung des Brutto Cash Flows |
| Abbildung 4: | Die Berechnung des Investitionswertes |
| Abbildung 5: | BCF-Hurdle als Annuität aus dem Verzinsungs- und Reproduktionsanspruch des Investitionswertes |
| Abbildung 6: | Schematische Darstellung der UBCF-Berechnung |
| Abbildung 7: | Schematische Darstellung des DUB-Konzeptes |
| Abbildung 8: | Wertschaffung über den DUB als unmittelbarer Bestandteil der Zielvereinbarung |
| Abbildung 9: | Ableitung von Wertschaffungszielen aus dem Kapitalmarkt |
| Abbildung 10: | DUB-Ziel als annualisierte Wertschaffung |
| Abbildung 11: | Vergleich der Kostenstrukturen |
| Abbildung 12: | Phasenmodell eines Performance Projektes |
| Abbildung 13: | Organisationsstruktur eines Performanceprojektes |
| Abbildung 14: | Ableitung einer Zielkostenstruktur auf Basis eines Wettbewerbsbenchmark |
| Abbildung 15: | Ableitung von Einsparzielen für Funktionsbereiche |
| Abbildung 16: | Vergleich spezifischer Herstellkosten in verschiedenen Betrieben |
| Abbildung 17: | Arbeitsprozessanalyse |
| Abbildung 18: | Analyse der Lieferantenstruktur |
| Abbildung 19: | Reichweitenanalyse in einem Maintenance-Lager |
| Abbildung 20: | Analyse des Produktportfolios auf Basis einer Deckungsbeitragsrechnung |
| Abbildung 21: | Analyse der Supply Chain Kosten |
| Abbildung 22: | Analyse der Führungsstrukturen |
| Abbildung 23: | Funktionsweise des EDV-gestützten Controlling Tools |
| Abbildung 24: | Implementierungsstufen für Kostensparmaßnahmen |
| Abbildung 25: | Struktur der einzelnen Einsparmaßnahmen in einem Projekt |
| Abbildung 26: | Komponenten des Unternehmenswertes und der Controlling-Initiativen |

ANDREAS GADATSCH

# Arbeitsplatzmanagement mit Hilfe IT-gestützter Controlling-Konzepte

| | | | |
|---|---|---|---|
| 1 | IT-Controlling-Konzept | | 333 |
| | 1.1 | Begriff und Einordnung in das Controlling-Konzept | 333 |
| | 1.2 | Gestaltungsoptionen im IT-Prozessmanagement | 334 |
| | 1.3 | Merkmale | 336 |
| | 1.4 | Strategische und operative IT-Controlling-Werkzeuge | 337 |
| | 1.5 | Zusammenspiel des IT-Controllers mit dem CIO | 339 |
| 2 | Arbeitsplatzmanagement als Werkzeug im IT-Controlling-Konzept | | 342 |
| | 2.1 | Begriff | 342 |
| | 2.2 | Qualität der Bereitstellung und Betrieb von IT-Arbeitsplätzen | 343 |
| | 2.3 | Kosten der Bereitstellung und Betrieb von IT-Arbeitsplätzen | 343 |
| | 2.4 | Lösungsansätze | 346 |
| 3 | Geschäftsmodell des Arbeitsplatzmanagements | | 348 |
| | 3.1 | Bezugsbereich und Ziele | 348 |
| | 3.2 | Managementsystem aus Auftraggebersicht | 350 |
| | 3.3 | Mietmodell als Steuerungsinstrument | 352 |
| | 3.4 | Standardisierung von Benutzeranforderungen | 352 |
| | 3.5 | IT-Katalog | 355 |
| | 3.6 | Implementierung | 356 |

Literaturverzeichnis 361

Abbildungsverzeichnis 362

# 1 IT-Controlling-Konzept

## 1.1 Begriff und Einordnung in das Controlling-Konzept

Der Begriff IT-Controlling wird sehr unterschiedlich interpretiert. Die Minimalauffassung besteht darin, IT-Controlling als Kontrolle der IT-Abteilung oder die computergestützte Kontrolle von IT-Projekten zu betrachten. Diese Auffassung ist jedoch zu eng und nicht zweckmäßig. IT-Controlling dient als Steuerungs- und Führungsinstrument der effizienten Gestaltung der Informationstechnologie und der damit unterstützten Geschäftsorganisation (Geschäftsprozesse & Aufbauorganisation) zur Erreichung strategischer und operativer Unternehmensziele in Abstimmung mit dem Controllerdienst. Das Ziel des IT-Controlling ist die Steuerung und Gestaltung des IT-Einsatzes. An diesem Ansatz sind Merkmale und Instrumente weiter auszurichten.

In den vergangenen Jahren haben sich viele Teildisziplinen des Controlling-Konzeptes etabliert. Viele Teilbereiche wie Beschaffungs- und Logistik-Controlling, Produktions- und Vertriebscontrolling sind auf einzelne Prozessbereiche des Unternehmens und damit auch in ihrer Wirkung begrenzt. IT-Controlling dagegen ist vernetzt mit allen Controlling-Disziplinen (vgl. Abbildung 1), da der IT-Einsatz sämtliche Bereiche eines Unternehmens umfasst und das IT-Controlling daher in alle Bereiche hineinwirken muss.

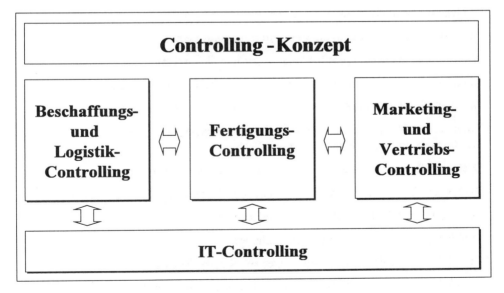

Abbildung 1: Einordnung des IT-Controlling

## 1.2 Gestaltungsoptionen im IT-Prozessmanagement

Betrachtet man den IT-Prozess, d.h. die Prozess-Schritte *Strategische Planung*, die *Entwicklung* und den *Betrieb von Software*, dann lassen sich die in Abbildung 2 dargestellten Aufgaben des Informationsmanagements identifizieren.

Im Rahmen des Prozess-Schrittes *IT-Strategie* wird eine Strategie konzipiert, welche die Umsetzung und Überwachung von IT-orientierten Maßnahmen zur Erreichung der Unternehmensziele als Aufgabe hat. Die wesentlichen Inhalte der IT-Strategie sind:

- Formulierung eines zukünftigen Sollzustandes (Wohin wollen wir?)
- Aufzeigen des Handlungsbedarfs (Was müssen wir tun? Wo sind Schwachstellen?)
- Aufzeigen von Handlungsoptionen (Was haben wir für Alternativen?)
- Setzen von Zielen und Definieren von Maßnahmen (Was soll konkret gemacht werden? Bis wann sollen die Ziele erreicht werden?)
- Festlegung der Verantwortung (Wer führt die Maßnahmen durch?)
- Festlegen von Messgrößen für das Ziel-Monitoring (Wann erreichen wir die Ziele?).

Ein weiteres Element der IT-Strategie ist die Entwicklung eines *IT-Bebauungsplanes*. Er gibt Antworten auf folgende Fragen:

- Welche Informationssysteme haben wir derzeit im Einsatz?
- Wer hat die Verantwortung für diese Informationssysteme?
- Wann wurde ein bestimmtes Informationssystem eingeführt?
- Welchen aktuellen Releasestand eines Informationssystems benutzen wir?
- Wann wird das nächste Release produktiv und wann wird es abgelöst?
- Über welche Verbindungsstellen (Schnittstellen) werden die verschiedenen Informationssysteme im Unternehmen verknüpft?
- Welche Informationen werden an den Verbindungsstellen ausgetauscht?
- Welches Informationssystem ist das „führende" System für z.B. Kundendaten?
- Wo werden z.B. Kundendaten erfasst und geändert?
- Wohin werden die Änderungen weitergeleitet?
- In welchen Organisationseinheiten setzen wir Standardsoftware ein?
- Für welche Geschäftsprozesse setzen wir Standardsoftware ein?
- Wo und wofür könnte die Standardsoftware weiterhin eingesetzt werden?

# Arbeitsplatzmanagement mit Hilfe IT-gestützter Controlling-Konzepte

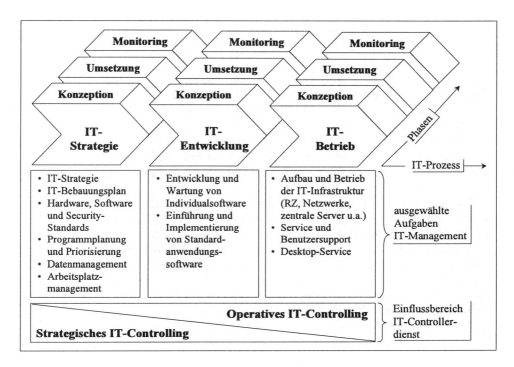

Abbildung 2:    IT-Prozess

Daneben sind eine Reihe von *Hardwarestandards* (z.B. Standard-PCs), *Softwarestandards* (z.B. Bürosoftware für Textverarbeitung und Mail) und *Securitystandards* (z.B. Verschlüsselungs- und Virenschutzprogramme) festzulegen und zu verabschieden.

Der Prozess-Schritt *IT-Entwicklung* unterstützt die Entwicklung und Wartung von Individualsoftware sowie die Einführung und Implementierung von Standard-Anwendungssoftware, wie etwa SAP R/3. Nach der Einführung der Individual- oder Standardsoftware folgt der Prozess-Schritt *IT-Betrieb*. Hier steht die Planung und der Aufbau der IT-Infrastruktur, also dem Rechenzentrum, Unternehmensnetz, zentralen Servern für die Datenhaltung u.a. an. Weiterhin die im Einsatz befindliche Software zu betreiben und für einen regelmäßigen Service und Benutzersupport (Hotline etc.) zu sorgen.

Alle genannten Aufgaben durchlaufen die Phasen Konzeption, Umsetzung und Monitoring. In allen Phasen ist der IT-Controller gefordert, wobei der Übergang zwischen dem strategischen und operativem Controlling fließend ist.

## 1.3 Merkmale

Das *strategische IT-Controlling* (vgl. Abbildung 3) orientiert sich ohne Zeitbezug am Unternehmen im Ganzen. Es dient der Steigerung der Effektivität des Unternehmens. Die Kernfrage des Strategischen IT-Controlling lautet: Was sind die richtigen Aufgaben, die wir angehen müssen („to do the right things")? Die IT wird hierbei als Wettbewerbsfaktor zur Erreichung der Unternehmensziele betrachtet. Hierzu steht ein strategischer Werkzeugkasten zur Verfügung, der noch behandelt wird. Die Zielerfüllung des Werkzeugeinsatzes lässt sich langfristig am Unternehmenswert und der Wettbewerbsfähigkeit des Unternehmens messen.

Das *operative IT-Controlling* dient der Steigerung der Effizienz der vom strategischen IT-Controlling vorgegebenen Maßnahmen. Die Kernfrage lautet hier: Wie können wir die Maßnahmen optimal durchführen („to do the things right"). Das operative IT-Controlling (vgl Abbildung 3) arbeitet daher innerhalb eines definierten Zeitrahmens und betrachtet ausgewählte Geschäftsprozesse, Informationssysteme oder einzelne Kostenverantwortliche. Das Ziel besteht in der konkreten Prozessunterstützung durch die IT. Die Wirkung des Einsatzes eines operativen Werkzeugkastens wird am Gewinn, der Liquidität und der Rentabilität des Unternehmens gemessen.

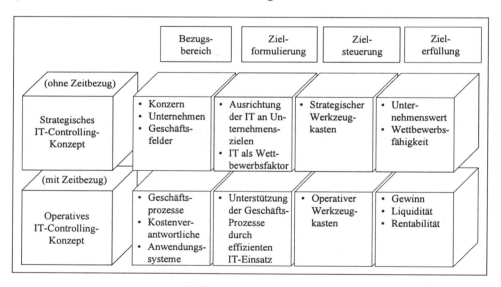

Abbildung 3: Merkmale des IT-Controlling-Konzeptes

## 1.4 Strategische und operative IT-Controlling-Werkzeuge

Dem IT-Controllerdienst stehen vielfältige Werkzeuge zur Verfügung. Die Werkzeuge für das strategische IT-Controlling sind in Abbildung 4 dargestellt.

Die wichtigste Aufgabe besteht in der Unterstützung des IT-Managements bei der Formulierung, Umsetzung und laufenden Überwachung (Monitoring) der IT-Strategie des Unternehmens. Die IT-Strategie wird unterstützt durch IT-Standards (z.B. bestimmte Betriebssysteme, Office-Produkte), die vom IT-Management erarbeitet und für IT-Verantwortliche verbindlich vorgegeben werden. Der Controllerdienst kann das IT-Management hierbei wirkungsvoll unterstützen, indem nur standardkonforme Maßnahmen befürwortet bzw. genehmigt werden.

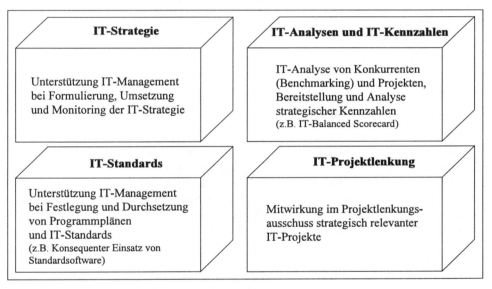

Abbildung 4: Strategische IT-Controlling-Werkzeuge

Das Monitoring eingeleiteter Maßnahmen wird durch Analysen und Kennzahlen unterstützt, wie z.B. der Balanced-Scorecard-Methode, die auch für den IT-Bereich zunehmend in der Praxis Einsatz findet. Nicht zu unterschätzen ist die laufende Mitwirkung in Projektlenkungsausschüssen strategisch wichtiger IT-Projekte. Langfristig wirkende Entscheidungen werden hier vorbereitet und verabschiedet.

Der operative IT-Controlling-Werkzeugkasten ist in Abbildung 5 dargestellt.

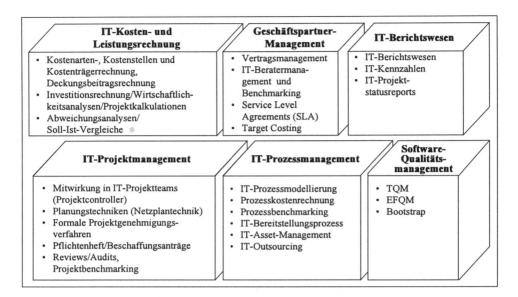

Abbildung 5: Operative IT-Controlling-Werkzeuge

Zunächst stehen hier die klassischen Kosten- und Leistungsrechnungsmethoden zur Verfügung. Nur eine funktionierende Kosten- und Investitionsrechnung erlaubt detaillierte Analysen als Grundlage des IT-Controlling-Konzeptes.

In IT-Projekten ist es üblich, zahlreiche spezialisierte IT-Berater und IT-Dienstleister einzubeziehen. Ein funktionierender IT-Controllerdienst enthält ein umfassendes Vertrags- und Beratermanagement, um ein zeitnahes Benchmarking der eingebundenen Geschäftspartner zu ermöglichen. Service-Level-Agreements stellen einen hohen Leistungsgrad der Geschäftspartner sicher und erlauben es dem IT-Controllerdienst bei Vertragsverletzungen gezielt einzugreifen.

Das IT-Berichtswesen wird zum einen aus dem Rechnungswesen, zum anderen aus speziellen Berichten gespeist. So liefern Kennzahlen und Projektstatusreports dem IT-Controller ein umfassendes Bild über geplante, laufende und abgeschlossene IT-Projekte.

Die aktive Mitarbeit in IT-Projektteams durch den verantwortlichen IT-Projektcontroller ist ein wirkungsvolles Mittel, um frühzeitig auf IT-Projekte einwirken zu können. Die Genehmigung von IT-Projekten wird durch ein formalisiertes Genehmigungsverfahren des IT-Controllerdienstes standardisiert, um zu verhindern, dass risikobehaftete und unwirtschaftliche Projekte gestartet werden. Laufende Projekte werden durch regelmäßige Reviews unterstützt, um frühzeitig Schwachstellen und Fehlentwicklungen zu korrigieren. Ein innerbetriebliches Projektbenchmarking sorgt für einen Wettbewerb unter den IT-Projekten im Sinne der Einhaltung von Plansätzen und Kennzahlen.

In sehr vielen Unternehmen werden Geschäftsprozesse modelliert, um eine Dokumentation und Basis für laufende Prozessverbesserungen zu erhalten. Häufig werden nur Kernprozesse des Unternehmens, wie Vertriebsabwicklung, Fertigung usw. einbezogen. Auch IT-Prozesse wie die Entwicklung von Individualsoftware, die Einführung von Standardsoftware usw. sollten hier einbezogen werden. Gleiches gilt für die Prozesskostenrechnung, die häufig auf typische Verwaltungsprozesse wie Vertrieb usw. angewendet wird und Aussagen über die Höhe der Kosten von Geschäftsprozessen liefert.

Insbesondere der IT-Bereitstellungsprozess, also die Beschaffung, Installation, Betrieb und Entsorgung von IT-Arbeitsplätzen ist in das Prozessmanagement einzubeziehen, da hierfür häufig bis zu 30% des gesamten IT-Budgets aufgewendet werden.

Das IT-Assetmanagement unterstützt die Inventarisierung und Verwaltung der IT-Ressourcen im Unternehmen. Der IT-Controllerdienst kann auf die Bestands- und Analysedaten der Asset-Software zugreifen und für eine Optimierung der IT-Bestände (z.B. Arbeitsplatzsysteme, Laptops, Drucker, Organizer) verwenden.

Outsourcing von IT-Leistungen ist ein seit Jahren praktiziertes Instrument zur Vereinfachung der IT-Prozesse und deren Reduktion.

Nicht nur die Entwicklung und der Einsatz von Software, sondern auch die Einhaltung des notwendigen Qualitätsniveaus sind Aufgaben, die eine IT-Abteilung zu erfüllen hat. Zur Sicherstellung eines hohen Qualitätslevels sind Methoden wie TQM (Total Quality Management), das EFQM (European Foundation Quality Modell) oder Bootstrap geeignet. Die Methoden TQM und EFQM dienen der Verbesserung beliebiger Geschäftsprozesse, Bootstrap dagegen ist eine spezielle Methode, um Geschäftsprozesse der Softwareentwicklung zu optimieren. Die Aufgabe des IT-Controllers besteht hierbei weniger in der Bereitstellung und Anwendung dieser Werkzeuge, sondern darin, ggf. deren Einführung und Einsatz im Unternehmen zu fördern und zu unterstützen.

## 1.5  Zusammenspiel des IT-Controllers mit dem CIO

Eine in jüngster Zeit häufig diskutierte Frage ist die Rollenverteilung zwischen dem IT-Controller und dem Informationsmanagement, dessen Leiter auch zunehmend als CIO (Chief Information Officer) bezeichnet wird.

Das CIO-Konzept wurde in den USA entwickelt und wird seit einigen Jahren auch von deutschen Großunternehmen adaptiert. Viele deutsche Unternehmen haben bereits einen CIO eingerichtet, um die Bedeutung des Informationsmanagements und der Ressource Information zu untermauern. Der CIO ist, anders als seine Controllerkollegen, in Deutschland jedoch meist nicht auf der Vorstandsebene anzutreffen, sondern in der zweiten Führungsebene angesiedelt. Allenfalls im Finanz- und Versicherungswesen ist der CIO auf Vorstandsebene positioniert.[1] In den USA dagegen ist der CIO vielfach gleichrangig im „Management Board" mit dem CFO (Chief Finanze Officer) oder COO (Chief Operating Officer) vertreten und kann dort die Belange des Informationsmanagements stärker vertreten.

Der CIO ist Leiter des Informationsmanagements. Sein Aufgabenfokus ist das Informations-, Wissens- und Technik-Management. Er erarbeitet schwerpunktmäßig Visionen und Konzepte für zukünftige technische Möglichkeiten und ist aktiv bei der Beratung der Fachbereiche bei der *Gestaltung ihrer Geschäftsprozesse*. Sein Berufsbild ist ähnlich dem IT-Controller interdisziplinär strukturiert und erfordert fachliches, technisches und Management-Know-how.

Die Aufgaben des CIOs sind:

- *Entwicklung und Umsetzung einer IT-Strategie* für das Informationstechnik-, Wissens- und Informationsmanagement.

- *Erarbeitung, Festlegung und Durchsetzung von IT-Standards zur Sicherstellung kompatibler und integrierter* Informationssysteme. Ziel ist es hier, die Geschäftsprozesse durchgängig mit IT-Lösungen zu unterstützen und das Zusammenspiel aller Einzelkomponenten sicherzustellen.

- *Unterstützung der Fachbereiche bei der Entwicklung und Optimierung von Lösungen für deren* Geschäftsprozesse. Wichtig ist der ganzheitliche Fokus, d.h. Prozessanalyse und Prozessoptimierung sind wichtiger, als der reine Technikeinsatz.

- *Identifikation und Einführung von sogenannten „Best Practices" für das Unternehmen*. Der CIO identifiziert bewährte State-of-the-Art Lösungen für z.B. das Auftragsmanagement oder zur Kostenreduktion.

- *Kommunikation im IT-Umfeld anregen und moderieren:* Hier besteht die Aufgabe des CIOs in der Förderung des Informationsflusses zwischen allen Gruppen des Unternehmens, die an IT-Lösungen arbeiten bzw. mit diesen arbeiten.

Der CIO bewegt sich also in einem betriebswirtschaftlich-technisch-organisatorischem Umfeld (vgl. Abbildung 6). Zum einen muss er die Anforderungen des Managements nach angemessen unterstützten Geschäftsprozessen durch die IT erfüllen. In Zusammenarbeit mit dem IT-Controllerdienst die Effektivität, Effizienz und Wirtschaftlichkeit der IT gewährleisten. Die Zufriedenheit der Endbenutzer im Umgang mit Arbeitsplatzcomputern ist ein wichtiger Faktor für den Rückhalt des CIO im Unternehmen. Daneben muss er sicherstellen, dass die Chancen und Risiken des technischen Fortschritts in Form von geeigneten Produkten durch aktuell ausgebildetes IT-Personal genutzt werden können.

---

[1] Vgl. *Heinzl* 2001, S. 408-420.

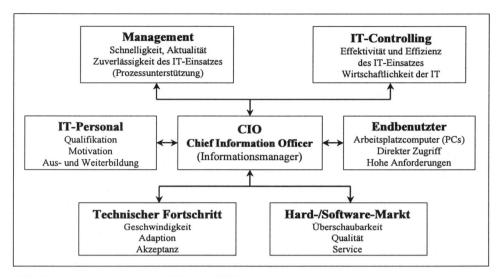

Abbildung 6: Spannungsfeld des CIO[2]

Eine sinnvolle Aufgabenteilung zwischen dem Informationsmanagement und dem IT-Controllerdienst lässt sich wie folgt formulieren:

- Der *IT-Manager* (CIO = Chief Information Officer) hat die Entscheidungs- und Umsetzungsverantwortung für IT-Maßnahmen. Er informiert und beteiligt den IT-Controllerdienst in wesentlichen Fragen.

- Der *IT-Controller* ist der unabhängige Berater des IT-Managers (CIO). Er liefert betriebswirtschaftliche Methoden und Werkzeuge, ist für die Steuerung des IT-Controllings verantwortlich und ist „Anwalt" der Endbenutzer, deren IT-Projekte er überwacht.

Das Schaubild in Abbildung 7 zeigt die Rollenverteilung in den wesentlichen Informationsflüssen und Beziehungen. Das IT-Management erstellt IT-Strategien und Standards und erteilt Aufträge zur Umsetzung an interne und externe IT-Dienstleister. Der IT-Controller unterstützt das IT-Management hierbei und wird in den Informationsprozess eingebunden. Andererseits muss der IT-Controller auch ein Kosten-Monitoring der IT-Projekte, sowohl in Bezug auf die Projekte des IT-Management, als auch in Bezug auf die Projekte der Endbenutzer bzw. Fachbereiche, die auch bei internen und externen Dienstleistern IT-Projekte beauftragen, durchführen.

---

[2] *Schwarze* 2000, S. 359.

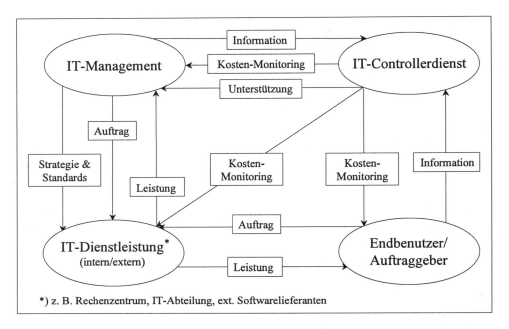

Abbildung 7: Rollen im IT-Controlling-Konzept

# 2 Arbeitsplatzmanagement als Werkzeug im IT-Controlling-Konzept

## 2.1 Begriff

Arbeitsplatzmanagement ist ein strategisch wirksames Querschnittskonzept zur Integration mehrerer IT-Controlling-Werkzeuge, die sich mit der Frage von Qualität und Kosten von IT-Arbeitsplätzen beschäftigen. Der strategische Werkzeugkasten ist in der Frage der Standardisierung von IT-Produkten und Dienstleistung als wesentliche Voraussetzung des Arbeitsplatzmanagements eingebunden. Aus dem operativen IT-Controlling-Werkzeugkasten werden zur Umsetzung Werkzeuge des IT-Prozessmanagements, insbesondere Prozessbenchmarking, IT-Bereitstellungsprozess, IT-Asset-Management und IT-Outsourcing gebündelt.

## 2.2 Qualität der Bereitstellung und Betrieb von IT-Arbeitsplätzen

Eine für viele Unternehmen typische Situation ist eine unzureichende Qualität bei zu hohen Kosten der Bereitstellung und des Betriebs von IT-Arbeitsplätzen. Nicht selten beklagen sich Endanwender über qualitative Mängel in der Bereitstellung und im Betrieb von IT-Arbeitsplätzen. Einige wichtige immer wieder auftauchende Punkte sind:

- unzureichende IT-Schulung der Mitarbeiter und hierdurch verursachte Folgeprobleme (z.B. Zeitverlust durch Ausprobieren, Fehlersuche),
- umständliche Bestellprozesse und unzureichende Beratung bei der Beschaffung von IT-Hardware und Software,
- zu lange Reaktionszeiten des IT-Servicepersonals bei der Beseitigung von Störungen und hieraus folgende Zeitverluste durch Warten oder Selbsthilfe durch Kollegen (z.B. eigene Fehlersuche, probeweise Neu-Installation eines Programms),
- Mängel in der IT-Arbeitsplatzausstattung (veraltete Hardware, unzureichender Speicherplatz u.a.) und hieraus resultierender Mehraufwand bei der Bearbeitung von Geschäftsvorfällen,
- unzureichende Standardisierung der verwendeten Hard- und Software (z.B. unterschiedliche Releasestände von Textverarbeitungssoftware und damit verbundenen Probleme beim Datenaustausch),
- Ausfallzeiten durch technische Mängel (z.B. Drucker geht nicht, Rechner fährt nicht hoch, Programmabbruch mit unklarer Ursache).

Die Ursachen hierfür sind häufig in einer dezentralen Verantwortung für IT-Arbeitsplätze und nicht vorhandene Steuerungs- und Controllingmechanismen zu suchen.

## 2.3 Kosten der Bereitstellung und Betrieb von IT-Arbeitsplätzen

IT-Arbeitsplätze verursachen neben den *direkten Kosten* (z.B. Anschaffungskosten für Hardware und Software), die für die Verantwortlichen transparent und sichtbar sind, enorme *indirekte Kosten* (z.B. Fehlbedienung durch mangelhafte Schulung), die sich der Beeinflussung entziehen.

So macht der Kaufpreis eines typischen Arbeitsplatzcomputers nach einigen Untersuchungen nur etwa 14 - 15% der gesamten Kosten aus, die er im Laufe seiner Lebensdauer verursacht. Die restlichen Kosten verteilen sich auf unterschiedliche Positionen, die häufig nicht transparent werden, da sie dem betrieblichen Rechnungswesen nicht zu entnehmen sind (vgl. Abbildung 8).

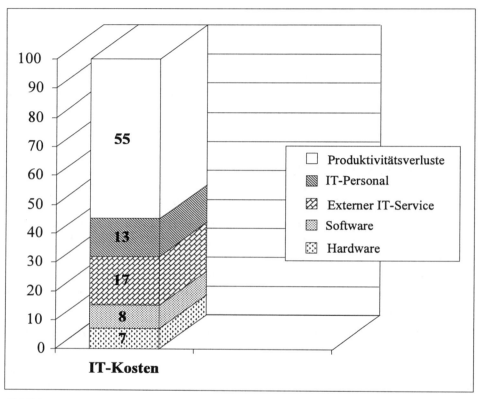

Abbildung 8: IT-Kosten-Struktur[3]

*Direkte Kosten* hängen unmittelbar mit der Beschaffung und dem Betrieb von Hard- und Software zusammen. Hierzu zählen insbesondere die Anschaffungskosten sowie die Prozesskosten der Beschaffungsprozesse, der Aufwand für die Installation von Hardware und Software, Schulung der Mitarbeiter, Wartung und Support, Betrieb von Help-Lines, Netzwerkbetrieb und Raumkosten.

Neben den direkten Kostenbestandteilen fallen erhebliche Kostenblöcke an, die nicht direkt sichtbar sind und sich häufig dem Einflussbereich des Managements entziehen. Diese *indirekten Kosten* sind vor allem Produktivitätsverluste der Mitarbeiter (z.B. durch

---

[3] *Conti* 2000.

unzureichende Ausbildung) und Ausfallzeiten durch unzureichende Wartung oder Fehlfunktionen. Einen weiteren Bereich der indirekten Kosten bilden die Opportunitätsverluste durch Nichtnutzung von technologischen Möglichkeiten (z.B. Datensicherungskonzept, Laufwerke im Netz), deren Nicht-Nutzung wesentlich höhere Kosten verursacht, als ihr konsequenter Einsatz. So kann ein fehlendes Datensicherungskonzept zu immensen Kosten im Datenverlustfall führen, wenn ein Mitarbeiter Unternehmensdaten auf einem Laptop aufbewahrt und diesen z.B. verliert. Der Ausfall eines zentralen Mailservers, ein Virenangriff auf das Unternehmensnetz oder nur ein nicht korrekt eingespieltes Upgrade eines Textverarbeitungsprogramms verursachen Arbeitszeitausfälle und Folgekosten durch z.B. nicht erfasste Aufträge.

Diese für das Management meist nicht transparente Situation kann mit dem Blick auf einen Eisberg verglichen werden, der sich oberhalb der Wasseroberfläche völlig anders darstellt, als unterhalb der Wasserlinie (vgl. Abbildung 9). Der Anteil der direkten Kosten macht häufig nur etwa 45% der Gesamtkosten aus, während die nicht sichtbaren und damit auch nicht durch das Management beeinflussbaren Kosten bis zu 55% betragen können. In dieser Situation ist der IT-Controller als Steuermann und Navigator gefordert, um das Schiff (IT-Arbeitsplatz) wieder auf Kurs zu bringen.

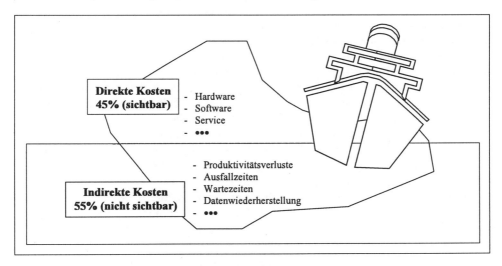

Abbildung 9: Direkte versus indirekte IT-Kosten

## 2.4 Lösungsansätze

Zur Beschreibung und Beseitigung dieses Phänomens wurde von der *Gartner*-Group und anderen führenden Beratungsunternehmen der Begriff TCO (Total Cost of Ownership) geprägt, der alle Kosten eines IT-Arbeitsplatzes umfasst.[4] Verwandte Konzepte sind Real Cost of Ownership (RCO) und Lowest Cost of Ownership (LCO).

Die TCO-Definition umfasst also nicht nur die Kosten der Anschaffung, der Installation der Hard- und Software, die Wartung und den Betrieb, sondern auch die Anschaffung und Wartung von Servern und Netzwerken, Benutzersupport, Schulung und Training, Entwicklung spezieller Anwendungen und die Kosten für den Systemausfall.

Die *Zielsetzung des TCO-Ansatzes* ist die bessere Durchdringung der IT-Kostenstrukturen durch eine vollständigere Erfassung der Kosten, die im Rahmen der Beschaffung, Bereitstellung und Entsorgung von IT-Komponenten entstehen. Das Bestreben besteht also in der Bereitstellung von ganzheitlichen Kosteninformationen zur Beurteilung von IT-Investitionsentscheidungen und die Ergänzung klassischer ROI-Kennzahlen (Return-on-Investment).

Im Rahmen der TCO-Analyse werden die IT-Kosten in direkte Kosten, die im klassischen Rechnungswesen sichtbar sind und in indirekte Kosten, die im klassischen Rechnungswesen nicht erscheinen, differenziert (vgl. Abbildung 10).

Die hohe Bedeutung von TCO-Analysen wird angesichts der für Arbeitsplatzsysteme anfallenden Kosten deutlich. So zeigt eine Untersuchung der *Gartner* Group und der *Melbourne University*, die für über 4676 Apple- und 5338 *Windows*/*Intel*-Rechner durchgeführt wurde, dass die TCO für unterschiedliche Arbeitsplatzrechnertypen durchaus sehr weit auseinander liegen können.[5] Die Gründe für die TCO-Unterschiede lagen in den niedrigeren Kosten für Hardware, Software und Supportbedarf. Untersucht wurden hierbei nicht nur direkte Kosten (Hardware, Software, Upgrades, Service, Support, Wertverlust, Server, Peripherie), sondern auch die vielfach höheren indirekten Kosten (Helpdesk, Schulungen, nichtproduktive Ausfallzeiten).

Im Anschluss an die Ermittlung der direkten und indirekten IT-Kosten erfolgt eine Erarbeitung vor allem von Empfehlungen zur Reduzierung der indirekten Kosten, da diese in den Unternehmen meist vernachlässigt werden. Hierzu zählen technische Verbesserungen, die Standardisierung von IT-Komponenten und organisatorische Veränderungen.

- Technische Verbesserungen (Einsatz von Thin Clients, Einsatz von Tools zur Ferninstallation und -wartung, IT-Assetmanagement),

---

[4] Vgl. *Wolf/Holm* 1998, S. 19.
[5] Vgl. *o.V.* 2002a.

- Standardisierung von IT-Komponenten (Hardware wie z.B. ein Desktop-PC und ein Laptop-Modell für das gesamte Unternehmen, Software wie z.B. Office, Mail, Services wie z.B. SLAs),
- Organisatorische Verbesserungen (z.B. Geschäftsprozessoptimierung im IT-Umfeld oder das Outsourcing von IT-Prozessen und hier insbesondere Bereitstellung und Wartung von IT-Komponenten).

| **Direkte Kosten** <br> (im Rechnungswesen sichtbar!) | **Indirekte Kosten** <br> (im Rechnungswesen unsichtbar!) |
|---|---|
| ■ Hardware <br>   - Anschaffung, Leasing <br> ■ Software <br>   - Lizenzen, Updates <br> ■ Verwaltung und Wartung <br>   - Eigene Mitarbeiter, Fremdfirmen bei Outsourcing <br> ■ Schulung und Support <br>   - Grundlagenkurse, Telefonhotline, Individualtraining <br> ■ Entwicklungskosten <br>   - Firmen-Add Ons (z.B. Schriftarten, Makros für Geschäftsbriefe, Funktionstest, Anwenderdokumentation <br> ■ Infrastrukturkosten <br>   - Netzwerk, Telefongebühren | ■ Versteckte dienstliche Endbenutzer-Kosten <br>   - Arbeitszeitverlust durch Kollegenschulung (Hey Joe Effekt), Trial-and-Error-Schulung <br> ■ Produktivitätsverluste durch technische Probleme <br>   - Arbeitszeitverlust bei downtime (Zusammenbruch des Netzwerks, Nicht nutzbarer Endbenutzerarbeitsplatz, Druckerprobleme Serverausfall (etc.) <br> ■ Hardware <br>   - Private Internetnutzung (Arbeitszeitverlust) |

Abbildung 10: Direkte und indirekte IT-Kosten

Die *Vorteile des TCO-Ansatzes* bestehen in einer vollständigeren Erfassung der IT-Kosten als im Rahmen der klassischen Kostenrechnung und hierauf aufbauende Konzepte wie ROI. Das TCO-Konzept ist stärker an die Anforderungen eines IT ausgerichteten Rechnungswesen angepasst. Die höhere Kostentransparenz schafft Möglichkeiten zur deutlichen Kostenreduktion.

Die *Nachteile* sind darin zu sehen, dass vor allem Nutzen bzw. Erlöse nicht in die Betrachtung mit einbezogen werden. Das TCO-Konzept ist im Vergleich zu dynamischen

Verfahren der Investitionsrechnung eine rein statische Rechnung, da Zeitpunkte der Zahlungen nicht berücksichtigt werden. Hinzu kommt die rein technikzentrierte Sichtweise, da z.B. Personalkosten von IT-gestützten Prozessen nicht betrachtet werden.

Abhilfe können hier prozessorientierte Ansätze, wie z.B. die Prozesskostenrechnung schaffen. Auch werden bereits Verbesserungen des TCO-Konzeptes hinsichtlich der Einbeziehung von Nutzenkomponenten diskutiert. So erweitert die *Gartner*-Group das TCO-Modell durch ihr TBO-Konzept (Total Benefit of Ownership). Einzubeziehende Benefits für z.B. drahtlose PDAs (Personal Digital Assistent) sind:[6] (weniger Fehler beim Abschreiben von Daten, beschleunigte Mobile Prozesse durch permanenten Zugriff auf Unternehmensdaten, höhere Erreichbarkeit der Mitarbeiter steigert Entscheidungsprozesse, höhere Mitarbeiterzufriedenheit).

# 3 Geschäftsmodell des Arbeitsplatzmanagements

## 3.1 Bezugsbereich und Ziele

Betriebliche Informationssysteme können grob in prozessunterstützende und prozessneutrale Anwendungen unterschieden werden. Prozessunterstützende Anwendungen unterstützen den Mitarbeiter aufgabenspezifisch bei seiner Arbeit im Vertrieb, in der Fakturierung, im Rechnungswesen, in der Gehaltsabrechnung u.a.m.

Im Gegensatz zu diesen an den Anforderungen konkreter Arbeitsplätze ausgerichteten Systemen, unterstützen prozessneutrale Anwendungen alle Büroarbeitsplätze, völlig unabhängig von der Art der jeweils ausgeführten Tätigkeit (vgl. Abbildung 11). Sie bilden damit das Rückgrat der Arbeitsfähigkeit eines Unternehmens, indem Sie die Kommunikation und den Informationsaustausch sicherstellen. Die strategisch ausgerichtete Planung, Konzeption, Einführung und der Betrieb von prozessneutralen Anwendungen ist der Aufgabenbereich des Arbeitsplatzmanagements.

Die Anforderungen an die Verfügbarkeit und Standardisierungsgrad prozessneutraler Anwendungen unterscheiden sich deutlich von prozessunterstützenden Systemen. Prozessneutrale Anwendungen werden grundsätzlich unternehmensweit eingesetzt. Hierdurch wirken sich Veränderungen von Rahmendaten (z.B. neue Technologien, steigende Kosten) und Entscheidungen (z.B. Upgrade auf ein neues E-Mail-Programm) grundsätzlich auf das ganze Unternehmen aus.

---

[6]  Vgl. *o.V.* 2002a.

# Arbeitsplatzmanagement mit Hilfe IT-gestützter Controlling-Konzepte

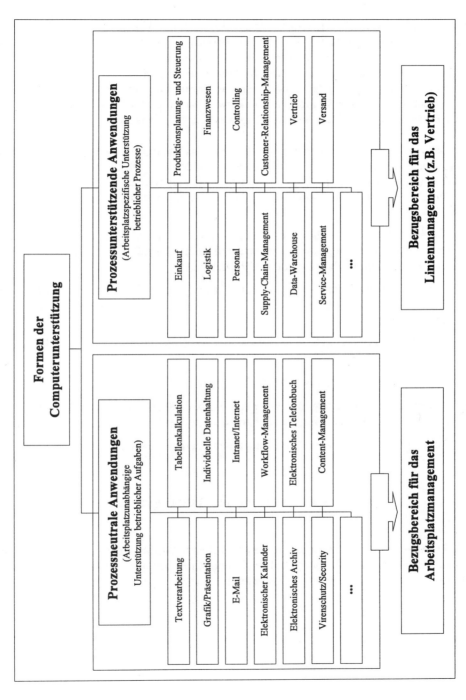

Abbildung 11: Formen der Computerunterstützung

Fehlentscheidungen können zum Stillstand der gesamten Unternehmenskommunikation führen (z.B. nicht entdeckter und rechtzeitig beseitigter Virenangriff) und damit auch alle anderen Geschäftsprozesse beeinträchtigen. Nicht selten sind die Verantwortlichkeiten, anders als bei prozessunterstützenden Systemen, die eindeutig dem Linienmanagement (Vertrieb, Finanzen usw.) zugeordnet werden können, nicht geregelt. Wegen der hohen strategischen Bedeutung prozessneutraler Anwendungen ist der Planung, Einführung und dem Betrieb eine besonders hohe Aufmerksamkeit des Managements entgegen zu bringen.

Das Ziel des Arbeitsplatzmanagements ist die nachhaltige Steigerung der Qualität der Leistungserbringung und eine dauerhafte Senkung der TCO für prozessneutrale Anwendungen auf ein mit anderen Unternehmen vergleichbares Niveau.

Die Kompetenzen und Verantwortlichkeiten des IT-Arbeitsplatzmanagements umfassen:

- Erarbeitung und Fortschreibung eines verbindlichen Katalogs von IT-Leistungen, über den der überwiegende Teil des Bedarfs gedeckt werden muss. Die Bedarfsträger sind zur Mitwirkung berechtigt und verpflichtet.
- Regelmäßige Berichterstattung an den Unternehmens-CIO (Chief Information Officer) über die Entwicklung der TCO, die Qualität der IT-Leistungen und die Zufriedenheit der Benutzer.
- Initiierung und Überwachung von Projekten zur Senkung der TCO und Sicherung der Qualität.
- Bündelung des Bedarfs sowie Abstimmung mit den IT-Lieferanten.
- Wahrnehmung der Rolle des zentralen Bedarfsträgers (Mengen, Qualität, Preise, Funktionen) gegenüber dem Einkauf und den internen und externen IT-Lieferanten,
- Auswahl der Lieferanten in Zusammenarbeit mit dem Einkauf.

## 3.2 Managementsystem aus Auftraggebersicht

Ein IT-Arbeitsplatzmanagement erfordert eine Restrukturierung der Geschäftsorganisation auf der Seite des Auftraggebers. Die Komponenten des hierzu notwendigen Managementsystems sind in Abbildung 12 dargestellt.

| | | |
|---|---|---|
| ① | **Anforderungs-Management** | Zentraler **IT-Katalog** mit allen IT-Leistungen und -Produkten schafft unternehmensweite Preis- und Leistungstransparenz |
| ② | **Vertrags-Management** | Zentrale **Verhandlung der IT-Verträge** schafft Konditionen-Sicherheit und sichert wettbewerbsfähige Preise |
| ③ | **Mengen-Management** | **Nachfragebündelung** bei allen Unternehmenseinheiten führt zur Kostenreduktion durch Mengenrabatte |
| ④ | **Preis-Management** | **Druck auf IT-Lieferanten (Preise** und **Margenvorgaben)** führt zur Kostenreduktion durch Marktpreisniveau |
| ⑤ | **Technologie-Management** | **Druck auf IT-Lieferanten** im Bereich **Technologie Push** führt zur Kostenreduktion durch Ausnützung moderner IT-Komponenten |
| ⑥ | **Qualitäts-Management** | **Druck auf IT-Lieferanten** durch Befragungen der Bedarfsträger und Qualitätsbenchmarkführer zu Prozessverbesserungen |

Abbildung 12: Komponenten des Managementsystems

- *Anforderungsmanagement:* Ein im Intranet verfügbarer IT-Katalog enthält sämtliche standardisierten IT-Arbeitsplatzsysteme (z.B. Standard-Büro-Arbeitsplatz, Standard-Mobil-Arbeitsplatz) und Komponenten (z.B. Drucker) und schafft hierdurch eine hohe Preis- und Leistungstransparenz für die Bedarfsträger des Unternehmens.

- Das *Vertragsmanagement* sichert durch einen Rahmenvertrag für den Endbenutzer transparente und wettbewerbsfähige Preise.

- *Mengen- und Preismanagement*: Das Ziel der Kostenreduktion wird durch mehrere Maßnahmen erreicht: Ein Mengenmanagement fasst die Nachfragemengen für alle Unternehmenseinheiten zusammen und führt so zu einer Nachfragebündelung. Zur Unterstützung ist der Planungsprozess im IT-Controlling anzupassen.

- *Technologiemanagement:* Durch nachhaltigen Druck auf IT-Lieferanten bezüglich der Verrechnungspreise und Margenvorgaben wird eine weitere Kostenreduktion erzielt. Der ASP-Dienstleister wird vom Arbeitsplatzmanagement mit Marktpreisen konfrontiert, welche für ihn die Preisobergrenze darstellen. Der Einsatz innovativer Technologien kann die TCO weiter senken. Ein weiteres Druckpotenzial auf den IT-Lieferanten wird daher durch den „Technologie Push" praktiziert. Der IT-Lieferant wird mit der Bereitstellung der jeweils kostengünstigsten und effizientesten Technologie beauftragt. Hierdurch wird vermieden, dass beim Auftraggeber veraltete Technologien im Einsatz bleiben, bis diese aus Sicht des Lieferanten „abgeschrieben" sind. Aktuelle Themen sind z.B. der Einsatz von Thin-Clients anstelle von Standard-

PCs mit voller Ausstattung (Festplatte, Software, CD-ROM usw.) oder webbasierte Arbeitsplatzportale.

- Qualitätsmanagement: Die Verbesserung der Prozessqualität im Rahmen der Bereitstellung und Wartung von Arbeitsplatzsystemen wird durch regelmäßige Befragungen der Benutzer und Qualitätsbenchmarks sichergestellt. Der IT-Lieferant muss parallel hierzu ein komplementäres Managementsystem bereitstellen, dass die Anforderungen des Auftraggebers erfüllen kann. Dieses Managementsystem muss die zu einer Leistungserbringung üblichen Komponenten wie Marketing, Vertrieb, Leistungserbringung und Fakturierung enthalten. Für den Auftraggeber ist wichtig, dass der Lieferant eine brauchbare Kundenbestandsführung aufbaut, die es ihm erlaubt, jeden einzelnen Endkunden anzusprechen und unter Kenntnis seiner Historie und seines Bestandes an IT-Hardware, Software und Leistungsmerkmalen zu versorgen.

## 3.3 Mietmodell als Steuerungsinstrument

Häufig werden IT-Produkte (Hardware, Standardsoftware) gekauft, bilanziert und abgeschrieben. Damit verbunden sind meist aufwendige administrative Geschäftsprozesse zur Erfassung und Verwaltung der Wertgegenstände.

Der Grundgedanke „Miete statt Kauf" lässt sich bei entsprechender organisatorischer Vorbereitung auch auf die Beschaffung, Wartung und Entsorgung von IT-Arbeitsplätzen übertragen. Die hierbei erzielbaren Effekte sind nicht nur unter rein finanziellen oder steuerlichen Gesichtspunkten, sondern vor allem auch im Hinblick auf die Fokussierung der Verantwortung auf einen IT-Lieferanten zu sehen. Unter dem Stichwort ASP (Application Service Providing) werden Mietmodelle auch für IT-Leistungen bei vielen Unternehmen bereits erfolgreich eingesetzt.

## 3.4 Standardisierung von Benutzeranforderungen

Ein wichtiger Erfolgsfaktor des Arbeitsplatzmanagements ist die Frage, ob es dauerhaft gelingt, die Benutzeranforderungen sinnvoll zu standardisieren, um den IT-Lieferanten die Basis für kostengünstige Produktentwicklungen zu schaffen. Die zu erarbeitenden Anforderungsprofile beschreiben für einen relevanten Arbeitsplatztyp sämtliche fachlichen Anforderungen an den IT-Arbeitsplatz. Typische allgemeine Beispiele für derartige Arbeitsplatztypen sind: Call-Center-Arbeitsplatz, Manager-Arbeitsplatz, Sekretariats-Arbeitsplatz. Unternehmensweit standardisiert werden IT-Komponenten, die prozessneutral sind und die Kommunikationsfähigkeit des Unternehmens betreffen. Hierzu gehören Hardware-Anforderungen (z.B. mobiler Arbeitsplatz), Software-Anforderungen (z.B. Synchronisationssoftware) und Zugangsmerkmale (z.B. Account für Großrechner-Zugang).

Der erste Schritt der Standardisierung ist die Erarbeitung der Anforderungsprofile durch die betroffenen Unternehmenseinheiten mit aktiver Unterstützung des Arbeitsplatzmanagements, das sich hierzu ggf. auch interner oder externer IT-Experten bedient. Anschließend kann der beauftragte IT-Dienstleister mit der Entwicklung und Definition von konkreten IT-Produkten beauftragt werden. Hierunter ist jedoch keine einfache 1:1-Umsetzung von Anforderungen in IT-Produkte zu verstehen, sondern eine Baukastenorientierte Produktdefinition. Dieser Prozess ist vergleichbar mit der Produktentwicklung in anderen Branchen, wie z.B. der Automobilindustrie. Nach Verfügbarkeit der IT-Produkte (Angebote durch den ASP-Dienstleister) erfolgt deren Aufnahme und Freigabe im IT-Katalog, der die für Endbenutzer bestellbaren Produkte enthält.

Die Struktur möglicher fachlicher Anforderungen ist in Abbildung 13 vereinfachend dargestellt.

- *Basisanforderungen:* Die Grundlage für einen standardisierten IT-Arbeitsplatz bilden Basisanforderungen, die sich in Hardware-Anforderungen und allgemeine funktionale Anforderungen gliedern lassen. Auf dieser Ebene werden grundlegende Leistungsmerkmale definiert, welche die Grundlage für die Angebotsbildung durch den IT-Lieferanten bilden.

- *IT-Sicherheitsanforderungen:* Die zweite Ebene wird durch IT-Sicherheitsanforderungen gebildet, die ebenfalls für jeden Standardarbeitsplatz, ggf. differenziert nach Sicherheitskategorien (z.B. Mitarbeiter, Führungskraft, Vorstand) Gültigkeit haben.

- *Administrative Anforderungen:* Administrative Anforderungen haben ebenfalls für die meisten IT-Arbeitsplätze Gültigkeit. So wird z.B. festgelegt, in welcher Form eMail-Adressen unternehmensweit vergeben werden, welche Daten im zentralen Adressbuch (Directory) über jeden Mitarbeiter vorgehalten werden müssen. Von besonderer Bedeutung ist hierbei die Historisierung der Leistungsbeziehung zu jedem einzelnen Endkunden durch den IT-Lieferanten. Diese Anforderung stellt sicher, dass ein Endbenutzer beim Anruf im Support-Center eindeutig identifizierbar ist und seine aktuelle Hardware/Software-Konfiguration einschließlich der Vergangenheitsdaten für Beratungszwecke verfügbar ist. Damit kann ein Service-Mitarbeiter z.B. folgende Fragen durch Zugriff auf Kundeninformationen beantworten und Anwender individuell betreuen:

    - „Welche Produkte benutzt der Anwender derzeit?",

    - „Womit hatte der Anwender früher Probleme?",

    - „Welche Serviceeinsätze wurden durchgeführt?".

| | | | |
|---|---|---|---|
| **Arbeitsplatz-spezifische Anforderungen** | **Call-Center-APS** | ... | **VIP-APS** |
| | Abweichende Hardware (z.B. 21") | ... | Abweichende Hardware (z.B. PDA) |
| | Abweichende Software (z.B. CRM) | ... | Abweichende Software (z.B. VIS) |
| | Zugangsanforderungen (z.B. Hostzugang Vertriebsdaten) | ... | Zugangsanforderungen (z.B. Vorstands-Netz) |

| | **Reporting-Anforderungen** | **Qualitäts-Anforderungen** |
|---|---|---|
| **Reporting & Qualitäts-Anforderungen** | Regelmäßige Bereitstellung von nachvollziehbaren Zielgruppenanalysen und Planungs- und Abrechnungsdaten auf Detailebene (insb. Bestandsdaten und Bewegungsdaten) und aufbereitete Kennzahlen auf verdichteter Ebene. | Installations- und Wartungsarbeiten (z. B. Aufspielen von Software-Komponenten) sind unter minimalen Betriebsbeeinträchtigungen auszuführen (z.B Software-Betankung über Nacht oder zu betriebsschwachen Zeiten). Betriebsbeeinflussende Maßnahmen sind rechtzeitig abzustimmen. |

| | **Adressverwaltung (Directory)** | **Öffentliche Verteiler** | **Leistungsbeziehung** |
|---|---|---|---|
| **Administrative Anforderungen** | eMail-Adressen und Suchbegriffe sind konzernweit so zuzugestalten, dass keine Duplikate möglich sind. Suchbegriffe müssen auch bei Versetzung oder Firmenwechsel innerhalb des Konzerns erhalten bleiben. | Öffentliche Verteiler sind einzurichten und zu pflegen. "Antworten an alle" durch Mail-Clients sind zu unterbinden. | Leistungsbeziehungen von Anwendern zum ASP-Dienstleister sind zu dokumentieren. Änderungen bei Versetzungen etc. sind nachzuvollziehen. |

| | **Virenschutz** | **Netz** | **APS-Zugang** | **Verschlüsselung** |
|---|---|---|---|---|
| **IT-Sicherheits-Anforderungen** | Automatisierte Erkennung und Entfernung aktueller Viren. Automatisierter Update des Virenscanners ... | IT-Arbeitsplätze mit Anbindung an das Firmennetzwerk sind durch geeignete Maßnahmen gegen Angriffe von außen zu schützen (z.B. Firewall). | Zugang zu IT-Arbeitsplätzen ist nur durch berechtigte Personen sicherzustellen (z. B. Chip-Karte + PIN) ... | Schutz der Daten auf dem APS vor dem Zugriff Unberechtigter bei Speicherung und Übertragung, sichere Kommunikation innerhalb des Konzerns und mit Dritten ... |

| | **Allgemein** | **Stationär** | **Mobil** | **Bürofunktion** | **Kommunikation** |
|---|---|---|---|---|---|
| **Basis-Anforderungen** | Bildschirm-Auflösung Disketten-LW Chip-Kartenleser ... | Basiseinheit Monitor Tastatur Maus ... | Displaytyp (TFT) Gewicht Tastatur Maus(-ersatz) | Textverarbeitung Präsentation Tabellenkalkulation Standard-Formulare | Mail, Browser, Zentrale Ablage Termin-/Besprechungsplanung Mitarbeiterverzeichnis (Telefon, Mailadresse, Funktion, Lokation) File-Packer, Datensicherung ... |
| | Hardware-Anforderungen | | | Allgemeine Anforderungen | |

Abbildung 13: Anforderungsprofile

- *Reporting & Qualitäts-Anforderungen:* Sowohl das IT-Arbeitsplatzmanagement, als auch der einzelne Endbenutzer sind auf Informationen zur Beurteilung ihrer Leistungsbeziehung mit dem IT-Lieferanten angewiesen. Der Endbenutzer benötigt einen detaillierten Nachweis der von ihm bezogenen Leistungen und Bestandsübersichten um eine Rechnungsprüfung durchführen zu können. So ist es für einen Kostenstellenleiter wichtig zu wissen, welche IT-Kosten auf seiner Kostenstelle für welchen Arbeitsplatz anfallen. Das IT-Arbeitsplatzmanagement benötigt verdichtete Planungs- und Qualitätsinformationen. Hierzu gehören z.B. Kennzahlen über die vereinbarten Service-Level (Wann und wo gab es Störungen? Wie lange wurde der Betrieb unterbrochen u.a.m.).

- *Arbeitsplatzspezifische Anforderungen:* Die Spitze der Anforderungspyramide bilden die vielfältigen arbeitsplatzspezifischen Anforderungen, welche die Anforderungen von einzelnen Personengruppen (Sekretärin, Manager, Vertriebs-Mitarbeiter, mobiler Arbeitsplatz u.a.m.) bündeln. Die Erarbeitung dieser Anforderungskategorie erfordert eine intensive Mitwirkung der betroffenen Endbenutzer.

## 3.5  IT-Katalog

Um den Leistungsaustausch zwischen Auftraggeber und -nehmer zu regeln, werden zunehmend IT-Kataloge zur Spezifizierung der IT-Leistungen und Konditionen eingesetzt.[7] Der IT-Katalog ist auch für das IT-Arbeitsplatzmanagement ein unverzichtbares Instrument, weil es der Erhöhung der Leistungs- und Kostentransparenz dient und zugleich als operatives Werkzeug den Bezug zum Endanwender fördert. Das IT-Arbeitsplatzmanagement definiert Anforderungen an die vom IT-Lieferanten bereitzustellenden Produkte. Je höher der Standardisierungsgrad der Anforderungen ist, desto höher sind die erzielbaren Kostenvorteile durch standardisierte IT-Produkte. Die durchschnittliche Nutzungsdauer der IT-Arbeitsplatzsysteme ist auf einen vom Auftraggeber gewünschten Wert zu fixieren. Hierdurch wird ein Technology-Refresh durch den IT-Lieferanten ermöglicht. Der Auftraggeber erhält regelmäßig einen Austausch seiner IT-Arbeitsplatz-Ausstattung auf den neuesten technischen Stand. Die Entsorgung nicht mehr benötigter Komponenten erfolgt durch den IT-Lieferanten. Mögliche Inhalte eines IT Kataloges sind in Abbildung 14 aufgeführt.

---

[7]  Vgl. z.B. *Ennemoser* 2000, S. 515.

| | |
|---|---|
| Allgemeine Hinweise zur Bestellung von IT-Arbeitsplatzsystemen | Desktop-Services, Produktportfolio, Bestellprozess, Projekte, Budgetplanung, Inbetriebnahme |
| Allgemeine Hinweise zur Nutzung von IT-Arbeitsplatzsystemen | Erstmalige Bereitstellung eines IT-APS, Helpline- und Vor-Ort-Service, Regelmäßiger Austausch (Refresh), Verbrauchsmaterial |
| Bestellpakete und optimale Komponenten für Aufgabenprofile | Vorkonfigurierte Bestellpakte (z.B. Außendienst-PC, Standard-Büro-APS), Optionale Komponenten für Bestellpakete (z.B. Drucker, Monitore), Bestellpakete Netzwerkdrucker, Bestellpakete Pocket PC |
| Dienstleistungskomponenten | Datensicherung, Fax, SMS, Internetzugang, IT-Remote, Mail-, File- und Printservice, öffentliche Ordner, Postfacherweiterung, Umzug, t-Online-Zugang, Großrechnerzugang (MVS), kabelloser Netzzugang im Büro |
| Komponenten zur Selbstkonfiguration | Individual-PC (z.B. als Basispaket Desktop-PC), optionale Komponenten für Basiskomponenten (z.B. Monitor, Drucker) |
| Technische Artikel für besondere Zwecke | Hardware (z.B. Artikel für Desktops, Notebooks, Druckerkabel) Software (z.B. Standardsoftware) |
| Sonstige Dienstleistungen nach Aufwand | z.B. Installation und Inbetriebnahme spezieller Software auf einem Individual-PC |
| Leistungsbeschreibung IT-Arbeitsplatz | Liefermengen, Einzelauftragung, Service-Level-Agreement (SLA) der Bereitstellung, Virenschutz, Wizard, Service-Level-Agreements (SLA) für Problem Management, HelpLine u.v.m. |

Abbildung 14: Inhalte eines IT-Kataloges

## 3.6 Implementierung

Die notwendigen Vorbereitungen für die Einführung des Arbeitsplatzmanagements werden häufig unterschätzt. Abbildung 15 zeigt ein grobes Vorgehensmodell für die Implementierung des IT-Arbeitsplatzmanagements:

- *Aufbau Programm-Management:* Hier steht zunächst die Sensibilisierung der Unternehmensleitung hinsichtlich der Arbeitsplatzthematik im Vordergrund. Relevante Kostenstrukturen und Nutzenfaktoren, insbesondere die realistischen Kosteneinsparungen und Effizienzsteigerungen sind hierbei aufzuzeigen. Anschließend ist ein zentrales Programm „Arbeitsplatz-Management" mit einer unternehmensweiten Gesamtverantwortung einzurichten.

- *Organisation des Arbeitsplatzmanagements:* Das Arbeitsplatzmanagement wird als reine Managementaufgabe in Form eines Programm-Managements von einer kleinen Gruppe Mitarbeiter gestaltet und durchgeführt. Der Leiter des Arbeitsplatzmanagement berichtet direkt an den CIO. In dieser Phase sind eine Reihe von wichtigen Grundsatzentscheidungen zu treffen und auch unternehmensweit zu kommunizieren.
- Im Rahmen der *Programmorganisation* ist die notwendige aktive Einbindung der Bedarfsträger im Unternehmen sicherzustellen. Dies erfordert in der Regel auch eine Anpassung der Planungsprozesse (z.B. Investitionsplanung für IT-Projekte, Kostenstellenplanung für dezentrale IT-Budgets) sowie der Beschaffungsprozesse. Das Controlling und der Einkauf sind daher durch ein ständiges Mitglied in die Programmorganisation einzubinden.

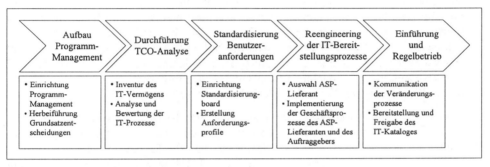

Abbildung 15: Prozessmodell für die Implementierung

- *Durchführung TCO-Analyse:* Nach der Einrichtung der Programmorganisation ist es notwendig, Informationen über den aktuellen Stand der TCO im eigenen Unternehmen zu erhalten, d.h. eine umfassende TCO-Analyse durchzuführen. Führende Beratungshäuser (z.B. *T-Systems*) haben hier etablierte operative Verfahren, zum Teil mit Softwareunterstützung, entwickelt. Zu erwähnen sind insbesondere die TCO-Modelle der *Gartner-Group*, *Forrester Research* und der *META-Group*, die sich jedoch nur in Details unterscheiden. Sämtliche Methoden haben das Ziel, dem Management eine fundierte Aussage über die aktuelle Situation hinsichtlich der Kosten und Prozesse zu liefern. Erfasst werden direkte und indirekte IT-Kosten sowie die zugrunde liegenden Prozesse. In Form einer Bestandsaufnahme, die von einer computerunterstützten Datenanalyse gefolgt wird, werden meist in Kurzprojekten (ca. 50 - 60 Personentage für einen Großkonzern) erste Handlungsempfehlungen für Prozessänderungen und hieraus resultierenden Kostensenkungspotenzialen getroffen.
- *Prozessanalyse:* Die Prozessanalyse dient der Erfassung der IT-Aufgaben, die einerseits durch die Informationsverarbeitung (Rechenzentrum, Entwicklungsabteilung, Benutzerservice) und andererseits durch die Endanwender selbst (Kollegenhilfe bei

Softwareproblemen, Beseitigung von Druckerproblemen) wahrgenommen werden. Durch stichprobenartige Befragungen von Endanwendern und gezielte Befragungen relevanter Personengruppen (z.B. IT-Leiter, Controlling, Einkauf) werden Informationen über die Art und Qualität der durchgeführten IT-Aufgaben und den hier ablaufenden Geschäftsprozessen (z.B. wie erfolgt die Bearbeitung einer PC-Bestellung?, wie wird eine Störung bearbeitet?) gesammelt und bewertet. Ggf. sind auch Zufriedenheitsanalysen der Endbenutzer möglich, um z.B. die Qualität der Service-Prozesse zu beurteilen.

- *Inventur des IT-Vermögens:* In der Regel wird eine (ggf. stichprobenartige) IT-Inventur durchgeführt, die wesentliche Aussagen über Höhe und Struktur des IT-Vermögens liefert. Neben den statischen Fragen des Vermögensbestandes wird auch untersucht, ob und wie eine IT-Bestandsführung erfolgt und in welcher Form administrative Abläufe unterstützt werden. Hierbei kommen häufig, dem Management nicht transparente Informationen hervor, wie z.B. eine in Teilbereiche zu üppige IT-Ausstattung, veraltete Hardware, beliebige Software-Release-Kombinationen, nicht dokumentierte IT-Bestände, u.a.m. Auch nach Einleitung von kostensenkenden und qualitätssteigernden Maßnahmen ist es auf Dauer erforderlich, die TCO-Analyse zur Kontrolle in verkürzter Form, z.B. jährlich, zu wiederholen.

- *Standardisierung Benutzeranforderungen:* Die Standardisierung von Benutzeranforderungen ist eine unternehmensweit zu erbringende Teamarbeit. Der Erfolg des gesamten Konzeptes hängt sehr stark davon ab, dass die Rollen im Unternehmen neu verteilt und aktiv gelebt werden (vgl. Abbildung 16). Neben der formalen Einrichtung einer Organisationseinheit „Arbeitsplatzmanagement" ist auf der Arbeitsebene ein „Standardisierungsboard" einzurichten, das als permanente Arbeitsgruppe mit Vertretern der Bedarfsträger besetzt wird. Unter der aktiven Mitwirkung und Koordination werden fachliche und qualitative Anforderungen an IT-Arbeitsplätze definiert und verbindlich verabschiedet. Die Vertreter der Bedarfsträger sind zu Information und auch Durchsetzung dieser Standards verpflichtet. Das Arbeitsplatzmanagement ergänzt die konsolidierten fachlichen Anforderungen um IT-Standards und beauftragt den ASP-Dienstleister mit der Definition von „bestellbaren" Produkten für den IT-Katalog.

Aufbauend auf den konsolidierten fachlichen und qualitativen Anforderungen sowie den vom Arbeitsplatzmanagement vorgegebenen IT-Standards definiert der vom Arbeitsplatzmanagement ausgewählte ASP-Dienstleister bestellbare Produkte. Hierzu ist beim ASP-Dienstleister ein Produktentwicklungsprozess zu implementieren und der IT-Katalog aufzubauen.

Beim Auftraggeber sind insbesondere die Geschäftsprozesse der IT-Kostenplanung, Beschaffung und Bereitstellung von IT-Leistungen an das veränderte Geschäftsmodell anzupassen sowie die Prozesse für die Rechnungsprüfung und das Beschwerdemanagement zu definieren.

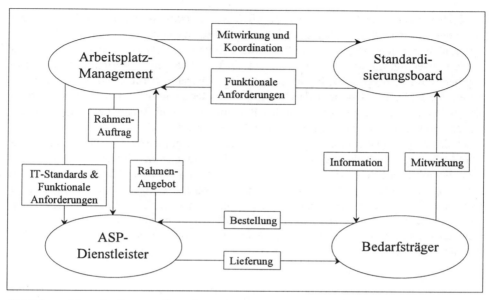

Abbildung 16:   Rollenverteilung im Arbeitsplatzmanagement

Gravierende inhaltliche Änderungen ergeben sich bei der Planung und Abrechnung von IT-Produkten und -Leistungen im Rahmen der innerbetrieblichen Leistungsverrechnung bzw. Kostenstellenrechnung. Im Controlling ist der Planungsprozess so umzustellen, dass anstelle der bisherigen kostenstellenbezogenen Planung von

- Investitionen und Abschreibungen für Hardware und Software,
- Sachkosten für IT-Schulung, Wartung und Support,
- kalkulatorischen Zinsen für Vermögensgegenstände,

eine Budgetierung von Mieten für die Inanspruchnahme von IT-Produkten, die über den IT-Katalog bestellt werden können, erfolgt. Bei der Aktivitätenplanung ist zu berücksichtigen, das die Umstellung des Planungs- und Abrechnungsprozesses meist nur zu bestimmten Stichtagen flächendeckend erfolgen kann, meist zu Beginn einer Planungsperiode (i.d.R. Geschäftsjahr).

Die *Veränderungen der Beschaffungsprozesse* betreffen den Einsatz des IT-Kataloges als zentrales Informations- und Bestellmedium. Bestellungen laufen grundsätzlich nur über den Katalog und ein vom ASP-Lieferanten oder Auftraggeber bereitzustellendes E-Procurement-System. Die Bestellungen werden vom ASP-Lieferanten direkt in sein Informationssystem übernommen. Die hierzu notwendigen Veränderungen der Bestellprozesse auf der Seite des Auftraggebers sind mit dem Einkauf und der Logistik abzustimmen und zu implementieren.

Kostenverantwortliche benötigen zur effektiven *Leistungs- und Kostenkontrolle* ein Instrument, dass es ihnen erlaubt, gezielt auch einzelne Rechnungspositionen des ASP-Lieferanten zu hinterfragen und ggf. für die Zahlung zu sperren. Grundsätzlich ist es hierzu notwendig, mit dem ASP-Lieferanten die Vereinbarung zu treffen, dass nur „freigegebene" Rechnungen bzw. Rechnungspositionen bezahlt werden, um einen massiven Anreiz für fehlerfreie Fakturen durch den ASP-Lieferanten zu schaffen. Dies erfordert die Implementierung eines toolgestützten Reklamations- und Rechnungsfreigabeprozesses, der jeden einzelnen Kostenverantwortlichen einbindet.

In der *Einführungsphase* sind die veränderten Geschäftsprozesse sukzessive einzuführen und alle Veränderungen frühzeitig zu kommunizieren. Spätestens hier ist ein Rahmenvertrag mit dem ASP-Lieferanten abzuschließen. Der Einführungsprozess kann sich u.U. in Abhängigkeit von der Unternehmensgröße durchaus auf mehrere Jahre erstrecken. In dieser Phase kommt es aus Gründen der Benutzerakzeptanz darauf an, rasch sichtbare Erfolge zu erzielen. Hierzu gehört z.B. eine an den Anforderungen der Benutzer orientierte Intranetpräsenz des Arbeitsplatzmanagements mit einer ersten Version des IT-Kataloges.

# Literaturverzeichnis

*Britzelmaier, B.:* Informationsverarbeitungscontrolling, Stuttgart/Leipzig 1999.
*Conti, C.:* Mastering the Total Cost of Ownership, Vortragsunterlagen, Chief Information Officer Meeting der *IMG AG*, 1.3.2000, Zürich.
*Dobschütz v., L./Barth, M./Kütz, M./Möller, H.-P. (Hrsg.):* IV-Controlling, Wiesbaden 2000.
*Ennemoser, H.:* Der IV-Dienstleistungskatalog - Kommunikationsmedium und Abbild der Komplexität im IV-Bereich, in: Dobschütz v., L./Barth, M./Kütz, M./Möller, H.-P. (Hrsg.): IV-Controlling, Wiesbaden 2000, S. 513-524.
*Freidank, C.-C.:* Kostenmanagement, in: Wirtschaftswissenschaftliches Studium, 28. Jg. (1999), S. 462-457.
*Gadatsch, A.:* Management von Geschäftsprozessen, 2. Auflage, Braunschweig/Wiesbaden 2002.
*Gadatsch, A./Mayer, E.:* Grundkurs IT-Controlling, Braunschweig/Wiesbaden 2004.
*Heinrich, L.:* Informationsmanagement, 7. Auflage, München/Wien 2002.
*Heinzl, A.:* Die Rolle des CIO in der Unternehmung, in: Wirtschaftsinformatik, 43. Jg. (2001), S. 408-420.
*International Group of Controlling (Hrsg.):* Controller-Wörterbuch (Deutsch-Englisch und Englisch-Deutsch), 2. Auflage, Stuttgart 2000, S. 471.
*Krcmar, H.; Buresch, A. (Hrsg.):* IV-Controlling auf dem Prüfstand, Wiesbaden 2000.
*Mayer, E.:* Botschaft an die Controller aus dem alten Jahrhundert, in: Controller Magazin, 24. Jg. (1999), S. 393-397.
*Mayer, E.:* Leitbildcontrolling als Denk- und Steuerungskonzept in der Informations- und BIONIK-Wirtschaft, in: Freidank, C.-Chr./Mayer, E. (Hrsg.): Controlling-Konzepte, Neue Werkzeuge und Strategien für die Unternehmenspraxis, 5. Auflage, Wiesbaden 2001, S. 103-144.
*Mayer, E./Liessmann, K./Mertens, H.-W.:* Kostenrechnung, 7. Auflage, Stuttgart 1997.
*Mayer, E./Weber, J. (Hrsg.):* Handbuch Controlling, Stuttgart 1990.
*o.V. Computerwoche News, 21.06.2002 Gartner:* Macs sind TCO-Günstiger als PC, 2002a, S.1.
*o.V. Drahtlossysteme.* Mobilkosten laufen leicht aus dem Ruder, in: Computer Zeitung, 17.06.2002, 2002b, o.S.
*Schwarze, J.:* Einführung in die Wirtschaftsinformatik, 5. Auflage, Herne/Berlin 2000.
*Spitta, Th./Schmidpeter, H.:* IT-Controlling in einem Systemhaus. Eine Fallstudie, in: Wirtschaftsinformatik, 44 Jg. (2002), S. 141-150.
*Wild, M./Herges, S.:* Total Cost of Ownership (TCO) - Ein Überblick, Arbeitspapier Nr. 1/2000, Universität Mainz, http://wi.bwl.uni-mainz.de.
*Wolf, K./Holm, C.:* Total Cost of Ownership: Kennzahl oder Konzept?, in: Information Management & Consulting, 13. Jg. (1998), S. 19-23.

# Abbildungsverzeichnis

Abbildung 1:   Einordnung des IT-Controlling
Abbildung 2:   IT-Prozess
Abbildung 3:   Merkmale des IT-Controlling-Konzeptes
Abbildung 4:   Strategische IT-Controlling-Werkzeuge
Abbildung 5:   Operative IT-Controlling-Werkzeuge
Abbildung 6:   Spannungsfeld des CIO
Abbildung 7:   Rollen im IT-Controlling-Konzept
Abbildung 8:   IT-Kosten-Struktur
Abbildung 9:   Direkte versus indirekte IT-Kosten
Abbildung 10:  Direkte und indirekte IT-Kosten
Abbildung 11:  Formen der Computerunterstützung
Abbildung 12:  Komponenten des Managementsystems
Abbildung 13:  Anforderungsprofile
Abbildung 14:  Inhalte eines IT-Kataloges
Abbildung 15:  Prozessmodell für die Implementierung
Abbildung 16:  Rollenverteilung im Arbeitsplatzmanagement

PETER SINN

# Web-basierte Unternehmenssteuerung im Mittelstand

| | | | |
|---|---|---|---|
| 1 | Einleitung | | 365 |
| | 1.1 | „Ich bin drin!" | 365 |
| | | 1.1.1 Der Controller & sein PC | 365 |
| | | 1.1.2 Unternehmenssteuerung im Mittelstand | 366 |
| | 1.2 | Web-Technologien | 366 |
| 2 | Ausgewählte Web-Anwendungen zur Unternehmenssteuerung | | 369 |
| | 2.1 | Web-Anwendungen | 369 |
| | 2.2 | Die Strategie leben | 370 |
| | 2.3 | Informationen zu jeder Zeit an jedem Ort | 380 |
| | 2.4 | Interaktive Analyse im Web | 386 |
| | 2.5 | Planung, Strategie und Wettbewerb | 388 |
| | 2.6 | Die Bank – Dein Freund und Helfer | 391 |
| 3 | Erfolgsfaktoren web-basierter Unternehmenssteuerung | | 394 |
| Literaturverzeichnis | | | 396 |
| Abbildungsverzeichnis | | | 396 |

# 1 Einleitung

## 1.1 „Ich bin drin!"

### 1.1.1 Der Controller & sein PC

„Ich bin drin!" sagt begeistert der eigentlich computerunerfahrene Tennisstar *Boris Becker* in einem aktuellen TV-Fernsehwerbespot und vermittelt damit dem Konsumenten, wie einfach es ist, ins Internet zu gelangen.

Es ist noch gar nicht solange her, dass viele von uns ihre ersten Erfahrungen mit der damals sogenannten Datenverarbeitung machten. Systeme wurden an bestimmten Stichtagen auf gewaltigen Mainframe-Rechnern im Batch-Betrieb eingesetzt. Man kämpfte sich durch ellenlange Computerausdrucke. Ad-hoc-Abfragen und Analysen waren EDV-unterstützt nur mit erheblichem Aufwand möglich. Kalkulationen dauerten mehrere Tage und konnten oft nur am Wochenende durchgeführt werden. Einige Jahre später gab es die ersten Personal-Computer. Ein PC wurde oft von mehreren Controllern benutzt und stand in einem separaten Raum zur Verfügung.[1] Die Entwicklung ging kontinuierlich weiter. Es folgten neue Betriebssysteme, Netzwerktechnologien, leistungsstarke Notebooks und Software sowie neue Plattformen wie das Internet und man konnte sich den Personalcomputer im Controlling kaum noch wegdenken.

Der Mittelstand war bei dieser Entwicklung mehr oder weniger intensiv beteiligt. Zu Anfang war es für kleine Unternehmen aus Kostengründen unmöglich, computergestützt zu arbeiten. Dies blieb den Großen vorbehalten. Doch mit Beginn des PC-Zeitalters war es oft das innovative mittelständische Unternehmen, das den Pilotanwendungen zur Reife verhalf.

Die nächste Runde ist eingeleitet. Internet und Intranet, das World Wide Web und viele neue Begriffe im Umfeld bestimmen die aktuellen Diskussionen vom Hightech-Freak bis zum Otto-Normalverbraucher. Kein Wunder, dass auch das Management und die Bereiche im Controlling von neuen Web-Technologien beeinflusst werden, und dass nach dem Nutzen sowie nach Chancen und Risiken gefragt wird.

---

[1] Vgl. *Grotheer* 1996, S. 178-186.

### 1.1.2 Unternehmenssteuerung im Mittelstand

Gegenstand dieses Beitrags ist die web-basierte Unternehmenssteuerung. Was ist damit gemeint? Gemeint sind nicht die zurzeit vielfältig diskutierten E-Commerce Anwendungen, wie Internet Shop-Systeme oder andere eher operativ ausgerichtete Web-Lösungen. Weder das oft dem Begriff Web-Controlling zugeordnete Analysieren von Zugriffsverhalten auf vorhandene Webseiten noch mögliche Lösungen im Umfeld von ASP (Application Service Providing) sollen Gegenstand dieses Beitrages sein. Unter Unternehmenssteuerung ist ein Konzept zu verstehen, das dem Anspruch eines modernen Controlling gerecht wird. Neben den interaktiv verbundenen Aktivitätsfeldern Planung, Information, Analyse/Kontrolle und Steuerung, sollen dabei auch Aspekte des engpassorientierten und zukunftsorientierten Handelns, operative und strategische Aufgaben im Controlling-Konzept berücksichtigt werden.[2]

Web-basierte Unternehmenssteuerung bedient sich aktueller und zukünftiger Web-Technologien und der darauf zugeschnittenen Arbeitsprozesse im Intra-, Extra- oder Internet. Bei vielen mittelständischen Unternehmen herrscht zurzeit große Ungewissheit über die Möglichkeiten web-basierter Unternehmenssteuerung. Anhand ausgewählter Beispiele soll deshalb dargestellt werden, welche Entwicklungen für den Mittelstand bereits realisiert und einsetzbar sind, und mit welchen Lösungen in nächster Zeit noch zu rechnen sein wird. Dabei werden sowohl betriebswirtschaftliche, anwenderbezogene als auch technische Aspekte von Interesse sein.

## 1.2 Web-Technologien

In diesem Teilkapitel werden einige Web-Technologien, erkennbare Trends und Fachbegriffe vorgestellt und erläutert.

Eine webbasierte Anwendung ist immer auch eine Client-Server-Anwendung. Das heißt, die einzelnen Aufgaben, die von einer Software bearbeitet werden, sind auf verschiedene Ebenen oder Schichten verteilt. Man spricht auch von einer mehrschichtigen Anwendungsarchitektur. Der Anwender kommt in der Regel nur mit der oberen, sichtbaren Schicht (Client-Schicht) in Berührung. Bei einer Web-Anwendung ist dies ein ganz normaler PC mit einem Web-Browser, wie wir ihn alle für unsere Internetaktivitäten benutzen. Hier können Eingaben erfolgen, Links angeklickt werden, die wiederum eine andere Aktion auslösen oder der Anwender kann sich einfach nur informieren.

---

[2] Vgl. *Schröder* 1996, S. 25-34.

Bei der Gestaltung der Web-Oberflächen spielen Gestaltungstechniken wie HTML (HyperText Markup Language) oder die auf XML (eXtensible Markup Language) erweiterbare Hypertext-Auszeichnungssprache (XHTML) die größte Rolle. Für Grafiken im Web setzt sich SVG (Scalable Vector Graphics) immer mehr durch und wenn es darum geht, qualitativ hochwertige Ausdrucke und Downloads zur Verfügung zu stellen, scheint PDF (Portable Document Format) immer mehr Verbreitung zu finden.

Die anderen Schichten einer Web-Anwendung sind meist nicht direkt zu erkennen. Tatsächlich steckt dort aber das meiste Know-how und dort wird die meiste Arbeit geleistet. Hier finden sich Technologien, die eher die Webserver-Umgebung betreffen. Http- oder Webserver sorgen dafür, dass die Anfragen der Clients schnell und zuverlässig bearbeitet werden. Sie sind ein wichtiges Bindeglied zwischen dem Browser und der eigentlichen Anwendung. Derzeit befinden sich mehrere Webserver-Technologien im Wettbewerb und kämpfen um Marktanteile [z.B. Apache, Internet Information Server (IIS)]. Dabei sind Performance, also die Geschwindigkeit, wie bestimmte Aufgaben erledigt werden, und die Stabilität wichtige Kriterien. Allerdings ist Performance in diesem Zusammenhang auch sehr stark von der jeweiligen Hardware (Prozessorleistung etc.), Stabilität von anderen Einflussgrößen (z.B. jeweiliges Betriebssystem) abhängig.

Ebenfalls um Geschwindigkeit geht es bei Technologien wie dem Multithreading, also dem parallelen Abarbeiten mehrerer Anfragen. Dies betrifft eine weitere Schicht in der Web-Architektur: die Applikationsserver besitzen die eigentliche Anwendungsintelligenz und leisten sozusagen die Kernrechenarbeit.

Weiterhin spielt die Sicherheit beim Datenaustausch eine wichtige Rolle. Hier kommen verschiedene Web-Technologien (Verschlüsselungstechniken wie zum Beispiel, SSL Secure Socket Layer usw.) zum Einsatz, die zum Beispiel zwischen Browser und Server geschaltet werden und dafür sorgen sollen, dass kein Missbrauch mit Daten getrieben wird.

Eine andere Web-Technologie wird benötigt, wenn es darum geht, einen kontrollierten Zugang zum Unternehmen,[3] sowie Zugriffs- und Aktivitätsrechte zu steuern und zu überwachen. Diese Techniken beantworten die Fragen „Wer bin ich?" und „Was darf ich?". Es geht also um Authentifizierung und Autorisierung im Web. Hier stellen normalerweise Verzeichnisdienste wie zum Beispiel *MS* Active Directory eine Lösung bereit. Auf diese wird per standardisiertem Protokoll namens LDAP (Leightweight Directory Access Protocol) zugegriffen. So ist gewährleistet, dass keine Abhängigkeit vom jeweils gewählten Verzeichnisdienst entsteht.

Zur Sicherung der Kommunikation mit Anwendungsprogrammen werden COM-, CORBA- oder RMI-Schnittstellen eingesetzt. Ein Standard scheint sich auf Basis der Definitionssprache XML zu entwickeln. So setzt zum Beispiel die SOAP-Technik (Simple Object Access Protocol) auf XML auf.

Neben den genannten Technologien gehören auch immer altbekannte Softwaretechnologien zu einer Gesamtlösung. Die unterste Schicht ist die Ebene der Datenhaltung.

---

[3] Vgl. *Büchner/Traub/Zahradka/Zschau* 2001, S. 65 ff.

Dort finden sich von der klassischen Datenbank bis zu CORPORATE PLANNER – Datenbasen mit integrierter Business Intelligence alle denkbaren Elemente eines Data Warehouse. Man beschäftigt sich dort mit Fragen der Datenabfrage und des Datenaustauschs (SQL, OQL).

Nicht zuletzt müssen natürlich auch die aktuellen Plattformtechnologien in Betracht gezogen werden. Dabei ist es nicht von unerheblicher Bedeutung, ob man sich bei der Entwicklung von webbasierten Anwendungen auch auf die Anwendbarkeit auf PDA-Geräten auf der Anwenderseite konzentriert oder ob man auf eine Parallelstrategie .Net und Linux auf der Serverseite setzt.

| IT-Architektur | Technologie | Sprachen & Tools | Methodik | Prozesse |
|---|---|---|---|---|
| • Thin-Client Networking-Computing<br>• Schichtenmodell<br>• n-tier Architektur<br>• Browser<br>• Software-Komponenten<br>• plattform-unabhängig | • Web-Techniken<br>• HTML-Oberflächen<br>• Web-Server<br>• XML-Daten<br>• Vorba/COM<br>• Application-Server<br>• TCP/IP<br>• Net | • ASP/JSP<br>• Java/C++<br>• PHP<br>• Web-Development Tools<br>• XML-Parser, DOM<br>• Enwicklungs-umgebungen | • Objekt-orientierung<br>• Design-Patterns<br>• Frameworks<br>• Komponenten-Entwicklung | • Modellbasierte Entwicklung<br>• Generierung<br>• Iterative Entwicklung/ Prototyping<br>• Komponenten-montage |

Abbildung 1: Auszug und Übersicht aktueller Informations-Techniken

Diese Darstellung macht deutlich, dass es „die eine" Web-Technologie nicht gibt. Wir erkennen eine extrem hohe Dynamik. Technologien entstehen und verschwinden wieder, haben Bestand oder werden durch andere abgelöst.

Was hat das nun alles mit Unternehmenssteuerung zu tun? Nun, natürlich gar nichts, aber es hat sehr viel mit web-basierter Unternehmenssteuerung zu tun. Wir befinden uns in einer „Technologie-bestimmt-die-Möglichkeiten"-Situation, die im gegenwärtigen Web-Technologie-Stadium wesentlich extremer wahrgenommen wird als bei altbekannten und bewährten Softwaretechnologien.

Ein einfaches Beispiel mag dies belegen: Ein Unternehmer ist es gewohnt, monatliche Reports per Mausklick auszudrucken und erwartet auf dem Papier ein Ergebnis, das der Bildschirmdarstellung fast eins zu eins entspricht. Dies ist in einer Web-Anwendung nicht ohne weiteres möglich. Hier muss die Software dafür sorgen, dass das am Bildschirm vorhandene Format zunächst in ein druckfähiges Bild umgewandelt und dann zum Drucker geschickt wird. Die Ergebnisse Bildschirm/Papier sind oft sehr unterschiedlich.

Die gegenwärtige Dynamik in der Technologie beeinflusst mehr oder weniger die web-basierten Anwendungen und damit auch die web-basierte Unternehmenssteuerung. Wir können davon ausgehen, dass sich die heutigen Anwendungen in wenigen Jahren vollkommen verändert haben werden. Dies betrifft technologische Aspekte wie zum Beispiel Geschwindigkeit, aber auch inhaltliche Funktionalitäten der Unternehmenssteuerung. Einem Controller sollten nicht umfangreiche und tiefgreifende IT-Kenntnisse abverlangt werden. Gleichwohl gibt es derzeit Anzeichen dafür, dass die technische Seite bei der Erarbeitung von Lösungen in den Vordergrund gestellt wird. Dies zeigt sich zum Beispiel in der unsinnigen Gleichsetzung der Begriffe „OLAP (On-Line Analytical Processing)" und "Controlling". Es ist zu empfehlen, dass die betriebswirtschaftlich orientierte Optimierung wieder ein höheres Gewicht bekommt. Unser Interesse gilt in erster Linie den gegenwärtigen Lösungen, die diesem Anspruch gerecht werden.

## 2 Ausgewählte Web-Anwendungen zur Unternehmenssteuerung

### 2.1 Web-Anwendungen

Im Folgenden werden einige ausgewählte Web-Anwendungen zur Unternehmenssteuerung vorgestellt. Die Lösungen aus dem Feld der Informationstechnologie müssen dabei immer in erster Linie als Hilfe und Unterstützung der betriebswirtschaftlichen Praxis verstanden werden. Zielsetzung des Einsatzes dieser Werkzeuge ist es, eine Verbesserung bei Anwendung und Umsetzung zu erzielen. Dabei kann es sich um die Erzielung höherer Transparenz, die sekundenschnelle Berechnung von Ergebnissen oder die Simulation von alternativen Planannahmen handeln.

Der Einsatz der Informationstechnologie hat gleichzeitig immer eine Beeinflussung der praktischen Umsetzung zur Folge. In einer Art interaktivem Zusammenspiel beeinflussen sich beide Bereiche wechselseitig.

An einem einfachen Beispiel lässt sich dieser Zusammenhang leicht darstellen. Während man sich in der Vergangenheit zu einer Besprechung an einem bestimmten Ort zusammenfand, also physisch anwesend war, ist es heute möglich, ein Meeting per Telefon-, Video- oder Internetkonferenz abzuhalten. Diese neuen technischen Möglichkeiten beeinflussen wiederum die Reiseaktivitäten der Konferenzteilnehmer oder die Dauer eines Meetings und so weiter. In der Praxis bedeutet dies, dass sich durch die Digitalisierung im Unternehmen auch die einzelnen Geschäftsprozesse und damit verbundene Kosten verändern. *Jack Welch* erzählt in seiner Autobiographie, dass eine Analyse bei *General Electric* eine Einsparung in Höhe von 30% der gesamten Betriebskosten durch veränderte Arbeitsabläufe ergab.[4]

## 2.2 Die Strategie leben

Als erstes wird am Beispiel einer Balanced Scorecard gezeigt, wie web-basierte Lösungen die Unternehmenssteuerung unterstützen können.

Das Managementsystem Balanced Scorecard dient in erster Linie dazu, die Vision und Strategie im Unternehmen mit Hilfe eines Zielsystems transparent zu machen und zum Leben zu erwecken. Verfolgt wird der Anspruch, dass jede Abteilung, jeder Mitarbeiter seine auf die Unternehmensstrategie ausgerichteten Ziele kennt und seinen Beitrag zur Umsetzung der Unternehmensstrategie leistet. Die Umsetzung dieses Anspruches war und ist die Schwierigkeit, mit der man in der Praxis konfrontiert war oder ist. Der Unternehmensleitung fällt es schwer, den Mitarbeitern die im Top-Management definierten strategischen Ziele zu vermitteln. Auch wenn dies teilweise gelungen ist, erkennen wir, dass die Alltagsprobleme im Unternehmen den Blick für das Wesentliche immer wieder verdecken. Um eine Lösung herbeizuführen, bedarf es besonderer Maßnahmen:

Das System der Balanced Scorecard besteht aus verschiedenen Systemkomponenten, die im Zusammenspiel eine strategisch ausgerichtete Unternehmenssteuerung ausmachen:

- Ausgangspunkt und notwendige Voraussetzung für den Aufbau einer Balanced Scorecard ist die Existenz einer Unternehmensstrategie. Da die Balanced Scorecard ein Instrument der Strategieimplementierung darstellt,[5] ist das *Vorhandensein der Unternehmensstrategie* unverzichtbar.

- Die *Unternehmensorganisation /-struktur* bildet den Rahmen einer Balanced Scorecard im Unternehmen. Dabei ist von wesentlicher Bedeutung, wie das Zusammenspiel im Hinblick auf Arbeitsabläufe oder Kommunikationswege funktioniert.

- Die *Perspektiven* stellen sicher, dass das Unternehmen aus verschiedenen Blickwinkeln betrachtet wird. Damit werden nicht nur finanzielle Unternehmensziele strategisch ausgerichtet.

- Die *strategischen Ziele* sind das Herzblut der Balanced Scorecard. Zur strategisch zielorientierten Ausrichtung der Unternehmenssteuerung ist die klare und konkrete Formulierung von strategischen Zielen der erste Schritt.

---

[4] Vgl. *Welch* 2001, S. 363 f.
[5] Vgl. *Horvath & Partner (Hrsg.)*, 2001, S. 9 ff.

- Die Beziehungen der einzelnen Ziele untereinander können überaus komplex sein. Das Erkennen dieser *Ursache-/Wirkungsbeziehungen* unterstützt die strategische Ausrichtung und Steuerung des Unternehmens wirksam.
- Mit Hilfe von *Messgrößen oder Indikatoren* können die strategischen Ziele „controlled" werden. Zu allgemein formulierte Zielvereinbarungen werden durch Messgrößen konkretisiert. Zielwerte (Planwerte, Budgets), Warngrenzen und Ampelfarben werden festgelegt.
- Durch zielgerichtete *Maßnahmen* kann den aktuellen Zielabweichungen gegengesteuert werden. Sie sind ein weiteres Schlüsselelement im BSC-Modell.

Eine erste Unterstützung beim Einsatz einer web-basierten Balanced Scorecard erhält der Mitarbeiter, indem ihm die *Unternehmensstrategie* immer wieder vor Augen geführt wird. So wie in früheren Zeiten die Vision und zentrale strategische Aussagen eines Unternehmens als Papierausdruck in der Nähe des Schreibtisches mahnend permanent vorhanden waren, bietet die digitale Lösung entsprechendes, mit dem Unterschied, dass diese Information direkt in den Strategieprozess, der durch die Software dokumentiert wird, eingebunden ist (Abbildung 2).

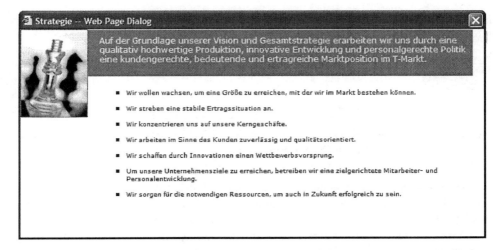

Abbildung 2: Die Strategieaussage eines Unternehmens steht jedem Mitarbeiter online zur Verfügung.

Ziel einer Balanced Scorecard ist es, die Vision und Strategie des Gesamtunternehmens in operative Geschäftsprozesse umzusetzen. Dazu ist es nötig, die strategischen Ziele auf einzelne Geschäftseinheiten, Abteilungen oder sogar Mitarbeiter herunter zu brechen. Dies kann durch den Einsatz einer web-basierten Lösung technologisch effektiv unterstützt werden. Jede *Organisationsstruktur* kann individuell abgebildet werden, wobei gleichzeitig Navigations- und Informationswege definiert werden. Die Abbildungen 3 und 4 zeigen ansatzweise, wie sich die Unternehmensorganisation in einer Web-Anwendung darstellen und administrieren lässt.

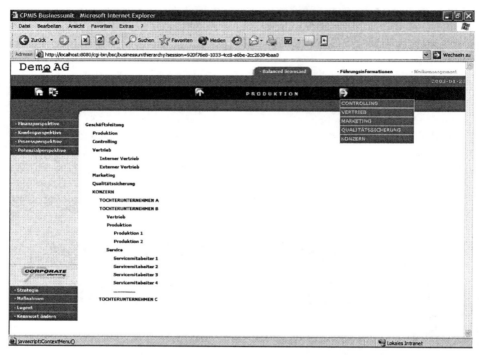

Abbildung 3: Durch Klicken auf die jeweiligen Einträge gelangt der Anwender zu einer anderen Organisationseinheit.

Flexible Systeme erlauben nach dem Anlegen individueller hierarchischer Organisationsstrukturen sofort ein einfaches Anwählen und Navigieren durch einzelne Geschäftsbereiche. Das direkte Anklicken entspricht einer Anfrage des Anwenders und signalisiert dem System, welche Informationen beschafft und dargestellt werden sollen. Innerhalb weniger Sekunden wird das Ergebnis am Bildschirm präsentiert.

Die Definition und das Anlegen der Organisationselemente sollte sehr einfach möglich sein und vom BSC-Verantwortlichen oder Administrator flexibel durchgeführt werden können. Gerade für den Mittelstand wird dafür Software benötigt, die keine teuren personal- und zeitaufwendigen Dienstleistungen mit sich bringt. Auch nachträgliche inhaltliche Änderungen sollten in bestehenden Organisationsstrukturen ohne Daten- und Zeitverlust vorgenommen werden können.

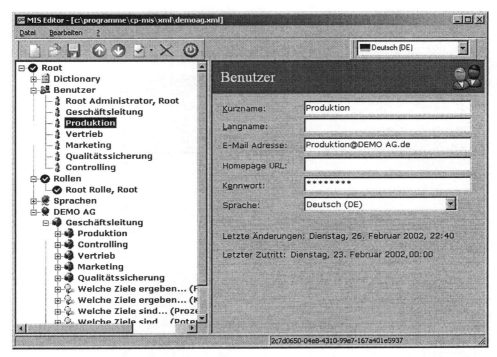

Abbildung 4: Einfache Administration von Objekten, Benutzern, Rollen und Zugriffsrechten

Durch eine Aufgliederung der Unternehmensorganisation erreicht man gleichzeitig erste Ansätze zur Definition von *Zugriffsrechten*. Je nach Anforderung entstehen bei der Erarbeitung einer unternehmensweiten Balanced Scorecard mehrere Scorecards für bestimmte Teilbereiche im Unternehmen. So können zum Beispiel für strategische Geschäftseinheiten, einzelne Abteilungen oder sogar für bestimmte Mitarbeiter individuelle Scorecards existieren. Diese sind zwar auf die Unternehmensstrategie und damit auf die Balanced Scorecard des Unternehmens ausgerichtet, doch es besteht oftmals die Notwendigkeit und der Wunsch, dass die Balanced Scorecard einer Abteilung A nicht von Mitarbeitern der Abteilung B eingesehen werden soll und umgekehrt.

Im Gegensatz zu einfachen BSC-Tabellen bieten professionelle Web-Anwendungen hierzu vielfältige Gestaltungsmöglichkeiten. Alle Objekte einer Web-Anwendung können mit Zugriffsrechten versehen werden, die an Benutzer oder sogenannte „Rollen" (Benutzergruppen) gebunden sind. Unter Benutzerrolle versteht man ein Bündel von Aktivitäts- und Zugriffsrechten, die das Anwenderprofil definieren. Somit kann individuell festgelegt werden, welcher Benutzer welche Aktivitäten ausführen darf und auf welche Objekte er Zugriff hat. Es kann genau definiert werden, ob der Benutzer oder die Gruppe beispielsweise nur „Lesen" oder auch „Schreiben" darf. Das Löschen, Anlegen und Ausführen von Objekten kann ebenfalls mit einzelnen Rechten belegt werden (siehe Abbildung 5). Somit kann der optimale und sichere Kommunikationsfluss im Unternehmen zielgerecht gestaltet und gewährleistet werden.

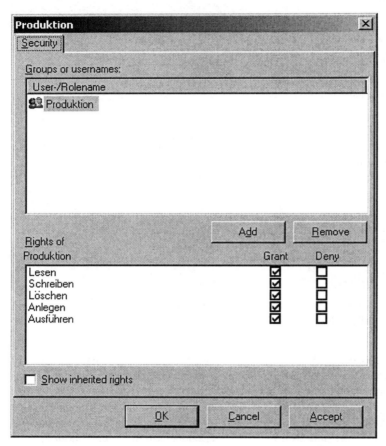

Abbildung 5: Zuordnung von Rechten für eine Benutzerrolle

Es ist denkbar, dass ein international ausgerichtetes mittelständisches Unternehmen seine ausländischen Mitarbeiter in den BSC-Prozess integrieren will. Diesen Mitarbeitern werden bestimmte Benutzerrollen zugeordnet. Nach dem Einloggen in das System befindet sich der Anwender in einer Anwenderumgebung, die zum Beispiel in seiner Landessprache gehalten ist. Es werden genau die Balanced Scorecard Bereiche dargestellt, die individuell den Anwender oder seine Rolle betreffen und ihm eventuell nur das Lesen der Daten erlauben.

Neben dem organisatorischen Rahmen, der in erster Linie die Navigations- und damit auch die Kommunikationswege entscheidend mitbestimmt, besteht eine web-basierte Balanced Scorecard Lösung aus vielen inhaltlichen Elementen.

Die Grundidee der Balanced Scorecard von *Robert S. Kaplan* und *David P. Norton* besagt, dass der Erfolg eines Unternehmens nicht nur auf finanziellen Größen beruht. Die Orientierung an reinen Finanzkennzahlen wie Cashflow oder ROI allein bietet zu wenig Ansatzpunkte, um steuernd einzugreifen. Wie lassen sich also finanzielle und nicht finanzielle Erfolgsfaktoren in ein ganzheitliches System bringen? Wie lassen sich die strategischen Ziele eines Unternehmens abbilden, messbar machen und unternehmensweit kommunizieren?

Die Balanced Scorecard fordert „Ausgewogenheit" und die Ausrichtung auf verschiedene *Perspektiven* im Unternehmen. Dabei sind insbesondere die auf die Außenwelt gerichteten Erfolgsfaktoren, die internen Erfolgsfaktoren, sowie die zukunftsgerichteten und entwicklungsorientierten Erfolgsfaktoren zu nennen. In der Literatur werden häufig die in Abbildung 6 dargestellten Perspektiven genannt:

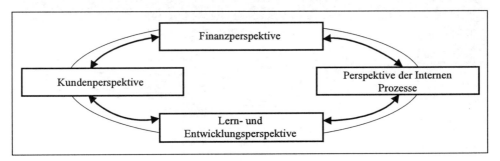

Abbildung 6: Perspektiven einer Balanced Scorecard

In allen im Markt vorhandenen Softwarelösungen können diese klassischen Perspektiven dargestellt und genutzt werden. Darüber hinaus bietet flexible Software die Möglichkeit, mit beliebig vielen Perspektiven zu arbeiten. Diese können individuell branchen-, unternehmens-, abteilungs- oder sogar mitarbeiterspezifisch definiert werden. Jedem Unternehmensbereich (Geschäftsbereich, Abteilung usw.) können eigene Perspektiven zugeordnet werden.

Um die Vision und Strategie eines Unternehmens „lebbar" zu machen, werden für jede Abteilung und jede Perspektive Ziele definiert. Diese Ziele werden auch als *strategische Ziele* bezeichnet, da sie an der Unternehmensstrategie ausgerichtet sind. Tatsächlich können diese Ziele jedoch sehr operativ und praxisnah definiert sein. In der Abbildung 7 ist die Balanced Scorecard einer Produktionsabteilung zu erkennen. Im Bereich der Kundenperspektive befindet sich das strategische Ziel „Kunde erhält Ware ohne Produktionsfehler". Dieses Ziel, fehlerfreie Ware zu produzieren, wird von jedem Mitarbeiter im Produktionsbereich verstanden und kann gemessen werden. Gleichwohl orientiert es sich an den strategischen Unternehmenszielen „Kunden zufrieden stellen" und „dem Markt qualitativ hochwertige Produkte zur Verfügung stellen". Es ist letztlich ein Qualitätsmerkmal für Berater und am BSC-Prozess beteiligte Personen, wie gut die Strategie eines Unternehmens übersetzt und damit lebbar gemacht wurde.

Ausgehend von der Unternehmensstrategie werden die Ziele auf einzelne Geschäftsbereiche, Abteilungen oder sogar einzelne Mitarbeiter „top-down" heruntergebrochen. Warnfarben signalisieren dem Anwender sofort, ob ein Ziel erreicht wurde, beziehungsweise aus pro-aktiver Sicht, ob man auf dem richtigen Weg ist, das gesteckte Ziel zu erreichen.

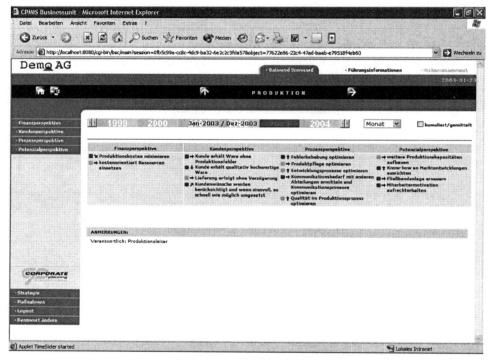

Abbildung 7: Auf einen Blick erkennt der Anwender die Ziele „seiner" Scorecard pro Perspektive und wie gut diese erfüllt sind.

Die Abbildung zeigt einen Ausschnitt einer web-basierten BSC-Anwendung mit den einzelnen Zielen und den jeweiligen Warnfarben. Im Beispiel signalisieren die Zustände Grün, Gelb, Rot und Rot blinkend den jeweiligen Zielerreichungsgrad für einen flexibel wählbaren Zeitraum. Trendpfeile informieren, ob sich die Ergebnisse zur Zielerreichung im Zeitablauf verbessert haben. So ist es durchaus denkbar, dass man sich zwar immer noch im roten Bereich befindet, dass man aber auf einem guten Weg ist, in den gelben Bereich zu gelangen.

Jedes Ziel ist einer Perspektive zugeordnet. Durch einfaches Anklicken wird eine einzelne Perspektive „aufgeklappt" (Abbildung 8).

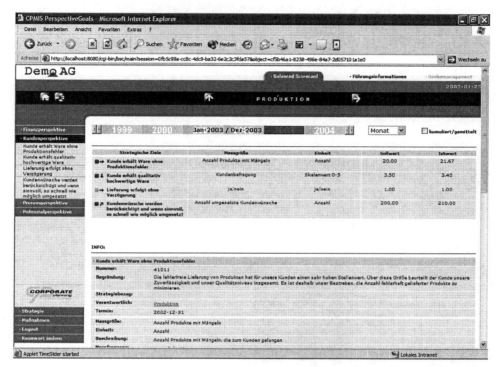

Abbildung 8:   Ziele einer Perspektive mit Indikatoren, Messeinheiten, Ziel- und Istwerten und weiteren Details

Hier findet jeder am BSC-Prozess Beteiligte eine ausführliche Beschreibung seiner strategischen Ziele. Neben einer detaillierten Beschreibung jedes Zieles findet der Anwender eine eindeutige Identifikationsnummer, die Zielbegründung, den Strategiebezug, den Namen des Zielverantwortlichen, zeitliche Zielangaben, die dem Ziel zugeordnete Messgröße (auch Indikator genannt), Messeinheiten und deren Beschreibung sowie die Messfrequenz, also wie oft und wann eine Kenngröße erhoben wird.

Durch die Festlegung von Messgrößen und die darauf ausgerichteten Zielvereinbarungen (Zielwerte, Budgets, Planwerte) und Maßnahmen kann und sollte der direkte Übergang und Bezug zur operativen Planung sichergestellt sein. Ziele der Planung und Ziele der Balanced Scorecard sollten identisch sein. So wird sichergestellt, dass jeder Mitarbeiter im Unternehmen in den Strategieumsetzungsprozess eingebunden ist. Die strategische Unternehmensplanung wird somit in die laufende operative Planung integriert. Damit ist die Balanced Scorecard kein neues Kennzahlen-System, sondern Teil eines gesamten Managementsystems, welches die Unternehmensstrategie zum Leben erweckt.

Im täglichen Arbeitsprozess ist eine web-basierte Balanced Scorecard Lösung ein wichtiges Informationsinstrument für jeden Mitarbeiter. Durch das Anklicken eines Zieles der Scorecard liefert das System sofort wichtige Detailinformationen (siehe Abbildung 9).

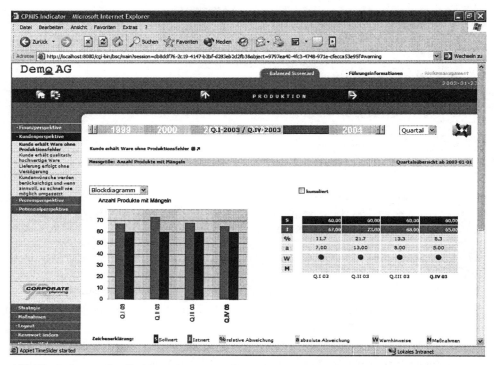

Abbildung 9: Grafisch unterstützte Informationen zu einem strategischen Ziel

Der Anwender erhält, grafisch unterstützt, einen sofortigen Überblick, wie sich die Ist-Daten, im Vergleich zu den Zielvorgaben (Plan-Daten) entwickelt haben. Er kann selbst und interaktiv im Browser den Analysezeitraum verändern, Zeitschritte zum Beispiel auf eine Quartalssicht oder Jahressicht umstellen oder die Entwicklung kumuliert anzeigen lassen. In einer Tabelle können die Indikatoren direkt abgelesen werden.

Rote Warnpunkte signalisieren, dass im System Warnhinweise vorhanden sind, die durch Anklicken direkt angezeigt werden. Außerdem ist sofort ersichtlich, wenn zum angewählten Ziel zugehörige Maßnahmen hinterlegt sind. Auch diese Informationen können per Mausklick sofort abgerufen werden (siehe Abbildung 10).

**WARNHINWEISE:**
Es ist darauf zu achten, dass die Endkontrollen vor der Auslieferung mit 2 Personen besetzt werden müssen.

**MASSNAHMEN:**

| Aktion | Beginn - Ende | Budget | Verantwortlich | Erledigt |
|---|---|---|---|---|
| Besetzung Auslieferung | 2002-02-27 - 2002-12-31 | 5000 | Produktion | Nein |
| Checklisten einführen | 2002-02-27 - 2002-02-27 | 4900 | Produktion | Nein |
| 4-Augen-Prinzip | 2002-02-27 - 2002-02-27 | 0 | Produktion | Nein |
| Regeln beim Personalwechsel einhalten | 2002-02-27 - 2002-02-27 | 10000 | Produktion | Nein |
| Stichprobenkontrollen | 2002-02-27 - 2002-02-27 | 15000 | Produktion | Nein |

**Besetzung Auslieferung.** Zur Vermeidung von Fehlern sollen in Zukunft 2 zusätzliche Mitarbeiter bei der Endkontrolle eingesetzt werden.

**Checklisten einführen.** Es sollen Checklisten eingeführt werden.

**4-Augen-Prinzip.** Es müssen immer 2 Personen den Produktionscheck quittieren.

**Regeln beim Personalwechsel einhalten.** Regeln beim Personalwechsel sind einzuhalten.

**Stichprobenkontrollen.** Pro Tag sind mindestens 2 Stichprobenkontrollen durchzuführen.

Abbildung 10:   Maßnahmenkatalog im Web

Besitzt ein Anwender Schreibrechte, so kann er sofort neue Maßnahmen anlegen oder bestehende Einträge editieren. Damit ist jeder Mitarbeiter über die aktuelle Situation informiert. Per E-Mail kann er direkt mit den Verantwortlichen kommunizieren.

Weitere Informationen liefert das System, wenn es darum geht, Zusammenhänge (Ursache-/Wirkungsbeziehungen) zwischen einzelnen Zielen zu analysieren. Dabei werden sowohl Ursachen als auch mögliche Auswirkungen grafisch gestützt angezeigt (Abbildung 11). Durch direktes Anklicken von ursächlichen oder abhängigen Zielen können im Drill-Down-Verfahren Beziehungen über beliebige Hierarchiestufen hinweg transparent gemacht und somit das Verständnis der Mitarbeiter für geschäftliche Zusammenhänge enorm gesteigert werden.

Auch in diesem Teilaspekt wird deutlich, dass die Plattformen Intranet oder Internet mit Hilfe einer web-basierten Software ein ideales Kommunikationsmedium bieten.

Eine Balanced Scorecard im Unternehmen erfolgreich einzuführen, ist ein komplexer Prozess. Die Software begleitet die Stufen der Implementierung und unterstützt den Prozess. Sie dient der Visualisierung der strategischen Ziele, der unternehmensweiten Kommunikation sowie der Überwachung der Zielerreichung. Ein Paket aus Beratung, Workshops und Schulungen, Software-Lizenzen und Anpassung der Web-Lösung an das firmeneigene Corporate Design sichert dem Unternehmen einen erfolgreichen Start und vervielfacht die Chance, die Unternehmensstrategie erfolgreich umzusetzen. Ein web-basiertes BSC-Modul ist somit ein wertvolles Instrument moderner Unternehmenssteuerung, welches erheblich zur Transparenz im Unternehmen und zur Motivationssteigerung der beteiligten Mitarbeiter beiträgt.

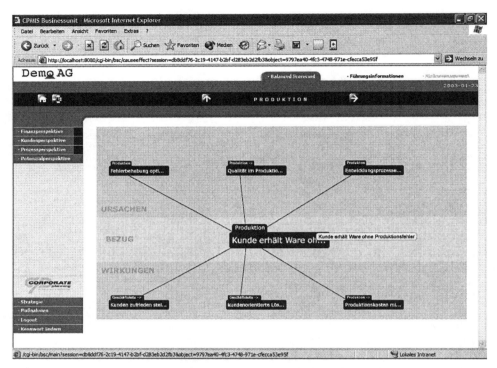

Abbildung 11: Ursachen und Auswirkungen eines Zieles über Abteilungen und Perspektiven hinweg

## 2.3 Informationen zu jeder Zeit an jedem Ort

Das zweite Beispiel einer web-basierten Anwendung zeigt Teilbereiche aus einem unternehmensweit angelegten Reportingsystem.

In der Vergangenheit war der Zugang zu Informationen nur wenigen Mitarbeitern vorbehalten. Zum einen waren die Unternehmen sehr stark hierarchisch ausgerichtet und es herrschte eine andere Kommunikationskultur. Zum anderen fehlte es auch an den entsprechenden Kommunikationsmedien. Ein dritter wesentlicher Grund waren die hohen Kosten, die bei Bereitstellung von Informationen anfielen.

Ein web-basiertes Reportingsystem sollte gerade für den Mittelstand zweckmäßig, flexibel und kostengünstig sein. Folgende Kriterien können in Betracht gezogen werden:

- Die Informationspolitik in vielen mittelständischen Unternehmen ist im Laufe der Zeit immer offener geworden. Trotzdem ist es gerade bei einem web-basierten Reporting von höchster Wichtigkeit, Zugriffsrechte und Datensicherheit im Auge zu behalten. Sensible Unternehmensdaten könnten allzu schnell in fremde Hände geraten.

- *Flexibilität* wird im Mittelstand nach wie vor einen sehr hohen Stellenwert innehaben. Dies gilt auch für das Reportingsystem. Das Berichtwesen im Mittelstand wird deshalb neben den Standardberichten auch bedarfsgerechte ad-hoc Berichte liefern müssen.
- Führungskräfte, die mit den operativen Systemen wenig vertraut sind, erhalten mit einer web-basierten Lösung ein einfaches und trotzdem leistungsfähiges *Informationswerkzeug*. Informationen können in Form von Texten, Tabellen, aber auch durch Grafiken unterstützt, ansprechend aufbereitet und zur Verfügung gestellt werden.
- Auch andere Mitarbeiter, die bisher nicht direkt am *Informationsfluss* beteiligt waren, können nun im Intranet schnell und einfach wichtige Informationen erhalten.
- Das Reporting kann als Web-Anwendung dynamisch gestaltet werden. Techniken wie Drill-down etc. ermöglichen eine intensive *Datenanalyse*.
- Ein veränderter Workflow bringt Kosteneinsparungen mit sich. Web-basierte Softwarelösungen sind auch für den Mittelstand finanzierbar.

Einige der aufgelisteten Punkte werden im Folgenden beispielhaft dargestellt. Der individuelle und über Rechte gesicherte Web-Zugang bietet schnellen und unkomplizierten Zugang zu detaillierten Daten aus dem gesamten Unternehmen. In der Regel werden die Informationen je nach Position und Rolle des Mitarbeiters vorselektiert und nutzergerecht aufbereitet. Ein leistungsstarkes web-basiertes Reportingsystem liefert exakt die gewünschten Informationen. In der Abbildung 12 erhält zum Beispiel der zuständige Filialleiter Zugriff auf alle Filialen und Artikelgruppen. Er kann sich schnell einen Gesamtüberblick verschaffen und ist für weitere Entscheidungen optimal informiert.

Berechtigte Mitarbeiter können das gesamte Berichtssystem flexibel und individuell ohne Programmierkenntnisse aufbauen. Dabei werden in der Web-Anwendung vorhandene Standardberichte direkt der Datenquelle zugeordnet (siehe Abbildung 13). Der Anwender kann danach, in dem ihm zugeordneten Datenbereich, beliebig Informationen abrufen und Ergebnisse analysieren. Der Aufbau eines Reports im Webbrowser geschieht automatisch. Das Layout ist ebenfalls schon vordefiniert, so dass für den Anwender jegliche Systemarbeit entfällt.

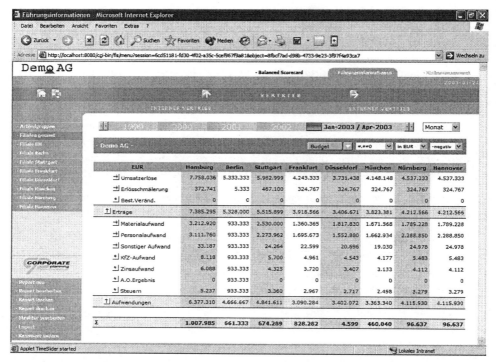

Abbildung 12: Rollenspezifisch aufbereiteter Zugang für einen Vertriebsleiter - Zugang zu Daten für Artikelgruppen und Filialergebnisse

# Web-basierte Unternehmenssteuerung im Mittelstand 383

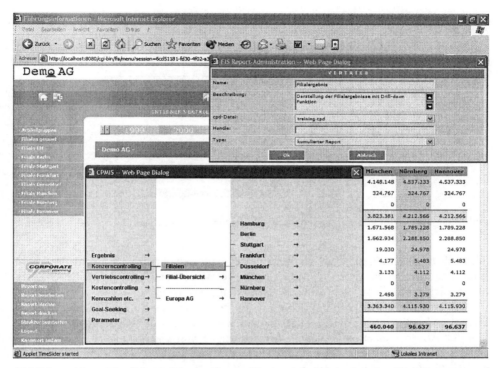

Abbildung 13: Flexible und benutzerspezifische Administration der Web-Reports und Anbindung ans Vorsystem

Hinsichtlich des Layouts sind die individuellen Gestaltungsmöglichkeiten in einer Web-Umgebung begrenzt. Konnte sich ein Anwender in der Vergangenheit einen Report, eine Liste oder eine grafische Darstellung nach eigenem Geschmack gestalten und aufbereiten, so ist er heute zum Beispiel auf detaillierte HTML-Kenntnisse angewiesen. Niemand wird diesen Aufwand des „Selbstprogrammierens" betreiben wollen. Andererseits ist es insbesondere für ein mittelständisches Unternehmen zu teuer, zu unflexibel und zu zeitaufwendig, bei jedem Änderungswunsch einen Web-Designer oder Consultant zu beauftragen. Die Lösung heißt: „Wir legen uns auf ein bestimmtes Layout und vorgefertigte Templates fest." (siehe Abbildung 14). Diese vorgefertigten Berichte, Tabellen und Grafiktypen können dann beliebig mit Daten gefüllt und sogar dynamisch eingesetzt werden.

Diese Vorgehensweise hat den zusätzlichen Vorteil, dass viele im Unternehmen Beteiligten einen einheitlichen Berichtsrahmen erhalten und man gezwungen ist, alle unternehmensrelevanten Aspekte zu berücksichtigen. Es vermindert sich damit auch die

Abbildung 14: Es können verschiedene Reporttypen (Templates) ausgewählt werden.

Wahrscheinlichkeit, dass wichtige Teilaspekte vergessen werden (Problem der „blind spots") und durch die gezielte Aufbereitung vermeidet man eine mögliche Orientierungslosigkeit wie sie in Web-Anwendungen oft anzutreffen ist.[6]

Alle Mitarbeiter, die auf ein web-basiertes Reportingsystem Zugriff haben, erhalten schnell und unkompliziert relevante Informationen. So kann der Geschäftsführer online Plan-/Ist-Abweichungen analysieren oder ausgehend von einer aktuellen Gewinn- und Verlustrechnung durch einfaches Anklicken im Drill-Down-Verfahren bis zum Beleg aus der Buchhaltung gelangen oder sich die grafische Zusammensetzung der Kosten der Kostenstelle Personal ansehen.

Einen weiteren Vorteil bietet das web-basierte Reporting aufgrund seiner dynamischen Einsatzmöglichkeiten. Durch einfache Mausklicks kann der Anwender im Rahmen seiner Nutzerrechte den Zeitbezug verändern und zum Beispiel die Erfolgsrechnung des Vormonats aufrufen. Er kann Umsatzzahlen im Drill-Down-Verfahren bis zum Artikel analysieren, kann Filialergebnisse vergleichen, den Forecast aufrufen und verschiedene Planvarianten darstellen, unterschiedliche Grafiktypen für die Darstellung wählen und beliebige Daten grafisch aufbereiten (vgl. Abbildung 15).

Viele Informationen gelangen dabei auf dem Bildschirm zum Empfänger. Man informiert sich interaktiv. Papierausdrucke werden weniger benötigt und wenn, nutzt man die komfortablen Möglichkeiten von PDF. Diese Ausdrucke können direkt zum Drucker oder per E-Mail einem Kollegen geschickt oder abgespeichert werden (Abbildung 16).

---

[6] Vgl. *Weber/Grothe/Schäffer* 1999, S. 26.

Web-basierte Unternehmenssteuerung im Mittelstand

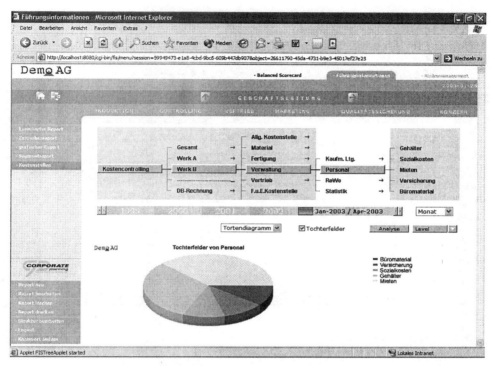

Abbildung 15: Grafische Darstellung der Kostenstellen

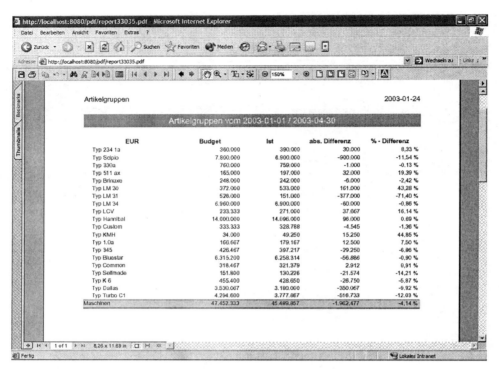

Abbildung 16: Aus Web-Anwendungen wird meist per PDF gedruckt.

Die Möglichkeit Informationen zu jeder Zeit sofort und an jedem Ort abzurufen, bringt einen nicht zu unterschätzenden *Einsparungseffekt* mit sich. Angefangen von der freien Wahl, nur wirklich relevante Informationen auf Papier zu bringen, bis zur Möglichkeit schneller Entscheidungen treffen zu können, liefert ein Web-Reporting vielfältige Effizienzvorteile. Es gibt bereits heute preiswerte Software, die sowohl das notwendige betriebswirtschaftliche Know-how beinhaltet als auch eine leichte und kostengünstige Implementierung und Umsetzung im Web ermöglicht.

## 2.4 Interaktive Analyse im Web

Das allein passive Betrachten von Unternehmensdaten kann nur ein Teilbereich proaktiver Unternehmenssteuerung sein. Interessant und wertvoll wird eine web-basierte Anwendung dann, wenn dynamisch und interaktiv analysiert werden kann. Der Aspekt

# Web-basierte Unternehmenssteuerung im Mittelstand

der dynamischen Anwendung wurde im vorigen Abschnitt schon erwähnt. Es soll an dieser Stelle genügen, nur kurz einige Aspekte vorzustellen.

So ist es möglich, aus dem Reporting heraus eine Abweichungsanalyse durchzuführen. Ausgangspunkt ist zum Beispiel ein Report, der die Plan/Ist-Abweichungen grafisch darstellt (Abbildung 17).

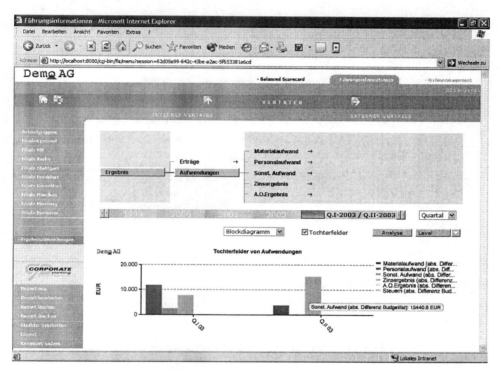

Abbildung 17: Start der Abweichungsanalyse

Wir erkennen die größte Abweichung im 2. Quartal bei den sonstigen Aufwendungen. Durch direktes Anklicken erreicht man im Drill-Down-Verfahren die Hauptursache der Abweichung. Ursache sind die hohen Aufwendungen bei den Reparaturen (Abbildung 18).

Diese intuitive Vorgehensweise erfordert für den Controller keinerlei Systemkenntnisse. Wichtig sind für ihn die unternehmensspezifischen Strukturen und betriebswirtschaftlichen Zusammenhänge.

Viele weitere Analysen sind in web-basierten Systemen zur Unternehmenssteuerung denkbar. Dazu gehören ABC-Analysen, Kennzahlen-, Break-even-Analysen und viele andere.

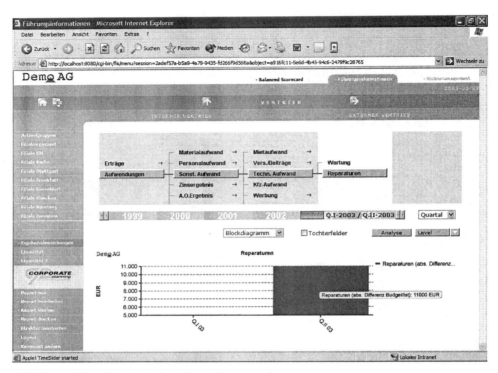

Abbildung 18:   Ergebnis der Abweichungsanalyse

## 2.5   Planung, Strategie und Wettbewerb

Ohne Zweifel sind die Bereiche der operativen und strategischen Planung wesentliche Teilbereiche der Unternehmenssteuerung. Gerade hier werden die Erfolgspotenziale und Unternehmensziele erarbeitet und konkretisiert und bestimmen damit Richtung und Zeithorizont für die Umsetzung.

Mehr denn je werden die Unternehmen mit der Frage „Do we do the right things?" konfrontiert. Seit Anfang der 90er Jahren sind es immer mehr die Fragen des technischen Fortschritts, der Internationalisierung, verschärfte Wettbewerbsbedingungen und große Veränderungen in den Wertvorstellungen, die die Rahmenbedingungen für Unternehmensentscheidungen bestimmen. Strategische Entscheidungen der multinationalen Großkonzerne betreffen in zunehmenden Maß die *strategische Planung* mittelständischer Unternehmen. Geschäftsprozesse wachsen mehr und mehr zusammen und werden unternehmensübergreifend definiert und etabliert.

Gerade unter strategischen Aspekten ergeben sich verstärkte Anforderungen an die Informationsbeschaffung, um im Rahmen einer Potenzialanalyse die marktrelevanten Stärken und Schwächen beurteilen zu können. Das Wissen über die relative Stärke gegenüber den wichtigsten Wettbewerbern eröffnet dem Unternehmer Einblicke in aktuelle und zukünftige Chancen und Risiken der eigenen Strategie.

Ganz im Gegensatz zur Balanced Scorecard, also dem Prozess der Strategieumsetzung, sehen wir im Moment keine Notwendigkeit den Strategiefindungsprozess, der mit Strategiewerkzeugen wie der strategischen Bilanz zur Engpassanalyse, Potenzialanalyse zur Erarbeitung von relativen Stärken und Schwächen oder dem klassischen Instrument der Portfolioanalyse zur Visualisierung der strategischen Marktposition begleitet wird, web-basiert durchzuführen. Gerade in mittelständischen Unternehmen ist es doch ein sehr kleiner Kreis von Personen, der bei der Definition die Unternehmensstrategie beteiligt ist.

Trotzdem empfiehlt es sich, einen Teilprozess der Strategiefindung, nämlich die Informationsbeschaffung, mit Internetrecherchen zu begleiten. Gerade über Wettbewerber, Technologietrends oder Nachfrageverhalten der Konsumenten lassen sich über das Internet wertvolle Informationen gewinnen, die bei der Definition der eigenen Strategie berücksichtigt werden sollten. Bereits heute gibt es intelligente Tools, die gezielt Webseiten beobachten und analysieren und regelmäßig wertvolle Informationen liefern (Knowledge Mining, Text Mining). [7]

Etwas anders ist der Bereich der *operativen Planung* und Budgetierung zu beurteilen. Gerade Unternehmen, die dezentral organisiert sind, können die Planung mit entsprechender Software web-basiert effektiv gestalten.

Planung soll hier allerdings nicht wie in der Vergangenheit einfach nur als Fortführung bestehender Zahlenreihen verstanden werden. Auch der enge Fokus auf rein finanzwirtschaftliche Daten sollte in einem modernen Planungsprozess aufgegeben werden. Heute ist die Planung mehr denn je als wichtigste Grundlage für Managemententscheidungen anzusehen, mit der Fähigkeit, klare Prioritäten und Fortschritte aufzuzeigen, um monetäre und nicht monetäre Ziele schnellst möglich zu erreichen.

Um die Vorteile einer web-basierten Planung deutlich zu machen, empfiehlt es sich, den Prozess Planung und Budgetierung etwas genauer zu betrachten.

Planung und Budgetierung spielt sich meistens auf mehreren hierarchischen Organisationsstufen ab. Sie ist in den allermeisten Fällen ein iterativer Prozess, bei dem man sich Schritt für Schritt dem endgültigen Ergebnis annähert. Nach dem Erstellen eines Budgets ist der Prozess nur vordergründig abgeschlossen. In Wirklichkeit ist Planung ein permanentes Modellieren, das zeitliche Eckpfeiler enthält. In der Regel wird der Planungsprozess von mehreren Planbeteiligten betrieben. Oft sind diese an verschiedenen Orten anzutreffen und obwohl sich die Inhalte der Planung äußerlich immer wieder ähneln, sind sie durch veränderte Bedingungen im Wirtschaftumfeld immer wieder neuen Herausforderungen ausgesetzt.

---

[7] Vgl. *Grothe/Gentsch* 2000, S. 177-249.

Diese beschriebene Komplexität macht deutlich, welchen Anforderungen ein Planungssystem ausgesetzt ist. Die bisherigen Einblicke in web-basierte Lösungen zeigen jedoch auch, dass diese gemeistert werden können.

Ähnlich wie in den oben beschriebenen Beispielen „Balanced Scorecard" und „Reporting", ist es auch hier sehr wichtig, mit Hilfe von Zugriffsrechten und Benutzerrollen die web-basierte Anwendung zu steuern. Unterstützt durch ein vom Management oder Controlling erstelltes Planungshandbuch erfolgt der Budgetierungsprozess zeitlich und inhaltlich in einer allgemein bekannten Reihenfolge. Inhaltlich wird festgelegt, wer welche Teilpläne im Unternehmen wie zu bearbeiten hat. Teilweise werden bereits in der ersten Planphase Rahmenbedingungen und/oder konkrete Zielvorgaben festgeschrieben, die im Planungsprozess beachtet werden müssen. Zeitlich wird der Planungsprozess in einzelne Teilperioden mit Anfangs- und Endzeitpunkt aufgeteilt. Diese zeitlichen Vorgaben sind von allen am Planungsprozess Beteiligten unbedingt einzuhalten, um nicht das Gesamtprojekt insgesamt zu gefährden.

Der Planungsprozess verläuft im iterativen Zusammenspiel von Management, Controlling, Bereichsleitung, Profit-Center-Verantwortlichen und so weiter, wird aber auch immer wieder durch äußere Einflüsse berührt. Es ist somit ein sehr anspruchsvoller und komplexer Prozess. Plandaten nehmen dabei ihren Weg teilweise von den unteren Planeinheiten bottom-up nach oben eventuell bis zum Vorstand, während ebenso top-down von oben nach unten geplant wird. Gerade dieses Gegenstromverfahren erfordert ein hohes Maß an Kommunikationsfähigkeit sowohl bei den in den Planungsprozess involvierten Personen als auch von der eingesetzten IT-Anwendung. Es ist wahrscheinlich, dass zur Bewältigung dieser vielfältigen Kommunikationserfordernisse kleine Benutzergruppen eigene "virtuelle Begegnungsstätten" benötigen, die zum Beispiel durch automatisierte Benachrichtigungsfunktionen ergänzt werden.[8]

Eine web-basierte Anwendung bietet hier die ideale Unterstützung. Die einzelnen Teilaufgaben werden gezielt den entsprechenden Mitarbeitern oder Abteilungen zugeordnet. Planvorgaben können direkt in ein Plantemplate eingebunden und damit dem Planer direkt vor Augen geführt werden oder die Plananweisungen werden den Zuständigen per E-Mail zugeleitet. Auch zeitliche Vorgaben können auf diesem Wege kommuniziert werden. Das Zusammenführen, Berechnen und aktualisierte Darstellen der Daten besorgt der Server im Hintergrund. Desweiteren können folgende Vorteile genannt werden:

- In web-basierten Planunssystemen können Teilbudgets sehr schnell und einfach administriert und individuell den Planverantwortlichen zugeordnet werden.

- Anwender sind während des gesamten Planungsprozesses involviert.

- Eine einheitliche Plattform erhöht die Bedeutung des Planungsprozesses und verbessert die Motivation der Mitarbeiter.

---

[8] Vgl. *Grothe/Gentsch* 2000, S. 79.

| EUR | Jan 03 | Feb 03 | Mar 03 | Apr 03 | Mai 03 | Jun 03 | Jul 03 | Aug 03 |
|---|---|---|---|---|---|---|---|---|
| Hemden Nord | 65.000 | 74.000 | 79.000 | 22.000 | 35.000 | 42.000 | 70.000 | 77.000 |
| Blusen Nord | 11.000 | 12.000 | 13.500 | 7.000 | 5.000 | 7.000 | 9.000 | 10.000 |
| Hosen Nord | 89.700 | 95.600 | 96.000 | 45.000 | 42.500 | 51.000 | 93.500 | 93.500 |
| Jacken Nord | 175.000 | 187.000 | 176.300 | 73.500 | 83.500 | 103.000 | 169.300 | 177.300 |
| Blazer Nord | 156.600 | 175.600 | 178.600 | 67.000 | 87.000 | 108.000 | 180.600 | 180.600 |
| Kombis Nord | 109.000 | 117.000 | 136.150 | 59.850 | 55.750 | 71.150 | 112.350 | 114.800 |
| Röcke Nord | 19.600 | 26.000 | 26.000 | 9.000 | 12.250 | 17.150 | 22.050 | 24.500 |
| Sonstige Nord | 8.000 | 4.000 | 11.400 | 4.000 | 4.500 | 5.400 | 8.100 | 8.100 |
| Nord | 633.900 | 691.200 | 716.950 | 287.350 | 325.500 | 404.700 | 664.900 | 685.800 |

Abbildung 19: Eingabe von Plandaten im web-basierten Planungssystem

- Top-down Zielvorgaben können klar und unverzüglich kommuniziert werden.
- Der Planungsprozess gestaltet sich effizient und in vielen Bereichen automatisiert.
- Er wird besser verstanden und kann benutzerfreundlich gestaltet werden.

Dieser Abriss mag genügen, um die Möglichkeiten einer web-basierten Lösung aufzuzeigen. Im folgenden Teilkapitel wird der Blick auf einen Geschäftsprozess gerichtet, der nicht nur innerhalb eines Unternehmens abläuft.

## 2.6 Die Bank – Dein Freund und Helfer

Eine andere web-basierte Lösung im Rahmen der Unternehmenssteuerung betrifft einen Geschäftsprozess, der in Zukunft in vielen mittelständischen Unternehmen größere Bedeutung erlangen wird: Das Unternehmensrating.

Die Spielregeln und Kriterien für die Eigenkapitalunterlegung von kreditvergebenden Banken haben sich verändert und werden auch in Zukunft die Bonitätseinstufungen eines Kreditnehmers weiter beeinflussen. Mit Hilfe von weitgehend standardisierten Ratings versuchen die Banken eine bessere Qualität bei der Risikobeurteilung zu erzielen. Umgekehrt werden sich mittelständische Unternehmen darauf einzustellen haben, dass sie den Banken in Zukunft ein um ein vielfach höheres Maß an Transparenz bieten. Uneingeschränkt neuer Finanzierungsmöglichkeiten, die der Markt mit Sicherheit anbieten wird, bleibt die Zusammenarbeit mit den Hausbanken ein wichtiges Element der Unternehmenssteuerung.

Gegenwärtig gibt es sowohl bei Banken als auch bei den Unternehmen erhebliche Defizite, um den Anforderungen zufriedenstellend gerecht zu werden. Auf der Bankenseite wird die Suche nach den „richtigen" Maßstäben auch in Zukunft weitergehen. Zwar ist man inzwischen zu der Erkenntnis gekommen, bei der Beurteilung von Unternehmen neben den altbekannten Bilanzanalysen mehr und mehr auch sogenannte Soft-Skills zu berücksichtigen, auf der anderen Seite zeigt es sich, dass damit neue, bisher ungelöste Probleme entstehen, die es zu bewältigen gilt.

Der klassische Firmenbetreuer einer Bank sieht sich heute der Situation ausgesetzt, viele verschiedene Geschäftsmodelle unterschiedlichster Branchen mit vorhandenen, mehr oder weniger ausgesprochenen strategischen Ausrichtungen zu verstehen und beurteilen zu müssen. Seine Arbeitszeit besteht zu einem nicht unerheblichen Teil aus dem Zusammensuchen, Abtippen, Zuordnen, Nachfragen und Vergleichen von Unternehmensdaten pro vorläufigem oder endgültigem Jahresabschluss. Zeit für eine detaillierte Beurteilung und Analyse der Daten bleibt kaum. Zukünftig werden unterjährige Monats- oder Quartalsberichte die Datenflut erheblich vergrößern. Die sogenannten „weichen" Daten bereiten zusätzliche Schwierigkeiten bei der Beurteilung.

Die gegenwärtige Informationspolitik vieler Unternehmen ist ebenfalls in einem schlechten Zustand. Berichtet wird erst nach mehrmaliger Aufforderung des Firmenbetreuers der Bank. Es herrscht die Meinung vor: „Was geht das die Bank an?" Die Qualität der zur Verfügung gestellten Bilanz- oder GuV-Daten ist oft mangelhaft. In die Zukunft gerichtete Planzahlen, Liquiditätsvorausschauen oder gar strategische Pläne gibt es nicht oder sie halten keiner Plausibilitätsprüfung stand. „Selbstgebastelte" Spreadsheet-Lösungen liefern fehlerbehaftete Ergebnisse. Der Aufwand im Unternehmen, die Informationen für die Bank aufzubereiten, wird oft als viel zu hoch angesehen.

Die gestiegenen Anforderungen, die Basel II und der Ratingansatz mit sich bringen, werden quantitativ und qualitativ nur mit Hilfe von professionellen IT-Werkzeugen zu bewältigen sein. Die Beziehung zwischen Unternehmen und Hausbank ist eine B2B (Business to Business)-Beziehung. Der beschriebene Informationsaustausch zwischen Bank und Unternehmen kann mit Hilfe guter Software und dem Einsatz von Web-Technologien standardisiert, qualitativ erheblich verbessert, wesentlich vereinfacht und für beide Partner extrem kostengünstig gestaltet werden. Das folgende Beispiel liefert hier auszugsweise einen Einblick.

Eine wesentliche Voraussetzung für diese Lösung ist der Einsatz einer von beiden Seiten verstandenen und akzeptierten Kommunikationsplattform und Sprache. Der Standard, der hierzu herangezogen werden kann, heißt XBRL (eXtensible Business Reporting Language). Diese elektronische Sprache beruht auf dem Dokumenten- und Webstandard XML (eXtensible Markup Language) und ermöglicht eine schnelle, effektive Übermittlung von Finanz- und Unternehmensinformationen über das Internet. Mit Hilfe von allgemein akzeptierten Standards und Verfahren werden auf diese Weise Finanzberichte über das Web in jede Software übertragen, die mit diesen Standards arbeitet. XBRL ist somit ein Standard für die Erstellung, Verbreitung, Auswertung und den Vergleich von Finanzdaten.

Einigen sich Unternehmen und Bank, einen solchen Standard zu akzeptieren, kann ein qualifiziertes Softwareentwicklungsteam die Plattform für einen weitgehend automatisierten Geschäftsprozess zur Verfügung stellen. Dieser Prozess besteht aus folgenden Teilprozessen:

- Das Unternehmen erstellt (weitgehend automatisiert) aus den operativen Planungs- und Steuerungssystemen (zum Beispiel CORPORATE PLANNER, STRATEGIC PLANNER, RISK MANAGER) monatliche Bankenreports im XML(XBRL)-Format.

- Diese Berichte werden in einem geschützten Internetbereich abgelegt, auf den nur das Unternehmen und die entsprechenden Hausbanken Zugriff haben.

- Die Banken holen sich (weitgehend automatisiert) zu einem vereinbarten Termin diese Reports ab.

- Alle Reports gelangen automatisch in das bankeneigene Analyse- und Ratingsystem. Dort werden die Daten analysiert und automatisch ausgewertet. Dies ist möglich, da durch die standardisierte Sprache XBRL jede gelieferte Information inhaltlich beschrieben und damit vom Auswertungssystem verstanden wird.

- Die Ergebnisse der Analyse werden vom Ratingbeauftragten weiter bearbeitet, eventuell kommentiert und dem Firmenbetreuer weitergeleitet.

- Der Firmenbetreuer nimmt, wenn nötig, Kontakt mit dem Unternehmen auf.

- Das Unternehmen erhält regelmäßig ein ausführliches Feedback. Dazu gehören kommentierte Einzelergebnisse, Informationen über die Entwicklung der Branche aus Bankensicht und so weiter.

Durch diese Technik und Vorgehensweise trägt das web-basierte Berichtswesen dazu bei, dass zum einen die Banken den entstehenden Arbeitsaufwand bewältigen können, dass das Unternehmen für die Banken ausreichend transparent wird und durch die zeitnahe und qualitativ hochwertige Berichterstattung Risiken überschaubar bleiben. Das Unternehmen profitiert von einem verbesserten Vertrauensverhältnis zu den Banken, kann mit günstigeren Kapitalkosten rechnen und gelangt an wertvolle Branchen- oder sogar Wettbewerbsinformationen.

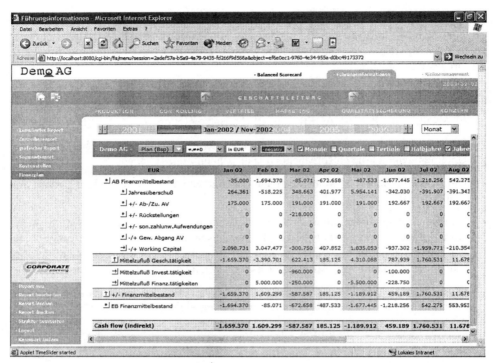

Abbildung 20: Ein detaillierter, monatlich aktualisierter Finanzplan schafft Transparenz und Vertrauen in der Geschäftsbeziehung zwischen Banken und Unternehmen.

# 3 Erfolgsfaktoren web-basierter Unternehmenssteuerung

Einige soeben vorgestellte Einsatzmöglichkeiten für eine web-basierte Steuerung von Unternehmen haben das breite Spektrum denkbarer Lösungen angerissen. Ob dabei die Nutzung im Intra-, Extra- oder Internet stattfindet, ist dabei zunächst unerheblich. Es gilt auch für diesen Anwendungsbereich mit Sicherheit *Michael E. Porters* Einschätzung: „Die Schlüsselfrage lautet nicht, ob die Internet-Technik angewandt werden sollte

- Unternehmen, die konkurrenzfähig bleiben wollen, haben gar keine andere Wahl -, sondern auf welche Weise."⁹

Bleiben die Fragen, wie und in welchem zeitlichen Rahmen sich web-basierte Lösungen zur Unternehmensteuerung in der Praxis etablieren. Das Zusammenspiel betriebswirtschaftlicher Praxis und Theorie mit der Softwareindustrie steht dabei auf dem Prüfstand.

Auf der Grundlage der aufgezeigten Vor- und Nachteile, Stärken und Schwächen web-basierter Anwendungen lassen sich die Erfolgsfaktoren für einen erfolgreichen Einsatz ableiten:

- Ohne Zweifel ist die permanente Verfügbarkeit, zeitlich und örtlich fast unbegrenzt, eine herausragende Stärke web-basierter Anwendungen. Die Beantwortung der Frage, wie sich das Arbeitsverhalten, unter Berücksichtigung von Zeit und Arbeitsplatz, in Zukunft gestalten wird, führt zur sicheren Prognose über die Nutzung web-basierter Unternehmenssteuerung. Die Vision, zu jeder Zeit an jedem Ort alle notwendigen Informationen für eine Managemententscheidung parat zu haben, wäre Wirklichkeit geworden. So wie heute viele Arbeitnehmer im Büro keinen eigenen Schreibtisch mehr vorfinden, sondern sich ihren mobilen und fahrbaren Aktenschrank zum nächst freien Sitzplatz rollen, haben vielleicht Manager und Controller in Zukunft ihr Management-Cockpit unterm Arm.

- Auch die Stärken der intuitiven Bedienbarkeit durch einfaches Anklicken, Scrollen in der gewohnten Umgebung eines Internetbrowsers, die leichte Portierbarkeit der Anwenderschicht auf ein anderes Medium wie zum Beispiel ein Handy, werden die Akzeptanz stark beeinflussen.

- Sehr stark zu beachten werden jedoch die derzeit noch vorhandenen Schwächen und Nachteile sein. Stellvertretend hierfür ist vor allem die mangelnde Sicherheit zu nennen. Dies ist eine Schlüsselgröße, die erheblich zur Entscheidung von Unternehmern beitragen wird, ob im Unternehmen eine web-basierte Unternehmenssteuerung eingeführt wird. Kein Unternehmer wird hier ein nicht zu kalkulierendes Risiko eingehen wollen.

- Auch die Geschwindigkeit ist ein entscheidender Faktor. Kein Anwender möchte seine Arbeitsgeschwindigkeit durch die Technik eingeschränkt wissen.

- Ein entscheidender Erfolgsfaktor ist die Fähigkeit der Entwickler, web-basierte Unternehmenssteuerung anwenderorientiert verfügbar zu machen. Hier gibt es keinen Unterschied zur traditionellen Softwareentwicklung.¹⁰ Gute Lösungen werden sich von mittelmäßigen und schlechten in der Qualität der praktischen Relevanz und in der realitätsnahen Anwendbarkeit unterscheiden.

---

[9] Vgl. *Porter* 2001, S. 65.
[10] Vgl. *Sinn* 2001, S. 399-428.

## Literaturverzeichnis

*Büchner, H./Zschau, O./Traub, D./Zahradka, R.:* Web Content Management, Bonn 2001.
*Freidank,C.-Chr./Mayer, E. (Hrsg.):* Controlling-Konzepte. Neue Strategien und Werkzeuge für die Unternehmenspraxis, 5. Auflage, Wiesbaden 2001.
*Grothe, M./Gentsch, P.:* Business Intelligence, München 2000, S. 79, S. 177-249.
*Grotheer, M.:* Der Controller & sein PC, 3. Auflage, Wörthsee-Etterschlag 1996, S. 178-186.
*Horvath & Partner (Hrsg.):* Balanced Scorecard umsetzen, 2. Auflage, Stuttgart 2001.
*Mayer, E./Weber, J. (Hrsg.):* Handbuch Controlling, Stuttgart 1990.
*Mayer, E./Liessmann, K./Mertens, H.W.:* Kostenrechnung, 7. Auflage, Stuttgart 1997.
*Porter, M.E.:* Bewährte Strategien werden durch das Internet noch wirksamer in: Harvard Business Manager, Vol. 23 (2001), S. 64-81.
*Schröder, E. F.:* Modernes Unternehmens-Controlling. Handbuch für die Unternehmenspraxis, 6. Auflage, Ludwigshafen 1996.
*Sinn, P.:* Controlling-Software im Mittelstand – Beispiele für praxisorientierte Umsetzungen, in: Freidank, C.-Chr./Mayer, E. (Hrsg.): Controlling-Konzepte. Neue Strategien und Werkzeuge für die Unternehmenspraxis, 5. Auflage, Wiesbaden 2001, S. 399-428.
*Weber, J./Schäffer, U.:* Balanced Scorecard & Controlling, Wiesbaden 1999.
*Weber, J./Grothe, M./Schäffer, U.:* Business Intelligence, Vallendar 1999.
*Welch jr, J.F.:* Was zählt, München 2001.

## Abbildungsverzeichnis

| | |
|---|---|
| Abbildung 1: | Auszug und Übersicht aktueller Informations-Techniken |
| Abbildung 2: | Die Strategieaussage eines Unternehmens steht jedem Mitarbeiter online zur Verfügung. |
| Abbildung 3: | Durch Klicken auf die jeweiligen Einträge gelangt der Anwender zu einer anderen Organisationseinheit. |
| Abbildung 4: | Einfache Administration von Objekten, Benutzern, Rollen und Zugriffsrechten |
| Abbildung 5: | Zuordnung von Rechten für eine Benutzerrolle |
| Abbildung 6: | Perspektiven einer Balanced Scorecard |
| Abbildung 7: | Auf einen Blick erkennt der Anwender die Ziele „seiner" Scorecard pro Perspektive und wie gut diese erfüllt sind |
| Abbildung 8: | Ziele einer Perspektive mit Indikatoren, Messeinheiten, Ziel- und Istwerten und weiteren Details |

| | |
|---|---|
| Abbildung 9: | Grafisch unterstützte Informationen zu einem strategischen Ziel |
| Abbildung 10: | Maßnahmenkatalog im Web |
| Abbildung 11: | Ursachen und Auswirkungen eines Zieles über Abteilungen und Perspektiven hinweg |
| Abbildung 12: | Rollenspezifisch aufbereiteter Zugang für einen Vertriebsleiter – Zugang zu Daten für Artikelgruppen und Filialergebnisse |
| Abbildung 13: | Flexible und benutzerspezifische Administration der Web-Reports und Anbindung ans Vorsystem |
| Abbildung 14: | Es können verschiedene Reporttypen (Templates) ausgewählt werden. |
| Abbildung 15: | Grafische Darstellung der Kostenstellen |
| Abbildung 16: | Aus Web-Anwendungen wird meist per PDF gedruckt. |
| Abbildung 17: | Start der Abweichungsanalyse |
| Abbildung 18: | Ergebnis der Abweichungsanalyse |
| Abbildung 19: | Eingabe von Plandaten im web-basierten Planungssystem |
| Abbildung 20: | Ein detaillierter, monatlich aktualisierter Finanzplan schafft Transparenz und Vertrauen in der Geschäftsbeziehung zwischen Banken und Unternehmen |

JOBST FREIHERR VON OLDERSHAUSEN

# Eignung aktueller Softwareprodukte für Controllingeinsätze - Ergebnisse einer empirischen Studie

| | | |
|---|---|---|
| 1 | Ausgangssituation | 401 |
| | 1.1 Controlling heute | 401 |
| | 1.2 IT-Landschaften | 401 |
| | 1.3 Studie/Marktübersicht | 402 |
| 2 | Anlass | 403 |
| | 2.1 Basel II | 403 |
| | 2.2 Konjunktur | 405 |
| | 2.3 Controlling | 405 |
| 3 | Produktkategorien | 406 |
| | 3.1 Architektur | 406 |
| | 3.2 Vorsysteme | 406 |
| | 3.3 ETL | 408 |
| | 3.4 Data Warehouse | 408 |
| | 3.5 OLAP | 409 |
| | 3.6 Business Intelligence Tools (BIT) | 411 |
| 4 | Produktfunktionalitäten | 412 |
| | 4.1 Internationalität | 412 |
| | 4.2 Mandantenfähigkeit | 412 |
| | 4.3 Strategische Unternehmensplanung | 413 |
| | 4.4 Planung und Budgetierung | 413 |
| | 4.5 Simulation und Analysen | 414 |
| | 4.6 Berichtswesen | 415 |
| | 4.7 Risikomanagement | 415 |

| | | | |
|---|---|---|---|
| 5 | Technologien | | 416 |
| | 5.1 | Datenbanken | 416 |
| | 5.2 | Entwicklungstools | 416 |
| | 5.3 | Systemplattformen | 416 |
| | 5.4 | Schnittstellen | 417 |
| | 5.5 | Berechtigungskonzepte | 417 |
| 6 | Markt | | 418 |
| | 6.1 | Anbieter | 418 |
| | 6.2 | Anwender | 418 |

Literaturverzeichnis 419

Abbildungsverzeichnis 419

# 1 Ausgangssituation

## 1.1 Controlling heute

Führungskräfte in Unternehmen bei der Planung und Entscheidungsfindung zu unterstützen, ist seit den späten 60er Jahren ein Ziel beim Einsatz betrieblicher Informationssysteme.

Die frühen Versuche, mit der ersten Generation von Management Informationssystemen (MIS) diesen Ansatz zu verfolgen, scheiterten in der Durchführung oft an technischen Defiziten. EDV-Expertenwissen war erforderlich, um die eingesetzten Tools in der Anwendung auszunutzen und durch euphorische Versprechungen der Anbieter entstandene Erwartungen wurden vielfach enttäuscht.

Neue Möglichkeiten brachte der PC bei seinem Einzug in die Fachabteilungen und Chefetagen von Unternehmen mit sich. Softwarehersteller nutzten die Rechenleistung auf dem Schreibtisch, um Decision Support Systeme (DSS) und sog. Executive oder Enterprise Information Systeme (EIS) anzubieten.

Diese Systeme gaben ihren Anwendern auch ohne spezifische EDV-Kenntnisse die Möglichkeit, große Datenmengen aggregiert auszuwerten – „Wie groß ist der Umsatz der letzten 12 Monate je Produktgruppe und Vertriebsregion?" – und boten so bereits wirkungsvolle Unterstützung für Planer und Entscheider.

Viele der meist kleinen Anbieter waren aber wegen mangelnder Finanzkraft nicht in der Lage, ihre Systeme dem rasanten technologischen Fortschritt der PC's und deren Betriebssysteme anzupassen und verschwanden in der Folge wieder vom Markt.

In den 90er Jahren begann dann die Verbreitung der dritten Generation entscheidungsorientierter Informationssysteme, die auf den Konzepten des Data Warehouse und On-Line Analytical Processing (OLAP) beruht.

## 1.2 IT-Landschaften

In vielen Unternehmen sind historisch gewachsene, heterogene Anwendungslandschaften zu finden, was einen hohen Aufwand bei der Weiterentwicklung und beim Betrieb zur Folge hat.

Die Komplexität der Infrastruktur ist ein wesentlicher Kostentreiber der IT. Zwischen einzelnen Anwendungen sind häufig „manuelle Schnittstellen" anzutreffen, die es erforderlich machen, die zu einem einzigen Geschäftsvorgang gehörenden Bewegungsdaten von einem geschlossenen System in ein anderes manuell erneut zu erfassen. Je geringer die Integration der eingesetzten Softwarelösungen ist, also auch keine gemeinsame Datenbasis im Unternehmen vorhanden ist, umso größer ist die Vielfalt von Datenredundanzen.

Vor diesem Hintergrund muss häufig ein sehr großer manueller Aufwand getrieben werden, um sich die wichtigen und aussagekräftigen Zahlen, Daten und Fakten aus den verteilten Datenpools zu extrahieren. Genau an dieser Stelle setzen die Planungswerkzeuge und Controlling-Systeme in der Praxis an, in dem sie sich im laufenden Betrieb direkt aus den verschiedenen Datenquellen die einmal definierten Daten extrahieren, mit mehrdimensionalen Techniken aufbereiten und mit Planungswerten vergleichen und für Simulationszwecke zur Verfügung stehen.

## 1.3 Studie/Marktübersicht

Data Warehouse, Online Analytical Processing (OLAP) und Business Intelligence: Die Schlagwörter aus dem Umfeld der entscheidungsorientierten Informationssysteme begleiten uns schon seit fast 10 Jahren. Die mittlerweile ausgereiften Produkte bieten den Kunden einen attraktiven Einstieg.

Der Anstoß für die Erstellung einer Marktübersicht „Planungswerkzeuge/Controlling-Systeme" ist durch eine verstärkte Marktnachfrage und entsprechende eigene Projekte entstanden.

Die INFOSOFT AG berät seit über 14 Jahren mittelständische Unternehmen bei der Auswahl und Einführung von Standardsoftware. Dabei ist nicht nur eine praxisbewährte Methodik entstanden, sondern auch ein Datenpool zu verschiedenen Softwarethemen, der laufend aktualisiert wird.

Diese Hersteller-, Anbieter- und Produktangaben sind von einem großen praktischen Wert für denjenigen, der sich in diesem Markt orientieren muss, um ein für ihn geeignetes Produkt und einen Partner für die Zusammenarbeit zu finden.

Daher bereitet INFOSOFT diese Daten systematisch auf und stellt sie interessierten Lesern in Form von Marktübersichten zur Verfügung. Diese Werke haben nicht den Anspruch einer Studie, sondern bieten eine Übersicht ohne Bewertung.

Insgesamt wurden 47 Hersteller mit ihren Software-Produkte aufgenommen und mit ca. 400 Kriterien dargestellt.

Im folgenden Text werden die Ergebnisse der empirischen Untersuchung über die Hersteller und Produkte für Planungswerkzeuge und Controllingsysteme in Deutschland dargestellt und in wesentlichen Aspekten zusammengefasst.

## 2 Anlass

### 2.1 Basel II

Die Kreditregelung nach „Basel II" wird künftig die Basis für die Einstufung der Kreditwürdigkeit eines Unternehmens sein. "Basel II" tritt voraussichtlich erst 2005 in Kraft, aber die Implementierung von unterstützenden Systemen ist nicht nur eine Voraussetzung für die Kreditvergabe, sondern zugleich ein wesentliches Instrument der effizienten Unternehmenssteuerung.

Vor diesem Hintergrund hat die INFOSOFT AG eine Entscheidungshilfe in Form der vorliegenden Marktübersicht erarbeitet.

Die unter dem Stichwort Basel II diskutierte Revision der Baseler Eigenkapitalvorschriften von 1988 betrifft viele wirtschaftliche Bereiche. Unmittelbar tangiert sind die Banken, für die es neben der Eigenkapitalunterlegung und damit den Eigenkapitalkosten um umfangreiche Investitionen in ihre Risikomanagementsysteme und um einen grundlegenden Wandel in der Kreditnehmer-Bank-Beziehung geht. Basel II verfolgt das Ziel, die Eigenkapitalanforderungen für die Unterlegung von Risikoaktiva stärker an die tatsächlichen Risikoverhältnisse anzupassen. Da sich die Rahmenbedingungen für die Kreditvergabe von Banken tiefgreifend verändern werden, ist auch die kreditfinanzierte Wirtschaft durch Basel II tangiert. Gerade mittelständische Unternehmen sind von den künftigen Regeln zur Unterlegung von Kreditrisiken mit Eigenkapital besonders betroffen, da die Finanzierung mittels Bankkredit traditionell die bedeutendste Form der Außenfinanzierung darstellt.

Ab dem Jahr 2005 wird die Bonität der meisten Kreditnehmer mittels internem Rating individuell bewertet werden. Ein Kredit ist dann mit umso mehr (weniger) Eigenkapital zu unterlegen, je schlechter (besser) das Bonitätsrating ausfällt. Diese bonitätsrisikoorientierte Differenzierung der Kreditunterlegung ermöglicht es den Banken, jedem Kredit seine Eigenkapitalkosten genauer als bisher zuzurechnen und wird zu einer Spreizung der Kreditkonditionen führen. Gerade viele kleine und mittelständische Unternehmen müssen sich auf höhere Risikoprämien einstellen.

Kreditnehmer müssen mehr Informationen bereitstellen und die Banken im Gegenzug überzeugend darlegen, wie und aufgrund welcher Kriterien sie die Bonität des Kreditnehmers einschätzen. In Unterscheidung zur herkömmlichen Kreditwürdigkeitsanalyse werden die Ratings weniger auf vergangenheitsorientierte Jahresabschlussanalysen ausgerichtet sein, sondern vielmehr Wert auf eine Analyse der zukünftigen Unternehmensentwicklung legen.

Kleine und mittelständische Unternehmen müssen sich mit internen und externen Ratings auseinandersetzen. Externe Ratings werden von bankunabhängigen Ratingagenturen auf Wunsch des Unternehmens durchgeführt. Sofern das kreditnachfragende Unternehmen nicht extern geratet ist und die Bank bei der Unterlegung von Kreditrisiken einen

IRB-Ansatz verwendet, muss die Bank den Schuldner intern raten (internes Rating). Für bankinterne Ratings besteht noch kein einheitlicher Standard. Es gilt jedoch als sicher, dass sich interne und externe Ratingsysteme in ihrer Qualität annähern werden, da schließlich beide Ratingarten die gleiche Aussage bzw. Einschätzung zum Ziel haben.

Aber nicht nur für Kreditgeber ist das Rating eine wichtige Information. Allen Stakeholdern des Unternehmens kann das Rating als hochverdichtetes und aussagekräftiges Urteil von fachkundigen Dritten kommuniziert werden und stellt einen wirksamen Baustein bei der generellen Festigung von Vertrauen der Stakeholder in das Unternehmen dar.

Kunden sind verstärkt an einer langfristigen Existenz und Leistungsfähigkeit eines Unternehmens interessiert. Ein gutes Rating wirkt sich günstig auf die Wahrnehmung als Produzent, Dienstleister oder Lieferant aus, da gegebenen Garantien oder versprochenen Serviceleistungen oder Ersatzteilvorratshaltungen, Up-Dates oder Anschlussprodukten eine hohe Nachhaltigkeit beigemessen wird. Es ist davon auszugehen, dass (gut bis zufriedenstellend) geratete Unternehmen bessere Einkaufs-, Miet- und Leasingkonditionen erhalten als Unternehmen ohne bzw. mit schlechtem Rating.

Auch potenzielle Kapitalgeber außerhalb des Bankenbereichs werden einem gerateten Unternehmen eher und tendenziell günstiger Kapital zur Verfügung stellen als ungerateten Unternehmen. Dies gilt für Eigenkapitalgeber ebenso wie für die öffentliche Hand. Das Rating kann aktiv zur Öffentlichkeitsarbeit und zur Kommunikation nach innen (an Mitarbeiter, an das Management) genutzt werden.

Im Rahmen eines Rating, ob extern oder intern, werden die Stärken und Schwächen, die Chancen und Risiken des Unternehmens in einer neutralen und nicht betriebsblinden Sicht aufgedeckt und analysiert. Die Analyse von Schwachstellen ist ein wichtiger Nutzen, der sich unmittelbar aus dem Rating ergibt. Die darauf aufbauende Beseitigung der Schwachstellen dient nicht nur der Ratingverbesserung, sondern liegt im generellen Interesse des Unternehmens.

Das Rating wird zu einem Frühwarnsystem und damit zu einem wichtigen Baustein des Risikomanagementsystems, gerade mit Blick auf die Verpflichtungen aus dem KonTraG. Auf der anderen Seite sind die Umsetzung eines angemessenen Risikomanagementsystems und die Einhaltung der Maßnahmen wiederum selbst wichtige Ratingkriterien.

Durch den Rating-Prozess wird ein Unternehmen bei der Aufdeckung und Kommunikation von Stärken und Chancen sowie bei der Analyse und Beseitigung von Risiken und Schwachstellen und damit bei der Realisierung eines größtmöglichen Nutzens unterstützt.

## 2.2 Konjunktur

Aber nicht nur die steigenden Anforderungen an die Transparenz von Unternehmensdaten vor dem Hintergrund von Basel II sind die Ursache für ständig steigende Ansprüche an die Aktualität und Aussagekraft von Daten über das eigene Unternehmen.

Nach mehr als einem Jahr Krise und weiterhin schlechten Aussichten steht das Thema Kosteneinsparungen ganz oben auf der Agenda vieler IT-Abteilungen.

Auch mittelständische Unternehmen sehen sich heute vor größeren Herausforderungen als je zuvor: Die Globalisierung der Märkte, Überkapazität und Außenstandsdauer, veränderte Finanzierungsvoraussetzungen durch Rating, KonTraG, internationale Berichterstattung oder Balanced Scorecard erfordern immer mehr Transparenz betriebswirtschaftlicher Zusammenhänge.

Die wirtschaftlichen Bedingungen ändern sich heute rasant. Um den Kurs seines Unternehmens festlegen und gegebenenfalls korrigieren zu können, muss ein Unternehmer die eigenen Handlungsspielräume jederzeit kennen und auf alle unvorhergesehenen Veränderungen rechtzeitig reagieren können.

Sonst entstehen kurz- oder mittelfristig finanzielle Engpässe, die das Unternehmen in Abhängigkeiten geraten lassen und auch seine Marktposition erheblich schwächen.

## 2.3 Controlling

Controlling hat die Aufgabe, die Unternehmensführung zu unterstützen. Das Management muß im wesentlichen planen, kontrollieren, organisieren und Personal führen. Bei diesen Aufgaben hilft das Controlling, in dem es die erforderlichen Informationen bereitstellt. Die Informationen beschafft sich das Controlling aus unterschiedlichen Quellen, hauptsächlich aus dem Finanz- und Rechnungswesen, aber auch aus dem Vertrieb, dem Einkauf, der Produktion etc.

Controlling unterstützt zudem die Durchsetzung der Planvorgaben. In diesem Zusammenhang werden während der Planrealisierung laufend die anfallenden Ist-Daten erfasst und mit den Planvorgaben verglichen. Wenn dieser Soll-Ist-Vergleich gravierende Abweichungen feststellt, muss das Controlling die Ursachen suchen (Abweichungsanalyse) und geeignete Gegenmaßnahmen vorschlagen, die gegebenenfalls zu neuen Planvorgaben führen.

Controlling darf sich nicht auf die nachträgliche Auswertung von Daten aus der Vergangenheit beschränken. Gerade im Umfeld sich schnell ändernder Märkte gewinnt die Planung an Bedeutung.

In kleinen und mittelständischen Unternehmen scheitert die Einführung ganzheitlicher Controlling-Lösungen oft an fehlendem Personal und begrenzten Mitteln. Doch steigende

Anforderungen an die Finanzplanung, die Berücksichtigung differenzierter Planungsziele oder die Ableitung von Planbilanzen können mittels *Excel* nur mühsam gemeistert werden. Ist-Zahlen mit Planwerten aus Excel in einer Vorschau zusammenzustellen, kostet viel Zeit und ist nicht praktikabel.

Mittelständische Unternehmen brauchen ein schnell integrierbares und aussagefähiges Controlling-System, das die maschinelle Übernahme der Unternehmenszahlen ermöglicht. Sie benötigen heute sichere Reports und Kennzahlen, die sich ohne großen Aufwand erstellen lassen. Nur so sind gerade mittelständische Unternehmen den neuen gesetzlichen Anforderungen auf Dauer gewachsen.

# 3 Produktkategorien

## 3.1 Architektur

Die Abbildung 1 enthält eine Darstellung der in den Folgeabschnitten erläuterten Begriffe und Zusammenhänge.

## 3.2 Vorsysteme

Die zentrale Aufgabe beim Aufbau eines entscheidungsunterstützenden Informationssystems ist weiterhin die Informationsbereitstellung, also die Auswahl und Aufbereitung entscheidungsrelevanter Informationen aus allen verfügbaren internen wie externen Datenquellen. Dabei gilt es, zwei wesentliche Herausforderungen zu bewältigen:

- Die Herkunft vieler Daten liegt in verteilten Datenquellen. Dies können die Datenbanken der grundlegenden operativen Informationssysteme wie Warenwirtschafts-, Finanzbuchhaltungs- oder komplexer ERP-Systeme sein. Auch angelagerte Systeme, etwa für das Cash-Management oder die Export- und Zollabwicklung können entscheidungsrelevante Informationen liefern.

- Diese Verteilung auf unterschiedliche datenliefernde Systeme geht in der Regel einher mit verschiedensten Datenformaten. Es kann sich um (relationale) Datenbanken handeln, aber auch Excel- oder Word-formatierte Daten gilt es mit einzubeziehen.

# Eignung aktueller Softwareprodukte für Controllingeinsätze

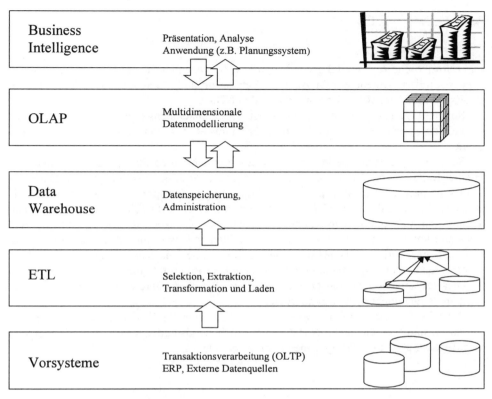

Abbildung 1: Mehrstufige Architektur

Die Vorsysteme sind gemäß ihres Einsatzzwecks transaktions- und prozessorientiert. Bestimmte Ereignisse sollen in ihnen möglichst zeitnah abgebildet werden. Dabei kommt es neben der unterstützenden Funktion für den Anwender vor allem auf die Sicherheit bei der Transaktionsverarbeitung an.

Eine Bestandsbuchung wie beispielsweise ein Verkauf ex Lager muss mit allen Konsequenzen für Bestandsmengen, -werte und zu erzeugende offene Posten fortgeschrieben werden. Regeln für Stornierungen und entsprechende Rückbuchungen müssen sicherstellen, dass betriebswirtschaftliche Zusammenhänge korrekt gewahrt bleiben und, um im Beispiel zu bleiben, nicht versehentlich doch eine Rechnung erzeugt wird.

Datensätze werden also in den Vorsystemen vorgangsorientiert erzeugt und vielfältig verändert fortgeschrieben, man spricht in diesem Zusammenhang auch vom sog. OLTP (On-Line Transaction Processing).

Demgegenüber liegt der Schwerpunkt der Datenbasis für entscheidungsunterstützende Informationssysteme in der Bereitstellung zeitbezogener, nicht mehr veränderlicher historischer Daten.

## 3.3 ETL

Die erforderliche Aufbereitung von Daten aus Vorsystemen für die weitere Verwendung als konsolidierte Datenbasis für Analyse, Simulation und Planung leisten Werkzeuge für die Extraktion, Transformation und das Laden (ETL).

Solche ETL-Tools sind darauf ausgelegt, große Datenmengen aus unterschiedlichsten Quellen zu verarbeiten, d.h. zu filtern, zu harmonisieren, zu verdichten und ggf. anzureichern.

So liegen beispielsweise im Vorsystem zur Kundenauftragsabwicklung Informationen in einer Relation von Kunden zum Auftrag und vom Auftrag zum Versand vor. Ein ETL-Tool selektiert die Versanddaten eines vorgegebenen Zeitraumes, extrahiert daraus die Basisangaben wie Produkt, Menge, Preis und fügt unter Aufbrechen der Relationen Daten aus dem Auftrag und dem Kundenstammsatz, beispielsweise die Lieferbedingung und das Land aus der Kundenadresse hinzu. Anschließend wird aus einer zusätzlichen Tabelle entsprechend des Landes der Kundenadresse noch ein Kennzeichen für eine Vertriebsregion hinzugefügt, die in dem Vorsystem kein Pflichtfeld darstellt.

Diese zusammengefassten Daten stehen jetzt für die weitere Auswertung zur Verfügung und sollen nicht mehr verändert werden.

Die ETL-Prozesse laufen in aller Regel zeitgesteuert täglich, wöchentlich oder monatlich ab und werden in die Nacht- oder Wochenendstunden gelegt, um die laufende Verarbeitung in den OLTP-Systemen nicht zu behindern.

## 3.4 Data Warehouse

Die Speicherung der aufbereiteten Daten erfolgt in einem sog. Data Warehouse. Dabei handelt es sich um eine themenorientierte, integrierte, zeitbezogene und dauerhafte Sammlung von Informationen zur Entscheidungsunterstützung.

Die Themenorientierung führt zu einer Zusammenfassung nach Objekten wie Produkt, Markt oder Kunde, die nach Gesichtspunkten der weiteren Auswertung erfolgt. Ist eine solche Sammlung nur auf Teilfunktionen eines Unternehmens beschränkt, spricht man auch von sog. Data Marts.

Die Integration der in den Vorsystemen verteilten Informationen ist ein wesentliches Merkmal eines Data Warehouses. Dabei ist nicht unbedingt die physische Zentralisierung der Daten in einem einzigen Datenpool erforderlich, es kommt vielmehr auf die logische Verbindung an.

Die zeitliche Varianz der Daten in einem Data Warehouse ist ein weiteres wesentliches Merkmal. In den transaktionsorientierten Vorsystemen zielt der Datenzugriff auf die aktuelle Ist-Situation ab, wichtig sind z.B. die Versandvorgänge die am heutigen Tag abgewickelt werden sollen. Anfragen an ein Data Warehouse sind immer zeitbezogen, beispielsweise werden die Auslieferungen der vergangenen drei Quartale mit denselben Quartalen des Vorjahres verglichen.

Weiterhin handelt es sich bei einem Data Warehouse immer um eine dauerhafte Sammlung von Daten. Anders als bei OLTP-Systemen, in denen Einfüge-, Änderungs- und Abfrageoperationen auf den Daten ausgeführt werden, existieren in einem Data Warehouse nur zwei Möglichkeiten: Daten einzuspeichern oder auf diesen Datenbestand abfragend zuzugreifen.

Eine wichtige Rolle beim Aufbau eines Data Warehouse spielen Performance-Überlegungen bezogen auf die später vorzunehmenden Abfragen. Sie sind meistens aggregierter Natur und so bietet es sich an, wahrscheinliche Aggregationen vorwegzunehmen und bereits im Voraus zu berechnen. In unserem Beispiel der Versanddaten werden die Werte typischerweise entlang der Zeitdimensionen Woche, Monat, Quartal, Jahr zusammengefasst.

Außerdem können die aufbereiteten Daten noch durch zusätzliche, ebenfalls voraussichtlich benötigte betriebswirtschaftliche Kennzahlen wie Deckungsbeitrag oder Plan/Ist-Abweichungen angereichert werden, die sich aus den vorhandenen Daten berechnen lassen.

## 3.5 OLAP

Die Sammlung von Daten in der beschriebenen Form dient einem Hauptzweck: Der Planer oder Controller soll als Anwender in die Lage versetzt werden, die vorliegenden Daten zu analysieren um zu fundierten Entscheidungsgrundlagen zu gelangen.

Dies gelingt umso besser, je eher das zugrunde liegende Datenmodell seinen Denkweisen und fachlichen Kategorien entspricht. Um diesen Anspruch zu erfüllen, werden Daten nach dem Konzept des On-Line Analytical Processing (OLAP) multidimensional modelliert.

Eine Dimension entspricht einer Achse eines Koordinatensystems, in dem beispielsweise die Absatzmenge je Produktgruppe dargestellt wird. Die Produktgruppe stellt eine Dimension dar, weitere Dimensionen könnten Zeit und Vertriebsregion sein. Ein solches dreidimensionales Modell lässt sich in Gestalt eines Würfels veranschaulichen.

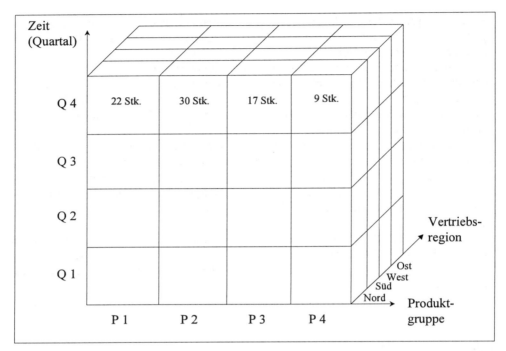

Abbildung 2:    OLAP-Würfel

Die Datenwürfel einer OLAP-Datenbank sind nicht auf drei Dimensionen beschränkt, gerade aus der Mehrdimensionalität ergibt sich der große Vorteil des OLAP-Konzeptes. OLAP erlaubt dem Anwender eigene und flexible Sichten auf die zugrunde liegenden Daten.

So kann sich jeder Anwender seine Betrachtung aus dem Würfel „herausschneiden" (engl. to slice). Ein Produktmanager betrachtet beispielsweise die Absatzmenge in einer bestimmten Periode je Produktgruppe und Vertriebsregion (vorstellbar als eine Scheibe des abgebildeten Würfels), aber auch alle anderen Kombinationen der vorhandenen Dimensionen miteinander liefern sinnvolle Auswertungen (engl. to dice = würfeln).

Die physische Datenspeicherung kann sowohl in herkömmlichen relationalen als auch in speziell für diesen Einsatzzweck entwickelten, multidimensionalen Datenbanken erfolgen. Wesentliche Unterschiede zwischen diesen beiden Lösungen bestehen zum einen in der Performance, zum anderen in der Handhabung bei Modellierung und Aufbau der Abfragen.

## 3.6 Business Intelligence Tools (BIT)

Sie bilden die für den Endanwender letztlich sichtbare Schicht eines entscheidungsorientierten Informationssystems und dienen dem Zweck, die modellierten Unternehmensdaten mit interaktiven Navigations- und Analysemöglichkeiten zu präsentieren. Ihr Einsatz reicht von der elektronischen Darstellung eines Berichtswesens über Analysen mittels moderner Methoden wie Balanced Scorecards bis hin zur Unterstützung in der strategischen Unternehmensplanung.

BIT können die weit verbreiteten vorgefertigten Reports im Berichtswesen ersetzen und den Anwendern die Selektion der darzustellenden Daten ermöglichen. Durch sog. Drill-Down-Funktionen kann der Nutzer zudem den Detaillierungsgrad selbst bestimmen und auf tieferliegenden Detailebenen beispielsweise nach Ursachen unerwarteter Abweichungen suchen. Dabei bewegt man sich von der aggregierten Darstellung bis hin zum einzelnen Datensatz, in unserem Beispiel also von einer ausgewählten Produktgruppe zu den darin enthaltenen Produkten. Genauso kann der Anwender durch sog. Roll-Up in umgekehrter Richtung navigieren. Diese Interaktion ermöglicht dem Nutzer den wichtigen Schritt vom Erkennen einer Situation zum Aufspüren der Ursachen.

Aber bereits beim Erkennen von unerwünschten Situationen, Planabweichungen, Über- oder Unterschreiten von Grenzwerten können BIT durch graphische Unterstützung wertvolle Hilfen geben.

Verbreitet ist beispielsweise eine Ampeldarstellung von Zuständen. Bewegen sich betriebswirtschaftliche Kennzahlen innerhalb definierter Grenzen, liegen sie buchstäblich im „grünen Bereich". Droht eine kritische Abweichung, kann der Anwender dies durch eine Darstellung in Gelb rechtzeitig wahrnehmen, bevor der Wert vollends in den „roten Bereich" umschlägt. Andere Darstellungen, wie die aus Tabellenkalkulationen bekannten Diagramme helfen dem Anwender ebenso bei der Verarbeitung von geballt präsentierter Information.

Schließlich bietet eine Gruppe von BIT Unterstützung bei Vorgängen der Unternehmensplanung. Bei diesen Werkzeugen geht die Funktionalität über Darstellung und Auswertung der zugrundeliegenden Information hinaus. Durch das zusätzliche Abspeichern von Planwerten lassen sich Budgets oder andere Planszenarien in solchen Tools abbilden.

Die Zielrichtungen der unterschiedlichen BIT sind vielfältig, unabhängig von der Produktauswahl kommt es in jedem Fall auf ein durchdachtes, betriebswirtschaftlich fundiertes Konzept an, das es mit aufeinander abgestimmten Komponenten umzusetzen gilt.

# 4 Produktfunktionalitäten

## 4.1 Internationalität

Das Angebot von verschiedenen Länderversionen bzw. Sprachvarianten je Produkt stellt sich wie folgt dar:

- Von den 47 untersuchten Produkten sind im heutigen Entwicklungstand 5 nur für den deutschen Markt vorgesehen.
- 9 Produkte bieten zusätzlich englisch als Sprachvariante an.
- Alle anderen Produkte sind in der Regel multilingual oder bieten mindestens 5 verschiedene Länderversionen.

Die jeweiligen Sprachversionen können am Client gleichzeitig eingesetzt und auf Knopfdruck umgeschaltet werden.

Eine automatische Währungsumrechnung ist nahezu in allen Produkten eine Standardfunktion, jedoch eine Berücksichtigung verschiedener Kursentwicklungen gibt es nur in ca. 60% der Produkte. Diese Funktionalität befindet sich jedoch bei mehreren Firmen in der Entwicklung und erscheint zum nächsten Release.

## 4.2 Mandantenfähigkeit

Die Mandantenfähigkeit ermöglicht es, für mehrere rechtlich selbstständige Unternehmen jeweils separat und gleichzeitig die durch die Software angebotenen Funktionalitäten zu nutzten. Ein Wechsel zwischen den Mandanten erfolgt durch ein entsprechendes Umschalten per „Tastendruck". Zusätzlich bieten die Produkte für eine effektive Nutzung der Datenbasis die Möglichkeit, mandantenübergreifend Planungsstrukturen zu definieren und zu nutzen.

Für Unternehmensgruppen mit mehreren Mandanten werden mandanten- und standortbezogene Auswertungen sowie übergreifende Reports notwendig, so dass eine Mandantenfähigkeit unabdingbar ist.

Lediglich drei der untersuchten Produkte bieten keine Möglichkeit, Mandanten zu unterscheiden. In der Regel muss solch eine Software zur Bearbeitung weiterer Mandanten auf dem Rechner neu installiert werden.

## 4.3　Strategische Unternehmensplanung

Der Ausgangspunkt für das Erarbeiten von Unternehmensstrategien ist das jeweilige Unternehmen. Der gegenwärtige Ist-Zustand kann abgebildet werden, zusätzlich ist es notwendig, das Unternehmen in parallele Organisationsstrukturen zu gliedern. Dazu rechnet man üblicherweise die Strategischen Geschäftseinheiten (SGE's), die aktuelle legale Struktur, legale Struktur der Vorjahre, die Businessstruktur sowie eine Simulationsstruktur.

Um die SGE's bzw. die Unternehmensstrukturen zu bewerten, stehen in der Regel frei definierbare Kriterienkataloge für Erfolgsfaktoren zur Verfügung. Dazu gehören relative Wettbewerbsvorteile, Marktattraktivität, Bewertungsvorschriften und vieles mehr, die überwiegend im Standard vorhanden sind.

Die Bewertung der qualitativen Kriterien erfolgt mit Hilfe von Ratingskalen und kann gewichtet oder ungewichtet vorgenommen werden. Für jeden Faktor kann eine Bewertungsvorschrift zugrunde gelegt werden, so dass die Gefahr von subjektiven Bewertungen effektiv eingeschränkt werden kann.

In den Softwareprodukten stehen eine Vielzahl von Analyse-Werkzeuge für das Abbilden des Unternehmens und der SGE's zur Verfügung, die für das strategische Controlling zur Ermittlung der Zielsetzung, Strategieausrichtung und Maßnahmen notwendig sind.

Alle Auswertungen und Kriterienkataloge können in das Berichtswesen übernommen und als Strategiekatalog ausgedruckt werden.

## 4.4　Planung und Budgetierung

Der wesentliche Teil eines Controlling-Systems setzt sich aus einer Bilanz-, Erfolgs- und Finanzierungsrechnung zusammen. In einer idealen Systemlösung sind diese drei Systeme integriert, um die beiden vorrangigen Unternehmensziele Erfolg bzw. Rentabilität und die Zahlungsfähigkeit bzw. Liquidität zu sichern. Nicht alle Planungswerkzeuge müssen zwangsläufig auf OLAP basieren. Für Planungsanwendungen, die integrierte Planungssysteme erfordern, bildet die OLAP-Technologie jedoch eine gute Grundlage.

Zwei wichtige Planungsmethoden sind die Bottom-up und die Top-down-Verfahren, die jeweils von ca. ¾ der Anbieter beherrscht wird. Die aus beiden Komponenten bestehende Gegenstrommethode, in der zuerst von „oben herab" und anschließend von „unten herauf" geplant wird, beherrschen jedoch nur die Hälfte der Anbieter. Ein ähnlich ungünstiges Verhältnis ergibt sich für eine rollierende Mehrjahresplanung. Die dabei darstellbaren Zeiteinheiten sind häufig Jahre und Monate. Seltener bieten Programme die Möglichkeit, die Planungen auf Basis von Tagen durchzuführen.

Praktisch alle Systeme ermöglichen einen gleichzeitigen Zugriff auf mehrere Planungsebenen, in denen die IST-Werte dem aktuellen Budget ebenso wie Alternativpläne, einem Forecast und Simulationen gegenübergestellt werden.

Hierfür bieten nahezu alle Produkte beliebige Definitionen von Strukturierungsgraden und Budgets wie Ergebnisplanung, Finanz- und Liquiditätsplanung, Planbilanzen sowie verschiedenen Filialen, Standorte, Profit-Center, Kostenstellen, Kostenträger und Ressourcen.

Die Planungen können Vorjahresentwicklungen sowie saisonale Schwankungen berücksichtigen.

Die Budgetierung enthält eine Vorgabe und mündet in die Erstellung des Leistungsbudgets zur Planung der Erträge und Kosten ein. Sie bietet eine Differenzierung der fixen und variablen Kosten und liefert finanzwirtschaftliche Kennzahlens sowie die Planbilanz.

Eine integrierte Kredit- und Investitionsplanung, die für die Investitionsobjekte Abschreibungsregeln und die Kreditobjekte Tilgungs- und Zinszahlungsvereinbarungen ist bei ca. ¾ der Produkte vorhanden.

Neben der linearen Zuweisung von Budgets zu Perioden ist eine proportionale Zuweisung nicht immer im Produktstandard enthalten. Ähnliches gilt für die Erfassung von Budgets in Fremdwährungen sowie eine dezentrale Erfassung in Abteilungen und anschließende zentrale Zusammenfassung der Daten.

## 4.5   Simulation und Analysen

„Was-wäre-wenn"-Analysen mit der Möglichkeit, die verschiedensten Eingangsparameter zu verändern und ihre Auswirkungen auf Planungen, Ergebnis u.v.m. zu erkennen, bilden die Grundlage für Simulationen. Hierbei ist eine leichte Nachvollziehbarkeit von Ursache- Wirkungszusammenhängen von Bedeutung.

Eine Besonderheit der Simulation bildet die sog. Zielfindung, in der individuelle Zielvorgaben gemacht werden und die Eingangsparameter ermittelt werden.

Diese genannten Funktionen sowie die Visualisierung der Auswirkungen und die Übernahme der Simulationswerte in die Planung werden nur von etwa $^2/_3$ der Anbieter im Standard angeboten.

Um einen schnellen Überblick über Unternehmensergebnisse, Entwicklungen und Vorschauen zu erhalten, steht in den Programmen überwiegend eine Vielzahl von Analyse-Methoden zum sofortigen Einsatz bereit. Dazu gehören neben einfachen Soll-/Ist-Vergleichen und Abweichungsanalysen noch Portfolio-, Kennzahlen-, Deckungsbeitrags-, ABC-, Zeitreihen- und Break-even-Analysen u.v.m. Aber auch Prognoseverfahren mit Trendschätzungen und -analysen kommen zum Einsatz.

## 4.6 Berichtswesen

Alle Unternehmensdaten sind schnell im Zugriff. Die Produkte bieten eine Auswahl von Vorlagenberichten, die sofort genutzt und eingesetzt werden können. Einfaches Navigieren zeigt sofort entsprechende Ergebnisse. Ampelfarben können eingesetzt werden, um Abweichungen darzustellen.

Der Export der Daten nach Excel zur weiteren Be- und Verarbeitung wird fast durchgängig von allen Produkten angeboten. Ein Export der Reports im HTML-Format ermöglicht die Publikation im Internet. Grafische Darstellungen mit Drill-Down-Funktionen wie zum Beispiel in Landkarten gibt es überwiegend in den Produkten.

Von hohem praktischen Nutzen ist die Ausgabe im sog. PDF-Format, so dass der Bericht sogleich als E-Mail gezielt an Adressaten weitergegeben wird. Das Führen einer Wiedervorlageliste für Reportempfänger, die Verschlüsselung vor der Weitergabe von Reports sowie die Kennzeichnung mit Datum und Ersteller sind hilfreiche Funktionen, die aber nur von ca. 50% der Produkte im Standard angeboten werden.

## 4.7 Risikomanagement

Der deutsche Gesetzgeber hat im Gesetz zur Kontrolle und Transparenz im Unternehmensbereich (KonTraG) die Verpflichtung der Geschäftsführung zum Risikomanagement konkretisiert. Das KonTraG ist zum 1. Mai 1998 in Kraft getreten und schreibt vor, dass „der Vorstand geeignete Maßnahmen zu treffen, insbesondere ein Überwachungssystem einzurichten hat, damit den Fortbestand der Gesellschaft gefährdende Entwicklungen früh erkannt werden" (§ 91 Abs. 2 AktG).

Der Gesetzesbegründung ist zu entnehmen, dass KonTraG auch bei Unternehmen mit der Rechtsform der GmbH anzuwenden ist (Ausstrahlungswirkung). Mit dem Modell der integrierten Finanz- und Erfolgplanung kann diesen Anforderungen eines Risikomanagements entsprochen werden.

# 5 Technologien

## 5.1 Datenbanken

Die Verwendung von Datenbanken erfolgt auf zwei verschiedenen Wegen:

- Entweder werden relationale Datenbanken wie *Oracle*, *MS-SQL-Server*, *Informix*, *Sybase* o.ä. in die Anwendung integriert oder
- mehr als 50% der Hersteller haben eine eigene oder auch fremde multidimensionale Datenbank (OLAP) als Plattform in das Produkt integriert.

Bei Abfragen oder Auswertungen, die mehr als 2 Attribute gleichzeitig betreffen, wie z.B. eine Auflistung von Umsatzzahlen nach Artikeln, Regionen und Monaten, wird häufig die Forderung nach einem multidimensionalen Datenbanksystem gestellt.

## 5.2 Entwicklungstools

Auf dem Weg zu einem echten Standard für BI-Anwendungen sind Tools, die den Extraktions-, Transformations- und Ladeprozess (ETL) unterstützen. Bevor Anwender die Informationen aus einem Data Warehouse oder OLAP-System überhaupt analysieren können, besteht die lästige und vor allem aufwändige Notwendigkeit darin, Daten aus verschiedenen und heterogenen Quellsystemen zu extrahieren.

Bisher haben sich die dazu am Markt erhältlichen ETL-Produkte aufgrund der hohen Investitionskosten nur bei einigen Grossunternehmen durchsetzen können. Hier treten aber inzwischen neben den etablierten Anbietern wie *Acta*, *Sagent*, *Ascential* auch Anbieter am Markt auf, die einen Einstieg in die ETL-Welt für wenige Tausend Euro erlauben. Dazu gehören auch Datenbankhersteller wie *Oracle*.

## 5.3 Systemplattformen

Die aktuellen Windows-Plattformen bis hin zu XP werden sowohl auf Server- als auch Client-Plattform von fast allen Softwareprodukten unterstützt. Etwa $^1/_3$ der angebotenen Produkte ist (zusätzlich) jeweils auf den Systemumgebungen *Linux* oder *OS400* ablauffähig.

Die verschiedenen Unix-Derivate werden von ca. 30-50% der Produkte unterstützt. Ca. 50% der Produkte unterstützen die Funktionalitäten eines Web-Browsers, der es ermöglicht, über das Internet die Anwendungsbereiche zu sehen und zu nutzen, für die entsprechende Benutzerrechte eingerichtet sind.

## 5.4 Schnittstellen

Der Anwender ist für seine Analysen und Auswertungen im Rahmen der Planung auf eine entsprechende Datenbasis angewiesen. Die Datenlieferanten für entscheidungsunterstützende Informationssysteme werden unter dem Begriff „Vorsysteme" zusammengefasst.

In diesem Zusammenhang wurden in erster Linie die Schnittstellen zu gängigen Vorsystemen aus dem Bereich des Rechnungswesen und der ERP-Systeme untersucht.

Zu den am Markt verbreiteten Systemen wie *SAP* bestehen in der Regel standardisierte Schnittstellen. Jedoch ist in Bezug auf die Anbindung von Vorsystemen in der Regel mit Anpassungsaufwand zu rechnen.

Gleiches gilt für die Integration mit Messaging-Lösungen wie *Lotus Notes oder MS-Exchange S*erver u.a. Eine Integration ist standardmäßig noch nicht überall vorhanden, es gibt eine Reihe von Ankündigungen für die Freigabe mit der nächsten Softwareversion.

## 5.5 Berechtigungskonzepte

Die Anmeldung an das System erfolgt bei den meisten Systemen zentral, eine Vergabe von verschiedener Rollen und Sichten zur Nutzung der Daten und Funktionen ist möglich. Dazu gehören Lese- und Schreibberechtigungen, die bis auf Zellenebene definierbar sind und durch mehrere Passwortebenen zugänglich gemacht werden.

# 6 Markt

## 6.1 Anbieter

Fünfzehn Hersteller sind ausschließlich in Deutschland präsent und nicht in der EU oder in anderen Ländern. Dreizehn Hersteller haben ihren Hauptsitz nicht in Deutschland.

Nur bei weiteren 15 Herstellern tragen die untersuchten Planungswerkzeuge/Controllingsysteme zwischen 50% und 100% zu den genannten Jahresumsätze bei. Das bedeutet, dass bis auf 4 Hersteller alle weiteren noch zusätzliche Produkte im Portfolio haben.

Vierzehn der genannten Hersteller arbeiten nicht mit Vertriebs- oder Realisierungspartnern zusammen. Sie verfügen entweder über eigene Niederlassungen oder betreuen die Kunden zentral. Die restlichen kooperieren mit regionalen Realisierungspartnern.

Die Anzahl der Niederlassungen und Vertriebspartner werden in der Marktübersicht differenziert dargestellt, ebenso über wie viele Mitarbeiter die einzelnen Anbieter in den Unternehmensbereichen Schulung, Entwicklung und Support verfügen, um Rückschlüsse auf die Betreuung der Kunden zu ermöglichen.

Die Preise der Systeme kann man sich einerseits aus den jeweiligen Preislisten zusammenstellen, jedoch beinhalten sie in der Regel keine Hinweise auf die zu erwartenden Aufwendungen für Dienstleistungen, wie Schulung, Programmanpassungen, Organisationsberatung u.a.m. In der Marktübersicht werden daher typische Projektgrößen dargestellt, die nach Herstellerangaben zwischen 10.000 € und 250.000 € liegen. Hier liegt eine Häufung zwischen 30.000 € - 100.000 €.

Von großer Bedeutung sind in diesem Zusammenhang die Kosten für die jährlichen Wartungsaufwendungen, die über einen Prozentsatz an den gekauften Softwarelizenzen definiert werden. Die Angaben liegen hier zwischen 8% und 24%. Die Mehrzahl der Anbieter orientiert sich hier am Marktstandard, der im Bereich von 15% - 18% liegt.

Korrespondierend hierzu liegt die typische Anzahl der Nutzer im Unternehmen zwischen 2 und 100 Anwendern.

## 6.2 Anwender

Der Einsatz der Produkte wird nach folgender Anwenderklassifizierung unterschieden:

- Kleine und mittelständische Unternehmen mit einem Jahresumsatz < 10 Mio. €
- Mittelständische bis große Unternehmen mit einem Jahresumsatz < 100 Mio. €

- Grosse und internationale Konzerne mit einem Jahresumsatz > 100 Mio. €

Für eine Verteilung der Produkte werden Häufungen in Bezug auf die typische Anwendergröße nach Umsatz und Anzahl der Mitarbeiter dargestellt. Kleine und mittelständische Unternehmen gehören nicht zu den typischen Kunden von Controllingsystemen. Nur ein Anbieter bezeichnet eine Kundengröße von 25 Mio. € Jahresumsatz als typischen Kunden. Alle anderen liegen deutlich darüber, eine Häufung liegt im Bereich 50 - 250 Mio. Jahresumsatz.

Die Anzahl von installierten Systemen bei Kunden hat eine Streuung von 10 bis 11.000, wobei eine deutliche Häufung im Bereich von 250 bis 1.400 zu verzeichnen ist. Die Systeme sind weitestgehend branchenneutral, so keine signifikanten Branchenausprägungen der einzelnen Produkte zu erkennen sind.

## Literaturverzeichnis

*INFOSOFT AG*: Planungswerkzeuge und Controlling-Systeme: Marktübersicht Hersteller und Produkte, Hamburg 2003 (siehe www.infosoft.de).

## Abbildungsverzeichnis

Abbildung 1:   Mehrstufige Architektur
Abbildung 2:   OLAP-Würfel

# Teil III:

# Controllerdienst und Nutzenoptimierung

KLAUS PALME

# Strategisches und operatives Controlling im Rahmen des eBusiness

| 1 | Ausgangssituation | 425 |
|---|---|---|
| 2 | eBusiness - Merkmale, Ausprägungen, Tendenzen | 426 |
| | 2.1 Standardisierungsprobleme | 432 |
| | 2.2 Klassifikationssysteme für die Wirtschaft | 434 |
| |     2.2.1 Die Struktur von eCl@ss | 435 |
| |         2.2.1.1 Gesamtgliederung | 438 |
| |         2.2.1.2 Die Recherchemöglichkeiten bei eCl@ss | 439 |
| |             2.2.1.2.1 Schlagwortsuche | 439 |
| |             2.2.1.2.2 Hierarchische Suche | 440 |
| |             2.2.1.2.3 Klassifikationsnummer | 440 |
| |             2.2.1.2.4 Beispiele | 441 |
| |     2.2.3 Merkmaldatenbank für eCl@ss | 441 |
| |     2.2.4 Wo kann man eCl@ss erhalten? | 442 |
| |     2.2.5 Die Entwicklung von eCl@ss | 442 |
| |         2.2.5.1 Die Entwicklungsgruppe | 442 |
| |         2.1.1.1 Aktualisierung und Pflege | 443 |
| 3 | Aufgaben für das strategische Controlling | 444 |
| | 3.1 Informationsmanagement | 445 |
| | 3.2 Elektronische Produktkataloge | 446 |
| | 3.3 Elektronische Märkte | 448 |
| | 3.4 Elektronischer Katalog | 450 |
| | 3.5 Aufgaben für das strategische Controlling | 452 |
| 4 | Schlussfolgerungen | 454 |

Weiterführende Literatur 455

Abbildungsverzeichnis 456

# 1 Ausgangssituation

Stichworte wie „eBusiness", „Internettechnologien", „Managementinformationssysteme", „eProcurement", „eCommerce", „Innovationsmanagement" kennzeichnen die rasante Vernetzung weltweit, hervorgerufen durch die Verbreitung des Personalcomputers als Arbeitsgerät in Unternehmen, Betrieben und Verwaltungen.

Unter eCommerce - (electronic-Commerce, e-commerce) versteht man generell sämtliche Geschäftsvorgänge, die zwischen Herstellern, Lieferanten, Kunden, Auftraggebern oder anderen Geschäftspartnern elektronisch ablaufen sollen.

eBusiness (electronic Business, e-Business) umfasst darüber hinaus auch alle internen Vorgänge, die in Zukunft vollelektronisch ablaufen sollen.

Informationsmanagement und eBusiness verändern nicht nur Informationsströme und deren Verarbeitung, sondern damit einhergehend Arbeitsabläufe. Für die Führung eines Unternehmens ist es gerade bei eBusiness wichtig, alle Informationsquellen zu nutzen, die für den eigenen Unternehmenserfolg notwendig sind. Hierzu müssen auch innerbetrieblich bei den Arbeitsabläufen Veränderungen vorgenommen werden. Stichworte, die diese Veränderungsprozesse auslösen, sind eProcurement, Supply Chain Management, Elektronische Märkte, elektronische Kataloge, Standards im eCommerce usw.

Das Abwälzen der Auseinandersetzung mit der Informationsverarbeitung auf elektronischer Basis auf Fachabteilungen, IT-Abteilungen, Informatiker oder externe Berater führt häufig nur zu noch größerer Distanz und zu teilweise immensem Kapitalaufwand. Beispiele in den letzten Jahren sind der heftige Auf- und der teilweise durch Insolvenzen hervorgegangene Abbau von elektronischen Märkten.

Um diese Umbruchsituation aus der Sicht eines Verantwortlichen in einem Betrieb oder in der Verwaltung in den Griff zu bekommen, ist ein ganzheitlicher Denkansatz erforderlich. Dies bedeutet, dass nicht die Auseinandersetzung mit technischen Ausprägungen weiterhilft, sondern nur die übergeordnete Betrachtung im Sinne eines "Informationsmanagements" inmitten einer sich immer stärker vernetzenden Welt. Wenn es plötzlich möglich wird, von einem einzelnen Arbeitsplatz aus praktisch in beliebiger Form andere Arbeitsplatzinhaber in aller Welt unmittelbar zu erreichen, dann ist eine unausweichliche Folge, dass Informationsverarbeitung, Organisationsfluss, Ein- und Verkauf, Warenfluss, Logistik und Transport und anderes unmittelbar von dieser Veränderung betroffen sind. Eine Unternehmensführung, die das Informationsmanagement den IT-Verantwortlichen überlässt, gibt im Grunde genommen Führungsaufgaben ab.

Informationsmanagement im eBusiness bedeutet also, das eigene Unternehmen oder den eigenen Verwaltungsbereich durch Zielvorgaben so den zukünftigen Erfordernissen und Möglichkeiten anzupassen, dass der weltweite Informationsaustausch über die unterschiedlichsten Netze von den eigenen Mitarbeitern zum Nutzen des eigenen Unternehmens sinnvoll eingesetzt wird. Dies erfordert auch, dass das Management klare Zielvorgaben für das Unternehmen entwickelt und die Mitarbeiter in die Lage versetzt, diese Informationsmöglichkeiten möglichst effizient zu nutzen.

Damit steht das Unternehmen und mit ihm der Controller-Dienst vor völlig neuen Situationen. eProcurement und Supply Chain als Zielsetzungen verändern die Organisationsprozesse, die Informationsstrukturen, die Hierarchien und die Aufgaben. Bezogen auf den Controllerdienst bedeutet dies, dass insbesondere im strategischen Bereich neue Aufgaben auf die Controller zukommen, insbesondere beim Informationsmanagement über das weltweite Netz. Im operativen Bereich gilt es, die betrieblichen Abläufe mit ihren elektronischen Datenflüssen als workflow zu gestalten und gleichzeitig mit externen Lieferanten und Kunden zu vernetzen. Dies kann nicht als EDV-technischer Prozess aufgefasst werden, vielmehr ist es Aufgabe des Controllerdienstes, aufgrund strategischer Vorgaben und Ziele diesen Prozess aktiv zu gestalten. Die Fachabteilungen selbst sind aufgefordert, in ihren Teilbereichen die elektronischen Möglichkeiten gezielt zu nutzen. Außer dem Controllerdienst und dem Management gibt es jedoch keine Ansprechstellen im Unternehmen, die diesem globalen und vernetzten Denken gerecht werden können. Daraus ergibt sich: wenn der Controllerdienst diese Herausforderung annimmt und das Management mit geeigneten Steuerungs- und Berichtsmechanismen unterstützen möchte, ist es für ihn notwendig, sich auch mit Einzelheiten und mit Problemen der Internettechnologien im Detail auseinander zusetzen.

Die nachfolgenden Darstellungen sollen helfen, die Chancen, aber auch die Risiken des Electronic Business zu erkennen und daraus Schlussfolgerungen für das eigene Unternehmen zu ziehen.

## 2 eBusiness - Merkmale, Ausprägungen, Tendenzen

eBusiness verändert die Unternehmensorganisation. Neue Methoden und Vorgehensweisen müssen entwickelt und umgesetzt werden, um Unternehmen bei der Umsetzung von eBusiness-Maßnahmen zu unterstützen. Hierzu müssen folgende Trends betrachtet werden.

- Neue Arbeitsabläufe durch B2B (Business to Business) benötigen ganzheitliche Denkansätze.
  Ein ganzheitlicher Denkansatz bedeutet, dass nicht die Auseinandersetzung mit technischen Ausprägungen weiterhilft, sondern nur die übergeordnete Betrachtung im Sinne eines „Informationsmanagements" inmitten einer sich immer stärker vernetzenden Welt. Wenn es plötzlich möglich wird, von einem einzelnen Arbeitsplatz aus praktisch in beliebiger Form andere Arbeitsplatzinhaber in aller Welt unmittelbar zu erreichen, dann ist eine unausweichliche Folge, dass Informationsverarbeitung, Organisationsfluss, Beschaffung, Warenfluss, Transportwege und anderes unmittelbar von dieser Veränderung betroffen sind.

- eBusiness baut auf vernetzten Systemen auf.
  Dies erfordert, dass das Management klare Zielvorgaben für das Unternehmen entwickelt und die Mitarbeiter in die Lage versetzt, die vielfältigen Möglichkeiten des eBusiness möglichst effizient zu nutzen. Wenn jeder Arbeitsplatz mit jedem anderen vernetzbar ist, kommt auch den Arbeitsabläufen und Entscheidungen an den einzelnen Arbeitsplätzen eine wesentlich größere Entscheidungskompetenz zu als bisher. Werden diese Prozesse nicht sinnvoll gestaltet, kann dem Unternehmen oder dem Betrieb erheblicher Schaden entstehen. Zum Beispiel können unkoordiniert Informationen ausgetauscht werden, die nicht im Sinne der Erreichung der Unternehmensziele liegen. Die Gefahr der Durchsetzung von Einzelinteressen gegenüber den Interessen des Betriebes ist wesentlich größer als bisher.

- Für die innerbetriebliche Informationsaufbewahrung und -suche werden elektronische Archive und Datenbanken unverzichtbar.
  Ein erster Ansatz ist bereits bei den teilweise umfangreichen Kunden- und Adressdatenbanken erkennbar. Hinzukommen werden interne Archive über alle Informationsverarbeitungsprozesse, bei denen die entstehenden Informationen über einen bestimmten Zeitraum aufgehoben werden müssen oder suchbar sein sollen. Organisationsveränderungen durch Zentralisierung und Dezentralisierung unterschiedlicher Informationen müssen geplant und durchgeführt werden (eMail, Workflow, Beschaffungsvorgänge, eProcurement, Wissensmanagement u.a.).

- Die Vernetzung von Arbeitsplätzen über den eigenen Betrieb hinaus mit Kunden und Lieferanten sowie Wissenschaftseinrichtungen wird laufend zunehmen (eCommerce). Schon heute ist es möglich, vom eigenen Arbeitsplatz aus einen Arbeitsplatz eines anderen Betriebsteils, eines Lieferanten oder Kunden über das Internet unmittelbar elektronisch zu erreichen. Die organisatorische Gestaltung und das Management des Informationsflusses stecken jedoch noch in den Anfängen. Dies gilt auch für eCommerce.

- eBusiness und Business to Business (B2B) macht weltweite Standards erforderlich.
  Der elektronische Datenaustausch bei Beschaffungsvorgängen erfordert neben der verbalen Beschreibung von Produkten, Warengruppen, Materialien und Dienstleistungen und ihrer Merkmale Klassifikationsstandards, um das elektronische „Suchen und Finden" und die danach ablaufenden elektronischen Geschäftsvorgänge zu ermöglichen.

- Elektronische Märkte verändern Beschaffungsvorgänge.
  Elektronische Märkte im Internet verändern Kauf und Verkauf, Beschaffung und Lieferung von Produkten und Waren (eProcurement) und bieten die Chance, neue Kunden zu gewinnen und neue Produkte und Dienstleistungen zu kreieren.

- Eine Unternehmensführung, die eBusiness und das Informationsmanagement den IT-Fachleuten überlässt, gibt ihre Leit- und Steuerungsfunktion auf.

Informationen sind für jedes Unternehmen lebenswichtig. Dies gilt zukünftig auch für Aktivitäten im eBusiness. Die Gestaltung dieser Potenziale nur den IT-Fachleuten zu überlassen, bedeutet im Extremfall die Übergabe der Geschäftsleitungskompetenzen an die „IT-Abteilung".

Basis für eine konsequente Anwendung von eBusiness ist das Internet mit seinen Möglichkeiten.

Der Austausch elektronischer Nachrichten über E-Mail gehört zu den am meisten genutzten Möglichkeiten. Voraussetzung ist, dass die E-Mail-Adresse bekannt ist. Dieser elektronische Nachrichtenaustausch nimmt immer stärker zu und wird Briefpost und Fax zurückdrängen. Deshalb ist es für Unternehmen unbedingt erforderlich, über eigene E-Mail-Adressen zu verfügen.

Das World Wide Web bietet eine Fülle von Informationen an. Es ist insgesamt multimedial und ermöglicht es praktisch jedem, sowohl einer Einzelperson als auch einem Unternehmen, Informationsangebote aller Art im Internet zur Verfügung zu stellen.

Sämtliche Kosten für Aufbau und Angebot dieser Informationen trägt der Anbieter oder Hersteller. Der Nutzer im Internet ist es gewohnt, diese Informationsseiten kostenlos abrufen zu können. Dies ist für die Gesamtdarstellung und das Kosten/Nutzen-Verhältnis von außerordentlicher Bedeutung. Ein nur sehr schmales und kaum aktualisiertes Informationsangebot ist zwar aufgrund der Erstellungs- und Änderungskosten relativ preiswert, bietet jedoch auch wenig Nutzen, da Interessierte aus dem Internet derartige statische Informationsangebote in der Regel nur einmal abrufen.

Will man jedoch ein adressatenbezogenes Informationsangebot aufbauen, so kann der Aufwand hierfür erheblich sein: Es ist ein Konzept zu entwickeln, das auf bestimmte Adressatengruppen bezogen ist, klare Ziele verfolgt und beispielsweise die Frage klärt, wer in welchen Abständen im eigenen Unternehmen für die Aktualisierung der Informationsangebote zuständig ist. Dieser personalintensive Aufwand sollte nicht unterschätzt werden: ein umfangreiches Informationsangebot im Internet kann durchaus bezüglich seiner Kosten siebenstellige Bereiche erreichen.

Aus diesem Grunde ist genau zu prüfen, wo in der Spanne zwischen einfachen, kaum aktualisierten Informationsangeboten und beispielsweise einer hochaktuellen Datenbank, wie sie bei Produkt- oder Nachrichtendiensten verwendet wird, das eigene Informationsangebot platziert werden soll. Je aktueller, je spannender und je häufiger Informationen aktualisiert werden müssen, desto höher sind die Kosten, sowohl für die Entwicklung wie für den Betrieb des Informationsangebotes.

Andererseits können Firmen Zusatzinformationen sehr preiswert anbieten, die sie bisher wegen der hohen Gestaltungs-, Druck- oder Versandkosten nicht zur Verfügung gestellt haben.

Das World-Wide-Web bietet aber noch mehr: Es ist die Plattform, um Geschäftsvorgänge voll elektronisch ablaufen zu lassen. Dabei stehen zwei Punkte im Vordergrund:

- Wie finden wir die Informationen, die für unsere Geschäftsvorgänge notwendig sind (z.B. Einkauf von Produkten, Geräten und Materialien)?

- Wie wickeln wir mit den gefundenen Partnern alle Geschäftsvorgänge elektronisch ab (vom Angebot über die Bestellung bis hin zur Lieferung und Abrechnung)?

„Surfen" im Internet bedeutet, dass Informationen gesucht werden, deren Quelle nicht bekannt ist. Hilfestellung bieten sogenannte Suchmaschinen, die zum Teil sehr gute, aber meist sehr große Treffermengen ergeben.

Diese Tendenz zeigt auf, dass die Informationsflut durch das Internet nochmals gewaltig gestiegen ist. Deshalb wird es in Zukunft notwendig sein, bei Recherchen im Internet die gefundenen Quellen, die für das eigene Unternehmen von großer Bedeutung sind, entsprechend zu erfassen, innerbetrieblich zu speichern und in gewissen Zeitabständen zu nutzen. Mitarbeiter, die neue Informationen brauchen, müssen den Freiraum haben, entsprechend aufwendige Suchvorgänge im Internet durchzuführen. Suchprozesse sind zeitintensiv und kosten damit auch entsprechendes Geld. Ein neuer Trend führt wegen der Informationsflut dazu, dass viele Anbieter versuchen, unter dem Begriff des „Portals" themenorientiert Informationen zusammen zu fassen und damit den Benutzer gezielt zu führen. Derartige Informationsangebote sind jedoch nicht mit der klar gegliederten Struktur einer Datenbank gleichzusetzen. Sie bieten jedoch erste Hilfestellungen, um die aufwendigen und manchmal fruchtlosen Suchprozesse abzukürzen.

Ziel für Electronic Commerce (eBusiness) ist die komplette digitale Abwicklung von Geschäftsvorgängen. Häufig wird jedoch fälschlicherweise in Veröffentlichungen eBusiness gleichgesetzt mit dem Angebot eines Kataloganbieters, der seine Produkte elektronisch auf CD-ROM oder im Internet publiziert. Der Kunde ist dann in der Lage, direkt über das Internet die Waren auszusuchen und zu bestellen. Man spricht hier auch von Business to Consumer-Vorgängen. Im wesentlichen stützt sich diese Art des Verkaufs von Waren über das Internet auf herkömmliche Vorgehensweisen, lediglich der Katalog wird durch elektronische Informationen abgelöst. Dies ist jedoch nur eine von vielen Möglichkeiten.

Die Geschäftsziele der Unternehmen sind häufig nur unklar definiert, was den Einsatz und die Nutzung des Internets angeht. Die Betriebe ahnen, dass die Möglichkeiten des Internets ihre Geschäftsprozesse und -abläufe verändern können, aber die meisten wissen nicht, was, warum und wie. Vielen Unternehmen reichen eMail-Anschluss und ein paar Webseiten, um lediglich - meist noch mit alten Informationen - präsent zu sein. Sie stellen sich jedoch nicht unbedingt den Herausforderungen und den daraus folgenden Veränderungen, die erfolgreiches eBusiness nach sich ziehen.

Fragestellungen, die zunächst im eigenen Unternehmen besprochen und im Lösungsansatz erarbeitet werden müssen, bevor mit der Realisierung begonnen werden kann, sind:

1. Welche zentralen Unternehmensprozesse müssen geändert werden, um eBusiness-Fähigkeit zu erreichen?
   Die Beantwortung dieser zentralen Frage erfordert andauernde konsequente Projektarbeit sowie ein entschiedenes Engagement zur Umsetzung der immer weiter anfallenden, bedeutsamen Veränderungen im gesamten Unternehmen.

Betroffen sind nahezu alle herkömmlichen Abteilungen: Einkauf, Verkauf, Logistik, Produktion, Lagerhaltung, Controlling, Materialwirtschaft und Arbeitsorganisation.

Daraus ergeben sich weitere Einzelfragen:

2. Wer steuert und gleicht im Unternehmen die unterschiedlichen Projekte ab, die sich alle mit der Nutzung des Internets beschäftigen? Wer ist z. B. zuständig für das zukünftige Kernprodukt, den elektronischen Katalog, der laufend gepflegt werden muss?

3. Wie können neue, innovative Geschäftskonzepte innerhalb des Unternehmens für e-Business vorangetrieben und kontrolliert werden, ohne dass gleichzeitig der herkömmliche Geschäftsbetrieb zusammenbricht oder Erlöse geschmälert werden?

4. Wie kann ein eBusiness-fähiges Unternehmen gesteuert und geführt werden und welcher Nutzen wird bei Umsatz und Erlösen generiert?

5. Wie muss sich die Arbeitsorganisation verändern, um den gesteigerten Anforderungen an Flexibilität nachzukommen, ohne die Kontrolle über das gesamte Unternehmen zu verlieren?

6. Wie kann das Risiko des eBusiness-Investments in Grenzen gehalten werden?

7. Wer entwickelt im Unternehmen bereichsübergreifend eine mittelfristige eBusiness-Strategie und wie werden die daraus resultierenden Maßnahmen gesteuert?

8. Wie kann die betriebsinterne zentralisierte Struktur mit dezentralisierten Vorgehensweisen effektiv verbunden werden, um Reibungen und Doppelarbeiten zu vermeiden?

9. Welche Formalismen müssen verringert oder ganz abgebaut werden, um dem „Internet-Tempo" gerecht zu werden?

10. Wie kann man Investitionen in eBusiness abschätzen und messen?

11. Welche Risiken müssen beachtet werden, wenn die betriebliche Kommunikation nach intern und extern über „offene" Wege, z.B. eMail erfolgt?

12. Wie kann man vermeiden, dass eBusiness zur Spielwiese der IT-Fachleute wird?

13. Wie kann die Sicherheit vertraulicher Informationen z.B. über Produkte aufrecht erhalten werden, wenn gleichzeitig zahlreiche Geschäftseinheiten und Funktionsgrup-

pen die Möglichkeit erhalten, mit uneingeschränkter Freiheit im Internet zu kommunizieren?

14. Wie kann man "best practices" anderer führender eBusiness-Unternehmen für eigene Zwecke nutzen, ohne sie nur einfach nachzuahmen?

15. Wann ist eigentlich die Umgestaltung von eBusiness-Umstellungen abgeschlossen und was folgt danach?

Im Verhältnis von Firmen, Lieferanten, Händlern und Kunden untereinander (Business to Business, B2B) führt die digitale Geschäftsabwicklung zu veränderten Beziehungen zwischen den Partnern. Damit werden auch traditionelle Firmen- und Handelsstrukturen aufgebrochen. Die bisher klaren Rollen von Entwicklern, Zulieferern, Herstellern und Händlern verschwimmen und werden teilweise neu definiert. Wird z.B. das Internet als Medium für den elektronischen Einkauf genutzt, entstehen neue Perspektiven: Ein Unternehmen kann durch die einfache Bekanntgabe seines Bedarfs weltweit Angebote von einem deutlich erweiterten Lieferantenkreis erhalten und Bestellungen per Mausklick oder vollkommen automatisch abwickeln. Auf der Anbieterseite erschließt sich den Lieferanten dadurch ebenfalls eine wesentlich breitere Kundenbasis (vgl. Abbildung 1).

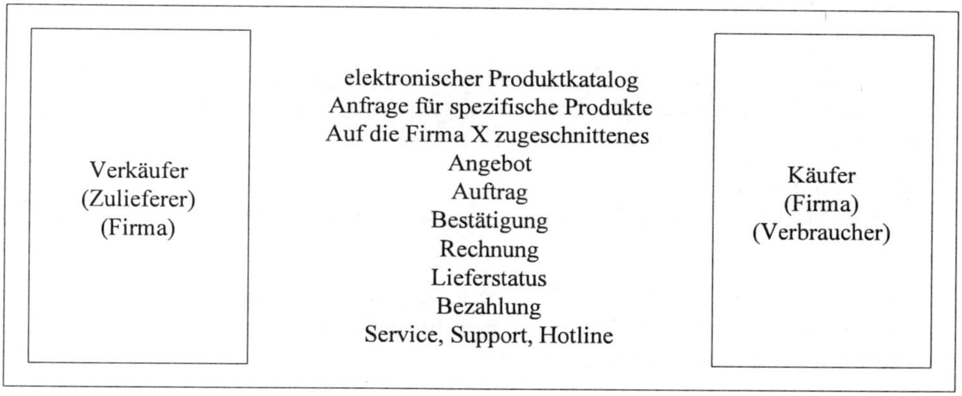

| Verkäufer (Zulieferer) (Firma) | elektronischer Produktkatalog<br>Anfrage für spezifische Produkte<br>Auf die Firma X zugeschnittenes<br>Angebot<br>Auftrag<br>Bestätigung<br>Rechnung<br>Lieferstatus<br>Bezahlung<br>Service, Support, Hotline | Käufer (Firma) (Verbraucher) |

Abbildung 1: Was ist Electronic Commerce?

## 2.1 Standardisierungsprobleme

Für die Unternehmen genügt es nicht, eBusiness als Zielvorgabe allgemein zu definieren. Für die Aufgabe, Lösungen im Detail zu erarbeiten, muss eine Unternehmensabteilung beauftragt werden, diese strategischen Zielvorgaben zu präzisieren und Maßnahmenpläne zur Umsetzung zu erarbeiten.

Für die interne Entscheidungsvorbereitung müssen dabei folgende Standardisierungen bearbeitet und festgelegt werden:

- *Infrastrukturstandards*
  Welche internen Softwarestrukturen, Netze, Intranets, Standard-Software usw. sollen eingesetzt werden?

- *Sicherheitsstandards*
  Welche organisatorischen, technischen und personellen Maßnahmen im eigenen Unternehmen und zu Kunden, Lieferanten und Märkten sichern die Vertraulichkeit der Informationen?

- *Übertragungsstandards*
  Wie werden Informationen zwischen den Partnern übertragen? Welche Protokolle kommen zum Einsatz oder werden verlangt (z.B. HTTP, FTP, u.a.)?

- *Transaktionsstandards*
  Wie werden die Daten einer Beschaffungsmaßnahme (Angebot, Lieferdaten, Bestellformular, Zahlungsvorgänge, Kapazitätsabgleich u.a.) zwischen Kunden und Lieferanten übertragen (z.B. ASCII, XML, u.a.)? Wie erfolgt die Bezahlung?

- *Katalogstandards*
  Welche Struktur sollen die Daten in den elektronischen Katalogen haben (z.B. XML, BMEcat)?

- Welches Klassifikationssystem (Nummern, Merkmale, Schlagworte, Werte) soll für die Produkte, Materialien, Warengruppen und Dienstleistungen eingesetzt werden, um weltweit agieren zu können (z.B. eCl@ss)?

Der Klassifikationsstandard eCl@ss ist zur Zeit am weitesten fortgeschritten und verfolgt das Ziel, als weltweiter Standard für B2B eingesetzt zu werden. Ohne einen einheitlichen Standard für Produkte, Materialien, Warengruppen oder Dienstleistungen wird B2B langfristig nur unter in Kaufnahme von kostenaufwendigen Schnittstellenprogrammierungen funktionieren.

Die Problematik des Electronic Commerce im B2B-Bereich liegt jedoch auch darin, dass das Anbieten wie das Finden neuer Produkte, Materialien, Waren und Dienstleistungen immer noch darauf beruht, das der Anbieter eine verbale Beschreibung seiner Produkte liefert und der Nachfrager gezwungen ist, diese verbalen Beschreibungen durchzulesen, zu vergleichen und zu sortieren. Dabei gibt es Sprachschwierigkeiten:

Wenn der Anbieter sein Produkt mit Handy bezeichnet und der Käufer nach einem Mobiltelefon sucht, ist ein einfacher Abgleich nicht möglich. Hier helfen auch Suchmaschinen nicht weiter, da sie lediglich auf bestehenden Begriffen aufbauen, die sie in eine Liste schreiben und abgleichen. Der Aufbau von Synonymen oder ähnlichen Begriffen ist bei Suchmaschinen nicht möglich. Dadurch entstehen auf der einen Seite hohe Trefferquoten und auf der anderen Seite ebenso hohe Ungenauigkeiten.

Will man Electronic Commerce in vollem Umfang anwenden, müssen zwei Schritte durchgeführt werden:

- Das Suchen und Finden von Produkten, Dienstleistungen oder anderen Partnern
- Die elektronische Abwicklung von Geschäftsvorgängen oder Bestellungen zwischen den Partnern

Das Suchen und Finden von Partnern erfolgt heute in der Regel nicht direkt über das Internet, sondern über bereits vorhandene Medien, Kundenkontakte, Fachartikel, Messen oder durch andere Vorgehensweisen. Über das Internet-Angebot an www-Adressen und E-Mail-Adressen gibt es keine zentralen Verzeichnisse, die - vergleichbar einem Telefonbuch - das Heraussuchen von Adressen und Kommunikationspartnern zielorientiert erlauben. Für die Suche stehen lediglich Suchmaschinen zur Verfügung, die nur dann genutzt werden können, wenn bestimmte Begriffe als Suchbegriffe eingesetzt werden. Bei sehr allgemeinen Begriffen führt dies zu einer Informationsüberflutung, bei sehr speziellen Begriffen häufig zu falschen Kontakten. Deshalb ist zunächst im Unternehmen zu klären, wie betriebsinterne Adresssammlungen aufgebaut und gepflegt werden können.

Will man das Internet für eBusiness im vollen Umfang nutzen, dann kann es zu einer Reihe von Problemen bei der elektronischer Abwicklung von Geschäftsvorgängen kommen, die gelöst werden müssen. Tritt ein Unternehmen als Informationsanbieter auf, ist zunächst die Zielsetzung zu klären, welche Adressatengruppen angesprochen werden sollen. Obwohl jeder das entsprechende Informationsangebot nutzen kann, muss trotzdem nach unterschiedlichen Benutzern differenziert werden, wenn Wirkung erreicht werden soll. Dabei steht besonders die Frage nach dem Nutzen für die angesprochenen Zielgruppen im Vordergrund. Will man beispielsweise Kunden direkt erreichen und zu Verkaufskontakten kommen, müssen entsprechende „Formulare", Hotlines oder Ansprechpartner im Internet zur Verfügung stehen. Die Abwicklung der Geschäftsvorgänge erfolgt dann im direkten Zweier-Kontakt. Will ein Unternehmen dagegen eCommerce nutzen, um neue Kunden anzulocken und auf sich aufmerksam zu machen, ist zu prüfen, wie das eigene Angebot gefunden werden kann:

- Ist der eigene Name hinreichend bekannt, so dass Nutzer von alleine auf diese Unternehmen stoßen?
- Werden unsere Produkte und Dienstleistungen im Rahmen eines „elektronischen Kataloganbieters im Internet" mit angeboten („elektronische Märkte")?

- Werden unsere Produkte und Dienstleistungen im Rahmen eines „Portals" eingegliedert?

Wenn der eigene Firmenname gut genug bekannt ist, müssen trotzdem über herkömmliche Wege die Möglichkeiten der Nutzung unseres Internet-Angebotes bekannt gemacht werden. Dies gilt für alle Unternehmen. Der Nutzen des Internet besteht dann hauptsächlich darin, die nachfolgenden Geschäftsvorgänge und Bestellungen elektronisch abwickeln zu können. Der Verkauf von Produkten und Dienstleistungen folgt dabei aber den gleichen Gesetzmäßigkeiten wie bisher auch schon. Da eine Direktbezahlung über elektronisches Geld (eCash, CyberCash o.ä.) noch sehr schwierig ist und in der Regel hauptsächlich über Kreditkarten abgewickelt wird, werden in Deutschland im wesentlichen herkömmliche Verfahren eingesetzt (Rechnung, Lastschrift, Nachnahme, Abbuchung).

Die Nutzung eines elektronischen Kataloganbieters ist dann sinnvoll, wenn die eigene Produkt- und Dienstleistungspalette zum Thema des Kataloganbieters passt. Dabei ist zu beachten, dass auch die einzelnen Kataloganbieter jeweils nur eine begrenzte Auswahl von Firmen und Herstellern erfassen können. Die Darstellung eigener Produkte und Dienstleistungen ist in der Regel kostenpflichtig.

Ordnet man die eigenen Informationsangebote Portalen zu, ist darauf zu achten, welche Schwerpunkte derartige Portale themenmäßig besetzen wollen. Auch hier ist davon auszugehen, dass nur ein bestimmter Anteil von Anbietern zum Zuge kommt. Würden alle Anbieter unter einem Portal auffindbar sein, wäre dies wieder mit dem Internet im ganzen gleich zu setzen. Dies würde auch bedeuten, dass die Suchergebnisse viel zu hohe Trefferzahlen ergeben.

## 2.2 Klassifikationssysteme für die Wirtschaft

Die chaotische Struktur des Internet ermöglicht nur begrenzt die zielorientierte Suche. Gesucht wird in der Regel über Worte und Begriffe, die jedoch von Käufern und Verkäufern häufig in unterschiedlicher Weise genutzt werden. Beispielsweise sucht ein Käufer nach Kugelschreibern, während der Verkäufer von Schreibgeräten spricht. Allein die sprachliche Differenz verhindert einen zielorientierten Kontakt.

Voraussetzung für eine gezielte Suche ist deshalb eine gemeinsame „Sprache" zwischen dem bestellenden Ingenieur, dem Einkäufer oder Lieferanten. Die durch eine elektronische Bestellung möglichen Kosten- und Transparenzvorteile können nur dann realisiert werden, wenn eine einheitliche Klassifikationsstruktur vorhanden ist. Führende deutsche Unternehmen haben deshalb eine Klassifikation erarbeitet, die zum Industriestandard zwischen Lieferanten und Kunden werden soll - eCl@ss.

## 2.2.1 Die Struktur von eCl@ss

eCl@ss ist gekennzeichnet durch einen vierstufigen, hierarchischen Materialklassifikationsschlüssel mit einem aus z.Zt. 30.000 Begriffen bestehenden Schlagwortregister. Die Hierarchiestufen heißen Sachgebiet, Hauptgruppe, Gruppe und Untergruppe. Für jede der vier Stufen bzw. Ebenen stehen zwei Stellen zur Verfügung. Somit sind pro Ebene bis zu 99 Klassen denkbar. Für Materialien, Warengruppen, Produkte und Dienstleistungen wird hier eine Struktur bereitgestellt, deren Detaillierungsgrad an die Bedürfnisse der Industrie angepasst ist.

eCl@ss kann entlang der gesamten Versorgungskette eingesetzt werden: Auf hoher Aggregationsebene wird die Struktur der Beschaffungsmärkte abgebildet und ermöglicht so auf der Einkaufsseite die leichte Bündelung der Volumina und die Darstellung der Marktposition. In den unteren Ebenen prägen die technischen Zusammenhänge die Strukturierung, um Techniker in Planung und Instandhaltung zu unterstützen.

Durch das umfangreiche Schlagwortregister können auch Klassen ohne detaillierte Kenntnisse der Hierarchie gefunden werden: Das stellt sicher, dass eCl@ss zur Kommunikation einheitlich über Bereichs- und Firmengrenzen hinweg genutzt werden kann.

Unter Bezugnahme auf eCl@ss-Nummern werden Merkmale und Merkmalleisten für die verschiedensten Materialien und Warengruppen erarbeitet und in einer Datenbank erfasst.

Abbildung 2: Sachgebiete der Klassifikation eCl@ss

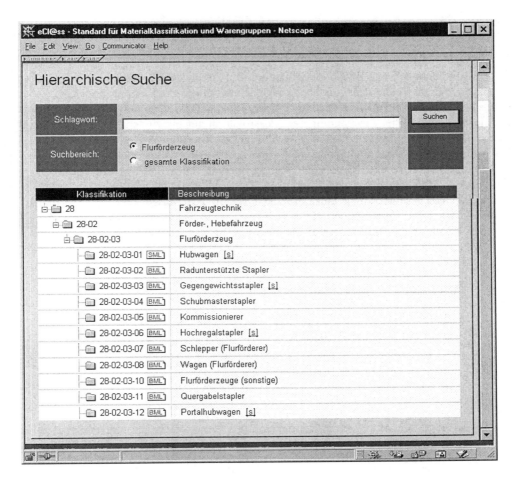

Abbildung 3: Beispiel der achtstelligen Gliederung der Klassifikation nach Sachgebieten (zweistellig), Hauptgruppen (vierstellig), Gruppen (sechsstellig) und Untergruppen (achtstellig)

Ziel ist es, möglichst an jeden Klassifizierungsendpunkt von eCl@ss eine Merkmalleiste anzufügen. Die Merkmalleiste ist die Zusammenstellung einzelner Merkmale, die das zugehörige Wirtschaftsgut beschreiben. Durch diese Vorgehensweise werden Verständigungsprobleme weitestgehend minimiert.

## 2.2.1.1 Gesamtgliederung

Wie Abbildung 2 zeigt, ist die Klassifikation in 21 Sachgebiete gegliedert. Jedes dieser einzelnen Sachgebiete kann aus bis zu vier Ebenen mit je zwei Stellen bestehen, wobei zusätzlich noch Schlagworte angefügt werden können (vgl. Abbildung 3). Wie das Beispiel zeigt, führt die Verfeinerung der Klassifikation auf bis zu acht Stellen dazu, dass auch Teile eines einzelnen Produktes suchbar gemacht werden (Materialien).

Zu fast allen Klassifikationsnummern mit acht Stellen werden noch Merkmalleisten angefügt, die in Abhängigkeit vom Produkt oder der Dienstleistung mit einem unterschiedlichen Feinheitsgrad detailliert werden (Basismerkmalleisten oder Standardmerkmalleisten). Diese Merkmale eines Produktes führen dazu, dass nach dem „sich finden" die elektronische Beschreibung des Angebotes wie der Nachfrage nach gleichen Merkmalen erfolgen kann (Abbildung 4). Damit wird eBusiness erst möglich.

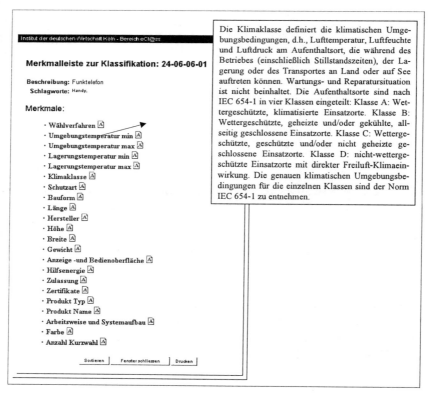

Abbildung 4: Anzeige einer Merkmalleiste

## 2.2.1.2 Die Recherchemöglichkeiten bei eCl@ss

### 2.2.1.2.1 Schlagwortsuche

Wie die Abbildungen 5 und 6 zeigen, ist bei der Schlagwortsuche die Eingabe eines Suchbegriffes nach eigener Wahl möglich. Als Grundregel kann gelten, dass die Schlagworte „Hauptworte der Landessprache in der Einzahl" sind, sofern diese Vorgabe sinnvoll ist. Durch die Eingabe eines Schlagwortes werden automatisch alle Klassifikationsnummern gefunden, mit denen diese Schlagworte verknüpft sind. Dabei kann es durchaus vorkommen, dass unterschiedliche Klassifikationsnummern mit gleichen Schlagworten versehen sind.

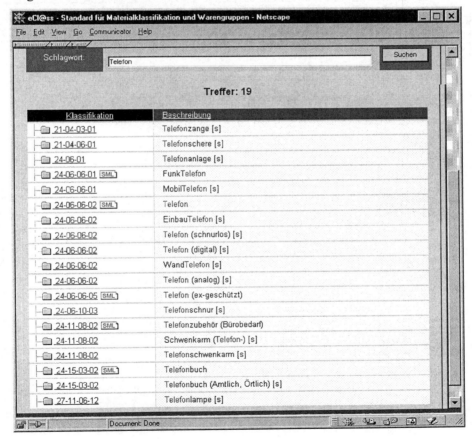

Abbildung 5: Anzeige nach Eingabe eines Schlagwortes

### 2.2.1.2.2　Hierarchische Suche

Bei der Nutzung der hierarchischen Suche wird, wie in Abbildung 2 dargestellt, zunächst die erste Ebene dargestellt. Nach den 21 Sachgebieten kann durch weiteres Anklicken die jeweilig nächstfeinere Stufe genutzt werden (vgl. Abbildung 3).

### 2.2.1.2.3　Klassifikationsnummer

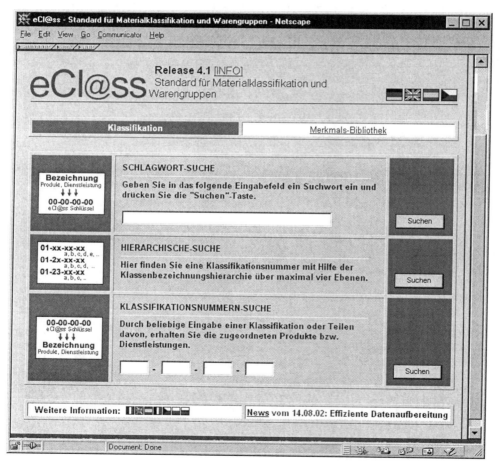

Abbildung 6:　eCl@ss-Homepage mit drei Suchmöglichkeiten

Wenn ein Käufer oder Verkäufer bereits Kenntnis von eCl@ss besitzt, wird er in zunehmendem Maße Klassifikationsnummern einsetzen, die ihm bereits bekannt sind. Um gegebenenfalls Änderungen und Ergänzungen herauszufinden oder diese Klassifikationsnummern zu überprüfen, ist es möglich, die Nummer direkt einzugeben (vgl. Abbildung 6). Danach wird das Produkt oder die Dienstleistung aufgezeigt, die dieser Klassifikationsnummer auf der entsprechenden Ebene zugeordnet ist.

2.2.1.2.4 Beispiele

Wie Abbildung 5 zeigt, erhält man beispielsweise bei der Eingabe des Schlagwortes „Telefon" eine eindeutige Zuordnung zur Klassifikation 24 (Informations-, Kommunikations-, Bürotechnik) und dann aufgeschlüsselt die einzelnen Varianten. Sofern ein anklickbarer Button links neben der Nummer steht, können noch zusätzliche Schlagworte aufgerufen werden.

Gibt man dagegen den sehr allgemein gehaltenen Begriff „Schutz" ein, so erhält man eine Fülle von Hinweisen, die insgesamt die Klassifikationen 20, 21, 22, 23, 25, 27, 33, 35, 37 und 40 umfassen. Wegen des zu allgemein verwendeten Begriffes „Schutz" kommen sowohl Schutzverpackungen, Schweißschutzmittel, Wärmeschutzmittel, Korrosionsschutz, Objektschutz, Schutzanlagen im Sinne von Beleuchtungen, Netzschutzanlagen, Brandschutz und Unfallschutz vor.

Dieses Beispiel zeigt, dass die Verwendung sehr allgemein gehaltener Begriffe zu einer viel zu hohen Anzahl an Treffern führt. Andererseits ist es möglich, auch mit sehr groben Begriffen letztlich zu den gesuchten Klassifikationsnummern zu kommen.

## 2.2.3 Merkmaldatenbank für eCl@ss

Um anhand der eCl@ss-Nummern elektronische Geschäftsbeziehungen aufzubauen und abwickeln zu können, bietet eCl@ss Merkmalleisten an. Diese Merkmale und Merkmalleisten werden für die unterschiedlichsten Materialien, Warengruppen, Produkte und Dienstleistungen erarbeitet und in einer Datenbank erfasst und gepflegt.

Den Benutzern von eCl@ss werden entsprechend einer Kennzeichnung bei den Nummern komplette Merkmalleisten geliefert. Diese sogenannte Präsentations-Datenbank für die Klassifikation und die Merkmalleisten wird über einen längeren Zeitraum konstant gehalten. Natürlich ist es einleuchtend, dass sich Merkmalleisten weiterentwickeln und ständig ergänzt werden. Deshalb betreibt die Geschäftsstelle bei der *Institut der deutschen Wirtschaft Köln Consult GmbH* eine zweite Datenbank für Entwicklungszwecke, die in bestimmten Abständen mit der Präsentationsdatenbank abgeglichen wird.

## 2.2.4 Wo kann man eCl@ss erhalten?

Unter den Internet-Adressen www.eclass.de und www.deutsche-wirtschaft.de stößt man direkt auf die Klassifikationsnummern und auf übergeordnete Themen, die sich mit Electronic Commerce befassen. Weitere Adressen, die zu gleichen Ergebnissen führen, sind: www.klassifikation.de und www.industrieklassifikation.de.

Die Nutzung von eCl@ss ist kostenlos. Wie auf der Homepage aufgeführt ist, sind auch entsprechende download-Möglichkeiten gegeben. Damit kann jeder Interessent, sowohl Käufer wie auch Verkäufer, kostenfrei diese Klassifikation für seine Zwecke nutzen.

Wie die Homepage von eCl@ss (Abbildung 6) zeigt, sind zusätzlich zur Klassifikation weitere Informationen vorhanden. Von großer Bedeutung ist hierbei das Diskussionsforum und die Hotline. Hier ist es möglich, mit anderen Interessenten Kontakt aufzunehmen, gemeinsam Fachfragen zu diskutieren oder über die Hotline der Geschäftsstelle von eCl@ss neue Nummern, Ergänzungen und Schlagworte vorzuschlagen. Diese Anfragen werden geprüft und - wenn möglich - schnellstmöglich umgesetzt. eCl@ss ist in Deutsch, Englisch, Französisch, Spanisch, Italienisch und Tschechisch verfügbar. Eine zusätzliche Adresse für die englische Version ist www.eclass-online.com. Weitere Übersetzungen sind geplant.

## 2.2.5 Die Entwicklung von eCl@ss

### 2.2.5.1 Die Entwicklungsgruppe

Wie Abbildung 7 aufzeigt, wurde eCl@ss von seiner Zielsetzung her als branchenübergreifend, mehrsprachig, international und als Standard für Materialgruppen-Management begonnen. Ziel ist ebenfalls, elektronische Online-Kataloge und -Ausschreibungen durch eCl@ss zu unterstützen.

Nach Prüfung vorhandener Klassifikationssysteme wurden in einem Arbeitskreis mit zehn Unternehmen die Grundstrukturen von eCl@ss entwickelt. Dabei war der Grundgedanke, Electronic Commerce-Anwendungen durch eine durchgängige Spezifikation von Artikeln und Produkten bei Herstellern, Händlern und Kunden zu ermöglichen. Damit wird die Schlagwortsuche in Katalogen durch die verbundene Suche nach eCl@ss-Nummern erleichtert und unterstützt. Auch bei Online-Ausschreibungen kann die Nutzung der eCl@ss-Nummer zu einer verbesserten Trefferquote führen.

Unter diesen Voraussetzungen hat die Arbeitsgruppe die Materialklassifikation eCl@ss geschaffen und bietet sie heute über die Trägerschaft der eCl@ss-Geschäftsstelle neutral allen Interessierten weltweit an.

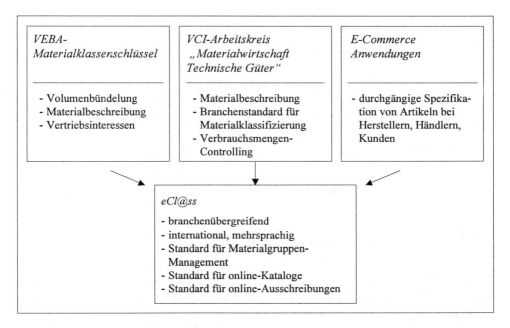

Abbildung 7: Zielsetzung von eCl@ss

### 2.1.1.1 Aktualisierung und Pflege

eCl@ss bildet in der vorliegenden Version den Rahmen für den weiteren Aus- und Aufbau sowie die laufende Aktualisierung des Klassifikations- und Warengruppensystems. Die Vertiefung und Weiterentwicklung von eCl@ss, die Festlegung von Merkmalleisten sowie die Vergabe von neuen Sachmerkmalen erfolgt durch die an der Entwicklung von eCl@ss beteiligten Unternehmen (Abbildung 8), durch einen Fachbeirat und die eCl@ss-Geschäftsstelle in Köln.

Bei Änderungs- und Ergänzungsvorschlägen erfolgt eine Prüfung durch einen Änderungsausschuss, der durch verschiedene Unternehmen abwechselnd besetzt ist und schnelle Entscheidungen trifft. Die ergänzte oder ggf. neue Nummer wird in das eCl@ss-System eingefügt; der Anfrager wird elektronisch über das Ergebnis unterrichtet. Außerdem ist für interessierte Firmen ein E-Mail-Verteiler aufgebaut, der sie automatisch über Änderungen verschiedener Hauptgruppen informiert, die sie der Hotline bekannt geben.

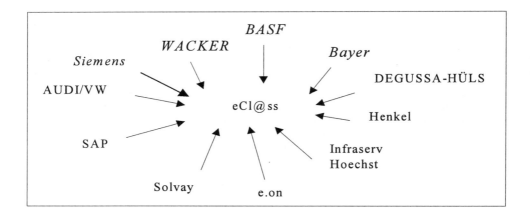

Abbildung 8:   eCl@ss-Lenkungsausschuss

Diese dynamischen Prozesse ermöglichen es allen Firmen, auf das Klassifikationssystem Einfluss zu nehmen. Es können sich auch Firmenverbünde, die neue eCl@ss-Hauptgruppen entwickeln, strukturieren, mit Schlagworten versehen und wiederum der eCl@ss-Geschäftsstelle zur Verfügung stellen. Dies könnte beispielsweise im Dienstleistungsbereich erfolgen. Da eCl@ss nicht branchenorientiert ist, sondern den Markt abbildet, ist diese Möglichkeit der Mitwirkung für jede Branche gegeben. Zu beachten ist allerdings, dass die Grundregeln von eCl@ss eingehalten werden müssen, firmenbezogene Klassifikationen deshalb wenig sinnvoll sind. Sie würden zu Überschneidungen und Doppelungen beim Suchprozess führen.

# 3      Aufgaben für das strategische Controlling

In Anbetracht der als nahezu revolutionär einzustufenden Veränderungen auf den Märkten durch Internettechnologien ergeben sich auch veränderte Betrachtungspunkte für den Controllerdienst. Insbesondere im strategischen Bereich sollten Controller die Aufgabe übernehmen, die Entwicklung der elektronischen Beschaffung von der Einstufung des Produktionsfaktors Information bis zur operativen Abwicklung über elektronische Märkte zu bearbeiten.

## 3.1 Informationsmanagement

Der Produktionsfaktor Information hat bereits seit längerer Zeit einen hohen Stellenwert bekommen. Durch die explosionsartige Ausweitung des Internet ist die Suche nach Informationen jedoch insgesamt schwerer geworden, obwohl andererseits nahezu alle Informationen verfügbar sind, die ein Unternehmen benötigt.

In den vergangenen zwanzig Jahren wuchsen weltweit die Online-Datenbanken. Man kann heute davon ausgehen, dass nahezu alle Informationen in Datenbanken gespeichert sind. Bevor das Internet zum weltweit zugänglichen Zugangsnetz wurde, war die Nutzung von Online-Datenbanken teilweise unbefriedigend, da der technische Zugang schwierig war. Dies hat sich generell geändert. Praktisch alle relevanten Datenbanken sind heute über Internettechnologien erreichbar. Damit bestehen nunmehr die Möglichkeiten, nach bestimmten Produkten, Dienstleistungen und Angeboten über Datenbanken und das Internet zu suchen, den Markt transparenter zu gestalten, aber auch neue Partner zu finden in einer vernetzten Welt. Aufgrund des differenzierten Angebotes, der Menge an Information und der Vernetzung in den Unternehmen wird auch die Bedeutung des Informationsmanagements immer höher. Die Schwierigkeit besteht heute darin, dass in den Unternehmen niemand benannt ist, der diese vorhandenen Informationsmengen sichtet, auswählt, aktualisiert und den eigenen Fachabteilungen zur Verfügung stellt.

Die Vernetzung der Arbeitsplätze durch PCs innerhalb eines Unternehmens und darüber hinaus über das Internet mit externen Partnern führt zu erheblichen organisatorischen Problemen. Einerseits stehen die Unternehmen vor der Situation, wissensbasiert nicht nur die externen Informationen zu bündeln und sinnvoll einzusetzen, sondern auch das Fachwissen der eigenen Mitarbeiter für unternehmerische Prozesse sinnvoll zu integrieren.

Da aufgrund der Internetprotokolle alle Rechner an jedem Ort der Welt miteinander kommunizieren können, stehen automatisch auch alle am Marktgeschehen beteiligten Partner heute am Beginn des elektronischen Geschäftsverkehrs. Einkaufen, Verkaufen, die Suche nach Informationen für Entwicklung und Forschung, für Produktion und die Personalwirtschaft wird immer häufiger elektronisch abgewickelt.

Dabei liegt der Schwerpunkt aus jetziger Sicht eindeutig im Verkauf von Produkten, Waren oder Dienstleistungen, wobei der Bereich Einkauf und Beschaffung bis jetzt noch kaum in diese Prozesse dynamisch integriert ist. Langsam findet aber auch hier ein Umdenken statt: Die Einsparpotenziale durch das sogenannte Electronic Procurement (eProcurement) werden für mehr und mehr Unternehmen deutlich. Dies leuchtet ein, wenn die in zahlreichen Veröffentlichungen genannten Kennzahlen für Prozesskosten bei der Beschaffung von B-C-Teilen in Höhe von EUR 100,-- bis EUR 250,-- pro Bestellvorgang anfallen. Dabei liegen die größten Prozesskosten-Reduktionspotenziale durch eProcurement im Bereich C-Artikel oder C-Teile. Diese standardisierten, relativ geringwertigen und mit geringem Beschaffungsrisiko verbundenen Artikel von Büromaterialien über PCs bis zu Verbrauchsmaterialien haben trotz ihres geringen Einzelwertes einen enormen Anteil am gesamten Beschaffungsvolumen eines Unternehmens.

Hier setzen Maßnahmen der elektronischen Beschaffung ein, die sich auf die strategische Ebene beziehen. Der Einkauf kann zentral durch Bündelungseffekte enorme Preisreduktionen erreichen. Dazu tragen hauptsächlich die Konzentration auf wenige Lieferanten sowie die Entlastung auf der Rahmenvertragsverhandlungsebene bei. Es ist jedoch erforderlich, in einem Auswahlprozess die Lieferanten herauszufinden, die in der Lage sind, die elektronische Abwicklung der Beschaffungsvorgänge vollständig durchzuführen. Damit kommt es wieder zu Konflikten mit den unterschiedlichen EDV-Systemen zwischen Lieferanten und Käufern. Nur durch den Einsatz von Standards wie eCl@ss, aber auch von Übertragungsstandards für Kataloge wie beispielsweise dem BMEcat, sind diese Probleme für die Zukunft dauerhaft lösbar.

Damit kommt es auch zur Verlagerung von Beschaffungsprozessen zum Bedarfsträger und der Fachabteilung vor Ort und damit zu einer Entlastung der fachspezifischen Einkaufsabteilungen. Neben der damit verbundenen Senkung der administrativen Kosten kann auch eine erhebliche Beschleunigung des Beschaffungsprozesses erfolgen.

Dazu ist es jedoch erforderlich, dass die Lieferanten ihre elektronischen Produktkataloge in das Intranet des Käufers einstellen und von außen laufend pflegen. Auch das kann nur gelingen, wenn einheitliche Standards auf beiden Seiten verwendet werden. Der rasante Anstieg der elektronischen Beschaffung ist dadurch zu erklären, dass der Einkauf immer mehr zur strategischen Waffe bei einem Globalwettbewerb wird.

## 3.2 Elektronische Produktkataloge

Im Rahmen der Gesamtstrategie wird nahezu jedes Unternehmen in Zukunft gezwungen sein, elektronische Produktkataloge zu entwickeln und als zentrales Marketinginstrument einzusetzen. Geschäfts- oder Endkunden erwarten, dass die Lieferanten ihre Produktpalette elektronisch präsentieren können. Der gedruckte Katalog wird damit durch elektronische Kataloge abgelöst. Gleichzeitig ergeben sich hier Vorteile, insbesondere durch die kostengünstige Produktion, die bessere Distribution und durch ein leichter zu aktualisierendes Informationsangebot. Elektronische Produktkataloge müssen dabei eine Reihe von Merkmalen aufweisen:

- Produkte und Dienstleistungen können multimedial, d.h. mit bewegten Abbildungen und ggf. Ton präsentiert werden. Dies war bisher mit Printmedien nicht möglich.

- Durch die in elektronische Produktkataloge eingebauten Suchmöglichkeiten kann im gesamten Angebot schnell und komfortabel nach Begriffen recherchiert werden. Dies erfordert jedoch, dass die Produktbeschreibungen mit entsprechenden Suchbegriffen aus der Sicht der Kunden gesehen werden.

- Elektronische Kataloge müssen in aller Regel als strukturierte Datenbank aufgebaut werden. Damit können sie flexibel und individuell auch an kundenspezifische Produktinformationen angepasst und gleichzeitig elektronisch weitergegeben werden.

Bei aus verschiedenen Komponenten zusammengesetzten Geräten, z.B. bei Computern, können auch mit Hilfe eines sogenannten Konfigurators Produkte im Moment der Anfrage zusammengesetzt und preislich bestimmt werden.

Der strategische Ansatz, elektronische Produkt- und Dienstleistungskataloge zu entwickeln, umfasst die Klärung der Frage, mit welchen Varianten, welchen Leistungsmerkmalen und welchen Kundenanforderungen derartige Angebote konfrontiert werden. Es ist Aufgabe des strategischen Controlling, diese Zielsetzungen zu formulieren, die Bedürfnisse abzuklären und gezielt Empfehlungen für den Aufbau derartiger elektronischer Kataloge zu erarbeiten. Es genügt nicht, vorhandene in Printmedien oder CD-ROM dargestellte Produktkataloge einfach 1:1 umzusetzen.

Für die strategische Betrachtung elektronischer Kataloge sind folgende Nutzungsvarianten von elektronischen Produktkatalogen zu unterscheiden:

- Die Nutzung von elektronischen Produktkatalogen im Internet, die allgemein öffentlich zugänglich sind (Beispiel hierfür sind Online-Produkt-Angebote oder elektronische Kaufhäuser).

- Die Nutzung von elektronischen Produktkatalogen im Internet, die zugangsgeschützt nur für autorisierte Nutzer aus einem oder mehreren Unternehmen zugänglich sind (Lieferantenkataloge, Online-Bestellmöglichkeiten für Geschäftskunden).

- Die Nutzung von elektronischen Produktkatalogen im unternehmensinternen Intranet inkl. der Integration in die entsprechenden Informationssysteme und die gleichzeitige laufende Aktualisierung durch die Lieferanten.

In der Regel wird es notwendig sein, entsprechende Kombinationen zu berücksichtigen.

Die günstigste Kostenreduzierung lässt sich mit der dritten Variante erzielen, gleichzeitig erfordert diese aber auch die höchsten Investitionen in Technik und Mitarbeiterschulung.

Da bisher Standards für den Austausch elektronischer Produktkataloge fehlten, kam es zu wiederholten kosten- und zeitintensivem Abgleich der Datenbestände zwischen Lieferanten und Empfängern. Teilweise mussten Lieferanten mehrfach inhaltsgleiche Datenbanken pflegen, um den unterschiedlichen Strukturen ihrer Kunden gerecht zu werden.

Dieses Problem wird durch die Bemühungen verschiedener Einrichtungen, wie z.B. des BME (Bundesverband für Materialwirtschaft, Einkauf und Logistik) aufgegriffen. Der BMEcat als Standard könnte - sofern er sich durchsetzt - dieses Standardisierungsproblem bei dem Austausch von Katalogdaten lösen. Auch das bereits erwähnte Klassifikationssystem eCl@ss für die Darstellung der Produkte, Materialien, Warengruppen und Dienstleistungen und der hinzuaddierten Merkmale ermöglicht den elektronischen Austausch zwischen Einkauf und Lieferant.

## 3.3　Elektronische Märkte

Seit Anfang des Jahres 2000 wird über die Medien fast täglich die Gründung eines neuen Internet-Marktplatzes bekannt gegeben. Nach verschiedenen Schätzungen existierten zum Zeitpunkt Juni 2000 weltweit etwa 1000 virtuelle Handelsplattformen im World Wide Web. Im Laufe der Jahre 2001 und 2002 kam es dann zu zahlreichen Insolvenzen, da die Umsatz- und Erlöserwartungen nicht eintrafen. Inzwischen liegt der Schwerpunkt der Entwicklung bei firmeninternen Marktplätzen, die teilweise von mehreren Unternehmen gleichzeitig betrieben oder auch nur unternehmensbezogen aufgebaut werden. Vielen Unternehmen fehlen jedoch noch die Kenntnisse darüber, wie elektronische Märkte funktionieren und welche Vorteile sich aus der Nutzung dieser für die eigenen Beschaffungs-, (aber auch Verkaufs-)aktivitäten ergeben können.

Nach klassischer Definition versteht man unter „Markt" den ökonomischen Ort des Austauschs von Gütern und Dienstleistungen, an dem sich durch das Zusammentreffen von Angebot und Nachfrage Preise bilden. Nach dem gleichen Prinzip funktionieren elektronische Marktplätze oder *eMarketplaces*. Diese sind charakterisiert als virtuelle Plattformen im Internet, die mit Hilfe von Informations- und Kommunikationstechnologien (IuK, Telematik) elektronische Beschaffungs- und Verkaufsprozesse von Unternehmen und Konsumenten unterstützen und optimieren. Idealerweise umfasst das Leistungsspektrum eines elektronischen Marktplatzes drei zentrale Bereiche: Information, Kommunikation und Transaktion. Die zwei letztgenannten Bereiche sind durch die Möglichkeiten des Internet leicht umzusetzen; der Bereich der Transaktion bedarf aber einer kurzen Betrachtung.

Transaktionen und die damit verbundenen Kosten kann man in drei Phasen einteilen:

- *Anbahnungsphase:* Bevor ein Vertrag zustande kommt, müssen Informationen über Anbieter, Produkte und Preise eingeholt werden. Das verursacht *Such-* oder *Anbahnungskosten.*
- *Vereinbarungsphase:* Das Verhandeln und Abschließen von Verträgen verursacht *Vereinbarungskosten.*
- *Abwicklungsphase:* Die Durchführung von Verträgen verursacht *Kontroll-* und (bei Vertragsänderungen) *Anpassungskosten.*

Systematisiert man bestehende elektronische Märkte, so lassen sie sich unterscheiden in:

- geschlossene Märkte (Käufer und Lieferanten kennen sich)
- fachbezogene Märkte (viele Käufer, viele Lieferanten, die sich nicht kennen)
- firmeninterne Märkte (meist ein Käufer, viele Lieferanten oder genau umgekehrt)
- Handelsplätze (Auktionen, Versteigerungen)

Bei *geschlossenen* Märkten kann man davon ausgehen, dass eine Anzahl Käufer ihre Lieferanten dazu verpflichten, über diesen Marktplatz elektronisch mit ihnen zu kommunizieren. Eine Vorauswahl ist damit bereits getroffen: Wer neu auf diesem Markt eintreten will, muss sich mit den Käufern oder Verkäufern vorab in Verbindung setzen.

Bei *fachbezogenen* Märkten gibt es theoretisch viele Käufer und viele Lieferanten, die sich zunächst nicht kennen. Fachbezogene Märkte, z.B. für Computer und Zubehör, vereinen die Angebote der unterschiedlichsten Lieferanten und jedes Unternehmen kann als Käufer auftreten.

*Firmeninterne* Märkte sind dadurch gekennzeichnet, dass häufig nur ein Käufer oder eine Gruppe von branchenähnlichen Käufern auftreten und ihre Lieferanten bitten, direkt ihre Produkte und Dienstleistungen auf diese firmeninternen Märkte einzustellen. Die Trends der letzten Zeit zeigen, dass firmeninterne Märkte, häufig auch als Intranet für den Einkauf deklariert, zunehmen.

*Handelsplätze* bieten Versteigerungen herkömmlicher Art und Auktionen an. Bei den Auktionen muss zunächst geklärt werden, welche Bestellwünsche ein Käufer hat. Danach werden die möglichen Lieferanten ausgewählt und können sich dann an einer zeitlich begrenzten Auktion beteiligen, bei der es letzten Endes nur um den Preis geht. Die Voraussetzungen für derartige Auktionen ist, dass die Anforderungen und Merkmale an die Produkte, die der Käufer sucht, genau präzisiert werden.

Die *Vorteile für den Nachfrager* auf elektronischen Marktplätzen liegen somit einerseits im schnellen und kostengünstigen Zugang zu einem umfassenden Angebot an Produkten, Dienstleistungen und relevanten Informationen. Andererseits kann man an Stelle einer aufwendigen, zeitintensiven Recherche sich mehrere Angebote für sein Gesuch erstellen lassen, diese vergleichen und sich für den geeignetsten Anbieter entscheiden.

Die *Vorteile für den Anbieter* sind in erster Linie in der Zeit- und Kostenersparnis durch die Prozessvereinfachung zu sehen. Nicht zu unterschätzen sind aber auch die Sparpotenziale im Bereich Marketing und Vertrieb und der weltweite Zugang zu potenziellen Kunden. Damit verbunden ist ebenfalls die Expansion in neue Märkte.

Experten sind sich einig: Internetbasierte B2B-Marktplätze werden in naher Zukunft das Zentrum der Handelsaktivitäten zwischen Unternehmen in der nationalen, europäischen und globalen Wirtschaft sein.

## 3.4 Elektronischer Katalog

Wie bereits erwähnt, ist die Grundlage aller elektronischen Märkte, dass die Kommunikation vollelektronisch erfolgt. Dies bedeutet, dass alle Produkte und Dienstleistungen und Waren so eindeutig beschrieben werden, dass der Kunde anhand der Merkmale die für ihn günstigsten Angebote heraussuchen kann. Dabei gibt es ein grundsätzliches Problem des Marktbetreibers.

Er kann einen großen Katalog aufbauen und seine Lieferanten bitten, nach der Struktur des Kataloges die Angebote einzubringen und zu aktualisieren. Dies bedeutet wiederum für den Lieferanten, dass er sich genau nach diesen Katalogstrukturen des elektronischen Marktes richten muss. Will er in mehrere elektronische Märkte dieses Typs seine Produktkataloge einbringen, trifft er auf entsprechend unterschiedliche Strukturen, was seine Aufgabe erheblich erschwert, wenn keine Schnittstellen vorhanden sind.

Eine andere Möglichkeit ist, dass der Betreiber des elektronischen Marktes die Lieferanten auffordert, ihre eigenen elektronischen Kataloge in den Marktplatz einzubringen. Dies bedeutet eine Vielzahl von Katalogstrukturen und macht für den Käufer das Vergleichen sehr schwer oder nahezu unmöglich.

Es gibt keine Vereinbarungen, wie elektronische Produkt- und Dienstleistungskataloge gestaltet werden sollen.

Aus dieser Situation ergibt sich auch die Bedeutung von elektronischen Katalogen.

Sie sind für die Zukunft das wichtigste Instrument, um eigene Produkte in elektronischen Märkten, in geschlossenen Märkten oder auf Handelsplätzen darzustellen. Je mehr Merkmale ein Produkt aufweist, desto genauer ist die Beschreibung für den Kunden. Umgekehrt heißt dies, dass bei nur wenigen Merkmalen das eigene Produkt nur unzureichend dargestellt wird. Viele Lieferanten befürchten aber, dass durch zu viele Merkmale die Transparenz der eigenen Produkte im Vergleich zum Wettbewerber zu groß ist. Diese Angst vor Transparenz beinhaltet die Angst vor niedrigen Preisen, die sich durch den Direktvergleich ergeben.

In der Praxis sieht es deshalb so aus, dass für den Käufer elektronische Produktkataloge genauso verwirrend sein können wie die bisherigen Printkataloge.

Dies erschwert die Suche und den Vergleich von Produkten auf elektronischen Märkten.

Diese Zielrichtung fordert auch das strategische Controlling heraus. Wenn z.B. Unternehmen versuchen, eProcurement voranzutreiben, bedeutet das, dass der Einkauf sich auf elektronischen Wegen mit seinen Lieferanten abstimmt, und zwar dergestalt, dass sich innerhalb des eigenen Unternehmens die Bestellabläufe ändern. Insbesondere bei geringwertigen Gütern wie C-Teilen steht der Aufwand für den Bestellvorgang häufig in keinem Verhältnis zum Wert der Bestellung. Auch die angebotene Software löst die inhaltlichen Probleme nicht. Wer keinen exakt beschriebenen Produktkatalog einsetzt, kann auch kein internes eProcurement vorantreiben.

Ein weiteres Risiko von eProcurement-Systemen besteht darin, dass die Organisation des eigenen Unternehmens diesen elektronisch ablaufenden Vorgängen nicht angepasst ist. Es kann durchaus noch vorkommen, dass der Zentraleinkauf elektronisch mit Märkten und Kunden kommuniziert und die interne Kommunikation wie bisher mit Bestellzetteln abgewickelt wird.

Daher ergeben sich zum Teil erhebliche Konsequenzen auf Veränderungen der Arbeitsorganisation und der Befugnisse, die letzten Endes in eine Gesamtsicht mit einbezogen werden müssen.

Häufig wird das Thema elektronische Märkte, eProcurement und eKataloge mit Supply Chain Management (SCM) in Verbindung gebracht. Wenn Prozessentwicklung als Ziel vorgegeben wird, ist dies nur logisch:

Die oben genannte Nutzung von elektronischen Katalogen, die später noch dargestellte Nutzung von Klassifikationsstandards und Übertragungsschnittstellen wirkt sich auf das Gesamtunternehmen aus. Veränderungsprozesse müssen gezielt gesteuert werden, sonst sind die einzelnen Vorgehensweisen nur Flickwerk. Beispielsweise kann der Einsatz eines Klassifikationssystems für den Einkauf zur Materialwirtschaft, zur Lagerwirtschaft und zur Bündelung von Einkaufspotenzial gleichzeitig eingesetzt werden. Dies bedeutet, dass alle Abteilungen, die von derartigen Systemen betroffen sind, also letztlich vom Einkauf über Produktion, Vertrieb, Lagerhaltung, Materialwirtschaft bis hin zum Controller-Dienst von diesen Veränderungen betroffen sind.

Bevor man Supply Chain Management als Schlagwort in die betriebliche Realität einbringt, sollte man zunächst einmal darüber nachdenken, ob hier nicht „Alter Wein in neuen Schläuchen" verkauft wird. Veränderungsprozesse permanent zu gestalten ist die Aufgabe einer jeden Unternehmensorganisation. Wieso dies durch elektronische Bestell- und Abwicklungsvorgänge besonders hervorgehoben werden muss, leuchtet zunächst nicht ein. Vielleicht kommt die Tendenz zu diesen neuen Schlagworten daher, dass die Veränderungsprozesse sich in ihrer Geschwindigkeit erheblich von früheren Situationen unterscheiden.

Deswegen ist es wichtig, dass die Anforderungen an die betriebliche Praxis, insbesondere in Bezug auf Arbeitsorganisation und verschiedene Organisationsabteilungen, als ganzheitlicher Planungsansatz formuliert werden.

Alle diese Entwicklungen verändern interne bestehende Arbeitsabläufe. Dabei werden teilweise statische Arbeitsabläufe durch dynamische im Sinne von Prozessen ersetzt (z.B. eProcurement).

Zusammengefasst lassen sich die Veränderungen der Arbeitsorganisation durch folgende Detail-Fragestellungen beschreiben:

- Elektronische Märkte verändern Ein- und Verkauf: Wie begegnen wir diesen Herausforderungen?

- Klassifikationen und Standards wie eCl@ss beeinflussen die Gesamtstrategie des Unternehmens: Wer kümmert sich in unserem Unternehmen um die koordinierte Einführung dieser Standards?

- eBusiness durchdringt das gesamte Unternehmen: Was sind unsere Ziele, bezogen auf Ein- und Verkauf, Logistik, Materialwirtschaft und Produktion?
- Wer ist zukünftig zuständig für eProcurement, Klassifikation eigener Produkte/Dienstleistungen, Vertriebsstrategien u.ä.?
- Wer koordiniert alle „E-Einflüsse" im eigenen Unternehmen (strategisches Controlling? Neue Abteilung?)
- Wer sichert die Arbeitsorganisation (Hierarchie, Datensicherheit, eMail-Firewall, Datenschutz?
- Wer gestaltet „offensiv" die neue Arbeitsorganisation: virtuell, dezentral, workflow, supply chain, eProcurement, supply chain management, kurz alle vollelektronischen Abläufe?

## 3.5 Aufgaben für das strategische Controlling

Im Rahmen der genannten strategischen Ziele wird es für den Controllerdienst immer wichtiger werden, die Durchführung von eBusiness zu organisieren. Die Hauptproblematik des eBusiness liegt darin, dass das Anbieten und das Finden neuer Produkte, Materialien, Waren und Dienstleistungen immer noch darauf beruht, dass der Anbieter eine verbale Beschreibung seiner Produkte liefert und der Nachfrager gezwungen ist, diese Beschreibung durchzulesen, zu vergleichen und zu sortieren.

Die zunehmende Verbreitung von Klassifikationssystemen, insbesondere von eCl@ss, wird jedoch dazu führen, dass dieser Suchprozess über einen elektronischen Abgleich erfolgen kann. Deshalb ist es notwendig, dass die Mitarbeiter, die derartige Systeme gestalten, sich über die Möglichkeiten dieser Klassifikationssysteme informieren, sie anwenden und im eigenen Betrieb durchsetzen.

Für die strategischen Tätigkeiten des Controllerdienstes ergeben sich dadurch folgende Ausweitungen:

Durch die Möglichkeiten von Klassifikationen wie eCl@ss und Standards wie BMEcat muss entschieden werden, welche der Möglichkeiten das eigene Unternehmen nutzen will:

- Eintrag eigener Produkte und Dienstleistungen in verschiedene elektronische Märkte,
- Erarbeitung elektronischer Kataloge und Abgleich mit den Forderungen von elektronischen Märkten, aber auch von Intranets von Großkunden,
- Schaffung einer Basis für Abrechnungssysteme mit Kunden und Lieferanten,

- Prüfung fachorientierter Portale um ggf. deren Informationsmöglichkeiten für eigene Absatzkanäle zu nutzen,
- Nutzung von Fachinformationsdiensten, die im Vorfeld von Beschaffungsvorgängen dem Such- und Finderprozess dienen,
- Entwicklung von Einkaufsshops für Käufer, die nicht per Lieferantenvertrag bekannt sind, jedoch als Gelegenheitskunden genutzt werden sollen,
- Entwicklung einer personenbezogenen Kundenbetreuung über Hotline, Zusatzinformation und produktbezogene Beschreibungen, Skizzen und Sicherheitsdatenblätter,
- Entwicklung von generellen Produkt- und Dienstleistungsdatenbanken für das eigene Unternehmen, die unterschiedlichen Zielgruppen angepasst werden können.

Um den Gesamtprozess zu entwickeln, muss das strategische Controlling sicherstellen, dass die Elemente des Beschaffungsmanagements im gesamten Unternehmen miteinander verknüpft werden. Dabei sind folgende Elemente zu berücksichtigen:

- Analyse des Gesamtprozesses im Unternehmen,
- Organisatorischer Ablauf des Einkaufsvorganges,
- Organisation der Einkaufsabteilungen, zentral und dezentral, Verlagerung auf Fachabteilungen,
- Beobachtung des Beschaffungsmarktes, Suche nach Portalen, Märkten und Unternehmensangeboten,
- Nutzung der vorhandenen Standards eCl@ss und BMEcat,
- Pflege des eigenen Produktangebotes, seiner Merkmale und Werte,
- durchgängige eCommerce Abwicklung im eigenen Unternehmen, von der Bestellung bis zur Rechnung,
- Überwachung der Qualität, insbesondere bei der Nutzung von externen Informationsangeboten, Produktkatalogen und elektronischen Märkten.

Bei der strategischen Umsetzung von eCommerce kann über ein Klassifikationssystem wie eCl@ss der organisatorische Ablauf des Einkaufsvorganges betriebsintern weiterverfolgt werden. Die Beobachtung des Beschaffungsmarktes über dieses Klassifikationssystem erleichtert auch den Arbeitsaufwand erheblich. Für die eBusiness-Abwicklung ist die Klassifikation eCl@ss deshalb von unschätzbarem Vorteil, weil beide Partner das selbe Nummernsystem, aber auch die selben Merkmalleisten verwenden.

## 4 Schlussfolgerungen

Die Veränderungen der Geschäftsprozesse über die Internettechnologien kann eine erhebliche Herausforderung für den strategischen Controllerdienst bedeuten. Gleichgültig ob das Unternehmen beschließt, eigene Produktkataloge im Internet zu veröffentlichen, Portale zu nutzen, Kataloge im Internet zu veröffentlichen, oder elektronische Märkte mit einzubeziehen, nicht mehr Abteilungen und Organisationen sind gefragt, sondern die Lösung sämtlicher Beschaffungsvorgänge setzt eine dynamische Prozessgestaltung voraus. Dies erfordert ein Umdenken bei allen Beteiligten und stellt den Controllerdienst vor das Problem, im eigenen Unternehmen diese Gedankengänge durchzusetzen, die Mitarbeiter zu motivieren, bei den Prozessen mitzuwirken und die Organisationsveränderungen entsprechend zu gestalten.

eProcurement, eCommerce und eBusiness können nicht ignoriert werden. Für den zukünftigen Bestand des Unternehmens, seine Sicherung der Wettbewerbsposition und die Gewinnung neuer Kunden ist die konsequente Nutzung von eCommerce über Internettechnologie unabdingbar. Unternehmen, die diese Zeichen der Zeit nicht erkannt haben, werden über kurz oder lang in größte Schwierigkeiten geraten. Electronic Commerce ist der Schlüssel zur Zukunft. Der strategische Controllerdienst ist aufgerufen, diesen Schlüssel im eigenen Unternehmen sinnvoll einzusetzen, auszubauen und als Steuerungsinstrument für die eigene Position des Unternehmens einzusetzen.

## Weiterführende Literatur

*ARD/ZDF-Arbeitsgruppe Multimedia*: ARD/ZDF-Online-Studie 1999: Wird Online Alltagsmedium?, http://www.das-erste.de/studie/, Stand: 17.08.1999, S. 402.
*ARD/ZDF-Arbeitsgruppe Multimedia:* http://www.das-erste.de/studie/, Stand: 6.8.2002, S. 346-362.
*Arthur D. Little/VDI Nachrichten*: Business-to-Business E-Commerce-Studie. Marketing und Vertrieb im Zeichen des Internets, Düsseldorf 2000.
*BMWi (Hrsg.):* Multimedia: Potenziale nutzen – Beschäftigung schaffen. Deutschland im internationalen Vergleich. Bundesministerium für Wirtschaft und Technologie, Dokumentation Nr. 466, Berlin 1999.
eCl@ss *e.V.*: eCl@ss – Leitfaden für Anwender, eCl@ss e.V., Alpha-Informationsgesellschaft mbH, Lampertheim 2001.
*Einsporn, Th./Palme, K./Wiegand, R.:* eProcurement für Unternehmen, Beiträge zur Gesellschafts- und Bildungspolitik, Nr. 243, Köln 2000.
*Esser, M.:* Sprung über die Sprachbarriere; in: Industrielle Informationstechnik 10. Jg. (2001), S. 67-69.
*Esser, M./Palme, K.:* Informationsmanagement im eBusiness, Beiträge zur Gesellschafts- und Bildungspolitik, Nr. 256, Köln 2002.
*Fischer, M./Gutowski, K./Gersemann; O.:* WWW. Das Internet revolutioniert die Weltwirtschaft, in: Wirtschaftswoche, 54. Jg., Nr. 7 vom 10.02.2000, S. 82-87.
*forit:* Electronic Commerce: Einkauf und Beschaffung in Deutschland, Frankfurt 1999.
*Forrester Research*: in: Wirtschaftswoche, 54. Jg., Nr. 7 vom 10.02.2000, o.S.
*GfK-Medienforschung*: GfK-Online Monitor, 4. Untersuchungswelle: Präsentation der zentralen Ergebnisse, Frankfurt 18.08.1999, http://gfk.de, dort unter Presseinfos, Stand: 28.02.2000, o.S.
*Lutowski, K.:* Gnadenlos durchleuchtet. Das Internet revolutioniert die Wirtschaft; in: Wirtschaftswoche, 54. Jg., Nr. 7; 10.02.2000, S. 88.
*o.V.:* bsbb-Konferenz Electronic Commerce, Bonn 1999.
*Palme, K.:* Was Controller über eBusiness wissen sollten: Nutzen, Erfolgsfaktoren und Trends des Internet, in: Der Controlling-Berater, 13. Jg. (1995), S. 472 ff.
*Palme, K.:* Informationsmanagement, Beiträge zur Gesellschafts- und Bildungspolitik, Nr. 220, Köln 1997.
*Palme, K.:* Elektronische Informationsdienste und –netze im 21. Jahrhundert; in: Mayer, E./Liessmann, K./Freidank, C.-Chr. (Hrsg.): Controlling-Konzepte. Werkzeuge und Strategien für die Zukunft, 4. Auflage, Wiesbaden 1999, S. 393-420.
*Palme, K.:* eCl@ss - das Klassifikationssystem für eBusiness im Internet, 4. Bundesvereinigung der Deutschen Arbeitgeberverbände Berlin, Juni 2000.
*Palme, K.:* Business-to-Business: Ohne weltweite Standards wächst das Chaos, Electronic Office XI, Gräfeling 2001.
*Palme, K.:* eCl@ss - der Standard für Business-to-Business, in: VDMA-Nachrichten, *http://www.vdma.org/*, Stand: 01.01.2001, o.S.

*Palme, K.:* Erhöht eBusiness die Transparenz der Angebote? Electronic Office XII, Gräfeling 2001.
*Radecke, H.-D.:* Bitte hier klicken. Internetgeschäft, in: IT-Business Magazin, 9. Jg. (1999), o.S.
*Radecke, H.-D.:* Den Puls gefühlt. E-Commerce-Studie, in: IT-Business Magazin, 10. Jg. (2000), o.S.

Internetadressen:

www.ibm.com
www.ecr.de
www.ccg.de
ww.bmwi-netzwerk-ec.de
ww.bmwi.de
www.eclass.de
www.focus.de
www.gartner.com
www.heise.de
www.iwkoeln.de
www.prozeus.de

# Abbildungsverzeichnis

Abbildung 1:   Was ist Electronic Commerce?
Abbildung 2:   Sachgebiete der Klassifikation eCl@ss
Abbildung 3:   Beispiel der achtstelligen Gliederung der Klassifikation nach Sachgebieten (zweistellig), Hauptgruppen (vierstellig), Gruppen (sechsstellig) und Untergruppen (achtstellig)
Abbildung 4:   Anzeige einer Merkmalleiste
Abbildung 5:   Anzeige nach Eingabe eines Schlagwortes
Abbildung 6:   eCl@ss-Homepage mit drei Suchmöglichkeiten
Abbildung 7:   Zielsetzung von eCl@ss
Abbildung 8:   eCl@ss-Lenkungsausschuss

BURKHARD WIEMERS

# Prozessorientiertes Controlling und Performance Measurement in Revisionsunternehmen[1]

| | | |
|---|---|---|
| 1 | Controlling-Potenziale in Professional-Service-Betrieben | 459 |
| 2 | Ansatzpunkte für ein spezifisches Controlling in Professional-Service-Betrieben am Beispiel von Revisionsunternehmen | 460 |
| 3 | Entwicklung eines prozessorientierten Controlling in Revisionsunternehmen | 464 |
| | 3.1 Allgemeine Schrittfolge bei der Entwicklung | 464 |
| | 3.2 Anwendungsvoraussetzungen und Prozessanalyse | 466 |
| | 3.3 Operationalisierung von Prozessen und Bezugsgrößenmessung | 467 |
| | 3.4 Komplexitätsorientierte Prozessindizes | 469 |
| | 3.5 Prozesszeitanalyse | 470 |
| | 3.6 Prozesskosten und strategische Auftragskalkulation | 472 |
| 4 | Performance Measurement mit dem Balanced-Scorecard-Konzept | 473 |
| | 4.1 Moderne Anforderungen an die gesamtbetriebliche Steuerungsmethodik | 473 |
| | 4.2 Ausgestaltung des Konzeptes der Balanced Scorecard in Revisionsunternehmen | 476 |

---

[1] Erstveröffentlichung des Beitrags in *Weber/Hirsch* 2002, S. 343-368, unter dem Titel *"Entwicklungspotenziale für das Controlling in Professional-Service-Betrieben am Beispiel von Revisions- und Treuhandunternehmen"*.

5    Zusammenfassung und Ausblick                           479

Literaturverzeichnis                                        481

Abbildungsverzeichnis                                       483

# 1 Controlling-Potenziale in Professional-Service-Betrieben

In einem Umfeld, das durch steigende Komplexität und Dynamik geprägt ist, wird die Qualität betrieblicher Methoden der Unternehmenssteuerung immer mehr zu einem kritischen Wettbewerbs- und Erfolgsfaktor. Gilt dieser Leitsatz, sind im Falle von veränderten Bedingungen die traditionellen Verfahren des Controlling auf den Prüfstand zu stellen und zu fragen, ob sie überhaupt noch geeignet sind. Ist dabei festzustellen, dass die vorhandenen Methoden den veränderten Anforderungen nicht mehr genügen, schließt sich die Frage an, welche Verfahren besser geeignet sein könnten. Bevor das "Steuerrad" aber komplett neu erfunden wird, ist es effizient, im ersten Schritt zunächst einmal die bekannten und bewährten Instrumente und Konzepte aus anderen Unternehmenstypen, Branchen und betrieblichen Einsatzfeldern auf ihre potenzielle Einsatzfähigkeit hin zu untersuchen. Aufgrund von betriebs-, leistungs-, branchen- oder kontextspezifischen Besonderheiten ist aber erfahrungsgemäß eine Übertragung "eins zu eins" nicht möglich. Durch eine *Anpassung von traditionellen Controlling-Methoden* an die spezifischen Einsatzbedingungen lassen sich dadurch noch ungenutzte Controlling-Potenziale erschließen.

Bei der Suche nach Einsatzfeldern, in denen sich jüngere Trends aus der Management- und Controlling-Praxis teilweise noch nicht durchgesetzt haben, stehen die *Professional-Service-Betriebe* relativ weit vorne. Nach einer im angelsächsischen Raum üblichen Dreiteilung des Dienstleistungssektors sind von diesem Betriebstyp die Mass-Service-Betriebe (z.B. Speditionen, Airlines oder Großhandel) und die Service-Shop-Betriebe (z.B. Banken, Versicherungen oder Hotelbetreiber) zu unterscheiden.[2] Zu den Professional Services zählen hochspezifische Leistungen wie z.B. aus den Branchen der Wirtschaftsprüfung, der Unternehmensberatung, der Architekturdienste, der rechtsanwaltlichen, ärztlichen oder ingenieurtechnischen Tätigkeit.[3] Allgemein lassen sich deren Angebote von denen der beiden anderen Dienstleisterkategorien durch eine größere Bedeutung des Front-Office, steigende Kundenkontaktzeiten, höhere Individualisierung und insbesondere eine ausgeprägtere *Prozessorientierung* abgrenzen.[4] Ein weiteres wichtiges - wenn nicht *das* für die Übertragungsproblematik zentrale - Unterscheidungskriterium ist die vergleichsweise große *Leistungskomplexität* von Professional Services. Gerade in dem letzten Merkmal sowie in der großen Vielfalt von Dienstleistungen sind die wesentlichen Ursachen dafür zu suchen, dass bestimmte Management- und Controlling-Konzepte vorrangig für industriebetriebliche Fragestellungen thematisiert wurden.[5]

---

[2] Vgl. *Meffert/Bruhn* 1995, S. 46.
[3] Vgl. *Fickert/Schedler* 1995, S. 390.
[4] Vgl. *Fitzgerald et al.* 1993, S. 12.
[5] Vgl. *Fickert/Schedler* 1995, S. 383.

Zwei praxisbewährte Management- bzw. Controlling-Ansätze seien herausgegriffen, für die bislang noch ungenutzte Entwicklungspotenziale in Professional-Service-Betrieben bestanden haben. Die Einführung einer durchgängigen *prozessorientierten Steuerungsmethodik* und die Konzeptionierung eines *mehrdimensionalen Performance Measurement* stand für bestimmte Typen dieser Unternehmenskategorie bisher noch aus.

Am Beispiel von Revisionsunternehmen wurden in einer im Juni 2001 veröffentlichten Untersuchung[6] Lösungen entwickelt, wie die beiden Ansätze an die spezifischen Bedingungen von Professional-Service-Betrieben angepasst und zur Anwendung gebracht werden können. Zum Zwecke einer größeren *Praxisorientierung* wurde einerseits auf Verfahren mit empirisch-deduktiver Herkunft rekurriert, die sich wie z.B. das Balanced-Scorecard-Konzept bereits in anderem Kontext bewährt haben. Andererseits wurde eine *fragebogengestützte Erhebung* zum Controlling in Revisionsunternehmen durchgeführt, mit der u.a. der Status Quo des vorhandenen Instrumentariums und die allgemeinen Anforderungen der Praxis ermittelt wurden. Diese Informationen dienten ergänzend als *Ausgangspunkt* für die weitere Methodenentwicklung. Insgesamt wurde bei den Darstellungen besonderer Wert darauf gelegt, trotz aller Besonderheiten, die allein für Revisionsunternehmen gelten, eine systematische und *allgemeingültige Vorgehensweise* zu Grunde zu legen. Dadurch kann das beschriebene Verfahren zugleich auch als eine Art "Blaupause" für die Entwicklung in anderen Typen von Professional-Service-Betrieben dienen.

Vorab sei zu den beiden in den Mittelpunkt gestellten Ansätzen festgehalten, dass es sich sowohl bei der prozessorientierten Steuerung als auch dem mehrdimensionalen Performance Measurement um zwei *komplementäre Konzepte* handelt. Zwar bedürfen beide z.T. erheblicher *Modifikationen des jeweiligen Grundmodells*. Um die Entwicklungspotenziale für den gesamten Betrieb voll ausschöpfen zu können, bedarf die Einführung - auch einer branchenspezifisch modifizierten Version - aber letztlich auch solcher Informationen, die gerade auch der andere der beiden behandelten Ansätze liefern kann.

## 2 Ansatzpunkte für ein spezifisches Controlling in Professional-Service-Betrieben am Beispiel von Revisionsunternehmen

In Fragen von Management und Controlling ist es u.a. eine Aufgabe der speziellen Betriebswirtschaftslehre, solche Verfahren zur Verfügung zu stellen, die die branchen- und leistungstypischen Besonderheiten explizit und adäquat abbilden, soweit sie steuerungs-

---

[6] Vgl. *Wiemers* 2001, S. 734 ff.

relevant sind. Weil die Auswahl relevanter Merkmale auch innerhalb der Kategorie von Professional-Service-Betrieben von Typ zu Typ variiert, ist es für die konkrete Anwendungsprüfung sinnvoll, sich auf eine *bestimmte Branche* zu beschränken. Als Untersuchungsgegenstand bietet sich dazu gerade die *Wirtschaftsprüfungsbranche* an. Hinsichtlich des wirtschaftlichen Umfelds bestehen deutliche Parallelen zu der Situation, die als Auslöser eines allgemein gestiegenen Interesses an den beiden o.g. Ansätzen anzusehen ist. Die Märkte, in denen Revisionsunternehmen agieren, sind allgemein durch wachsenden Veränderungsdruck und steigende Umfeldkomplexität gekennzeichnet.[7] Nachfolgend sind einige ausgewählte Merkmale und Besonderheiten bei der Erstellung von Prüfungsdiensten angesprochen, die die spezifische Controlling-Situation kennzeichnen.

*Revisionsunternehmen* (RU) sind Unternehmen,[8] zu deren Aufgaben u.a. die Durchführung von Jahresabschlussprüfungen sowie die Erteilung von Bestätigungsvermerken über die Vornahme und das Ergebnis solcher Prüfungen (§ 2, § 129 WPO) gehört. Aufgrund ihrer erwerbswirtschaftlichen Ausrichtung gilt hinsichtlich ihrer Formalzielorientierung auch für RU das Primat der *erfolgswirtschaftlichen Oberziele*.[9] Prüfungsorganisationen sollten daher grundsätzlich nach den gleichen betriebswirtschaftlichen Grundsätzen und Prinzipien geführt werden[10] wie Industriebetriebe oder andere typische Dienstleistungsanbieter. Für das Controlling gilt, dass prinzipiell die gleichen allgemeinen Steuerungsmechanismen anzuwenden sind. Unterschiede zur allgemeinen Methodik ergeben sich dann aus den Besonderheiten von Prüfungs- und Beratungsleistungen sowie den Besonderheiten des zugehörigen Leistungsrahmens.

Beim Leistungspotenzial liegt ein Schwerpunkt auf den *Personalressourcen*. Neben fachlich-prüferischen Fähigkeiten muss das betriebliche Controlling also verstärkt auch Aspekte der Verhaltenssteuerung berücksichtigen. Zugleich spielt die Ressource "*Information*"[11] eine zentrale Rolle. Gemeint sind sowohl Informationen über das Prüfungsobjekt, d.h. über die zu prüfende Kapitalgesellschaft und ihr Rechnungswesen, als auch Informationen über das Prüfungssubjekt, d.h. über die RU selbst. Die Potenzial- und Prozesseignung des *externen Faktors*[12] (Prüfungsobjekt) hat entscheidenden Einfluss auf die Gestaltung der Planungs-, Steuerungs- und Kontrollvorgänge in der RU. Hier liegt eine zentrale Herausforderung für das branchenspezifische Controlling,[13] wenn, mit einem *geeigneten messtechnischen Ansatz*, die prüfungsrelevanten Eigenschaften der Mandate für Steuerungszwecke zu operationalisieren sind. Denn die praktische Erfahrung zeigt: "If you can't measure you can't manage."[14]

---

[7] Vgl. *Freidank* 2000, S. 25; *Wiedmann* 1998, S. 341.
[8] Vgl. *Freidank* 1993, Sp. 3775.
[9] Vgl. *Keppel* 1997, S. 22.
[10] Vgl. *Tenhagen* 1992, S. 2.
[11] Vgl. *Staehle* 1999, S. 915.
[12] Vgl. *Pepels* 1996, S. 16.
[13] Vgl. *Wiemers* 2001, S. 183 ff.
[14] *Krahe* 1999, S. 116.

Neben den unmittelbaren Informationen über die Mandate sind auch mittelbare Informationen relevant wie z.B. allgemeine Daten über die Branche, in der die geprüften Mandanten tätig sind, oder über Prüfungsstandards und Rechnungslegungsnormen. Wegen einer besonderen Datenflut werden in RU insbesondere Verfahren des *Knowledge-Management* immer wichtiger.[15] Entsprechende Ansätze von "Lernen und Entwicklung" lassen sich etwa mit der Balanced Scorecard im strategischen Controlling explizit berücksichtigen.[16] Ebenso werden geeignete *Anreizsysteme* systematisch integriert,[17] was für Professional-Service-Betriebe ein weiterer Vorteil ist, weil ein ganz wesentlicher Teil des Know-how verständlicherweise an das Human Capital gebunden ist. Entsprechend der besonderen Bedeutung der Ressource "Information" ist in RU ein verstärkter Trend zu Bildung von *Netzwerkorganisationen* zu beobachten,[18] mit dem zugleich auch das Know-how im *Structure Capital* ein Schwerpunktthema bildet.[19] Hier haben die großen RU in den vergangenen Jahren erheblich in die Entwicklung von revisionsspezifischen Software-Tools und Datenbanken investiert.[20] Veränderte software- und hardwaretechnische Rahmenbedingungen bedeuten für das Controlling in RU, dass verstärkt auf digitale Auswertungen z.B. zum Fortschritt im Auftragsprozess zurückgegriffen werden kann, die neue Ansatzpunkte für verbesserte Controlling-Verfahren bieten.

Gerade auch in leistungsprozessualer Hinsicht steht der externe Faktor im Fokus, weil der Prüfungsprozess weitgehend von den Prüfungsobjekten abhängig ist, die sich von Auftrag zu Auftrag unterscheiden. Sowohl in fachlich-inhaltlicher als auch in formalstruktureller Hinsicht herrscht eine hohe *Prozesskomplexität*. Fachlich ist diese u.a. bedingt durch das umfangreiche Regelwerk von nationalen und internationalen Normen und Standards,[21] die es auf ihre Einhaltung im Jahresabschluss zu prüfen gilt. Dabei bilden die anerkannten *Fachkonzepte*, wie etwa heute der risikoorientierte *Prüfungsansatz*,[22] einen zentralen Dreh- und Angelpunkt im Auftrags-Controlling. D.h., dass im gesamtbetrieblichen Erfolgs-Controlling vom relevanten Prüfungsmodell nicht vollständig abstrahiert werden kann. Hier liegt eine *Schnittstelle* zwischen den betriebswirtschaftlichen Disziplinen von *Prüfungsforschung und Controlling*. Die Praxis benötigt einen Prüfungsansatz, der einerseits den fachlichen Anforderungen der Prüfungstheorie genügt und

---

[15] In der Praxis großer Prüfungsorganisationen werden seit wenigen Jahren erhebliche Anstrengungen zum Aufbau von Strukturen eines Knowledge-Management unternommen. Im Übrigen vgl. bereits *Helbling* 1998, S. 549 ff.
[16] Vgl. *Kaplan/Norton* 1997, S. 121 ff.
[17] Vgl. *Krahe* 1999, S. 122.
[18] Vgl. grundlegend die Arbeit von *Keppel* 1997.
[19] Zu denken wäre in RU z.B. an Know-how in Prüfungssoftware, Fachdatenbanken, Prüfungsrichtlinien, Checklisten, Projektberichten, Branchendokumentationen, Verfahrensbeschreibungen, Zuständigkeitsregelungen und sonstigen formalisierten Organisationsstrukturen. Im Übrigen vgl. auch allgemein *Staehle* 1999, S. 737 f.
[20] Vgl. *Helbling* 1998, S. 552.
[21] Vgl. *Wiedmann* 1998, S. 344.
[22] Anstatt vieler vgl. z.B. *IDW* WPH 2000, S. 1707, Tz. 51 ff.; *Ballwieser* 1998.

sich andererseits für interne Steuerungszwecke hinreichend präzise und zugleich in metrischer Form abbilden lässt. In der Verknüpfung mit den Fachkonzepten liegt ein erhebliches Innovationspotenzial bei der Entwicklung von spezifischen Controlling-Verfahren für unterschiedliche Professional-Service-Betriebe. Grundsätzlich beibehalten werden kann dagegen die *allgemeine Integrationsmethodik*, die weiter unten vorgestellt wird.

Weitere wichtige Stichworte sind die *Koordinations- und Kontaktintensität* im Front-Office-Bereich, die zusammen mit der hohen Komplexität eine eher flache Hierarchie mit dezentraler Leitungsstruktur bedingen.[23] Erwähnt sei das Problem *personaler Leistungsschwankungen*, das zusätzliche messtechnische Schwierigkeiten bedeuten kann. Im übrigen stellt die *Saisonalität*, die noch immer im Prüfungsgeschäft vorherrscht, eine weitere wichtige Determinante unter den Aspekten von Kapazität, Auslastung und Leerkosten dar.[24]

In wettbewerblicher Hinsicht ist hervorzuheben, dass die eigentliche *Prüfungskernleistung*, die in der Erteilung des Wirtschaftsprüfertestats besteht,[25] heute überwiegend nur noch als eine Commodity angesehen wird.[26] Etwaige qualitative Unterschiede von Prüfungsdiensten sind für die Mandanten kaum wahrzunehmen. Eine hinreichend deutliche Leistungsdifferenzierung etwa über beratungsähnlichen Zusatznutzen[27] ist bislang bei Prüfungsaufträgen - auch trotz mancher anders lautender Meinung in der Prüfungsliteratur - weitgehend nicht darstellbar und wird von den Mandanten i.d.R. auch nicht durch etwaige Honoraraufschläge bezahlt. Der Wettbewerb wird letztlich nur über die Höhe des Prüfungshonorars ausgetragen, das heute überwiegend als Zeithonorar[28] vereinbart wird. Demnach entscheidet allein die Anzahl der Prüferstunden über den Gesamtkostenpreis eines Prüfungsauftrags. Als Wettbewerbsstrategie im *Porter'schen* Sinne bleibt - zumindest den mittelgroßen und großen Prüfungsorganisationen - weitgehend nur die Option der Kostenführerschaft. Entsprechend agieren die großen Gesellschaften sämtlich als *(Prüfungs-)Zeit- und Kostenwettbewerber*. Wegen eines verschärften Wettbewerbs über die Kostenpreise ist es offensichtlich, dass der Bedarf an genaueren kostenrechnerischen Verfahren steigt. Im Rahmen der zugrunde liegenden Untersuchung wurde eine modifizierte Prozesskostenmethodik entwickelt, mit der u.a. eine genauere strategische Auftragskalkulation möglich wird.[29]

---

[23] Vgl. *Freidank* 1993, Sp. 3780 f.
[24] Vgl. *Freidank* 1993, Sp. 3782.
[25] Vgl. *IDW WPH* 2000, S. 1695, Tz. 1.
[26] Vgl. *Wiedmann* 1998, S. 341; *Keppel* 1997, S. 32.
[27] Vgl. *Keppel* 1997, S. 50; und schon *Leffson* 1988, S. 326.
[28] Vgl. *IDW* WPH 2000, S. 131, Tz. 510.
[29] Vgl. *Wiemers* 2001, S. 469 ff.

# 3 Entwicklung eines prozessorientierten Controlling in Revisionsunternehmen

## 3.1 Allgemeine Schrittfolge bei der Entwicklung

Die Analyse der Ausgangssituation zeigt, dass die traditionellen Verfahren des Kosten-Controlling bei Professional-Service-Betrieben - beispielhaft untersucht an den RU - immer stärkere Unschärfen beinhalten. Eine wesentliche Ursache ist die *hohe Fix- bzw. Gemeinkostenbelastung*, wobei der Block der Personalkosten vollständig dominiert.[30] Klassische Verfahren, wie etwa das der vollkostenorientierten Zuschlagskalkulation, müssen versagen, weil die zugrunde liegenden Bezugsgrößen für die Gemeinkostenzuschläge nicht hinreichend verursachungsgerecht sind. In strategischer Hinsicht stellte sich dann die Frage, welche Methodik genauere Kalkulationsergebnisse liefern könnte. In den indirekten Leistungsbereichen von Industrieunternehmen oder Mass-Service-Betrieben, wo ebenfalls hohe Gemeinkostenanteile zu verzeichnen sind, liefern das *Activity Based Costing* oder die *Prozesskostenrechnung* gute Ergebnisse. Analysiert man die methodischen Grundlagen, die Anwendungsvoraussetzungen und die Anpassungserfordernisse, lässt sich schrittweise eine *modifizierte Methodik* für das prozessorientierte Kosten-Controlling entwickeln, dessen Bedeutung für den Professional-Service-Betrieb über bloße kostenrechnerische Überlegungen deutlich hinausgeht. Dabei kann der hier exemplarisch für RU beschriebene Ansatz, der mehrere (Mess-)Dimensionen vereint, zugleich auch als ein wesentlicher Bestandteil für das später behandelte gesamtbetriebliche Balanced-Scorecard-Konzept fungieren, das ebenfalls auf prozessbezogene Parameter sowie auf Schlüsselkennzahlen aus *unterschiedlichen Dimensionen* zurückgreift.[31]

Die Entwicklung prozessorientierter Instrumente für das *strategische Kosten-Controlling* beinhaltet im wesentlichen die folgenden sieben Schritte, die in der Abbildung 1 überblicksartig zusammengefasst sind.[32] Sie sollen nachfolgend kurz in ihren Ergebnissen skizziert werden.

---

[30] Detailliert zu den Kostenarten in RU vgl. *Wittmann* 1995, S. 84.
[31] Vgl. *Burger/Buchhart* 2002, S. 595.
[32] Vgl. *Wiemers* 2001, S. 264.

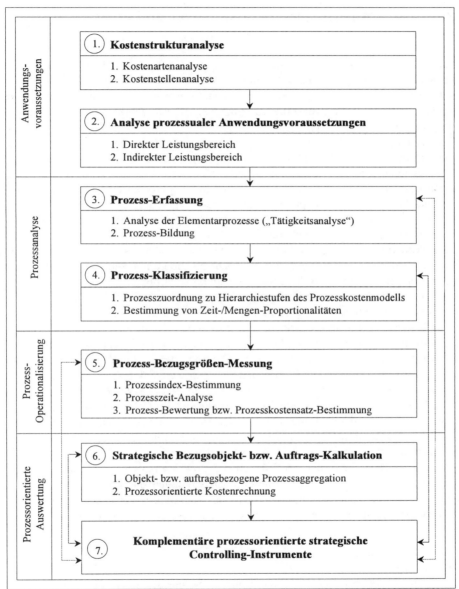

Abbildung 1: Entwicklungsschritte prozessorientierter Instrumente für das strategische Kosten-Controlling[33]

---

[33] Vgl. *Wiemers* 2001, S. 264.

## 3.2 Anwendungsvoraussetzungen und Prozessanalyse

Grundsätzlich sind zu Anfang die kostenrechnerischen Anwendungsvoraussetzungen nach *Kostenarten* und nach Kostenstellen zu klären. Diese Fragen sind methodisch unschwierig. Die Fix- bzw. Gemeinkostenproblematik wurde bereits erwähnt. Für prozessorientierte Auswertungen bedarf die traditionelle *Kostenstellenstruktur* nur geringfügiger Erweiterungen.

Anschließend sind die Voraussetzungen prozessualer Steuerung zu prüfen. Anders als bei der konventionellen Prozesskostenrechnung liegen die methodischen Schwierigkeiten bei Professional-Service-Betrieben eher darin, diejenigen *Prozesse* zu operationalisieren, die den kostendominanten Personaleinsatz in den Hauptkostenstellen ausreichend transparent machen. Erst wenn die prozessanalytischen Fragen u.a. zur Prozessstruktur geklärt sind, lassen sich für die unterschiedlichen Prozesstypen die *kritischen Einflussfaktoren* und *Prozessbezugsgrößen* anschließend gezielt beschreiben.

Für Professional-Service-Betriebe verdichtet sich die Analyse dabei auf die Frage, ob ein hinreichender Grad an *Standardisierbarkeit* für die komplexen Prozesse im direkten Leistungsbereich existiert. Hohe Prozesskomplexität impliziert zugleich immer relativ weite Ermessensspielräume und hohe organisatorische Freiheitsgrade im Einzelfall,[34] was einer Standardisierung eher entgegensteht.

Für RU zeigt die Analyse jedoch, dass eine *hinreichende Prozess-Standardisierung* für Controlling-Zwecke dann möglich ist, wenn mehrere spezifische Leistungsmerkmale kombiniert werden (Segmentbildung[35]). Im Zentrum steht dabei der branchen- und betriebsspezifische Katalog von Merkmalen des externen Faktors. Bei den eigentlichen Auftragsteilprozessen beschränken die vorhandenen *Modelle der Prüffeldbildung*[36] eine Anwendung in *vertikaler Richtung* auf die Ebene der Prüffeldprozesse. Erweiterte Anwendungsmöglichkeiten darf man sich hier für die Zukunft von fachspezifischen Trends in Prüfungsforschung und -praxis erwarten, wie u.a. von der Weiterentwicklung vom risikoorientierten zum prozessorientierten Prüfungsansatz.[37]

Auf dieser Basis lässt sich im Rahmen der Prozessanalyse ein hinreichend stabiles *Prozessgerüst* definieren (Prozess-Bildung). Dabei stehen die sogenannten Elementarprozesse[38] auf der untersten Stufe. In vertikaler Richtung lassen sich die prozessualen Betrachtungsebenen zu einem mehrstufigen *hierarchischen Prozesskostenmodell* ver-

---

[34] Vgl. *Fickert/Schedler* 1995, S. 391.
[35] Ähnlichkeiten ergeben sich zur marktorientierten Segmentierung etwa bei der Bildung von strategischen Geschäftseinheiten der Portfoliomethode. Vgl. auch *Staehle* 1999, S. 648.
[36] Zu den bekanntesten Modellen gehören hier das Balance Sheet Auditing und das Transaction Flow Auditing; vgl. etwa *Buchner* 1997, S. 165 und S. 169.
[37] Vgl. *Orth* 1999, S. 576 ff.
[38] Vgl. *Schulte-Zurhausen* 1999, S. 297.

knüpfen.[39] Das Verfahren der vertikalen Kostenzurechnung entspricht dabei dem des Modells, das von *Cooper* und *Kaplan* - basierend auf empirischen Erfahrungen - für das Activity Based Costing entwickelt wurde.[40] An dieser Stelle wird leicht deutlich, dass die vielfältigen Informationen der Prozesskostenmethodik zugleich auch für weiterführende Auswertungsinstrumente genutzt werden können. So lässt sich etwa zeigen, wie in Anlehnung an *Riebel'sches* Gedankengut[41] eine relative Prozess-Einzelkosten- und Prozess-Deckungsbeitragsrechnung in RU aufzubauen wäre,[42] bei der auf die hierarchischen Prozessverknüpfungen zurückzugreifen ist, die in diesem Analyseschritt definiert werden.

Auch in Fragen der *horizontalen Prozess-Steuerung* lassen sich andere Instrumente kombinieren. So liegt z.B. in der Verknüpfung mit der revisionsspezifischen Wertkettenanalyse[43] weiteres Controlling-Potenzial. Bisher scheiterte der Einsatz in der Praxis von Professional-Service-Betrieben überwiegend daran, dass zwar prozessbezogene Kostenwerte benötigt werden, aber bisher nicht zur Verfügung standen. Ein weiterer Nachteil war bisher das relativ hohe Abstraktionsniveau des Modells. Wird auf die detaillierten Formulierungen zum horizontalen und vertikalen Prozessgerüst zurückgegriffen, lässt sich dieser Mangel überwinden. Sieht man einmal von einem gewissen Anpassungsbedarf bei der Prozess-Struktur und bei der Kostenzuordnung ab, ist festzustellen, dass die *Wertkettenanalyse in Professional-Service-Betrieben* praktisch erst durch die differenzierten Struktur- und Kosteninformationen der modifizierten Prozesskostenmethodik anwendbar wird. Dadurch, dass mit der Wertkettenanalyse Aktivitäten zugleich nach ihrer Vorteilhaftigkeit im Wettbewerb beurteilt werden (value-added-activities),[44] erweitert sich das interne prozessorientierte Controlling dann um die externe Prozess-Perspektive.

## 3.3 Operationalisierung von Prozessen und Bezugsgrößenmessung

Im Vergleich zur konventionellen Prozesskostenrechnung liegt ein zentraler Anpassungsbedarf bei den Bezugsgrößen. Grundsätzlich werden *Prozessbezugsgrößen*[45] gesucht, mit denen der Ressourcenverbrauch hinreichend verursachungsgerecht auf die Prozesse verrechnet werden kann. Die betrieblichen Gemeinkosten werden mit ihrer Hil-

---

[39] Vgl. *Freidank/Wiemers* 1998, S. 185.
[40] Vgl. *Cooper/Kaplan* 1990, S. 9 f.
[41] Vgl. *Schweitzer/Küppe*r 1998, S. 496; sowie auch *Riebel* 1994, S. 37.
[42] Vgl. *Wiemers* 2001, S. 629 ff.
[43] Dabei gliedert sich das Wertkettenmodell bei den Primäraktivitäten der RU nach den Teilprozessen der Auftragsdurchführung; vgl. *Tenhagen* 1992, S. 162.
[44] Vgl. *Freidank* 1999, S. 464.
[45] Vgl. *Schweitzer/Küpper* 1998, S. 329.

fe nach der Prozessleistung proportionalisiert. Je nach Prozesstyp ergeben sich Unterschiede bei der Einflussabhängigkeit und bei der Dimension der Einflussmessung von prozessualen Ressourcenverbräuchen. Dazu lässt sich ein allgemeingültiges Schema zur *Typisierung von Prozessen* formulieren.[46] Klassischerweise kennt die Prozesskostenrechnung nur den sogenannten Typ der Lmi-Prozesse und den der Lmn-Prozesse.[47] Dabei wird nur die Häufigkeit der Prozessdurchführungen mit Hilfe von quantitativ-mengenmäßigen Prozessbezugsgrößen gemessen. Die betrieblichen Gemeinkosten werden dann als *Prozesseinzelkosten* nach Prozesshäufigkeit direkt auf Lmi-Prozesse verrechnet. Das mag bei einfachen und massenhaften Standardprozessen, die von anderen Einflüssen weitgehend unabhängig sind, wie etwa im Verwaltungsbereich, noch hinreichend verursachungsgerecht sein. Für Prozesse im *direkten Leistungsbereich* von Professional-Service-Betrieben gilt das nicht mehr. Viel eher wäre eine multifaktorielle Bezugsgrößenfunktion nötig.

So müssen in RU insbesondere die Personalkosten hinreichend proportional auf die definierten Prüffeldprozesse verrechnet werden. Auftrags- und prozessbezogen wird hier im wesentlichen Prüferzeit verbraucht. Im Prüfungsbereich kommt daher den *zeitlichen Bezugsgrößen* eine kritische Bedeutung bei solchen Aktivitäten zu, die sich - in Erweiterung zu der bisher üblichen Terminologie - als *Lmi-Lzi-Prozesse*[48] bezeichnen lassen. Die zeitliche Dauer ist dabei wiederum von einem komplexen Bündel von heterogenen und überwiegend qualitativen Einflüssen abhängig. Daran anknüpfend wird ein *spezifischer Ansatz* nötig, mit dem diese *Zeittreiber* erfasst und messbar gemacht werden können.

Hinsichtlich der Überwindung bestehender Mängel bei den bekannten Ansätzen ergab die Untersuchung, dass sich hier letztlich ein *qualitativer Prozess-Index* am besten eignet, um zeittreibende Einflüsse metrisch abzubilden, die anschließend wiederum monetär bewertet werden. Aufgabe des qualitativen Index ist letztlich die Verdichtung von Bündeln von Einflüssen (Komplexitätsreduktion), deren Relevanz auch - aber eben nicht allein - von fachlich-inhaltlichen Überlegungen der Prüfungsfragestellungen bestimmt ist. Für Zwecke der Kalkulation erweitert sich der Ansatz der modifizierten Prozesskostenmethodik folglich zu einem *dreistufigen Algorithmus*, der sich von der qualitativen Ebene über die der Prozesszeit zu der der Prozesskosten entwickelt.

---

[46] Vgl. *Wiemers* 2001, S. 365.
[47] Das bedeutet, dass die Höhe der prozessualen Ressourcenverbräuche entweder "leistungs-mengen-induziert" (lmi) oder "leistungs-mengen-neutral" (lmn) ist. Vgl. *Freidank* 1999, S. 464.
[48] Dadurch wird ausgedrückt, dass der dominante Gemeinkostenanfall sowohl von der Häufigkeit (leistungsmengeninduziert) als auch der Dauer der Prozessdurchführung (leistungszeitinduziert) abhängig ist.

## 3.4 Komplexitätsorientierte Prozessindizes

Mit Hilfe von Prozessindizes lassen sich auch hochkomplexe Leistungsprozesse in Professional-Service-Betrieben im Hinblick auf ihren Ressourcenverbrauch bewerten. Dabei bedeutet "Bewertung" immer, dass ein einheitlicher Bewertungsmaßstab gefunden werden muss. Weil die vorhandenen Bewertungsmodelle für Zwecke des prozessorientierten Controlling mit gewissen Nachteilen verbunden sind, wurde auf der Suche nach einem geeigneten Ansatz für die Indexbildung eine *Prozess-Komplexitätsmatrix* vorgeschlagen.[49] Das Modell basiert dabei auf Prinzipien der Systemtheorie bzw. *kybernetischen Überlegungen*.[50]

Ist Kybernetik als die Wissenschaft von der Kontrolle von Systemen zu verstehen,[51] so soll entsprechend mit der Matrix auch das System der relevanten Einflussfaktoren vertikal in seinen *Elementen* und *Relationen* sowie horizontal über die Einflussdimensionen bzw. -bereiche abgebildet werden. Wird horizontal jeweils nach den vier Faktorbereichen der *Vielzahl, Vielfalt, Vieldeutigkeit* und *Veränderlichkeit* unterschieden, enthält die Matrix mindestens acht Felder. Die relevanten Faktoren werden den Feldern zugeordnet und nach einem bestimmten Verfahren zu einem messbaren Komplexitätswert verdichtet. Abwandlungen und modellmäßige Verfeinerungen sind leicht möglich. In seiner Allgemeinheit kann dieses Modell für die Indizierung komplexer Prozesse eines jeden Typs von Professional-Service-Betrieben genutzt werden. Ausschlaggebend sind jedoch die abgebildeten *Komplexitätsfaktoren*, in denen sich die Konkretisierungen des Modells jeweils grundlegend voneinander unterscheiden müssen.

Gerade bei der Identifizierung spezifischer Komplexitätsfaktoren wird erneut eine wichtige *Schnittstelle* zwischen Kosten-Controlling und den korrespondierenden *Fachkonzepten aus Prüfungstheorie und -praxis* deutlich. Etwa in der Dimension "Vielzahl" wird das Ausmaß an benötigter Prüfungsprozesszeit z.B. durch den erforderlichen Stichprobenumfang oder z.B. die Höhe von Wesentlichkeitsgrenzen beeinflusst.[52] Daran zeigt sich, dass auch die prüferischen Konsequenzen aus Risikobewertungen mit dem risikoorientierten Prüfungsansatz, der z.Z. den Status Quo bildet, wichtiger Bestandteil für die intern motivierten *Komplexitätseinschätzungen* sein können. Dennoch erweitert sich der Bereich der relevanten Faktoren noch deutlich, denn es existieren ressourcenverbrauchende Einflüsse, für deren Behandlung hier andere Schlussfolgerungen zu ziehen sind, als im Einzelfall mit dem bekannten Risikomodell. Das ergibt sich letztlich aus den unterschiedlichen Aufgaben der Modelle.

Ein Beispiel für *Vielfalt* sind etwa die unterschiedlichen Normen und Standards, deren Anwendung im Jahresabschluss zu prüfen ist. Die Dimension der *Vieldeutigkeit*

---

[49] Vgl. *Wiemers* 2001, S. 406 ff.
[50] Vgl. *Reiß* 1993, S. 57 ff.
[51] Vgl. *Schulte-Zurhausen* 1999, S. 33; *Staehle* 1999, S. 42.
[52] Vgl. *IDW* WPH 2000, S. 1710, Tz. 62 ff.

könnte etwa durch weite Ermessensspielräume, Definitionslücken, Prognoseunsicherheiten und Time-lag-Probleme angesprochen sein. Veränderlichkeiten, die durch den externen Faktor bedingt sind, liegen etwa in Kapazitäts- und Verfahrensänderungen, in der Personalfluktuation oder in Lebens- und Technologiezyklen. Ein Beispiel für *Veränderlichkeit*, die bei der RU selbst liegt, kann sich etwa aus dem Unterschied von Erst- und Folgeprüfungen ergeben.

Um das Verfahren einer indexbasierten Prozesskostenmethodik noch ausreichend praktikabel zu halten, werden im Modell Faktoren der individuellen Prüferproduktivität ausgeklammert. *Produktivitätsaspekte* sollten für strategische Zwecke nicht simultan mit den mandanten- und organisationsbezogenen Faktoren, sondern in einem gesonderten Ansatz operationalisiert werden. Hier besteht noch weiterer Entwicklungsbedarf.

Um einen konkreten Indexwert mittels der Matrix bestimmen zu können, ist die Frage der Signifikanz zeitkritischer Einflüsse zu beantworten. Dabei wird geprüft, ob in einem bestimmten Faktorenbereich der Einfluss noch hinreichend zeitkritisch für einen Prozesstyp ist oder nicht. Ähnlich wie bei den Materiality-Entscheidungen,[53] die aus der Prüfungstheorie bekannt sind, ist auch Komplexität hier als ein relatives Konstrukt zu verstehen.[54] Dabei stehen hinter dem Komplexitäts-Index differenzierte Annahmen und Prämissen über das Prüfungsobjekt, das Prüfungssubjekt und den Prüfungsprozess, die über die Matrix detailliert und nachvollziehbar offengelegt werden. Dennoch verbleiben bei einer solchen *Signifikanzbeurteilung* gewisse Unschärfebereiche. Damit verbundene Mess- und Abbildungsprobleme sind bei solchen qualitativen Fragestellungen unvermeidbar und müssen als Teil des strategischen Entscheidungsproblems verstanden werden. Vorrangiges Ziel des Ansatzes ist aber nicht die theoretisch exakte Abbildung von zeit- bzw. kostentreibenden Einflüssen, sondern die Gewinnung von *hinreichend genauen Näherungslösungen* für präskriptive Zwecke des strategischen Kosten-Controlling.[55]

## 3.5  Prozesszeitanalyse

Sind erst einmal Komplexitätsindizes bestimmt, schließt sich auf dem Weg zu einer monetären Bewertung die Prozesszeitanalyse an. In verfahrenstechnischer Hinsicht sind die nachfolgenden Schritte mit weitaus geringeren methodischen Schwierigkeiten behaftet als die vorangegangenen. Bei der Zeitanalyse wird dabei ähnlich dem Prinzip der klassischen Äquivalenzziffernrechnung[56] Bezug auf definierte Grundprozesse genommen. Dabei werden die Prozesstypen hinsichtlich ihres Zeitverbrauchs relativ zueinander positio-

---

[53]  Vgl. *IDW* WPH 2000, S. 1710, Tz. 65.
[54]  Vgl. *Buchner* 1997, S. 243.
[55]  Vgl. *Reichmann* 1997, S. 468.
[56]  Vgl. *Schweitzer/Küpper* 1998, S. 188; *Freidank* 1997, S. 156.

niert. Das geschieht über *Zeitindizes*, die aus den komplexitätsorientierten Indexwerten abgeleitet werden. Nach einem bestimmten Verfahren wird daraus ein erfahrungsbasierter *Standardzeitwert* für jeden Prozesstyp ermittelt.[57] Ein Vorteil des zeitorientierten Indexverfahrens besteht darin, dass die *Prozesszeitwerte* - mit Ausnahme für die Grundprozesse - auch ohne eine unmittelbare Zeitmessung ermittelt werden können.

Die Pflege von erfahrungsbasierten Standardzeitfunktionen ist dennoch nur durch eine "Unterfütterung" mit *zeitlichen Primärdaten* möglich. Auf deren Basis wird dann die Funktionsgenauigkeit nachträglich permanent überprüft. Indirekt werden zugleich die Prämissen auf ihre Tragfähigkeit getestet, die hinter den strategischen Standardzeitwerten stehen. In Prüfungs- und Beratungsbetrieben finden die Istzeitwerte bisher nur ex post für die Fakturierung und die interne Abrechnung Verwendung.[58] Diese werden über manuelle Zeitaufschreibungen des Fachpersonals zu den auftragsbezogen geleisteten Arbeitsstunden ermittelt (Time Sheets).[59] Hier werden gewisse Modifikationen im System der betrieblichen *Zeitdatenerfassung* erforderlich, wenn der Bezug zu den einzelnen Prüffeldprozessen hergestellt werden soll. Ist man bisher noch auf ausschließlich manuelle Aufschreibungen angewiesen, deuten sich hier für die nicht allzu ferne Zukunft Erleichterungen an.[60]

Informationen der Prozesszeitanalyse bilden ebenfalls eine Grundlage für weiterführende Controlling-Instrumente, die die Zeitdaten und die daraus abgeleiteten Kostendaten auch unter anderen Fragestellungen auswerten. So kann gezeigt werden, wie differenzierte Instrumente der *prozessorientierten Leerzeit- und Leerkostenanalyse* in Professional-Service-Betrieben auszugestalten sind, die als Grundlage der strategischen Kapazitäts- und Ressourcensteuerung dienen.[61]

"Zeit" als ein kritischer *Wettbewerbs- und Erfolgsfaktor*[62] ist nicht nur aus der internen Perspektive relevant, die in erster Linie bei der Planung und Kontrolle des Ressourcenverbrauchs eingenommen wird. Auch der externen Beurteilung kommt in einem Gesamtkonzept besondere Bedeutung zu. Das gilt gerade dann, wenn die Zeitdauer bei personenbezogenen und kontaktintensiven Dienstleistungen zugleich auch als Treibergröße der *Kundenzufriedenheit* fungiert.[63] Darin spiegelt sich ihre Bedeutung für die Jahresabschlusskosten der Prüfungskunden sowie für die eher verhaltensbezogenen Aspekte der Mandantenkommunikation wider. Dazu sei erneut auf das Konzept der Balanced Scorecard verwiesen, das explizit eine Verknüpfung der Perspektiven "Mandant" und "interne

---

57 Vgl. *Wiemers* 2001, S. 442.
58 Vgl. *Imbach* 1995, S. 174 und 175 f.
59 Vgl. *Fitzgerald et al.* 1993, S. 89.
60 Voraussetzungen für eine - zumindest dann teilweise - automatische Zeitprotokollierung werden geschaffen, wenn sich der in der Praxis der Wirtschaftsprüfung erkennbare Trend fortsetzt, der letztlich zu einer weitgehend nur software- und pc-gestützten Prüfungsdurchführung und Prüfungsdokumentation führt.
61 Vgl. *Wiemers* 2001, S. 601.
62 Vgl. *Keppel* 1997, S. 69.
63 Vgl. *Kaplan/Norton* 1997, S. 83 f.

Prozesse" vornimmt.[64] Folglich bieten sich die o.g. kritischen Zeitgrößen für das Kennzahlen-Mix dieser Perspektiven geradezu an.

## 3.6 Prozesskosten und strategische Auftragskalkulation

Bevor die strategischen Kosten für Bezugsobjekte wie z.B. für einen bestimmten Auftragstyp prozessorientiert kalkuliert werden können, ist im letzten Analyseschritt für jeden Teilprozesstyp der relevante *Prozesskostensatz* zu bestimmen. Die Prozesskostensätze geben dabei die Kosten für die einmalige Durchführung eines Prozesses wieder.[65]

Im direkten Leistungsbereich von Professional-Service-Betrieben wird dazu je Kostenstelle bzw. je Segment ein *Standardzeitkostensatz* ermittelt, mit dessen Hilfe sich - basierend auf den prozessanteiligen Standardzeiten - ein Prozesskostensatz berechnen lässt. Weil hier ein standardmäßiger Zeitkostensatz zugrunde liegt, wird in diesem Zusammenhang von einer integrierten *Prozesskosten- und Personalstundensatz-Kalkulation* gesprochen.[66] Der Zeitkostensatz kann auch als ein interner Verrechnungspreis[67] je Prüferstunde verstanden werden. Auf dieser Basis lassen sich etwa auch stellen- und bereichsübergreifende Kosten- und Budgetvergleiche vornehmen. Es bleibt aber daran zu erinnern, dass mit dieser Größe keine individuellen Produktivitätsunterschiede, sondern bestenfalls nur stellenbezogene Durchschnittsproduktivitäten berücksichtigt werden.

Der Fortschritt im Vergleich zu den bekannten Formen der Prozesskostenrechnung besteht in der Erweiterung des Kalkulationsalgorithmus, wenn explizit auch zeit-mengenvariable Prozesskosten berücksichtigt werden, die sich als Prozesseinzelkosten verrechnen lassen. Insofern darf von einer *verursachungsgerecht(er)en Kalkulation* im direkten Leistungsbereich von Professional-Service-Betrieben gesprochen werden.

Ein weiterer Fortschritt ergibt sich aus den Möglichkeiten des hierarchischen Prozesskostenmodells, deren vertikale Prozessbeziehungen mit den prozessanalytischen Überlegungen zum Prozessgerüst definiert werden. Auf dessen Basis erhält man bei der Umlage von bestimmten Prozessgemeinkosten nunmehr auch ein differenziertes System von hierarchisch *gestaffelten Prozesskostensätzen*. Trotz der zeit-mengen-orientierten Verrechnung über Prozesseinzelkosten, die den größten Gemeinkostenblock betreffen, kommt aber auch die modifizierte Prozesskostenmethodik bei bestimmten Konstellationen nicht ganz ohne Kostenumlagen aus. Werden nämlich bei vollkostenorientierten Fragestellungen die strategischen Kosten von übergeordneten Bezugsobjekten wie z.B. für die *strategische Auftragskalkulation* gesucht, müssen auch bestimmte Prozessgemein-

---

[64] Vgl. *Kaplan/Norton* 1997, S. 25 f.
[65] Vgl. *Schweitzer/Küpper* 1998, S. 330.
[66] Vgl. *Wiemers* 2001, S. 454.
[67] Vgl. *Buggert* 1994, S. 95.

kosten und anteilige Stellengemeinkosten zugeschlüsselt werden. Jedoch der ganz überwiegende Teil der betrieblichen Gemeinkosten ist aber bereits als Prozesseinzelkosten direkt verrechnet worden, so dass davon nur noch ein relativ geringer Kostenanteil betroffen ist. Diese Unschärfen sind dann für strategische Entscheidungen zu vernachlässigen.

Insgesamt gesehen bieten die umfangreichen Informationen zur Prozessstruktur, zu den qualitativen, den zeitlichen, den mengen- und den kostenmäßigen Prozessparametern vielfältige weitere Auswertungsmöglichkeiten, die deutlich über die bloße Verrechnungsfunktion wie etwa für die strategische Auftragskalkulation hinausgehen. Hierzu wurden bereits Beispiele gegeben, wo Anknüpfungspunkte für eine Kombination mit anderen Instrumenten bestehen. Die modifizierte Prozesskostenmethodik könnte dabei ein *Basisinstrument des prozessorientierten Controlling* darstellen. Verlässt man den Bereich des reinen (Prozess-)Kosten-Controlling, so stellt sich bald die Frage nach der Einordnung in ein betriebsweites Gesamtsystem, das den Anforderungen an ein modernes Controlling in Professional-Service-Betrieben genügen kann.

## 4 Performance Measurement mit dem Balanced-Scorecard-Konzept

### 4.1 Moderne Anforderungen an die gesamtbetriebliche Steuerungsmethodik

Den Ausgangspunkt bildet die Überlegung, welche Anforderungen die Praxis an das bislang vorhandene Controlling-Instrumentarium stellt. Dazu kann auf die mittels Fragebogentechnik gewonnenen Daten zurückgegriffen werden, die für Zwecke der hier zugrunde gelegten Untersuchung erhoben wurden. Eine Frage behandelte die allgemeinen methodischen *Anforderungen der Praxis an Controlling-Methoden* in RU.[68] Werden die 15 ausgewählten Kriterien, die es zu bewerten galt, nach den Urteilen der Praktiker in eine Reihenfolge gebracht, rangiert das Kriterium "Integrationseignung in ein Gesamtsystem" am unteren Ende der Bewertungsskala. Mit dem niedrigen Rang wird die Ausgangshypothese zur Umfrage bestätigt, wonach bis in die jüngere Vergangenheit ein ganzheitliches integriertes Controlling für den strategischen Bereich fehlt. Auch weitere *Befragungsergebnisse* legen den Schluss nahe, dass in der Praxis von RU bei strategischen Einzelentscheidungen bislang überwiegend "nur" isolierte Verfahren zum Einsatz kommen.[69]

---

[68] Vgl. *Wiemers* 2001, S. 133 ff.; sowie zu den Befragungsergebnissen im Anhang auf S. 741.
[69] Vgl. *Wiemers* 2001, S. 140.

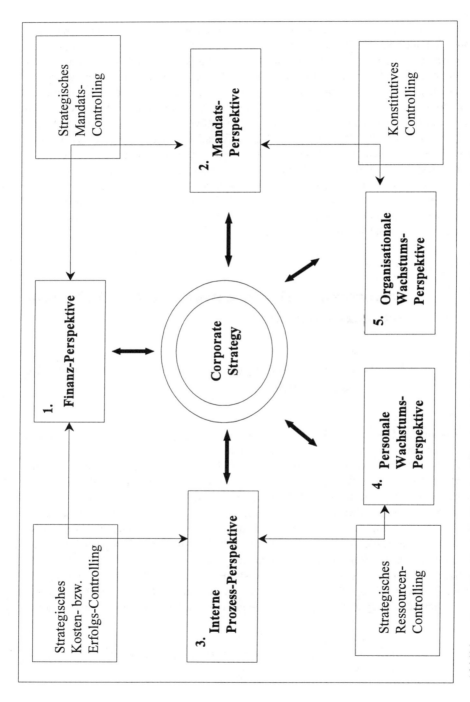

Abbildung 2: Konzept der Balanced Scorecard in Revisionsunternehmen

Aus gesamtbetrieblicher Sicht besteht im Falle eines isolierten Instrumenteneinsatzes grundsätzlich die Gefahr, dass durch isolierte Teillösungen suboptimale Ergebnisse erzielt werden. Demgegenüber lässt ein Totalansatz neben einer zu geringen Effizienz auch eine zu geringe Anpassungsfähigkeit befürchten, sollten sich Rahmenbedingungen entscheidend ändern. Dieses Dilemma lässt sich mit einem *modular aufgebauten* und *integrativen Gesamtkonzept* lösen, das einerseits ausreichend flexibel ist und andererseits die Ausrichtung aller Maßnahmen auf ein oder mehrere übergeordnete Oberziele gewährleistet. Für die gesamtbetriebliche Steuerung wird dann ein *Mix aus zielorientiert zusammengestellten Einzelinstrumenten* erforderlich, die zueinander kompatibel und - letztlich über die ihnen zugrunde liegenden Mess- und Steuergrößen - miteinander verknüpft sein müssen.

Gerade diesen Anforderungen kommt das *Konzept der Balanced Scorecard* (BSC) entgegen, das von *Kaplan* und *Norton* basierend auf empirischen Erfahrungen entwickelt wurde.[70] Als der weitaus bekannteste Ansatz des mehrdimensionalen *Performance Measurement* hat sich das Konzept in der Praxis von Industrieunternehmen und diversen Dienstleistungsunternehmen bewährt und gilt heute bei vielen Führungskräften "als Königsweg, um strategische Ziele umzusetzen"[71]. Um so erstaunlicher ist es, dass für Professional-Service-Betriebe und speziell für RU ein branchenspezifisches Konzept bislang nicht beschrieben worden ist.

Ganz allgemein bietet eine Anpassung an die betriebsspezifischen Verhältnisse mehrere abgestufte Möglichkeiten für verbesserte Führungs- und Steuerungsfähigkeiten[72]

- aus der Verwendung von neuen spezifischen Mess- und Steuergrößen (messtechnischer Aspekt),

- aus der Entwicklung von neuen oder modifizierten Controlling-Algorithmen und Verfahren (instrumentaler Aspekt),

- aus der Spezifizierung von Grundmodellen des modernen Performance Measurement, so z.B. der BSC (konzeptioneller Aspekt).

Betraf zuvor die Entwicklung von spezifischen prozessorientierten Controlling-Verfahren den ersten und insbesondere den zweiten Bereich von Verbesserungspotenzialen, wird im *dritten Bereich* versucht, ein gesamtbetriebliches Rahmenkonzept zu entwerfen. Nimmt man das Untersuchungsergebnis vorweg, ist festzustellen, dass die BSC für das strategische Controlling in RU als *zentraler Integrationsrahmen* nicht nur geeignet ist, sondern auch erhebliche Verbesserungspotenziale bietet.

Ein entscheidender Fortschritt, das Konzept *vollständig umsetzen* zu können, ist darin zu sehen, dass mit der modifizierten Prozess-(Kosten-)Methodik erstmals solche prozessorientierten Indikatoren und Steuergrößen generiert werden können, die für mehrere

---

[70] Vgl. *Kaplan/Norton* 1997, S. 90.
[71] *Bierach* 2002, S. 80.
[72] Vgl. *Wiemers* 2001, S. 202.

Scorecards speziell in RU strategiekritisch und unverzichtbar sind. Mit dem bisherigen Instrumentarium stehen entsprechende strategische Informationen nicht zur Verfügung.

Nachfolgend soll am Beispiel der RU nur knapp angedeutet werden, wie das Konzept der BSC in Professional-Service-Betrieben ausgestaltet werden kann. Für die allgemeine Beschreibung von Eigenschaften, Funktionsweise und der praktischen Einführung einer BSC wird auf die vorhandene Literatur verwiesen.[73]

## 4.2 Ausgestaltung des Konzeptes der Balanced Scorecard in Revisionsunternehmen

Weil im Wettbewerb letztlich immer *strategische Erfolgspositionen* angestrebt werden, muss sich der Betrieb theoretisch an mindestens einer Stelle im betrieblichen Wertschöpfungsprozess von seinen Konkurrenten unterscheiden. Um Ansatzpunkte für Maßnahmen zu gewinnen, mit denen entsprechende Vorteilspositionen erreicht werden können, sind die im Wettbewerb entscheidenden branchen-, geschäfts- und leistungsspezifischen Parameter einzubeziehen. Dabei ist es für die Formulierung und ganz besonders für die Umsetzung der betrieblichen Strategie unerlässlich, dass die BSC zugleich auch *unternehmensspezifisch* gestaltet wird ("Customizing of the Scorecard").[74]

Die allgemeine *Vorgehensweise*, mit der eine BSC konzipiert wird, zeichnet sich durch verfahrenstechnische Einfachheit, übersichtliche Strukturierung und leichte Verständlichkeit aus. Die besonderen Schwierigkeiten liegen aber vielmehr darin, dass die wettbewerbsrelevanten Spezifika über geeignete kritische Leistungsparameter abzubilden sind. Es ist die Frage, welche Schlüsselgrößen der betrieblichen Leistungsmessung *(Mix of Measures)* zu wählen und wie sie definiert sind? Anders als eine bloße unzusammenhängende Sammlung von betrieblichen Kennzahlen - wie *Kaplan* und *Norton* als die "Erfinder" der BSC immer wieder betonen - müssen diese letztlich über *Ursache-Wirkungsbeziehungen* verknüpft sein.[75] Demnach ist zu beantworten, wie die Parameter ähnlich einer spezifischen Geschäftstheorie, die von den tatsächlichen Leistungstreibern bis hin zu den gesamtbetrieblichen Oberzielen reicht, mit den übrigen Indikatoren kausal vernetzt sind.

Zunächst stellt sich die Frage nach der *Spaltung des Gesamtmodells* der BSC in geeignete Scorecard-Perspektiven. Die Einteilung in Perspektiven kann dabei als ein grobes Denkraster verstanden werden, mit dem die Leistungsmessgrößen nach Schwerpunkten zusammengefasst werden. Die Grundlage einer Einteilung in Perspektiven bilden die vo-

---

[73] Vgl. z.B. *Horstmann* 1999; *Krahe* 1999; *Kaplan/Norton* 1997.
[74] Vgl. *Horstmann* 1999, S. 196; *Horváth* 1998, S. 568.
[75] Vgl. *Kaplan/Norton* 1997, S. 14.

rangegangenen Analysen zu den spezifischen Leistungsmerkmalen, zum internen und externen Leistungsrahmen sowie zu den kritischen Erfolgsfaktoren der Professional-Service-Betriebe. Das klassische Grundmodell von *Kaplan* und *Norton* kennt noch die vier *Perspektiven* der Finanz-, der Kunden-, der internen Prozess-Perspektive sowie die der Entwicklungs- und Wissensperspektive.[76] Für Professional-Service-Betriebe bietet es sich an, besser folgende fünf Scorecards abzugrenzen (Abbildung 2):[77]

- Finanz-Perspektive,
- Mandats-Perspektive,
- interne Prozess-Perspektive,
- personale Wachstums-Perspektive,
- organisationale Wachstums-Perspektive.

Wegen der übergreifenden parametrischen Vernetzung lassen sich die fünf Scorecards vereinfachend auch als eine grobe Wirkungskette verstehen, an deren Spitze die *Finanz-Perspektive* steht. Abhängig von der spezifischen Unternehmensstrategie werden hier besonders monetäre *Kernergebnisgrößen* benötigt. Aber anders als bei den meisten BSC-Modellen dürfen hier Kennziffern zur Kapitalstruktur, zu Kapitalkosten oder sonstige kapitalmarktorientierte Größen wegen geringer Kapitalintensität von Prüfung und Beratung nicht im Mittelpunkt stehen. Eng mit den finanziellen Interessen der Wirtschaftsprüfer mit Unternehmensbeteiligung und der übrigen Partner sind eher Indikatoren z.B. zu Ausschüttungszielen (Tantiemen, Boni o.ä.) und zur Gewinnprognose verknüpft. Geeignete Spätindikatoren zur Profitabilität könnten beispielsweise Auftragsergebnis, Deckungsbeiträge und der Honorarumsatz diverser Segmente und Auswertungsstufen sein. Weitere Schlüsselbereiche sind hier Ertragsquellen-Mix und -Wachstum sowie Kostenkontrolle und -senkung. Um für die Steuergrößen, die zuvor als strategiekritisch identifiziert wurden, auch Messwerte zu erhalten, werden entsprechende Instrumente im Methoden-Mix benötigt. Aufbauend auf den Vorüberlegungen zu prozessorientierten Verfahren kann hier etwa die erwähnte Prozess-Einzelkosten- und Prozess-Deckungsbeitragsrechnung geeignete Informationen zu monetären Kosten- und Ergebnisgrößen liefern. Für Kennziffern zu spezifischen Auslastungs- und Leistungsgraden kann in RU die Prozesszeit- und -kostenanalyse herangezogen werden.

Stellt Mehrdimensionalität ein zentrales Merkmal moderner Unternehmenssteuerung dar,[78] können in allen fünf Perspektiven auch *nicht-monetäre Kennziffern* relevant sein. Das gilt aber noch mehr für andere Scorecards als für die der Finanzperspektive. Aber auch hier sind die nicht-monetären Messgrößen relevant. So ist die Erbringung von

---

[76] Vgl. *Kaplan/Norton* 1997, S. 24 ff.
[77] Vgl. *Wiemers* 2002a, S. 360; *Wiemers* 2002b, S. 1077.
[78] Zum Begriff der Mehrdimensionalität im messtechnischen Ansatz vgl. *Wiemers* 2001, S. 188 ff.

hochkomplexen Prüfungsleistungen mit diversen Risiken behaftet. Folgerichtig sind dann besonders Ergebnisgrößen zum *Risikomanagement* bedeutsam.[79] Zu denken wäre in RU z.B. an spezifische Risk Income Ratios, an Kennzahlen zu Risiko- und Komplexitätskosten oder an Größen, die die Entwicklung der Versicherungsprämien oder der Rückstellungen in RU beschreiben. Wie beschrieben, schließt die Prozesskostenmethodik in RU Komplexitätsbeurteilungen mit ein. So könnten hier u.U. auch Auswertungen zur Entwicklung der qualitativen Komplexitätsindizes geeignet sein.

Mit der zweiten Scorecard wird die Absatzseite fokussiert, deren Schlüsselindikatoren tendenziell als Treibergrößen für die Ergebnismaße der Finanz-Perspektive fungieren. Strategiewesentliche Bereiche der *Mandats-Perspektive* können neben der monetären Profitabilität und Rentabilität auch die Mandatsakquisition und -erhaltung sein, die über quantitative Maße wie z.B. %-Repeat-Business,[80] (Teil-)Marktanteil oder Cross Sell Ratios[81] bestimmt sind. Darüber hinaus haben mit dieser Perspektive gerade auch "weiche" Kennzahlen wie z.B. zur Mandantenzufriedenheit, zum sog. Client Value und zum Corporate Image ihre Berechtigung.[82]

Mit der Scorecard der *internen Prozess-Perspektive* sind kritische Aspekte angesprochen, durch die der prozessuale Ressourceneinsatz unter Berücksichtigung von Mandantenbedürfnissen und dadurch in zweiter Linie auch von Eigentümeranforderungen optimiert wird. Schlüsselbereiche sind hier u.a. die Prozesseffektivität (Struktur) und -effizienz (Durchführung). Weitere Aspekte betreffen die Prozessqualität, die Prozesskosten und - in RU insbesondere - die Prozesszeit. Vor dem Hintergrund der obigen Ausführungen wird jetzt offensichtlich, welchen Informationsnutzen eine prozessorientierte Methodik, wie sie etwa die integrierte Prozesskosten- und Personal-Stundensatz-Rechnung darstellt, für eine vollständige Umsetzung der BSC in Professional-Service-Betrieben haben kann.

Mit der speziell für Professional-Service-Betriebe abgegrenzten *personalen Wachstums-Perspektive* wird letztlich dem Umstand Rechnung getragen, dass sich verschiedene strategische Erfolgsfaktoren im Fachpersonal konkretisieren. Für eine solche Scorecard, die sich an der dominanten Ressource "Mitarbeiter" orientiert, werden strategiekritische Maße aus unterschiedlichen Messdimensionen gesucht. Das können monetäre Kennziffern wie z.B. zur Mitarbeiter-Profitabilität oder quantitative Größen z.B. zur Personalbestandsentwicklung sein. Zugleich sind aber auch qualitative Indikatoren zu den Soft Skills und Hard Skills, zur Mitarbeiterzufriedenheit und zur Personalmotivation gesucht.

Die fünfte Scorecard betrifft die *organisationale Wachstums-Perspektive*. Hier richtet sich die Aufmerksamkeit besonders auf die institutionsbezogenen Treibergrößen der Prozessperformance, die nicht unmittelbar im Human Capital begründet liegen. Vielmehr ist der von der Prüfungsorganisation zur Verfügung gestellte Leistungsrahmen angespro-

---

[79] Vgl. *Burger/Buchart* 2002, S. 593.
[80] Vgl. *Fitzgerald et al.* 1993, S. 63.
[81] Vgl. *Michel* 1997, S. 282.
[82] Vgl. *Kaplan/Norton* 1997, S. 82.

chen, der sich im Structure Capital widerspiegelt. Wie die Leistungs- und Leistungsrahmenanalyse ergab, sind hier etwa Parameter von Bedeutung, die die Entwicklung im Bereich der revisionsspezifischen Software und der Informations- und Kommunikationstechnik betreffen. Darin wird letztlich abgebildet, wie gut die betriebliche Informationsversorgung und -entwicklung gewährleistet ist. Auch Parameter, die den Vernetzungsgrad und die externe Kooperation beschreiben, dienen der Entwicklung zur "Wissensorganisation", die eine geeignete Ressourcenstrategie von Prüfungs- und Beratungsorganisationen sein kann.[83] Schließlich können in dieser Scorecard auch die Führungssysteme, die Organisationsstruktur und -kultur bis hin zu den neuesten Aspekten der Corporate Governance in den Mittelpunkt gestellt werden.

## 5  Zusammenfassung und Ausblick

Einerseits konnte am Beispiel der RU gezeigt werden, dass bei Professional-Service-Betrieben erhebliche Entwicklungspotenziale für eine unternehmensweite strategische Steuerungsmethodik bestehen. Im Mittelpunkt steht die Instrumentallösung der modifizierten Prozesskostenmethodik, die erstmals einen Schwerpunktwechsel von der Aufbau- zur Ablauforganisation erlaubt. Mit dem Verfahren werden vielfältige monetäre und nicht-monetäre Prozessinformationen generiert. Dadurch sind diverse Auswertungen wie etwa für Zwecke der strategischen Auftragskalkulation möglich. Bildet die modifizierte Prozesskosten- und Personal-Stundensatz-Rechnung ein Basisinstrument prozessorientierter Auswertungen, sind für Zwecke der gesamtbetrieblichen Steuerung weitere komplementäre Controlling-Verfahren erforderlich. Hier konnten weitere instrumentale Ansatzpunkte aufgezeigt werden.

Bisher bereitete es Schwierigkeiten, ein integriertes Konzept zu entwerfen, das zur praktischen Umsetzung einer gesamtbetrieblichen Strategie auch in Professional-Service-Betrieben geeignet war. Vor dem Hintergrund moderner Anforderungen, die insbesondere eine mehrdimensionale Steuerung betreffen, erscheint hier eine spezifische Version der Balanced Scorecard besonders geeignet zu sein. Nicht zuletzt unter Rückgriff auf die modifizierte Prozesskostenmethodik und deren komplementäre Verfahren können die besonderen Lücken im Instrumenten-Mix von Professional-Service-Betrieben geschlossen werden.

In erster Linie um hochkomplexe Prozesse im direkten Leistungsbereich vergleichbar zu machen, wurde ein Prozessindexverfahren angewendet. Für Zwecke der Indexbildung wird ein systemtheoretisch beeinflusster bzw. ein kybernetischer Ansatz einbezogen, der in seiner Allgemeinheit bei jeden Typ von Professional-Service-Betrieben anwendbar ist.

---

[83] Vgl. *Keppel* 1997, S. 110.

Jedoch müssen sich die Konzepte bei den kritischen Einflussfaktoren, die es in der Komplexitätsmatrix abzubildenden gilt, völlig unterscheiden. Bei RU liegt hier eine wichtige Schnittstelle zu den Fachkonzepten der Prüfungsforschung. Die weitere Diskussion muss zeigen, ob sich etwa mit dem Trend zum prozessorientierten Prüfungsansatz oder zum Value Reporting die Möglichkeiten der indexbasierten Prozessbeurteilung fachlich weiter verbessern lassen.

Schließlich bieten die Weiterentwicklung von branchentypischer Software und die permanente Leistungssteigerung der Informations- und Kommunikationstechnik zukünftig sicherlich weitere Alternativen, mit deren Hilfe betriebsspezifische Controlling-Lösungen leichter implementiert und neue erst möglich gemacht werden dürften.

## Literaturverzeichnis

*Ballwieser, W.:* Was leistet der risikoorientierte Prüfungsansatz?, in: Matschke, M.J./ Schildbach, T. (Hrsg.): Unternehmensberatung und Wirtschaftsprüfung, Festschrift für G. Sieben, Stuttgart 1998, S. 359-373.

*Bierach, B.:* Erstaunliche Szenen, in: Wirtschaftswoche, Heft 13 (2002), S. 80-83.

*Buchner, R.:* Wirtschaftliches Prüfungswesen, 2. Auflage, München 1997.

*Buggert, W.:* Neuere Verfahren des Kostenmanagements in den Gemeinkostenbereichen, in: Controller Magazin, 19. Jg. (1994), S. 90-102.

*Burger, A./Buchart, A.:* Zur Berücksichtigung von Risiko in der strategischen Unternehmensführung, in: Der Betrieb, 55. Jg. (2002), S. 593-599.

*Cooper, R./Kaplan, R.:* Activity-Based Profitability Analysis, Working Paper, Harvard Business School, Boston (Mass.) 1990.

*Fickert, R./Schedler, B.:* Trends im Management Accounting für Service-Unternehmen, in: Fickert, R./Meyer, C. (Hrsg.): Management Accounting im Dienstleistungsbereich, Schriftenreihe der Vereinigung eidgenössischer diplomierter Buchhalter, Controller, Band 4, Bern 1995, S. 381-416.

*Fitzgerald, L. et al. (Hrsg.):* Performance Measurement in Service Business, Cambridge 1993.

*Freidank, C.-Chr.:* Revisions- und Treuhandbetriebe, in: Wittmann, W. et al. (Hrsg.): Enzyklopädie der Betriebswirtschaftslehre, Band I, Handwörterbuch der Betriebswirtschaftslehre, 5. Auflage, Stuttgart 1993, Sp. 3774-3786.

*Freidank, C.-Chr.:* Kostenrechnung - Eine Einführung in die begrifflichen, theoretischen, verrechnungstechnischen sowie planungs- und kontrollorientierten Grundlagen des innerbetrieblichen Rechnungswesens und einem Überblick über neuere Konzepte des Kostenmanagements, 6. Auflage, München et al. 1997.

*Freidank, C.-Chr.:* Kostenmanagement, in: Wirtschaftswissenschaftliches Studium, 28. Jg. (1999), S. 462-467.

*Freidank, C.-Chr.:* Die Wirtschaftsprüfung wird immer internationaler, in: Frankfurter Allgemeine Zeitung, 17. Januar 2000, S. 25.

*Freidank, C.-Chr./Wiemers, B.:* Zum Aufbau und Einsatz der Prozeßkostenrechnung in Revisionsunternehmen, in: Lachnit, L. et al. (Hrsg.): Zukunftsfähiges Controlling: Konzeptionen, Umsetzungen, Praxiserfahrungen, Festschrift für T. Reichmann zum 60. Geburtstag, München 1998, S. 173-204.

*Helbling, C.:* Management des Wissens. Knowledge Management im Revisions- und Beratungsunternehmen, in: Der Schweitzer Treuhänder, 72. Jg. (1998), S. 549-558.

*Horstmann, W.:* Der Balanced Scorecard-Ansatz als Instrument der Umsetzung von Unternehmensstrategien, in: Zeitschrift für Controlling, 11. Jg. (1999), S. 193-199.

*Horváth, P.:* Controlling, 7. Auflage, Stuttgart 1998.

*Horváth, P. (Hrsg.):* Das neue Steuerungssystem des Controllers: von balanced scorecard bis US-GAAP, Stuttgart 1997.

*Institut der Wirtschaftsprüfer e.V. (Hrsg.):* Wirtschaftsprüfer-Handbuch 2000, Handbuch für Rechnungslegung, Prüfung und Beratung, Band I, 12. Auflage, Düsseldorf 2000.
*Imbach, M.:* Aspekte des Controlling in Treuhandunternehmen, in: Fickert, R./Meyer, C. (Hrsg.): Management Accounting im Dienstleistungsbereich, Schriftenreihe der Vereinigung eidgenössischer diplomierter Buchhalter, Controller, Band 4, Bern 1995, S. 165-180.
*Kaplan, R./Norton, D.:* Balanced Scorecard - Strategien erfolgreich umsetzen, Stuttgart 1997.
*Keppel, M.:* Netzwerkorganisation von Wirtschaftsprüfungsgesellschaften, Köln 1997.
*Krahe, A.:* Balanced Scorecard - Baustein zu einem prozessorientierten Controlling?, in: Controller Magazin, 24. Jg. (1999), S. 116-122.
*Lachnit, L. et al. (Hrsg.):* Zukunftsfähiges Controlling: Konzeptionen, Umsetzungen, Praxiserfahrungen, Festschrift für T. Reichmann zum 60. Geburtstag, München 1998.
*Leffson, U.:* Wirtschaftsprüfung, 4. Auflage, Wiesbaden 1988.
*Matschke, M. J./Schildbach, T. (Hrsg.):* Unternehmensberatung und Wirtschaftsprüfung, Festschrift für G. Sieben zum 65. Geburtstag, Stuttgart 1998.
*Meffert, H./Bruhn, M.:* Dienstleistungsmarketing - Grundlagen, Konzepte, Methoden, Wiesbaden 1995.
*Orth, T.:* Überlegungen zu einem prozessorientierten Prüfungsansatz, in: Die Wirtschaftsprüfung, 52. Jg. (1999), S. 573-585.
*Michel, U.:* Strategien zur Wertsteigerung erfolgreich umsetzen - Wie die Balanced Scorecard ein wirkungsvolles Shareholder Value Management unterstützt, in: Horváth, P. (Hrsg.): Das neue Steuerungssystem des Controllers: von balanced scorecard bis US-GAAP, Stuttgart 1997, S. 273-287.
*Pepels, W.:* Qualitätscontrolling bei Dienstleistungen, München 1996.
*Reichmann, T.:* Controlling mit Kennzahlen und Managementberichten. Grundlagen einer systemgestützten Controlling-Konzeption, 5. Auflage, München 1997.
*Reiß, M.:* Komplexitätsmanagement (I), in: Das Wirtschaftsstudium, 23. Jg. (1993), S. 54-60.
*Riebel, P.:* Einzelkosten- und Deckungsbeitragsrechnung, 7. Auflage, Wiesbaden 1994.
*Rühli, E.:* Ressourcenmanagement. Strategischer Erfolg durch Kernkompetenzen, in: Die Unternehmung, 49. Jg. (1995), S. 91-105.
*Schulte-Zurhausen, M.:* Organisation, 2. Auflage, München 1999.
*Schweitzer, M./Küpper, H.-U.:* Systeme der Kosten- und Erlösrechnung, 7. Auflage, München 1998.
*Staehle, W.:* Management: Eine verhaltenswissenschaftliche Perspektive, 8. Auflage, München 1999.
*Steinle, C./Bruch, H./ Nasner, N.:* Kernkompetenzen - Konzepte, Ermittlung und Einsatz zur Strategieevaluation, in: Zeitschrift für Planung, 8. Jg. (1997), S. 1-23.
*Tenhagen, U.:* Strategisches Management in Wirtschaftsprüfungsunternehmen, Köln et al. 1992.

*Weber, J./Hirsch, B. (Hrsg.):* Controlling als akademische Disziplin, Eine Bestandsaufnahme, Schriften des Center for Controlling & Management (CCM), Band 7, Wiesbaden 2002.

*Wiedmann, H.:* Ansätze zur Fortentwicklung der Abschlußprüfung, in: Die Wirtschaftsprüfung, 51. Jg. (1998), S. 338-350.

*Wiemers, B.:* Strategisches Controlling in Professional-Service-Betrieben, Landsberg am Lech 2001.

*Wiemers, B.:* Entwicklungspotenziale für das Controlling in Professional-Service-Betrieben am Beispiel von Revisions- und Treuhandunternehmen, in: Weber, J./Hirsch, B. (Hrsg.): Controlling als akademische Disziplin, Eine Bestandsaufnahme, Schriften des Center for Controlling & Management (CCM), Band 7, Wiesbaden 2002a, S. 343-368.

*Wiemers, B.:* Das Konzept der Balanced Scorecard in Wirtschaftsprüfungsgesellschaften, in: Die Wirtschaftsprüfung, 55. Jg. (2002b), S. 1074-1081.

*Wittmann, P.:* Betriebswirtschaftliche Kennzahlen von Wirtschaftsprüfungsunternehmen für das Jahr 1991, in: Wirtschaftsprüferkammer-Mitteilungen, 35. Jg. (1995), S. 79-85.

# Abbildungsverzeichnis

Abbildung 1: Entwicklungsschritte prozessorientierter Instrumente für das strategische Kosten-Controlling

Abbildung 2: Konzept der Balanced Scorecard in Revisionsunternehmen

UTZ SCHÄFFER

# Strategische Steuerung mit der Balanced Scorecard

| 1 | Einführung | 487 |
|---|---|---|
| 2 | Problem und Lösung im Überblick | 487 |
| 3 | Das Kennzahlensystem | 492 |
| | 3.1 Die Auswahl der Perspektiven | 492 |
| | 3.2 Die Verknüpfung der Perspektiven | 493 |
| | 3.3 Kundenperspektive | 496 |
| | 3.4 Prozessperspektive | 498 |
| | 3.5 Lern- und Entwicklungsperspektive | 500 |
| 4 | Das Managementsystem | 501 |
| | 4.1 Unterstützung der Strategieentwicklung | 501 |
| | 4.2 Unterstützung in der Strategieumsetzung | 503 |
| | 4.3 Unterstützung der strategischen Kontrolle | 505 |
| 5 | Vorgehen zur Implementierung | 507 |
| 6 | Fazit | 514 |
| | Literaturverzeichnis | 515 |
| | Symbolverzeichnis | 517 |
| | Abbildungsverzeichnis | 517 |

# 1 Einführung

Die Balanced Scorecard lässt sich als Instrument zur kennzahlenbasierten Unternehmenssteuerung charakterisieren, das eine ausgewogene Perspektive und konsequente Strategieorientierung betont. Sie hat in den letzten Jahren beeindruckende Erfolge gefeiert und ist dabei, sich einen festen Platz im Instrumentenkasten des Controllers zu sichern. Auch wenn verlässliche Zahlen fehlen, kann als gesichert gelten, dass sich die Mehrheit der angelsächsischen und (mit der üblichen zeitlichen Verzögerung) deutschen Großunternehmen mit dem Konzept befasst.[1] Zahlreiche Publikationen widmen sich dem Instrument.[2] Dabei lassen sich neben den Veröffentlichungen von *Kaplan/Norton*[3] drei Publikationstypen unterscheiden:

- Beiträge, die primär zum Ziel haben, das Instrument zu propagieren und zu verbreiten,[4]
- Aufsätze, die das Instrument aus theoretischer Sicht würdigen und einordnen,[5] und
- Publikationen, die sich in erster Linie darum bemühen, die Praxis in der Implementierung des Konzepts zu unterstützen.[6]

Der vorliegende Beitrag möchte alle drei Aspekte berücksichtigen. Ziel ist es also, das Konzept der Balanced Scorecard darzustellen und kritisch zu würdigen sowie einige Leitlinien für seine Implementierung zu geben. Zunächst sei das Konzept kurz vorgestellt.

# 2 Problem und Lösung im Überblick

Anfang der neunziger Jahre wurde unter der Leitung von *Robert S. Kaplan* und *David P. Norton* ein Forschungsprojekt mit 12 US-amerikanischen Unternehmen durchgeführt. Hintergrund war die massive Kritik in der Literatur und weiten Teilen der Unternehmenspraxis an den damals „gängigen" Konzepten des Performance Measurement. Diese

---

[1] Vgl. *Horváth & Partner* 2000, S. 2 und *Weber/Schäffer* 2000, S. 1.
[2] Vgl. auch Beiträge und Sammelrezension im Sonderheft 2/2000 der Kostenrechnungs-Praxis.
[3] Vgl. u.a. *Kaplan/Norton* 1992 und *Kaplan/Norton* 1997.
[4] Vgl. u.a. *Kaufmann* 1997; *Horváth/Kaufmann* 1998.
[5] Vgl. u.a. *Weber/Schäffer* 1998, S. 341 ff. und *Weber/Schäffer* 2000 sowie *Kieser* 2000.
[6] Vgl. u.a. *Horváth & Partner* 2000; *Hoch/Langenbach/Meier-Reinhold* 2000; *Weber/Schäffer* 2000.

zeichneten sich durch eine einseitige Finanz- und Vergangenheitsorientierung aus. Im Konzept der Balanced Scorecard werden die traditionellen finanziellen Kennzahlen nun durch eine Kunden-, eine interne Prozess- sowie eine Lern- und Entwicklungsperspektive ergänzt; vorlaufende Indikatoren bzw. Leistungstreiber treten an die Seite von traditionellen Ergebniskennzahlen.[7]

- Die finanzielle Perspektive zeigt, ob die Implementierung der Strategie zur Ergebnisverbesserung beiträgt. Kennzahlen der finanziellen Perspektive sind z.B. die erzielte Eigenkapitalrendite bzw. EVA (Economic Value Added). Die finanziellen Kennzahlen nehmen dabei eine Doppelrolle ein. Zum einen definieren sie die finanzielle Leistung, die von einer Strategie erwartet wird. Zum anderen fungieren sie als Endziele für die anderen Perspektiven der Balanced Scorecard. Kennzahlen der Kunden-, internen Prozess- sowie Lern- und Entwicklungsperspektive sollen grundsätzlich über Ursache-Wirkungs-Beziehungen mit den finanziellen Zielen verbunden sein.[8]

- Die Kundenperspektive reflektiert die strategischen Ziele des Unternehmens in Bezug auf die Kunden- und Marktsegmente, auf denen es konkurrieren möchte. Für die identifizierten Segmente sollen Kennzahlen, Zielvorgaben und Maßnahmen entwickelt werden.

- Aufgabe der internen Prozessperspektive ist es, diejenigen Prozesse abzubilden, die vornehmlich von Bedeutung sind, um die Ziele der finanziellen Perspektive und der Kundenperspektive zu erreichen. Hierbei ist eine Darstellung der kompletten Wertschöpfungskette hilfreich.

- Die Kennzahlen der Lern- und Entwicklungsperspektive beschreiben schließlich die Infrastruktur, die notwendig ist, um die Ziele der ersten drei Perspektiven zu erreichen. Die Notwendigkeit von Investitionen in die Zukunft wird dabei von *Kaplan/Norton* besonders betont. Drei Hauptkategorien werden unterschieden: Qualifizierung von Mitarbeitern, Leistungsfähigkeit des Informationssystems sowie Motivation und Zielausrichtung von Mitarbeitern.

Durch die Ergänzung finanzieller Kennzahlen um weitere Perspektiven werden traditionelle Ergebniskennzahlen - quasi automatisch - um vorlaufende Indikatoren, wie beispielsweise Durchlaufzeiten oder Fehlerquoten, ergänzt. Diese werden auch als Leistungstreiber bezeichnet (vgl. Abbildung 1). Eine gute Scorecard sollte denn auch aus einer Mischung von Ergebniszahlen und Leistungstreibern bestehen:

- Ergebniskennzahlen ohne Leistungstreiber vermitteln nicht, wie die Ergebnisse erreicht werden sollen. Auch erhält man von ihnen keine frühe Rückmeldung über die erfolgreiche Umsetzung einer Strategie.

---

[7] Vgl. *Kaplan/Norton* 1997, S. 8.
[8] Ausnahmen sind u.a. bei internen Service-Centern und im Non-Profit-Bereich denkbar.

- Umgekehrt ermöglichen Leistungstreiber ohne Ergebniskennzahlen zwar die Erreichung kurzfristiger Verbesserungen für die Geschäftseinheit, lassen aber nicht erkennen, ob diese Verbesserungen auch zu einem größeren Geschäftsvolumen mit alten und neuen Kunden sowie gegebenenfalls zu einer verbesserten Finanzleistung geführt haben.

Die Balanced Scorecard präsentiert sich als strukturierte Sammlung von Kennzahlen. Nach *Kaplan/Norton* stellt sie aber in erster Linie nicht ein neues Kennzahlensystem dar - als „Managementsystem" soll sie vielmehr Bindeglied zwischen der Entwicklung einer Strategie und ihrer Umsetzung sein (vgl. Abbildung 2). Auf diesem Feld konstatieren *Kaplan/Norton* erhebliche Defizite.[9] So sind Visionen und Strategie häufig nicht umsetzbar. Eine systematisch realisierte Verknüpfung der Strategie mit dem Budgetierungsprozess sowie den Zielvorgaben von Bereichen, Projekten oder einzelnen Akteuren liegt vielfach nur eingeschränkt vor. Weiter ist der hierarchische Prozess der Strategieverankerung im Unternehmen nach *Kaplan/Norton* in der Regel durch mangelhafte Feedback-Schleifen gekennzeichnet. Die Rückkopplung erfolgt nur auf der operativen Ebene als „single-loop"-Lernen. Abweichungen lösen (allein) Anpassungsmaßnahmen aus, um das anvisierte Ziel doch noch zu erreichen: „Taktisches" Feedback herrscht vor, „strategisches" Feedback kommt zu kurz.

„All diese Hindernisse"[10] sollen durch den Einsatz der Balanced Scorecard überwunden werden:

- Der Entwicklungsprozess einer Balanced Scorecard soll zur Klärung sowie zum Konsens im Hinblick auf die strategischen Ziele führen.

- Die Balanced Scorecard soll zur einheitlichen Zielausrichtung der Akteure im Unternehmen durch drei Mechanismen beitragen: Kommunikations- und Weiterbildungsprogramme, Verknüpfung der Balanced Scorecard mit Zielen für Bereiche, Projekte und einzelne Akteure sowie die Verknüpfung mit Anreizsystemen.

- Neben den personellen Ressourcen müssen auch die finanziellen und materiellen Ressourcen auf die Unternehmensstrategie ausgerichtet werden. Folgende Schritte sollen dazu beitragen: die Formulierung von hochgesteckten Zielen, die Identifizierung und Fokussierung strategischer Initiativen und ihre Verknüpfung mit den jährlichen Budgetierungsprozessen.

- Mit Hilfe der Balanced Scorecard soll die Rückkopplung auch auf die Anpassung der Strategie bezogen werden und einen durch „double-loop"-Lernen charakterisierten strategischen Lernprozess fördern.[11]

---

[9] Vgl. *Kaplan/Norton* 1997, S. 186 ff. und *Kaplan/Norton* 2001.
[10] *Kaplan/Norton* 1997, S. 184.
[11] Zu den Begriffen single- und double-loop-Learning vgl. *Argyris/Schön* 1978.

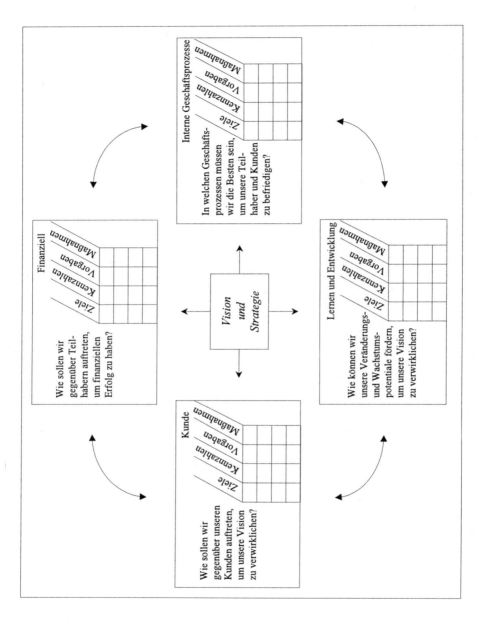

Abbildung 1: Die vier Perspektiven der Balanced Scorecard (Entnommen aus *Kaplan/Norton* 1997, S. 9)

Strategische Steuerung mit der Balanced Scorecard 491

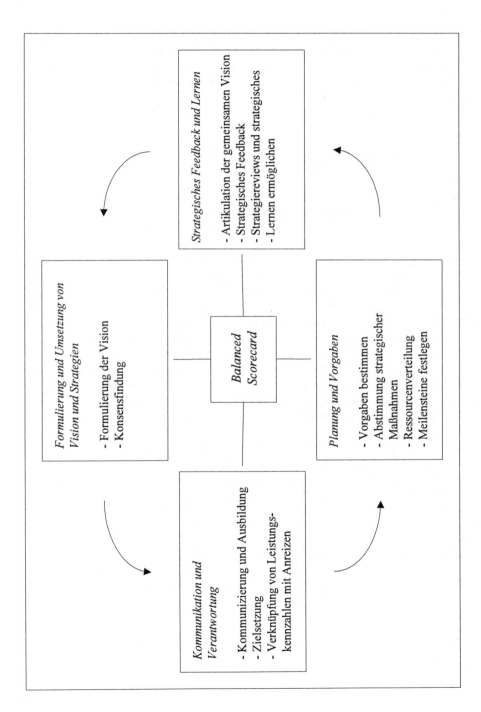

Abbildung 2: Die Balanced Scorecard als strategischer Handlungsrahmen (Entnommen aus *Kaplan/Norton* 1997, S. 10)

Die Balanced Scorecard hat also nach ihren „Erfindern" *Kaplan* und *Norton* die Aufgabe, den strategischen Führungsprozess im Unternehmen zu unterstützen bzw. als Handlungsrahmen für diesen Prozess zu dienen. Ziel ist die „strategy-focused organization"[12], oder: eine noch konsequentere Strategie- und Zielorientierung aller Akteure im Unternehmen!

## 3  Das Kennzahlensystem

### 3.1  Die Auswahl der Perspektiven

Kennzahlensysteme werden in der Unternehmenspraxis bereits sehr lange verwendet.[13] Traditionelle Ansätze sind jedoch einseitig auf finanzielle und vergangenheitsbezogene Größen fixiert. Das bekannteste Beispiel hierfür ist das bereits im Jahre 1919 entwickelte *DuPont*-Schema. Dennoch ist die von *Kaplan/Norton* propagierte Idee einer auch nichtfinanzielle Werte enthaltenden Kennzahlenbasis nicht neu. Sie wurde (spätestens) seit den fünfziger Jahren mit stets ähnlichen Begründungen gefordert. So wurden in einem Kennzahlenprojekt bei *General Electric*, in dem auch der junge *Peter Drucker* als Berater mit von der Partie war, bereits im Jahre 1951 acht verschiedene Kennzahlentypen vorgeschlagen: Profitabilität, Marktposition, Produktivität, Produktführerschaft, Personalentwicklung, Mitarbeitereinstellung, öffentliche Verantwortung und Balance zwischen kurz- und langfristigen Zielen.[14] Eine Vielzahl von Publikationen zielt in die selbe Richtung.[15]

In jedem Fall innovativ ist allerdings die Darstellung von vier Perspektiven, die wohl zu einem intuitiven Verständnis und einer hohen Anschaulichkeit des Konzepts beiträgt: Die Wichtigkeit der Finanzen steht außer Frage. Geld wird nur auf Märkten mit Kunden verdient. Kunden erhalten ihre Leistungen nur durch vorab erbrachte Produktions- und Dienstleistungsprozesse. Prozesse schließlich funktionieren nicht ohne zufriedenes und motiviertes Personal. Zudem wird von *Kaplan/Norton* erhebliche praktische Erfahrung ins Feld geführt. Allerdings weisen sie auf den heuristischen Charakter der Selektion hin: „Man sollte jedoch auch bedenken, dass die Scorecard als Schablone und nicht als Zwangsjacke gedacht ist. Es gibt keine mathematische Formel, die beweist, dass vier Perspektiven notwendig und ausreichend sind. Wir müssen noch sehen, wie Unterneh-

---

[12]  *Kaplan* 2000, S. V.
[13]  Vgl. etwa *Reichmann/Lachnit* 1976 und *Weber* 2002, S. 199 ff.
[14]  Vgl. *Eccles/Noriah* 1992, S. 156 ff.
[15]  Vgl. im Überblick: *Weber/Schäffer* 1998, S. 348.

men mit weniger als vier Perspektiven zurechtkommen. Je nach Branchenbedingungen und Geschäftsstrategie könnte sogar eine weitere Perspektive notwendig werden."[16] Beispiele werden hierfür von den Autoren selbst genannt (z.B. Stakeholder-Perspektiven) und finden sich mittlerweile auch in der deutschen Unternehmenspraxis. So unterscheidet die *Lufthansa* die Perspektiven Kunden, Shareholder und Mitarbeiter und die *Deutsche Bank* differenziert in ihrem Geschäftsbericht von 1998 nach Shareholder, Kunden, Mitarbeiter und Gesellschaft. In jedem Fall gilt, dass die Anzahl der Perspektiven überschaubar bleiben muss. Mehr als fünf Perspektiven laufen der Intention einer eingängigen Darstellung und Kommunikation der Strategie zuwider.

Damit ergibt sich für die praktische Implementierung ein Problem: Richten sich die Unternehmen im Prozess der individuellen Gestaltung der Balanced Scorecard eng am Basisbeispiel von *Kaplan/Norton* aus, so können sie auf von *Kaplan* und *Norton* gesammelte Erfahrung aufbauen, was für die Akzeptanz im Implementierungsprozess „vor Ort" Vorteile verspricht. Zudem besteht (z.B. in einem Konzern) der große Reiz in einer scheinbar besseren Vergleichbarkeit der Scoredcards unterschiedlicher Unternehmen bzw. Unternehmenseinheiten. Allerdings besteht die Gefahr, dass das Basisbeispiel gerade nicht optimal auf die individuelle Situation passt - so kommt den Lieferanten z.B. in der Automobilindustrie eine deutlich höhere Bedeutung zu als in der Bauwirtschaft, eine Bedeutung, für die sich die Ausbildung einer eigenen (Zulieferer-) Perspektive anbietet. Weicht das Unternehmen deshalb deutlich vom Basisbeispiel ab, können unterschiedlichste Ansätze zur Ableitung herangezogen werden; der Auswahlprozess bleibt den Beteiligten überlassen. Eigenständige Lösungen sind um so weniger zu erwarten, je mehr Unternehmen dem Basisvorschlag von *Kaplan/Norton* folgen und je weniger breit der Gestaltungsprozess im Top-Management verankert wird, d.h. je mehr Argumentationsarbeit zur Begründung der abweichenden Lösung geleistet werden muss. Es wird sich in der praktischen Erfahrung zeigen, ob es aus diesem Grund zu einer gewissen „Normenbildung" der Balanced Scorecard kommt[17] und ob diese Normierung den Intentionen der Balanced Scorecard nicht doch zuwiderläuft.

## 3.2  Die Verknüpfung der Perspektiven

Alle Ziele und Kennzahlen der Balanced Scorecard müssen - so das Konzept - mit einem Ziel (oder mehreren Zielen) der finanzwirtschaftlichen Perspektive verbunden sein. Diese Verknüpfung mit finanzwirtschaftlichen Zielen stellt deutlich heraus, dass alle Strategien, Programme und Initiativen letztlich nur eines zum Ziel haben: die finanzwirtschaftlichen Ziele für die Geschäftseinheit zu erreichen. Jede für eine Scorecard ausgewählte Kenn-

---

[16] *Kaplan/Norton* 1997, S. 33.
[17] Vgl. *Horváth & Partner* 2000, S. 58.

zahl sollte Teil einer Ursache-Wirkungs-Kette sein, die ihr Ende in einem finanzwirtschaftlichen Ziel findet, das die Strategie des Unternehmens reflektiert. Wenn man die Balanced Scorecard in dieser Weise verwendet, ist sie nicht eine Sammlung von isolierten Kennzahlen; sie muss vielmehr spezifizieren, wie Verbesserungen in operativen Leistungen mit verbesserter finanzieller Leistung verbunden sind, und zwar durch höhere Verkaufszahlen, höhere Deckungsbeiträge und geringere Kosten. Vielfach gelingt es nach *Kaplan/Norton* nämlich nicht, Programme wie TQM, Reengineering und Empowernment in ein höheres Ergebnis umzusetzen - und auch in Deutschland gibt es hierfür diverse Beispiele! In solchen Unternehmen sind Verbesserungsprogramme zu reinem Selbstzweck verkommen. Sie wurden nicht mit konkreten Zielen für ein verbessertes Leistungsangebot und eine verbesserte Finanzleistung verknüpft.

Letzten Endes muss es aber einen Kausalzusammenhang aller Kennzahlen auf der Scorecard zu den finanzwirtschaftlichen Zielen des Unternehmens geben (vgl. Abbildung 3): „Die Folge von Hypothesen über die Ursache-Wirkungs-Beziehungen (zwischen den einzelnen Kennzahlen) muss deutlich werden. Jedes Kriterium, das für eine Balanced Scorecard gewählt wird, sollte ein Element einer solchen Kette von Ursache-Wirkungs-Beziehungen sein, das dem Unternehmen die Bedeutung der Unternehmensstrategie vermittelt."[18]

Zur Methodik der Generierung von Kausalbeziehungen erfahren wir bei *Kaplan/Norton* allerdings wenig Konkretes. Sie empfehlen die (offensichtlich mehr oder weniger ungestützte) Generierung von Hypothesen im Managementteam.[19] Ein eher schematischer Ansatz zur Verknüpfung von Prozess- und Kundenperspektive über sogenannte Planungsmatrizen findet sich bei *Juran*.[20] Danach wird die erste Matrix durch die Dimensionen Kunden in den Zeilen und Kundenbedürfnisse in den Spalten aufgespannt. In den Schnittstellen werden Codes eingetragen, um die Intensität der Beziehung aufzuzeigen. In einer zweiten Matrix werden die Kundenbedürfnisse in die Zeilen übertragen und den Produkteigenschaften gegenübergestellt, die zur Erfüllung der Kundenbedürfnisse notwendig sind. Die dritte Matrix stellt die Beziehung zwischen Produkt- und Prozesseigenschaften, die vierte schließlich die Prozessregelungseigenschaften her. Die Kenntnis der Prozessregelungseigenschaften ist dabei erforderlich, um sicherzustellen, dass sich alle Prozesse im Gleichgewicht befinden. Das Verfahren kann leicht modifiziert werden, indem auf der horizontalen und auf der vertikalen Achse die strategischen Ziele zweier Perspektiven der Balanced Scorecard abgetragen werden. Für jede Zielkombination wird dann die Wirkungsrichtung und -intensität bestimmt.

---

[18] *Kaplan/Norton* 1997, S. 144.
[19] Vgl. *Kaplan/Norton* 1997, S. 211 ff.
[20] Vgl. *Juran* 1993, S. 30 ff.

Strategische Steuerung mit der Balanced Scorecard

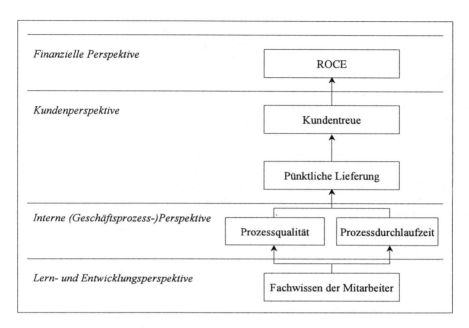

Abbildung 3:   Ursache-Wirkungs-Beziehungen in der Balanced Scorecard[21]

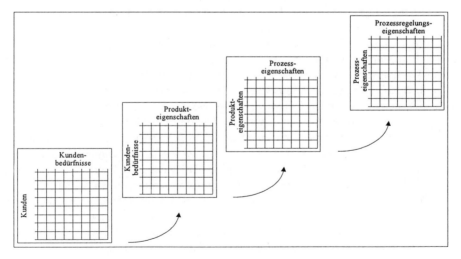

Abbildung 4:   Generische Planungsmatrizen nach *Juran*[22]

---

[21] Entnommen aus *Kaplan/Norton* 1997, S. 29.
[22] Entnommen aus *Juran* 1993, S. 36.

Analytische, letztlich rechnermäßig erfass- und „verdraht"bare Zusammenhänge lassen sich in den meisten Fällen aber nicht ermitteln - selbst wenn man sich darum bemüht. Wer die Balanced Scorecard so „hart" versteht, läuft Gefahr, schon zu Beginn fehl zu gehen. Strategieentwicklung handelt von (erheblichen) Wissensdefiziten. Sind Strategien leicht fassbar, sind es schon keine mehr, sondern operatives Geschäft. Deshalb führt nur der Weg, Zusammenhänge zwischen den Perspektiven und den dort aufgeführten Zielen und Maßnahmen durch einen breiten Diskussionsprozess im Management zu erarbeiten, zum Ziel. Entsprechend sollte man dem Management auch nicht suggerieren, Analytik, Algorithmen oder komplexe Statistik könne ihm die Führungsarbeit weitgehend erleichtern.

Zusammenfassend sei festgehalten, dass der Verknüpfung von Kennzahlen mit der Unternehmensstrategie eine wichtige Funktion zukommen kann. Unproblematisch implementierbar und ohne Alternative ist die Idee jedoch nicht. Doch werfen wir nun einen näheren Blick auf die Vorstellungen von *Kaplan/Norton* zu den die traditionellen finanziellen Kennzahlen ergänzenden Perspektiven der Balanced Scorecard.

### 3.3  Kundenperspektive

In der Kundenperspektive geht es darum, die Kunden- und Marktsegmente zu identifizieren, in denen das Unternehmen konkurrenzfähig sein soll. Deshalb setzt die Kundenperspektive der Scorecard die Unternehmensstrategie in spezifische Ziele in Bezug auf Kunden- und Marktsegmente um, die dann dem ganzen Unternehmen vermittelt werden können. *Kaplan/Norton* stellen fest, dass Unternehmen mindestens zwei Kennzahlenbündel für ihre Kundenperspektive auswählen. Das erste Bündel umfasst die Grundkennzahlen, die so gut wie jedes Unternehmen verwendet. Hierzu zählen Kennzahlen für Marktanteil, Kundentreue, Kundenakquisition, Kundenzufriedenheit und Kundenrentabilität. Das zweite Beispiel von Kennzahlen umfasst die spezifischen Leistungstreiber der Kundenergebnisse. Sie beantworten die Frage, was ein Unternehmen seinen Kunden bieten muss, um einen möglichst hohen Grad an Zufriedenheit, Treue, Akquisition und schließlich Marktanteil zu erreichen. Die Leistungstreiberkennzahlen stellen die „value proposition" dar, die das Unternehmen seinen Kunden übermitteln will. „Value Propositions" variieren von Unternehmen zu Unternehmen und lassen sich nach *Kaplan/Norton* in Produkt- und Serviceeigenschaften (Funktionalität, Qualität und Preis), Kundenbeziehungen (Qualität der Kauferfahrung und persönliche Beziehungen) sowie Image bzw. Reputation gruppieren.

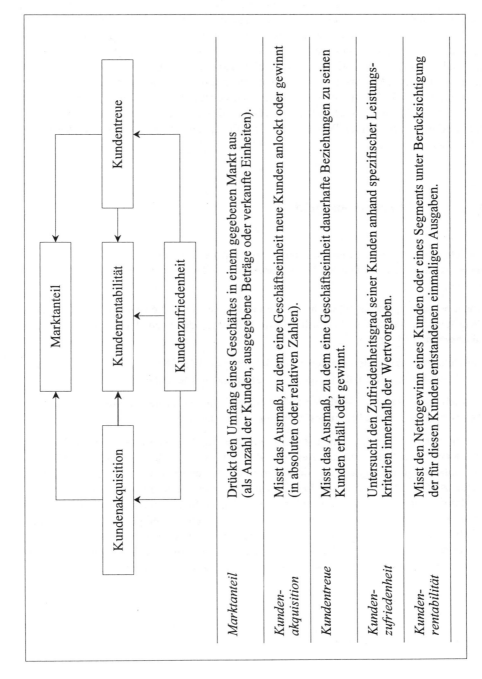

Abbildung 5: Die Grundkennzahlen der Kundenperspektive nach *Kaplan/Norton* (Entnommen aus *Kaplan/Norton* 1997, S. 66)

Hinter der Ableitung dieser markt- und kundenbezogenen Kennzahlen steckt ein erkleckliches Maß an Marktwissen. Die Führungskräfte werden gezwungen, die Zusammenhänge zwischen der in vielen Unternehmen derzeit hochgehaltenen Kundenzufriedenheit und konkreten Marktvorteilen abzuleiten, sei es über die gestiegene Kundenbindung (und damit geringere Kosten der Neukundenakquisition), sei es über die höhere Zahlungsbereitschaft der vom Unternehmen überzeugten Kunden, sei es durch höhere Marktanteile. Das Wissen um diese Zusammenhänge ist in vielen Unternehmen noch sehr verstreut, wenn überhaupt vorhanden. Die Balanced Scorecard wirkt hier als Lerninstrument; wettbewerbsrelevantes Wissen wird deshalb aufgebaut, weil es die Logik des Instruments so will.

## 3.4  Prozessperspektive

In der internen Perspektive müssen Manager die für die Unternehmensstrategie kritischen Prozesse identifizieren.[23] Die beiden Autoren unterteilen dazu die interne Wertkette in drei Teile:

- Im Innovationsprozess erforscht das Unternehmen die aufkommenden oder latenten Wünsche der Kunden und schafft sodann Produkte oder Dienstleistungen, die diesen Wünschen entsprechen.

- Im Betriebsprozess, der zweiten Stufe der internen Wertkette, werden die existierenden Produkte und Dienstleistungen produziert und an die Kunden ausgeliefert.

- Schließlich verbleiben als dritter Teil Serviceleistungen für den Kunden nach dem eigentlichen Kauf eines Produktes oder einer Dienstleistung.

„Normalerweise" sollten Unternehmen nach *Kaplan/Norton* Kennzahlen für die Prozessperspektive nach der Formulierung von Zielen für die Kundenperspektive erarbeiten. Diese Reihenfolge ermöglicht es, die Kennzahlen der internen Prozesse auf diejenigen Prozesse zu fokussieren, die die für Kunden und Strategie relevanten Ziele verwirklichen. Häufig stößt man in der Anwendung der Balanced Scorecard jedoch auf einen wahren Fundus vorhandener prozessorientierter Kennzahlen: in Folge der tiefgreifenden Qualitätsoffensive (z.B. ISO 9000 ff. und TQM) finden sich die Kern- und wichtige unterstützende Prozesse in vielen Unternehmen sauber strukturiert, definiert und abgebildet. Die Balanced Scorecard übernimmt hier eine Selektions- und Auswahlfunktion.

---

[23]  Vgl. *Kaplan/Norton* 1997, S. 89 ff.

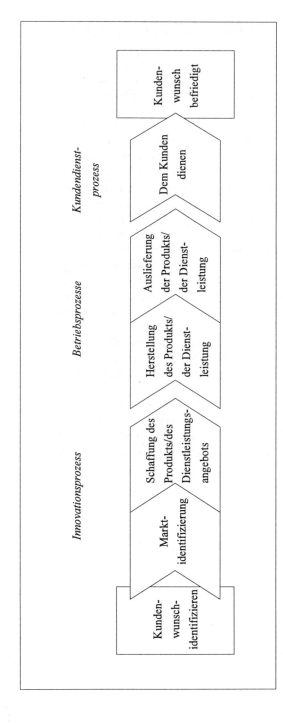

Abbildung 6: Die interne Prozessperspektive - das generische Wertkettenmodell nach *Kaplan/Norton* (Entnommen aus *Kaplan/Norton* 1997, S. 93)

## 3.5 Lern- und Entwicklungsperspektive

Die vierte und letzte (Standard-) Perspektive der Balanced Scorecard nach *Kaplan/Norton* entwickelt Ziele und Kennzahlen zur Förderung einer lernenden und sich entwickelnden Unternehmung. Diese Perspektive schafft die zur Erreichung der Ziele in den anderen Perspektiven notwendige Infrastruktur. *Kaplan/Norton* sehen drei Hauptkategorien für die Lern- und Entwicklungsperspektive: Mitarbeiterpotenziale, Potenziale von Informationssystemen sowie Motivation, Empowernment und Zielausrichtung.[24]

Hintergrund der Lern- und Entwicklungsperspektive ist die - insbesondere in den *Vereinigten Staaten* - vorherrschende Tendenz, durch eine ausschließliche Bewertung kurzfristiger finanzieller Leistung zu wenig Investitionen zur Förderung der Mitarbeiterpotenziale, Systeme und Prozesse zu tätigen. Ausgaben für solche Investitionen werden vom Rechnungswesen als Periodenkosten behandelt, so dass durch eine Kürzung dieser Investitionen kurzfristige Erfolgssteigerungen erzielt werden können. Die negativen langfristigen Folgen werden zunächst nicht sichtbar, und wenn es geschieht, wird „jemand anders dafür verantwortlich sein". Die Balanced Scorecard betont daher die Wichtigkeit von Investitionen in die Zukunft. Unternehmen müssen in ihre Infrastruktur investieren - Personal, Systeme und Prozesse -, wenn sie hohe langfristige Wachstumsziele erreichen wollen.

Eine Hauptgruppe aus drei mitarbeiterorientierten Kennzahlen - Zufriedenheit, Produktivität und Mitarbeitertreue - liefert laut *Kaplan/Norton* Ergebniskennzahlen bezüglich der Investitionen in Mitarbeiter, Systeme und Zielausrichtung (vgl. Abbildung 7). Die Autoren räumen jedoch auch ein, dass die treibenden Faktoren dieser Ergebnisse bis heute eher generisch und noch nicht so weit entwickelt sind wie die der anderen Scorecard-Perspektiven - die Gefahr der Fehlsteuerung und unveränderten Vernachlässigung ist damit aber offensichtlich. Auch erste Implementierungserfahrung in Deutschland zeigt, dass die Lern- und Entwicklungsperspektive von allen vier Blickrichtungen am schwersten zu füllen ist.

---

[24] Vgl. *Kaplan/Norton* 1997, S. 121 ff.

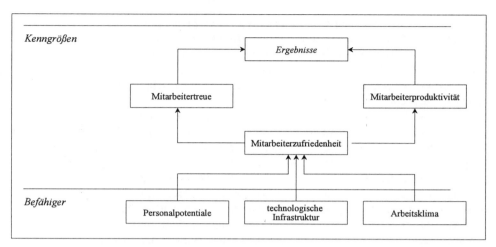

Abbildung 7: Der Rahmen für die Kennzahlen der Lern- und Entwicklungsperspektive nach *Kaplan/Norton*[25]

# 4 Das Managementsystem

Die Balanced Scorecard hat nach *Kaplan/Norton* die Aufgabe, die strategische Führung im Unternehmen zu unterstützen bzw. als Handlungsrahmen für diesen Prozess zu dienen. Im Folgenden seien daher die einzelnen Phasen des strategischen Führungszyklus näher betrachtet.

## 4.1 Unterstützung der Strategieentwicklung

Aufgrund der erheblichen Wissensdefizite können bei der Strategieentwicklung lediglich selektive und zudem hoch aggregierte Sachziele geplant werden. Implizites Wissen („unternehmerisches Gespür") dominiert. In Kennzahlen explizit abgebildetes Wissen kann dieses ergänzen, sollte es aber nicht dominieren. Sonst kommt es zur Scheinrationalität, die viele strategische Planungen in der Praxis kennzeichnet.[26] Entsprechend lässt

---

[25] Entnommen aus *Kaplan/Norton* 1997, S. 124.
[26] Vgl. *Weber/Goeldel/Schäffer* 1997, S. 276.

sich eine Formalzielplanung auf der Basis von Kennzahlen bei hohen Wissensdefiziten nicht ableiten, da ein durch Bewertung von Produktionsfunktionen explizit herstellbarer Zusammenhang zwischen Sach- und Formalzielen nicht vorliegt. Formalziele können daher in der strategischen Planung häufig nur näherungsweise geschätzt (oder normativ gesetzt) werden, implizites Wissen tritt auch hier über die zugrundeliegenden Zusammenhänge an die Stelle expliziten Wissens.

Die Wissensdefizite beziehen sich darüber hinaus nicht nur auf den Planungskontext und die Planungsziele, sondern auch auf die bei der Strategieentwicklung einzusetzenden Ressourcen und den Prozess der Planung selbst. So ist zu Beginn der strategischen Planung nicht determinierbar, welche Akteure in die Planung einbezogen werden und welche Instrumente zum Einsatz kommen sollen. Das Wissen über die erforderlichen Planungsressourcen und -prozesse entsteht erst im Verlauf der Strategieentwicklung selbst. In der strategischen Planung lassen sich weiterhin die relevanten Daten nie in der Gänze bewusst erfassen - sie sind vielleicht auch gar nicht bekannt. Sowohl die „Kenntnis des Gesamtzusammenhangs"[27] als auch das dezentrale Wissen der Planungsträger ist begrenzt, spezifisch und häufig unbewusst. Das Wissen ist zu einem großen Teil nur implizit vorhanden.[28]

Genau an dieser Stelle liegt das - von *Kaplan/Norton* nur am Rande thematisierte - Potenzial der Balanced Scorecard im Rahmen der Strategieentwicklung. Die Führungskräfte werden im Rahmen der Erstellung von Hypothesen über Ursache-Wirkungs-Zusammenhänge dazu angeregt, ihr implizites Wissen und ihre internen Modelle zu explizieren und dem kritischen Diskurs im Team auszusetzen. Dabei gilt: „Der Prozess zählt!"[29]

Dies entspricht Ansätzen, wie sie von *Senge, de Geus* und anderen im Rahmen der lernenden Organisation seit Jahren propagiert werden.[30] Auch die dort entwickelten Instrumente wie Szenarien und PC-Simulationen („Microworlds") können in diesem Prozess eingesetzt werden.[31] So werden die Führungskräfte idealtypisch dafür sensibilisiert, ihr eigenes Modell - *Kaplan/Norton* sprechen von einer „theory of business"[32] - zu präzisieren, kritisch zu hinterfragen und Sensitivitäten sowie Zielkonflikten eine größere Bedeutung beizumessen. Ziel des Einsatzes der Balanced Scorecard im Rahmen der Strategieentwicklung ist somit ein präzises (und damit umsetzbares) gemeinsames Modell der beteiligten Akteure über ihr Geschäftssystem und die Zielrichtung ihres Handelns, kurz: eine Strategie.

Wird im Rahmen dieses Prozesses deutlich, dass wichtige Aspekte des gemeinsamen Modells noch der Klärung bedürfen, müssen zunächst die strategischen Hausaufgaben

---

[27] *Gutenberg* 1962, S. 60.
[28] Vgl. *Weber/Goeldel/Schäffer* 1997, S. 278 f.
[29] *Weber/Schäffer* 2000, S. 16.
[30] Vgl. *Senge* 1990, S. 233 ff. und *de Geus* 1997, S. 49 ff.
[31] Vgl. *Kaplan/Norton* 1997, S. 249; *Senge* 1990, S. 313 ff. und *de Geus* 1997, S. 56 ff.
[32] *Kaplan/Norton* 1997, S. 260.

erledigt werden. An die Stelle des primär der Synthese dienenden Instruments der Balanced Scorecard treten die strategische Intuition des Managements und die bekannten analytischen Instrumente der Strategieentwicklung.[33] Dabei gilt: nicht alle strategischen Fragen müssen schon im Detail geklärt sein, aber die Grundpfeiler der gemeinsamen Strategie müssen fest und präzise verankert sein.

## 4.2  Unterstützung in der Strategieumsetzung

In vielen Studien wurde gezeigt, dass Zahlen von Managern in hohem Maße als Kommunikationsmedium und Durchsetzungsinstrument von bereits getroffenen Entscheidungen genutzt werden.[34] So überrascht es nicht, dass die Aspekte Durchsetzung und Kommunikation bei *Kaplan/Norton* den größten Raum einnehmen. Explizit sehen sie den Fokus der Balanced Scorecard als „primarily a mechanism for strategy implementation, not for strategy formulation."[35] Dies spiegelt sich auch im Untertitel des Buches wieder: „Translating Strategy into Action" bzw. „Strategien erfolgreich umsetzen".

Dabei spielt eine gemeinsame Sprache im Unternehmen eine zentrale Rolle. Entsprechend dient die Balanced Scorecard als Kommunikationsmedium zwischen verschiedenen Akteuren, z.B. zwischen zentralen Einheiten und dezentralen Managern oder zwischen Controllern und Linienverantwortlichen. In dem Maße, wie alle Mitarbeiter einen engen Kontakt mit der Scorecard haben (vielleicht sogar die Kennzahlen als „Kennkarte" immer am Mann führen), wird schrittweise ein Verständnis, ein Wortschatz aufgebaut, der eine „strategische" Kommunikation über funktionale und hierarchische Grenzen hinweg erlaubt. Ein allgemeines Verständnis für die Scorecard mit Nachvollziehbarkeit und Plausibilität der Kennzahlen erlaubt es so auch, allgemein anerkannte Beurteilungsmaßstäbe für die Leistungen einzelner oder ganzer Bereiche zu etablieren.

Die Sinnhaftigkeit eines solchen Fokus auf Kommunikation und Durchsetzung lässt sich auch empirisch stützen. Dies zeigt u.a. der an der *WHU Koblenz* durchgeführte Arbeitskreis zum Benchmarking im Controlling, in dem detailliert die Planungsprozesse von acht deutschen Konzernen analysiert und verglichen wurden. Der Arbeitskreis kam zum Ergebnis, dass in der Regel keine ausreichende Verbindung zwischen strategischer und operativer Planung besteht. Als wesentliche Ursache wurde die mangelnde Kommunikation der strategischen Ziele gegenüber den operativ Verantwortlichen identifiziert.

---

[33] Vgl. für eine Übersicht über das Instrumentarium z.B. *Weber* 2002, S. 265 ff.
[34] Vgl. u.a. *Homburg* et al. 1998, *Cooper/Hayes/Wolf* 1981; *Ansari/Euske* 1987 und *Collins* 1982.
[35] *Kaplan/Norton* 1997, S. 23.

Dadurch fehlt die Brücke zur Umsetzung dieser Ziele in die operative Planung und in die sich später anschließende Ausführung.[36]

An diesem Defizit setzt das Konzept der Balanced Scorecard an. Durch die Verknüpfung der Strategie mit individuellen Zielvorgaben soll ein einheitliches Verständnis und gemeinsames Engagement bei allen Mitarbeitern geschaffen werden. Wenn jeder die strategischen Ziele des Unternehmens und die Maßnahmen, die zu ihrer Erreichung angewendet werden sollen, kennt, werden sich alle Anstrengungen und Initiativen in der Unternehmung daran orientieren. Der Einzelne soll erkennen, dass auch und gerade seine Handlungen zur Zielerreichung beitragen. Das Ziel des Kommunikationsprozesses besteht darin, alle Mitarbeiter innerhalb des Unternehmens auf die Strategie auszurichten. Einige Unternehmen nutzen das Konzept der Balanced Scorecard zudem nicht nur zur Kommunikation im Unternehmen, sondern auch in der Außenkommunikation mit Aufsichtsrat, Beirat und Analysten.[37]

Die Ausrichtung einer Unternehmung an einer gemeinsamen Strategie ist ein komplexer Prozess. Dabei kommen nach *Kaplan/Norton* hauptsächlich drei Methoden zur Anwendung:[38]

- Kommunikations- und Weiterbildungsprogramme: Eine Voraussetzung für die Umsetzung einer Strategie besteht darin, dass alle Mitarbeiter und Manager die Strategie und das notwendige Verhalten zur Erreichung der Zielsetzung verinnerlicht haben. Ein konsistentes und kontinuierliches Informationsprogramm über die Komponenten der Strategie für die gesamte Organisation bildet die Grundlage für die einheitliche Ausrichtung der Unternehmung. Diese Informationen werden durch Feedback über die aktuelle Leistung unterstützt.

- Zielbildungsprogramme: Sobald ein grundlegendes Verständnis der Strategie besteht, müssen Einzelpersonen und Teams im gesamten Unternehmen die übergeordnete strategische Zielsetzung in Ziele für den Einzelnen und die Teams übertragen. Die traditionellen Management by Objectives-Programme, die die meisten Unternehmen anwenden, sollten mit den Zielvorgaben und Kennzahlen der Balanced Scorecard verknüpft werden.

- Verknüpfung mit dem Anreizsystem: Die Ausrichtung der Unternehmung an der Strategie muss letztlich durch ein Anreiz- und Vergütungssystem motiviert werden. Diese (alte) Forderung nach strategiegerechten Anreizsystemen[39] ist mit der Balanced Scorecard nicht mehr eine nebulöse Forderung der Theorie, sondern ein konsequent erscheinender nächster Schritt auf der Basis allseits bekannter und „greifbarer" Kennzahlen.[40] Die Verknüpfung von Balanced Scorecard und Anreizsystem sollte aller-

---

[36] Vgl. *Weber/Goeldel/Schäffer* 1997, S. 274.
[37] Vgl. auch *Olve/Roy/Wetter* 1999, S. 281 ff.
[38] Vgl. *Kaplan/Norton* 1997, S. 192 ff.
[39] Vgl. z.B. *Becker* 1987.
[40] Vgl. auch ausführlich aus theoretischer Sicht *Pfaff/Kunz/Pfeiffer* 2000.

dings vorsichtig und erst, nachdem die Weiterbildungs- und Kommunikationsprogramme etabliert sind, angegangen werden. Dabei gilt: „Alle Kennzahlen der Scorecard sind für ein Anreizsystem zu viele."[41] Bei der Auswahl ist neben dem Erfolgsbeitrag der Kenngröße auch ihre Akzeptanz zu berücksichtigen.

Der von *Kaplan/Norton* beschriebene Durchsetzungsprozess soll über die Formulierung von hochgesteckten Zielen, die Identifizierung und Fokussierung strategischer Initiativen, die Identifikation kritischer unternehmensweiter Programme sowie ihre Verknüpfung mit der jährlichen Budgetierung erfolgen. Nähere Hinweise zur Umsetzung dieser Empfehlungen erhält der Leser des Buches von *Kaplan/Norton* nur in geringem Umfang. „Genau an dieser Stelle fängt die eigentliche Arbeit zur Verknüpfung von strategischer und operativer Planung allerdings erst an - mit oder ohne Balanced Scorecard!"[42] Entsprechend versucht eine Reihe jüngerer Publikationen, diese Lücke mit neuen (und der Wiederentdeckung von alten) Erkenntnissen zu füllen.[43]

## 4.3 Unterstützung der strategischen Kontrolle

Strategische Kontrolle besteht aus drei Elementen: der strategischen Durchführungskontrolle, der Prämissenkontrolle und der möglichst ungerichteten strategischen Überwachung.[44]

- Im Rahmen der Durchführungskontrolle stehen Erkenntnisse über bisherige Ergebnisse strategischer Maßnahmen im Vordergrund. Hier nimmt man häufig auf bestimmte zuvor gesetzte „Meilensteine" Bezug, wie etwa den Marktanteil eines neu eingeführten Produkts nach einem Jahr. Die Durchführungskontrolle zielt wesentlich auf die Beantwortung der Frage ab, ob die eingeschlagene strategische Richtung noch beibehalten werden kann. Sie ähnelt in ihrer Ausprägung stark der operativen Kontrolle.

- In der Prämissenkontrolle werden die Schlüsselannahmen der strategischen Planung einer fortlaufenden Prüfung unterzogen. Diese Form der Kontrolle hat im typischen operativen Führungsprozess keine Entsprechung.

- In engem Zusammenhang mit beiden Kontrollbereichen steht schließlich die strategische Überwachung als (idealerweise) ungerichtete Beobachtungsaktivität. Sie dient

---

[41] *Weber/Schäffer* 2000, S. 62.
[42] *Weber/Schäffer* 2000, S. 19.
[43] Entsprechende Gestaltungshinweise liegen in der Literatur zum Teil durchaus seit längerem vor; vgl. z.B. *Keppler/Bamberger/Gabele* 1975; *Szyperski/Müller-Böling* 1980, S. 357 ff.; *Rau* 1985; *Rabl* 1990.
[44] Vgl. *Schreyögg/Steinmann* 1985, S. 391 ff.

als „strategisches Radar" dazu, frühzeitig Chancen und Risiken in den Geschäftsfeldern und Wettbewerbskonzeptionen des Unternehmens zu identifizieren.

Die Ausführungen von *Kaplan/Norton* beziehen sich fast ausschließlich auf die Komponente der Durchführungskontrolle. Sie postulieren, dass der „traditionell hierarchische Prozess" zur Strategieformulierung und -implementierung durch einen mangelhaften Feedback-Prozess gekennzeichnet ist. Die Rückkopplung erfolge nur mit Bezug auf die planmäßige Umsetzung der Strategie auf der operativen Ebene als „single-loop-Lernen." Mit Hilfe der Balanced Scorecard soll die Rückkopplung auch auf die Strategie bezogen (feedforward) und so ein durch „double-loop"-Lernen charakterisierter strategischer Lernprozess gefördert werden.

Entsprechend muss die Balanced Scorecard nach *Kaplan/Norton* als „Kommunikations-, Informations- und Lernsystem und nicht als Kontrollsystem"[45] (sic!) Verwendung finden. Neu ist die hinter diesen Ausführungen stehende Konzeption einer dominant auf die Anpassung der Strategie gerichteten strategischen Durchführungskontrolle jedoch nicht, es sei hier nur auf die Ausführungen von *Schreyögg/Steinmann* verwiesen.[46]

Bei der Gestaltung der Kontrolle gilt es insbesondere, das „Dilemma der Balanced Scorecard"[47] (in Anlehnung an das Dilemma der Kontrolle bei *Kirsch/Esser/Gabele*[48]) zu überwinden, das der oben entwickelten Vision einer Synthese von lernender Organisation und kennzahlengetriebenem Controlling entgegensteht: „Die Neigung, die konzeptionelle Gesamtsicht von Zeit zu Zeit kritisch zu überprüfen, ist üblicherweise gering. Je häufiger die konzeptionelle Gesamtsicht in Frage gestellt wird, desto größer ist die Gefahr, dass das hinter dieser Gesamtsicht stehende Commitment einer Erosion unterliegt und nicht mehr ernst genommen wird. Was mühsam erarbeitet und durchgesetzt wurde, wird nicht so schnell wieder in Frage gestellt."[49] Und gerade auf der Durchsetzung liegt ja der Schwerpunkt der Balanced Scorecard.

Ist das Konzept des Managementsystems damit gescheitert? *Kaplan/Norton* bieten keine überzeugende Lösung. Sie propagieren die Trennung von monatlicher „Kontrolle" und vierteljährlichem „strategischen Feedback."[50] Ob dies ausreicht, dass Mitarbeiter die Dualität von heterarchischer Kooperation im strategischen Feedback - selbst wenn diese im Unternehmen wirklich gewollt ist - sowie Umsetzung von im kleinen Führungskreis formulierten und top-down kommunizierten Modellen bewältigen, muss bezweifelt werden.

Das Störgefühl wird bei der Betrachtung des zweiten Bausteins strategischer Kontrolle, der Prämissenkontrolle, noch verstärkt. Eine explizite Prämissenkontrolle sehen *Kaplan/Norton* nicht vor. Sie unterstellen, dass die Auseinandersetzung mit den Hypo-

---

[45] *Kaplan/Norton* 1997, S. 24.
[46] Vgl. *Schreyögg/Steinmann* 1985, S. 402 f.
[47] *Weber/Schäffer* 1998, S. 359.
[48] Vgl. *Kirsch/Esser/Gabele* 1979.
[49] *Kirsch/Esser/Gabele* 1979, S. 324.
[50] Vgl. *Kaplan/Norton* 1997, S. 253 f.

thesen des Modells im strategischen Lernprozess die Funktion einer Prämissenkontrolle erfüllt.[51] Vor dem Hintergrund des eben geschilderten Dilemmas ist dies mit Vorsicht zu sehen. Die Kommunikation eines präzisen, quantifizierten Geschäftsmodells mit Ursache-Wirkungs-Beziehungen täuscht schnell Wissen vor. Neue Einsichten und Orientierungen werden so leicht blockiert und eine Fixierung auf traditionelle Erfolgsmuster erleichtert. Die erforderliche kritische Distanz zu Kennzahlen reduziert sich mit der Zeit des Umgangs mit ihnen, eine anzustrebende wache Grundhaltung als Basis des dritten Bausteins, der von *Kaplan/Norton* nicht explizit vorgesehenen strategischen Überwachung, wird so konterkariert. Phänomene wie Entscheidungsautismus und Groupthink[52] erschweren es weiter, Commitment zur Strategie mit strategischer Wachsamkeit zu verbinden. Zudem zieht das Konzept der Balanced Scorecard Konkurrenzaktivitäten nur bedingt über die Kundenperspektive in Betracht. Microworlds und Modelle, die im Rahmen der lernenden Organisation propagiert werden, tun dies oft in größerem Umfang.

Wer die Balanced Scorecard anwenden will, muss also im Bereich der strategischen Kontrolle wachsam sein und sich deutlich über die Vorschläge von *Kaplan/Norton* hinausgehend eigene Gedanken machen. Ein möglicher Ausweg besteht in der Entwicklung einer Scorecard für die wesentlichen Wettbewerber, Lieferanten und ggf. Kunden oder auch im parallelen Erstellen von Eigenmodellen durch unterschiedliche Akteure. Die unterschiedlichen Modelle sind dann im kritischen Diskurs zu erörtern. Ein zweiter Ansatz besteht in der ergänzenden Aufnahme von Kennzahlen für die Prämissen der Planung, deren Gültigkeit - wie die Planerfüllung selbst - in der Planperiode zu überprüfen ist.[53]

## 5 Vorgehen zur Implementierung

Der Implementierung kommt im Zusammenhang mit der Balanced Scorecard eine zentrale Bedeutung zu. Auch wenn vor einer unkritischen Übernahme gewarnt sei, mag der nachfolgend auf Basis der Empfehlungen von *Kaplan/Norton* und eigener Erfahrungen skizzierte Standardprozess doch Anregungen zur Implementierung im eigenen Unternehmen geben.

---

[51] Vgl. *Kaplan/Norton* 1997, S. 242.
[52] Vgl. im Überblick z.B. *Schäffer* 1996, S. 124 ff.
[53] Vgl. auch *Weber/Schäffer* 1999, S. 342 ff.

*Schritt 1: Grundlagen des Projekts schaffen*

Nach *Weber/Schäffer* ist die Planung des Einführungsprozesses für die Balanced Scorecard der wichtigste Erfolgsfaktor eines Implementierungsprojekts, insbesondere die Festlegung der mit der Einführung verbundenen Zielsetzung:[54]

- Soll mit der Balanced Scorecard in erster Linie der „Kennzahlenfriedhof" durchforstet und ggf. um Leistungstreiber und nicht-finanzielle Kennzahlen ergänzt werden?
- Ist es das Ziel der Einführung einer Balanced Scorecard, die Kommunikation und Durchsetzung bereits vorliegender Strategien zu unterstützen? Wenn ja, liegt der Fokus auf der internen oder der externen Kommunikation?
- Soll die Scorecard eine integrative Klammer um die Vielzahl „strategischer" Aktivitäten bilden und diese (endlich) einer harten Kosten/Nutzen-Analyse unterziehen?
- Sollen mit Hilfe der Balanced Scorecard die Defizite der Strategieentwicklung beseitigt werden?
- Welche Tiefe der Organisationsdurchdringung ist angestrebt?

Es muss sichergestellt sein, dass alle Mitglieder des Projektteams und (ggf.) des Lenkungsausschusses das Konzept der Balanced Scorecard und die damit verfolgte Intention verstehen. Weiter muss vor Beginn des Projekts eine ganze Reihe wichtiger Fragen zum Vorgehen in der Implementierung geklärt sein, so z.B. für welche Unternehmenseinheiten Balanced Scorecards entwickelt werden sollen, welches Vorgehen gewählt wird: top down oder bottom up, mit oder ohne externe Unterstützung, in welchem Zeitrahmen? Schließlich gilt es, sich mit den Faktoren zu beschäftigen, denen erfahrungsgemäß die größte Bedeutung für die erfolgreiche Einführung einer Balanced Scorecard zukommt (vgl. Abbildung 8). So ist u.a. das Commitment aller verantwortlichen Führungskräfte zu sichern, ein geeigneter Projektleiter zu bestimmen und eine Einheit festzulegen, der Pionierfunktion zukommt.

*Schritt 2: Strategie klären*

Für den nachfolgenden Prozess hat es sich bewährt, die Balanced Scorecard in mindestens halb-, besser ganztägigen Workshops fern des Tagesgeschäfts zu erarbeiten. Dabei sollten die einzelnen Workshops zeitlich nicht zu lange auseinander liegen. In einem ersten Workshop sollte (sofern noch erforderlich) neben einer detaillierten Vorstellung des Konzepts das (gemeinsame) Verständnis der beteiligten Manager bezüglich der zugrunde liegenden Strategie geklärt werden. Häufig wird hier Handlungsbedarf deutlich, da die Strategie nicht vorhanden oder nicht eindeutig ist. Für diese Phase sollte ausreichend Zeit reserviert werden, da nur eine geteilte und hinreichend präzise Strategie als Grundlage für die Erstellung einer Balanced Scorecard „taugt".

---

[54] Vgl. *Weber/Schäffer* 2000, S. 100 f.

- Planung der Balanced Scorecard-Einführung: Umfang und Ziele
- Hierarchieübergreifende Projektunterstützung; Top Management und Process Owner
- Auswahl des Piloten und schneller erster Erfolg
- Unternehmenskultur und Veränderungsbereitschaft
- Besetzung des Balanced Scorecard-Teams: Perspektivenvielfalt, Teamgröße und Konstanz
- Projektmanagement: Straffe Planung und starker Projektleiter
- Kommunikation: Kontinuität und Offenheit
- Externe Unterstützung: Objektivität und Wissenstransfer

Abbildung 8:   Erfolgsfaktoren für die Einführung einer Balanced Scorecard *nach Weber/Schäffer*[55]

*Schritt 3: Strategische Ziele ableiten und verknüpfen*

Ist ein grundlegender Strategiekonsens erreicht, gilt es, die relevanten Perspektiven sowie drei bis vier strategische Ziele je Perspektive festzulegen. Zur Identifikation der strategischen Ziele hat es sich bewährt, dass zunächst alle Workshop-Teilnehmer die aus ihrer Sicht wesentlichen Ziele (z.B. auf Metaplankarten) notieren. Im zweiten Schritt gilt es, die so generierte „Rohmasse" auf die gewünschte Anzahl von ca. 12-24 Ziele zu reduzieren. Dabei gilt:

- Die Ziele sollten direkt den einzelnen Perspektiven zugeordnet werden und sich ausgewogen auf diese verteilen.
- Die Ziele sollten möglichst spezifisch und konkret gefasst sein und aktionsorientiert formuliert werden.
- Entscheidend ist die strategische Relevanz des Vorschlags, nicht die Messbarkeit der Zielerreichung.

Sind die strategischen Ziele identifiziert, gilt es, die Hauptverbindungen zwischen den Zielen innerhalb einer Perspektive sowie der einzelnen Perspektiven zu identifizieren. Erst durch die Einbindung der strategischen Ziele in kausale Beziehungsketten wird das Geschäftsmodell vollständig. Dabei sollte auf wenige, aber wirklich relevante Ursache-Wirkungs-Beziehungen fokussiert werden. Sonst läuft das Team Gefahr, sich „zu verzetteln".

---

[55] Entnommen aus *Weber/Schäffer* 2000, S. 100.

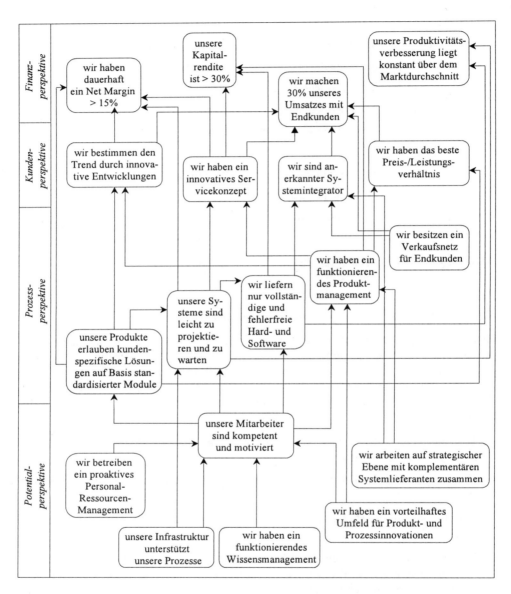

Abbildung 9: Verknüpfung strategischer Ziele eines Geschäftsbereichs - Praxisbeispiel Geschäftsbereich ID der *ABB Industrie AG*[56]

---

[56] Entnommen aus *Ahn/Dickmeis* 2000, S. 19. Dort findet sich auch eine ausführliche Erläuterung dieses Praxisbeispiels.

*Schritt 4: Kennzahlen identifizieren*

Nicht zufällig erfolgt die Auswahl der strategischen Kennzahlen erst im Anschluss an die Definition der strategischen Ziele. So wird vermieden, dass vorhandene oder leicht ermittelbare Kennzahlen bei der Gestaltung der Balanced Scorecard dominieren. Viel zu häufig nämlich wird die Balanced Scorecard in praxi darauf reduziert, vorhandene Kennzahlen zu strukturieren.

Die Workshops, die sich mit der Identifikation von Kennzahlen befassen, versuchen zwei Ziele zu erreichen:

- Identifizierung der Kennzahlen, die die Absicht der Zielsetzung am besten zum Ausdruck bringen und vermitteln. Dabei gilt es, kreativ zu sein („out of the box") und den Mut zu haben, innovative Kennzahlen zu generieren.
- Identifizierung möglicher Datenquellen für jede Kennzahl und der Maßnahmen, die notwendig werden können, um diese Informationen verfügbar zu machen.

Können nicht auf Anhieb alle strategischen Ziele mit Kennzahlen hinterlegt werden, ist die Balanced Scorecard dennoch einsatzfähig. So stellen schon *Kaplan/Norton* fest: „Ein weiterer Ansatz [mit fehlenden Kennzahlen umzugehen] besteht darin, immer dann einen Text zu verwenden, wenn Kennzahlen noch nicht entwickelt oder nicht verfügbar sind. Nehmen wir an, eine Organisation hat sich zum Ziel gesetzt, die Fähigkeiten ihrer Mitarbeiter zu verbessern, damit die Strategie besser umgesetzt werden kann. Die genaue Bedeutung dieses Ziels ist momentan zu unklar, um sie genau und glaubwürdig zu messen. Jedes Mal (z.B. einmal im Quartal), wenn Manager in einem Strategie-Review ihren Personalentwicklungsprozess betrachten, schreiben sie nach bestem Wissen und Gewissen ein ein- bis zweiseitiges Memo über die ergriffenen Maßnahmen, die erreichten Ergebnisse sowie über die aktuellen Personalpotenziale des Unternehmens. Dieser Text ersetzt Kennzahlen und dient als Basis für die Diskussion über Initiativen und Ergebnisse. Dies ist nicht dasselbe wie bei Kennzahlen und sicherlich langfristig auch kein Ersatz dafür. Der Text dient jedoch als Wegweiser und unterstützt dieselben Ziele wie ein formales Kennzahlensystem."[57]

*Schritt 5: Zielwerte festlegen und Maßnahmen ableiten*

Zielwerte festlegen und Maßnahmen zu deren Erreichung ableiten, ist normales Führungsgeschäft - und nicht spezifisch für die Einführung einer Balanced Scorecard. Dennoch seien auf der Basis einschlägiger Projekterfahrung einige Empfehlungen formuliert:

---

[57] *Kaplan/Norton* 1997, S. 139 f.

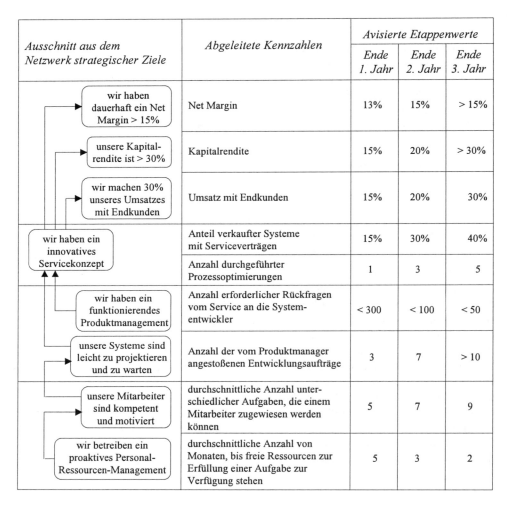

Abbildung 10: Darstellung ausgewählter Kennzahlen und Zielwerte im Rahmen einer Balanced Scorecard - Praxisbeispiel Geschäftsbereich ID der *ABB Industrie AG*[58]

---

[58] Entnommen aus *Ahn/Dickmeis* 2000, S. 20.

- Kein Ziel darf ohne Maßnahme zur Zielerreichung und keine wichtige Maßnahme darf ohne Steuerungsgröße zum Messen des Maßnahmenerfolgs bleiben.
- Die Ziele sollten ehrgeizig, aber realistisch sein! Das neue Instrument Balanced Scorecard sollte nicht mit unerreichbaren Zielen in Misskredit gebracht werden.
- Hinter jedem Ziel und jeder Maßnahme sollte ein Verantwortlicher stehen.
- Maßnahmen sollten aktionsorientiert und präzise formuliert sein. So, dass auch ein Außenstehender ihre erfolgreiche Realisierung kontrollieren könnte.
- Und schließlich gilt auch bei der Definition von strategischen Maßnahmen: Weniger kann Mehr sein!

Häufig stellt man fest, dass im Zuge der Zuordnung der bereits laufenden Projekte ein signifikanter Anteil nicht zur Erreichung der BSC-Ziele beiträgt. Sofern diese nicht aufgrund externer Vorgaben zwingend sind, sollten sie grundsätzlich in Frage gestellt und ggf. beendet werden, um so eine zielgerechte Allokation knapper Ressourcen sicherzustellen.

*Schritt 6: Umsetzungsplan erstellen*

Der Umsetzungsplan sollte u.a. beinhalten,

- wie die Kennzahlen mit Datenbanken und anderen Informationsquellen verknüpft werden.
- wie die Scorecard mit den anderen Elementen des Managementsystems verbunden wird.
- wie Ziele und strategische Maßnahmen konsequent mit den Balanced Scorecards nachgeordneter Einheiten verknüpft werden.
- wie Ziele und strategische Maßnahmen organisatorisch nebeneinander stehender Einheiten durch die Balanced Scorecard besser aufeinander abgestimmt werden können.

Der von *Kaplan/Norton* anvisierte Zeitraum von 3 Monaten für die Entwicklung einer ersten Scorecard erscheint nur realistisch, wenn die Strategie bereits in ausreichend konkretisierter Form vorliegt und die eigentliche Einführung nicht in die Betrachtung mit eingeschlossen ist. Für eine unternehmensweite Entwicklung und Einführung der Balanced Scorecard ist eine Projektdauer von minimal 6 bis 12 Monaten deutlich realistischer. Der Grund dafür liegt im Charakter der Einführung einer Balanced Scorecard: Sie greift so tief in die Führung des Unternehmens ein, dass sie sich nicht mit einem DV-Tool vergleichbar verankern lässt, sondern hierfür ein Prozess der Organisationsentwicklung erforderlich ist. Einstellungen und Routinen von Menschen zu ändern, kostet Zeit - und der Prozess vollzieht sich in mehreren Phasen. In welchen Zeiträumen man zu denken hat, wenn es um die Verankerung eines neuen Instruments in der täglichen Führungsarbeit geht, zeigt das Beispiel der Kapitalwertmethode: Trotz ihrer im Vergleich zur Balanced

Scorecard geringen Komplexität hat es knapp 30 Jahre gedauert, bis sie sich in der Unternehmenspraxis voll durchgesetzt hat.[59] In der Zwischenzeit muss das Management aufpassen, dass die schöne instrumentelle Hülle nicht - wie es im Bereich der strategischen Planung schon oft passiert ist - eine Fassade vor unverändertem Führungsverhalten wird.

# 6 Fazit

Die Balanced Scorecard ist ein gelungener Versuch, eine Reihe von Erkenntnissen zu Strategieentwicklung und (vor allem) -umsetzung zu einem schlüssigen Gesamtkonzept zu verbinden: „Traditionelle" finanzielle Kennzahlen werden durch eine Kunden-, eine interne Prozess- sowie eine Lern- und Entwicklungsperspektive ergänzt. Alle Kennzahlen sind über Ursache-Wirkungs-Beziehungen mit den finanziellen Zielen des Unternehmens verknüpft. Sie bilden dabei die Strategie des Unternehmens ab und werden so zum Bindeglied zwischen der Entwicklung einer Strategie und ihrer Umsetzung.

Die einzelnen Elemente des Konzepts der Balanced Scorecard sind nicht grundsätzlich neu („alter Wein in neuen Schläuchen"), viele konzeptionelle Fragen (wie z.B. die Auswahl und die Verknüpfung der Perspektiven) harren noch einer Beantwortung. Dennoch hat die Scorecard ein großes Potenzial als Controlling-Instrument zur Sicherstellung einer noch konsequenteren Zielausrichtung der Unternehmung. Die Herausforderung für Controller und Manager liegt darin, die positive Wirkung von Idee und Rhetorik der Balanced Scorecard mit einer sorgfältigen unternehmensspezifischen Gestaltung und Implementierung zu verbinden.

---

[59] Vgl. *Pritsch* 2000, S. 377 und die dort angegebene Literatur.

## Literaturverzeichnis

*Ahn, H./Dickmeis, P.*: Einführung der Balanced Scorecard bei der *ABB Industrie AG*, in: Kostenrechnungs-Praxis, 44. Jg. Sonderheft (2000), S. 17-23.
*Ansari, S./Euske, K.J.*: Rational, Rationalizing and Reifying Uses of Accounting Data in Organizations, in: Accounting, Organizations and Society, Vol. 12 (1987), S. 549-570.
*Argyris, C./Schön, D.A.*: Organizational Learning - A Theory of Action Perspective, Reading, Mass. 1978.
*Becker, F.G.*: Anreizsysteme für Führungskräfte im strategischen Management, 2. Auflage, Köln 1987.
*Collins, F.*: Managerial Accounting Systems and Organizational Control: A Role Perspective, in: Accounting, Organizations and Society, Vol. 7 (1982), S. 107-122.
*Cooper, D.J./Hayes, D./Wolf, F.*: Accounting in Organized Anarchies: Understanding and Designing Accounting Systems, in: Accounting, Organizations and Society, Vol. 6 (1981), S. 175-191.
*De Geus, A.*: The Living Company - Growth, Learning and Longevity in Business, London 1997.
*Eccles, R.G./Noriah, N. with J.D. Berkley*: Beyond the Hype - Rediscovering the Essence of Management, Boston 1992.
*Gutenberg, E.*: Unternehmensführung - Organisation und Entscheidungen, Wiesbaden 1962.
*Hoch, D.J./Langenbach, W./Meier-Reinhold, H.*: Implementierung von Balanced Scorecards im Spannungsfeld von unternehmerischen Zielsetzungen und Voraussetzungen, in: Betriebswirtschaftliche Forschung und Praxis, 52. Jg. (2000), S. 56-66.
*Homburg, Ch./Weber, J./Aust, R./Karlshaus, J.T.*: Interne Kundenorientierung der Kostenrechnung - Ergebnisse der Koblenzer Studie, Band 7 der Reihe Advanced Controlling, Vallendar 1998.
*Horváth & Partner (Hrsg.)*: Balanced Scorecard umsetzen, Stuttgart 2000.
*Horváth, P./Kaufmann, L.*: Balanced Scorecard - ein Werkzeug zur Umsetzung von Strategien, in: Harvard Business Manager, 20. Jg. (1998), S. 39-48.
*Juran, J.M.*: Der neue *Juran*: Qualität von Anfang an, Landsberg/Lech 1993.
*Kaplan, R.S.*: Geleitwort, in: Horváth & Partner (Hrsg.), Balanced Scorecard umsetzen, Stuttgart 2000.
*Kaplan, R.S./Norton, D.P.*: The Balanced Scorecard - Measures that Drive Performance, in: Harvard Business Review, January/February (1992), S. 71-79.
*Kaplan, R.S./Norton, D.P.*: Balanced Scorecard - Strategien erfolgreich umsetzen, Stuttgart 1997.
*Kaplan, R.S./Norton, D.P.*: Die strategiefokussierte Organisation – Führen mit der Balanced Scorecard, Stuttgart 2001.
*Kaufmann, L.*: ZP-Stichwort: Balanced Scorecard, in: Zeitschrift für Planung, 8. Jg. (1997), S. 421-428.

*Keppler, W./Bamberger, I./Gabele, E.:* Langfristige Planungssysteme, München 1975.

*Kieser, A.:* Die Balanced Scorecard als Managementmode, in: Kostenrechnungs-Praxis, 44. Jg. Sonderheft (2000), S. 123-124.

*Kirsch, W./Esser, W.-M./Gabele, E.:* Das Management des geplanten Wandels von Organisationen, Stuttgart 1979.

*Olve, N.G./Roy, J./Wetter, M.:* Performance Drivers - A Practical Guide to Using the Balanced Scorecard, Chichester et al. 1999.

*Pfaff, D./Kunz, A./Pfeiffer, T.:* Balanced Scorecard als Bemessungsgrundlage finanzieller Anreizsysteme - Eine theorie- und empiriegeleitete Analyse der resultierenden Grundprobleme, in: Betriebswirtschaftliche Forschung und Praxis, 52. Jg. (2000), S. 36-55.

*Pritsch, G.:* Realoptionen als Controllinginstrument zur Rationalitätssicherung in pharmazeutischer Forschung und Entwicklung, Wiesbaden 2000.

*Rabl, K.:* Strukturierung strategischer Planungsprozesse, Wiesbaden 1990.

*Rau, K.-H.:* Gestaltung der Unternehmensplanung, Berlin 1985.

*Reichmann, T./Lachnit, L.:* Planung, Steuerung und Kontrolle mit Hilfe von Kennzahlen, in: Zeitschrift für betriebswirtschaftliche Forschung, 28. Jg. (1976), S. 705-723.

*Schäffer, U.:* Controlling für selbstabstimmende Gruppen?, Wiesbaden 1996.

*Schreyögg, G./Steinmann, H.:* Strategische Kontrolle, in: Zeitschrift für betriebswirtschaftliche Forschung, 37. Jg. (1985), S. 391-410.

*Senge, P.M.:* Fifth Discipline: The Art und Practice of the Learning Organization, New York et al. 1990.

*Szyperski, N./Müller-Böling, D.:* Gestaltungsparameter der Planungsorganisation, in: Die Betriebswirtschaft, 40. Jg. (1980), S. 357-373.

*Weber, J.:* Einführung in das Controlling, 9. Auflage, Stuttgart 2002.

*Weber, J./Goeldel, H./Schäffer, U.:* Zur Gestaltung der strategischen und operativen Planung, in: Die Unternehmung, 51. Jg. (1997), S. 273-295.

*Weber, J./Schäffer, U.:* Balanced Scorecard - Gedanken zur Einordnung des Konzepts in das bisherige Controlling-Instrumentarium, in: Zeitschrift für Planung, 9. Jg. (1998), S. 341-366.

*Weber, J./Schäffer, U.:* Auf dem Weg zu einem aktiven Kennzahlenmanagement, in: Die Unternehmung, 53. Jg. (1999), S. 333-350.

*Weber, J./Schäffer, U.:* Balanced Scorecard & Controlling, Implementierung - Nutzen für Manager und Controller - Erfahrungen in deutschen Unternehmen, 3. Auflage, Wiesbaden 2000.

## Symbolverzeichnis

> Größer
% Prozent


## Abbildungsverzeichnis

Abbildung 1:   Die vier Perspektiven der Balanced Scorecard
Abbildung 2:   Die Balanced Scorecard als strategischer Handlungsrahmen
Abbildung 3:   Ursache-Wirkungs-Beziehungen in der Balanced Scorecard
Abbildung 4:   Generische Planungsmatrizen nach *Juran*
Abbildung 5:   Die Grundkennzahlen der Kundenperspektive nach *Kaplan/Norton*
Abbildung 6:   Die interne Prozessperspektive - das generische Wertkettenmodell nach *Kaplan/Norton*
Abbildung 7:   Der Rahmen für die Kennzahlen der Lern- und Entwicklungsperspektive nach *Kaplan/Norton*
Abbildung 8:   Erfolgsfaktoren für die Einführung einer Balanced Scorecard nach *Weber/Schäffer*
Abbildung 9:   Verknüpfung strategischer Ziele eines Geschäftsbereichs - Praxisbeispiel Geschäftsbereich ID der *ABB Industrie AG*
Abbildung 10: Darstellung ausgewählter Kennzahlen und Zielwerte im Rahmen einer Balanced Scorecard - Praxisbeispiel Geschäftsbereich ID der *ABB Industrie AG*

MATTHIAS SURE

# Informationsvorteile einer prozessorientierten Kostenrechnung

| | | | |
|---|---|---|---|
| 1 | Kostenmanagement in Zeiten wechselnder Beschäftigung | | 521 |
| | 1.1 | Grundsätzliche Gegenüberstellung traditioneller und moderner Ansätze zum Kostenmanagement | 521 |
| | | 1.1.1 Traditionelles Kostenmanagement auf dem Prüfstand | 521 |
| | | 1.1.2 Argumente für eine Modernisierung des Kostenmanagements | 521 |
| | 1.2 | Prozessorientierte Kostenrechnung im Kontext eines integrierten Kostenmanagements | 522 |
| | | 1.2.1 Entstehungsgeschichte der prozessorientierten Kostenrechnung | 522 |
| | | 1.2.2 Eigenschaften einer prozessorientierten Kostenrechnung | 523 |
| 2 | Effektive Kostensteuerung auf Basis prozessorientierter Kostenrechnungsinformationen | | 525 |
| | 2.1 | Implikationen des Prozessmanagements für eine prozessorientierte Kostenrechnung | 525 |
| | 2.2 | Konzeption eines prozessorientierten Kostenrechnungssystems | 525 |
| | | 2.2.1 Grundsätzliche Vorüberlegungen | 525 |
| | | 2.2.2 Konzeptioneller Aufbau des Kostenrechnungsmodells | 527 |
| | |     2.2.2.1 Informationsanforderungen und Geltungsbereich | 527 |
| | |     2.2.2.2 Definition von Prozessen und Kostenobjekten | 527 |
| | |     2.2.2.3 Zuordnungen von Ressourcen zu Prozessen und Kostenobjekten | 528 |
| | |     2.2.2.4 Zuordnung von Kosten zu Prozessen und Kostenobjekten | 529 |

2.3 Weiterentwicklung zu einem prozess- und wertorientierten
    Kostenmanagement 530
    2.3.1 Mengengerüst, Beschäftigung und Werttreiber 530
    2.3.2 Kostentreiberanalyse und Prozesskostensätze 531
    2.3.3 Berücksichtigung von Kapital- und Riskokosten 531

3 Proaktives entscheidungsorientiertes Kostenmanagement 532

    3.1 Planungs- und Simulationsszenarien 532
    3.2 Treiberreagibilitäten und Kostenveränderungen 533
    3.3 Kontinuierlicher Kostenmanagement-Prozess 534
    3.4 Integration mit anderen Management-Instrumenten 535

4 Exkurs: EDV-technische Systemunterstützung 536

Literaturverzeichnis 537

Abbildungsverzeichnis 538

# 1 Kostenmanagement in Zeiten wechselnder Beschäftigung

## 1.1 Grundsätzliche Gegenüberstellung traditioneller und moderner Ansätze zum Kostenmanagement

### 1.1.1 Traditionelles Kostenmanagement auf dem Prüfstand

In Zeiten schwacher Konjunktur und Börsen sehen sich viele Unternehmen traditionell mit dem Problem konfrontiert, sinkende Erträge infolge von Nachfragerückgängen durch entsprechende Kostensenkungsmaßnahmen zu kompensieren. Dabei geht es nicht nur um die absolute oder relative Höhe der Kosten, sondern auch um die Kostenstrukturen. So ist in den vergangenen Jahren der Anteil der variablen Kosten zugunsten von ansteigenden Fixkosten tendenziell zurückgegangen, was die Unternehmen zunehmend der Möglichkeit beraubt, flexibel auf Marktrückgänge zu reagieren. In diesem Kontext stellt sich immer mehr Unternehmen die Frage, wie ein intelligentes Kostenmanagement gestaltet werden kann, das sich nicht nur als reaktiv-kasuistisches, sondern als ein langfristiges, strategiekonformes Instrument erweist, welches proaktive Anpassung an Beschäftigungsschwankungen und Marktveränderungen zulässt und gestaltet. Traditionell gehen hier die Meinungen über Chancen und Risiken verschiedener Ansätze auseinander, die sich grundsätzlich im Spannungsfeld zwischen Radikalkur und Programmmanagement bewegen.

### 1.1.2 Argumente für eine Modernisierung des Kostenmanagements

Kostenmanagement im herkömmlichen traditionellen Sinne hat überwiegend das Ziel, das Kostenwachstum vergangener Jahre möglichst zügig zu stoppen und erhöhte Sensibilität auf Seiten der Mitarbeiter bezüglich der verursachten Kosten zu schaffen. Das schließt oftmals eine damit beabsichtigte Signalwirkung an Anteilseigner und Analysten mit ein. Dabei ist jedoch im Hinblick auf die gängigen Kostenstrukturen zu berücksichtigen, dass die kurzfristige Manövriermasse aufgrund des hohen Fixkostenanteils für derartige Radikalmaßnahmen zunächst einmal begrenzt ist. Meistens bleibt demzufolge, wie zurzeit von vielen Unternehmen exerziert, nur die Streichung von Beratungsprojekten mit externen Mitarbeitern, die Eliminierung von Sonderprojekten oder die Reduktion von Aufwendungen für Marketing und Public Relation. Solch reaktive Problemlösungsansätze können nicht effektiv sein, da durch den plötzlichen Zwang zur Kostensenkung der kurzfristige Erfolgscharakter im Vordergrund steht. Kostenmanagement traditioneller Prägung setzt grundsätzlich an den Symptomen der Kostenprobleme an, ohne die für ein nachhaltiges und intelligentes Kostenmanagement so entscheidende Ursachenforschung zu betreiben. So können beispielsweise die Ursachen für überhöhte Fertigungskosten nicht unbedingt immer automatisch in zu hohen Faktorkosten für Personal begründet sein (was beim reaktiv-kasuistischen Kostenmanagement in der Regel zu Freisetzungen führt), sondern auch in der ausufernden Zahl an Produktvarianten, womit die Ursache des Kostenproblems an einer völlig anderen Stelle in der Wertschöpfungskette zu finden ist (Bereich Vertrieb/Marketing) als bei symptom-orientierter Betrachtungsweise (Bereich Produktion/Logistik). Ein weiterer Aspekt des herkömmlichen Kostenmanagements liegt in der mangelnden Differenzierung, die sich zumeist in pauschalen Cost-Cutting-Prozentsätzen widerspiegelt. Solche pauschalen Kostenanpassungen bergen den Nachteil, dass mit einer einheitlichen Adaption unter Umständen effizienten und sparsamen Bereichen unnötig Ressourcen wegrationalisiert werden und in ineffizienten Bereichen nicht genügend Kostensenkungspotenzial ausgeschöpft wird. Nicht selten scheitern solche pauschalen Kostenanpassungsprogramme sogar schon im Stadium ihrer Entstehung, und zwar an der mangelhaften Differenzierungsfähigkeit ihrer (zumeist externen Hilfs-) Initiatoren, die in der Regel dann unweigerlich ans Tageslicht kommt, wenn pauschal vorgerechnete Einsparpotenziale anhand von Kontenplan- oder BAB-Positionen konkretisiert werden sollen und nicht können. Eine zusätzliche Gefahr besteht darin, dass eine pauschale Kostenkürzung in der Tat kurzfristige Kostenoptimierungen zeitigen kann, die langfristigen Auswirkungen aber insbesondere im Hinblick auf die Wettbewerbsfähigkeit übersehen werden.

## 1.2 Prozessorientierte Kostenrechnung im Kontext eines integrierten Kostenmanagements

### 1.2.1 Entstehungsgeschichte der prozessorientierten Kostenrechnung

Der Ausgangspunkt für die Entwicklung und Entstehung der prozessorientierten Kostenrechnung war ein Artikel aus dem Jahre 1985 von *Miller* und *Vollmann* mit dem Titel „The hidden factory". Darin vertraten die Autoren die prinzipielle Ansicht, dass aufgrund der steigenden Menge und Relevanz der indirekten Kosten, die in Overhead-Bereichen verursacht werden, die Unternehmen ihre traditionellen Kostenmanagementphilosophien aufgeben und infolgedessen neue, alternative Modelle zur Kostenallokation und –steuerung entwickeln sollten. Zwei Jahre später kritisierten *Johnson* und *Kaplan* in ihrem Buch „Relevance Lost – The Rise and Fall of Management Accounting" die sogenannte

Quersubventionierung zwischen Produkten in der herkömmlichen Vollkostenrechnung, welche ein Resultat der Verwendung ungeeigneter Bezugsgrößen sei. *Johnson* und *Kaplan* führten in diesem Kontext den Begriff der Prozesskostenrechnung (Activity-Based Costing) ein und benutzten diesen, um eine aktivitäten- und prozessbasierte Verrechnung von indirekten Kosten auf die Produkte und Kunden zu Gunsten einer verbesserten Verursachungsgerechtigkeit der Zuordnung vorzuschlagen. Wegen des kontinuierlich steigenden Anteils von indirekten Kosten hat sich der Fokus des Kostenmanagements zwangsläufig mehr und mehr in Richtung der Overhead-Bereiche bewegt. Dies ist jedoch, wie bereits ausgeführt, traditionell der Sektor, in dem die herkömmlichen Kostenmanagementsysteme ihre größten und entscheidenden Schwächen haben. Der prozess- und aktivitätenorientierte Untersuchungsansatz der prozessorientierten Kostenrechnung hat sich dabei parallel entwickelt zum Instrument des Business Process Re-engineering, welches auf eine radikale Reorganisation von Unternehmensprozessen im Hinblick auf eine (kosten-)effizientere Durchführung abzielt. Im Gegensatz zu traditionellen Ansätzen des Kostenmanagements ist die prozessorientierte Kostenrechnung eng verzahnt mit dem Konzept des Shareholder Value, welches sich für seine wertorientierten Unternehmensbereichsanalysen prozessimmanenter Kostentreiber und induzierter Kostensätze bedient.

### 1.2.2 Eigenschaften einer prozessorientierten Kostenrechnung

Eine prozessorientierte Kostenrechnung unterstützt und fördert die Analyse und das Verständnis von sämtlichen Kosten bezüglich ihres Verhaltens und ihrer Interaktion im Hinblick auf die Unternehmensprozesse. Es stellt in Form von Prozesskosten und Prozesskostensätzen entscheidungsrelevante Informationen für das Management zur Verfügung, um alternative Vorgehensweisen und Modelle zu untersuchen, die die Erreichung der Unternehmens- und Bereichsziele in der kosteneffizientesten Weise gewährleisten. Zusätzlich gibt eine Prozesskostenrechnung dem Management infolge der deutlich höheren Transparenz über die Kosten einzelner Aktivitäten die Möglichkeit, interne Prozesse im Hinblick auf ihre Kosten und Nutzen mit denen potenzieller externer Outsourcing Provider zu vergleichen. Eine prozessorientierte Kostenrechnung bietet bessere Kostenkontrolle als herkömmliche Systeme durch die Identifikation von wesentlichen Kostentreibern und deren Analyse hinsichtlich ihrer Kostenreagibilität und ihres Beitrags zur Erreichung von angestrebten Service Levels für die zugrundeliegenden Prozesse und Aktivitäten. Durch die Visualisierung des Kostenbeitrags, den die jeweiligen untersuchten Prozesse auf die entsprechenden Bestandteile des Unternehmensportfolios leisten, ist die prozessorientierte Kostenrechnung gleichzeitig in der Lage, Produkte und Services zu identifizieren, die einen besonders hohen Cash-Anteil verbrauchen und die infolgedessen in Zeiten knapper liquider Mittel möglicherweise hinsichtlich ihres weiteren Fortbestandes überprüft werden müssen. Eine prozessorientierte Kostenrechnung unterstützt und erleichtert die Identifikation und Trennung von fixen und variablen Kosten und bietet die

Möglichkeit einer akkuraten und sinnvollen Zuordnung von Verwaltungs- und Unterstützungskosten auf Produkte und Services und ebnet damit den Weg zu professionellerem und nachhaltigerem Kostenmanagement. Sie verschafft dem Unternehmensmanagement ein klares Verständnis darüber, welche Ressourcen und Aufwendungen erforderlich sind, um unterschiedliche Kundenanforderungen zu befriedigen, damit auf dieser Basis fundierte Entscheidungen über Kunden und Service Levels getroffen werden können. Dabei wird dem Management Hilfestellung gegeben, wie der Ressourcen- und Aktivitätenverbrauch gegebenenfalls in Richtung priorisierter Kunden mit hohen Deckungsbeiträgen gesteuert werden kann. Somit liefert die prozessorientierte Kostenrechnung eine gute Plattform, um Kundenprofitabilität im Fokus des Management zu halten und zu gewährleisten, dass diejenigen Kunden bevorzugt bedient werden, von denen das Unternehmen am meisten profitiert. Ein weiterer, nicht zu unterschätzender Nutzen einer prozessorientierten Kostenrechnung ist die Möglichkeit einer besseren internen Kommunikation, da durch die Aufnahme der Prozesse in das finanzielle Betrachtungsfeld eine gemeinsame Verständigungs- und Kommunikationsplattform für Topmanagement, Controller und Ingenieure bereitgestellt wird. Prozess- und Aktivitätsdaten werden in vielen Bereichen oft leichter verstanden als andere, eher finanzlastige Controlling-Informationen.

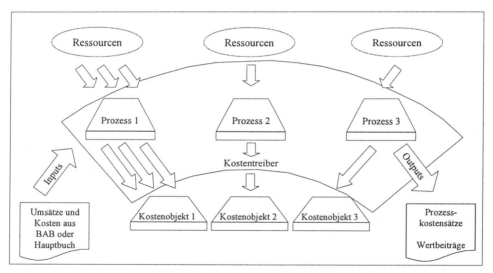

Abbildung 1: Grundmodell einer prozessorientierten Kostenrechnung und -steuerung

## 2 Effektive Kostensteuerung auf Basis prozessorientierter Kostenrechnungsinformationen

### 2.1 Implikationen des Prozessmanagements für eine prozessorientierte Kostenrechnung

Prozessmanagement zeichnet sich in erster Linie dadurch aus, dass die bisher in Unternehmen - trotz teilweise gegenteiliger Äußerungen - immer noch vorherrschenden, funktionalen und silo-orientierten Organisationsabläufe und Betrachtungsweisen durch integriertes, funktionsübergreifendes und end-to-end-orientiertes Denken und Handeln abgelöst werden. Wichtig sind dabei klare Prozessdefinitionen und -hierarchien, die im allgemeinen Konsens definiert und eingehalten werden sowie entsprechend klare Zuständigkeiten und Verantwortlichkeiten für Prozessoutputs und Performance (sog. Ownerships). Effektives Prozessmanagement kann jedoch nur dann entstehen, wenn ein Informationssystem bereitgestellt wird, das in der Lage ist, die Prozessoutputs und –performances verantwortungs- und verursachungsgerecht zu messen und prozessmodell- und hierarchiekonform abzubilden. Das solche Anforderungen in vollem Umfang grundsätzlich nur von einer prozessorientierten Kostenrechnung geleistet werden können, gilt im allgemeinen als unstrittig. Die entscheidende und nach wie vor heftig diskutierte und umstrittene Frage ist jedoch, wie ein solches System zu gestalten ist und welche kritischen Erfolgsfaktoren dabei eine Rolle spielen. Im Folgenden soll daher der Aufbau eines prozessorientierten Kostenrechnungs- und -steuerungssystems näher beschrieben und erläutert werden.

### 2.2 Konzeption eines prozessorientierten Kostenrechnungssystems

#### 2.2.1 Grundsätzliche Vorüberlegungen

Bevor eine prozessorientierte Kostenrechnung eingeführt wird, sind eine Reihe von grundsätzlichen Überlegungen anzustellen, um sowohl eine klare und eindeutige Zielsetzung als auch eine unternehmensindividuelle Konzeptausprägung abzustimmen und festzulegen. Erst dann sollte mit der eigentlichen Erstellung eines Modells zur prozessorientierten Kostenrechnung begonnen werden. Dazu zählt zuerst einmal die Frage, welches die zu untersuchenden und zu kalkulierenden Kostenobjekte sind. Kostenobjekte in einer prozessorientierten Kostenrechnung können etwa Produkte bzw. Produktgruppen, Kunden bzw. Kundengruppen oder Vertriebskanäle sein, je nach strategischer Ausrichtung des Unternehmens. Des weiteren muss festgelegt werden, welche Ressourcen bereitgestellt bzw. beauftragt werden, um die Modellerstellung und die damit verbundenen Analysen und Untersuchungen durchzuführen. In diesem Kontext muss die Frage beantwortet werden, ob es sinnvoll ist, auf externe Ressourcen zurückzugreifen oder nicht. Zuweilen greift hier die klassische beratertechnische Unterstützungsvariante zu kurz, was im Umkehrschluss bedeutet, dass in einem derart komplexen und sensiblen Projekt wie diesem eine interne Durchführung eventuell unterstützt durch - je nach Projektumfang - einen oder mehrere externe Moderatoren oder Coaches als möglicherweise sinnvollere Alternative erscheint. Ein weiterer, im Vorfeld zu klärender Aspekt betrifft den Detaillierungsgrad des Modells. Es muss von Anfang an unter den Beteiligten im Unternehmen ein einheitliches Verständnis darüber erzielt werden, wie genau die Untersuchungen durchgeführt werden sollen und welche Implikationen das auf die Wahl und die Ausprägungen der Kostentreiber hat. Darüber hinaus ist abzustimmen, mit welcher Periodizität eine Prozess-, System und Kostentreiberprüfung bzw. deren Verifikation erfolgen soll. Außerdem muss die Frage beantwortet werden, wem die Informationen aus dem prozessorientierten Kostenrechnungsmodell zur Verfügung gestellt werden und mit welchem Medium und in welcher Periodizität dies geschieht. Zudem ist aus entscheidungsorientierter Sicht zu klären, für welche unternehmerischen Entscheidungen die Ergebnisse und Informationen aus der prozessorientierten Kostenrechnung herangezogen werden sollen. Erst danach sollte mit der eigentlichen Konzept- und Modellerstellung begonnen werden, um unnötige Missverständnisse, Friktionen und Ineffizienzen von vornherein soweit wie möglich auszuschließen.

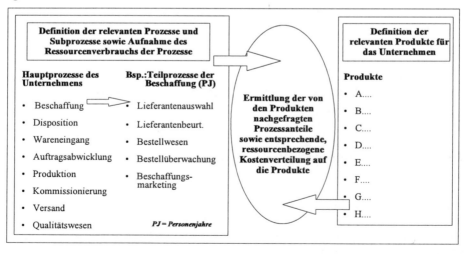

Abbildung 2: Logisches Vorgehensmodell einer prozessorientierten Kostenrechnung

### 2.2.2 Konzeptioneller Aufbau des Kostenrechnungsmodells

*2.2.2.1    Informationsanforderungen und Geltungsbereich*

Im Folgenden soll anhand eines praktischen Beispiels der Aufbau eines Modells zur prozessorientierten Kostenrechnung erklärt werden. Für den Aufbau des Modells ist es zunächst wichtig, dass die Zielsetzungen und die daraus erwachsenden Informationsanforderungen an das mit dem Modell zu unterstützende prozessorientierte Kostenmanagement von den Entscheidungsträgern klar definiert und abgestimmt werden. Nachdem dies geschehen ist, müssen der Rahmen und der Umfang der in das Modell einzubeziehenden Unternehmensbereiche und untergeordneten Funktionen abgesteckt und festgelegt werden. In aller Regel empfiehlt es sich, mit einem funktionsbezogenen Piloten, z.B. der Warenwirtschaft, zu starten, um zunächst in einem überschaubareren Rahmen ein solches Modell und damit auch den dahinterliegenden prozessorientierten Gedankenansatz zu testen. Dies gilt zum einen für die grundsätzliche Praktikabilität bezogen auf das im Unternehmen betriebene Basisgeschäft mit seinen zugehörigen Funktionen. Zum anderen betrifft dies jedoch nicht minder die Einstellung und Akzeptanz der einbezogenen operativen Manager und ihrer zugehörigen Mitarbeiter, ein Aspekt, der immer wieder gerne im Vorfeld beteuert und nicht selten später zum Leidtragen des gesamten Ansatzes vernachlässigt oder völlig ignoriert wird.

*2.2.2.2    Definition von Prozessen und Kostenobjekten*

Nach erfolgter Festlegung des grundsätzlichen Geltungsbereiches einer prozessorientierten Kostenrechnung und eines daraus abgeleiteten Piloten (hier: Warenwirtschaft) ist nun festzulegen, welche Prozesse und vor allem welche Prozesstiefe als Grundlage für den zuvor von den Entscheidungsträgern determinierten Informations- und Analysebedarf einfließen sollen. Das beinhaltet die wichtige Bestimmung, bis zu welcher Subprozessebene Kosten prozessorientiert berechnet und ausgewiesen werden sollen. Pauschale Empfehlungen sollten dabei grundsätzlich unterlassen werden und wären auch sicherlich nicht zielführend, zumal die Tiefe der Untersuchung immer in erster Linie die Folge einer Kosten-Nutzen-Analyse sein sollte, die von Unternehmen zu Unternehmen ob der abweichenden Ausrichtungen und Strukturen zumeist unterschiedlich ausfallen dürfte. Die Erfahrung zeigt jedoch, dass Untersuchungen, die über die zweite Subprozessebene hinausgehen, im Vergleich zur steigenden Komplexität von erforderlichen prozessbezogenen Kosten- und Ressourcenzuordnungen keine wesentlichen zusätzlichen Informationsvorteile mehr liefern. In dem hier zu Grunde liegenden Beispiel wäre die Warenwirtschaft als eine der unternehmerischen Hauptfunktionen auf der Hauptprozessebene anzusiedeln. Die Subprozessebene 1 beinhaltet dann die wesentlichen Unterfunktionen der Warenwirtschaft, etwa Beschaffung, Disposition, Wareneingang, Auftragsabwicklung, Produktion, Kommissionierung, Versand und Qualitätswesen. In einem weiteren Schritt ist dann je nach Zielsetzung die Subprozessebene 1 weiter zu untergliedern durch eine Subprozessebene 2. Im Falle der Beschaffung auf Subprozessebene 1 wären das etwa die Lieferantenauswahl, das Bestellwesen, die Bestellüberwachung, die Lieferantenbeurteilung und das Beschaffungsmarketing auf der Subprozessebene 2. Häufig wird für den Terminus Subprozess auch der Begriff Aktivität verwendet, beide sollen im Folgenden synonym verwendet werden. Nachdem die zu analysierenden Prozesse und Prozesstiefen determiniert worden sind, sind die Kostenobjekte festzulegen. Je nach Informationsbedarf können dies Produkte, Kunden oder auch (Vertriebs-)Kanäle sein. Möglich ist auch eine Symbiose von mehreren Kostenobjektkategorien, z.B. Produkte und Kunden. Auch hier gilt wieder der Grundsatz, dass mit steigender Anzahl von Kostenobjektkategorien die Komplexität zunimmt und der Grenznutzen des zusätzlichen Informationsvorteils tendenziell abnimmt. In dem vorliegenden, eher produktionsbetrieborientierten Beispiel wären mögliche Kostenobjekte mechanische Produkte, elektronische Produkte, fremdbezogene Produkte, Zubehörmaterialien und Kundendienstmaterialien. In einem eher dienstleistungsorientierten Unternehmen könnten die Kostenobjekte etwa aus einem managementinduzierten gesteigerten Informationsbedürfnis hinsichtlich der Kundenerreichbarkeit heraus vertriebskanalbezogen in Agenturen, Call Center und Internet differenziert sein. Sowohl die Definition der zu analysierenden Prozesse als auch der Kostenobjekte muss zu Beginn der Konzeption des Modells erfolgen, und zwar idealerweise in einem oder einer Reihe von funktionsübergreifenden Workshops, bei denen sich die Abteilungs- bzw. Kostenstellenleiter zusammen mit der Geschäftsleitung verbindlich einigen.

### 2.2.2.3  Zuordnungen von Ressourcen zu Prozessen und Kostenobjekten

Nach erfolgter Festlegung des Prozessmodels und der prozesskostenaufnehmenden Kostenobjekte müssen die Ressourcen, die bisher noch streng funktionsbezogen und kostenstellenorientiert im Unternehmen aufgeteilt waren, nun in einem nächsten Schritt den definierten Prozessen zugeordnet werden. Dazu empfiehlt es sich, standardisierte Interviewleitfäden einzusetzen, um zum einen Einheitlichkeit, Vergleichbarkeit und Standardisierbarkeit der Informationsinhalte zu gewährleisten und zum anderen den erforderlichen Pragmatismus bei der Informationserhebung und -auswertung walten zu lassen. Letzteres bedeutet nichts anderes, als dass die Informationsvorteile einer prozessorientierten Kostenrechnung in der Regel nicht notwendigerweise dadurch zunehmen, indem sie von akribischer Ressourcen- und Kostenverteilung geleitet werden. Als Zuordnungsparameter kommen beispielsweise diverse Zeit- oder Raummaße in Betracht. Gleiches gilt für die Zuordnung von Ressourcen zu Produkten bzw. Kostenobjekten. Dieser Aspekt hängt unmittelbar zusammen mit dem zuvor geschilderten Ressourcenzuordnungsschritt. Sobald die Ressourcen auf die Prozesse zugeordnet sind, ist mit Hilfe des Interviewleitfadens der Beitrag zu ermitteln, den die jeweiligen Prozesse und Aktivitäten für das Kostenobjekt- bzw. Produktportfolio leisten. Auch hier bieten sich diverse Zeit- und Raummaße als Zuordnungsparameter an.

### 2.2.2.4  Zuordnung von Kosten zu Prozessen und Kostenobjekten

Nachdem die Ressourcen auf Prozesse und Kostenobjekte zugeordnet worden sind, müssen die Ressourcen bepreist und dann in Prozess- und Produktkosten transformiert werden. Die zuzuordnenden Kosten können dabei aus der Kostenstellenrechnung bzw. dem Betriebsabrechnungsbogen entnommen werden. Falls beides nicht vorliegt, müssen die Kosten aus dem Hauptbuch abgeleitet werden. Die Kostenzuordnung folgt im Falle der direkten Stellenkosten dem logischen Gerüst der im vorherigen Schritt unternommenen Ressourcenzuordnung und hat demzufolge rein rechnerischen Charakter. Im Falle von nicht direkt zuzuordnenden Stellenkosten, die zwar nicht direkt im Prozessablauf anfallen, aber zum Beispiel durch das Vorhandensein eines Prozesses verursacht werden, müssen individuelle Kostenzuordnungskonventionen getroffen werden. So können oder sollen nach Auffassung der Entscheidungsträger Kosten für die Schadensabwicklung oder Reklamationsbearbeitung im Rahmen des Qualitätsmanagements möglicherweise nur pauschal auf die Kostenobjekte verteilt werden. Ein weiteres Beispiel für eine indirekte und nur sehr schwer verursachungsgerecht zuzuordnende Kostenart sind die Kosten der Geschäftsleitung. Neben der Möglichkeit solche Kosten pauschal den Prozessen bzw. Kostenobjekten zuzuordnen, gibt es auch den Ansatz, solche Kosten ganz aus dem Modell einer prozessorientierten Kostenrechnung herauszulassen. Das dem vermeintlich entgegenstehende und mitunter vorgebrachte Argument, die prozessorientierte Kostenrechnung müsse notwendigerweise den Prinzipien einer Vollkostenrechnung Folge leisten, impliziert an dieser Stelle eine Scheingenauigkeit, die in der unternehmerischen Praxis weder zu entscheidungs- noch informationstechnisch besseren Ergebnissen führt, sondern im Gegenteil den Pragmatismus zu Gunsten vermeintlich theoretisch ausgefeilterer Konzepte opfert. Mit dem nun fertig gestellten Rahmen für eine prozessorientierte Kostenrechnung sind zunächst zwei Ziele erreicht worden. Zum einen die Verteilung der Kosten auf die Prozesshierarchie im Unternehmen und zum anderen die Transparenz über die Kosten pro Prozess. Im nächsten Schritt muss nun dieser Rahmen zu einem entscheidungs- und wertorientierten, integrierten Kostenmanagement-Modell ausgebaut werden.

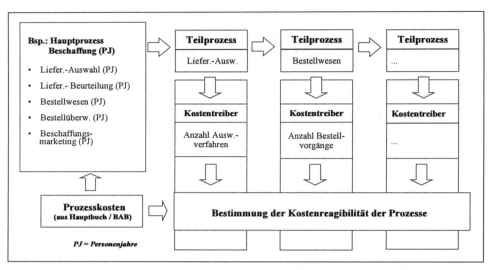

Abbildung 3:  Ableitung von Prozesskostensätzen und Kostenreagibilitäten

## 2.3 Weiterentwicklung zu einem prozess- und wertorientierten Kostenmanagement

### 2.3.1 Mengengerüst, Beschäftigung und Werttreiber

Um den Ausbau der prozessorientierten Kostenrechnung zu einem integrierten und wertorientierten Kostenmanagement-Modell zu betreiben, muss zunächst das Mengengerüst in die Analyse integriert werden. Dabei geht es auf der einen Seite darum, eine Rechnung zu etablieren, die beschäftigungsbezogene Betrachtungsweisen und –analysen zulässt. Auf der anderen Seite geht es aber auch darum, die notwendige Basis für eine wertorientierte Entscheidungsrechnung zu etablieren, die auf den Prinzipien der Werttreiberanalyse und der damit implizit verbundenen Ursache-Wirkungsanalyse beruht. Es ist also mit anderen Worten erforderlich, die Momente der wertorientierten Unternehmensführung in eine prozessorientierte Kostenrechnung zu integrieren, um ein Instrument zur proaktiven und modernen Kostensteuerung zu schaffen, die das eingangs geschilderte integrierte Kostenmanagement zulässt und fördert. Es reicht nicht aus, wie bei herkömmlichen traditionellen Kostenrechnungssystemen oft im Vordergrund stehend, die Beschäftigungsschwankungen von anderen Abweichungen, wie etwa den Preisschwankungen, zu Ausweiszwecken zu isolieren. Vielmehr müssen diese Beschäftigungsabweichungen in einem das Kostenrechnungssystem ergänzenden und unterfütternden Werttreiberbaumsystem auf ihre Ursachen und Abhängigkeiten hin analysiert werden, um die Möglichkeit zu aktivem gegebenenfalls gegensteuerndem Kostenmanagement überhaupt zu schaffen. Auch an dieser Stelle ist wieder Pragmatismus gefragt, was nichts anderes bedeutet, als dass Feinheit und Komplexität bei einer zu vollziehenden Werttreiberidentifikation und -analyse in einem ausgewogenen Verhältnis stehen müssen.

### 2.3.2    Kostentreiberanalyse und Prozesskostensätze

Die Analyse der den zu untersuchenden Prozessen zu Grunde liegenden identifizierten Werttreiber erfolgt mit Hilfe des bereits für die Ressourcen und Kostenzuordnung verwendeten Interviewleitfadens. Im Gespräch mit den Abteilungsleitern oder Kostenstellenverantwortlichen und ihren Mitarbeitern ist dabei zu klären, welche Wert- bzw. Kostentreiber für die Kostenentwicklung ursächlich sind. In diesem Kontext sind eine Reihe von Regeln zu beachten, die sich in der Praxis als sinnvoll erwiesen haben. Zunächst ist es wichtig, dass die Treiber eines Prozesses komplett erfasst und einer Priorisierung unterzogen werden. Das soll heißen, dass jedem Prozess oder Subprozess grundsätzlich nur ein (Haupt-)Treiber zugeordnet wird. In dem hier zu Grunde liegenden Beispiel wird der Haupttreiber für den Prozess Bestellwesen die Anzahl der periodischen Bestellvorgänge sein, wohingegen der Haupttreiber für den Prozess Lieferantenauswahl die Anzahl der durchgeführten Auswahlverfahren darstellt. Diese (Haupt-)Treiber fungieren dann als Divisor für die Berechnung des Prozesskostensatzes, indem die Kosten pro Prozess durch die Ausprägung des (Haupt-)Treibers dividiert werden. Der Haupttreiber ist dann die für die Beschäftigung hauptverantwortliche Größe, die zur weiterführenden Analyse in einem Werttreiberbaum weiter nach Ursache-Wirkungsgesichtspunkten verfeinert wird. So entsteht ein exakt zur Prozesshierarchie passendes und parallel verlaufendes, verschachteltes Werttreibersystem, das eine transparente und prozessorientierte Kostenanalyse ermöglicht und die Voraussetzung für proaktive Gestaltung bietet, indem es Prozess- und Kostenverlauf logisch und inhaltlich verzahnt und transparent macht.

### 2.3.3    Berücksichtigung von Kapital- und Risikokosten

Die berechneten Prozesskostensätze, die sich der Kosten aus BAB, Kostenstellenrechnung oder Hauptbuch bedient haben, entbehren zunächst der Berücksichtigung zweier weiterer, wichtiger Kostenkomponenten, nämlich der Kosten des eingesetzten (Eigen-)Kapitals und der ggf. zu berücksichtigenden, zum Teil branchenabhängigen Kosten für diverse Risikofaktoren. Es gibt verschiedene Ansätze zur Berechnung und Ermittlung der Kapitalkosten. Ein häufig angewendeter Berechnungsmodus, der in der Praxis viel

Verbreitung wegen seiner Transparenz und vergleichsweise einfachen Berechnung gefunden hat, ist der WACC (Weighted Average Cost of Capital). Dieser setzt sich zusammen aus dem mit dem jeweiligen Kapitalanteil gewichteten Eigenkapital- und Fremdkapitalkostensatz. Der Eigenkapitalkostensatz berechnet sich dabei als Summe aus dem risikofreien Kapitalmarktzinssatz ergänzt um eine branchenspezifische Risikozinsprämie. Die Berücksichtigung von Kapitalkosten ist wichtig, um das im betriebsnotwendigen Vermögen gebundene Eigenkapital kostenmäßig richtig und transparent abzubilden, was in den traditionellen Aufwands- und Kostenrechnungssystemen in der Regel nicht geschieht. Erst dadurch gelingt es, die durch den Einsatz von Eigenkapital induzierten Opportunitätskosten abzubilden. Nachdem der durchschnittliche Kapitalkostensatz ermittelt worden ist, wird mit ihm das betriebsnotwendige Vermögen (Lagerbestände, Gebäude, etc.) multipliziert und es entstehen so die Gesamtkapitalkosten. Diese Kosten sind dann auf die Kostenobjekte nach einem verursachungsgerechten Verteilungsprinzip aufzuteilen. So kann bei den Lagerkosten die Verteilung der Kosten auf die (selbsterstellten) Produkte im hier vorliegenden Beispiel nach Kubikmeter benötigtem Lagerraum vorgenommen werden, wobei beispielsweise die Fremdprodukte bei vereinbarter Direktlieferung durch einen Subkontraktor oder im Falle von kommissionierter Ware keine Kosten zu tragen hätten. Die Berücksichtigung von Kapitalkosten kann die Profitabilität der zu kalkulierenden Kostenobjekte nicht unerheblich beeinflussen, so dass nicht selten bisherige sogenannte Cash Cows, die große Mengen eingesetzten (Eigen-)Kapitals binden, plötzlich zu Wertvernichtern mutieren und traditionelle Kalkulationsergebnisse in das vollkommene Gegenteil verkehren können. Dabei ist entgegen oft geäußerter Befürchtung die absolute Höhe des Kapitalkostensatzes ein Kriterium, das nicht überschätzt werden sollte, zumal es für die abschließende Entscheidungsrechnung nicht so sehr darauf ankommt, ob dieser etwa 10,5 oder 11 Prozent beträgt. Neben den über die Kapitalkosten mittels der Beta-Faktoren eingepreisten Risikokosten können je nach Branche und Situation weitere Risikoparameter in einer prozessorientierten Kostenrechnung, zum Beispiel mittels prozentualer Aufschläge auf die Prozesskostensätze, berücksichtigt werden.

# 3 Proaktives entscheidungsorientiertes Kostenmanagement

## 3.1 Planungs- und Simulationsszenarien

Um den zuvor skizzierten Aufbau eines prozess- und wertorientierten Kostenmanagements zu einem entscheidungsorientierten Managementsystem weiterzuentwickeln, muss das Modell um Möglichkeiten zur Planung und Simulation von Markt- und Beschäftigungsszenarien erweitert werden. Durch die Verknüpfung von Prozessinformationen in Form von Abläufen und Werttreibern und damit verzahnter Kostenrechnungsinformationen wie Prozess- und Risikokosten liefert die prozessorientierte Kostenrechnung eine sinnvolle Basis für eine darauf aufzusetzende Simulationsrechnung. Dazu können einerseits Marktszenarien betrachtet und aufgrund von zu erwartenden Mengen- und Beschäftigungsschwankungen geplant werden. Diese Beschäftigungschwankungen werden umgesetzt in dadurch implizierte prozessimmanente Kostentreiberausprägungen. An dieser Stelle zeigt sich spätestens, wie sorgfältig und pragmatisch das wert- und kostentreiberbezogene Ursache-Wirkungsmodell aufgebaut worden ist. Daneben ist es andererseits natürlich auch möglich, einzelne einzelprozessbezogene Simulationen anzustellen, etwa dergestalt, dass die Entwicklung eines Kostentreibers bezüglich einer kunden- oder konkurrenzbezogenen Veränderung betrachtet wird, weil in diesem Kontext der spezifische dahinterliegende Prozess einer „Make or Buy"-Entscheidung unterzogen wird, wie dies bei Prozessen in der Warenwirtschaft oder Beschaffung immer häufiger vorkommt. Die im Rahmen der Simulationsrechnung antizipierte, veränderte Kostentreiberausprägung sowie die darüber induzierten veränderten Prozesskosten werden zudem natürlich in ihrer Wirkung auf die entsprechenden Kostenobjekte und deren veränderte Profitabilität bzw. Wertbeiträge analysiert.

## 3.2 Treiberreagibilitäten und Kostenveränderungen

Im Rahmen der zuvor behandelten Simulationsrechnungen lassen sich Wert- und Beschäftigungsmengen verändern, um damit die Stärke der Reagibilität der Prozesskosten zu bestimmen und zugleich proaktives Kostenmanagement zu betreiben. Im Hinblick auf die zu ermittelnde Reagibilität der Prozesskosten ist es wichtig, zu Beginn der Etablierung eines solchen Ansatzes Konventionen bezüglich des Abhängigkeitsverhältnisses zwischen endogenen und exogenen Größen festzulegen. In diesem Zusammenhang hat es sich in der praktischen Handhabung prozessorientierter Kostenrechnungs- und -managementsysteme als rational und handhabbar erwiesen, von einem linearen Zusammenhang zwischen der Entwicklung eines Kostentreibers und den von diesem erzeugten Prozesskosten auszugehen. Auch wenn solche Konventionen mitunter als scheingenau oder zu trivial kritisiert werden, bleibt festzustellen, dass damit die entscheidungsbezogenen Informationen und Erkenntnisse weder verfälscht noch in ihrer Aussagekraft beeinträchtigt werden. Alternativansätze, die von Kostenfunktionen mit konkavem Kostenverlauf, wie etwa *Cobb Douglas*, ausgehen und den Anspruch auf größere Genauigkeit erheben, erkaufen dies mit einem unverhältnismäßig hohen Aufwand an Komplexität, der zumeist auch dazu führt, dass Praktikabilität und Anwenderfreundlichkeit in Mitleidenschaft gezogen werden. Kostenveränderungen unterliegen in Bezug auf die Treiberreagilitäten nicht selten einem positiven Skaleneffekt. Das bedeutet, dass ein sich aufgrund einer Absatzsteigerung veränderner Kostentreiber, wie im hier beschriebenen Beispiel die Anzahl der Lieferscheine, zugleich auf die (Sub-)Prozesse Bestellwesen, Produktion, Kommissionierung und Qualitätswesen wirkt und somit funktionsübergreifend die Kostenwirkung ausweitet und erhöht. Bestimmte Kostentreiber haben also Auswirkungen auf verschiedene Prozesse und damit prozessübergreifende Multiplikator- und Skaleneffekte, die durch ein prozessorientiertes Kostenrechnungs- und -managementsystem sichtbar gemacht und proaktiv gemanagt werden können.

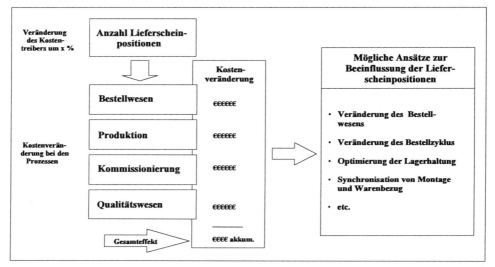

Abbildung 4: Prozessorientiertes und integriertes Kostenmanagement

## 3.3 Kontinuierlicher Kostenmanagement-Prozess

Kostenmanagement kann wie eingangs gesagt nur dann von Erfolg gekrönt sein, wenn sowohl dessen Kontinuität als auch Nachhaltigkeit gewährleistet sind. Das bedeutet, dass Strukturen und Bedingungen im Unternehmen fortlaufend geprüft und beobachtet werden müssen, um plötzlich verändernden Rahmenbedingungen entsprechen zu können. Dazu liefert die prozessorientierte Kostenrechnung die geeignete Informations- und Wissensplattform. Das aus der prozessorientierten Kostenrechnung entspringende, proaktive Kostenmanagement stellt dabei nichts anderes als ein prozessbasiertes Managementsystem dar, das nicht nur Kostentransparenz und -vergleiche herstellt, sondern auch Maßnahmen zur Kostenoptimierung bereitstellt. In der Symbiose aus effizienzgetriebenem Prozess- und Kostenmanagement kommt es zur integrierten Anwendung von KAIZEN- oder Six Sigma-Tools, die als wirksame Hilfsmittel zu Messbarkeit und Management von Prozessleistungen dienen. Derartige Kostenoptimierungen können einerseits aus bereits eingeleiteten und in der Folge weiter verbesserten Maßnahmen oder Programmen zur Kostensenkung (kontinuierlicher Verbesserungsprozess) entspringen. Sie können andererseits aber auch neue Initiativen und Handlungen zur Herstellung höherer Kosteneffizienz beinhalten. Im Beispiel zur Warenwirtschaft wären unter anderem Ansatzpunkte zur Senkung der Prozesskosten, die in den Prozessen Bestellwesen, Produktion, Kommissionierung und Qualitätswesen durch den Kostentreiber „Anzahl Lieferscheinpositionen" verursacht werden, zu identifizieren. Potenzielle Maßnahmen zur Beeinflussung der Lieferscheinpositionen könnten etwa in einer Veränderung des Bestellwesens und des Bestellzyklusses, in einer Optimierung der Lagerhaltung oder in einer Synchronisation von Montage und Warenbezug liegen, um nur einige Handlungsalternativen zu nennen.

## 3.4  Integration mit anderen Management-Instrumenten

Die von der prozessorientierten Kostenrechnung besonders fokussierten sogenannten Overhead Functions, die in Zeiten großzügigerer Ressourcenverwendung von internen Kunden reichlich in Anspruch genommen wurden, werden in Zeiten strafferen Kostenmanagements zunehmend in Shared Service Center transferiert. Das wachsende Erfordernis, solche Center von der bloßen Konsolidierungseinheit hin zu einer profitabel und nach fest vereinbarten Service Levels mit ihren Kunden arbeitenden Organisation zu transformieren, verlangt vermehrt nach fakten-basierten Informationen. Fakten-basierte Informationen über die im Shared Service Center ablaufenden Prozesse sind erforderlich für die Kalkulation von Preisen für Dienstleistungen und zur Unterstützung des zuvor bereits erwähnten kontinuierlichen Verbesserungsprozesses. In einem fairen und performance-orientierten System müssen die Kunden interner Dienstleistungen direkt entsprechend ihrer Inanspruchnahme der Service-Organisation belastet werden. Eine auf Prozessdaten aufgebaute Kosten- und Informationsrechnung ermöglicht in einem Shared Service Center ein entscheidungsorientiertes Kostenmanagement, das zu einer gerechten Kostenverteilung interner Services führt und die traditionellen verteilungsschlüsselbasierten Allokationen von aggregierten Kosten endgültig ad absurdum führt. Darüber hinaus liefert das transaktionskostenbasierte Pricing auch hier die Möglichkeit, in einem weiteren Schritt interne Prozessleistungen direkt mit gleichartigen Leistungen externer Outsourcing-Provider zu vergleichen. Ein weiterer Nutzen von prozessorientierter Kostenrechnung liegt in ihrem Beitrag zur Informationsbereitstellung für Führungsinformationssysteme, wie beispielsweise Balanced Scorecard. Gleiches gilt etwa für den Budgetierungsprozess in Unternehmen. Durch die Budgetierung von Initiativen und Aktivitäten, die notwendig erachtet worden sind zur Realisierung der mittels der Balanced Scorecard operationalisierten strategischen Zielsetzungen, erfolgt ein Übergang zum Activity-Based Budgeting, welches die Schwächen der herkömmlichen, traditionellen und schwerfälligen Budgetierungsmethoden abstellt. Kosten pro Prozess oder pro Transaktion stellen bedeutende Kennzahlen für die Prozessperspektive moderner Performance Managementsysteme dar und liefern zugleich wichtige Benchmarkdaten für den Vergleich mit dem Wettbewerb sowohl auf der Effizienz- als auch auf der Produktivitätsseite als Ausfluss der Kostentreiberanalyse. Die Integration und Verzahnung von prozessorientierten Kostenrechnungs- und -managementsystemen mit modernen Managementinstrumenten, wie Balanced Scorecard oder Benchmarking, ist die Voraussetzung für effektives und erfolgreiches Performance Management, das für ein erfolgreiches unternehmerisches Agieren am Markt immer unerlässlicher wird.

## 4  Exkurs: EDV-technische Systemunterstützung

Im Zusammenhang mit Kostenrechnungs- und Controlling-Systemen entsteht früher oder später die Frage nach dem geeigneten, besser noch optimalen EDV-technischen System zu dessen Abbildung und professioneller Handhabung. Hierzu bietet der Markt eine Vielzahl von Lösungen professioneller Softwarehersteller an, die mit einer ganzen Reihe von Funktionalitäten zur Berechnung und Aufbereitung von Kosteninformationen aufwarten. An dieser Stelle soll weder ein Königsweg zur EDV-technischen Lösung noch eine konkrete Beurteilung der einzelnen Softwarepakete gegeben werden. Stattdessen sei an dieser Stelle abschließend noch einmal der Begriff des Pragmatismus bemüht. Die praktische Erfahrung zeigt, dass sinnvolle Lösungen grundsätzlich mit den meisten Systemen möglich sind. Sie zeigt aber auch, dass volumen- und komplexitätsmäßig überschaubare Informations- und Datenmengen durchaus erfolgversprechend mit Tabellenkalkulationsprogrammen in Abstimmung mit der grundsätzlichen IT-Strategie umgesetzt werden können. Dies gilt ebenfalls oder gerade für Anwendungen in Pilotbereichen, bei denen die Brauchbarkeit und Umsetzbarkeit einer prozessorientierten Kostenrechnung und -steuerung im jeweiligen Unternehmen erst noch erprobt werden soll. Oftmals wird auch in größeren Unternehmen mit einer einfacheren Tabellenkalkulationslösung zur Erstellung des Konzeptes begonnen, das bei entsprechender Reife dann in ein komfortableres Softwarepaket transferiert wird. Genauso jedoch kann es in Einzelfällen Sinn machen, ein schnittstellenmäßig gut zum im Unternehmen angewendeten ERP-System passendes Softwarepaket gleich von Beginn an einzusetzen.

## Literaturverzeichnis

*Braue, C./Sure, M.:* Benchmarking - Die Fehler der Praxis, in: Versicherungswirtschaft, 53. Jg. (1998), S. 740-744.

*Cokins, G.:* Activity-Based Cost Management, New York 2001.

*Cooper, R.:* The Rise of Activity-Based Costing - Part One: What is an Activity-Based Cost System?, in: Journal of Cost Management, Vol. 2 (1988), S. 45-54.

*Cooper, R./Kaplan, R.S.:* Measure Costs Right: Make the Right Decision, in: Harvard Business Review, Vol. 66 (1988), S. 96-103.

*Forrest, E.:* Activity-based Management - A Comprehensive Implementation Guide, Boston/Massachusetts 1996.

*Gaitanides, M./Scholz, R./Vrohlings, A./Raster, M.:* Prozessmanagement - Konzepte, Umsetzungen und Erfahrungen des Reengineering, München/Wien 1994.

*Govindarajan, V./Shank, J.K.:* Strategic Cost Management: Tailoring Control to Strategies, in: Journal of Cost Management Vol. 6 (1992), S. 14-24.

*Govindarajan, V./Shank, J.K.:* Strategic Cost Management and the Value Chain, in: Journal of Cost Management Vol. 6 (1992), S. 5-21.

*Hammer, M./Champy, J.:* Reengineering the Corporation, New York 1993.

*Haselgruber, B./Sure, M.:* Balanced Scorecard - Ein strategisches Instrument zur Unternehmenssteuerung, in: Zeitschrift für Unternehmensentwicklung und Industrial Engineering, Jg. 48 (1999), S. 4-7.

*Haselgruber, B./Sure, M.:* Activity-based Costing, in: io management, 68. Jg. (1999), S. 40-43.

*Horváth, P./Mayer, R.:* Prozesskostenrechnung - Der neue Weg zu mehr Kostentransparenz und wirkungsvolleren Unternehmensstrategien, in: Controlling, 1. Jg. (1989), S. 214-219.

*Johnson, H.T./Kaplan, R.S.:* Relevance Lost: The Rise and Fall of Management Accounting, Boston/Massachusetts 1987.

*Kaplan, R.S./Norton, P.:* Balanced Scorecard, Boston/Massachusetts 1996.

*Kaplan, R.S./Norton, P.:* The Strategy focused Organisation, Boston/Massachusetts 2001.

*Miller, J.G./Vollmann, T.E.:* The hidden Factory, in: Harvard Business Review, Vol. 63 (1985), S. 142-150.

*Ostrenga, M.R./Probst, F.R.:* Process Value Analysis: The Missing Link in Cost Management, in: Journal of Cost Management Vol. 6 (Fall 1992), S. 4-13.

*Sure, M.:* Shared Services - Catalyzing Best Practices and Change, in: Economic Bulletin, 37. Jg. (2000), S. 12-14.

*Sure, M.:* Outsourcing - More than just Cost Cutting, in: Business Times, Sonderbeilage, 26. Jg., September 2001, S. 1-3.

*Sure, M.:* Shared Services - Schlüsselfaktoren für eine erfolgreiche Einführung, in: Die Bank, 43. Jg. (2003), S. 56-60.

*Sure, M./Thiel, R.:* Balanced Scorecard - Probleme bei der Einführung und Lösungsansätze, in: Sparkasse, 119. Jg. (2002), S. 482-487.

# Abbildungsverzeichnis

Abbildung 1  Grundmodell einer prozessorientierten Kostenrechnung und -steuerung
Abbildung 2  Logisches Vorgehensmodell einer prozessorientierten Kostenrechnung
Abbildung 3  Ableitung von Prozesskostensätzen und Kostenreagibilitäten
Abbildung 4  Prozessorientiertes und integriertes Kostenmanagement

SVEN FISCHBACH

# Kriseninformation als Controlling-Aufgabe

| | | |
|---|---|---|
| 1 | Einleitung | 541 |
| 2 | Entstehung und Verlauf von Unternehmenskrisen | 542 |
| | 2.1 Ursachen von Krisen | 542 |
| |     2.1.1 Endogene Ursachen von Krisen | 542 |
| |     2.1.2 Exogene Ursachen von Krisen | 543 |
| |     2.1.3 Lebenszyklus und Unternehmenskrise | 544 |
| | 2.2 Charakterisierung von Unternehmenskrisen | 545 |
| |     2.2.1 Intensität von Krisen | 545 |
| |     2.2.2 Bedrohte Unternehmensziele | 546 |
| 3 | Bewältigung von Unternehmenskrisen | 548 |
| 4 | Krisenvermeidung durch Frühaufklärung | 549 |
| | 4.1 Frühaufklärung mit Kennzahlen und Hochrechnungen | 550 |
| | 4.2 Frühaufklärung durch Indikatoren | 552 |
| | 4.3 Strategische Frühaufklärung mit „schwachen Signalen" | 554 |
| | 4.4 Aufbau eines strategischen Frühaufklärungssystems | 556 |
| 5 | Fazit | 559 |
| Literaturverzeichnis | | 560 |
| Abbildungsverzeichnis | | 561 |

# 1 Einleitung

Eine schwache Konjunktur und steigende Insolvenzzahlen[1] zeigen, wie dringlich eine frühzeitige Erkennung von Unternehmenskrisen sowie strukturierte Maßnahmen zu deren Bewältigung sind. Die Auseinandersetzung mit den Risiken – aber auch den Chancen – der unternehmerischen Tätigkeit wurde 1998 durch das Gesetz zur Kontrolle und Transparenz im Unternehmensbereich (KonTraG) kodifiziert. Dieses verpflichtet den Vorstand von Aktiengesellschaften in § 91 Abs. 2 AktG, „geeignete Maßnahmen zu treffen, insbesondere ein Überwachungssystem einzurichten, damit den Fortbestand der Gesellschaft gefährdende Entwicklungen früh erkannt werden." Diese Verpflichtung zum Aufbau eines Risikomanagementsystems gilt grundsätzlich nur für Aktiengesellschaften, doch ist die Auseinandersetzung mit dieser Thematik letztendlich für Unternehmen aller Größen, Rechtsformen und Branchen bedeutsam.

Die Ausgestaltung eines derartigen Risikomanagementsystems wurde vom Gesetzgeber nicht konkretisiert. Konsens herrscht aber weitestgehend darüber, dass die Identifikation, Analyse und Beurteilung von Risiken, deren Steuerung und Kontrolle sowie die Berichterstattung darüber Gegenstand des unternehmerischen Risikomanagements ist.[2] Entsprechend umfasst ein unternehmerisches Risikomanagementsystem die Elemente Früherkennung, Überwachung und Risikobewältigung. In der jüngeren Literatur finden sich diverse Hinweise zur Implementierung derartiger Risikomanagementsysteme,[3] wobei i.d.R. eine Integration in das Controllingsystem empfehlenswert ist.[4]

Unternehmenskrisen sind jedoch nur schwer vorhersehbar. Ebenso sind Anzeichen einer entstehenden Krise nicht immer sofort wahrnehmbar. In der Unternehmenspraxis werden Krisen deshalb häufig erst in fortgeschrittenen Stadien wahrgenommen.[5] Es soll in diesem Beitrag deshalb aufgezeigt werden, wie Werkzeuge der Frühaufklärung als Informationsinstrument des Controlling genutzt werden können. Mit deren Hilfe können Krisen i.d.R. mit vergleichsweise geringem Aufwand erkannt werden.

---

1 In Westeuropa stiegen die Gesamtinsolvenzen von 2001 auf 2002 um 21,7% auf 241.000, wobei Deutschland den höchsten Zuwachs zu verzeichnen hatte. Vgl. *Creditreform* 2003, S. 1.
2 Vgl. *Lück* 1998, S. 1926-1930; *Hahn/Hungenberg* 2001, S. 38 f.
3 Vgl. etwa *Freidank* 2001 und *Schichold* 2001.
4 Vgl. ebenso *Piechota* 2001, S. 226 f.
5 Siehe hierzu Kapitel 2.2 dieses Beitrags.

## 2 Entstehung und Verlauf von Unternehmenskrisen

### 2.1 Ursachen von Krisen

Unternehmenskrisen können als ungewollt eintretende Prozesse verstanden werden, welche die Zielerreichung und/oder die Existenz eines Unternehmens bedrohen.[6] In quantitativer Hinsicht lassen sich durch empirische Untersuchungen insbesondere die Branchenzugehörigkeit, die Rechtsform und die Unternehmensgröße als Ursachen für Unternehmenskrisen nachweisen.[7] Im Hinblick auf die Vermeidung von Krisen erscheint jedoch die Betrachtung qualitativer Ursachen relevanter. Hierbei lassen sich wiederum Krisenursachen innerhalb und außerhalb eines Unternehmens finden.[8]

#### 2.1.1 Endogene Ursachen von Krisen

Interne Ursachen für Unternehmenskrisen lassen sich auf *Fehler des Managements* sowie eine *mangelhafte Kapitalausstattung* zurückführen.[9] Letztere ergibt sich wiederum insbesondere durch eine unzureichende Eigenkapitalausstattung, aber auch fehlende Sicherheiten und eine falsche Finanzierung (Fristeninkongruenz, teure kurzfristige Kredite). Vielfältiger sind die möglichen Fehler des Managements. Fehlerquellen bei der Planung, Steuerung und Kontrolle des Betriebsgeschehens ergeben sich insbesondere

- bei Beschaffung und Produktion (unwirtschaftliches Produktionsprogramm, zu große Abhängigkeit von wenigen Lieferanten und/oder Kunden, Entstehung ungünstiger Kostenstrukturen etc.),
- beim Absatz (kein ausgewogenes Portfolio, falsche Preispolitik, Mängel im Vertrieb etc.),

---

[6] Zur Diskussion des Terminus Unternehmenskrise vgl. *Krystek* 1987, S. 4-7 sowie die dort angegebene Literatur.
[7] Vgl. *Birker* 2000, S. 31 f.
[8] Vgl. nachfolgend *Birker* 2000, S. 32-50; *Krystek* 1987, S. 32-72; *Pümpin/Prange* 1991, S. 205-208 und *Schwarzecker/Spandl* 1996, S. 12 f.
[9] Auch eine mangelhafte Kapitalausstattung als Ursache für eine Unternehmenskrise ist letztendlich als Fehler des Managements anzusehen, da dieses deren Relevanz erkennen müsste.

- bei der Führungs- und Organisationsstruktur (z.B. fehlende Qualifikationen, mangelnde Delegation, unzureichende Regelung von Stellvertretungen und Unternehmensnachfolge, Auswahl ungeeigneter Mitarbeiter, Kündigung von wichtigen Mitarbeitern, unzureichendes Kontrollinstrumentarium),
- durch Mängel in Finanz- und Rechnungswesen (wie z.B. eine fehlende Finanzplanung, verspätete Zahlungseingänge und Forderungsausfälle als Folge unzureichender Bonitätsprüfungen, Finanzierungsfehler, ungenügende Steuerungsinformationen, nicht erkannte und verhinderte Bilanzmanipulationen, Diebstähle, Unterschlagungen und Bestechlichkeiten).

Gerade bei (unkontrolliert) wachsenden Unternehmen werden notwendige Anpassungen der Strukturen nicht in dem notwendigen Maße vorgenommen.

### 2.1.2 Exogene Ursachen von Krisen

Externe Ursachen für Unternehmenskrisen lassen sich insbesondere auf eine ungünstige *konjunkturelle Entwicklung* (Konjunkturschwäche) zurückführen, auf die das Unternehmen nicht ausreichend vorbereitet ist.

Weiterhin können in der Unternehmensumwelt *strukturelle Veränderungen* auftreten, wie z.B. durch

- die Entwicklung neuer Materialien oder Technologien,
- eine begrenzte Verfügbarkeit benötigter Ressourcen (Rohstoffknappheit, Streiks, Kostensteigerungen etc.),
- Veränderungen im rechtlichen und sozialen Umfeld (Gesetzesänderungen),
- Veränderungen auf dem Absatzmarkt (Markteintritt neuer Konkurrenten, Preiswettbewerb, Substitutionsprodukte etc.) sowie
- Nachfrageveränderungen.

Die Relevanz exogener Ursachen als Auslöser für Unternehmenskrisen ist jedoch deutlich niedriger als die endogener Ursachen einzuschätzen. Zwar können sie grundsätzlich auch existenzbedrohende Krisen verursachen, doch werden exogene Ursachen i.d.R. lediglich die negative Wirkung ohnehin bestehender endogener Ursachen verstärken. Ansonsten werden sich durch ein frühzeitiges Erkennen der Risiken sowie die Nutzung der ebenfalls entstehenden Chancen exogene Veränderungen i.d.R. bewältigen lassen.[10]

### 2.1.3 Lebenszyklus und Unternehmenskrise

Entstehen können Krisen in allen Phasen des Lebenszyklusses eines Unternehmens. Allerdings dominieren in den einzelnen Abschnitten unterschiedliche Ursachen.[11]

- Ein hohes Krisenpotenzial findet sich unmittelbar nach der Existenzgründung in der sogenannten *Pionierphase*. Häufige Ursachen für Krisen liegen dort in der mangelnden fachlichen und/oder persönlichen Qualifikation der Unternehmensgründer, falschen Prognosen über die bis zum Erreichen der Gewinnschwelle benötigte Ressourcen[12] sowie einer fehlenden Konzentration auf die Kernkompetenzen („Verzettelung").

- In der *Wachstumsphase* entstehen Unternehmenskrisen insbesondere durch ein zu schnelles Wachstum ohne angemessenen strukturellen Ausbau (unzureichende Organisation, steigender Verschuldungsgrad und/oder übermäßiger Aufbau von fixkostenintensiven Kapazitäten und einer damit reduzierten Flexibilität), eine übermäßige Diversifikation sowie kurzfristiges Erfolgsdenken.

- In der *Reifephase* wird das Unternehmen mit stagnierenden Märkten konfrontiert. Dieses kann zu Identitätskrisen führen sowie ein Überdenken der Organisations- und Kostenstrukturen erfordern. Ebenso können unzureichende Nachfolgeregelungen für die Unternehmensgründer sowie Führungskräfte Ursache unternehmerischer Krisen sein.

- In der *Wendephase* sind aufgrund ausgeschöpfter Nutzenpotenziale Strukturanpassungen und Desinvestitionen notwendig. Ein Überleben kann nur durch eine Neuorientierung (Restrukturierung) gewährleistet werden.

---

[10] Vgl. *Bleicher* 1999, S. 522 f.
[11] Vgl. *Pümpin/Prange* 1991, S. 211-223 und *Bleicher* 1999, S. 524-553.Vgl. weiterhin zu den Insolvenzursachen junger Unternehmen *o.V.* 2000, S. 1 f.
[12] Deshalb ist einer realistischen Geschäftsplanung große Bedeutung beizumessen. Zum Business Planning vgl. *Fischbach* 2001, S. 55 f.

## 2.2 Charakterisierung von Unternehmenskrisen

Von den genannten Ursachen können einzelne, wenn sie sehr bedeutsam sind, bereits Unternehmenskrisen auslösen. Oftmals treten aber mehrere Ursachen gemeinsam auf. Dann ist die Problemlösungskompetenz des Unternehmens schnell überfordert. Eine Unterschätzung der negativen Auswirkungen der Probleme sowie eine fehlende Unterstützung durch Dritte (insbesondere Kapitalgeber) verschärfen die Unternehmenskrise, die dann schnell eine eigene Dynamik entwickelt.

Die Kenntnis der verschiedenen möglichen Ursachen von Unternehmenskrisen und ihrer Wirkungen erhöht die Sensibilität des Managements und erleichtert das frühzeitige Erkennen von Risiken sowie die Einleitung geeigneter Reaktionen. Für eine systematische Vermeidung sowie strukturierte Maßnahmen zur Bewältigung bestehender Krisen erscheint es sinnvoll, sich näher mit den Charakteristika von Unternehmenskrisen auseinanderzusetzen. Geeignete Ansatzpunkte einer Systematisierung ergeben sich bei der Intensität der Krise und den bedrohten Unternehmenszielen.[13]

### 2.2.1 Intensität von Krisen

Je nach der Intensität im Sinne des von der Krise ausgehenden Zeitdrucks lassen sich potenzielle, latente und akute Unternehmenskrisen unterscheiden.[14]

- Normalzustand eines Unternehmens ist die Phase einer *potenziellen Unternehmenskrise*. Die in Unternehmen laufend zu treffenden Entscheidungen sind i.d.R. mit Unsicherheit verbunden, d.h. die Eintrittswahrscheinlichkeit bestimmter zukünftiger Zustände lässt sich nur mit Hilfe von Wahrscheinlichkeiten (Risiko) oder gar nicht bestimmen (Ungewissheit). Durch Planung lässt sich die Unsicherheit reduzieren, doch werden zwangsläufig auch Fehlentscheidungen getroffen werden. Ebenso können Störungen auftreten, die zu ungewollten Soll-Ist-Abweichungen führen, aber die Ziele des Unternehmens nicht wesentlich gefährden.[15] Derartige Beeinträchtigungen werden – solange diese in einem als unkritisch anzusehenden „normalem" Ausmaß anfallen – bei der Festlegung der angestrebten Zielerreichung berücksichtigt.

- Von einer *latenten Unternehmenskrise* ist zu sprechen, wenn Risiken bestehen, die zu einer Beeinträchtigung der Zielerreichung führen können. Die Identifikation von Ri-

---

[13] Zu weiteren Möglichkeiten zur Charakterisierung von im Unternehmenskrisen vgl. *Müller* 1986, S. 53-56 und *Krystek*, 1987, S. 10-32.
[14] Vgl. *Krystek* 1987, S. 29-32.
[15] Vgl. *Pümpin/Prange* 1991, S. 205.

siken – und auch Chancen – der unternehmerischen Tätigkeit ist in diesem frühen Stadium schwierig. Konkrete Wirkungen auf die von dem Unternehmen angestrebte Zielerreichung sind in dieser Phase noch nicht wahrnehmbar.

- Lassen sich bereits Beeinträchtigungen der Zielerreichung feststellen, so befindet sich das Unternehmen in einer *akuten Unternehmenskrise*. Hier ist das Potenzial der Unternehmung gefordert, diese Krise zu bewältigen. Dieses kann durch Nutzung interner und auch externer Ressourcen (z.B. Unternehmensberater, Kapitalspritze) geschehen. Beherrschbar ist die Unternehmenskrise, solange die Möglichkeiten zur Krisenbewältigung größer als die gestellten Anforderungen sind. Können hingegen überlebenswichtige Ziele (z.B. Gewinnerzielung, Zahlungsfähigkeit) nicht mehr erreicht werden, liegt eine nicht (mehr) beherrschbare akute Unternehmenskrise vor. Diese führt letztendlich zur Insolvenz des Unternehmens.

Die Intensität einer Krise nimmt während der einzelnen Phasen zu, wobei die Entwicklung i.d.R. dynamisch verläuft.

### 2.2.2 Bedrohte Unternehmensziele

Die aufgezeigten Ursachen von Krisen beeinflussen die vom Unternehmen angestrebten Ziele. Hierbei ergeben sich zuerst Auswirkungen auf die strategischen Ziele, die dann Beeinträchtigungen von Erfolg und später Liquidität nach sich ziehen.[16]

- Gefährdungen der Erfolgspotenziale einer Unternehmung ergeben sich bei einer *strategischen Krise*. Durch Risiken in der Unternehmensumwelt sowie eigene Schwächen entsteht eine strategische Lücke zwischen angestrebten und erreichbaren Zielen.
- Spürbar werden derartige Risiken in einer *Erfolgskrise*, wenn erfolgswirtschaftliche Ziele (z.B. Gewinn-, Rentabilitäts- und Umsatzziele) nicht erreicht werden (können).
- Bei drohender Zahlungsunfähigkeit und/oder Überschuldung ist eine *Liquiditätskrise* erreicht.

Abgesehen vom Sonderfall einer mangelhaften Disposition der Finanzmittel durchlaufen Unternehmenskrisen die genannten Phasen nacheinander. Dieses verdeutlicht Abbildung 1.

---

[16] Vgl. zur Unterscheidung nach den bedrohten Unternehmenszielen *Müller* 1986, S. 53-55.

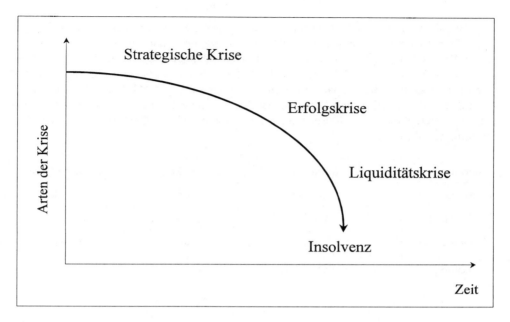

Abbildung 1: Phasen einer Unternehmenskrise[17]

Maßnahmen zur Bewältigung von Unternehmenskrisen sind um so erfolgversprechender je frühzeitiger sie eingesetzt werden. Diesbezüglich stellt sich jedoch die Herausforderung der frühzeitigen Erkennung von Unternehmenskrisen. Abbildung 2 verdeutlicht, dass die Erkennbarkeit von Unternehmenskrisen mit deren Entstehung steigt, Unternehmenskrisen also i.d.R. (zu) spät erkannt werden.

| Krisenart | Reihenfolge der Entstehung | Reihenfolge der Erkennung |
|---|---|---|
| Strategische Krise | 1 | 3 |
| Erfolgskrise | 2 | 2 |
| Liquiditätskrise | 3 | 1 |

Abbildung 2: Entstehung und Erkennung von Unternehmenskrisen[18]

---

[17] Vgl. *Schwarzecker/Spandl* 1996, S. 13.
[18] Vgl. *Schwarzecker/Spandl* 1996, S. 18.

Aufgabe eines unternehmerischen Krisenmanagements muss es deshalb sein, Risiken und Chancen für ein Unternehmen frühzeitig zu erkennen und zu vermeiden (strategisches Krisenmanagement). Befindet sich die Unternehmenskrise bereits in einen fortgeschrittenen Stadium (akute Krise), so gilt es, diese durch geeignete Maßnahmen zu bewältigen (operatives Krisenmanagement). Allerdings sind, wie Abbildung 3 verdeutlicht, Handlungsmöglichkeiten und Beherrschbarkeit zunehmend geringer. Bei beiden Aufgaben des unternehmerischen Krisenmanagements übernimmt das Controlling eine wichtige Informationsfunktion.

| Merkmal | Liquiditätskrise | Erfolgskrise | strategische Krise |
|---|---|---|---|
| Erkennbarkeit | einfach | mittel | schwierig |
| Beherrschbarkeit | niedrig | mittel | hoch |
| Schadensausmaß | hoch | mittel | niedrig |

Abbildung 3:   Abgrenzung von Unternehmenskrisen

## 3   Bewältigung von Unternehmenskrisen

Liegt bereits eine akute Unternehmenskrise vor, sind Bedrohungen von Liquidität und Rentabilität offensichtlich. Die Möglichkeiten eines (operativen) Krisenmanagements sind in diesem Stadium begrenzt und vorwiegend reaktiver Natur. Ggf. kann ein Exitus des Unternehmens aufgrund fehlender finanzieller Mittel und der Bestimmungen des Insolvenzrechts nicht mehr vermieden werden.

In der Praxis finden in dieser Situation vielfach wenig strukturierte Ansätze zur Bewältigung von Krisen Anwendung:[19]

- *Verdrängung*: Die Krise wird als vorübergehende Erscheinung gewertet. Folglich werden deren Ursachen nicht entsprechend analysiert und auch keine geeigneten Abwehrmaßnahmen getroffen.

- *Kurieren an den Symptomen*: Es wird lediglich versucht, aufgefallene Störgrößen zu eliminieren. Hierdurch können aber aufgrund einer fehlenden abgestimmten Vorgehensweise neue Störungen entstehen.

- *Lösung falsch erkannter Probleme*: Aufgrund einer unzureichenden Ursachenanalyse und beschränkter Erfahrungen in der Vergangenheit wird die eigentliche Problematik

---

[19]  Vgl. *Bleicher* 1999, S 500-502 und die dort angegebene Literatur.

nicht erkannt. Folge sind Maßnahmen, die das eigentliche Problem nicht zu lösen vermögen.

- *Fehlerhafte strategische Neuausrichtung*: Eine grundsätzlich sinnvolle Neuausrichtung des Unternehmens wird durch eine vorschnelle, nicht ausgereifte Umsetzung gefährdet.

Derartige Bestrebungen sind selten nachhaltig erfolgreich. Aufgrund des bei Erfolgs- und Liquiditätskrisen hohen Schadenspotenzials (drohende Insolvenz) besteht zwar ein hoher Handlungsdruck, doch bewährt sich auch bei akuten Unternehmenskrisen eine systematische Vorgehensweise. Im Vordergrund eines operativen Krisenmanagements stehen zwangsläufig die Bewältigung von Liquiditätsengpässen sowie die Verbesserung der Erfolgslage.

Ansatzpunkte für ein operatives Krisenmanagement ergeben sich bei der Diagnose der Krisenursachen. Gerade in fortgeschrittenen Krisenstadien sind Sofortmaßnahmen einzuleiten, die drohende Schäden für das Unternehmen abwenden sollen. Ein zu erarbeitender Sanierungsplan zeigt Meilensteine zur Überwindung der Krise. Die dort vorgegebenen Soll-Werte dienen zugleich als Maßstab für die Durchführung und Überwachung der Sanierungsfortschritte.

Je später die (akute) Krise erkannt wird, desto geringer sind die Aktionsmöglichkeiten. So stehen im Insolvenzfall nur noch begrenzte Möglichkeiten zur Sicherung der Existenz des Unternehmens zur Verfügung.[20] Im Rahmen einer zukunftsorientierten Unternehmensführung ist es deshalb unabdingbar, Risiken bereits frühzeitig zu erkennen. Nur dann können geeignete Maßnahmen eingeleitet werden, um akute und ggf. latente Krisen zu vermeiden. Je früher eine Krise erkannt wird, desto erfolgreicher und auch kostengünstiger können zudem Gegensteuerungsmaßnahmen eingeleitet werden. Entsprechend kann bereits der Einsatz operativer Frühaufklärungssysteme auf Basis von Kennzahlen und Indikatoren den Handlungsspielraum des Unternehmens deutlich erweitern. Die Eintrittswahrscheinlichkeit latenter oder akuter Unternehmenskrisen kann zudem durch eine strategische Frühaufklärung reduziert werden.

## 4 Krisenvermeidung durch Frühaufklärung

Das Controlling kann im Rahmen der Informationsfunktion durch Frühaufklärung einen wichtigen Beitrag zur unternehmerischen Existenzsicherung leisten. Frühaufklärung soll dabei als das systematische Erkennen von Risiken und auch Chancen verstanden wer-

---

[20] Vgl. hierzu *Müller* 1986, S. 15 und S. 57 f. sowie S. 205-228.

den.[21] In Abhängigkeit von der Art der Instrumente und den beobachteten Unternehmenszielen lassen sich Kennzahlen, Hochrechnungen und Indikatoren als operative Instrumente der Frühaufklärung sowie das strategische Radar als strategisches Instrument der Frühaufklärung unterscheiden.[22]

## 4.1　Frühaufklärung mit Kennzahlen und Hochrechnungen

Die 1. Generation der Frühaufklärungssysteme basiert auf ausgewählten, prognosefähigen Kennzahlen. Kennzahlen fassen relevante betriebswirtschaftliche Daten zusammen, erhöhen die Transparenz und ermöglichen dadurch schnellere Erkenntnisse und Entscheidungen. Durch ihre Bildung lassen sich Zusammenhänge herstellen, die für betriebliche Analysen, Planungen und Kontrollen genutzt werden können. Durch Zeitvergleiche, Soll-Ist-Vergleiche und auch Unternehmensvergleiche gewinnen die auf quantitativen Daten beruhenden Zahlen an Aussagekraft. So lassen sich Entwicklungen aufzeigen und Abweichungen feststellen. Über- bzw. unterschreiten die Kennzahlen vorher definierte Grenzen, so wird ein Alarm ausgelöst, der auf eine mögliche Fehlentwicklung hindeutet. Die Aussagekraft einzelner Kennzahlen kann durch die Kombination von Kennzahlen zu einem Kennzahlensystem erhöht werden.[23]

Ein hoher Aussage- und Prognosegehalt kann dabei, gestützt auf diverse empirische Erhebungen[24] und Erfahrungswerte der Praxis, insbesondere den in Abbildung 4 aufgeführten Kennzahlen beigemessen werden. Diese Kennzahlen eignen sich demnach besonders zum Erkennen sich abzeichnender Krisen und können somit zur operativen Frühwarnung herangezogen werden.

---

[21]　Damit sind die Definitionen der Termini Frühaufklärung und der synonym verwendbaren Früherkennung weitergehender als die der sich lediglich auf die Erkennung von Risiken fokussierenden Frühwarnung.

[22]　Vgl. *Krystek* 1990, S. 425 f. Zu den nachfolgenden Ausführungen vgl. *Gomez* 1983, S. 14-21; *Krystek* 1987, S. 147-170.

[23]　Zur Charakterisierung von Kennzahlen und Kennzahlensystemen vgl. *Fischbach* 2002, insbes. S. 28-30.

[24]　Vgl. *Lachnit* 1986, S. 27 f. im Überblick sowie die Untersuchungen mit allerdings teilweise differierenden Ergebnissen von *Beaver* 1966, *Altmann* 1968, *Weibel* 1973 und *Hansmann/Raubach* 1986.

| Kennzahl | Berechnung | kritische Entwicklung |
|---|---|---|
| Dynamischer Verschuldungsgrad | $\dfrac{\text{Fremdkapital}}{\text{Cash-flow}}$ | steigend |
| Verschuldungsgrad | $\dfrac{\text{Fremdkapital}}{\text{Gesamtkapital}}$ | steigend |
| Liquidität 3. Grades | $\dfrac{\text{Umlaufvermögen}}{\text{kurzfristiges Fremdkapital}}$ | sinkend |
| Eigenkapitalrentabilität | $\dfrac{\text{Jahresergebnis}}{\text{Eigenkapital}}$ | sinkend |
| Gesamtkapitalrentabilität | $\dfrac{\text{Jahresergebnis + Zinsaufwand}}{\text{Gesamtkapital}}$ | sinkend |
| Return on Investment | $\dfrac{\text{Betriebsergebnis}}{\text{(betriebsbedingtes) Gesamtkapital}}$ | sinkend |
| Materialkostenintensität | $\dfrac{\text{Materialkosten}}{\text{Umsatz}}$ | steigend |

Abbildung 4: Kennzahlen mit hohem Prognosegehalt

Allerdings sind Kennzahlen zur Frühaufklärung nur begrenzt geeignet. Als problematisch erweisen sich insbesondere ihre Vergangenheitsorientierung, der kurz- bis maximal mittelfristige Zeithorizont sowie der begrenzte, auf finanzielle Größen ausgerichtete Beobachtungsbereich. Erkannt werden mit Kennzahlen nur Entwicklungen, die bereits eingetreten und zudem messbar sind, nicht aber Diskontinuitäten. Somit ist ein derartiges System nicht für die Identifikation potenzieller Risiken und Chancen geeignet. Die Ursachen für eine Unternehmenskrise werden nur unzureichend aufgezeigt.

Durch Hochrechnungen lassen sich aufgetretene Abweichungen verstärken. Hierzu werden Ist-Werte von ersten Teilperioden auf das Ende der Planungsperiode prognostiziert. Bei einem anschließenden Vergleich von Hochrechnung und Planwerten sind dann entstandene Fehlentwicklungen leichter erkennbar. Ebenso können Abweichungsanalysen durchgeführt und damit die Gründe für Fehlentwicklungen frühzeitig ermittelt werden. Allerdings bleibt die grundlegende Kritik an den Systemen der 1. Generation bestehen.

## 4.2 Frühaufklärung durch Indikatoren

Frühaufklärungssysteme der 2. Generation arbeiten mit Indikatoren. Diese stammen aus ausgewählten Bereichen und sollen frühzeitig auf Veränderungen in Unternehmen und Umwelt hinweisen. Indikatoren haben mithin einen vorauseilenden Charakter.

Die Herausforderung für das Controlling besteht darin, aussagefähige Indikatoren zu finden. Diese sollen möglichst frühzeitig eindeutige Hinweise auf zu erwartende Risiken und Chancen in den relevanten (externen und internen) Beobachtungsbereichen geben. Beispielsweise eignen sich die Auftragseingänge als Indikator für zukünftige Umsätze und Erfolge. Abbildung 6 zeigt Beispiele für Indikatoren in den unterschiedlichen Lebensphasen eines Unternehmens.

Nach der Identifikation geeigneter Frühwarnindikatoren sind Soll-Werte und Toleranzgrenzen je Indikator zu definieren. Hierzu kann eine Orientierung an Vergangenheitswerten, aber auch Planwerten oder Branchenkennzahlen erfolgen, die um saisonale und konjunkturelle Einflüsse zu bereinigen sind. Werden die festgelegten Schwellen unter- bzw. überschritten, besteht ein Indiz für eine zu erwartende Chance oder ein zu erwartendes Risiko. Diese Erkenntnisse sind im Rahmen des Informationssystems zu kommunizieren.[25]

Indikatorbasierte Frühaufklärungssysteme können aufgetretene Entwicklungen in einem Unternehmen und/oder dessen Umwelt, die zu potenziellen Risiken oder Chancen führen, frühzeitiger erkennen als die primär an monetären Größen orientierten Kennzahlen der 1. Generation. Zudem ist der Beobachtungsbereich breiter. Die Auswahl aussagekräftiger Indikatoren erweist sich jedoch als schwierig. Zu kritisieren ist weiterhin, dass nur eine eingeschränkte Überwachung erfolgt, da mit Hilfe von (bewährten) Indikatoren lediglich bekannte (Fehl-)Entwicklungen sichtbar gemacht werden können. Qualitativ darstellbare Sachverhalte, sogenannte „schwache Signale" finden keine Berücksichtigung. Zudem können neuartige Entwicklungen und Krisen nicht vorhergesehen werden.[26]

---

[25] Zur Konzeption betrieblicher Aufklärungssysteme vgl. *Hahn/Hungenberg* 2001, S. 337-340 und *Krystek* 1987, S. 151-158.
[26] Vgl. zur Kritik etwa *Welge/Al-Laham* 1992, S. 151-154.

| Krisenindikatoren | Beispiele |
|---|---|
| **Pionierphase** | **(hohes Krisenpotenzial)** |
| schlechtes Business Planning | unzureichende Erfolgs- und Finanzplanung |
| unzuverlässiges Management | Kosten- und Terminüberschreitungen, Streitigkeiten |
| Informationsdefizite | fehlende Informationen über Auftragsstatus, Deckungsbeiträge, offene Forderungen |
| Überforderung des Managements | Unausgeglichenheit, familiäre und gesundheitliche Probleme der Gründer |
| Planabweichungen | Umsatz ist deutlich niedriger, Kosten sind deutlich höher, Termine werden überschritten, höherer Kapitalbedarf |
| überlegene Wettbewerber | Vorsprung der Konkurrenz kann nicht verringert werden |
| Fehlprojekte | ungewöhnlich viele Fehlentwicklungen |
| relativer Marktanteil | geringer relativer Marktanteil bei den wichtigen Produkten |
| **Wachstumsphase** | |
| dynamischer Verschuldungsgrad | Erhöhung durch steigende Verbindlichkeiten und sinkenden Cash-flow |
| sinkende Umsatzrendite | regelmäßige Gewährung von Rabatten |
| Lageraufbau | Absatz ist niedriger als die Produktion, schlecht verkäufliche Produkte |
| Fluktuation | Mitarbeiter des Finanz- und Rechnungswesens verlassen das Unternehmen |
| Heterogenität | große Unterschiede zwischen angestammten und neuen Geschäftsfeldern, kulturelle Konflikte |

Abbildung 5: Lebenszyklusorientierte Krisenindikatoren[27]

---

[27] Vgl. *Pümpin/Prange* 1991, S. 224-230.

| Krisenindikatoren | Beispiele |
|---|---|
| **Reifephase** | |
| Altersstruktur der Produkte | geringer/sinkender Anteil junger Produkte an Umsatz und Gewinn |
| Altersstruktur der Anlagen | steigendes Durchschnittsalter, Verwendung veralteter Technologien |
| Auftragseingänge | sinkende oder stagnierende Auftragseingänge |
| Motivation | sinkende Motivation, steigende Fluktuationsquote, steigende Krankheitsquote |
| Stabsfunktionen | relativer Anteil der Stabsmitarbeiter steigt |
| Hierarchie | steigen Anzahl von Hierarchiestufen und Führungskräften, zunehmende Kompetenzstreitigkeiten, steigende Repräsentationskosten |
| **Wendephase** | |
| Investitionen | Rationalisierungsmaßnahmen > Erweiterungsinvestitionen |
| Altersstruktur der Produkte | sehr geringer/deutlich sinkender Anteil junger Produkte an Umsatz und Gewinn |
| Altersstruktur der Anlagen | weiter steigendes Durchschnittsalter, Verwendung veralteter Technologien |
| Reklamationen | steigende Reklamationsquote |
| Fluktuation | steigende Fluktuation, Schwierigkeiten bei der Besetzung freier Stellen |

Abbildung 5:   Lebenszyklusorientierte Krisenindikatoren (Fortsetzung)

## 4.3   Strategische Frühaufklärung mit „schwachen Signalen"

Als Hauptkritikpunkt an den Frühaufklärungssystemen der 1. und 2. Generation ist festzuhalten, dass diese nur bereits eingetretene Fehlentwicklungen und damit bestehende Krisen zu erkennen vermögen. Eine Identifikation von neuartigen Situationen und damit ein frühzeitigeres Erkennen von Unternehmenskrisen ermöglichen die Frühaufklärungssysteme der 3. Generation. Sie stellen Frühaufklärungssysteme i.e.S. dar, da sie bereits vor Eintritt einer akuten Krise auf zielgefährdende Risiken hinweisen können. Aufgrund der Eignung dieser Systeme zur langfristigen Vermeidung akuter Unternehmenskrisen sind sie der strategischen Frühaufklärung zuzurechnen.

Grundlegend für die strategische Frühaufklärung ist das auf *Ansoff* zurückgehende Konzept zur Analyse schwacher Signale.[28] Durch die frühzeitige Erkennung von schwachen Signalen können Diskontinuitäten innerhalb und insbesondere außerhalb des Unternehmens und damit auftretende Chancen und Risiken identifiziert werden.

Unter schwachen Signalen sind registrierbare Veränderungen in der technologischen, ökonomischen, rechtlichen und soziokulturellen Umwelt zu verstehen. Diese Signale sind allerdings schwer messbar und oftmals nur qualitativ beschreibbar. Derartige Veränderungen kündigen jedoch mögliche Entwicklungen (starke Signale) an. Erkennbar werden schwache Signale z.B. durch

- eine unerwartete Häufung gleichartiger Ereignisse mit strategisch relevantem Bezug zum Unternehmen,

- die Publikation neuer Meinungen oder Ideen,

- Stellungnahmen von wichtigen Personen oder Organisationen,

- Initiativen zur Modifikation der Gesetzgebung,

- Veränderungen in der Rechtsprechung.[29]

Ein einziges schwaches Signal erlaubt noch keine eindeutigen Aussagen zu zukünftigen Entwicklungen, doch erhöht sich durch eine Häufung von schwachen Signalen die Wahrscheinlichkeit von Veränderungen in für das Unternehmen relevanten Bereichen. Beispielsweise konnten das Entstehen von Anti-Atomkraft-Bewegung und Grünen, spätestens jedoch deren Etablierung als politische Kraft, als Signale für mögliche strengere Umweltschutzgesetze angesehen werden. Die Entwicklung von Strategien z.B. für einen Ausstieg aus der Atomenergie und/oder zur Umsetzung eines Pflichtpfands für Getränkeverpackungen hätten damit durchaus frühzeitig(er) erfolgen können.

Aufgabe des Controlling ist das Erkennen und Verstärken schwacher Signale. Dieses geschieht durch Scanning und Monitoring. Das *Scanning* dient der Erfassung und Ortung schwacher Signale. Dieses geschieht durch ein ungerichtetes Abtasten des Unternehmensumfeldes („360-Grad-Radar"). Dort sollen Signale erkannt werden, die Anhaltspunkte für Innovationen, Diskontinuitäten und potenzielle Bedürfnisse (wie gewünschte neue Güter oder Dienstleistungen) geben. Aufgrund der Unstrukturiertheit sind allerdings keine sicheren Aussagen über zukünftige Entwicklungen möglich.

---

[28] Vgl. *Ansoff* 1976.
[29] Vgl. *Krystek* 1990, S. 435.

Das anschließende *Monitoring* dient der Verstärkung schwacher Signale. Hierzu werden die Bereiche, aus denen schwache Signale aufgenommen wurden, genauer beobachtet. Lässt sich eine Häufung gleichartiger schwacher Signale feststellen, ist dieses ein Hinweis auf mögliche Veränderungen. Hierdurch kann ein bestehender Verdacht zunehmend konkretisiert werden, auch wenn die grundlegenden Informationen selbst nicht sicher sind.

Erkannte schwache Signale sind näher zu analysieren und hinsichtlich ihrer Relevanz für das Unternehmen zu beurteilen. So lassen sich frühzeitig Ansatzpunkte für Reaktionsstrategien finden.

## 4.4  Aufbau eines strategischen Frühaufklärungssystems

Frühwarnsysteme der 1. und 2. Generation sind in der Praxis, wenn auch mitunter unter anderen Bezeichnungen, relativ weit verbreitet. Hierbei ist insbesondere das Controlling mit der Beschaffung, Aufbereitung und Weiterleitung der Informationen beauftragt.[30]

Strategische Frühwarnsysteme finden sich hingegen nur in wenigen Unternehmen. Der Hauptgrund dürfte in der schwierigen Erfassung und Interpretation schwacher Signale liegen. Durch (zu) schwache Signale sind mögliche Veränderungen nicht eindeutig bestimmbar, zudem sind unterschiedliche Interpretationen möglich.[31] Allerdings dürfen diese Schwierigkeiten ein Unternehmen nicht davon abhalten, in strategisch relevanten Bereichen Reaktionsstrategien auf mögliche Veränderungen zu entwickeln. Eine Sensibilisierung für mögliche Chancen und Risiken lässt sich durch den Aufbau eines strategischen Frühaufklärungssystems erreichen. Hierbei sind die in Abbildung 6 dargestellten und nachfolgend erläuterten Schritte zu vollziehen.[32]

---

[30] Vgl. *Krystek* 1987, S. 195-198.
[31] Vgl. *Welge/Al-Laham* 1992, S. 161-164 und *Krystek* 1990, S. 440.
[32] Vgl. hierzu Ansoff 1981, S. 251-257; *Krystek* 1987, S. 168-170. Zum Aufbau eines Frühaufklärungssystems für die Verlagsbranche vgl. *Gomez* 1983.

Kriseninformation als Controlling-Aufgabe 557

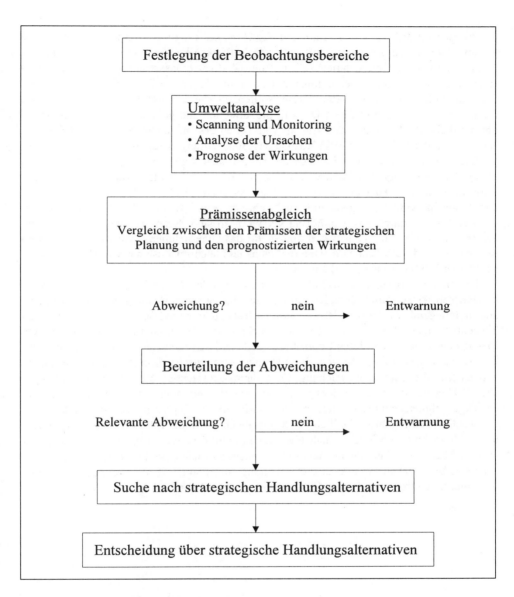

Abbildung 6: Ablauf der strategischen Frühaufklärung[33]

---

[33] Vgl. *Hahn/Krystek* 1984, S. 19.

Zuerst sind die *relevanten Beobachtungsbereiche* festzulegen. Grundsätzlich ist die gesamte Umwelt ein relevanter, weil potenzielle Risiken beinhaltender Beobachtungsbereich. Ebenso das Unternehmen selbst. Beim Aufbau eines strategischen Frühaufklärungssystems ist es jedoch empfehlenswert, sich am Anfang auf ausgewählte, besonders relevante Felder zu konzentrieren. Dieses sollten externe und interne Felder mit besonderer strategischer Bedeutung sein wie z.B. die aktuellen und geplanten Geschäftsfelder oder mögliche Risiken durch den Ausfall von Teilen des Managements. In den folgenden Jahren kann dann ein schrittweise Ausbau des Beobachtungsbereichs erfolgen.

Die *Umweltanalyse* sucht im nächsten Schritt nach Signalen, die auf Veränderungen in der Umwelt hindeuten können. Problematisch ist die Identifikation der „richtigen" schwachen Signale. Hierfür können Kataloge Anregungen geben, doch werden stets unternehmensindividuelle Signale zu berücksichtigen sein.[34] Werden die beim Scanning erkannten Signale durch das Monitoring verstärkt, so sind deren Ursachen zu ergründen. Weiterhin müssen mögliche Auswirkungen auf das Unternehmen – vor dem Hintergrund der Stärken und Schwächen des Unternehmens und auch im Zusammenspiel mit anderen denkbaren Veränderungen – erkannt werden.

Lassen sich bei einem anschließend vorzunehmenden *Vergleich* der möglichen Wirkungen von festgestellten Signalen mit den der strategischen Planung des Unternehmens zugrundeliegenden Prämissen *Abweichungen* feststellen, so müssen diese Abweichungen hinsichtlich ihrer Relevanz für die Zielerreichung des Unternehmens beurteilt werden. Erscheinen im Rahmen dieses Controlling der Prämissen relevante Abweichungen denkbar, so sind, z.B. mit Hilfe von Simulationen, strategische *Handlungsalternativen* zu entwickeln, die eine Zielerreichung trotz dann eintretender Veränderungen ermöglichen.[35] Hierbei ist zu berücksichtigen, dass jede Veränderung innerhalb und außerhalb des Unternehmens dessen Zielerreichung negativ, aber auch positiv beeinflussen kann.

Das Controlling hat schließlich das Management, dem die Entscheidung über zu treffende Maßnahmen obliegt, zeitnah über die Erkenntnisse der Frühaufklärung zu informieren. Ebenso hat das Management die bestehenden Ziele einer kritischen Bestandsaufnahme zu unterziehen, wenn eine Zielerreichung aufgrund der denkbaren oder erwarteten Veränderungen trotz Anpassung der Strategie nicht (mehr) möglich erscheint.

---

[34] Vgl. *Gomez* 1983, S. 19.
[35] Zum Aufbau eines leistungsfähigen Krisenmanagements und insbesondere zu möglichen Reaktionsstrategien zur Nutzung der eigenen Stärken und sich im Umfeld bietenden Chancen vgl. *Ansoff* 1976, S. 135-142.

## 5 Fazit

Die Erfolgsaussichten eines Krisenmanagements sind um so erfolgversprechender, je früher sie ergriffen werden (können). Folglich sollte jede Unternehmensleitung Informationsinstrumente besitzen und einsetzen, die ein frühzeitiges Erkennen von Unternehmenskrisen ermöglichen.

Durch den Aufbau eines entsprechenden Frühwarnsystems können Veränderungen außerhalb und innerhalb eines Unternehmens schneller erkannt werden. Dieses ermöglicht frühzeitiger und kostengünstiger eine Reaktion auf potenzielle Risiken. Ebenso können sich bietende Chancen besser genutzt werden.

Da aber nicht alle Diskontinuitäten erkannt werden und zudem die Prognose möglicher Auswirkungen erkannter Diskontinuitäten schwierig ist, wird eine gewisse Unsicherheit immer bestehen bleiben. Deshalb wird auch immer ein operatives Krisenmanagement zur Bewältigung von Erfolgs- und Liquiditätskrisen notwendig sein. Ein strategisches Krisenmanagement, das die Instrumente der strategischen Frühaufklärung nutzt, vermag jedoch die mögliche Reaktionsfrist auf Veränderungen zu verlängern und durch flexible Strategien den Handlungsspielraum des Unternehmens zu vergrößern.

# Literaturverzeichnis

*Altmann, E.I.:* Financial Ratios, Discriminant Analysis and the Prediction of Corporate Bankruptcy, in: Journal of Finance, Vol. 23 (1968), S. 589-609.

*Ansoff, H.I.:* Managing Surprise and Discontinuity – Strategic Response to Weak Signals, in: Schmalenbachs Zeitschrift für betriebswirtschaftliche Forschung, 28. Jg. (1976), S. 129-152.

*Ansoff, H.I.:* Die Bewältigung von Überraschungen und Diskontinuitäten durch die Unternehmensführung – Strategische Reaktionen auf schwache Signale, in: Steinmann, H. (Hrsg.): Planung und Kontrolle, München 1981, S. 233-265.

*Beaver, W.H.:* Financial Ratios as Predictors of Failure, in: Journal of Accounting Research, Vol.4 (1966), S. 71-111.

*Birker, K.:* Typologie der Unternehmenskrise, in: Birker, K./Pepels, W. (Hrsg.): Handbuch Krisenbewusstes Management, Berlin 2000, S. 12-50.

*Bleicher, K.:* Das Konzept integriertes Management, 5. Auflage, Frankfurt (Main)/New York 1999.

*Creditreform (Hrsg.):* Europa 2002: Gesamtinsolvenzen steigen um 20 Prozent, http://www.creditreform.de/presse/00053.php vom 11.02.2003.

*Fischbach, S.:* Business Planning, in: Brecht, U. (Hrsg.): Praxis-Lexikon Controlling, Landsberg/Lech 2001, S. 55-56.

*Fischbach, S.:* Lexikon der Wirtschaftsformeln und Kennzahlen, 2. Auflage, München 2002.

*Freidank, C.-Chr.:* Risikomanagement und Risikocontrolling in Industrieunternehmen, in: Freidank, C.-Chr./Mayer, E.(Hrsg.): Controlling-Konzepte. Neue Strategien und Werkzeuge für die Unternehmenspraxis, 5. Auflage, Wiesbaden 2001, S. 595-631.

*Gomez, P.:* Frühwarnung in der Unternehmung, Bern 1983.

*Hahn, D./Hungenberg, H.:* PuK – Wertorientierte Controllingkonzepte, 6. Auflage, Wiesbaden 2001.

*Hahn, D./Krystek, U.:* Frühwarnsysteme als Instrument der Krisenerkennung, in: Staehle, H./Stoll, E. (Hrsg.): Betriebswirtschaftslehre und ökonomische Krise, Wiesbaden 1984, S. 3-24.

*Hansmann, K.-W./Raubach, U.:* Der Einsatz von Kennzahlen zur Aufdeckung von Unternehmenskrisen, in: Jacob, H. (Hrsg.): Früherkennung und Steuerung von Unternehmensentwicklungen, Schriften zur Unternehmensführung, Band 34, Wiesbaden 1986, S. 31-47.

*Krystek, U.:* Unternehmungskrisen, Wiesbaden 1987.

*Krystek, U.:* Früherkennungssysteme als Instrument des Controlling, in: Mayer, E./Weber, J. (Hrsg.): Handbuch Controlling, Stuttgart 1990, S. 419-442.

*Lachnit, L.:* Betriebliche Früherkennung auf Prognosebasis, in: Jacob, H. (Hrsg.): Früherkennung und Steuerung von Unternehmensentwicklungen, Schriften zur Unternehmensführung, Band 34, Wiesbaden 1986, S. 5-30.

*Lück, W.:* Der Umgang mit unternehmerischen Risiken durch ein Risikomanagementsystem und durch ein Überwachungssystem, in: Der Betrieb, 51. Jg. (1998), S. 1925-1930.

*Müller, R.:* Krisenmanagement in der Unternehmung, 2. Auflage, Frankfurt (Main)/Bern/New York 1986.

*o.V.:* Aus Fehlern lernen, in: Bundeswirtschaftsministerium für Wirtschaft und Technologie (Hrsg.): Gründerzeiten, Nr. 14, Berlin 2000, S. 1-2.

*Piechota, S.:* Risk-Controlling und KonTraG, in: Brecht, U. (Hrsg.): Praxis-Lexikon Controlling, Landsberg/Lech 2001, S. 225-227.

*Pümpin, C./Prange, J.:* Management der Unternehmensentwicklung, Frankfurt (Main)/New York 1991.

*Schichold, B.:* Die Einrichtung eines Riskomanagementsystems in der Praxis, in: Freidank, C.-Chr./Mayer, E.(Hrsg.): Controlling-Konzepte. Neue Strategien und Werkzeuge für die Unternehmenspraxis, 5. Auflage, Wiesbaden 2001, S. 573-596.

*Schwarzecker, J./Spandl, F.:* Krisenmanagement mit Kennzahlen, 2. Auflage, Wien 1996.

*Weibel, P.E.:* Die Aussagefähigkeit von Kriterien zur Bonitätsbeurteilung im Kreditgeschäft der Banken, Bern/Stuttgart 1973.

*Welge, M.K./Al-Laham, A.:* Planung, Wiesbaden 1992.

## Abbildungsverzeichnis

Abbildung 1:   Phasen einer Unternehmenskrise
Abbildung 2:   Entstehung und Erkennung von Unternehmenskrisen
Abbildung 3:   Abgrenzung von Unternehmenskrisen
Abbildung 4:   Kennzahlen mit hohem Prognosegehalt
Abbildung 5:   Lebenszyklusorientierte Krisenindikatoren
Abbildung 6:   Ablauf der strategischen Frühaufklärung

LAURENZ LACHNIT/STEFAN MÜLLER

# Integrierte Erfolgs-, Bilanz- und Finanzrechnung als Instrument des Risikocontrolling

| | | |
|---|---|---:|
| 1 | Problemstellung | 565 |
| 2 | Grundsachverhalte des Risikocontrolling | 566 |
| 3 | Integrierte Erfolgs-, Bilanz- und Finanzrechnung | 568 |
| 4 | Risikocontrolling und integrierte Erfolgs-, Bilanz- und Finanzrechnung | 571 |
| | 4.1 Bestandteile eines Risikomanagementsystems | 571 |
| | 4.2 Risikobestandsaufnahme | 572 |
| | 4.3 Erfolgs- und Finanztransformation der Risiken | 577 |
| | 4.4 Einbindung der Risiken in die integrierte Erfolgs- und Finanzrechnung | 579 |
| 5 | Zusammenfassung | 582 |
| Literaturverzeichnis | | 583 |
| Symbolverzeichnis | | 586 |
| Abbildungsverzeichnis | | 586 |

# 1 Problemstellung

Unternehmen sehen sich seit Jahren einer wachsenden Dynamik in den Rahmenbedingungen ihres Handelns ausgesetzt. Neue Technologien lassen ganze Branchen und neuartige Märkte entstehen und führen zum Verschwinden wiederum anderer Leistungsfelder. Durch die stärkere Einbindung der ehemaligen Ostblockländer in die Weltwirtschaft ergeben sich eine Vielzahl neuer potenzieller Kunden und Lieferanten, aber auch Konkurrenten. Zudem ändern sich durch supranationale Organisationen viele rechtliche Grundlagen sowie die (global-)gesellschaftlichen Normen, einhergehend mit einer kulturell und medienmäßig gestiegenen Macht der öffentlichen Meinung. Gleichzeitig führen extrem volatile und z.T. von hohen Spekulationsvolumina geprägte Kapitalmärkte zu starken Schwankungen von Devisenkursen, Unternehmenswerten, Zinsen und auch Warenpreisen. Und schließlich sieht sich jedes Unternehmen wirtschaftsprozesstypischen Unwägbarkeiten, wie Absatzeinbrüchen, Wettbewerberaktivitäten, technischen Fortschrittsschüben, Rechtsänderungen, Kostenschüben, Produzentenhaftung, Schadensfällen usw. ausgesetzt, da jeder unternehmerischen Tätigkeit Risiken immanent sind.

In der Betriebswirtschaftslehre werden vielfältige Instrumente zur Unterstützung der Unternehmensführung vorgeschlagen, die mehr oder minder explizit auch dem Risikomanagement dienen. Zu denken ist z.B. an Analysetechniken, Prognosesysteme, Frühwarnsysteme, DV-gestützte Planungsmodelle oder Führungs-Informationssysteme, die zudem durch die Verknüpfung mit der Informationstechnologie bereits ein beachtliches Niveau erreicht haben. Meist ist aber eine ungenügende Verbindung dieser Instrumente festzustellen, vor allem aber fehlt bisher eine hinreichend klare Gesamtstruktur für ein Risikocontrolling, was auch durch die vom KonTraG[1] verlangte Einführung eines Risikomanagementsystems und externer Risikodarlegung im Lagebericht kaum geändert worden ist.

Ein Kernproblem beim Umgang mit Risiken ist die Wesentlichkeit. Es kommt beim Risikocontrolling nicht darauf an, jedes nur erdenkliche kleinste interne oder externe Risiko einzufangen, sondern nur solche Risiken, die von Belang sind. Dabei wird im Gesetzestext des KonTraG auf sog. bestandsgefährdende Risiken abgestellt. Das wirft die Frage auf, wie diese Bestandsgefährdung des Unternehmens konkretisiert werden kann. In unserer Rechtsordnung sind Zahlungsunfähigkeit und Überschuldung Konkursgründe, also bestandsgefährdend. Diese Sachverhalte werden gemessen mit den Kalkülen Bilanz, Gewinn- und Verlustrechnung sowie Finanzflussrechnung. Insoweit ist also die integrierte Erfolgs-, Bilanz- und Finanzrechnung ein Zentralbaustein des Risikocontrolling.

Im vorliegenden Beitrag sollen einerseits diese Zusammenhänge von Risiko und Erfolgs-, Bilanz- und Finanzkalkülen deutlicher aufgezeigt und andererseits konkrete Vor-

---

[1] Gesetz zur Kontrolle und Transparenz im Unternehmensbereich, Bundesgesetzblatt 1998/I. S. 786-794.

schläge für die Ausgestaltung des risikoorientierten Controllinginstrumentariums, welches neben der betriebswirtschaftlichen Tatsachengemäßheit auch die Anforderungen des Risikomanagementsystems gem. § 91 Abs. 2 AktG zu berücksichtigen hat, unterbreitet werden.

## 2 Grundsachverhalte des Risikocontrolling

Das Controlling[2] kann als ein Subsystem der Unternehmensführung verstanden werden. Die zentrale Aufgabe liegt in der erfolgs- und liquiditätsorientierten Ausrichtung des gesamten unternehmerischen Entscheidens und Handelns.[3] Diese Führungsunterstützung erfordert nicht zuletzt eine tatsachengemäße Darstellung der Erfolgs-, Bilanz- und Finanzlage sowie der Risikolage des Unternehmens. Bei Risiken handelt es sich zunächst allgemein um Zielverfehlungen als „Streuung des Zukunftserfolgs wirtschaftlicher Aktivitäten"[4], wobei sowohl positive, i.d.R. als *Chancen* bezeichnete, als auch negative, als *Risiken im engeren Sinne* bezeichnete, Abweichungen auftreten können. Bezüglich der Abbildung von Unternehmen sind grundsätzlich zu unterscheiden das Abbildungsrisiko, welches aus der Abweichung des betriebswirtschaftlich tatsächlichen vom abgebildeten Wert resultiert, und das Zukunftsrisiko, welches die Veränderung der betriebswirtschaftlich tatsachengemäßen Abbildung durch Zukunftsereignisse erfasst.

Beim Abbildungsrisiko besteht insbesondere das Problem der Integration nichtmonetärer, qualitativer Aspekte, während das Zukunftsrisiko die verbesserte Integration von Prognostik bedingt. Aufgrund unvollständiger Kenntnis der Gegenwart und wegen ungewisser Zukunft sind Risiken immanenter Bestandteil jeder Unternehmensabbildung, wobei Risiken häufig nur unbewusst bzw. ungenau über die Verwendung bestimmter Prämissen berücksichtigt werden. Eine anzustrebende bewusste Berücksichtigung von Risiken führt i.d.R. zu mehrwertigen Abbildungen, was die Interpretation des als Spannungsbreite angegebenen Ergebnisses erfordert, oder zu einer einwertigen Abbildung, die dann mit einer bestimmten Eintrittswahrscheinlichkeit zu versehen ist. Außerdem wandelt sich durch die bewusste Integration des Risikos die Abbildungskonzeption weg vom (primären) Vergangenheitsbezug hin zur Zukunftsorientierung, weil die abzubildende Risikolage untrennbar mit der zukünftigen Entwicklung verbunden ist. Da ein Unternehmen vielfältigen Risiken ausgesetzt ist, kommt neben der Identifikation, Erfassung und Einzelbewertung auch der Aggregation dieser Einzelrisiken und der Risikogesamtbewertung für das Unternehmen als Ganzes große Bedeutung zu.

---

[2] Vgl. *Hahn/Hungenberg* 2001, S. 265-288; *Lachnit* 1992a, S. 1-18.
[3] Vgl. *Hahn/Hungenberg* 2001, S. 265.
[4] *Kromschröder/Lück* 1998, S. 1573.

In diesem Kontext obliegt dem Risikocontrolling die Aufgabe der Bereitstellung, Ausgestaltung, Pflege und Durchführungsbegleitung des Risikomanagementsystems (RMS), worunter die Gesamtheit aller Instrumente und Maßnahmen zur Erkennung, Analyse, Bewertung, Kommunikation und Überwachung von Risiken sowie zur Risikohandhabung subsummiert werden kann.[5] Ein RMS umfasst aus betriebswirtschaftlicher Sicht Risikofrühwarnsystem, Risikoüberwachungssystem und Risikobewältigungssystem.[6] Ein *Risikofrühwarnsystem* beinhaltet zunächst Identifikation, Analyse und Bewertung von Risiken, die im nächsten Schritt zu aggregieren sind.[7] Parallel dazu verlaufen Information und Kommunikation über die jeweilige Risikosituation im Unternehmen, sinnvollerweise über das vorhandene Informationssystem. Zum RMS gehört weiterhin ein *Risikoüberwachungssystem*, welches die Aufgabe hat, die Einhaltung der getroffenen Maßnahmen zu gewährleisten.[8] Den Abschluss des Regelkreislaufs des RMS bildet die *Risikobewältigung*[9], die Handhabung und Steuerung der Risiken beinhaltet und die zur Gefahrenabwehr mindestens so nötig ist wie Risikoerkennung und Systemüberwachung.

Das RMS ist Teil des gesamten Managementsystems,[10] wobei dieses sozioökonomische System nicht als ein greifbares Gebilde, sondern als Gesamtheit von formalen Strukturen und konkreten Durchführungen zu verstehen ist. Ein formalisiertes Ablaufschema stellt somit lediglich eine notwendige, nicht aber hinreichende Voraussetzung für ein RMS dar. Daher müssen insbesondere die Unternehmensführung und die Mitarbeiter für das Risiko ihres Handelns sensibilisiert werden, so dass sie dieses erkennen und bewerten sowie den Umgang mit Risiken beherrschen. Risikomanagement ist mithin ein kontinuierlicher Risikoerkennungs- und Risikobewertungsprozess, der stets mit entsprechenden Risikobewältigungsentscheidungen verbunden werden muss. Dies verdeutlicht auch, dass das RMS nicht im Sinne einer jährlich zu erstellenden Bilanz zu verstehen ist, sondern einen permanenten Prozess darstellt, der lediglich ausschnittweise und situativ im Risikobericht abgebildet werden kann. Zudem hat eine Verknüpfung des RMS mit anderen Controllingsystemen zu erfolgen, um eine integrierte Steuerung des Gesamtunternehmens zu ermöglichen.

---

[5] Vgl. *Kromschröder* 1998, S. 687; *Lück* 1998a, S. 84; *Sauerwein/Thurner* 1998, S. 23.
[6] Vgl. *Eggermann/Konradt* 2000, S. 506.
[7] Vgl. *IDW (Hrsg.)* 1999b, S. 658, Tz. 4.
[8] Vgl. *Lück* 1999, S. 153.
[9] Vgl. *Eggermann/Konradt* 2000, S. 506.
[10] Vgl. zu Management-Systemen z.B. *Bleicher* 1999.

## 3 Integrierte Erfolgs-, Bilanz- und Finanzrechnung

Die nachhaltige Sicherung von *Erfolg und Liquidität* gehört zu den zentralen Aufgaben der Unternehmensführung. Die Liquidität ist einerseits eine Voraussetzung des Erfolges, da die für die Leistungserstellung benötigten Einsatzfaktoren bezahlt werden müssen. Andererseits lässt sich der Erfolg als Einflussgröße für die Liquidität auffassen, da die Werteentstehung i.d.R. auch Liquiditätszufluss generiert. Aufgrund dieser Zusammenhänge können Erfolgslenkung und Finanzlenkung nicht isoliert gesehen werden, notwendig ist vielmehr, die Erfolgs- und Finanzlenkung als ganzheitliches Steuerungskonzept auszugestalten.[11] Die integrierte Erfolgs-, Bilanz- und Finanzrechnung stellt dabei das zentrale Instrument dar, mit dem ausgehend von den Unternehmenszielen die Planung, Steuerung und Kontrolle der relevanten Größen erfolgen kann.

Bei der *Ausgestaltung des Systems* können in den Größen Erfolg und Liquidität wesentliche Spannungsfelder im Rahmen der Abbildung von Unternehmen berücksichtigt werden. So ist neben der Verbindung von Erfolg und Liquidität über die verschiedenen Instrumente des Management-Rechnungswesens die Konvergenz in den Problembereichen retrospektiv und prospektiv, periodisiert und nicht-periodisiert, Chancen und Risiken sowie qualitativ und monetär zumindest teilweise zu erreichen. Erfolgs-, Bilanz- und Liquiditätsrechnungen stellen dabei die Basiskalküle dar, die als gemeinsamer Nenner für alle Abbildungen von Unternehmen angesehen werden können. Auf dieser monetarisierten Basis können bei entsprechender Ausgestaltung des Kalküleunterbaues die unterschiedlichsten Aspekte in der Unternehmensabbildung zutreffend erfasst und dargestellt werden.

Die Erfolgs-, Bilanz- und Finanzlenkung unterstützt die gesamtunternehmensbezogene Lenkung, da die Kalküle ein monetäres Abbild des gesamten Unternehmens ergeben. Aufgrund der grundsätzlich erfolgs- und/oder finanzwirksamen Auswirkung aller Unternehmensaktivitäten ist es zudem möglich, auf Basis der von der integrierten Erfolgs-, Bilanz- und Finanzrechnung verwendeten Wertgrößen (Ertrag/Aufwand bzw. Leistung/Kosten, Vermögen/Kapital sowie Einnahmen/Ausgaben) die Aktivitäten der verschiedenen Unternehmensteile bereichsübergreifend zu steuern.[12] Das Rechnungswesen ist gut geeignet, bei der Integration betrieblicher Teilpläne zu helfen und eine Lenkung aller betrieblichen Teilbereiche im Hinblick auf die Erfolgs- und Liquiditätsziele der Unternehmung zu realisieren.[13]

Mit Blick auf Risikodiagnose und Risikohandhabung kommt insbesondere der planerischen Benutzung einer integrierten Erfolgs-, Bilanz- und Finanzrechnung große Be-

---

[11] Vgl. *Lachnit* 1992b, S. 42 f.
[12] Vgl. *Hahn/Hungenberg* 2001, S. 341.
[13] Vgl. *Horváth/Weber* 1990, S. 289, 300 f.; *Lachnit* 1989, S. 94.

deutung zu. Dabei führen die integrierten Rechnungen zu einer vollständigen Verknüpfung der betrieblichen Teilpläne im Hinblick auf die Erfolgs- und Liquiditätsziele des Unternehmens, wobei sich grundsätzlich zwei Integrations-Vorgehensweisen unterscheiden lassen.[14] Zum einen kann die Erfolgs- und Finanzplanung aus der Produktprogrammplanung, den Teilbereichplanungen sowie der Investitions- und Finanzierungsplanung abgeleitet werden. Diese Form der integrierten Erfolgs- und Finanzplanung basiert auf mit Preisen bewerteten Mengen- und Zeitengerüsten des Input, des Output und der betrieblichen Prozesse unter Berücksichtigung von bilanziellen Bestandsänderungen sowie erfolgsunwirksamen Zahlungsströmen.[15] Zum anderen lässt sich eine integrierte Erfolgs- und Finanzplanung aufbauen, indem die Finanzrechnung aus der Kombination von GuV-Planung und Bilanzplanung abgeleitet wird.[16]

Neben den sachlichen Interdependenzen zwischen Erfolgs-, Bilanz- und Finanzflussgrößen muss eine integrierte Führungsrechnung auch die zeitlichen Interdependenzen zwischen kurz- und langfristigen Veränderungen in diesen Größen berücksichtigen. Gerade für das Risikocontrolling ist es unerlässlich, diese zeitliche Erweiterung der Betrachtung vorzunehmen, da Fehlentwicklungen sowohl im kurzfristigen (operativen) wie auch im längerfristigen (strategischen) Zeitrahmen auftreten können und unterschiedliche Antworten zur Risikobewältigung verlangen. Um diese zeitliche Integration zu erreichen, werden die Erfolgs- und die Finanzrechnung zum einen ganzjährig für eine Reihe von Planjahren erstellt, zum anderen werden die Werte des ersten Jahres unterjährig auf Monate aufgelöst. Schließlich wird zur organisatorischen Integration eine Aufspaltung der Erfolgs-, Bilanz- und Finanzflussgrößen auf die Organisationseinheiten des Unternehmens vorgenommen. Insgesamt hat eine solche integrierte Erfolgs-, Bilanz- und Finanzrechnung demnach die in Abbildung 1 dargestellte Struktur.

Die integrierte Erfolgs-, Bilanz- und Finanzlenkung kann als ein umfassendes Konzept verstanden werden, welches eine konkrete Ausrichtung des Planungs- und Kontrollsystems sowie letztlich des gesamten Führungssystems auf die Unternehmensziele Erfolg und Liquidität bewirkt. Es fungiert somit gleichsam als gemeinsame Sprache aller Teilplanungen, wobei andere Sach- und Sozialziele als monetarisierte Nebenbedingungen berücksichtigt werden müssen. Dabei ist jedoch zu beachten, dass qualitative Informationen oder weitere nicht-monetarisierte quantitative Informationen auch adäquat als Nebenfunktionen zu beschreiben sind. Zur weiteren Führungsunterstützung lässt sich die Erfolgs- und Finanzlenkung um ausgewählte Kennzahlen bzw. um ein Kennzahlensystem ergänzen[17] und außerdem für die Budgetierung einsetzen.[18]

---

[14] Vgl. *Chmielewicz* 1993, S. 50-65; *Hahn* 1993, Sp. 927-936; *Lachnit* 1992b, S. 39-74.
[15] Vgl. auch *Perridon/Steiner* 1999, S. 593-595.
[16] Vgl. *Lachnit* 1994, Sp. 780.
[17] Vgl. *Lachnit* 1989, S. 179.
[18] Vgl. *Lachnit/Dey* 1992, S. 88-100.

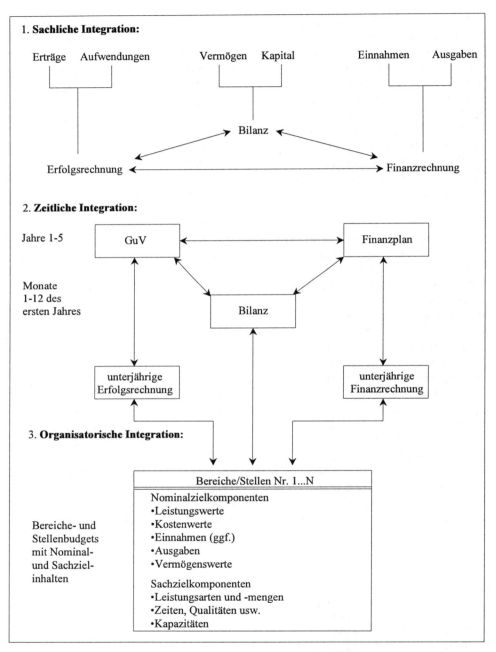

Abbildung 1: Integrierte Erfolgs-, Bilanz- und Finanzrechnung

Aufgrund der starken Beteiligung der Unternehmensteilbereiche ist eine Integration des Planungsprozesses in die Unternehmensorganisation unabdingbar.[19] Des Weiteren sind die Erfolgs- und Finanzlenkung und das Risikomanagement zu integrieren.

## 4 Risikocontrolling und integrierte Erfolgs-, Bilanz- und Finanzrechnung

### 4.1 Bestandteile eines Risikomanagementsystems

Grundlage eines Risikomanagementsystems ist zunächst eine umfassende Bestandsaufnahme der Risiken nach Arten und Gewichtigkeit. Die Risikenerfassung kann aus ganz verschiedenem Blickwinkel erfolgen, z.B. unterteilt nach internen und externen Risiken, nach Risiken gemäß Stufe in der Prozesskette, nach Risiken in den Funktionalbereichen oder in den Produktivfaktoren. Im Anschluss muss eine Bewertung der Risiken geschehen, was in einfachster Weise verbal, differenzierter in quantitativer Skalierung und am präzisesten, aber auch am schwierigsten in monetären Werten vorgenommen werden kann.

Um eine Aussage über die Bestandsgefährdung des Unternehmens durch Risiken treffen zu können, müssen die Einzelrisiken in ihrer Erfolgs- und Finanzwirkung erfasst und zur Gesamtwirkung auf Eigenkapital, Bilanzstruktur und Liquidität aggregiert werden. Hier treffen RMS und integrierte Erfolgs-, Bilanz- und Finanzrechnung zusammen. Dabei muss man sehen, dass das Risiko, verstanden als negative Abweichung von einer Erwartung (Risiko i.e.S.),[20] eine einseitige Betrachtung darstellt, da Chancen außer Acht gelassen werden. Gemäß KonTraG muss diese Sicht im gesetzlich geforderten RMS praktiziert werden. Ein umfassendes RMS zur Verwendung durch die Unternehmensführung ist aber dual auszugestalten, d.h. sowohl Risiken als auch Chancen werden einbezogen.

Ob Risiken für die Existenz eines Unternehmens bedrohlich werden, ist letztlich nur anhand der Erfolgs- und Finanzwirkungen auf das Gesamtunternehmen, d.h. an zentralen Größen aus GuV, Bilanz und Finanzflussrechnung zu erkennen.

---

[19] Vgl. *Jenner* 2001, S.107.
[20] Vgl. *Bitz* 2000a, S. 235-238; *Brebeck/Herrmann* 1997, S. 382 f.; *Lück* 1998b, S. 1925-1927.

Aufgrund der generell gegebenen erfolgs- und/oder finanzwirksamen Auswirkungen von Risiken der Unternehmensaktivitäten ist es möglich, auf Basis der zur Erfolgs-, Bilanz- und Finanzlenkung verwendeten Wertgrößen die *bestandsgefährdenden Risiken* des Unternehmens abzubilden. Die Erfolgs- und Finanzlenkung ist geeignet, die dem Unternehmensprozess immanenten Risiken in quantitativer Form zu präzisieren, im Hinblick auf deren Gefahr für den Bestand des Unternehmens einzuschätzen und deren Steuerung zu ermöglichen. Insoweit ist eine integrierte Erfolgs- und Finanzrechnung - zumal als Planungsrechnung - auch als Instrument in einem umfassenden RMS anzusehen. In Abbildung 2 ist die Grundkonzeption eines derartigen RMS schematisch dargestellt.

Im Mittelpunkt des RMS stehen die Module *Risikobestandsaufnahme*, wo Risikofrüherkennung und Risikoeinzelbewertung bereich-, stellen-, produkt-, segment- und prozessorientiert erfolgen, *Erfolgs- und Finanztransformation der Risiken*, wo die Einzelrisiken unter Beachtung der vorhandenen Interdependenzen bewertet, zusammengefasst und in die Kalküle der Erfolgs- und Liquiditätsbetrachtung überführt werden, und die *risikointegrierende Erfolgs- und Finanzrechnung*, in der die bewerteten Risiken aufgenommen und in ihrer Gesamtwirkung auf das Unternehmen verdeutlicht werden. Relevante Risiken sind im Modul *Risikobericht* intern und extern zu kommunizieren. Als weiteres nach dem KonTraG gefordertes Modul ist die *Überwachung* des Gesamtsystems in einem gesonderten Modul sicherzustellen. Hier werden die organisatorischen Anweisungen z.B. in einem Risikohandbuch beschrieben, die vorgenommenen Maßnahmen und deren Anwendung dokumentiert und fortlaufend erfasst sowie die Verantwortungsbereiche unter Benennung der jeweiligen Verantwortungsträger aufgeführt. Zusätzlich ist die *Risikosteuerung* ein unverzichtbares Modul,[21] welches sowohl auf der Ebene der Einzelrisiken als auch für die zusammengefassten Risiken permanent in den Prozess einzubauen ist, um relevante Risiken durch geeignete Maßnahmen abzuwenden oder abzusichern. Nachfolgend werden die Module des RMS eingehender beschrieben.

## 4.2 Risikobestandsaufnahme

Die Risikobestandsaufnahme stellt die Identifikation, Sammlung und individuelle Bewertung aller im Unternehmen möglichen Risiken dar. Zur *Risikoidentifikation* wird zunächst abgestellt auf das Risikobewusstsein der im Unternehmen handelnden Personen. Dieses Risikobewusstsein wird organisatorisch durch formale Anweisungen und Berichtsstrukturen sowie instrumentell durch geeignete quantitative und qualitative Früh-

---

[21] Vgl. *Freidank* 2001b, S. 616.

# Integrierte Erfolgs-, Bilanz- und Finanzrechnung als Instrument des Risikocontrolling

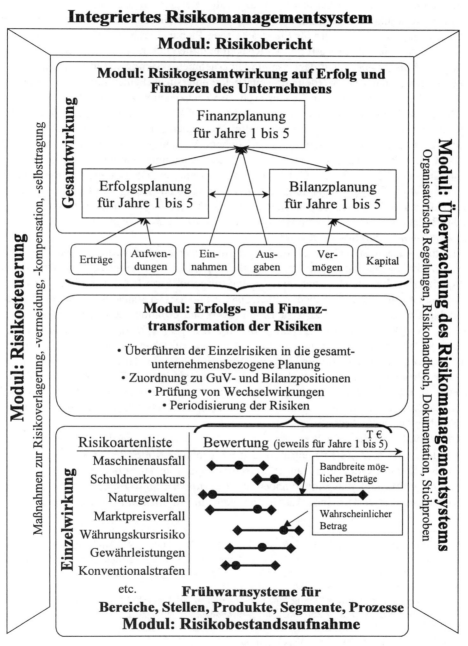

Abbildung 2: Modularer Aufbau eines Risikomanagementsystems

warnsysteme unterstützt.[22] Da das RMS integraler Bestandteil des Managementsystems ist, wird die konkrete Ausgestaltung unternehmensindividuell verschieden ausfallen.[23] Werden beispielsweise bereits für die strategische Planung Früherkennungssysteme eingesetzt, so sind die dabei identifizierten Risiken lediglich in eine Risk Map einzubringen. Häufig wird bisher aber nicht das gesamte Unternehmen systematisch in Bezug auf Risiken betrachtet, sondern es werden nur Teilaspekte untersucht. Fehlen hier Instrumente, so ist die Implementierung entsprechender Frühwarnmechanismen vorzunehmen.

Die im RMS einzusetzenden *Frühwarnsysteme* (FWS) stellen eine spezielle Art von Informationssystemen dar. Durch Frühwarninformationen sollen die Entscheidungsträger mögliche Gefährdungen (Risiken) mit zeitlichem Vorlauf signalisiert bekommen und damit in die Lage versetzt werden, noch rechtzeitig Gegenmaßnahmen zur Abwehr oder Minderung der signalisierten Gefährdung zu ergreifen.[24] Da bei sich verändernden Märkten und Umfeldgegebenheiten neben der rechtzeitigen Ortung von Bedrohungen für eine erfolgreiche Unternehmensführung auch das Erkennen von Chancen eine herausragende Bedeutung hat, sind Frühwarnsysteme zu *Früherkennungs-* bzw. *Frühaufklärungssystemen* weiterentwickelt worden.[25]

Interner Ausgangspunkt für die Frühaufklärungssysteme ist das Rechnungswesen. Um jedoch Zukunftseinschätzungen zu ermöglichen, muss das vergangenheitsorientierte Zahlenmaterial über die Unternehmensplanung fortgeführt werden, was periodische Plan-Ist-Vergleiche mit dazugehörigen Abweichungs- und Ursachenanalysen erlaubt. Dieser zukunftsgerichtete Vergleich zwischen Plan (Soll) und prognostiziertem (hochgerechnetem) Ist (Wird) kann als *hochrechnungsorientiertes Frühaufklärungssystem* bezeichnet werden. Während Soll-Ist-Vergleiche nur Aufschlüsse über bereits abgelaufene Ereignisse bzw. deren Ergebnisse liefern, bieten Hochrechnungen der Ist-Zahlen auf das Perioden- oder Projektende mittels quantitativer Prognoseverfahren (z.B. Zeitreihenverfahren, Kausale Verfahren) schon frühzeitig Erkenntnisse über sich abzeichnende Abweichungen (Wird-Zahlen), die sonst erst später (z.B. am Perioden- oder Projektende) in Soll-Ist-Vergleichen deutlich würden.[26]

Grundsätzlich stellen Hochrechnungen und die Verdeutlichung der Entwicklung von Kennzahlen über mehrere Planungsperioden ein probates Mittel der Frühwarnung (z.B. frühzeitige Signalisierung von Budgetüberschreitungen) im kurz- bis mittelfristigen Bereich dar. Controllingkonzeptionen haben diese Form der Frühwarnung in ihre Plan- und Berichtssysteme integriert. Ihre Aussagefähigkeit im Hinblick auf die Generierung von

---

[22] Dabei erscheint neben qualitativen Risikozirkeln [vgl. *Bitz* 2000b, S. 63-67] insbesondere der Einsatz von formalen und quantitativen Systemen, wie z.B. Szenariotechnik und Prognoseverfahren [vgl. *Lachnit* 1995, S. 112-116], unerlässlich. Vgl. zu den Problemen von Frühwarnsystemen z.B. *Schneider* 1985, S. 1489-1494.
[23] Zur Standardsoftwareunterstützung vgl. z.B. *Hartmann* 2001, S. 18-22.
[24] Vgl. u.a. *Hahn/Hungenberg* 2001, S. 244; *Krystek/Müller*, 1999, S. 177.
[25] Vgl. *Krystek/Müller* 1999, S. 178.
[26] Vgl. *Hahn/Krystek* 2000, S. 81; *Krystek/Müller* 1999, S. 178.

Frühwarninformationen hängt jedoch stark vom Umfang des zugrunde liegenden Datenmaterials, dem verwendeten Prognoseinstrumentarium und der EDV-Unterstützung ab.[27] Daher bedarf es zur Generierung der internen Informationen eines prozess-, bereiche-, stellen- und segmentorientierten Datenunterbaus. Wichtig ist, dass nicht nur monetäre Größen, sondern auch andere Größen, wie Mengen, Zeiten, Qualitätsangaben u.ä., erfasst werden, da diese Daten oft frühzeitig Risikohinweise geben. Des Weiteren sind risikorelevante externe Daten in das System einzubringen, wie beispielsweise Wirtschaftsindikatoren, Verbandsstatistiken oder Marktbeobachtungen.

Vor dem Hintergrund zunehmender ökonomischer Krisenerscheinungen wurden ab Anfang der 70er Jahre theoretisch fundierte Konzepte auf Basis von *Indikatoren mit Frühaufklärungseigenschaften* (Leading Indicators) entwickelt.[28] Diese Systeme zeichnen sich durch eine konsequente und gerichtete Suche und Beobachtung von relevanten Erscheinungen/Entwicklungen innerhalb und außerhalb des Unternehmens aus, die Einflüsse auf den Erfolg haben. Die zum Einsatz kommenden Indikatoren, die als Erfolgsfaktoren bzw. -parameter zu verstehen sind, können sowohl quantitativer als auch qualitativer Art sein und sollen mit zeitlichem Vorlauf über potenzielle bzw. latent bereits vorhandene Risiken/Chancen aus dem jeweiligen Beobachtungsbereich informieren.[29]

Im Gegensatz zu den eher kurzfristig-operativ ausgelegten Methoden der vorgenannten Ansätze sind strategische Frühaufklärungssysteme auf die frühzeitige Wahrnehmung bzw. Signalisierung langfristig-strategischer Aspekte ausgerichtet. Diese Frühwarnsysteme sind maßgeblich durch das Konzept der „*Schwachen Signale*" (Weak Signals) sowie durch Erkenntnisse der Diffusionstheorie geprägt. Der Grundgedanke ist die Annahme, dass Trendbrüche (Diskontinuitäten) im technologischen, ökonomischen, sozialen und politischen Bereich stets von Menschen initiiert werden und von daher nicht unvorhergesehen eintreten, sondern sich lange vorher durch so genannte „schwache Signale" ankündigen.[30] Der rechtzeitige Empfang und die richtige Deutung schwacher Signale ermöglichen der Unternehmensführung die frühzeitige Einleitung von (abgestuften) Reaktionsstrategien im Rahmen der strategischen Planung.

Bei umfassend angelegten Frühaufklärungssystemen steht die vernetzte ganzheitliche Betrachtung des Innen- und Umsystems des Unternehmens im Mittelpunkt. Dies wird seit Beginn der 90er Jahre unterstützt zum einen durch methodische Erweiterungen, wie z.B. durch den Einsatz von künstlicher Intelligenz oder der Trendforschung, und zum anderen seit 1998 um die organisatorische und inhaltliche Ausgestaltung als Teil des RMS nach KonTraG, ohne jedoch bisher ein verbindliches, unternehmensübergreifend einsetzbares RMS zu ergeben. Dies bedeutet für das Management, dass das unternehmensinterne RMS aus verschiedenen Verfahren und Methoden zusammengesetzt werden muss.

---

[27] Vgl. *Lachnit* 1992c, S. 160-167.
[28] Vgl. *Müller* 2001, S. 215 f.
[29] Vgl. *Bea/Haas* 1995, S. 274.
[30] Zum Konzept der „schwachen Signale" vgl. *Ansoff* 1976, S. 129-152.

Zur Bewertung der einzelnen Risiken und Chancen sind Kriterien für eine Klassifikation nach Gefahrenpotenzial sowie Methoden zur *Quantifizierung* nötig. Zur endgültigen Beurteilung, ob ein Risiko bestandsgefährdend werden kann oder nicht, ist eine Quantifizierung des Gefahrenausmaßes notwendig. Mit Hilfe der Bewertung der Risiken wird nicht nur das Gefährdungspotenzial bestimmt, sondern die Quantifizierung ist auch Voraussetzung, um mit Bezug auf die Erfolgs- und Finanzwirkung Risiken und Chancen steuern zu können.[31] Auch „weiche" Risiken und Chancen, wie z.B. Mitarbeiter- und Kundenzufriedenheit, sowie strategische Risiken und Chancen, die aufgrund fehlender Erfahrungswerte über zukünftige Entwicklungen nur schwer einschätzbar sind, müssen über Skalierungsverfahren in quantitative Konkretheit überführt werden.[32] Zur Bewertung des Risikos wird z.B. zunächst der Risikoerwartungswert (bewertetes Risiko) ermittelt. Letzteres kann bei Kenntnis der Wahrscheinlichkeitsverteilung über Value-at-Risk oder sonstige risikoadjustierte Größen erfolgen, ansonsten sind Sensitivitäts- und Szenarioanalysen notwendig.[33] Der Risikoerwartungswert wird als Produkt aus der Höhe des drohenden Vermögensverlustes (Quantitätsdimension) und der Wahrscheinlichkeit des Verlustes (Intensitätsdimension) ermittelt. Da existenzbedrohende Risiken trotz geringer Eintrittswahrscheinlichkeit eine andere Behandlung erfahren müssen als geringwertige Risiken mit höherer Eintrittswahrscheinlichkeit,[34] müssen je Risiko auch der Höchstschadenswert und die Bandbreite der Eintrittswahrscheinlichkeiten betrachtet werden.[35] Die Ergebnisse der Risikoanalyse sind abschließend in einer „Risk Map" zu erfassen, zu beschreiben und über das Berichtswesen zu kommunizieren.[36] Analog ist auch für die Chancen so vorzugehen.

Um die im § 91 Abs. 2 AktG geforderte Einordnung der Risiken in die Kategorie „bestandsgefährdend" vornehmen zu können, muss eine Abstraktion von den Chancen und eine Bewertung der Risiken in monetärer Form erfolgen. Dies bedingt, dass der umfassende Datenunterbau flexibel auswertbar auszugestalten ist. Da eine Bestandsgefährdung sowohl durch Verschlechterung der Liquiditätslage wie auch der Erfolgslage eintreten kann, muss die Risikobewertung gezielt mit Blick auf diese beiden zentralen Sachverhalte geschehen. Dabei ist neben den Höchstschadenswerten über die Berücksichtigung der Eintrittswahrscheinlichkeiten auch der Schadenserwartungswert für die zusammengefassten Risiken zu bestimmen. Diese Informationen können zudem zur Klassifizierung der Risiken herangezogen werden, indem für jedes Risiko das Wertepaar (Höchstschadenssumme/Schadenserwartungswert) in einem Koordinatensystem abgetragen wird. So werden z.B. Hinweise für die Dringlichkeit von Risikosteuerungsmaßnah-

---

[31] Vgl. *Baetge* 1998, S. 66; *Dowd* 1998, S. 141 f.
[32] Vgl. *Bitz* 2000b, S. 45; *Brebeck/Hermann* 1997, S. 384; *Wolf/Runzheimer* 2000, S. 33.
[33] Vgl. *AK "Finanzierung"* 2001, S. 64.
[34] Vgl. *Brebeck/Hermann* 1997, S. 384; *Kless* 1998, S. 95.
[35] Vgl. *Lehner/Schmidt* 2000, S. 264; *Lück* 1998b, S. 1927.
[36] Vgl. *Eggemann/Konradt* 2000, S. 508; *Emmerich* 1999, S. 1083; *Hornung/Reichmann/Diederichs* 1999, S. 321.

men gegeben. Darüber hinaus sind die Informationen des Risikoportfolios in regelmäßigen Zeitabständen systematisch in einer Risikoübersicht (Risk Map) darzustellen, um einen umfassenden Überblick über die bestehenden und potenziellen Risiken zu bekommen. Dieser Informationspool muss zum einen ständig aktualisiert, überwacht und analysiert werden. Zum anderen sollten die Schadenserwartungswerte für Erfolg und Liquidität in den Unternehmensplanungsprozess einbezogen werden. Außerdem sind relevante Risiken im Risikobericht als Bestandteil der externen Kommunikation des Unternehmens zu benennen.[37]

## 4.3 Erfolgs- und Finanztransformation der Risiken

Die Erfassung sämtlicher Interdependenzen zwischen den verschiedenen Risiken und Chancen gestaltet sich aufgrund des hohen Arbeitsaufwands in der Praxis sehr schwierig.[38] Hier gilt es, einen Kompromiss zwischen der notwendigen Genauigkeit beim Abschätzen von Risiken und Chancen sowie dem Wirtschaftlichkeitsaspekt zu finden, was letztlich nur gelingen kann, indem die Einzelrisiken und -chancen an eine zentrale Stelle kommuniziert werden, wo dann zum einen unter Nutzung von quantitativen Instrumenten, wie Datenbank-, Simulations- und Planungssystemen, sowie zum anderen aufgrund eines möglichst großen Erfahrungsschatzes ergänzend mit qualitativen Instrumenten die zusammengefassten Risiken und Chancen bewertet werden.

Da Einzelrisiken sich gegenseitig verstärken können, es zwischen ihnen zu Kompensationseffekten kommen kann oder ein Risiko durchaus Ursache eines anderen Risikos, aber auch einer Chance sein kann, sind derartige Abhängigkeiten zu klären und bei der Risikoerfassung und -verarbeitung zu berücksichtigen.[39] Die Notwendigkeit, eine aggregierte Risiken- und Chancenbewertung vornehmen zu müssen, bedeutet für Mutterunternehmen, das RMS auf den Gesamtkonzern auszuweiten, was das Konzern-Controlling zu unterstützen hat.

Die auf verschiedenen Stufen und Teilbereichen des Unternehmens einzeln erkannten und bewerteten Risiken müssen im nächsten Schritt in ihrer *Erfolgs-, Bilanz- und Finanzwirkung* ausgedrückt und in die Kalkülkategorien der Erfolgs- und Finanzrechnung transformiert werden.[40] Dazu sind die Erwartungs- oder Höchstwerte für Schadensfälle in konkrete periodenbezogene Erträge und Aufwendungen, Vermögens- und Schuldenänderungen sowie Einnahmen und Ausgaben umzusetzen. So muss z.B. das Ausmaß des Risikos „Währungskursanstieg" übertragen werden in höhere Materialaufwendungen für be-

---

[37] Vgl. *Lachnit/Müller* 2001, S. 374.
[38] Vgl. *Brebeck/Hermann* 1997, S. 384; *Dowd* 1998, S. 198.
[39] Vgl. *AK "Finanzierung"* 2001, S. 38-55; *Holst* 1998, S. 10.
[40] Vgl. *Bitz* 2000b, S. 41-44.

zogene Rohstoffe, höhere RHB-Bestände, höhere Umsatzerlöse und höhere Forderungen. Die folgende Abbildung verdeutlicht zusammenfassend diesen Prozess.

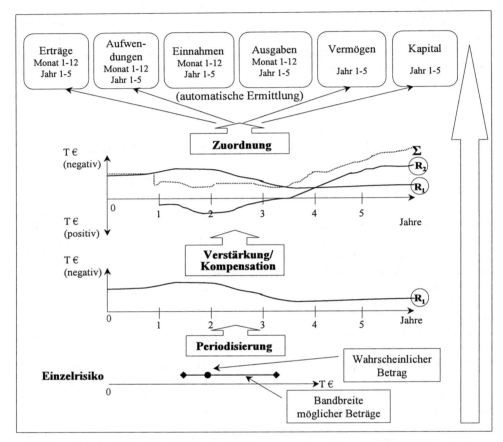

Abbildung 3: Ablauf der Erfolgs- und Finanztransformation der Risiken[41]

So aufbereitet können die Informationen über Risiken sowie Chancen in die Kalküle der Erfolgs- und Finanzlenkung eingebracht, hinsichtlich der insgesamt bestandsgefährdenden Wirkung untersucht und gegebenenfalls Gegenmaßnahmen ergriffen werden.

---

41 Vgl. *Lachnit/Müller* 2001, S. 380.

## 4.4 Einbindung der Risiken in die integrierte Erfolgs- und Finanzrechnung

Um die Wirkung der Risiken auf die Erfolgs- und Liquiditätslage eines Unternehmens aufzuzeigen, ist eine systematische Verknüpfung und Aggregierung in einer integrierten Erfolgs-, Bilanz- und Finanzrechnung erforderlich. Auf einer solchen monetär bewerteten Basis können die Chancen und Risiken in der Unternehmensabbildung hinreichend konkret dargestellt werden, so dass ein wirkungsvolles Risikomanagement ermöglicht wird. Dabei wird in dem System die Integration der Kalküle Aufwand, Ertrag, Vermögen, Kapital, Einnahmen und Ausgaben, die Integration prospektiver und retrospektiver Rechnungen, die Integration operativer und strategischer Planungen sowie die Integration von Einzelaspekten realisiert, was die systematische Berücksichtigung von Risiken aus allen diesen Bereichen gewährleistet.

Bei der Konzeption von Modellen zur Führungsunterstützung im Bereich der Erfolgs- und Finanzlenkung müssen neben der Unternehmensgröße, Branchenzugehörigkeit sowie der Organisationsstruktur die typologischen Unterschiede der Unternehmen beachtet werden. Einen wesentlichen Einfluss auf die Erfolgs- und Finanzentwicklung übt die für das betrachtete Unternehmen charakteristische Leistungs Wiederholungshäufigkeit[42] aus. So wird die Erfolgs- und Finanzentwicklung eines *Unternehmens mit Einzelfertigung oder Projektleistungstätigkeit* in besonderem Maße durch das einzelne Projekt bestimmt, so dass das Controlling neben gesamtunternehmensbezogenen Informationen auch Informationen zu den einzelnen Projekten und der Gesamtheit der Projekte bereitstellen muss. Demgegenüber stehen für ein *Unternehmen mit hoher Leistungs Wiederholungshäufigkeit* (Massen-, Sorten-, Großserienfertigung) die Absatz- und Umsatzentwicklung der in großer Zahl für einen anonymen Markt gefertigten Produkte sowie die damit verbundenen gesamtunternehmensbezogenen Erfolgs- und Finanzwirkungen im Vordergrund. Es ist daher für eine Erfolgs- und Finanzlenkung mit Bezug zum Risikomanagement nötig, das System auf die für das Unternehmen charakteristische Leistung Wiederholungshäufigkeit abzustimmen.[43] Zudem sind die Spezifika von konzernverbundenen Unternehmen zu berücksichtigen, so dass eine konzernweite risikenintegrierende Erfolgs- und Finanzlenkung aufzubauen ist.

Das Controllingsystem ERFI[44] stellt durch eine systematische, sachlich, zeitlich und organisatorisch abgestimmte Planung und Kontrolle von Erfolg, Finanzstruktur und Liquidität, unterstützt durch systematische Auswertungen sowie Simulationsmöglichkeiten, ein Instrument zur Unterstützung der Unternehmensführung mit Auswirkungen z.B. in betrieblicher Leistungssteigerung sowie erhöhter Risikoerkennung, Insolvenzvorsorge

---

[42] Vgl. *Lachnit* 1994, S. 19.
[43] Vgl. *Lachnit* 1994, S. 19 f.
[44] Vgl. grundlegend *Lachnit* 1989, S. 149-244; *Lachnit* 1992b, S. 39-74; *Lachnit/Ammann* 1992, S. 829-833 und S. 881-884; *Lachnit* 1991, S. 2145-2152.

und Existenzsicherung in operativer und strategischer Hinsicht dar. Als zentrale Kalküle werden die Gewinn- und Verlustrechnung, die Bilanz und die Einnahmen-Ausgaben-Rechnung verwendet, d.h. Rechenwerke, mit denen die Mitarbeiter aller Unternehmensgrößen und -formen vertraut sind. Akzeptanz- und Implementierungsproblemen wird durch die Verwendung dieser Kalküle vorgebeugt.[45] Gleichwohl müssen Differenzierungen vorgenommen werden, um Lösungen mit konkretem Problembezug zu realisieren.

Bei Unternehmen im Bereich der Massenfertigung ist z.B. das Hauptaugenmerk auf die *Planung des Absatzes und Umsatzes* zu legen, denn darauf beruhen wesentliche weitere Planungen des Unternehmens. Um Zukunftsunsicherheiten zu berücksichtigen, sind Probeläufe von Absatzplanungen nötig, mit deren Hilfe frühzeitig Informationen über Risiken und Chancen in Absatz und Umsatz gewonnen werden können. Im Bereich der operativen Absatzfrühwarnung ist es dabei von enormer Wichtigkeit, quantitative Prognoseverfahren einzusetzen, da die zeitliche Nähe der signalisierten Gefahren und die daraus resultierende Dringlichkeit von Gegenmaßnahmen konkrete Prognosen notwendig machen.[46]

Bei Unternehmen mit Einzelfertigung liegt das Augenmerk dagegen zunächst auf der Planung und Kontrolle der Einzelprojekte und der Zusammenfassung zu den daraus sich insgesamt ergebenden Konsequenzen für Erfolg, Bilanzstruktur und Liquidität des Unternehmens. Risikodiagnosen und Entscheidungen über Anpassungsmaßnahmen werden sodann z.B. über Simulationsläufe unterstützt. Über die sachlich, zeitlich und organisatorisch verzahnten Module des Systems ERFI, ggf. für Unternehmen mit geringer Wiederholungshäufigkeit der Leistungserstellung in Verbindung mit dem Projektcontrollingsystem PROCON,[47] ist eine integrierte Abbildung des Unternehmens bezüglich der zentralen Erfolgs- und Finanzparameter möglich.

Um den vollen Funktionsumfang des Systems zu nutzen, ist es zunächst erforderlich, die Istdaten von einigen zurückliegenden Jahren einzugeben bzw. bei entsprechender Schnittstelle automatisch aus dem Rechnungswesen zu übernehmen. Anschließend erfolgt die Eingabe der Plandaten für z.B. fünf Jahre, wobei aufgrund der verformelten Interdependenzen lediglich die Jahreswerte in die Gewinn- und Verlustrechnung und die Bilanz einschließlich Eigenkapital-, Anlagen- und Verbindlichkeitenspiegel sowie für die daraus abgeleitete unterjährige Planung die Prozentmatrix zur Verteilung der Jahreswerte auf die Monate einzugeben sind. Alle weiteren Teile des Gesamtsystems, wie insbesondere die Finanz(fluss-)rechnung und die unterjährigen Erfolgs- und Zahlungsrechnungen, erstellt das Programm automatisch. Zur Anwendungserleichterung liegen hinter den Datenstellen der GuV sowie der Bilanz konkretisierende Submodule, z.B. zur Herleitung der Aufwands- und Ertrags- oder Vermögens- und Kapitalposten. Hier liegen die Schnittstellen, um Risiken aus der Risikobestandsaufnahme in das System zur Erfolgs-, Bilanz-

---

[45] Vgl. zu den Implementierungsproblemen in mittelständischen Unternehmen beispielsweise *Lachnit/Ammann/Krützfeldt/Müller* 1996, S. 54-132, m.w.N.
[46] Vgl. *Lachnit* 1997, S. 168.
[47] Vgl. *Lachnit* 1994.

und Liquiditätsführung für Segmente und das Gesamtunternehmen zu übertragen. Erst durch diese Einbeziehung entsteht eine integrierte Erfolgs-, Bilanz-, Finanz- und Risikorechnung, mit deren Hilfe die bestandsgefährdende Wirkung von Risiken erkannt, berichtet, überprüft sowie mit Gegenmaßnahmen als Antwort simulativ durchgespielt werden kann.[48]

Ein derartiges System, in welchem das Risikomanagement komplett in die Erfolgs- und Finanzführung integriert ist, erfüllt nicht nur die gesetzlichen Anforderungen in Bezug auf Risikofrüherkennung und -darstellung, sondern führt auch zu der erwünschten qualitativen Verbesserung der Unternehmensführung in Bezug auf die Risikolage des Unternehmens. Die Leistungsfähigkeit des Systems im Hinblick auf die Entscheidungsunterstützung zeigt sich insbesondere in[49]

- der integrierten Gesamtdarstellung von Risikolage, Erfolgslage, Finanzstruktur und Liquiditätssituation des Unternehmens;

- der Entscheidungsunterstützung bei der langfristigen Gestaltung der Vermögens-, Kapital-, Ertrags- und Aufwandsstruktur des Unternehmens unter Beachtung benennbarer Risikoschwellen;

- der Entscheidungsunterstützung bei der kurz- und langfristigen Gestaltung der Einnahme- und Ausgabeprozesse und der daraus resultierenden Liquiditätshaltung;

- der systematisch, sachlich und zeitlich integrierten Planung und Kontrolle von Risiken, Erfolg, Finanzstruktur und Liquidität;

- dem Verdeutlichen betrieblicher Stärken und Potenziale sowie der Frühwarnung hinsichtlich Schwächen und Fehlentwicklungen in Erfolg, Bilanz und Finanzen des Unternehmens;

- der Klärung der betrieblichen Gestaltungsmöglichkeiten und Anpassungsstrategien u.a. auch mit Blick auf Risikomanagement-Maßnahmen;

- der Unterstützung der Unternehmensführung bei Auswahl der zielentsprechenden Unternehmenspolitik zur Sicherung von Erfolg, Bilanzstruktur, Finanzen und Liquidität im kurz- und langfristigen Zusammenhang unter Beachtung von Risiko-Schwellenwerten;

- der Simulationsfunktion zur Antizipation zukünftiger Entwicklungen, die es ermöglicht, Veränderungen externer Parameter ebenso wie unternehmerische Anpassungsmaßnahmen hinsichtlich ihrer Auswirkungen auf die Erfolgs-, Finanz- und Risikolage des Unternehmens zu untersuchen.

---

[48] Vgl. *Lachnit/Müller* 2001, S. 382.
[49] Vgl. *Lachnit* 1992b, S. 71.

Die dargestellten Module eines RMS dürfen nicht als statische Erfassung und Abbildung von Risiken verstanden werden. Vielmehr wird permanent durch Eingriffe der Entscheidungsträger versucht werden, die identifizierten Risiken durch Gegenmaßnahmen z.B. zu vermeiden, zu verlagern oder zu verringern.[50] Mit Hilfe der Risiko- und Chancensteuerung sollen die Risiken und Chancen im Sinne einer zieloptimalen Risikopolitik beherrscht werden,[51] wobei dem Controlling die Aufgabe zukommt, entsprechende Vorschläge unter Berücksichtigung der damit einhergehenden Chancen zu erarbeiten bzw. zahlenmäßig zu fundieren. Als instrumentelle Basis kommen die auch für die Risikofrüherkennung angewandten Methoden in einer simulativ ausgestalteten Form in Betracht.[52] So können beispielsweise in Risiko-Zirkeln nicht nur die Risiken identifiziert und bewertet, sondern auch Gegenmaßnahmen gefunden werden. Die erfolgs- und liquiditätsmäßige Wirksamkeit der Abwehrmaßnahmen kann wiederum in der simulativ ausgestalteten integrierten Erfolgs- und Finanzlenkung überprüft werden.[53]

Für die geforderte externe und interne Kommunikation muss das integrierte RMS zusammenfassend mit dem Modul *Risikobericht* ausgestattet sein. Hier werden zum einen die relevanten Risiken als Teil des Lageberichts erfasst und beschrieben, die dann Gegenstand der Abschlussprüfung sind.[54] Zum anderen muss der interne Risikobericht die Darstellung der Risikogesamtsituation für die Corporate Governance liefern, wozu eine auf relevante Risiken komprimierte Risk Map geeignet ist.[55] Schließlich muss auch die gesetzlich geforderte *Überwachung des RMS* sichergestellt werden. Hierfür ist zum einen die Dokumentation der organisatorischen Maßnahmen, der Verantwortlichkeiten und der konkreten Systemanwendung erforderlich, zum anderen sind die Maßnahmen auf ihre Eignung und Ergebnisse hin zu untersuchen.

## 5 Zusammenfassung

Für das RMS stehen bisher vor allem isolierte Instrumente für die Identifikation und Bewertung von Einzelrisiken wie auch für die teilbetriebliche und gesamtunternehmensbezogene Planung zur Verfügung. Problematisch bleibt die Ausgestaltung in Bezug auf die systematische Verbindung zwischen Einzelrisiken und Bestandsgefährdung des Unternehmens. Die Methodik, um eine integrierte Gesamtschau auf die Unternehmenslage

---

[50] Vgl. *AK "Finanzierung"* 2001, S. 32-35; *Füser/Gleißner* 1999, S. 757; *Johnson* 2001, S. 106-124; *Kless* 1998, S. 95.
[51] Vgl. *Freidank* 2001a, S. 5.
[52] Vgl. *Krebs* 2001, S. 72-76.
[53] Vgl. *Lachnit/Müller* 2001, S. 383.
[54] Vgl. zu diesbezüglichen Problemen z.B. *Pollanz* 2001, S. 1317-1325.
[55] Vgl. zu Umsetzungsvorschlägen z.B. *Botta* 2001, S. 201-205.

unter Berücksichtigung der erwarteten oder schlimmstenfalls zu befürchtenden Risiken zu erhalten, bedarf noch näherer Klärung.

In dem vorliegenden Beitrag ist für diesen Zweck das Instrument der integrierten Erfolgs-, Bilanz- und Finanzrechnung vorgeschlagen worden. Dieses System hilft nicht nur bei Erfüllung der gesetzlichen Anforderungen, bestandsgefährdende Risiken zu klären, sondern vermag auch die mit den Risiken einhergehenden Chancen adäquat abzubilden und kann somit zur Grundlage der Risikosteuerung werden. Ein solchermaßen gestaltetes RMS besteht aus den zentralen Modulen Risikobestandsaufnahme, Erfolgs- und Finanztransformation der Risiken und integrierter Erfolgs-, Liquiditäts- und Risikorechnung ergänzt um die Module Risikosteuerung, Risikobericht und Systemüberwachung. In der Risikobestandsaufnahme werden die über qualitative und quantitative Frühwarnsysteme isoliert identifizierten und bewerteten Risiken aufgeführt, die dann in einem Transformationsprozess periodisiert, bewertet, mit anderen Risiken zusammengefasst und schließlich in die für die gesamtunternehmensbezogene Beurteilung notwendigen Erfolgs- und Finanzkalküle überführt werden. In der integrierten gesamtunternehmensbezogenen Rechnung werden die in Werte transformierten Risikoinformationen hinsichtlich ihrer Auswirkungen auf die Erfolgs-, Liquiditäts- sowie Vermögens- und Kapitalsituation des Unternehmens dargestellt. Nur so ist eine Urteilsbildung über bestandsgefährdende Risiken und geeignete Risikobekämpfungsmaßnahmen möglich, was letztlich Voraussetzung für eine wirkungsvolle Risikopolitik der Unternehmensführung ist.

## Literaturverzeichnis

*AK "Finanzierung" der Schmalenbach-Gesellschaft für Betriebswirtschaft e.V.:* Risikomanagement und Risikocontrolling in Industrie- und Handelsunternehmen, in: Zeitschrift für betriebswirtschaftliche Forschung, 53. Jg., Sonderheft 46 (2001), S. 1-186.
*Ansoff, H. I.:* Managing Surprise and Discontinuity: Strategic Response to Weak Signals, in: Zeitschrift für betriebswirtschaftliche Forschung, 28. Jg. (1976), S. 129-152.
*Baetge, J.:* Instrumente eines effizienten Risikomanagement und Controlling, in: Reichmann, T. (Hrsg.): 13. Dt. Controlling Kongreß 1998, Dortmund 1998, S. 63-88.
*Bea, F. X./Haas, J.:* Strategisches Management, Stuttgart, Jena 1995.
*Bitz, H.:* Abgrenzung des Risiko-Frühwarnsystems i.e.S. nach KonTraG zu einem umfassenden Risiko-Managementsystem im betriebswirtschaftlichen Sinn, in: Betriebswirtschaftliche Forschung und Praxis, 52. Jg. (2000a), S.231-241.
*Bitz, H.:* Risikomanagement nach KonTraG: Einrichtung von Frühwarnsystemen zur Effizienzsteigerung und Vermeidung persönlicher Haftung, Stuttgart 2000b.
*Bleicher, K.:* Das Konzept Integriertes Management, 5. Auflage, Frankfurt a.M./New York 1999.
*Botta, V.:* BalancedUnternehmensControlling, in: Kostenrechnungspraxis, 45. Jg. (2001), S. 199-205.

*Brebeck, F./Hermann, D.:* Zur Forderung des KonTraG-Entwurfs nach einem Frühwarnsystem und zu den Konsequenzen für die Jahres- und Konzernabschlussprüfung, in: Die Wirtschaftsprüfung, 50. Jg. (1997), S. 381-391.

*Chmielewicz, K.:* Integrierte Finanz-, Bilanz- und Erfolgsplanung, in: Gebhardt, G./Gerke, W./Steiner, M. (Hrsg.): Handbuch des Finanzmanagements, München 1993, S. 43-66.

*Dowd, K.:* Beyond Value at Risk, Chichester 1998.

*Eggermann, G./Konradt, T.:* Risikomanagement nach KonTraG aus dem Blickwinkel des Wirtschaftsprüfers, in: Betriebs-Berater, 55. Jg. (2000), S. 503-509.

*Emmerich, G.:* Risikomanagement in Industrieunternehmen - gesetzliche Anforderungen und Umsetzung nach dem KonTraG, in: Zeitschrift für betriebswirtschaftliche Forschung, 51. Jg. (1999), S. 1075-1089.

*Freidank, C.-Ch.:* Zum Aufbau und Einsatz eines Risikomanagementsystems gemäß § 91 Abs. 2 AktG in Industriebetrieben, in: Tanski, J. S. (Hrsg.): Handbuch Finanz- und Rechnungswesen, Landsberg am Lech, 42. Nachlieferung 3/(2001a), VII.3.1, S. 1-38.

*Freidank, C.-Ch.:* Risikomanagement und Risikocontrolling, in: Freidank, C.-Ch./Mayer, E. (Hrsg.): Controlling-Konzepte. Neue Strategien und Werkzeuge für die Unternehmenspraxis, 5. Auflage, Wiesbaden 2001b, S. 595-631.

*Füser, K./Gleißner, W.:* Risikomanagement (KonTraG) - Erfahrungen aus der Praxis, in: Der Betrieb, 52. Jg. (1999), S. 753-758.

*Hahn, D.:* Frühwarnsysteme, in: Buchinger, G. (Hrsg.): Umfeldanalysen für das strategische Management: Konzeptionen - Praxis - Entwicklungstendenzen, Wien 1983, S. 3-26.

*Hahn, D.:* Integrierte Finanz- und Erfolgsplanung, in: Handwörterbuch des Rechnungswesens, 3. Auflage, Stuttgart 1993, Sp. 927-936.

*Hahn, D./Hungenberg, H.:* PuK, Controllingkonzepte: Planung und Kontrolle, Planungs- und Kontrollsysteme, Planungs- und Kontrollrechnung, 6. Auflage, Wiesbaden 2001.

*Hahn, D./Krystek, U.:* Früherkennungssysteme und KonTraG, in: Dörner, D. et al. (Hrsg.): Praxis des Risikomanagements: Grundlagen, Kategorien, branchenspezifische und strukturelle Aspekte, Stuttgart 2000, S. 73-97.

*Hartmann, T.:* Ein operatives Früherkennungssystem auf Basis von Standardsoftware, in: Controller Magazin, 26. Jg. (2001), S. 18-22.

*Holst, J.:* Risikomanagement im Lichte des KonTraG, Göttingen 1998.

*Hornung, K./Reichmann, T./Diederichs, M.:* Risikomanagement - Teil I: Konzeptionelle Ansätze zur pragmatischen Realisierung gesetzlicher Anforderungen, in: Controlling, 11. Jg. (1999), S. 317-325.

*Horváth, P./Weber, J.:* Controlling, in: Pfohl, H.-C. (Hrsg.): Betriebswirtschaftslehre der Mittel- und Kleinbetriebe, 2. Auflage, Berlin 1990, S. 288-324.

*IDW (Hrsg.):* IDW Prüfungsstandard. Die Prüfung des Risikofrüherkennungssystems nach § 317 Abs. 4 HGB (IDW PS 340), in: Die Wirtschaftsprüfung, 52. Jg. (1999), S. 658-662.

*Jenner, T.:* Zum Einfluss der Gestaltung von Planungsprozessen auf den Erfolg strategischer Geschäftsfelder, in: Schmalenbachs Zeitschrift für betriebswirtschaftliche Forschung, 53. Jg. (2001), S. 107-126.
*Johnson, M. E.:* Learning From Toys: Lesson in Managing Supply Chain Risk from the Toy Industry, in: California Management Review, Vol. 45 (2001), S. 106-124.
*Kless, T.:* Beherrschung der Unternehmenskrisen: Aufgaben und Prozesse eines Risikomanagements, in: Deutsches Steuerrecht, 36. Jg. (1998), S. 93-96.
*Krebs, S.:* Risikosteuerung in der IT-Revision, in: Interne Revision, 36. Jg. (2001), S.72-76.
*Kromschröder, B.:* Risikomanagement, in: Lück, W. (Hrsg.): Lexikon der Rechnungslegung und Abschlussprüfung, 4. Auflage, München/Wien 1998, S. 687.
*Kromschröder, B./Lück, W.:* Grundsätze risikoorientierter Unternehmensüberwachung, in: Der Betrieb, 51. Jg. (1998), S. 1573-1585.
*Krystek, U./Müller, M.:* Frühaufklärungssysteme. Spezielle Informationssysteme zur Erfüllung der Risikopflicht nach KonTraG, in: Controlling, 11. Jg. (1999), S.177-183.
*Lachnit, L.:* EDV-gestützte Unternehmensführung in mittelständischen Betrieben, München 1989.
*Lachnit, L.:* Erfolgs- und Finanzplanung für mittelständische Betriebe als Electronic-Banking-Leistung der Kreditinstitute, in: Der Betrieb. 44. Jg. (1991a), S. 2145-2152.
*Lachnit, L.:* Erfolgsspaltung auf der Grundlage der GuV nach Gesamt- und Umsatzkostenverfahren, in: Die Wirtschaftsprüfung, 44. Jg. (1991b), S. 773-783.
*Lachnit, L.:* Controlling als Instrument der Unternehmensführung, in: Lachnit, L. (Hrsg.): Controllingsysteme für ein PC-gestütztes Erfolgs- und Finanzmanagement, München 1992a, S. 1-18.
*Lachnit, L.:* Modell zur integrierten Erfolgs- und Finanzlenkung (ERFI), in: Lachnit, L. (Hrsg.): Controllingsysteme für PC-gestütztes Erfolgs- und Finanzmanagement, München 1992b, S. 39-74.
*Lachnit, L.:* Umsatzprognose auf Basis von Expertensystemen, in: Controlling, 4. Jg. (1992c), S. 160-167.
*Lachnit, L.:* Controllingkonzeption für Unternehmen mit Projektleistungstätigkeit, München 1994.
*Lachnit, L.:* Frühwarnsysteme, in: Mertens, P. et al. (Hrsg.): Lexikon der Wirtschaftsinformatik, 3. Auflage, Berlin u.a.O. 1997, S. 168-169.
*Lachnit, L./Ammann, H.:* PC-gestützte Erfolgs- und Finanzplanung als Instrument der Unternehmensführung und Unternehmensberatung, Teil I und II, in: Deutsches Steuerrecht, 30. Jg. (1992), S. 829-833 und S. 881-884.
*Lachnit, L./Ammann, H./Krützfeldt, T./Müller, S.:* Anwenderbezogene Ausgestaltung von EDV-unterstützten Unternehmensführungs-Systemen in mittelständischen Betrieben, Schlussbericht des von der Stiftung Industrieforschung geförderten Projekts S286 gleichen Namens, Oldenburg 1996.
*Lachnit, L./Dey, G.:* Modell zur Lenkung von Bereichen und Stellen, in: Lachnit, L. (Hrsg.): Controllingsysteme für ein PC-gestütztes Erfolgs- und Finanzmanagement, München 1992, S. 85-118.

*Lachnit, L./Müller, S.:* Risikomanagementsystem nach KonTraG und Prüfung des Systems durch den Wirtschaftsprüfer, in: Freidank, C.-Ch. (Hrsg.): Die deutsche Rechnungslegung und Wirtschaftsprüfung im Umbruch, FS Strobel, München 2001, S. 363-393.

*Lehner, U./Schmidt, M.:* Risikomanagement im Industrieunternehmen, in: Betriebswirtschaftliche Forschung und Praxis, 52. Jg. (2000), S.261-272.

*Lück, W.:* Risikomanagement und Überwachungssystem. KonTraG: Anforderungen und Umsetzungen in der betrieblichen Praxis, Karlsruhe 1998a.

*Lück, W.:* Der Umgang mit unternehmerischen Risiken durch ein Risikomanagementsystem und durch ein Überwachungssystem, in: Der Betrieb, 51. Jg. (1998b), S. 1925-1930.

*Lück, W.:* Betriebswirtschaftliche Aspekte der Einrichtung eines Überwachungssystems und eines Risikomanagementsystems, in: Dörner, D./Menold, D./Pfitzer, N. (Hrsg.): Reform des Aktienrechts, der Rechnungslegung und Prüfung, Stuttgart 1999, S. 139-176.

*Müller, A.:* Systematische Gewinnung von Frühindikatoren für Frühaufklärungssysteme, in: Kostenrechnungspraxis, 45. Jg. (2001), S. 212-222.

*Perridon, L./Steiner, M.:* Finanzwirtschaft der Unternehmung, 10. Auflage, München 1999.

*Pollanz, M.:* Offene Fragen der Prüfung von Risikomanagementsystemen nach KonTraG, in: Der Betrieb, 52. Jg. (2001), S. 1317-1325.

*Sauerwein, E./Thurner, M.:* Der Risikomanagement-Prozess im Überblick, in: Hinterhuber, H. et al. (Hrsg.): Betriebliches Risikomanagement, Wien 1998, S. 19-42.

*Schneider, D.:* Eine Warnung vor Frühwarnsystemen – Statistische Jahresabschlussanalyse als Prognosen zur finanziellen Gefährdung einer Unternehmung?, in: Der Betrieb, 52. Jg. (1985), S. 1489-1494.

*Witt, F.-J.:* Praxis des Risiko-Controlling, in: Freidank, C.-Ch./Tanski, J.(Hrsg.): Accounting, Controlling & Finance, München 2002, IV.4, S. 1-51.

*Wolf, K./Runzheimer,B.:* Risikomanagement und KonTraG: Konzeption und Implementierung, 2. Auflage, Wiesbaden 2000.

## Symbolverzeichnis

N             Bereichs- oder Stellensumme
R             Risikoausprägung

## Abbildungsverzeichnis

Abbildung 1:   Integrierte Erfolgs-, Bilanz- und Finanzrechnung
Abbildung 2:   Modularer Aufbau eines Risikomanagementsystems
Abbildung 3:   Ablauf der Erfolgs- und Finanztransformation der Risiken

# Teil IV:

# Controlling Ausblick

KARSTEN PAETZMANN

# Grundsätze eines transparenzschaffenden Controlling mit Blick auf bankinterne Ratings

| | | | |
|---|---|---|---|
| 1 | Rating im Kontext Basel II | | 591 |
| | 1.1 | Die Arbeit des Basler Ausschusses | 591 |
| | 1.2 | Externe Ratings | 591 |
| | 1.3 | Bankinterne Ratings | 593 |
| 2 | Transparenzanforderungen der Banken im Unternehmens-Kreditgeschäft | | 595 |
| | 2.1 | Die Anforderungen an Kreditunterlagen seitens § 18 KWG | 595 |
| | 2.2 | Die Transparenzanforderungen seitens Basel II | 596 |
| | 2.3 | Handlungsbedarf auf Seiten mittelständischer Unternehmen | 600 |
| 3 | Grundsätze eines transparenzschaffenden Controlling im Mittelstand | | 602 |
| | 3.1 | Grundsatz der Zukunftsorientierung | 604 |
| | 3.2 | Grundsatz der Risikoorientierung | 605 |
| | 3.3 | Grundsatz der Entscheidungsorientierung | 610 |
| | 3.4 | Grundsatz der Wertorientierung | 613 |
| 4 | Zusammenfassung | | 615 |
| Literaturverzeichnis | | | 615 |
| Abbildungsverzeichnis | | | 620 |

# 1 Rating im Kontext Basel II

## 1.1 Die Arbeit des Basler Ausschusses

Der Basler Ausschuss für Bankenaufsicht legte im April 2003 mit seinem *Dritten Konsultationspapier zur Neuen Eigenkapitalvereinbarung*[1] recht konkrete Vorschläge für Methoden zur Bemessung von Kreditrisiken vor.[2] Wenngleich sich die Arbeit des Ausschusses auf die Eigenkapitalunterlegung der Kreditinstitute richtet, nimmt sie mittelbar Einfluss auf die zukünftige (Fremd-)Finanzierungskultur zwischen Banken und Nicht-Banken auch in Deutschland.

Die Kreditinstitute passen gegenwärtig ihre bankinternen Ratingsysteme und Kreditvergabeprozesse an die Anforderungen der Neuen Eigenkapitalvereinbarung (genannt Basel II) an. Auf den deutschen Mittelstand kommt vor diesem Hintergrund kein „Kreditnotstand" zu. Jedoch werden die Transparenzanforderungen der Banken gerade im mittelständischen Firmenkundengeschäft (insbesondere oberhalb des zukünftigen Retailgeschäftes[3]) steigen. Daher sollten sich vor allem mittelständische Firmenkunden auf die neuen „Spielregeln" rechtzeitig vorbereiten.

Zur Bemessung des Kreditrisikos im Unternehmens-Kreditgeschäft schlug bereits das Zweite Konsultationspapier zwei gleichberechtigte Methoden vor: einen *standardised approach* (Standardansatz), der auf die Ergebnisse externer Ratings zurückgreift, sowie einen *internal ratings-based (IRB) approach*, der auf bankinternen Ratings fußt.

## 1.2 Externe Ratings

Anders als in den USA gibt es in Deutschland noch keine etablierte Ratingkultur. *Standard & Poor's*, die weltweit führende Ratingagentur, blickt bereits auf eine Geschichte zurück, die ihren Anfang im Jahre 1860 nahm. Heute sind durch diese Agentur in *Deutschland* erst einige Dutzend Unternehmen „gerated", verglichen mit etwa 2.500 Unternehmen in den *USA*.

---

[1] Vgl. *Basel Committee* 2003a.
[2] Der Ausschuss sieht vor, nach Ablauf der Konsultationsfrist sowie einer Endfassung Ende 2003 die Neue Eigenkapitalvereinbarung bis Jahresende 2006 in Kraft treten zu lassen.
[3] Als Retailkredite können solche mit standardisierter Kreditvergabe und -bearbeitung sowie mit einem Kreditvolumen bis 1 Mio. € bezeichnet werden. Vgl. *Basel Committee* 2003b, S. 41 f.

Der Nutzen eines Ratings für ein Unternehmen liegt in der Regel in der Absicht begründet, eine Kapitalmarkt-Transaktion durchzuführen. Die Finanzierung über den Kapitalmarkt ist in *Deutschland* jedoch – anders als in angelsächsischen Ländern – gerade bei mittelständischen Unternehmen (noch) wenig verbreitet. Mit Blick auf kritische Mindestgrößen von Kapitalmarktanleihen ist auch zu beachten, dass etwa in den *USA* die Mindestgröße einer platzierbaren Anleihe derzeit bei 50 Mio. $ gesehen wird. Dies verdeutlicht, dass dieses Finanzierungsinstrument den überwiegenden Teil des Mittelstands ausschließt. Es bleibt abzuwarten, ob sich innovative Finanzierungsinstrumente wie etwa die Verbriefung von Forderungen (Securitization) im deutschen Mittelstand durchsetzen können.

Die großen US-amerikanischen Ratingagenturen konzentrieren sich im deutschen Markt bislang weitgehend auf ihr Basisgeschäft des Ratings von Großunternehmen. Da noch nicht einmal alle DAX-Unternehmen derzeit ein Credit Rating aufweisen, stellt dieser deutsche „Premium"-Markt der externen Ratings heute weiter einen Wachstumsmarkt für die Agenturen dar.

Mit dem Fokus Mittelstand waren in den vergangenen Jahren verschiedene neue Ratingagenturen in Deutschland gegründet worden. Nachdem durch das Zweite Konsultationspapier im Januar 2001 jedoch festgeschrieben wurde, dass bankinterne Ratings gleichberechtigt zum auf externen Ratings fußenden Standardansatz eingesetzt werden können, und sich die deutsche Bankenlandschaft durchgängig auf den bankinternen Ansatz vorbereitet, kann das Marktpotenzial dieser mittelstandsfokussierten Agenturen nunmehr als auf mittlere Sicht unbedeutend angesehen werden.[4] Im Juni 2002 stellte die *Euroratings AG*, Tochter der *Deutschen Ausgleichsbank (DtA)*, ihren Geschäftsbetrieb ein.[5]

Der Mittelstand in Deutschland wird sich auch weiterhin stärker als in anderen Ländern über klassisches Fremdkapital finanzieren. Die Bedeutung der kurz- und langfristigen Fremdfinanzierung wird weiterhin als hoch angesehen (vgl. Abbildung 1). Gleichwohl sehen Mittelständler bereits eine zunehmende Bedeutung moderner Instrumente wie Factoring oder Leasing. Auch die Bedeutung der Beteiligungsfinanzierung als externe Eigenkapitalbeschaffung dürfte zukünftig bei Mittelständlern zunehmen.

---

[4] Gleichwohl ist zu beachten, dass die Ergebnisse externer Ratings eine Grundlage für das bankinterne Rating sein können: „An external rating can be the primary factor determining an internal rating assignment; however, the bank must ensure that it considers other relevant information." *Basel Committee* 2003b, S. 73.

[5] Vgl. *Lebert* 2002.

Grundsätze eines transparenzschaffenden Controlling mit Blick auf bankinterne Ratings 593

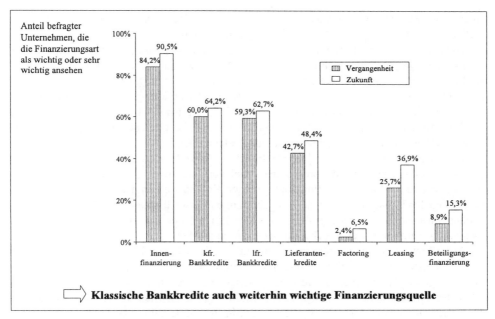

Abbildung 1: Untersuchung der KfW[6]

## 1.3 Bankinterne Ratings

Wenngleich im Zweiten Konsultationspapier der Standardansatz und der bankinterne IRB-Ansatz als gleichberechtigte Methoden bezeichnet wurden, greifen Banken auf die letztere Methode zu, auch weil sie eine wesentlich präzisere Risikomessung erlaubt.[7] Der bankinterne IRB-Ansatz gestattet es Banken, die Bonität sämtlicher Schuldner selbst zu schätzen. Auf Basis ihrer internen Bonitätsbeurteilung ordnet eine Bank hierbei einen Schuldner einer Risikoklasse ihres bankinternen Ratingsystems zu. Als Mindestanforderung werden durch das Dritte Konsultationspapier hierfür acht Risikoklassen genannt.[8] Für jede Risikoklasse muss die Bank die durchschnittliche Ein-Jahres-Ausfallwahrscheinlichkeit schätzen. Dem Vorgehen soll eine konservative Einschätzung der langjäh-

---

[6] Vgl. *KfW* 2002, S. 20 ff.
[7] Vgl. *Paetzmann* 2001b, S. 493.
[8] „A bank must have a minimum of seven borrower grades for non-defaulted borrowers and one for those that have defaulted." *Basel Committee* 2003b, S. 71.

rigen Durchschnitts-Ausfallwahrscheinlichkeit der Ratingklasse zugrunde liegen. Zugleich soll es empirisch fundiert und zukunftsgerichtet sein.[9]

Hinsichtlich des zukünftigen Betrachtungszeitraums, der für das Rating anzulegen ist, sei hier nur kurz auf die beiden in der Rating-Praxis bestehenden grundsätzlichen Philosophien „Point-in-time" (kurzfristige Betrachtung) und „Through-the-cycle" (das Risiko zum schwächsten Zeitpunkt innerhalb eines Konjunkturzyklus messend) hingewiesen.[10] Das Konsultationspapier fordert eine Ein-Jahres-Ausfallwahrscheinlichkeit, wobei auch solche Informationen in das Rating eingehen sollen, die über den Ein-Jahres-Horizont hinausreichen und für die Kreditentscheidung relevant sind.[11]

Ein Firmenkunde, der von seiner Bank bisher als kreditwürdig betrachtet wurde, wird dies auch zukünftig sein können, sofern – bei vergleichbarer Unternehmenssituation – das zukünftige bankinterne Rating zum gleichen Ergebnis gelangt wie die bisherige Einschätzung der Bank. Aufgrund der oft jahrelangen Geschäftsbeziehungen kennen Hausbanken ihre Kunden bereits gut, so dass der Einsatz der neuen bankinternen Ratings kaum zu wesentlichen neuen Erkenntnissen führen wird.[12]

Auch ohne Vorliegen eines externen Ratings kann zukünftig eine Bank mit einem vom Bundesaufsichtsamt akkreditierten bankinternen Ratingsystem einen Firmenkunden mit sehr gutem Ratingergebnis in eine günstige Bonitätsklasse einstufen, was sich aus Sicht des Firmenkunden positiv auf die Kreditkosten auswirken dürfte. Allerdings wird ein Mittelständler mit geringer Bonität zukünftig Probleme haben, zusätzliches Fremdkapital aufzunehmen.

Aufgrund der weiterhin hohen Bedeutung der klassischen Fremdfinanzierung im deutschen Mittelstand ist das „Rating-Thema" überwiegend ein „Bankenthema". Die folgenden Ausführungen beziehen sich daher auf die (zukünftigen) Anforderungen der Banken und ihre Erfüllung durch ein transparenzschaffendes Controlling.

---

[9] Vgl. *Basel Committee* 2003b, S. 73.
[10] Vgl. *Treacy/Carey* 1998, S. 899.
[11] Vgl. *Basel Committee* 2003b, S. 73.
[12] Vgl. *Heinke* 2001, S. 176; *Arnold* 2001, S. 168 f.

## 2 Transparenzanforderungen der Banken im Unternehmens-Kreditgeschäft

### 2.1 Die Anforderungen an Kreditunterlagen seitens § 18 KWG

Nicht erst seit Basel II beschäftigen sich Banken mit dem Wohl und Weh ihrer Kunden im Kreditgeschäft. Anforderungen für das Kreditgeschäft sind zunächst einmal im Gesetz über das Kreditwesen (KWG)[13] kodifiziert.[14] Gewährt ein Kreditinstitut einem Kreditnehmer Kredite von insgesamt mehr als 250.000 €, so hat es sich nach § 18 Satz 1 KWG die wirtschaftlichen Verhältnisse, insbesondere durch *Vorlage des Jahresabschlusses*, offen legen zu lassen.[15] Für die Offenlegung der wirtschaftlichen Verhältnisse eines Kreditnehmers im Sinne des § 18 Satz 1 KWG hat das ehemalige Bundesaufsichtsamt für das Kreditwesen (BAKred) mit seinen Rundschreiben 9/1998, 16/1999 und 5/2000 Qualitätsanforderungen an den Jahresabschluss[16] präzisiert. Demnach ist der Kreditnehmer unter gewissen Voraussetzungen verpflichtet, dem finanzierenden Institut *weitere Unterlagen* vorzulegen, die erforderliche Auskünfte über die wirtschaftlichen Verhältnisse des Kreditnehmers zu geben vermögen. Zur Offenlegung der wirtschaftlichen Verhältnisse eines Kreditnehmers sind weitere Unterlagen unter anderem dann zu präsentieren, wenn[17]

- der Jahresabschluss keiner Prüfung unterzogen wurde,
- die testierten bzw. auf freiwilliger Basis gemäß Handelsrecht geprüften Jahresabschlüsse kein klares, zeitnahes Bild über die wirtschaftliche Situation vermitteln, insbesondere bei Vorlage der Jahresabschlüsse später als neun bzw. zwölf Monate nach Bilanzstichtag,

---

[13] Vgl. *BGBl.* 2001.
[14] Weiterhin gelten die Mindestanforderungen an das Kreditgeschäft der Kreditinstitute (MaK) als allgemeine bankübliche Standards (zur aktuellen Weiterentwicklung der MaK vgl. *Hirschmann/Romeike* 2003, S. 10-15) sowie entsprechende präzisierende bankinterne Regelungen in den verschiedenen Instituten.
[15] Auch unterhalb der genannten Offenlegungsgrenze hat sich das Kreditinstitut nach den Grundsätzen ordnungsgemäßer Geschäftsführung über die aus der Kreditvergabe herrührenden Risiken ein klares Bild zu verschaffen. Vgl. hierzu Rundschreiben *BAKred* 09/98, Fn. 1.
[16] Bei nicht bilanzierenden Unternehmen betrifft dies die Vermögensaufstellung bzw. die Überschussrechnung.
[17] Vgl. *BAKred* 16/1999 und *BAKred* 5/2000.

- die testierten/geprüften Jahresabschlüsse allein trotz zeitnaher Vorlage kein klares, hinreichend verlässliches Bild über die wirtschaftlichen Verhältnisse des Kreditnehmers vermitteln, etwa mit Blick auf die Wertansätze, sowie
- ein Anlass erkennbar ist, die Verlässlichkeit – insbesondere mit Blick auf die Person eines Mitwirkenden und die im Jahresabschluss enthaltenen Angaben – in Zweifel zu ziehen.

Mit seinen genannten Rundschreiben hat das BAKred deutlich gemacht, dass die Anforderungen des § 18 Satz 1 KWG unter bestimmten Voraussetzungen nur durch weitere Unterlagen neben dem Jahresabschluss zu erfüllen sind. In der Praxis wird seitens der Kreditentscheider deutscher Banken vor allem solchen Unterlagen hohe Bedeutung beigemessen, die die bankseitig durchgeführten Jahresabschlussanalysen ergänzen.[18] Letztlich sind § 18 Satz 1 KWG sowie die genannten bankaufsichtsrechtlichen Rundschreiben Ausfluss des „anerkannten bankkaufmännischen Grundsatzes, Kredite nur nach umfassender und sorgfältiger Bonitätsprüfung zu gewähren und bei bestehenden Kreditverhältnissen die Bonität des Kreditnehmers laufend zu überwachen"[19]. Diese Bankpraxis betrifft damit schon heute – vor Umsetzung von Basel II – alle bestehenden Engagements im Firmenkundengeschäft. Dies äußert sich im übrigen auch darin, dass deutsche Großbanken seit mindestens Anfang der neunziger Jahre die Bonität ihrer Unternehmens-Kreditnehmer über institutseigene Ratingsysteme untersuchen. Insofern liegt in diesen Großbanken bei der Umsetzung von Basel II eine nicht unerhebliche Erfahrung mit der Durchführung bankinterner Ratings vor.

## 2.2  Die Transparenzanforderungen seitens Basel II

Mit seinem Dritten Konsultationspapier publizierte der Baseler Ausschuss für Bankenaufsicht einen konkreteren Vorschlag zur Neuen Eigenkapitalvereinbarung, der schon recht präzise die Anforderungen an künftige bankinterne Ratings aufzeigt. Die finanzierenden Institute richten derzeit ihre Ratingverfahren auf die zukünftigen Anforderungen aus oder haben dies schon getan.

Dabei treten neben die quantitative Analyse der Finanzsituation (Vermögens-, Finanz- und Ertragslage) qualitative Bonitätsbeurteilungskriterien, etwa zu den Potenzialen oder zum Markt (vgl. Abbildung 2). Die Ratingverfahren beinhalten für die Firmenkunden oberhalb des Retailgeschäftes, in das die mengenmäßig umfangreiche Zahl der Gewerbetreibenden mit geringeren Jahresumsätzen bzw. überschaubareren Engagements eingeht, unternehmensgrößenabhängig mehr oder weniger umfangreiche qualitative Fra-

---

[18]  Vgl. *Freidank/Paetzmann* 2002, S. 1787 f.
[19]  BAKred 9/1998.

genkataloge. Die teilweise offen, teilweise geschlossen (ja/nein-Antwort) formulierten Fragen sind durch die Institute zum Zwecke der Bonitätseinstufung zu erheben. Abbildung 3 zeigt beispielhaft die Grobstruktur derartiger Fragen im Sparkassensektor, die insgesamt 49 zu erhebende Aussagen zu 16 Merkmalen in den Bereichen Unternehmensführung, Planung und Steuerung, Markt und Produkt sowie Wertschöpfungskette beinhaltet.

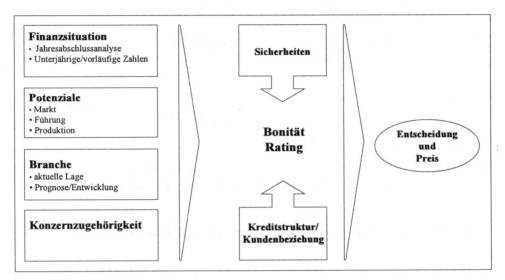

Abbildung 2: Grobstruktur des Bonitätsbeurteilungssystems einer deutschen Großbank beim Rating von Firmenkunden

Das Dritte Konsultationspapier fordert, bestimmte Kredite – so genannte Problemfälle – öfter als jährlich einer Analyse und einem Re-Rating zu unterziehen. „Borrowers and facilities must have their ratings refreshed at least on an annual basis. Certain credits, especially higher risk borrowers or problem exposures, must be subject to more frequent review. In addition, banks must initiate a new rating if material information on the borrower or facility comes to light."[20]

Der auf Seiten der finanzierenden Institute entstehende Informationsbedarf[21] wird daher zukünftig mehr und mehr durch qualifizierte Quartals- oder Monatsreportings zu erfüllen sein. Derartige Reportings sind im deutschen Mittelstand freilich (noch) nicht

---

[20] *Basel Committee* 2003b, S. 75.
[21] „The bank must have an effective process to obtain and update relevant information on the borrower's financial condition". *Basel Committee* 2003b, S. 75.

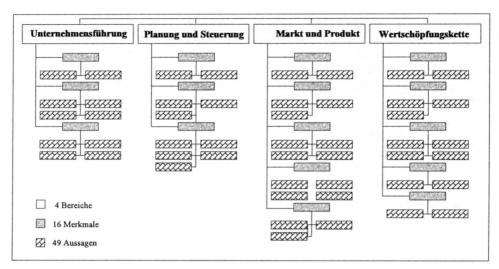

Abbildung 3: Grobstruktur der durch Sparkassen im Rahmen des Ratings größerer mittelständischer Unternehmen erhobenen Informationen

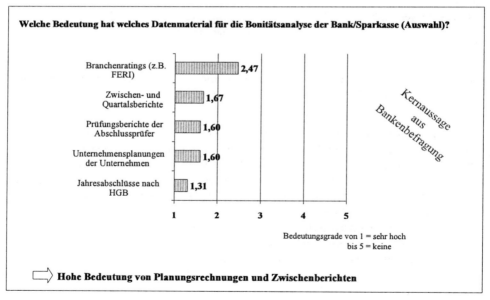

Abbildung 4: Ergebnis einer Erhebung unter deutschen Kreditentscheidern[22]

---

[22] Vgl. *Freidank/Paetzmann* 2002, S. 1787.

sehr verbreitet. Wie eine in 2002 durchgeführte Erhebung unter Kreditentscheidern deutscher Banken und Sparkassen zeigt, messen diese bereits heute den vorgelegten Unternehmensplanungen und Zwischenberichten ihrer Kunden eine hohe Bedeutung im Rahmen der Bonitätsanalyse zu (siehe Abbildung 4).

Bei differenzierter Auswertung der Ergebnisse dieser Erhebung ergibt sich sogar, dass die befragten Großbanken – anders als die Institute des Sparkassensektors – den Unternehmensplanungen bereits die gleiche (sehr hohe) Bedeutung zuordnen wie den HGB-Jahresabschlüssen (Abbildung 5). Dies dürfte zeigen, dass sich die bonitätsbeurteilende Tätigkeit der Institute mehr und mehr von der traditionellen, vorwiegend retrospektiven Bilanzanalyse löst und stärker zukunftsorientierte Sichtweisen in der Kreditanalyse an Gewicht gewinnen.

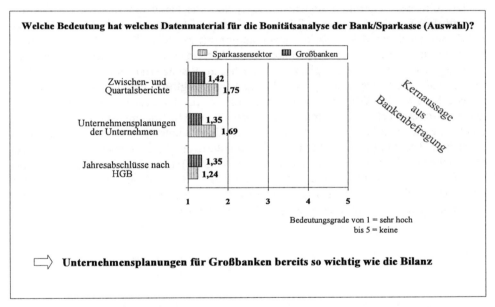

Abbildung 5: Differenzierte Auswertung der Bankenerhebung[23] nach befragten Institutsgruppen

---

[23] Vgl. *Freidank/Paetzmann* 2002.

## 2.3 Handlungsbedarf auf Seiten mittelständischer Unternehmen

Mittelständische Unternehmen – ob mit geringer oder hoher Bonität – sind spätestens mit Blick auf die geplante Umsetzung von Basel II bis Jahresende 2006 gefordert, die *Transparenz* über ihre Unternehmenssituation vor allem mittels adäquater Controllinginstrumente deutlich zu erhöhen. Ebenfalls ist das *Kommunikationsverhalten* gegenüber den finanzierenden Instituten auf deren Anforderungen auszurichten. Im Vergleich zur Vergangenheit wird dies eine Intensivierung des Dialoges hinsichtlich Frequenz und Tiefe bedeuten.[24]

Die teilweise weiterhin bestehende Diskrepanz zwischen den beschriebenen Transparenzanforderungen der Banken auf der einen Seite und der mittelständischen Controlling-Praxis auf der anderen Seite ist oft genug aufgezeigt worden.[25] Sie wird für *zukünftigen zusätzlichen Finanzierungsbedarf* mittelständischer Unternehmen sicher auch eine Veränderung der Finanzierungsstruktur – stärker hin zu Finanzierungsformen wie Lieferantenkrediten,[26] Factoring, Leasing, Beteiligungskapital (vgl. Abbildung 1) – bewirken.

Bei *bestehenden Kreditengagements* gilt es jedoch, den beschriebenen Anforderungen frühzeitig Rechnung zu tragen und potenzielle Unternehmenskrisen als Risiken rechtzeitig zu identifizieren. All zu oft werden Unternehmenskrisen erst erkannt, wenn sie sich als Liquiditätskrise äußern und der Handlungsspielraum – auch der finanzierenden Banken – schon arg begrenzt ist (siehe Abbildung 6). Die Klassifizierung als „Sanierungsfall" oder „Spezialkreditengagement" durch die Bank ist *im Interesse des Unternehmens und des Unternehmers* zu vermeiden. Vor diesem Hintergrund kann Controlling als wichtiges Mittel einer „Sanierungsprophylaxe" begriffen werden.

---

[24] Zur Frage, ob bei der Kommunikation der Mittelständler mit ihrer Hausbank Anreize zur „Schönfärberei" zu erwarten sind, vgl. *Rudolph* 2002, S. 613; *Schneider* 2002, S. 613.

[25] Schon *Schmalenbach* 1948, S. 2, weist auf mangelnde Transparenz als ein Grund des Versagens von Unternehmern hin: „Unklarheit über die Ergebnisse des Geschäftes infolge unzureichender Abschlüsse. Infolgedessen fehlt es an anschaulichen Zeitvergleichen, die der Geschäftsleitung anzeigen, dass das Geschäft sich im Niedergang befindet." Vgl. auch *Lück/Jahns* 2001, S. 59.

[26] Zur Bedeutung von Basel II für das Forderungsmanagement vgl. *Paetzmann* 2001a, S. 2; zur Bedeutung von Basel II für Beteiligungs- und Mezzaninkapital vgl. *Rudolph* 2002, S. 611; *Nelles/Klusemann* 2003.

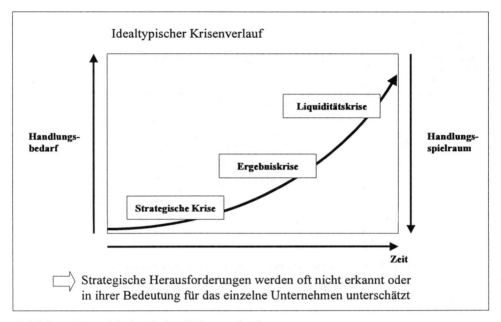

Abbildung 6: Idealtypischer Krisenverlauf

Ziel muss es sein, über das Controlling frühzeitig Verbesserungspotenziale zu identifizieren und umzusetzen, um schon das Auftreten strategischer Unternehmenskrisen abzuwehren bzw. um frühzeitig gegenzusteuern. Wie gezeigt, trägt eine Transparenzschaffung über Controllinginstrumente auch den Anforderungen der Banken Rechnung. Daher kann über eine Transparenzerhöhung an sich eine aktive Ratingverbesserung erreicht werden. Eine 2001 durchführte Untersuchung der KfW zeigt, dass Unternehmen sehr wohl vor Augen haben, dass es bei Basel II vorrangig um Transparenzschaffung geht (Abbildung 7). Hier ist das Controlling gefragt. Die Grundsätze eines transparenzschaffenden Controlling sollen im folgenden aufgezeigt werden.

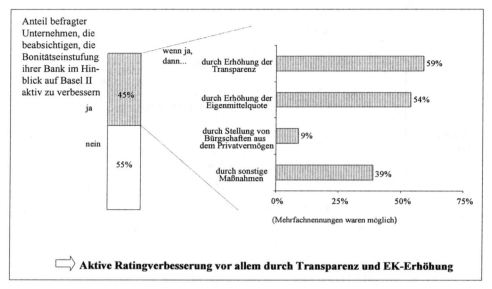

Abbildung 7:   Ergebnisse der KfW-Befragung[27]

# 3   Grundsätze eines transparenzschaffenden Controlling im Mittelstand

Bevor Grundsätze eines transparenzschaffenden Controlling bei mittelständischen Unternehmen aufgezeigt werden, soll zunächst der Controllingbegriff präzisiert werden. Der Begriff *Controlling* ist oft und umfassend diskutiert worden und wird mit unterschiedlichen Inhalten belegt.[28] Controlling soll hier als *führungsunterstützende Funktion* begriffen werden.[29] Controlling unterstützt damit die originären, nicht delegierbaren und oft „irrationalen"[30] Führungsaufgaben – auch echte Führungsentscheidungen[31] genannt – der

---

[27] Vgl. *KfW* 2002, S. 39, sowie präzisierende Telefonauskünfte der KfW.
[28] Vgl. etwa *Strobel* 1979, S. 12; *Lachnit* 1992; *Schildbach* 1992, S. 22 f.; *Reichmann* 1997, S. 1 ff.; *Schäffer/Weber* 2001.
[29] Vgl. *Küpper/Weber/Zünd* 1990, S. 282 ff.; *Lachnit* 1992, S. 228.
[30] *Schildbach* 1992, S. 23. Gemeint sind etwa die von Dritten kaum erfassbaren Fähigkeiten, die oft der Rolle als Unternehmerpersönlichkeit entspringen. Zum Controlling als Sicherung der (Zweck-)Rationalität der Führung vgl. *Weber/Schäffer 1999*.
[31] Vgl. *Gutenberg* 1979, S. 133 ff.

Grundsätze eines transparenzschaffenden Controlling mit Blick auf bankinterne Ratings 603

Unternehmensleitung.[32]

Auf der Suche nach einem erfolgszielorientierten[33] Controlling, das Transparenz und damit eine Basis für die Implementierung unternehmerischer Entscheidungen[34] schafft, sind vier *Grundsätze*[35] zu beachten, an denen es sich orientieren sollte. Diese vier im Folgenden darzustellenden Prinzipien der *Zukunftsorientierung*, der *Risikoorientierung*, der *Entscheidungsorientierung* und der *Wertorientierung* sind als interdependent anzusehen, sie ergänzen und bedingen sich zugleich (siehe Abbildung 8).

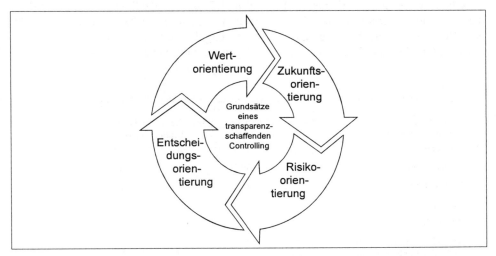

Abbildung 8: Die vier Grundsätze eines transparenzschaffenden Controlling

---

[32] *Cordes/Schenck* 1992, S. 340, zu einem aus der Praxis hergeleiteten Controlling-Konzept: „Controlling unterstützt die Führung, indem es mittels eines Planungs- und Berichtswesens und mittels controllingspezifischer Instrumente Transparenz schafft".

[33] Vgl. *Lück/Jahns* 2001, S. 58; *Schäffer/Weber* 2001.

[34] Damit ist Controlling weitgehend deckungsgleich mit dem angelsächsischen Begriff des Management Control. *Anthony* 1965, S. 17, definiert *Management control* als "the process by which managers assure that resources are obtained and used effectively and efficiently in the accomplishment of the organization's objectives." Ähnlich die Definition bei *Anthony/Govindarajan* 2001, S. 6: "Management control is the process by which managers influence other members of the organization to implement the organization's strategies."

[35] Die hier angewandte Methode zur Ermittlung der Grundsätze ist die Deduktion. Eine induktive Gewinnung der Grundsätze aus der Übung der Praxis ist nicht möglich, auch weil eine derartige Übung eines Maßstabes bedarf, um eine eventuelle Missbräuchlichkeit beurteilen zu können. Diesen Maßstab stellen aber die Grundsätze dar und nicht die Übung. Von der Praxis sind jedoch wesentliche Impulse zur Gestaltung der deduktiv zu ermittelnden Grundsätze zu erwarten, was hier der Fall ist. Vgl. *Heinen* 1986, S. 133 ff.

## 3.1 Grundsatz der Zukunftsorientierung

Führungsentscheidungen beziehen sich meist auf die Zukunft. Bei der Unternehmensplanung – ein wesentlicher Bestandteil des Controlling – gehen die unterschiedlichen Zielvorstellungen des Unternehmens in einen auf „*Antizipationsentscheidungen*"[36] beruhenden Planungsprozess ein. Die notwendige Zukunftsorientiertheit des Controlling ist inzwischen herrschende Meinung in Theorie und Praxis.[37] Gleichwohl ist festzustellen, dass in vielen mittelständischen Unternehmen auch heute noch keine Zukunftskonzepte oder Planungen vorliegen, wie eine in 2001 durchgeführte Erhebung unter mittelständischen Unternehmen in Deutschland zeigt (ausgewählte Ergebnisse siehe Abbildung 9).

| Auf welche Weise die Firmenchefs die Herausforderungen der Zukunft meistern wollen | | | |
|---|---|---|---|
| Konzepte oder Planungsvorhaben für | gibt es für das nächste Jahr Anteil in % | gibt es für die nächsten 2-3 Jahre Anteil in % | gibt es nicht Anteil in % |
| Marketing, Werbung | 39,4 | 18,7 | 41,3 |
| Investitionen | 30,5 | 34,9 | 34,3 |
| Dienstleistungen | 29,6 | 22,1 | 47,7 |
| Einkauf | 29,3 | 16,1 | 54,1 |
| Absatz, Vertrieb | 28,0 | 17,7 | 52,6 |
| Verwaltung, Organisation, EDV, Personalwesen | 27,9 | 27,2 | 44,6 |
| Finanzen, Buchhaltung | 24,7 | 25,3 | 49,6 |
| Geschäftsführung generell | 20,6 | 20,8 | 58,4 |
| Logistik, Materialwirtschaft | 18,6 | 14,7 | 66,0 |
| Produktion, Fertigung | 16,5 | 11,0 | 71,8 |
| Forschung und Entwicklung | 5,4 | 7,7 | 86,9 |
| Konstruktion | 4,9 | 8,0 | 86,1 |

⇨ **Zukunftskonzepte oder Planungen im Mittelstand oft nicht vorhanden**

Abbildung 9:    Ausgewählte Ergebnisse der MIND-Studie[38]

---

[36] *Koch* 1982, S. 5.
[37] Vgl. bspw. *Lück/Jahns* 2001, S. 58.
[38] Vgl. *o.V.* 2001.

Das Institut für Mittelstandsforschung, Bonn, kommentiert die Ergebnisse der MIND-Studie: „Die Firmenchefs planen nicht – die meisten treffen ihre Entscheidungen von einem Tag auf den anderen. Das haben sie zwar immer schon so getan. Nur haben Intuition und Erfahrungswerte im heutigen Umfeld nicht mehr den gleichen Stellenwert wie früher".[39]

Der *Grundsatz der Zukunftsorientierung* betrifft einen Kern der Anforderungen, die an ein Controlling zu stellen sind: die Beschäftigung mit der Zukunft des Unternehmens. „Wer plant, unterstellt also, dass bei Verzicht auf aktives Handeln (Nichtstun) die eigenen Ziele meist nicht erreicht werden, dass durch ein zweckmäßiges aktives Handeln aber das künftige Geschehen gemessen an den jeweiligen Zielen positiv beeinflusst werden kann".[40] Die im Folgenden darzustellenden weiteren Grundsätze eines transparenzschaffenden Controlling bauen auf diesem Grundsatz auf und präzisieren ihn, insbesondere auch hinsichtlich des notwendigen zukünftigen Betrachtungszeitraums.

## 3.2    Grundsatz der Risikoorientierung

Sämtliche zukunftsgerichteten Entscheidungen eines Unternehmens bergen Risiken in sich, da sie unter Unsicherheit getroffen werden.[41] Durch das im Jahre 1998 inkraft getretene Gesetz zur Kontrolle und Transparenz im Unternehmensbereich (KonTraG)[42] ist ein *Risikomanagementsystem* für die Aktiengesellschaft gesetzlich vorgeschrieben.[43] Das Gesetz verpflichtet den Vorstand einer Aktiengesellschaft, „geeignete Maßnahmen zu treffen, insbesondere ein Überwachungssystem einzurichten, damit den Fortbestand der Gesellschaft gefährdende Entwicklungen früh erkannt werden".[44] Wenngleich keine entsprechenden Regelungen für andere Gesellschaftsformen aufgenommen wurden, übt das KonTraG eine Ausstrahlungswirkung auf die Pflichtenrahmen der Geschäftsführer anderer Gesellschaftsformen, insbesondere der GmbH, aus.[45]

---

[39] *o.V.* 2001.
[40] *Sieben/Schildbach* 1994, S. 10.
[41] Zur Unsicherheit als ein zentrales Merkmal einer Entscheidung vgl. *Farny* 1979, S. 12; *IdW* 2000, S. 1370; *Sieben/Schildbach* 1994, S. 3. Zu Definitionen des Risikobegriffs – im engeren (Möglichkeit negativer Abweichungen) oder weiteren Sinne (Möglichkeit auch positiver Abweichungen) – vgl. statt vieler *Kromschröder* 2001.
[42] Vgl. *BGBl.* 1998.
[43] Das Gesetz gilt auch für die GmbH und die GmbH & Co. KG, sofern ein Aufsichtsrat gemäß Mitbestimmungsgesetz oder Betriebsverfassungsgesetz 1952 zu bilden ist.
[44] *BGBl.* 1998, S. 787.
[45] Dies gilt vor allem mit Blick auf den Wortlaut der Gesetzesbegründung. Vgl. *Gesetzentwurf der Bundesregierung* 1998, S. 15; *Lück* 1998, S. 1925.

Da Inhalt und Struktur des Risikomanagementsystems durch das Gesetz nicht präzisiert wurden, ergibt sich in der praktischen Umsetzung Gestaltungsspielraum. Dies hat in Theorie und Praxis einen umfangreichen Diskussionsprozess ausgelöst.[46] Das KonTraG beinhaltet keine Verpflichtung zur eigentlichen Handhabung und Steuerung der (identifizierten, bewerteten, analysierten und kommunizierten) Risiken. Das Risikomanagementsystem enthält jedoch – in Anlehnung an die Systematisierung des *Wirtschaftsprüfer-Handbuchs*[47] – die Funktionen *Risikofrüherkennung* (einschließlich der Teilfunktionen Identifikation, Analyse, Bewertung, Kommunikation der Risiken), *Risikosteuerung* (mit den risikobewältigenden Maßnahmen) sowie *Risikoüberwachung*.

Im Rahmen der *Risikofrüherkennung* sind mögliche Gefährdungen frühzeitig zu identifizieren, zu analysieren und zu bewerten. Grundlage der Identifikation bildet in jedem Fall eine allgemeine Risikosystematik, für die es in Theorie und Praxis verschiedene Beispiele gibt.[48]

Abbildung 10 zeigt typische *Risikofallen*, denen Unternehmen gegenüberstehen können. Die genannten Risikofallen wurden von einer Expertenrunde aus Versicherungswirtschaft, Industrie, Beratung und Forschung ermittelt. Risikofallen können sich sowohl in kurz- und mittelfristigen als auch in langfristigen, strategischen Bedrohungen äußern. Daher erscheint es wichtig und angemessen, bei der Schaffung und Implementierung von Risikomanagementsystemen zur Erkennung bestandsgefährdender Risiken einen Schwerpunkt auch auf langfristige, strategische Risiken zu legen.[49]

Im Rahmen der *Risikosteuerung* sind die identifizierten Risiken zu bewältigen. Letztlich steht die Risikofrüherkennung im Dienste der Risikosteuerung. Identifizierte und bewertete Risiken sind Gegenstand strategischer und operativer Entscheidungen. Diese Entscheidungen können vier[50] Qualitäten aufweisen, nämlich die identifizierten Risiken:

- vermeiden,
- vermindern,
- überwälzen oder
- kompensieren.

---

[46] Vgl. etwa *Kromschröder/Lück* 1998; *Lück* 1998; *Vogler/Gundert* 1998; *Kuhl/Nickel* 1999; *Füser/Gleißner/Meier* 1999; *Lachnit/Müller* 2001, S. 363 ff.
[47] Vgl. *IDW* 2000, S. 1370.
[48] Vgl. *Williams*, S. 70 ff., der einen Überblick über Checklisten und weitere Techniken aufzeigt. Vgl. ebenfalls die Systematisierungen von Risiken bei *Albrecht* 1998, S. 3; *KPMG* 1998, S. 18; *Hertel* 1999, S. 24 ff.; *Freidank* 2001b, S. 600 ff.
[49] Zur möglichen Berücksichtigung strategischer und operativer Ziele im Rahmen der Risikoidentifikation vgl. das Beispiel bei *KPMG* 1998, S. 20.
[50] Vgl. *Haller* 1986, S. 220; *Lück* 1998, S. 1927; *Lachnit/Müller* 2001, S. 375. Andere, jedoch ähnliche Systematisierungen beispielsweise bei *Albrecht* 1998, S. 5; *KPMG* 1998, S. 23; *Fröhling* 2000, S. 64 f.

| | |
|---|---|
| - Strategiefallen | falsche Einschätzung langfristiger Entwicklungen |
| - Marktfallen | ungenügendes Verständnis für Entwicklung der Marktkräfte |
| - Wettbewerbsfallen | ungenügende Innovationskraft |
| - Nischenfallen | Aufgabe von Wachstumsmärkten und Verbleib in Nischen, die schrumpfen und keine Economies of Scale erlauben |
| - Kapazitätsfallen | Überkapazitäten in der Rezession |
| - Technologiefallen | neue Anbieter mit neuen Technologien ersetzen eigene Produkte |
| - Währungs-/Zinsfallen | kräftige Verschiebung von Währungsparitäten |
| - Führungsfallen | Versäumnisse des Managements |
| - Kompetenzfallen | Selbstüberschätzung der eigenen Kompetenzen |
| - Organisationsfallen | Mängel in Organisation und Kontrolle eines Unternehmens |
| - Finanzierungsfallen | falsche Finanzierungsstrukturen und Planungsverfahren |
| - Kostensenkungsfallen | Vernachlässigung von Investitionen durch Konzentration auf Kosten |
| - Unternehmenskulturfallen | Mängel in Kultur und interner Kommunikation |

⇨ **Typische „Risikofallen" können strategische Krisen darstellen**

Abbildung 10: Typische Risikofallen[51]

In der Praxis der Risikosteuerung sind gegenwärtig zwei wesentliche Trends zu beobachten. Zum einen wird von einem eher *passiven* Risikomanagement (Überwälzen bzw. Versichern oder Kompensieren von Risiken) immer stärker zu einem *aktiven* Risikomanagement (Vermeiden oder Vermindern von Risiken) übergegangen.[52] Zum anderen haben Versicherungswirtschaft und Industrie neue Konzepte einer Überwälzung und Selbsttragung von Risiken entwickelt, die unter dem Begriff *Alternative Risk Transfer* subsumiert werden.[53]

Theorie und Praxis beschäftigten sich in den vergangenen Jahren mit der Bildung von *Modellen eines integrierten Risikomanagementsystems*, die die genannten Funktionen aufnehmen. *Lachnit/Müller* leiten ein integriertes Risikomanagementsystem aus den Steuerungsgrößen Erfolg und Liquidität ab. Der Grundgedanke ihres Konzepts beruht auf der Annahme, dass sich die Risiken aller Unternehmensaktivitäten erfolgs- und/oder finanzwirksam auswirken. Entscheidende Bedeutung in diesem Konzept besitzt die Trans-

---

[51] Vgl. *UBS* 1998, S. 9 f.
[52] Vgl. *Freidank* 2001b, S. 616. Zur zunehmenden Bedeutung des aktiven Risikomanagements bei Industrieversicherern vgl. *Herold/Paetzmann* 1997, S. 678.
[53] Beispiele hierfür sind Multiline Multiyear-Produkte oder Kapitalmarktprodukte. Vgl. etwa *Albrecht* 1998, S. 5 ff.; *Herold/Paetzmann* 1999, S. 49 ff.; *Paetzmann/Weiler* 2000.

formation der identifizierten Risiken in das quantitative Steuerungssystem, das durch die Steuerungsgrößen Erfolg und Liquidität geprägt ist. Abbildung 11[54] zeigt die modular aufgebaute Grundkonzeption eines Risikomanagementsystems nach *Lachnit/Müller*. Die Wirkung von Risiken auf die Wert- bzw. Steuerungsgrößen Einnahmen/Ausgaben, Erträge/Aufwendungen und Vermögen/Kapital wird für die Planjahre 1 bis 5 erfasst.

Mit Blick auf den zu erstellenden *Prognosebericht*[55] – die Berichterstattung über die voraussichtliche zukünftige Entwicklung im Lagebericht – wird in der Literatur heute allgemein von einem zweijährigen Berichtszeitraum ausgegangen. Dies darf jedoch – wie bei der Diskussion des Grundsatzes der Entscheidungsorientierung unten zu zeigen sein wird – nicht bedeuten, dass Risikoidentifikation, -analyse und -bericht nur auf einen derart kurzen Zweijahres-Horizont ausgerichtet sind.[56]

Das Controlling hat mit seiner führungsunterstützenden Funktion die Aufgabe, ein effizientes Risikomanagement zu gewährleisten.[57] Der *Grundsatz der Risikoorientierung* bedeutet vor allem, dass das Controlling alle (wesentlichen) drohenden (operativen *und* strategischen) Risiken der Unternehmensleitung frühzeitig transparent zu machen und Wege einer Risikobewältigung aufzuzeigen hat.[58] Das Risikomanagementsystem ist deshalb so zu gestalten, dass eine controllingseitige Unterstützung jederzeit und leicht erfolgen kann.[59] Genauer Inhalt und Struktur eines derartigen risikoorientierten Controlling in einzelnen mittelständischen Branchen dürften jedoch im einzelnen erst noch zu finden sein.[60]

---

[54] In Anlehnung an *Lachnit/Müller* 2001, S. 378.
[55] Dieser soll auch auf die Risiken der künftigen Entwicklung eingehen. Vgl. Arbeitskreis „*Externe und Interne Überwachung der Unternehmung*" 2003, S. 107.
[56] So auch *Küting/Hütten* 2000, S. 412 f.
[57] Vgl. *Lück* 1998, S. 1929; *Freidank* 2001b, S. 623 u. 627. Zum Controlling eines der Instrumente des Internen Überwachungssystems vgl. *COSO* 1994; *Lück* 1998, S. 1925; *Lück/Jahns* 2001, S. 58.
[58] Vgl. *Peemöller* 2002, S. 118. Hierbei sind die jeweiligen unternehmensindividuellen Anforderungen zu berücksichtigen.
[59] Vgl. *Horváth/Gleich* 2000, S. 108; *Peemöller* 2002, S. 118 f.
[60] Hinzuweisen ist auch auf mögliche Auswirkungen der Arbeit der Regierungskommission Corporate Governance (vgl. *Baums* 2001) sowie der „Kodex-Kommission" auf das Controlling. Vgl. *Peemöller* 2002.

# Grundsätze eines transparenzschaffenden Controlling mit Blick auf bankinterne Ratings

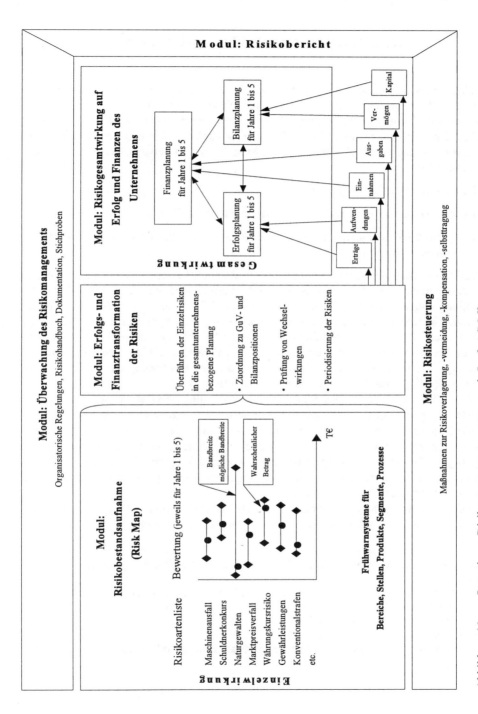

Abbildung 11: Integriertes Risikomanagementsystem nach *Lachnit/Müller*

## 3.3 Grundsatz der Entscheidungsorientierung

Die Führungsentscheidungen im Unternehmen lassen sich nach dem *St. Galler* Management Modell[61] in die Dimensionen *Normatives, Strategisches und Operatives Management* unterteilen. Dieses Führungsmodell ist vielfach beschrieben und diskutiert worden und hat sich zu einem Standard in der Praxis entwickelt. Auch bankinterne Ratingsysteme nehmen Bezug auf die Dimensionen des Modells, indem beispielsweise Fragen erhoben werden nach

- der Unternehmenskultur (Normative Dimension),
- den Potenzialen des Unternehmens im Markt (Strategische Dimension) oder
- der Qualität des Rechnungswesen und der Angemessenheit der Organisation (Operative Dimension).

Das Controlling hat seinen Schwerpunkt traditionell bei operativen Entscheidungen im Unternehmen, die es durch Planungs- und Kostenrechnungssysteme und durch die Bereitstellung entsprechender Informationen unterstützt.[62] Diesem *Operativen Controlling* liegt unter anderem die klassische Kontrollauffassung zugrunde, bei der die Kontrolle zeitlich nach der Realisierung angesiedelt ist (rückwärts gerichtete Feedback-Orientierung). Im wesentlichen in den achtziger Jahren entwickelte die Betriebswirtschaftslehre das ergänzende *Strategische Controlling*, das als Teil des Strategischen Management über eine Feedforward-Orientierung stärker präventiv wirkt.[63]

Wesentliche Werkzeuge des Strategischen Controlling sind etwa das Konzept der schwachen Signale nach *Ansoff*, die wertorientierten Ansätze nach *Rappaport*[64] oder die Balanced Scorecard nach *Kaplan/Norton*.[65] Diese können dem *Grundsatz der Zukunftsorientierung* durch ihre immanente Ausrichtung auf strategische Entscheidungen Rechnung tragen. Zugleich zeigt beispielsweise das Konzept der schwachen Signale[66] mit seiner Ausrichtung auf ändernde Umweltbedingungen, wie wirkungsvoll dem *Grundsatz der Risikoorientierung* gefolgt werden kann.

Auch die Instrumente des Operativen Controlling sind in den vergangenen Jahrzehnten weiterentwickelt worden. Vor dem Hintergrund eines Anwachsens des Gemeinkos-

---

[61] In seiner Weiterentwicklung zum St. Galler Management-Konzept vgl. grundlegend *Bleicher* 1996.
[62] Vgl. *Lück/Jahns* 2001; Zur Verwandtschaft zwischen Planung und Entscheidungstheorie vgl. *Sieben/Schildbach* 1994, S. 10 ff.
[63] Vgl. *Paetzmann* 1995, S. 135; *Lück/Jahns* 2001, S. 58.
[64] Siehe Kapitel 3.4.
[65] Einen Überblick über die Werkzeuge des Strategischen Controlling gibt *Liessmann* 2001, S. 11-59.
[66] Vgl. *Ansoff* 1975.

tenanteils (zulasten des Einzelkostenanteils)[67] – im wesentlichen auf technologische Veränderungen und steigende Komplexität der Produktprogramme zurückzuführen – sowie eines zunehmenden Interesses an der Optimierung indirekter Stellen (versus direkter Fertigungsbereiche) verloren traditionelle Kostenrechnungssysteme an Attraktivität.[68] Mit der Prozesskostenrechnung nach *Cooper/Kaplan* wurde auch in *Deutschland*[69] ein Instrument zur (strategischen) Planung, Steuerung und Kontrolle (fixer) Gemeinkosten in den indirekten Leistungsbereichen eingeführt.

Ohne den bekannten Nutzen der Prozesskostenrechnung negieren oder schmälern zu wollen: Die Wahl eines Controlling-Instruments ist stets abhängig vom Zweck der *Entscheidung*, die durch das Controlling zu unterstützen ist, und das Controlling hat der zu treffenden Entscheidung zu dienen (*Grundsatz der Entscheidungsorientierung*). Mit Blick auf die Transparenzanforderungen, die Basel II für mittelständische Unternehmen mit sich bringt, sollte das Operative Controlling zunächst Transparenz über die Ergebnisentstehung im Unternehmen nach Produktgruppen, Vertriebswegen, Standorten etc. auf der einen Seite und nach Strukturkosten sowie neutralen/außerordentlichen etc. Faktoren auf der anderen Seite schaffen.[70]

Für diesen Zweck ist die gestufte Deckungsbeitragsrechnung (Managementerfolgsrechnung) im Mittelstand ein pragmatisches, relativ leicht umsetzbares Instrument, so dass sie sich – auch mit Blick auf den Bankenbedarf – als Planungs-, Steuerungs- und Kontrollinstrument des Operativen Controlling empfiehlt. Abbildung 12 zeigt das Grundmodell einer derartigen *Managementerfolgsrechnung (MER)*, wie sie im Mittelstand als kurzfristiges Entscheidungsinstrument vielfach eingesetzt wird. Sie bildet den Nukleus eines integrierten Operativen Controlling, in dem Finanz-, Bilanz- und Maßnahmenplanung sowie -steuerung und -kontrolle angesiedelt sind.

---

[67] Vgl. *Mochty/Gorny*, S. 537.
[68] Vgl. *Freidank* 2001a, S. 227 f.
[69] Zu beachten sind freilich die Unterschiede zwischen den Zielsetzungen der *Prozesskostenrechnung* in *Deutschland* und ihrem Original, dem durch *Cooper/Kaplan* an der *Harvard Business School* in den *USA* entwickelten *Activity Based Costing*. Während das *Activity Based Costing* in den *USA* vorwiegend zur Überwindung der Mängel einer Vollkostenrechnung entwickelt wurde und auf die aktivitätsorientierte Verrechnung von Fertigungsgemeinkosten und indirekten Gemeinkosten auf die Kostenträger zum Zwecke der Kalkulation abzielt, lag in *Deutschland*, wo sich die hochentwickelte Grenzplankostenrechnung bereits weitgehend durchgesetzt hatte, das Ziel der *Prozesskostenrechnung* in der Entwicklung von Konzepten zur Verrechnung indirekter Dienstleistungsbereiche. Vgl. *Kloock* 1992, S. 183 ff.
[70] Insbesondere zum Zwecke der langfristigen kostenstellenübergreifenden Optimierung der Prozessstrukturen empfiehlt sich hingegen die Prozesskostenrechnung (Gleichwohl zeigt die Praxis, dass weiterhin viele mittelständische Unternehmen gar keine Kostenstellenrechnung führen).

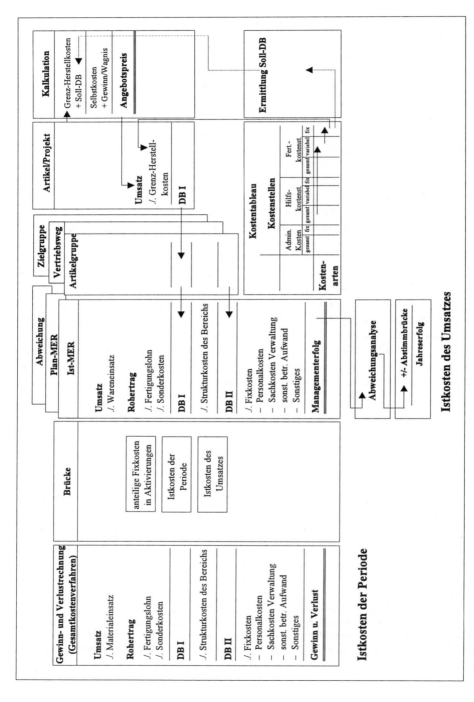

Abbildung 12: Grundmodell der Managementerfolgsrechnung (MER)

Dieses Operative Controlling beginnt mit einer Planung der Dimensionen Erfolg, Finanzierung, Bilanz und Maßnahmen, zum Beispiel für die Planjahre 1 und 2. Diese Unternehmensplanung fußt damit auf den gleichen Steuerungsgrößen, die schon oben bei der Beschreibung eines integrierten Risikomanagementsystems aufgezeigt wurden. Risiken werden mit ihrer möglichen Gesamtwirkung entsprechend berücksichtigt.

Die Planwerte des ersten Planjahres werden auf Monate bzw. Meilensteine heruntergebrochen. Durch qualifizierte *Monats- oder Quartalsreportings* kann die Ist-Entwicklung bzw. der Ist-Umsetzungsstand der Maßnahmen unterjährig zeitnah verfolgt und mit der Planvorgabe verglichen werden. Aus einer Abweichungsanalyse sowie parallel gewonnenen Erkenntnissen des strategischen Controlling heraus gelingt frühzeitig ein operatives Gegensteuern. Die genannten Monats- oder Quartalsreportings unterstützen nicht nur die Führungsentscheidungen wirkungsvoll, sondern sind ein mögliches Kommunikationsinstrument auch gegenüber Banken.[71]

## 3.4 Grundsatz der Wertorientierung

In den vergangenen Jahren haben sich bei international agierenden Publikumsgesellschaften wertorientierte Ansätze einer Unternehmenssteuerung durchgesetzt. Mit der Einführung einer wertorientierten Sichtweise beabsichtigen diese Unternehmen vor allem, die Außenfinanzierung (in einem internationalen Umfeld) sicher zu stellen. Bei Verfolgung dieses Ansatzes steht die Maximierung des Wertes des Anteilseigners („*Shareholder value*") als Oberziel im Mittelpunkt des Interesses. Das Shareholder value-Konzept ist ein Instrument des Strategischen Management.

Das Controlling besitzt hierbei die Aufgabe, die Unternehmensführung bei Entscheidungen derart zu unterstützen, dass über die Steuerung der Finanzmittel eine *Maximierung des Marktwertes des Eigenkapitals* gelingt. Dabei sind zum einen durch eine Umwelt- und Unternehmensanalyse geeignete Entscheidungsalternativen mit Wertsteigerungspotenzialen zu suchen und aufzuzeigen. Zum anderen hat das wertorientierte Controlling diese Alternativen mittels Cash flow-basierter Verfahren[72] zu bepreisen.[73]

Im Mittelstand sind wertorientierte Verfahren heute nicht verbreitet, mit ihrem Fokus auf die Außenfinanzierung von Publikumsgesellschaften überrascht dies kaum. Aus Sicht

---

[71] Zur Schaffung von Ergebnistransparenz bei mittelständischen Unternehmen und zur Erstellung von Monatsreportings auch über ein Externes Controlling vgl. *Paetzmann* 2001b, S. 496 f.
[72] Zugrunde liegt dabei die Annahme, dass das im Unternehmenswert zu erfassende Erfolgspotenzial durch zukünftige Einzahlungsüberschüsse – Cash flows – repräsentiert wird. Vgl. *Günther* 1997, S. 71. Der Ansatz der Discounted Cash Flow (DCF)-Methode ist in der deutschen Literatur inzwischen breit diskutiert. Vgl. *Sieben* 1995.
[73] Zum wertorientierten Controlling vgl. grundlegend *Günther* 1997.

der Kreditentscheider in deutschen Instituten spielen unternehmenswertorientierte Kennzahlen auch bei der mittelständischen Bonitätsanalyse derzeit keine zentrale Rolle.[74] Gleichwohl strahlen die Prinzipien der wertorientierten Steuerung schon aus folgenden Gründen auch auf mittelständische Rechts- und Finanzierungsformen aus:

- Die Bedeutung von Beteiligungskapital wird im Mittelstand zunehmen.[75] Beteiligungsentscheidungen bei Kapitalbeteiligungsgesellschaften werden heute ausschließlich wertorientiert getroffen.

- Gängige Unternehmensbewertungsverfahren fußen heute – wie das Shareholder value-Konzept auch – auf dem Zukunftserfolgswert in Form abgezinster Cash flows.[76] Die Änderung von Gesellschafterverhältnissen etwa stellt einen typischen Unternehmensbewertungsanlass[77] dar, bei dem von der heutigen Praxis ebenfalls Cash flow-basierte Verfahren angewandt werden. Spätestens beim Unternehmensverkauf – etwa im Rahmen der Nachfolge – wird ein mittelständisches Unternehmen daher Bekanntschaft mit einem wertorientierten Verfahren machen.

- Der Kern der wertorientierten Konzepte liegt darin, dass ein Unternehmen langfristig hohe Cash flows erwirtschaftet. Dies ist schließlich nicht nur für einen auf Wertsteigerung seiner Aktie abzielenden Aktionär von Interesse, sondern ebenfalls zur Durchsetzung von Strategien und zur Erhöhung der Wettbewerbsposition des Unternehmens notwendig[78] und damit auch im Interesse finanzierender Banken.

Daher sollten sich auch mittelständische Unternehmen mit den Konzepten der wertorientierten Steuerung stärker beschäftigen und Entscheidungen gezielt mit Hilfe von Kapitalwerten und Cash flows fundieren. Darstellung und Diskussion dieser Konzepte würde diesen Beitrag sprengen.[79] Die Unterstützung bei wertsteigernden Entscheidungen kommt von einem *wertorientierten Controlling*, gegebenenfalls kann der mittelständische Controller hier eine herausfordernde Überzeugungsarbeit im Unternehmen leisten.

---

[74] Vgl. *Freidank/Paetzmann* 2002, S. 1788.
[75] Siehe Kapitel 1.2.
[76] Vgl. *Sieben* 1995, S. 713.
[77] Vgl. *Sieben* 1993, Sp. 4320 f.
[78] Vgl. *Schröder* 2003.
[79] Eine praxisbezogene Darstellung findet sich etwa bei *Schröder* 2003.

## 4 Zusammenfassung

Basel II wird die Spielregeln im mittelständischen Unternehmens-Kreditgeschäft verändern. Die Einholung eines externen Ratings empfiehlt sich weiterhin lediglich bei beabsichtigten Kapitalmarkttransaktionen. Die zukünftigen, Basel II-konformen bankinternen Ratings sind für deutsche Mittelständler aufgrund der traditionell hohen Bedeutung der Fremdfinanzierung wichtig.

Basel II wird die Transparenzanforderungen der Banken, die heute schon unter anderem durch § 18 KWG gegeben sind, weiter erhöhen. Wichtiger werden aus Bankensicht – neben den Jahresabschlüssen – insbesondere Planungsrechnungen und unterjährige Zwischenberichte der Unternehmen.

Für ein transparenzschaffendes Controlling, das zugleich eine Basis für unternehmerische Entscheidungen bildet, sind vier Grundsätze zu beachten, an denen sich das Controlling orientieren sollte:

- Grundsatz der Zukunftsorientierung,
- Grundsatz der Risikoorientierung,
- Grundsatz der Entscheidungsorientierung,
- Grundsatz der Wertorientierung.

Die Beachtung dieser Grundsätze ist erforderlich, um eine zukunftsgerechte Unternehmensführung zu gewährleisten und die Anforderungen finanzierender Banken auch zukünftig zu erfüllen. Auf diesen Grundsätzen muss ein integriertes Controllingkonzept beruhen, welches über eine risikoorientierte Analyse Gefährdungen frühzeitig erkennt sowie zukunftsgerichtete, operative *und* strategische Führungsentscheidungen unterstützen kann.

## Literaturverzeichnis

*Albrecht, P.:* Auf dem Weg zu einem holistischen Risikomanagement?, Mannheimer Manuskripte zu Risikotheorie, Portfolio Management und Versicherungswirtschaft Nr. 110, Mannheim 1998.

*Ansoff, H.I.:* Managing Surprise and Discontinuity – Strategic Response to Weak Signals, in: Zeitschrift für betriebswirtschaftliche Forschung, 28. Jg. (1975), S. 129-152.

*Anthony, R.N.:* Planning and Control Systems, Boston 1965.

*Anthony, R.N./Govidarajan, V.:* Management Control Systems, 10. Auflage, New York et al. 2001.

*Arbeitskreis „Externe und Interne Überwachung der Unternehmung" der Schmalenbach-Gesellschaft/Deutsche Gesellschaft für Betriebswirtschaft e.V.:* Probleme der Prognoseprüfung, in: Der Betrieb, 56. Jg. (2003), S. 105-111.

*Arnold, W.:* Die neuen Baseler Regelungen werden nicht per se zu einer Verteuerung der Kreditvergabe führen, in: Zeitschrift für das gesamte Kreditwesen, 54. Jg. (2001), S. 168-169.

*BAKred:* Rundschreiben 9/1998 vom 7. Juli 1998: Überblick über die grundsätzlichen Anforderungen an die Offenlegung der wirtschaftlichen Verhältnisse nach § 18 KWG.

*BAKred:* Rundschreiben 16/1999 vom 29. November 1999: Änderung der grundsätzlichen Anforderungen an die Offenlegung der wirtschaftlichen Verhältnisse nach § 18 KWG.

*BAKred:* Rundschreiben 5/2000 vom 6. November 2000: Offenlegung der wirtschaftlichen Verhältnisse nach § 18 KWG.

*Basel Committee on Banking Supervision:* Overview of The New Basel Capital Accord, April 2003a.

*Basel Committee on Banking Supervision:* The New Basel Capital Accord, April 2003b.

*Baums, T. (Hrsg.):* Bericht der Regierungskommission Corporate Governance, Unternehmensführung – Unternehmenskontrolle – Modernisierung des Aktienrechts, Köln 2001.

*Bleicher, K.:* Das Konzept Integriertes Management, 4. Auflage, Frankfurt/New York 1996.

*Bundesgesetzblatt (BGBl.):* Gesetz zur Kontrolle und Transparenz im Unternehmensbereich (KonTraG), BGBl. 1998, Teil I, S. 786-794.

*Bundesgesetzblatt (BGBl.):* Gesetz über das Kreditwesen (KWG) in der Neufassung der Bekanntmachung vom 9. September 1998, zuletzt geändert durch Artikel 5 des Gesetzes vom 20. Dezember 2001 (BGBl I S. 3822).

*Committee of Sponsoring Organizations of the Treadway Commission (COSO) (Hrsg.):* Internal Control – Integrated Framework, 2 Bände, Jersey City/NJ, 1994.

*Cordes, E./Schenck, I. v.:* Ein Controllingkonzept der Praxis, in: Betriebswirtschaftliche Forschung und Praxis, 44. Jg. (1992), S. 339-346.

*Farny, D.:* Grundfragen des Risk Management, in: Goetzke, W./Sieben, G. (Hrsg.): Risk Management-Strategien zur Risikobeherrschung, Bericht von der 5. Kölner BFuP-Tagung, Köln 1979, S. 11-38.

*Freidank, C.-Chr.:* Marktorientierte Steuerung mit Hilfe der Prozesskostenrechnung, in: Freidank, C.-Chr./Mayer, E. (Hrsg.): Controlling-Konzepte – Neue Strategien und Werkzeuge für die Unternehmenspraxis, 5. Auflage, Wiesbaden 2001a, S. 225-244.

*Freidank, C.-Chr.:* Risikomanagement und Risikocontrolling in Industrieunternehmen, in: Freidank, C.-Chr./Mayer, E. (Hrsg.): Controlling-Konzepte – Neue Strategien und Werkzeuge für die Unternehmenspraxis, 5. Auflage, Wiesbaden 2001b, S. 595-631.

*Freidank, C.-Chr./Paetzmann, K.:* Auswahl und Einsatz von Datenmaterial, Analysemethoden sowie externen Beratern zur Vorbereitung von Kreditentscheidungen – Ergebnisse einer empirischen Untersuchung vor dem Hintergrund von Basel II, in: Der Betrieb, 55. Jg. (2002), S. 1785-1789.

*Fröhling, O.:* KonTraG und Controlling, München 2000.

*Füser, K./Gleißner, W./Meier, G.:* Risikomanagement (KonTraG) – Erfahrungen aus der Praxis, in: Der Betrieb, 52. Jg. (1999), S. 753-758.

*Gesetzesentwurf der Bundesregierung:* Entwurf eines Gesetzes zur Kontrolle und Transparenz im Unternehmensbereich, Drucksache 13/9712 v. 28.01.1998 (Regierungsbegründung), S. 1-37.

*Günther, Th.:* Unternehmenswertorientiertes Controlling, München 1997.

*Gutenberg, E.:* Grundlagen der Betriebswirtschaftslehre, 1. Band: Die Produktion. 23. Auflage, Berlin et al. 1979.

*Haller, M.:* Risiko-Management - Eckpunkte eines integrierten Konzepts, in: Jacob, H. (Hrsg.): Risiko-Management, Schriften zur Unternehmensführung, Band 33, Wiesbaden 1986, S. 7-44.

*Heinen, E.:* Handelsbilanzen, 12. Auflage, Wiesbaden 1986.

*Heinke, E.:* Basel II und seine Bedeutung für die mittelständische Wirtschaft, in: Zeitschrift für das gesamte Kreditwesen, 54. Jg. (2001), S. 174-178.

*Herold, B./Paetzmann, K.:* Innovation als Wettbewerbsfaktor in der Industrieversicherung, in: Zeitschrift für Versicherungswesen, 48. Jg. (1997), S. 671-678.

*Herold, B./Paetzmann, K.:* Alternativer Risiko-Transfer, 2. Auflage, München 1999.

*Hertel, A.:* Die Vision einer neuen Firmenversicherung, München 1999.

*Hirschmann, St./Romeike, F.:* „Die MaK sind der ‚Aufgalopp' zu Basel II" – Interview mit Jochen Sanio, Präsident der Bundesanstalt für Finanzdienstleistungsaufsicht (BAFin), in: RATINGaktuell, 2. Jg. (2003), S. 10-15.

*Horváth, P./Gleich, R.:* Controlling als Teil des Risikomanagements, in: Dörner, D./Horváth, P./Kagermann, H. (Hrsg.): Praxis des Risikomanagements. Grundlagen, Kategorien, branchenspezifische und strukturelle Aspekte, Stuttgart 2000, S. 100-126.

*IDW (Hrsg):* Wirtschaftsprüfer-Handbuch, Band I, 12. Auflage, Düsseldorf 2000.

*Kloock, J.:* Prozesskostenrechnung als Rückschritt und Fortschritt der Kostenrechnung, Teil 1 und 2, in: Kostenrechnungspraxis, 36. Jg. (1992), S. 183-193 u. S. 237-245.

*Koch, H.:* Integrierte Unternehmensplanung, Wiesbaden 1982.

*KPMG (Hrsg.):* Integriertes Risikomanagement, Berlin 1998.

*Kreditanstalt für Wiederaufbau (KfW):* Die Finanzierungsperspektiven deutscher Unternehmen im Zeichen von Finanzmarktwandel und Basel II: Auswertung der Unternehmensbefragung 2001, Frankfurt 2002.

*Kromschröder, B.:* Stichwort „Risiko", in: Lück, W. (Hrsg.): Lexikon der Internen Revision, München 2001, S. 282-283.

*Kromschröder, B./Lück, W.* für den Arbeitskreis „Externe und Interne Überwachung der Unternehmung" der Schmalenbach-Gesellschaft für Betriebswirtschaft e.V,: Grundsätze risikoorientierter Unternehmensüberwachung, in: Der Betrieb, 51. Jg. (1998), S. 1573-1579.

*Küpper, H.U./Weber, J./Zünd, A.:* Zum Verständnis und Selbstverständnis des Controlling – Thesen zur Konsensbildung, in: Zeitschrift für Betriebswirtschaft, 60. Jg. (1990), S. 281-293.

*Küting, K./Hütten, Chr.:* Darstellung und Prüfung der künftigen Entwicklungsrisiken und -chancen im Lagebericht, in: Lachnit, L./Freidank, C.-Chr. (Hrsg.): Investororientierte Unternehmenspublizität: Neue Entwicklungen von Rechnungslegung, Prüfung und Jahresabschlussanalyse, Wiesbaden 2000, S. 399-431.

*Kuhl, K./Nickel, J.-P.:* Risikomanagement im Unternehmen – Stellt das KonTraG neue Anforderungen an die Unternehmen?, in: Der Betrieb, 52. Jg. (1999), S. 133-135.

*Lachnit, L.:* Controlling als Instrument der Unternehmensführung, in: Deutsches Steuerrecht, 30. Jg. (1992), S. 228-233.

*Lachnit, L./Müller, St.:* Risikomanagementsystem nach KonTraG und Prüfung des Systems durch den Wirtschaftsprüfer, in: Freidank, C.-Chr. (Hrsg.): Die deutsche Rechnungslegung und Wirtschaftsprüfung im Umbruch, Festschrift für W. Th. Strobel zum 70. Geburtstag, München 2001, S. 363-393.

*Lebert, R.:* Euroratings stellt Betrieb ein, in: Financial Times Deutschland v. 10.06.2002, o.S.

*Liessmann, K.:* Strategisches Controlling – Konzept, Werkzeuge, Umsetzung, in: Freidank, C.-Chr./Mayer, E. (Hrsg.): Controlling-Konzepte – Neue Strategien und Werkzeuge für die Unternehmenspraxis, 5. Auflage, Wiesbaden 2001,S. 3-102.

*Lück, W.:* Der Umgang mit unternehmerischen Risiken durch ein Risikomanagementsystem und durch ein Überwachungssystem – Anforderungen durch das KonTraG und Umsetzung in der betrieblichen Praxis, in: Der Betrieb, 51. Jg. (1998), S. 1925-1930.

*Lück, W./Jahns, Ch.:* Stichwort „Controlling", in: Lück, W. (Hrsg.): Lexikon der Internen Revision, München 2001, S. 57-59.

*Marschall, B./Heckel, M.:* Mittelständler müssen neue Geldquellen suchen, in: Financial Times Deutschland v. 18.01.2001, S. 11.

*Mochty, L./Gorny, Chr.:* Anforderungen an die externe und interne Überwachung in Zeiten organisatorischen Wandels, in: Die Wirtschaftsprüfung, 54. Jg. (2001), S. 537-543.

*Nelles, M./Klusemann, M.:* Die Bedeutung der Finanzierungsalternative Mezzanine-Capital im Kontext von Basel II für den Mittelstand, in: Finanzbetrieb, 4. Jg. (2003), S. 1-10.

*o.V.:* MIND – Mittelstand in Deutschland, Ergebnisse der Interviews mit 1.027 mittelständischen Unternehmern in Deutschland im Frühjahr 2001, in: Financial Times Deutschland v. 21.11.2001, S.34-35.

*Paetzmann, K.:* Unterstützung von Selbstorganisation durch das Controlling – eine systemorientierte Untersuchung auf Grundlage des Viable System Model, Frankfurt am Main et al., 1995.

*Paetzmann, K.:* „Basel II" – Inhalt und Bedeutung für die Kreditpraxis, in: Meyer, B.H./Pütz, H.C. (Hrsg.): Forderungsmanagement im Unternehmen: Sicherung von Außenständen im In- und Ausland, Heidelberg 2001a, 2.6.7, S. 1-16, Loseblatt-Ausgabe.

*Paetzmann, K.:* Finanzierung mittelständischer Unternehmen nach „Basel II" – Neue „Spielregeln" durch bankinterne Ratings, in: Der Betrieb, 54. Jg. (2001b), S. 493-497.

*Paetzmann, K./Weiler, G.:* Multiline Multiyear-Produkte für Industriekunden, in: Zeitschrift für Versicherungswesen, 51. Jg. (2000), S. 206-213.

*Peemöller, V.H.:* Auswirkungen der Kommissionsvorschläge auf die Arbeit der Internen Revision und das Controlling, in: Freidank, C.-Chr./Schreiber, O.K. (Hrsg.): Unternehmensüberwachung und Rechnungslegung im Umbruch, Tagungsband zur 1. Hamburger Revisions-Tagung, Hamburg 2002, S. 105-128.

*Reichmann, Th.:* Controlling mit Kennzahlen und Managementberichten, 5. Auflage, München 1997.

*Rudolph, B.:* Stellungnahme im Meinungsspiegel über „Basel II und die Zukunft des Kreditgeschäfts in Deutschland", in: Betriebswirtschaftliche Forschung und Praxis, 54. Jg. (2002), S. 604-613.

*Schäffer, U./Weber, J.:* Thesen zum Controlling, CCM-Forschungspapier, Koblenz 2001.

*Schildbach, Th.:* Begriff und Grundproblem des Controlling aus betriebswirtschaftlicher Sicht, in: Spremann, K./Zur, E. (Hrsg.): Controlling, Wiesbaden 1992, S. 21-36.

*Schmalenbach, E.:* Der Wirtschaftsprüfer als Krisenwarner, in: Die Wirtschaftsprüfung, 1. Jg. (1948), S. 1-3.

*Schneider, D.:* Stellungnahme im Meinungsspiegel über „Basel II und die Zukunft des Kreditgeschäfts in Deutschland", in: Betriebswirtschaftliche Forschung und Praxis, 54. Jg. (2002), S. 604-613.

*Schröder, E.F.:* Wertorientiertes Controlling, in: Freidank, C.-Chr./Mayer, E. (Hrsg.): Controlling-Konzepte – Neue Strategien und Werkzeuge für die Unternehmenspraxis, 6. Auflage, Wiesbaden 2003, S. 141-184.

*Sieben, G.:* Unternehmensbewertung, in: Wittmann, E. et al. (Hrsg.): Handwörterbuch der Betriebswirtschaftslehre, Teilband 3, 5. Auflage, Stuttgart 1993, Sp. 4315-4331.

*Sieben, G.:* Unternehmensbewertung: Discounted Cash flow-Verfahren und Ertragswertverfahren – Zwei völlig unterschiedliche Ansätze?, in: Lanfermann, J. (Hrsg.): Internationale Wirtschaftsprüfung, Festschrift für H. Havermann zum 65. Geburtstag,, Düsseldorf 1995, S. 713-737.

*Sieben, G./Schildbach, Th.:* Betriebswirtschaftliche Entscheidungstheorie, 4. Auflage, Düsseldorf 1994.

*Strobel, W.:* Controlling und Unternehmensführung, in: Schriften zur Unternehmensführung, Band 26, Wiesbaden 1979, S. 5-40.

*Treacy, W.F./Carey, M.S.:* Credit Risk Rating at Large U.S. Banks, Board of Governors of the Federal Reserve System, Federal Reserve Bulletin, November 1998, S. 897-921.

*UBS AG (Hrsg.):* UBS Outlook: Risiko-Management – 14 Thesen zur risikobewussten Unternehmensführung, Zürich 1998.

*Vogler, M./Gundert, M.:* Einführung von Risikomanagementsystemen – Hinweise zur praktischen Ausgestaltung, in: Der Betrieb, 51. Jg. (1998), S. 2377-2383.

*Weber, J./Schäffer, U.:* Sicherstellung der Rationalität von Führung als Funktion des Controlling, in: Die Betriebswirtschaft, 59. Jg. (1999), S. 731-746.

*Williams, C.A.:* Risk Management and Insurance, 8. Auflage, Singapore 1998.

# Abbildungsverzeichnis

| | |
|---|---|
| Abbildung 1 | Untersuchung der KfW |
| Abbildung 2: | Grobstruktur des Bonitätsbeurteilungssystems einer deutschen Großbank beim Rating von Firmenkunden |
| Abbildung 3: | Grobstruktur der durch Sparkassen im Rahmen des Ratings größerer mittelständischer Unternehmen erhobenen Informationen |
| Abbildung 4: | Ergebnis einer Erhebung unter deutschen Kreditentscheidern |
| Abbildung 5: | Differenzierte Auswertung der Bankenerhebung nach befragten Institutsgruppen |
| Abbildung 6: | Idealtypischer Krisenverlauf |
| Abbildung 7: | Ergebnisse der KfW-Befragung |
| Abbildung 8: | Die vier Grundsätze eines transparenzschaffenden Controlling |
| Abbildung 9: | Ausgewählte Ergebnisse der MIND-Studie |
| Abbildung 10: | Typische Risikofallen |
| Abbildung 11: | Integriertes Risikomanagementsystem nach *Lachnit/Müller* |
| Abbildung 12: | Grundmodell der Managementerfolgsrechnung (MER) |

CARL-CHRISTIAN FREIDANK/CHRISTIAN REIBIS

# IT-gestützte Rechnungslegungspolitik auf internationaler Basis

| | | |
|---|---|---|
| 1 | Grundlegendes | 623 |
| 2 | Entscheidungsmodelle für die Jahresabschlussplanung | 624 |
| | 2.1 Allgemeines | 624 |
| | 2.2 Formulierung der Zielfunktion | 626 |
| | 2.3 Festlegung der Restriktionen | 627 |
| |     2.3.1 Ergebnisabhängige Aufwendungen betreffende Beschränkungen | 627 |
| |     2.3.2 Jahresüberschussverändernde Aktionsparameter betreffende Beschränkungen | 632 |
| |     2.3.3 Restriktionen ausgewählter Jahresabschlusskennzahlen | 634 |
| 3 | Verdeutlichung der Modelle durch Beispiele | 639 |
| | 3.1 Darstellung der Ausgangsdaten | 639 |
| | 3.2 Rechnungslegungspolitische Gestaltung | 647 |
| 4 | Zusammenfassung und Weiterentwicklung | 660 |
| Literaturverzeichnis | | 663 |
| Symbolverzeichnis | | 666 |
| Abbildungsverzeichnis | | 669 |

# 1 Grundlegendes

In den neunziger Jahren wurden computergestützte Modelle für Kapitalgesellschaften vorgelegt, die auf die Planung eines zieloptimalen handels- und/oder steuerrechtlichen Jahresabschlusses ausgerichtet sind.[1] Es hat sich gezeigt, dass die Konzepte für Zwecke der Jahresabschlussplanung erfolgreich eingesetzt werden können. Diese Basismodelle, die zwischenzeitlich in einigen wichtigen Bereichen weiterentwickelt wurden,[2] sind in *menügesteuerte Softwarepakete* zu integrieren, wodurch die zielgerichtete Gestaltung des Einzel- und Konzernabschlusses erheblich vereinfacht wird. Im Folgenden wird gezeigt, wie sich die Grundansätze auf das Rechnungslegungssystem *der International Accounting Standards (IAS)/International Financial Reporting Standards (IFRS)* übertragen lassen. Die Konzepte sind auf die Gestaltung der Handelsbilanz von Kapitalgesellschaften ausgerichtet, wobei aus Vereinfachungsgründen unterstellt wird, dass die Nutzung der einzelnen Wahlrechte und Ermessensspielräume[3] auch aus steuerrechtlicher Sicht zulässig ist *(Einheitsbilanzierung)*.

Von besonderer Bedeutung ist diesem Zusammenhang, dass nach der jüngsten *Verordnung der EU-Kommission* vom 27. Mai 2002 alle börsennotierten Mutterunternehmen in der Europäischen Union, deren Wertpapiere an einem geregelten Markt notiert werden, ihre Konzernabschlüsse ab 2005 zwingend nach den Regelungen der IAS/IFRS aufstellen müssen.[4] Über die definitive Einführung hinaus will die Verordnung die Anwendung der IAS/IFRS durch die Gestaltung eines *Mitgliedstaatenwahlrechts* fördern. So können diese entweder verbindlich vorschreiben oder aber zulassen, dass Einzelabschlüsse börsennotierter Unternehmen sowie Einzel- und/oder Konzernabschlüsse nicht gelisteter Unternehmen ebenfalls nach IAS/IFRS erstellt werden. Es ist aber abzusehen, inwieweit der deutsche Gesetzgeber von seinem Wahlrecht Gebrauch machen wird und ob die IAS/IFRS auch der *steuerrechtlichen Gewinnermittlung* nach § 5 Abs. 1 Satz 1 EStG zugrunde gelegt werden sollen.[5]

---

[1] Vgl. *Freidank* 1990; *ders.* 1992, S. 159-183; *ders.* 1998, S. 107-143.
[2] Vgl. *Freidank* 1999, S. 811-820; *ders.* 2001a, S. 1031-1037; *ders.* 2001b, S. 1-22.
[3] Vgl. *Krog* 1998, S. 78-114; *Pellens* 2001, S. 385-520; *Pellens/Sürken* 1998, S. 195-228; *Schäfer* 1999, S. 190-226.
[4] Vgl. *Buchholz* 2002, S. 1280-1284; *Hahn* 2001, S. 1267-1272; *Kommission der Europäischen Gemeinschaften* 2002; *Pellens/Gassner* 2001, S. 137-142.
[5] Vgl. Bundesministerium der Justiz/Bundesministerium der Finanzen 2003, S. 1-3; *Freidank* 2003, S. 8f.

## 2 Entscheidungsmodelle für die Jahresabschlussplanung

### 2.1 Allgemeines

Wie Abbildung 1 zeigt, bildet den Ausgangspunkt für den Optimierungsansatz in den nachfolgend zu präsentierenden Modellen zur ergebnis- bzw. ausschüttungsbezogenen Rechnungslegungspolitik ein auf der Basis gesetzlicher Vorschriften erstellter vorläufiger Jahresabschluss, der unter Berücksichtigung eines Zielplanes (Zielfunktionen und bestimmte einzuhaltende Restriktionen) durch den Einsatz der verfügbaren *erfolgswirksamen Aktionsparameter* nach IAS/IFRS simultan zur zieloptimalen Jahresabschlussrechnung transformiert werden soll. Ist eine dem Ergebnisziel entsprechende optimale Lösung nach diesem Durchlauf nicht zu erreichen, muss geprüft werden, ob dies unter zusätzlichem Einsatz der *erfolgsunwirksamen Handlungsparameter* [z.B. Neubewertung von Gegenständen des Sachanlagevermögens (IAS 16.29) unter Bildung einer Neubewertungsrücklage (IAS 16.37 Satz 1] zu realisieren ist. Sollte das Programm auch dann noch keine optimale Lösung erbringen, besteht mittels einer Zusatzrechnung die Möglichkeit festzustellen, wie der Zielplan geändert werden muss, um die Modelle dennoch einer Optimallösung zuzuführen. Andernfalls wird der vorläufige Jahresabschluss als endgültige Rechnung übernommen. Unter Berücksichtigung dieser Rückkoppelungseffekte tragen die Modelle auch *sequentielle Züge*.

Die Zielfunktion kann von den Entscheidungsträgern wahlweise als *Extremierung* (Maximierung oder Minimierung) oder *Fixierung* des Jahresergebnisses nach Ertragsteuern bzw. der Ausschüttung formuliert werden. Als *Sekundärziele* in Form von einzuhaltenden Nebenbedingungen werden folgende Restriktionen berücksichtigt:

- die *Bilanzierungs-, Bewertungs- und Ermessensspielräume* der einzelnen Aktionsparameter sowie bestimmte handelsrechtliche Gewinnverwendungswahlrechte mit ihren Ober- und Untergrenzen;
- bestimmte, unternehmenspolitisch als nötig erachtete *Kennzahlenniveaus*;
- *Obergrenzen der Bilanzsumme*, deren Überschreiten nach § 267 HGB bestimmte Publizitäts- und Prüfungspflichten auslösen kann.

Aus Gründen der Übersichtlichkeit sind in die nachfolgenden Konzepte nur ausgewählte betriebswirtschaftliche Kennzahlen sowie exemplarisch die wichtigsten Einzelregelungen einbezogen worden. Die Modelle sind jedoch prinzipiell erweiterungsfähig. Die Lösung der Ansätze kann mit Hilfe *mathematischer Optimierungsprogramme* erfolgen, die von unterschiedlichen Software-Herstellern angeboten werden. Für die Ermittlung der für die Optimierungsrechnung benötigten Eingabewerte als auch die anschlie-

# IT-gestützte Rechnungslegungspolitik auf internationaler Basis

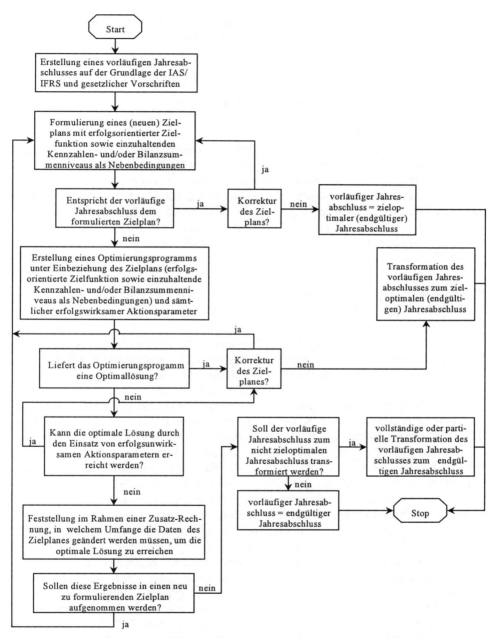

Abbildung 1: Ablaufdiagramm zur Planung des zieloptimalen Jahresabschlusses

ßende Transformation der vorläufigen zur zieloptimalen Jahresabschlussrechnung empfiehlt sich der Einsatz von *Tabellenkalkulationsprogrammen*.

## 2.2 Formulierung der Zielfunktion

Bezeichnet man das vorläufige Jahresergebnis vor ergebnisabhängigen Aufwendungen (Körperschaft-, Gewerbeertragsteuer, Tantiemen) mit vJvor und die Werte der einzelnen vorläufigen Bilanzposten des Anlage- und des Umlaufvermögens sowie des lang- und kurzfristigen Fremdkapitals positiv oder negativ erfolgswirksam verändernden Aktionsparameter (Manövriermasse) mit XA, XAü, Xa, Xaü, XU, XUü, Xu, Xuü, XFl, XFk, Xfl, Xfk, dann lässt sich ein angestrebtes *Soll-Jahresergebnis* nach ergebnisabhängigen Aufwendungen und Manövriermasseneinsatz (sJnach) für die Einheitsbilanz allgemein wie in Formel (1) gezeigt ermitteln.

(1)  sJnach = (vJvor - XKSt - XGewESt - XTA + XA + XAü - Xa - Xaü + XU + XUü - Xu - Xuü + XFl + XFk - Xfl - Xfk)

Die Größe vJvor ist der laufenden Buchhaltung der Kapitalgesellschaft zu entnehmen. Sie setzt sich grundlegend zusammen aus dem vorläufigen Erfolgssaldo des extern orientierten Rechnungswesens nach Vornahme sämtlicher Abschlussbuchungen (ohne ergebnisabhängige Aufwendungen und Manövriermasseneinsatz).

Hierbei bedeuten bei der Indizierung der Variablen in Formel (1): GewESt = Gewerbeertragsteueraufwand, KSt = Körperschaftsteueraufwand, TA = Tantiemenaufwand, A = Sachanlagevermögen, Aü = übriges Anlagevermögen, U = Vorräte, Uü = übriges Umlaufvermögen, Fl = langfristiges Fremdkapital, Fk = kurzfristiges Fremdkapital. Bei *Vermögensposten* meint die Großschreibung des Parameters Zunahme, bei Kleinschreibung Abnahme, bei *Fremdkapitalposten* ist die Bedeutung umgekehrt. Im Falle eines positiven Vorzeichens führt der Parameter zu einer *Jahresüberschusserhöhung*, bei einem negativen Vorzeichen hingegen zu einer *Jahresüberschussverminderung*.

Bezieht sich beispielsweise die Variable Xu (= Wert derjenigen Aktionsparameter, die den Betrag des Vorratsvermögens senken) auf die Möglichkeit einer zusätzlichen Aufwandsverrechnung bei Anwendung des Lifo-Verfahrens gegenüber der im vorläufigen Jahresabschluss vorgenommenen Durchschnittsbewertung des Vorratsvermögens (vgl. IAS 2.21 und IAS 2.23), so wirkt sich die Ausübung dieses Wahlrechts negativ auf das Soll-Jahresergebnis aus. Andererseits führt die Neubewertung von Gegenständen des Sachanlagevermögens mit erfolgswirksamer Konsequenz (vgl. IAS 16.37 Satz 2) in Gestalt der Variablen XAü (= Wert derjenigen Aktionsparameter, die den Betrag des übrigen Sachanlagevermögens erhöhen) zu einer Steigerung der Zielgröße sJnach.

Soll hingegen der *Bilanzgewinn* die zu extremierende oder zu fixierende Zielgröße sein, dann ist Formel (1) bei zusätzlicher Berücksichtigung möglicher *Rücklagenvariationen* wie folgt zu modifizieren. Unter Verwendung der schon in Formel (1) zum Ansatz gekommenen zwölf erfolgswirksamen Aktionsparameter sowie unter Einbeziehung von Entnahmen aus Gewinnrücklagen (XA 40, XA 0) kann nun die Zielfunktion des Soll-Bilanzgewinns (sBI) formuliert werden. Um die gesetzlich vorgeschriebene oder gewünschte Thesaurierung berücksichtigen zu können, bedarf es darüber hinaus einer Integration des Ausschüttungsfaktors (as) in die Zielfunktion, der das gewünschte Verhältnis zwischen der Soll-Ausschüttung (AS) aus dem Soll-Jahresüberschuss und dem Soll-Jahresüberschuss (sJnach) selbst zum Ausdruck bringt.

(2) $\text{sBI} = \text{as} \cdot (\text{vJvor} - \text{XKSt} - \text{XGewESt} - \text{XTA} + \text{XA} + \text{XAü} - \text{Xa} - \text{Xaü} + \text{XU} + \text{XUü} - \text{Xu} - \text{Xuü} + \text{XFl} + \text{XFk} - \text{Xfl} - \text{Xfk}) + \text{XA 40} + (1 + \text{se}) \cdot \text{XA 0}$

mit as = $\dfrac{\text{As}}{\text{snach}}$ und AS > 0 sowie 0 < as ≤ 1

## 2.3 Festlegung der Restriktionen

### 2.3.1 Ergebnisabhängige Aufwendungen betreffende Beschränkungen

Wird zum Zwecke der Realisierung bestimmter rechnungslegungspolitischer Ziele das zur Verfügung stehende Instrumentarium, das sowohl mit den handels- als auch den steuerrechtlichen Vorschriften in Einklang steht, adäquat eingesetzt, so nimmt der vorläufige Jahresüberschuss (vJvor) den Charakter einer durch die Rechnungslegungspolitik beeinflussbaren Größe an. Soll ein Jahresüberschuss bzw. ein Bilanzgewinn in bestimmter Höhe publiziert werden, dann müssen die Entscheidungsträger wissen, in welchem Umfang der vorläufige Jahresüberschuss zu ändern ist, um unter Beachtung der ergebnisabhängigen Aufwendungen den angestrebten Soll-Jahresüberschuss (sJnach) bzw. den Soll-Bilanzgewinn (sBI) exakt zum Ausweis bringen zu können. Durch quantitative Erfassung der linearen Abhängigkeiten zwischen Jahresüberschuss, ergebnisabhängigen Aufwendungen und positivem ($XM^+$) und/oder negativem ($XM^-$) Manövriermasseneinsatz besteht die Möglichkeit, die Auswirkungen der erfolgswirksamen rechnungslegungspolitischen Gestaltungen auf Körperschaftsteuer-, Gewerbeertragsteuer- und Tantiemenaufwand exakt in das Entscheidungsmodell zu integrieren. Aus Vereinfachungsgründen werden im Folgenden alle *jahresüberschusserhöhenden Aktionsparameter* (XA, XAü, XU, XUü, XFl, XFk) unter dem Symbol $XM^+$ und sämtliche *jahresüberschussvermindernden Aktionsparameter* (Xa, Xaü, Xu, Xuü, Xfl, Xfk) unter dem Symbol $XM^-$ zusammengefasst.

Ausgehend davon, dass auf das zu versteuernde Einkommen (zvE) die *Definitivbelastung der Körperschaftsteuer* (sd) zur Anwendung gelangt (§ 23 Abs. 1 KStG), gilt für den *fünfzehnjährigen Übergangszeitraum* bezüglich des modifizierten Anrechnungsverfahrens infolge von Körperschaftsteueränderungen bei Ausschüttung aus mit 40% vorbelasteten Gewinnrücklagen (XA 40) bzw. aus mit 0% vorbelasteten Gewinn- bzw. Kapitalrücklagen (XA 0) für den Körperschaftsteueraufwand (XKSt):

(3)  $XKSt = sd \cdot zvE - sm \cdot XA\ 40 + se \cdot XA\ 0$.

Aus Gründen der Übersichtlichkeit und Vereinfachung bleibt im Folgenden der ab 1995 auf die Körperschaftsteuer erhobene *Solidaritätszuschlag* (§ 2 Nr. 3 SolZG) unberücksichtigt. Dieser Zuschlag beträgt zur Zeit 5,5% der festgesetzten Körperschaftsteuer und der Körperschaftsteuervorauszahlungen (§ 3 Abs. 1 Nr. 1 und 2, § 4 SolZG).

Gemäß § 36 bis § 40 KStG sind für eine Zeitspanne von *fünfzehn Jahren* Sondervorschriften für den *Übergang vom Anrechnungs- auf das Halbeinkünfteverfahren* zu beachten. So können für einen sehr begrenzten Zeitraum nach altem Recht erzielte thesaurierte Gewinne gemäß den Vorschriften des Anrechnungsverfahrens ausgeschüttet werden. Auf der Ebene des Anteilseigners erfolgt eine Besteuerung dieser Gewinne nach den Vorschriften des Anrechnungsverfahrens. Darüber hinaus besteht innerhalb des fünfzehnjährigen Übergangszeitraumes unter Rückgriff auf ein *modifiziertes Anrechnungsverfahren* die Möglichkeit, thesaurierte Altgewinne auszuschütten. In dieser Übergangszeit werden ausgeschüttete versteuerte Altrücklagen mit einer Vorbelastung von 30% (statt 25%) beim Anteilseigner im Halbeinkünfteverfahren besteuert. Infolgedessen mindert sich die Körperschaftsteuer bei Ausschüttungen aus den mit 40% Körperschaftsteuer vorbelasteten Gewinnrücklagen (EK 40) stets um einen Wert von sm = 1/6 (§ 37 Abs. 1 und Abs. 3 KStG). Jedoch können sich während des 15jährigen Übergangszeitraumes nach dem modifizierten Anrechnungsverfahren auch *Körperschaftsteuererhöhungen* ergeben, wenn bei den Ausschüttungen aus Gewinn- bzw. Kapitalrücklagen auf solche Beträge zurückgegriffen wird, die nach altem Recht zur Kategorie des nicht belasteten Eigenkapitals als sonstige Vermögensmehrungen (z.B. steuerfreie Erträge und Einlagen) (EK 02) zählten (§ 38 Abs. 1 und Abs. 2 KStG). Laut § 38 Abs. 2 Satz 1 KStG erhöht sich dann die Körperschaftsteuer um se = 3/7 des Betrages einer Ausschüttung aus unbelastet vorhandenen Altrücklagen.

Auf Grund der vielfältigen *Durchbrechungen des Maßgeblichkeitsprinzips* sowie der zu berücksichtigenden einkommen- und körperschaftsteuerrechtlichen Modifikationen sind handelsrechtlicher Soll-Jahresüberschuss (sJnach) und zu versteuerndes Einkommen (zvE) nicht identisch. Diese Abweichungen sind in Abbildung 2 mit der Größe ka gekennzeichnet worden.

Unter Berücksichtigung der Änderungsgröße ka ergibt sich sodann

(4)  $XKSt = sd \cdot (sJnach + ka) - sm \cdot XA\ 40 + se \cdot XA\ 0$.

Wie Abbildung 2 zeigt, ist in dem Differenzbetrag ka der Körperschaftsteueraufwand selbst enthalten, der aber in dem aufzustellenden *interdependenten Gleichungssystem* veränderlichen Charakter tragen muss. Wird von der Änderungsgröße ka nun der Körperschaftsteueraufwand abgezogen, errechnet sich der konstante Ausdruck

(5)  $ka^* = ka - XKSt$,

der dann diejenigen Abweichungen zwischen Jnach und zvE erfasst, die nicht den Körperschaftsteueraufwand betreffen. Aufgrund dieser Modifikation ergibt sich nun für Gleichung (4)

(6)  $XKSt = sd \cdot (sJnach + ka^* + XKSt) - sm \cdot XA\,40 + se \cdot XA\,0$.

Um zur Bemessungsgrundlage der *Gewerbeertragsteuer* (XGewESt), dem Gewerbeertrag (GE) (§ 7 GewStG), zu gelangen, muss das körperschaftsteuerrechtliche Einkommen vor Verlustabzug noch um bestimmte gewerbeertragsteuerrechtliche Modifikationen sowie den Abzug eines ggf. vorgetragenen Gewerbeverlustes (ga) korrigiert werden. Dies lässt sich wie in Abbildung 3 gezeigt darstellen (Vk = körperschaftsteuerrechtlicher Verlustabzug gemäß § 8 Abs. 4 KStG i.V.m. § 10 d EStG; he = Hebesatz der Standortgemeinde in % : 100; me = Steuermesszahl Gewerbeertrag in % : 100).

|   | handelsrechtliches Jahresergebnis (sJnach) |   |
|---|---|---|
| ± | Abweichungen der Handels- von der Ertragsteuerbilanz |   |
| = | Steuerbilanzerfolg |   |
| ± | Erfolgskorrekturen aufgrund einkommensteuerrechtlicher Vorschriften (§ 8 Abs.1 KStG i.V.m. § 3, § 4 Abs. 5 EStG) |   |
| + | nicht abziehbare Steueraufwendungen, wie z. B. Körperschaftsteuer (§ 10 Nr. 2 KStG) |   |
| + | andere nicht abziehbare Aufwendungen (§ 9 Abs. 1 Nr. 2, § 10 Nr. 1, 3, 4 KStG) | ka |
| - | nicht abgezogene steuerfreie Erträge (§ 8 Abs. 5 und Abs. 6 KStG) |   |
| + | verdeckte Gewinnausschüttungen (§ 8 Abs. 3 KStG) |   |
| - | verdeckte Einlagen |   |
| - | Gewinnanteile und Geschäftsführervergütungen der persönlich haftenden Gesellschafter einer KGaA (§ 9 Abs. 1 Nr. 1 KStG) |   |
| = | korrigierter Steuerbilanzerfolg |   |
| - | Verlustabzug (§ 8 Abs. 4 KStG i.V.m. § 10 d EStG) (Vk) |   |
| = | zu versteuerndes (körperschaftsteuerrechtliches) Einkommen (zvE) |   |

Abbildung 2:   Berechnung der körperschaftsteuerrechtlichen Bemessungsgrundlage

| | zu versteuerndes Einkommen vor Verlustabzug |
|---|---|
| ± | Gewerbeertragsteuerrechtliche Modifikationen (§ 8, § 9 GewStG) |
| - | Verlustabzug (§ 10a GewStG) |
| = | Gewerbeertrag (GE) |

} ga

Abbildung 3: Berechnung der gewerbeertragsteuerrechtlichen Bemessungsgrundlage

Für die Variable XGewESt, die vom Gewerbeertrag berechnet wird, gilt

(7) $\text{XGewESt} = me \cdot he \cdot GE$

und unter Einbeziehung des oben entwickelten Formelapparates

(8) $\text{XGewESt} = me \cdot he \cdot (sJnach + ka^* + XKSt + Vk + ga)$.

Im Hinblick auf die *ergebnisabhängigen Tantiemen* wird davon ausgegangen, dass sie entweder direkt oder indirekt vom Soll-Jahresüberschuss aufgrund gesetzlicher Regelungen oder vertraglicher Vereinbarungen wie folgt zu berechnen sind.

| | Soll-Jahresüberschuss (sJnach) |
|---|---|
| ± | Veränderungen aufgrund von Tantiemenvereinbarungen (ta) |
| = | Bemessungsgrundlage für Tantiemen (TB) |

Abbildung 4: Ermittlung der Bemessungsgrundlage für Tantiemen

Unter Berücksichtigung eines Faktors tb, der auf die Bemessungsgrundlage TB für die Tantiemen anzuwenden ist, ergibt sich sodann

(9) $\text{XTA} = tb \cdot TB = tb \cdot (sJnach + ta)$ mit $0 \leq tb \leq 1$.

Die Formeln (6), (8) und (9), die die ergebnisabhängigen Aufwendungen repräsentieren, sind dergestalt bestimmt worden, dass eine direkte Abhängigkeit vom Jahresüberschuss besteht. Durch Variation der beschriebenen formalen Abhängigkeiten zwischen Jahresabschluss und ergebnisabhängigen Aufwendungen können die dort entwickelten Formeln nun so transformiert werden, dass sie im Rahmen rechnungslegungspolitischer Gestaltungsprozesse verwendbar sind.

(10) Gewerbeertragsteueraufwand (XGewESt) in Abhängigkeit vom vorläufigen Jahresüberschuss:

(10.1) $\text{XGewESt} = f(vJvor)$

(10.2) $\text{XGewESt} = \dfrac{me \cdot he}{1 + me \cdot he} \cdot (vJvor - XTA + XM^+ - XM^- + ka^* + Vk + ga)$

mit $sg = \dfrac{me \cdot he}{1 + me \cdot he}$ gilt auch

(10.3)   $XGewESt + sg \cdot (XTA - XM^+ + XM^-) = sg \cdot vJvor + sg \cdot (ka^* + Vk + ga)$.

(11)   Körperschaftsteueraufwand (XKSt) in Abhängigkeit vom vorläufigen Jahresüberschuss:

(11.1)   $XKSt = f(vJvor)$

(11.2)   $XKSt = sd \cdot (vJvor - XGewESt - XTA + XM^+ - XM^- + ka^*) - sm \cdot XA\,40 + se \cdot XA\,0$.

Ersetzt man die XGewESt durch den Ausdruck (10.3), dann erhält man:

(11.3)   $XKSt + sd \cdot (1 - sg) \cdot XTA - sd \cdot (1 - sg) \cdot XM^+ + sd \cdot (1 - sg) \cdot XM^- + sm \cdot XA\,40 - se \cdot XA\,0 = sd \cdot (1 - sg) \cdot vJvor + sd \cdot (1 - sg) \cdot ka^* - sd \cdot sg \cdot (Vk + ga)$.

(12)   Tantiemenaufwand (XTA) in Abhängigkeit vom vorläufigen Jahresüberschuss:

(12.1)   $XTA = f(vJvor)$

(12.2)   $XTA = tb \cdot (vJvor - XKSt - XGewESt - XTA + XM^+ - XM^- + ta)$

Für die Variablen XKSt und XGewESt werden nun die Ausdrücke (11.3) und (10.3) eingesetzt.

(12.3)   $[1 + tb \cdot (1 - sd) \cdot (1 - sg)] \cdot XTA - [tb \cdot (1 - sd) \cdot (1 - sg)] \cdot XM^+ + [tb \cdot (1 - sd) \cdot (1 - sg)] \cdot XM^- - tb \cdot sm \cdot XA\,40 + tb \cdot se \cdot XA\,0 = tb \cdot (1 - sd) \cdot (1 - sg) \cdot vJvor - tb \cdot \{[sd + (1 - sd) \cdot sg] \cdot ka^* + (1 - sd) \cdot sg \cdot (Vk + ga) - ta\}$.

Bezüglich der *Gewinnrücklagen* kann die Unternehmensleitung frei entscheiden, welche Beträge zum Zwecke der Ausschüttungserhöhung aufgelöst werden sollen. In diesem Fall ist die Restriktion als Gleich(=)-Bedingung in Höhe des gewünschten Entnahmeumfangs zu formulieren.

(13)   $XA\,40 = RFvor\,[Ent](EK\,40)$

(14)   $XA\,0 = \dfrac{1}{(1 + se)} \cdot RFvor\,[Ent](EK\,02)$

Soll hingegen die Entnahme aus anderen Gewinnrücklagen *simultan* ermittelt werden, so müssen die Entscheidungsträger lediglich die Obergrenze der maximal möglichen Rücklagenentnahme vor Dotierung wie folgt angeben:

(15)   $XA\,40 \le RFvor\,(EK\,40)$

(16)   $XA\,0 \leq \dfrac{1}{(1+se)} \cdot RFvor\ (EK\ 02)$.

Da der entwickelte Planungsansatz darauf abzielt, ausschließlich positive Werte für die Strukturvariablen der Optimallösung zur Verfügung zu stellen, gelten im Folgenden die Nichtnegativitätsbedingungen

(17)   XKSt, XGewESt, XTA, XM$^+$, XM$^-$, XA 40, XA 0 $\geq$ 0.

### 2.3.2 Jahresüberschussverändernde Aktionsparameter betreffende Beschränkungen

Bezüglich der Festlegung der erfolgswirksamen Aktionsparameter mit ihren Ober- und Untergrenzen als $\leq$-Bedingungen besteht das Problem, dass die Werte der bestehenden Wahlrechte aus bilanzieller Sicht häufig nicht beliebig teilbar sind und somit eine gefundene optimale Lösung als Planungsansatz nicht realisiert werden kann, weil ggf. ausgewiesene Partialwerte der Strukturvariablen keine Korrespondenz mit den IAS/IFRS-Regelungen aufweisen. Aus diesem Grunde muss die Optimierung der Zielfunktion auf der Basis eines *gemischt-ganzzahligen* Ansatzes[6] erfolgen, der sicherstellt, dass die Aktionsparameter sowohl mit jedem möglichen Zwischenwert als auch nur mit ihren Ober- und Untergrenzen Eingang in die optimale Lösung finden können.

Formuliert man die Aktionsparameter zunächst als $\leq$-Restriktionen, dann ergibt sich das nachfolgend in den Formeln (18) bis (29) gezeigte Bild. Im Folgenden werden sämtliche jahresüberschusserhöhenden Aktionsparameter (XA, XAü, XU, XUü, XFl, XFk) und alle jahresüberschussvermindernden Aktionsparameter (Xa, Xaü, Xu, Xuü, Xfl, Xfk) wieder einzeln aufgeführt. Dabei ist zu berücksichtigen, dass in dem vorliegenden Optimierungsmodell aus Gründen der Übersichtlichkeit bestimmte Bilanzierungs- und Bewertungswahlrechte kumulativ für eine genau festgelegte *Gruppe von Vermögensgegenständen bzw. Schulden* gelten. So kennzeichnet der Bewertungsspielraum (22) XU $\leq$ oUv (XU) - vUv beispielsweise den Wert aller erfolgswirksamen Aktionsparameter, die den Betrag des Vorratsvermögens unter ertragsteuerlichen Auswirkungen erhöhen. Durch die Bedingung oUv(XU) $\geq$ vUv wird die Bandbreite des in Rede stehenden Spielraums umschrieben, der sich vom Wert des Vorratsvermögens in der vorläufigen Jahresabschlussrechnung (vUv) bis hin zur Obergrenze des Vorratsvermögens erstreckt, die durch den maximalen Einsatz aller Parameter der Gruppe XU zu realisieren ist.

---

[6]   Vgl. *Müller-Merbach* 1973, S. 366-414.

(18) $XA \leq oAs(XA) - vAs$ mit $oAs(XA) \geq vAs$

(19) $Aü \leq oAü(XAü) - vAü$ mit $oAü(XAü) \geq vAü$

(20) $Xa \leq vAs - uAs(Xa)$ mit $vAs \geq uAs(Xa)$

(21) $Xaü \leq vAü - uAü(Xaü)$ mit $vAü \geq uAü(Xaü)$

(22) $XU \leq oUv(XU) - vUv$ mit $oUv(XU) \geq vUv$

(23) $XUü \leq oUü(XUü) - vUü$ mit $oUü(XUü) \geq vUü$

(24) $Xu \leq vUv - uUv(Xu)$ mit $vUv \geq uUv(Xu)$

(25) $Xuü \leq vUü - uUü(Xuü)$ mit $vUü \geq uUü(Xuü)$

(26) $XFl \leq vFl - uFl(XFl)$ mit $vFl \geq uFl(XFl)$

(27) $XFk \leq vFk - uFk(XFk)$ mit $vFk \geq uFk(XFk)$

(28) $Xfl \leq oFl(Xfl) - vFl$ mit $oFl(Xfl) \geq vFl$

(29) $Xfk \leq oFk(Xfk) - vFk$ mit $oFk(Xfk) \geq vFk$

Sofern die IAS/IFRS-Regelungen den Ansatz *beliebig vieler Zwischenwerte* bezüglich der einzelnen Wahlrechtsgruppen zulassen, bestehen keine Bedenken, die zwölf Restriktionen in der vorliegenden Form in das Planungsmodell einfließen zu lassen. Sind jedoch einige Wahlrechtsgruppen nur in Höhe ihres maximalen Wertes oder in Höhe von 0 entscheidungsrelevant, so bedarf es einer Modifikation des Restriktionsansatzes. Insbesondere hinsichtlich der bestehenden Ansatzwahlrechte, bei denen für die Verantwortlichen lediglich die Alternativen *„bilanzieren"* oder *„nicht bilanzieren"* bestehen, besitzt diese Problematik Relevanz. Im Folgenden wird die Bewältigung des Problems beispielhaft an der Wahlrechtsgruppe (19) XAü verdeutlicht.

(30) $[oAü(XAü) - vAü] \cdot XAü \leq oAü(XAü) - vAü$ mit

(31) $XAü \leq 1$ (ganzzahlig)

Aufgrund der Ganzzahligkeitsbedingung besteht für die Variable XAü, die in der Zielfunktionszeile und den anderen Restriktionszeilen ebenfalls den Koeffizienten von oAü(XAü) - vAü zugewiesen bekommt, nur die Möglichkeit, die Werte von 1 oder 0 zu erhalten. Hierdurch wird sichergestellt, dass XAü im Rahmen der optimalen Lösung ausschließlich die Werte von 0 oder 1 annehmen kann. Im Falle von XAü = 1 geht somit der Betrag von oAü(XAü) - vAü in voller Höhe in das Ergebnis ein. Liegen auch bei anderen Wahlrechtsgruppen ähnliche Beschränkungen vor, so sind die Restriktionsansätze in analoger Form zu modifizieren.

Die für die Aktionsparameter formulierten Restriktionen verdeutlichen, dass die Entscheidungsträger auf der Basis der vorläufigen Bilanzwerte nunmehr die ihnen zur Verfügung stehenden erfolgswirksamen Wahlrechte und Ermessensspielräume zum Zwecke einer zieladäquaten Transformation der Jahresabschlussrechnung einsetzen können. In diesem Zusammenhang ist es unerheblich, ob bei der Erstellung des vorläufigen Jahresabschlusses schon auf Bilanzierungs-, Bewertungswahlrechte und Ermessensspielräume zurückgegriffen wurde, da die Auswirkungen dieser Entscheidungen im vorliegenden simultanen Planungsmodell entweder beibehalten oder (teilweise) rückgängig gemacht werden. Es wird unterstellt, dass sich keine Einschränkungen aus dem Postulat der *Bewertungsstetigkeit* (vgl. IAS 8.41 f.) ergeben. Allerdings müssen die Verantwortlichen der Rechnungslegungspolitik die entsprechenden handels- und steuerrechtlich zulässigen Ober- und Untergrenzen kennen und exakt in den Ansatz einfließen lassen.

### 2.3.3 Restriktionen ausgewählter Jahresabschlusskennzahlen

Für die optimale Planung des Jahresabschlusses bedarf es der Formulierung von Restriktionen, durch die bestimmte angestrebte Niveaus von Jahresabschlusskennzahlen eingehalten werden. In dem hier vorgestellten Modellansatz sind solche Kennzahlen vereinfachend einbezogen worden, die üblicherweise für eine *Jahresabschlussanalyse* oder im Rahmen eines *Bilanzratings* als bedeutsam angesehen werden.[7] Im einzelnen sind folgende, in den Formeln (32) bis (44) wiedergegebene Restriktionen in dem Modellansatz enthalten; eine Aufnahme weiterer Restriktionen in Kennzahlengestalt ist prinzipiell möglich.

(32) $\dfrac{\text{Anlagevermögen}}{\text{Umlaufvermögen}} \leq a$

In Verbindung mit den zugehörigen rechnungslegungspolitischen Parametern ergibt sich folgende Formelstruktur für die vorstehende Kennzahl:

(32.1) $\dfrac{vA + XA + XAü - Xa - Xaü}{vU + XU + XUü - Xu - Xuü} \leq a$ (Elastizitätsgrad) oder

(32.2) $XA + XAü - Xa - Xaü - a \cdot XU - a \cdot XUü + a \cdot Xu + a \cdot Xuü \leq a \cdot vU - vA$.

Abweichend von der traditionellen Rechnungslegungsanalyse wird der Bilanzgewinn als der zur Ausschüttung vorgesehene Teil des Jahresüberschusses nachstehend aus Vereinfachungsgründen nicht dem kurzfristigen Fremdkapital, sondern dem Eigenkapital subsumiert.

(33) $\dfrac{\text{Anlagevermögen}}{\text{Bilanzsumme}} \leq b$ (Anlageintensität)

(33.1) $\dfrac{vA + XA + XAü - Xa - Xaü}{vA + XA + XAü - Xa - Xaü + vU + XU + XUü - Xu - Xuü} \leq b$ oder

---

[7] Vgl. *Coenenberg* 2003, S. 915-1117; *Gibson* 1983, S. 23-27; *Reichmann* 2001, S. 90-111.

(33.2) $(1 - b) \cdot XA + (1 - b) \cdot XA\ddot{u} - (1 - b) \cdot Xa - (1 - b) \cdot Xa\ddot{u} - b \cdot Xu - b \cdot XU\ddot{u} + b \cdot Xu + b \cdot Xu\ddot{u} \leq b \cdot (vA + vU) - vA$

(34) $\dfrac{\text{Bilanzsumme}}{\text{Eigenkapital}} \leq c$ (1 : c = Eigenkapitalquote)

Die Eigenkapitalquote muss als *reziproker Wert* formuliert werden, da sie als ≤-Bedingung in den Planungsansatz eingeht. Ähnliches gilt für die nachfolgenden Deckungskennzahlen sowie die Rentabilitätsgrößen des Eigen- und Gesamtkapitals.

Komplizierter wird eine entsprechende Transformation der in Ungleichung (34) angegebenen Bilanzkennzahl, da in diesem Falle aufgrund der Ertragsteuer- und Tantiemenwirkungen Interdependenzen zwischen dem angestrebten Kennzahlenniveau, dem Eigen- und Fremdkapitalausweis und dem Einsatz der erfolgswirksamen Aktionsparameter bestehen. Die Erfassung des Ertragsteuer- und Tantiemenaufwands (ergebnisabhängige Aufwendungen) erfolgt in der nachstehenden Ungleichung durch die Variablen

(34.1) XKSt + XGewESt + XTA,

wobei eine entsprechende Variation der *Ertragsteuerrückstellung* bzw. der *sonstigen Verbindlichkeiten*, d.h. des *kurzfristigen Fremdkapitals*, unterstellt wird (vKSt = vorläufiger Körperschaftsteueraufwand; vGewESt = vorläufiger Gewerbeertragsteueraufwand; vTA = vorläufiger Tantiemenaufwand).

(34.2) $\dfrac{vA + XA + XA\ddot{u} - Xa - Xa\ddot{u} + vU + XU + XU\ddot{u} - Xu - Xu\ddot{u}}{vA + XA + XA\ddot{u} - Xa - Xa\ddot{u} + vU + XU + XU\ddot{u} - Xu - Xu\ddot{u} + (vFl - XFl + Xfl + vFk - XFk + Xfk + XKSt + XGewESt + XTA - vKSt - vGewESt - vTA)} \leq c$

oder

(34.3) $c \cdot XKSt + c \cdot XGewESt + c \cdot XTA + (1 - c) \cdot XA + (1 - c) \cdot XA\ddot{u} - (1 - c) \cdot Xa - (1 - c) \cdot Xa\ddot{u} + (1 - c) \cdot XU + (1 - c) \cdot XU\ddot{u} - (1 - c) \cdot Xu - (1 - c) \cdot Xu\ddot{u} - c \cdot XFl - c \cdot XFk + c \cdot Xfl + c \cdot Xfk \leq (c - 1) \cdot (vA + vU) - c \cdot (vFl + vFk + vKSt + vGewESt + vTA)$

In ähnlicher Weise sind auch die übrigen Kennzahlenrestriktionen im Planungsmodell erfasst. Nachfolgend werden lediglich die Kennzahlen aufgelistet. Eine Wiedergabe der detaillierten Struktur der rechnungslegungspolitischen Verformelung unterbleibt aus Platzgründen.[8]

(35) $\dfrac{\text{langfristiges Fremdkapital}}{\text{Bilanzsumme}} \leq d$ (Quote der langfristigen Verschuldung)

---

[8] Vgl. *Freidank* 1990, S. 118-123.

(36) $\dfrac{\text{kurzfristiges Fremdkapital}}{\text{Bilanzsumme}} \leq e$ (Quote der kurzfristigen Verschuldung)

(37) $\dfrac{\text{Anlagevermögen}}{\text{langfristiges Fremdkapital}} \leq f$ (1 : f = Anlagedeckungsgrad I)

(38) $\dfrac{\text{Anlagevermögen}}{\text{Eigenkapital}} \leq g$ (1 : g = Anlagedeckungsgrad II)

(39) $\dfrac{\text{Anlagevermögen} + \text{Vorratsvermögen}}{\text{Eigenkapital} + \text{langfristiges Fremdkapital}} \leq h$ (langfristige Vermögensdeckung)

(40) $\dfrac{\text{kurzfristiges Fremdkapital}}{\text{Umlaufvermögen}} \leq i$ (1 : i = Liquiditätsgrad)

(41) $\dfrac{\text{Eigenkapital}}{\text{Jahresüberschuss}} \leq j$

(1 : j = Eigenkapitalrentabilität nach ergebnisabhängigen Aufwendungen)

(42) $\dfrac{\text{Eigenkapital}}{\text{Jahresüberschuss vor ergebnisabhängigen Aufwendungen}} \leq k$

(1 : k = Eigenkapitalrentabilität vor ergebnisabhängigen Aufwendungen)

(43) $\dfrac{\text{Eigenkapital} + \text{Fremdkapital}}{\text{Jahresüberschuss}} \leq l$

(1 : l = Gesamtkapitalrentabilität nach ergebnisabhängigen Aufwendungen)

(44) $\dfrac{\text{Eigenkapital} + \text{Fremdkapital}}{\text{Jahresüberschuss vor ergebnisabhängigen Aufwendungen}} \leq m$

(1 : m = Gesamtkapitalrentabilität vor ergebnisabhängigen Aufwendungen)

Die Ergebnisse der Transformation des Planungsmodells befinden sich in Abbildung 5 [Restriktionen Y(13) bis Y(31)]. Bei dieser Darstellung wurde davon ausgegangen, dass für die einzelnen Wahlrechte XA bis XA 0 *beliebig viele Zwischenwerte* existieren. Auf eine Auflistung der die einzelnen Wahlrechtsgruppen betreffenden Restriktionen Y(1) bis Y(12) wurde hier aus Platzgründen verzichtet.

Durch die Integration der folgenden Restriktion in den Modellansatz besteht für die Entscheidungsträger schließlich die Möglichkeit sicherzustellen, dass die *Bilanzsumme* die in § 267 Abs. 1 Nr. 1 oder Abs. 2 Nr. 1 HGB genannten kritischen Schwellenwerte nicht überschreitet, um die *Prüfungspflicht* gemäß § 316 Abs. 1 Satz 1 HGB zu vermeiden und/oder *publizitätsbezogene Erleichterungen* (z.B. § 247a, § 276, § 326 f. HGB) zu erlangen (BS = Obergrenze der Soll-Bilanzsumme).

IT-gestützte Rechnungslegungspolitik auf internationaler Basis

| | XKSt | XGewESt | XTA | XA | XAü | Xa | Xaü | XU | XUü | Xu |
|---|---|---|---|---|---|---|---|---|---|---|
| Z | x1 | x2 | x3 | x4 | x5 | x6 | x7 | x8 | x9 | x10 |
| Y(13) | - as · x1 | - as · x2 | - as · x3 | + as · x4 | + as · x5 | - as · x6 | - as · x7 | + as · 8 | + as · x9 | - as · x10 |
| Y(14) | x1 | | + sd · (1-sg) · x3 | - sd · (1-sg) · x4 | - sd · (1-sg) · x5 | + sd · (1-sg) · x6 | + sd · (1-sg) · x7 | - sd · (1-sg) · x8 | - sd · (1-sg) · x9 | + sd · (1-sg) · x10 |
| Y(15) | | x2 | + sg · x3 | - sg · x4 | - sg · x5 | + sg · x6 | + sg · x7 | - sg · x8 | - sg · x9 | + sg · x10 |
| Y(16) | | | 1 + tb · (1-sd) · (1-sg) · x3 | - tb · (1-sd) · (1-sg) · x4 | - tb · (1-sd) · (1-sg) · x5 | + tb · (1-sd) · (1-sg) · x6 | + tb · (1-sd) · (1-sg) · x7 | - tb · (1-sd) · (1-sg) · x8 | - tb · (1-sd) · (1-sg) · x9 | + tb · (1-sd) · (1-sg) · x10 |
| Y(17) | | | | | | | | | | |
| Y(18) | | | | x4 | + x5 | - x6 | - x7 | - a · x8 | - a · x9 | + a · x10 |
| Y(19) | | | | (1-b) · x4 | + (1-b) · x5 | - (1-b) · x6 | - (1-b) · x7 | - b · x8 | - b · x9 | + b · x10 |
| Y(20) | c · x1 | + c · x2 | + c · x3 | + (1-c) · x4 | + (1-c) · x5 | - (1-c) · x6 | - (1-c) · x7 | + (1-c) · x8 | + (1-c) · x9 | - (1-c) · x10 |
| Y(21) | | | | - d · x4 | - d · x5 | + d · x6 | + d · x7 | - d · x8 | - d · x9 | + d · x10 |
| Y(22) | x1 | + x2 | + x3 | - e · x4 | - e · x5 | + e · x6 | + e · x7 | - e · x8 | - e · x9 | + e · x10 |
| Y(23) | | | | x4 | + x5 | - x6 | - x7 | | | |
| Y(24) | g · x1 | + g · x2 | + g · x3 | (1-g) · x4 | + (1-g) · x5 | - (1-g) · x6 | - (1-g) · x7 | - g · x8 | - g · x9 | + g · x10 |
| Y(25) | h · x1 | + h · x2 | + h · x3 | (1-h) · x4 | + (1-h) · x5 | - (1-h) · x6 | - (1-h) · x7 | + (1-h) · x8 | - h · x9 | - (1-h) · x10 |
| X(26) | | | | | | | | - i · x8 | - i · x9 | + i · x10 |
| Y(27) | - (1-j) · x1 | - (1-j) · x2 | - (1-j) · x3 | (1-j) · x4 | + (1-j) · x5 | - (1-j) · x6 | - (1-j) · x7 | + (1-j) · x8 | + (1-j) · x9 | - (1-j) · x10 |
| Y(28) | - x1 | - x2 | - x3 | (1-k) · x4 | + (1-k) · x5 | - (1-k) · x6 | - (1-k) · x7 | + (1-k) · x8 | + (1-k) · x9 | - (1-k) · x10 |
| Y(29) | l · x1 | + l · x2 | + l · x3 | (1-l) · x4 | + (1-l) · x5 | - (1-l) · x6 | - (1-l) · x7 | + (1-l) · x8 | + (1-l) · x9 | - (1-l) · x10 |
| Y(30) | m · x1 | + m · x2 | + m · x3 | + (1-m) · x4 | + (1-m) · x5 | - (1-m) · x6 | - (1-m) · 7 | + (1-m) · x8 | + (1-m) · x9 | - (1-m) · x10 |
| Y(31) | | | | x4 | + x5 | - x6 | - x7 | + x8 | + x9 | - x10 |

Abbildung 5: Allgemeine Darstellung des Planungsmodells

| | Xuü | XFl | XFk | Xfl | Xfk | XA 40 | XA 0 | RS |
|---|---|---|---|---|---|---|---|---|
| Z | x11 | x12 | x13 | x14 | x15 | x16 | x17 | |
| Y(13) | $-as \cdot x11$ | $+as \cdot x12$ | $+as \cdot x13$ | $-as \cdot x14$ | $-as \cdot x15$ | $+x18$ | $(1+se) \cdot x19$ | $= sBI - as \cdot vJvor$ |
| Y(14) | $+sd \cdot (1-sg) \cdot x11$ | $-sd \cdot (1-sg) \cdot x12$ | $-sd \cdot (1-sg) \cdot x13$ | $+sd \cdot (1-sg) \cdot x14$ | $+sd \cdot (1-sg) \cdot x15$ | $+sm \cdot x18$ | $-se \cdot x19$ | $= sd \cdot (1-sg) \cdot vJvor + sd \cdot (1-sg) \cdot ka^* - sd \cdot sg \cdot (Vk+ga)$ |
| Y(15) | $+sg \cdot x11$ | $-sg \cdot x12$ | $-sg \cdot x13$ | $+sg \cdot x14$ | $+sg \cdot x15$ | | | $= sg \cdot (vJvor+ka^*+Vk+ga)$ |
| Y(16) | $+tb \cdot (1-sd) \cdot (1-sg) \cdot x11$ | $-tb \cdot (1-sd) \cdot (1-sg) \cdot x12$ | $-tb \cdot (1-sd) \cdot (1-sg) \cdot x13$ | $+tb \cdot (1-sd) \cdot (1-sg) \cdot x14$ | $+tb \cdot (1-sd) \cdot (1-sg) \cdot x15$ | $-tb \cdot sm \cdot x18$ | $+tb \cdot se \cdot x19$ | $= tb \cdot (1-sd) \cdot (1-sg) \cdot vJvor - tb \cdot \{[sd+(1-sg)] \cdot ka^*+(1-sd) \cdot sg \cdot (Vk+ga)-ta\}$ |
| Y(17) | | | | | | $x18$ | | $\leq RFvor$ (EK 40) |
| Y(18) | | | | | | | $x19$ | $\leq (1{:}1+se) \cdot RFvor$ (EK 02) |
| Y(19) | $+a \cdot x11$ | | | | | | | $\leq a \cdot vU - vA$ |
| Y(20) | $+b \cdot x11$ | | | | | | | $\leq b \cdot (vA+vU) - vA$ |
| Y(21) | $-(1-c) \cdot x11$ | $-c \cdot x12$ | $-c \cdot x13$ | $+c \cdot x14$ | $+c \cdot x15$ | | | $\leq (c-1) \cdot (vA+vU) - c \cdot (vFl+vFk-vKSt+vGewESt-vTA)$ |
| Y(22) | $+d \cdot x11$ | $-x12$ | | $+x14$ | | | | $\leq d \cdot (vA+vU) - vFl$ |
| Y(23) | $+e \cdot x11$ | | $-x13$ | | $+x15$ | | | $\leq e \cdot (vA+vU) - (vFk-vKSt+vGewESt-vTA)$ |
| Y(24) | | $+f \cdot x12$ | | $-f \cdot x14$ | | | | $\leq f \cdot vFl - vA$ |
| Y(25) | $+g \cdot x11$ | $-g \cdot x12$ | $-g \cdot x13$ | $+g \cdot x14$ | $+g \cdot x15$ | | | $\leq g \cdot (vU-vFl-vFk+vKSt+vGewESt+vTA) - (1-g) \cdot vA$ |
| Y(26) | $+h \cdot x11$ | | $-h \cdot x13$ | | $+h \cdot x15$ | | | $\leq h \cdot (vA+vU-vFl-vFk+vKSt+vGewESt+vTA) - (vA+vUv)$ |
| Y(27) | $+i \cdot x11$ | | $-x13$ | | $+x15$ | | | $\leq i \cdot vU - vFk$ |
| Y(28) | $-(1-j) \cdot x11$ | $+(1-j) \cdot x12$ | $+(1-j) \cdot x13$ | $-(1-j) \cdot x14$ | $-(1-j) \cdot x15$ | | | $\leq j \cdot vJvor - (vA+vU-vFlvFk+vKSt+vGewESt+vTA)$ |
| Y(29) | | | $-k \cdot x13$ | $+k \cdot x14$ | $+k \cdot x15$ | | | $\leq k \cdot vJvor - (vA+vUa-vFl-k+vKSt+vGewESt+vTA)$ |
| Y(30) | | | $-l \cdot x13$ | $+l \cdot x14$ | $+l \cdot x15$ | | | $\leq l \cdot vJvor - (vA+vU)$ |
| Y(31) | | $-m \cdot x13$ | | $+m \cdot x14$ | $+m \cdot x15$ | | | $\leq m \cdot vJvor - (vA+vU)$ |
| | | | | | | | | $\leq BS - (vA+vU)$ |

Abbildung 5: Allgemeine Darstellung des Planungsmodells (Fortsetzung)

(45)   XA + XAü - Xa - Xaü + XU + XUü - Xu - Xuü ≤ BS - (vA + vU)

Die Formel (45) wird durch die Restriktionen Y(31) in der zusammenfassenden Darstellung des Entscheidungsmodells in Abbildung 5 repräsentiert.

Neben *Ausschüttungsmaximierung und -minimierung* kann die Unternehmensleitung auch das Ziel verfolgen, einen ganz *bestimmten Ausschüttungsbetrag* auszuweisen. Eine solche Vorgehensweise kann zum einen von der Absicht der Unternehmensleitung getragen sein, diese Zielgröße planmäßig im Zeitablauf zu verstetigen. Die empirische Rechnungslegungsforschung hat nachgewiesen, dass insbesondere die Unternehmensleitungen von *managerkontrollierten Kapitalgesellschaften* häufig auf diese Strategie zurückgreifen.[9] Zum anderen ist eine derartige Vorgehensweise bei *personenbezogenen (eigentümerkontrollierten) Kapitalgesellschaften* denkbar, die Gewinnausweis und Ausschüttungen aus steuerrechtlichen Gründen so beeinflussen wollen, dass das *persönliche Endvermögen der Anteilseigner nach Ertragsteuern* im Zeitablauf maximiert wird.[10] Streben die Entscheidungsträger zum Zwecke der Gewinnglättung und/oder der Ertragsteueroptimierung einen bestimmten Soll-Bilanzgewinn an, so ist diesem *Fixierungsansatz* im Falle einer zu maximierenden Zielfunktion durch Einbeziehung nachstehender Restriktion wie folgt Rechnung zu tragen.

(46)   as · (- XKSt - XGewESt - XTA + XA + XAü - Xa - Xaü + XU + XUü - Xu - Xuü + XFl + XFk - Xfl - Xfk) + XA40 + (1 + se) · XA0 ≤ sBI - as · vJvor

# 3   Verdeutlichung der Modelle durch Beispiele

## 3.1   Darstellung der Ausgangsdaten

Die vorläufige (verkürzte) Einheitsbilanz einer unbeschränkt ertragsteuerpflichtigen Gesellschaft mit beschränkter Haftung, die ihren Jahresabschluss nach den Vorschriften der IAS/IFRS aufstellt, hat zum 31.12. der Rechnungsperiode t = 1 das in Abbildung 6 gezeigte Aussehen, wobei die Berechnung der vorläufigen ergebnisabhängigen Aufwendungen (vKSt, vGewESt, vTA) unter Berücksichtigung einer geplanten *Vollausschüttung* (as = 1) des vorläufigen Jahresüberschusses (vJnach) sowie der nachstehenden Daten vorgenommen wurde. Die hinter den einzelnen Rückstellungen bzw. Verbindlichkeiten in Abbildung 6 vermerkten Buchstaben geben an, ob die jeweiligen Posten zu den

---

[9]   Vgl. *Coenenberg/ Schmidt/Werhand* 1983, S. 322-333.
[10]  Vgl. *Wagner/Dirrigl* 1980, S. 293-295.

| Aktiva | vorläufige Einheitsbilanz nach IAS/IFRS zum 31.12. t = 1 | | Passiva |
|---|---|---|---|
| in Tsd. Euro | | | in Tsd. Euro |
| A. Anlagevermögen: | | A. Eigenkapital: | |
|    I. Immaterielle Vermögensgegenstände: | |    I. Gezeichnetes Kapital | 2.000 |
|       1. Lizenzen | 100 |    II. Gewinnrücklagen: | |
|       2. Entwicklungskosten | 120 |       1. Rücklagen laut Gesellschaftsvertrag | 160 |
|    II. Sachanlagen: | |       2. andere Gewinnrücklagen | 280 |
|       1. Grundstücke und Bauten | 700 |    III. Jahresüberschuss | 246,66 |
|       2. technische Anlagen und Maschinen | 900 | B. Rückstellungen: | |
|    III. Finanzanlagen: | |    I. Rückstellungen für Pensionen (la) | 770 |
|       1. Beteiligungen | 50 |    II. Ertragsteuerrückstellungen (ku) | 263,74[11] |
|       2. zur Vermietung gehaltene Grundstücke | 220 |    III. sonstige Rückstellungen: | |
| B. Umlaufvermögen: | |       1. für Umweltschäden (ku) | 220 |
|    I. Vorräte: | |       2. für Schadensersatzford. (la) | 70 |
|       1. Roh-, Hilfs- und Betriebsstoffe | 410 | C. Verbindlichkeiten: | |
|       2. unfertige Erzeugnisse | 500 |    1. Verbindlichkeiten aus Lieferungen und Leistungen [davon mit einer Restlaufzeit bis zu einem Jahr (ku) = 470] | 540 |
|       3. fertige Erzeugnisse | 740 | | |
|    II. Forderungen und sonstige Vermögensgegenstände: | |    2. Sonstige Verbindlichkeiten für Geschäftsführungstantiemen (ku) | 29,60 |
|       1. Forderungen aus Lieferungen und Leistungen (davon mit einer Restlaufzeit von mehr als einem Jahr = 134) | 410 | | |
|       2. sonstige Vermögensgegenstände | 40 | | |
|    III. Wertpapiere: | | | |
|       1. eigene Anteile | 24 | | |
|       2. sonstige Wertpapiere | 340 | | |
|    IV. Kassenbestand, Guthaben bei Kreditinstituten: | 26 | | |
| | 4.580 | | 4.580 |

Abbildung 6: Ausgangsbilanz für die Jahresabschlussoptimierung

---

[11] 263,74 Tsd. Euro = 132,22 Tsd. Euro + 131,52 Tsd. Euro.

*langfristigen (la) oder kurzfristigen (ku) Schulden* im Rahmen der Rechnungslegungsanalyse zählen. Zusätzlich gelten folgende Ausgangsdaten:

| | | |
|---|---|---|
| (1) | Gemäß § 23 Abs. 1 KStG ist auf das zu versteuernde (körperschaftsteuerrechtliche) Einkommen (zvE) ein Satz von 25% anzuwenden. | sd = 0,25 |
| (2) | Die Differenz zwischen sJnach und zvE beträgt 150 Tsd. Euro (ohne KSt selbst). | ka* = 150 Euro |
| (3) | Der Gewerbesteuerhebesatz der Standortgemeinde beträgt 425%, die Steuermesszahl für den Gewerbeertrag nach § 11 Abs. 2 GewStG 5%. Ein körperschaftsteuerrechtlicher Verlustabzug gemäß § 8 Abs. 4 KStG i.V.m. § 10 d EStG liegt nicht vor. | he = 4,25<br>me = 0,05<br>sg = 0,17526[12]<br>Vk = 0 |
| (4) | Die gewerbeertragsteuerrechtlichen Modifikationen nach § 8 f. GewStG betragen 90 Tsd. Euro. | ga = 90 |
| (5) | Die Tantieme für die Geschäftsführung beträgt laut Gesellschaftsvertrag 12% des in der Handelsbilanz ausgewiesenen Jahresüberschusses. | ta = 0<br>tb = 0,12 |
| (6) | Der vorläufige Jahresüberschuss vor ergebnisabhängigen Aufwendungen beläuft sich auf 540 Tsd. Euro. | vJvor = 540 Tsd. Euro |

Die Ermittlung der ergebnisabhängigen Aufwendungen kann durch Lösung des nachstehend in *Matrizenschreibweise* dargestellten simultanen Gleichungssystems erfolgen.[13]

Das formulierte Gleichungssystem führt in dem Beispielsfall zu folgenden Ergebnissen:

vJnach   = 246,66 Tsd. Euro
vKSt     = 132,22 Tsd. Euro[14]
vGewESt  = 131,51 Tsd. Euro[15]
vTA      =  29,60 Tsd. Euro[16].

---

[12] $sg = \dfrac{me \cdot he}{1 + me \cdot he} = \dfrac{0,05 \cdot 4,25}{1 + 0,05 \cdot 4,25} = 0,17526.$

[13] Vgl. *Freidank* 2001, S. 1031-1033.

[14] 132,22 Tsd. Euro = 0,25 · (540 Tsd. Euro + 150 Tsd. Euro − 131,51 Tsd. Euro − 29,60 Tsd. Euro).

[15] 131,51 Tsd. Euro = 0,17526 · (540 Tsd. Euro + 150 Tsd. Euro + 90 Tsd. Euro − 29,60 Tsd. Euro).

[16] 29,60 = 0,12 · 246,66 Tsd. Euro.

$$\begin{bmatrix} 1 & 1 & 1 & 1 \\ -0{,}3333 & 1 & 0 & 0 \\ -0{,}2125 & -0{,}2125 & 1 & 0 \\ -0{,}12 & 0 & 0 & 1 \end{bmatrix} \cdot \begin{bmatrix} vJnach \\ vKSt \\ vGewESt \\ vTA \end{bmatrix} = \begin{bmatrix} 540 \\ 50 \\ 51 \\ 0 \end{bmatrix}$$

Abbildung 7:   Simultanes Gleichungssystem in Matrizenschreibweise

Die Entscheidungsträger können grundsätzlich *Maximierung, Minimierung oder Fixierung des Bilanzgewinns* mit dem Planungsmodell anstreben, wobei rechnungslegungspolitische Maßnahmen nachfolgend unter Einhaltung des in Abbildung 8 angeführten Soll-Kennzahlenniveaus realisiert werden sollen. Bei der eventuellen Dotierung der anderen Gewinnrücklagen sind laut Gesellschaftsvertrag die Grenzen von § 58 Abs. 2 Satz 1 AktG zu berücksichtigen.

Zur Erreichung des Zielplans stehen die folgenden 12 Aktionsparameter (Wahlrechte und Ermessensspielräume) zur Verfügung.[17]

*Wahlrechtsgruppe XA:*
Die Bestimmung der voraussichtlichen Nutzungsdauer von Sachanlagen ist in IAS 16.43 geregelt. Die genaue Ermittlung der Nutzungszeit ist oft schwierig und eröffnet einen *Ermessensspielraum*.[18] Bei der Bewertung einer zu Beginn der Berichtsperiode neu angeschafften Maschine ist in der vorläufigen Bilanz von einer Nutzungsdauer von 5 Jahren ausgegangen worden. Da Erfahrungswerte von vergleichbaren Vermögensgegenständen fehlen, kann die voraussichtliche Nutzungsdauer zur Ermittlung des Abschreibungsbetrags auch auf 6 Jahre festgelegt werden. In diesem Fall würden sich die Abschreibungen auf die Maschine um 30.000 Euro reduzieren.

$Y(4) : XA \cdot 30 \leq 30$  mit $XA \leq 1$ (ganzzahlig)

---

[17] Aus Vereinfachungsgründen wird unterstellt, dass diese Gestaltungsalternativen auch im Rahmen der steuerrechtlichen Gewinnermittlung ausgeübt werden können.
[18] Vgl. *Müller/Wulf* 2001, S. 2210 f.

|  |  | Kennzahl | Ist | Soll |
|---|---|---|---|---|
| Y (18) | a | Anlagevermögen : Umlaufvermögen | 0,84 | ≤ 1 |
| Y (19) | b | Anlagevermögen : Bilanzsumme | 0,46 | ≤ 0,5 |
| Y (20) | c | Bilanzsumme : Eigenkapital | ⇒ 1,71 | ≤ 1,7 |
| Y (21) | d | langfristiges Fremdkapital : Bilanzsumme | 0,20 | ≤ 0,3 |
| Y (22) | e | kurzfristiges Fremdkapital : Bilanzsumme | 0,21 | ≤ 0,3 |
| Y (23) | f | Anlagevermögen : langfristiges Fremdkapital | 2,30 | ≤ 3,5 |
| Y (24) | g | Anlagevermögen : Eigenkapital | 0,78 | ≤ 0,85 |
| Y (25) | h | [Anlagevermögen + Vorratsvermögen] : [Eigenkapital + langfristiges Fremdkapital] | ⇒ 1,04 | ≤ 1 |
| Y (26) | i | kurzfristiges Fremdkapital : Umlaufvermögen | 0,40 | ≤ 0,4 |
| Y (27) | j | Eigenkapital : Jahresüberschuss | 10,89 | ≤ 14 |
| Y (28) | k | Eigenkapital : Jahresüberschuss vor ergebnisabhängigen Aufwendungen | 4,98 | ≤ 10 |
| Y (29) | l | [Eigenkapital + Fremdkapital] : Jahresüberschuss | 18,57 | ≤ 22 |
| Y (30) | m | [Eigenkapital + Fremdkapital] : Jahresüberschuss vor ergebnisabhängigen Aufwendungen | 8,48 | ≤ 12 |

Abbildung 8: Entscheidungsrelevante Kennzahlen auf der Basis von Ist- und Sollwerten

*Wahlrechtsgruppe XAü:*
Ein Grundstück, das verpachtet wird und damit als Finanzinvestition nach IAS 40.4 gilt, ist bislang stets zu fortgeführten Anschaffungskosten angesetzt worden. IAS 40 sieht vor, dass die Bewertung von derartigen Immobilien auch zum beizulegenden Zeitwert (Fair Value) erfolgen darf. Der Wechsel zur Fair-Value-Bewertung ist grundsätzlich jederzeit zulässig,[19] da hierdurch eine bessere Darstellung der Vermögenslage des Unternehmens erzielt wird und damit IAS 8.42 einschlägig ist, der *Änderungen der Bewertungsmethode* in bestimmten Fällen gestattet. Der Zeitwert des Grundstücks liegt 70.000 Euro über dem aktuellen Buchwert.

Y(5) : XAü · 70 ≤ 70 mit XAü ≤ 1 (ganzzahlig)

---

[19] Vgl. *Vater* 2002, S. 535.

*Wahlrechtsgruppe Xa:*
Bewertung der Grundstücke mit der *alternativen Neubewertungsmethode* gemäß IAS 16.29 anstatt zu fortgeführten Anschaffungskosten (IAS 16.28). Danach dürfen Sachanlagen zu einem Neubewertungsbetrag angesetzt werden, der dem beizulegenden Zeitwert zum Zeitpunkt der Neubewertung entspricht.[20] Dieses Wahlrecht ist einheitlich für die gesamte Gruppe der Sachanlagen, zu der der Gegenstand gehört, vorzunehmen (IAS 16.34). Da die aktuellen Zeitwerten unter den Buchwerten liegen und keine zugehörige Neubewertungsrücklage existiert, ist die Abwertung als Aufwand zu erfassen (Abwertung beträgt 90.000 Euro).

Y(6) : Xa · 90 ≤ 90  mit Xa ≤ 1 (ganzzahlig)

*Wahlrechtsgruppe Xaü:*
In der vorläufigen Bilanz sind Kosten für die Entwicklung eines neuen Arzneimittels in Höhe von 120.000 Euro aktiviert worden. IAS 38.45 schreibt sechs Ansatzkriterien (u.a. künftiger wirtschaftlicher Nutzen) vor, die kumulativ erfüllt sein müssen, damit ein Ansatzgebot für Entwicklungskosten besteht. Ist ein Kriterium nicht erfüllt, so muss die Aktivierung unterbleiben. Da die Beurteilung, ob die Kriterien erfüllt sind, besonders viele Schätzungen und Prognosen erfordert, besteht bei der Ansatzentscheidung teilweise ein *Ermessensspielraum*.[21] Im vorliegenden Fall wird davon ausgegangen, dass für das entwickelte Medikament noch keine Zulassungserlaubnis vorliegt und damit der künftige wirtschaftliche Nutzen schwer bestimmt werden kann. Daher besteht ein faktisches Ansatzwahlrecht für die Entwicklungskosten und die Aktivierung kann auch rückgängig gemacht werden.

Y(7) : Xaü · 120 ≤ 120 mit Xaü ≤ 1 (ganzzahlig)

*Wahlrechtsgruppe XU:*
Für die Herstellung eines Medikaments hat das Unternehmen einen Kredit aufgenommen. Die dafür anfallenden Zinsen sind im vorläufigen Jahresabschluss als ergebniswirksamer Aufwand erfasst worden (IAS 23.7). Da der Herstellungsvorgang einen längeren Zeitraum umfasst und die Verkaufsfähigkeit erst nach einer beträchtlichen Zeit gegeben ist, handelt es sich bei dem Medikament um ein „Qualifying Asset" gemäß IAS 23.4.[22] Dies hat zur Folge, dass die im Zusammenhang mit der Herstellung angefallenen Fremdkapitalkosten auch *aktiviert werden dürfen* (IAS 23.11). Bei Aktivierung kann der Jahresüberschuss um 20.000 Euro gesteigert werden.

Y(8) : XU · 20 ≤ 20 mit XU ≤ 1 (ganzzahlig)

---

[20] Vgl. *Ballwieser* 2002, Tz. 30.
[21] Vgl. *Pellens/Sürken* 1998, S. 213.
[22] Zu den Vorraussetzungen für das Vorliegen eines „Qualifying Asset" vgl. ausführlich *Schönbrunn* 2002, Tz. 6-9.

*Wahlrechtsgruppe XUü:*
Rückgängigmachung einer Abschreibung auf zweifelhafte Forderungen, die wegen finanzieller Schwierigkeiten des Schuldners im vorläufigen Jahresabschluss gemäß IAS 39.109 vorgenommen wurde. Die Abschreibung ist nach Auskunft eines Sachverständigen umstritten und könnte auch vollständig oder teilweise reduziert werden. Der mögliche *Zuschreibungsbetrag*, der sich ausschließlich auf Forderungen mit einer Restlaufzeit von bis zu einem Jahr bezieht, beläuft sich auf 80.000 Euro.

$Y(9) : XUü \leq 80$

*Wahlrechtsgruppe Xu:*
Die Bewertung von unfertigen Erzeugnissen ist nach dem Fifo-Verfahren vorgenommen worden (IAS 2.21). Neben der Fifo-Methode ist als bevorzugtes Verfahren gemäß IAS 2.21 auch eine Bewertung zu gewogenen Durchschnittskosten möglich. Im vorliegenden Beispiel sei unterstellt, dass durch stark steigende Beschaffungspreise die Anwendung der Methode des gewogenen Durchschnitts zu einer Gewinnsenkung in Höhe von 40.000 Euro führt. Da bei der *Wahl des Bewertungsverfahrens* sowohl die sachliche Stetigkeit (für Vorräte, die in einem ähnlichen Wesens- und Gebrauchszusammenhang für das Unternehmen stehen) als auch die zeitliche Stetigkeit zu beachten ist,[23] wird davon ausgegangen, dass das Beispielunternehmen erstmals diese Gruppe von unfertigen Erzeugnissen zu bewerten hat.

$Y(10) : 40 \cdot Xu \leq 40$ mit $Xu \leq 1$ (ganzzahlig)

*Wahlrechtsgruppe Xuü:*
Bei der Anschaffung von zu Handelszwecken gehaltenen Wertpapiere sind in der Berichtsperiode Transaktionskosten in Höhe von 27.000 Euro angefallen. Nach einer Stellungnahme des IGC[24] zu IAS 39 sind die Transaktionskosten bei Finanzinstrumenten, die zum beizulegenden Zeitwert bewertet werden, erst bei der ersten *Folgebewertung* ergebniswirksam zu verrechnen. Daher wurden die Transaktionskosten in der vorläufigen Bilanz noch nicht erfasst. Nach Literaturmeinung ist aus Vereinfachungsgründen auch eine unmittelbare Verbuchung der Transaktionskosten als Periodenaufwand im Zeitpunkt der Anschaffung möglich.[25] Wird so verfahren, dann lässt sich der Jahresüberschuss um den Betrag der Transaktionskosten senken.

$Y(11) : 27 \cdot Xuü \leq 27$ mit $Xuü \leq 1$ (ganzzahlig)

---

[23] Vgl. *Jacobs* 2002, Tz. 53.
[24] Das Implementation Guidance Committee (IGC) wurde im März 2000 vom IASB eingesetzt, um Streitfragen zu klären, die sich bei der Anwendung von IAS 39 ergeben können.
[25] Vgl. *Bellavite-Hövermann/Barckow* 2002, Tz. 120.

*Wahlrechtsgruppe XFl:*
In der vorläufigen Bilanz ist eine Rückstellung für eine mögliche Schadensersatzforderung gegen das Unternehmen in Höhe von 70.000 Euro gebildet worden. Die Wahrscheinlichkeit der Inanspruchnahme liegt etwa bei 50%. Da nach IAS 37.15 eine Rückstellung dann zu bilden ist, wenn mehr Gründe dafür als dagegen sprechen (d.h. ab einer Eintrittswahrscheinlichkeit von 50%),[26] besteht hier ein *Einschätzungsspielraum* für den Ansatz der Rückstellung.

Y(12) : $70 \cdot XFl \leq 70$ mit $XFl \leq 1$ (ganzzahlig)

*Wahlrechtsgruppe XFk:*
Über die Höhe einer Rückstellung für die Beseitigung von Umweltschäden bestehen nur grobe *Schätzungen*. Eine beste Schätzung, die IAS 37.36 fordert, ist nicht zu ermitteln. Daher könnte die Rückstellung auch mit bis zu 40.000 Euro niedriger angesetzt werden.

Y(13) : $XFk \leq 40$

*Wahlrechtsgruppe Xfl:*
Bei der versicherungsmathematischen Bewertung von Pensionsrückstellungen sind eine Reihe von *Schätzungen* vorzunehmen. Insbesondere die Bestimmung der demographischen Bewertungsparameter (z.B. Sterblichkeitsraten, Verheiratungswahrscheinlichkeiten, Fluktuationsraten in der Mitarbeiterschaft) ist von subjektiven Einschätzungen abhängig.[27] Aufwendungen, die durch Änderungen der versicherungsmathematischen Annahmen entstehen, sind nicht sofort in voller Höhe erfolgswirksam zu erfassen, sondern über die durchschnittliche Restdienstzeit zu amortisieren (IAS 19.93). Durch Änderung der Einschätzung der demographischen Bewertungsparameter lassen sich für das Beispielsunternehmen die Zuführungen zu den Pensionsrückstellungen um 35.000 Euro erhöhen.

Y(14): $Xfl \leq 35$

*Wahlrechtsgruppe Xfk:*
Die Umrechnung von kurzfristigen Valutaverbindlichkeiten erfolgte in der Berichtsperiode bei der ersten buchhalterischen Erfassung mit dem Kassakurs zum Zeitpunkt des Geschäftsvorfalls (IAS 21.9). Zur Vereinfachung darf nach IAS 21.10 statt des tatsächlichen Kurses auch ein *Näherungskurs* herangezogen werden. Dafür kommt z.B. ein für eine Woche, einen Monat oder sogar ein ganzes Jahr vorab festgelegter Kurs (oder auch ein fester Hauskurs) in Frage, der dann auf sämtliche Geschäftsvorfälle in dieser Periode angewendet wird.[28] Voraussetzung nach IAS 21.10 ist lediglich, dass der Wechselkurs kei-

---

[26] Vgl. *Müller/Wulf* 2001, S. 2207.
[27] Vgl. *Wollmert/Hofmann/Schwitters* 1997, Tz. 58f.
[28] Vgl. *Oechsle/Müller/Wildburger* 1997, Tz. 20.

nen wesentlichen Schwankungen unterliegt. Da sich die Verbindlichkeiten ausschließlich auf erhaltene Dienstleistungen beziehen, die als sofortiger Aufwand erfasst wurden, lassen sich nun bei einer Einbuchung der Verbindlichkeiten zu einem Näherungskurs statt zum (niedrigeren) tatsächlichen Kurs die Aufwendungen um 20.000 Euro erhöhen.

Y(15) : Xfk ≤ 20

*Wahlrechtsgruppen XA 40/XA 0:*
Die Gestaltungen des Bilanzgewinns sollen ggf. unter Berücksichtigung *möglicher Entnahmen* aus den mit 40% Körperschaftsteuer vorbelasteten *anderen Gewinnrücklagen* erfolgen (sm = 0,166667). Laut Gesellschaftsvertrag dürfen gebildete vertragliche Rücklagen, die vor der Körperschaftsteuerreform aus steuerfreien Erträgen gebildet wurden (se = 0,4285714), nur in Höhe des den zwanzigsten Teil des gezeichneten Kapitals übersteigenden Betrages für Ausschüttungen Verwendung finden.

Y(16) : XA 40 ≤ 280

Y(17) : XA 0 ≤ 1 : (1 + 0,4285714) · 60

## 3.2  Rechnungslegungspolitische Gestaltung

Mit Hilfe des *computergestützten Planungsmodells* wird die optimale, der Zielfunktion entsprechende rechnungslegungspolitische Umgestaltung des vorläufigen Jahresabschlusses unter Beachtung der gesetzten Nebenbedingungen festgelegt. Zu diesem Zweck sind die verfügbaren Aktionsparameter, die durch die Variablen XA bis XA 0 repräsentiert werden, entsprechend einzusetzen. Im Lösungsbild des Optimierungsprogramms wird ausgewiesen, welche Aktionsparameter mit ihrem gesamten Potenzial in das zieloptimale Jahresergebnis eingehen und über *Schlupfvariablen* wird das jeweilige nicht zum Einsatz kommende *Bewertungspotenzial der einzelnen Wahlrechte* aufgezeigt. Darüber hinaus geben Schlupfvariablen an, wie weit die in den einzelnen Kennzahlen enthaltenen Komponenten (noch) zu variieren sind, ohne dass die Soll-Quotienten bzw. die Soll-Bilanzsumme überschritten werden.

Angenommen, die Unternehmensleitung möchte, ausgehend vom vorläufigen Jahresabschluss unter Betrachtung der Kennzahlen-Nebenbedingungen, durch Einsatz der rechnungslegungspolitischen Aktionsparameter einen *höchstmöglichen Ausschüttungsvorschlag* bei einer *Einstellung von 20% des Jahresüberschusses* (as = 0,8) in die anderen Gewinnrücklagen unterbreiten (Programm AMAX ohne Rücklagenentnahmen), dann muss das in Abbildung 9 gezeigte, durch ein Tabellenkalkulationsprogramm aufbereitete Ausgangstableau in die Optimierungsrechnung eingegeben werden. Die zieloptimale Einheitsbilanz lässt sich sodann erstellen, wenn auf folgende Wahlrechtsgruppen mit den angeführten Beträgen zurückgegriffen wird.

| Z | XKSt x(1) | XGewESt x(2) | XTA x(3) | XA x(4) | XAü x(5) | Xa x(6) | Xaü x(7) | XU x(8) | XUü x(9) | Xu x(10) |
|---|---|---|---|---|---|---|---|---|---|---|
| Z | 0,8 | 0,8 | 0,8 | -16 | -56 | 72 | 96 | -16 | -0,8 | 32 |
| Y(1) | 1 | | 0,206185 | -4,1237 | -14,43295 | 18,55665 | 24,7422 | -4,1237 | -0,206185 | 8,2474 |
| Y(2) | | 1 | 0,17526 | -3,5052 | -12,2682 | 15,7734 | 21,0312 | -3,5052 | -0,17526 | 7,0104 |
| Y(3) | | | 1,074227 | -1,48454 | -5,19589 | 6,68043 | 8,90724 | -1,48454 | -0,074227 | 2,96908 |
| Y(4) | | | | 20 | | | | | | |
| Y(5) | | | | | 70 | | | | | |
| Y(6) | | | | | | 90 | | | | |
| Y(7) | | | | | | | 120 | | | |
| Y(8) | | | | | | | | 20 | | |
| Y(9) | | | | | | | | | 1 | |
| Y(10) | | | | | | | | | | 40 |
| Y(11) | | | | | | | | | | |
| Y(12) | | | | | | | | | | |
| Y(13) | | | | | | | | | | |
| Y(14) | | | | | | | | | | |
| Y(15) | | | | | | | | | | |
| Y(16) | | | | | | | | | | |
| Y(17) | | | | | | | | | | |
| Y(18) | | | | 20 | 70 | -90 | -120 | -20 | -1 | 40 |
| Y(19) | | | | 10 | 35 | -45 | -60 | -10 | -0,5 | 20 |
| Y(20) | 1,7 | 1,7 | 1,7 | -14 | -49 | 63 | 84 | -14 | -0,7 | 28 |
| Y(21) | | | | -6 | -21 | 27 | 36 | -6 | -0,3 | 12 |
| Y(22) | 1 | 1 | 1 | -6 | -21 | 27 | 36 | -6 | -0,3 | 12 |
| Y(23) | | | | 20 | 70 | -90 | -120 | | | |
| Y(24) | 0,85 | 0,85 | 0,85 | 3 | 10,5 | -13,5 | -18 | -17 | -0,85 | 34 |
| Y(25) | 1 | 1 | 1 | 0 | 0 | 0 | 0 | 0 | -1 | 0 |
| Y(26) | | | | | | | | -8 | -0,4 | 16 |
| Y(27) | 13 | 13 | 13 | -260 | -910 | 1170 | 1560 | -260 | -13 | 520 |
| Y(28) | -10 | -10 | -10 | -180 | -630 | 810 | 1080 | -180 | -9 | 360 |
| Y(29) | 22 | 22 | 22 | -420 | -1470 | 1890 | 2520 | -420 | -21 | 840 |
| Y(30) | 12 | 12 | 12 | -220 | -770 | 990 | 1320 | -220 | -11 | 440 |

Abbildung 9: Darstellung des Optimierungsansatzes von Programm AMAX ohne Rücklagenentnahmen

| | Xuü x(11) | XFl x(12) | XFk x(13) | Xfl x(14) | Xfk x(15) | XA 40 x(18) | XA 0 x(19) | RS |
|---|---|---|---|---|---|---|---|---|
| Z | 21,6 | -56 | -0,8 | 0,8 | 0,8 | | | 432 |
| Y(1) | 55,66995 | -14,43295 | -0,206185 | 0,206185 | 0,206185 | 0 | 0 | 138,3243 |
| Y(2) | 4,73202 | -12,2682 | -0,17526 | 0,17526 | 0,17526 | | | 136,7028 |
| Y(3) | 2,004129 | -5,19589 | -0,074227 | 0,074227 | 0,074227 | 0 | 0 | 31,79668 |
| Y(4) | | | | | | | | 20 |
| Y(5) | | | | | | | | 70 |
| Y(6) | | | | | | | | 90 |
| Y(7) | | | | | | | | 120 |
| Y(8) | | | | | | | | 20 |
| Y(9) | | | | | | | | 80 |
| Y(10) | | | | | | | | 40 |
| Y(11) | 27 | | | | | | | 27 |
| Y(12) | | 70 | | | | | | 70 |
| Y(13) | | | 1 | | | | | 40 |
| Y(14) | | | | 1 | | | | 35 |
| Y(15) | | | | | 1 | | | 20 |
| Y(16) | | | | | | 0 | | 0 |
| Y(17) | | | | | | | 0 | 0 |
| Y(18) | 27 | | | | | | | 400 |
| Y(19) | 13,5 | | | | | | | 200 |
| Y(20) | 18,9 | -119 | -1,7 | 1,7 | 1,7 | | | 486 |
| Y(21) | 8,1 | -70 | | 1 | | | | 464 |
| Y(22) | 8,1 | | -1 | | 1 | | | 684 |
| Y(23) | | 245 | | -3,5 | | | | 1095 |
| Y(24) | 22,95 | -59,5 | -0,85 | 0,85 | 0,85 | | | 443 |
| Y(25) | 27 | | -1 | | 1 | | | 150 |
| Y(26) | 10,8 | | -1 | | 1 | | | 12,7 |
| Y(27) | 351 | -910 | -13 | 13 | 13 | | | 4580 |
| Y(28) | 243 | -630 | -9 | 9 | 9 | | | 2420 |
| Y(29) | 567 | -1540 | -22 | 22 | 22 | | | 7300 |
| Y(30) | 297 | -840 | -12 | 12 | 12 | | | 1900 |

Abbildung 9: Darstellung des Optimierungsansatzes von Programm AMAX ohne Rücklagenentnahmen (Fortsetzung)

Xaü = 120 Tsd. Euro
XUü = 80 Tsd. Euro
Xu = 40 Tsd. Euro
XFk = 40 Tsd. Euro
Xfl = 15 Tsd. Euro

Weiterhin wird unterstellt, dass die Geschäftsleitung zum Zwecke der *Ausschüttungsmaximierung* unter sonst gleichen Bedingungen des Zielplans neben der völligen *Ausschüttung des Jahresüberschusses* (as = 1) auch auf die *höchstmögliche Entnahme aus den Gewinnrücklagen* zurückgreifen will (Programm *AMAX* mit Rücklagenentnahmen). Das Ausgangstableau des Ansatzes befindet sich in Abbildung 10. Die optimale Einheitsbilanz lässt sich in diesem Fall erstellen, wenn auf folgende Variablen zurückgegriffen wird.

XA = 30 Tsd. Euro
Xaü = 120 Tsd. Euro
XUü = 80 Tsd. Euro
XFk = 40 Tsd. Euro
Xfl = 22 Tsd. Euro
XA 40 = 280 Tsd. Euro
XA 0 = 42 Tsd. Euro

In ähnlicher Weise kann das Modell auch eingesetzt werden, um einen unter den Rahmengegebenheiten möglichen *minimalen Bilanzgewinn* bei einer Sicherung eines *50%igen Abflusses des Jahresüberschusses* (as = 0,5) an die Gesellschafter auszuweisen (Programm *AMIN*). Der in Abbildung 10 dargestellte Optimierungsansatz kann dann bis auf die *Zielfunktion* beibehalten werden. Diese ist wie folgt zu modifizieren:

- 0,5 · XKSt - 0,5 · XGewESt - 0,5 XTA + 10 · XA + 35 · XAü - 45 · Xa - 60 · Xaü + 10 · XU + 0,5 · XUü – 20 · Xu - 13,5 · Xuü + 35 · XFl + 0,5 · XFk - 0,5 · Xfl - 0,5 · Xfk + XA40 + 1,4285714 · XA0 = - 270.

Die optimale Einheitsbilanz lässt sich in diesem Fall aufstellen, wenn folgende Wahlrechtsgruppen mit den entsprechenden Werten zum Einsatz kommen.

XAü = 70 Tsd. Euro
Xa = 90 Tsd. Euro
Xaü = 120 Tsd. Euro
XUü = 71,35 Tsd. Euro
XFk = 40 Tsd. Euro
Xfl = 6,76 Tsd. Euro

# IT-gestützte Rechnungslegungspolitik auf internationaler Basis 651

| Z | XKSt x(1) | XGewESt x(2) | XTA x(3) | XA x(4) | XAü x(5) | Xa x(6) | Xaü x(7) | XU x(8) | XUü x(9) | Xu x(10) |
|---|---|---|---|---|---|---|---|---|---|---|
|  | 0,8 | 0,8 | 0,8 | - 16 | - 56 | 72 | 96 | - 16 | - 0,8 | 32 |
| Y(1) | 1 | 1 | 0,206185 | - 4,1237 | - 14,43295 | 18,55665 | 24,7422 | - 4,1237 | - 0,206185 | 8,2474 |
| Y(2) |  |  | 0,17526 | - 3,5052 | - 12,2682 | 15,7734 | 21,0312 | - 3,5052 | - 0,17526 | 7,0104 |
| Y(3) |  |  | 1,074227 | - 1,48454 | - 5,19589 | 6,68043 | 8,90724 | - 1,48454 | - 0,074227 | 2,96908 |
| Y(4) |  |  |  | 20 |  |  |  |  |  |  |
| Y(5) |  |  |  |  | 70 |  |  |  |  |  |
| Y(6) |  |  |  |  |  | 90 |  |  |  |  |
| Y(7) |  |  |  |  |  |  | 120 |  |  |  |
| Y(8) |  |  |  |  |  |  |  | 20 |  |  |
| Y(9) |  |  |  |  |  |  |  |  | 1 |  |
| Y(10) |  |  |  |  |  |  |  |  |  | 40 |
| Y(11) |  |  |  |  |  |  |  |  |  |  |
| Y(12) |  |  |  |  |  |  |  |  |  |  |
| Y(13) |  |  |  |  |  |  |  |  |  |  |
| Y(14) |  |  |  |  |  |  |  |  |  |  |
| Y(15) |  |  |  |  |  |  |  |  |  |  |
| Y(16) |  |  |  |  |  |  |  |  |  |  |
| Y(17) |  |  |  |  |  |  |  |  |  |  |
| Y(18) |  |  |  | 20 | 70 | - 90 | - 120 | - 20 | - 1 | 40 |
| Y(19) |  |  |  | 10 | 35 | - 45 | - 60 | - 10 | - 0,5 | 20 |
| Y(20) | 1,7 | 1,7 | 1,7 | - 14 | - 49 | 63 | 84 | - 14 | - 0,7 | 28 |
| Y(21) |  |  |  | - 6 | - 21 | 27 | 36 | - 6 | - 0,3 | 12 |
| Y(22) | 1 | 1 | 1 | - 6 | - 21 | 27 | 36 | - 6 | - 0,3 | 12 |
| Y(23) |  |  |  | 20 | 70 | - 90 | - 120 |  |  |  |
| Y(24) | 0,85 | 0,85 | 0,85 | 3 | 10,5 | - 13,5 | - 18 | - 17 | - 0,85 | 34 |
| Y(25) | 1 | 1 | 1 | 0 | 0 | 0 | 0 | 0 | - 1 | 0 |
| Y(26) |  |  |  |  |  |  |  | - 8 | - 0,4 | 16 |
| Y(27) | 13 | 13 | 13 | - 260 | - 910 | 1170 | 1560 | - 260 | - 13 | 520 |
| Y(28) | - 10 | - 10 | - 10 | - 180 | - 630 | 810 | 1080 | - 180 | - 9 | 360 |
| Y(29) | 22 | 22 | 22 | - 420 | - 1470 | 1890 | 2520 | - 420 | - 21 | 840 |
| Y(30) | 12 | 12 | 12 | - 220 | - 770 | 990 | 1320 | - 220 | - 11 | 440 |

Abbildung 10: Darstellung des Optimierungsansatzes von Programm AMAX mit Rücklagenentnahmen

| Z | Xuü x(11) | XFl x(12) | XFk x(13) | Xfl x(14) | Xfk x(15) | XA 40 x(18) | XA 0 x(19) | RS |
|---|---|---|---|---|---|---|---|---|
| Y(1) | 21,6 | - 56 | - 0,8 | 0,8 | 0,8 | - 1 | - 1,4285714 | 432 |
| Y(2) | 55,66995 | - 14,43295 | - 0,206185 | 0,206185 | 0,206185 | 0,1666667 | - 0,4285714 | 138,3243 |
| Y(3) | 4,73202 | - 12,2682 | - 0,17526 | 0,17526 | 0,17526 | | | 136,7028 |
| Y(4) | 2,004129 | - 5,19589 | - 0,074227 | 0,074227 | 0,074227 | - 0,02 | 0,0514286 | 31,79668 |
| Y(5) | | | | | | | | 20 |
| Y(6) | | | | | | | | 70 |
| Y(7) | | | | | | | | 90 |
| Y(8) | | | | | | | | 120 |
| Y(9) | | | | | | | | 20 |
| Y(10) | | | | | | | | 80 |
| Y(11) | 27 | | | | | | | 40 |
| Y(12) | | 70 | | | | | | 27 |
| Y(13) | | | 1 | | | | | 70 |
| Y(14) | | | | 1 | | | | 40 |
| Y(15) | | | | | 1 | | | 35 |
| Y(16) | | | | | | | | 20 |
| Y(17) | | | | | | 1 | | 280 |
| Y(18) | 27 | | | | | | 1 | 56 |
| Y(19) | 13,5 | | | | | | | 400 |
| Y(20) | 18,9 | - 119 | - 1,7 | 1,7 | 1,7 | | | 200 |
| Y(21) | 8,1 | - 70 | | 1 | | | | 486 |
| Y(22) | 8,1 | | - 1 | | | | | 464 |
| Y(23) | | 245 | | - 3,5 | | | | 684 |
| Y(24) | 22,95 | - 59,5 | - 0,85 | 0,85 | 0,85 | | | 1095 |
| Y(25) | 27 | | - 1 | 1 | 1 | | | 443 |
| Y(26) | 10,8 | | - 1 | 1 | 1 | | | 150 |
| Y(27) | 351 | - 910 | - 13 | 13 | 13 | | | 12,7 |
| Y(28) | 243 | - 630 | - 9 | 9 | 9 | | | 4580 |
| Y(29) | 567 | - 1540 | - 22 | 22 | 22 | | | 2420 |
| Y(30) | 297 | - 840 | - 12 | 12 | 12 | | | 7300 |
| | | | | | | | | 1900 |

Abbildung 10: Darstellung des Optimierungsansatzes von Programm AMAX mit Rücklagenentnahmen (Fortsetzung)

Neben Ausschüttungsmaximierung und -minimierung kann die Unternehmensleitung auch das Ziel verfolgen, einen ganz bestimmten Ausschüttungsbetrag auszuweisen. Eine solche Vorgehensweise kann zum einen von der Absicht der Unternehmensleitung getragen sein, diese Zielgröße planmäßig im Zeitablauf zu verstetigen.[29] Die empirische Rechnungslegungsforschung hat nachgewiesen, dass insbesondere die Unternehmensleitung von *managerkontrollierten Kapitalgesellschaften* häufig auf diese Strategie zurückgreift.[30] Zum anderen ist eine derartige Vorgehensweise bei personenbezogenen (eigentümerkontrollierten) Kapitalgesellschaften denkbar, die Gewinnausweis und Ausschüttungen aus steuerrechtlichen Gründen so beeinflussen wollen, dass das *persönliche Endvermögen der Anteilseigner nach Ertragsteuern* im Zeitablauf maximiert wird.[31] Für das Beispielunternehmen sei angenommen, dass die Entscheidungsträger die Ausschüttung eines Betrages von *150 Tsd.* Euro unter vollständiger Realisierung der anderen Soll-Werte des Zielplans wünschen. Darüber hinaus wird beabsichtigt, *40% des Jahresüberschusses* (as = 0,6) den *anderen Gewinnrücklagen* zuzuführen (Programm *AFIX*). Das Ausgangstableau für die Eingabe in die Optimierungsrechnung im Hinblick auf den vorliegenden Fixierungsansatz befindet sich in Abbildung 11. Die dort zusätzlich *eingefügte Restriktion* Y(31) ist erforderlich, um zu erreichen, dass die Erhöhung des Bilanzgewinns lediglich bis 150 Tsd. Euro vorgenommen wird. Bei dieser Konstellation ist die optimale Einheitsbilanz aufzustellen, wenn die nachstehenden Variablen eingesetzt werden.

Xaü    =    120      Tsd. Euro
XUü    =    64,32    Tsd. Euro
Xu     =    40       Tsd. Euro
XFk    =    40       Tsd. Euro
Xfl    =    26,17    Tsd. Euro
XA40   =    27,70    Tsd. Euro

Die Abbildungen 12 und 13 zeigen die den Programmen *AMAX* ohne und mit Rücklagenentnahme, *AMIN* und *AFIX* zugehörigen zieloptimalen Einheitsbilanzen und Erfolgsrechnungen (o.RE = ohne Rücklagenentnahme, m.RE = mit Rücklagenentnahme). Abbildung 14 vergleicht abschließend die angestrebten Sollwerte der Kennzahlen mit den entsprechenden Ziffern der zieloptimalen Jahresabschlussrechnung.

---

[29] Vgl. *Fischer/Haller* 1993, S. 35-59.
[30] Vgl. *Coenenberg/Schmidt/Werhand* 1983, S. 322-333.
[31] Vgl. *Haase/Diller* 2002, S. 229f.; *Wagner/Dirrigl* 1980, S. 293-295.

|  | XKSt | XGewESt | XTA | XA | XAü | Xa | Xaü | XU | XUü | Xu |
|---|---|---|---|---|---|---|---|---|---|---|
|  | x(1) | x(2) | x(3) | x(4) | x(5) | x(6) | x(7) | x(8) | x(9) | x(10) |
| Z | 0,8 | 0,8 | 0,8 | -16 | -56 | 72 | 96 | -16 | -0,8 | 32 |
| Y(1) | 1 |  | 0,206185 | -4,1237 | -14,43295 | 18,55665 | 24,7422 | -4,1237 | -0,206185 | 8,2474 |
| Y(2) |  | 1 | 0,17526 | -3,5052 | -12,2682 | 15,7734 | 21,0312 | -3,5052 | -0,17526 | 7,0104 |
| Y(3) |  |  | 1,074227 | -1,48454 | -5,19589 | 6,68043 | 8,90724 | -1,48454 | -0,074227 | 2,96908 |
| Y(4) |  |  |  | 20 |  |  |  |  |  |  |
| Y(5) |  |  |  |  | 70 |  |  |  |  |  |
| Y(6) |  |  |  |  |  | 90 |  |  |  |  |
| Y(7) |  |  |  |  |  |  | 120 |  |  |  |
| Y(8) |  |  |  |  |  |  |  | 20 |  |  |
| Y(9) |  |  |  |  |  |  |  |  | 1 |  |
| Y(10) |  |  |  |  |  |  |  |  |  | 40 |
| Y(11) |  |  |  |  |  |  |  |  |  |  |
| Y(12) |  |  |  |  |  |  |  |  |  |  |
| Y(13) |  |  |  |  |  |  |  |  |  |  |
| Y(14) |  |  |  |  |  |  |  |  |  |  |
| Y(15) |  |  |  |  |  |  |  |  |  |  |
| Y(16) |  |  |  |  |  |  |  |  |  |  |
| Y(17) |  |  |  |  |  |  |  |  |  |  |
| Y(18) |  |  |  | 20 | 70 | -90 | -120 | -20 | -1 | 40 |
| Y(19) |  |  |  | 10 | 35 | -45 | -60 | -10 | -0,5 | 20 |
| Y(20) | 1,7 | 1,7 | 1,7 | -14 | -49 | 63 | 84 | -14 | -0,7 | 28 |
| Y(21) |  |  |  | -6 | -21 | 27 | 36 | -6 | -0,3 | 12 |
| Y(22) | 1 | 1 | 1 | -6 | -21 | 27 | 36 | -6 | -0,3 | 12 |
| Y(23) |  |  |  | 20 | 70 | -90 | -120 |  |  |  |
| Y(24) | 0,85 | 0,85 | 0,85 | 3 | 10,5 | -13,5 | -18 | -17 | -0,85 | 34 |
| Y(25) | 1 | 1 | 1 | 0 | 0 | 0 | 0 | 0 | -1 | 0 |
| Y(26) |  |  |  |  |  |  |  | -8 | -0,4 | 16 |
| Y(27) | 13 | 13 | 13 | -260 | -910 | 1170 | 1560 | -260 | -13 | 520 |
| Y(28) | -10 | -10 | -10 | -180 | -630 | 810 | 1080 | -180 | -9 | 360 |
| Y(29) | 22 | 22 | 22 | -420 | -1470 | 1890 | 2520 | -420 | -21 | 840 |
| Y(30) | 12 | 12 | 12 | -220 | -770 | 990 | 1320 | -220 | -11 | 440 |
| Y(31) | -0,6 | -0,6 | -0,6 | 12 | 42 | -54 | -72 | 12 | 0,6 | -24 |

Abbildung 11: Darstellung des Optimierungsansatzes von Programm AFIX

# IT-gestützte Rechnungslegungspolitik auf internationaler Basis

| Z | Xui x(11) | XFl x(12) | XFk x(13) | Xfl x(14) | Xfk x(15) | XA 40 x(18) | XA 0 x(19) | RS |
|---|---|---|---|---|---|---|---|---|
| Y(1) | 21,6 | -56 | -0,8 | 0,8 | 0,8 | -1 | -1,4285714 | 432 |
| Y(2) | 55,66995 | -14,43295 | -0,206185 | 0,206185 | 0,206185 | 0,1666667 | -0,4285714 | 138,3243 |
| Y(3) | 4,73202 | -12,2682 | -0,17526 | 0,17526 | 0,17526 | | | 136,7028 |
| Y(4) | 2,004129 | -5,19589 | -0,074227 | 0,074227 | 0,074227 | -0,02 | 0,0514286 | 31,79668 |
| Y(5) | | | | | | | | 20 |
| Y(6) | | | | | | | | 70 |
| Y(7) | | | | | | | | 90 |
| Y(8) | | | | | | | | 120 |
| Y(9) | | | | | | | | 20 |
| Y(10) | | | | | | | | 80 |
| Y(11) | 27 | | | | | | | 40 |
| Y(12) | | 70 | | | | | | 27 |
| Y(13) | | | 1 | | | | | 70 |
| Y(14) | | | | 1 | | | | 40 |
| Y(15) | | | | | 1 | | | 35 |
| Y(16) | | | | | | | | 20 |
| Y(17) | | | | | | 1 | | 280 |
| Y(18) | 27 | | | | | | | 56 |
| Y(19) | 13,5 | | | | | | | 400 |
| Y(20) | 18,9 | -119 | -1,7 | 1,7 | 1,7 | | | 200 |
| Y(21) | 8,1 | -70 | | 1 | | | | 486 |
| Y(22) | 8,1 | | -1 | | 1 | | | 464 |
| Y(23) | | 245 | | -3,5 | | | | 684 |
| Y(24) | 22,95 | -59,5 | -0,85 | 0,85 | 0,85 | | | 1095 |
| Y(25) | 27 | | -1 | | 1 | | | 443 |
| Y(26) | 10,8 | | -1 | | 1 | | | 150 |
| Y(27) | 351 | -910 | -13 | 13 | 13 | | | 12,7 |
| Y(28) | 243 | -630 | -9 | 9 | 9 | | | 4580 |
| Y(29) | 567 | -1540 | -22 | 22 | 22 | | | 2420 |
| Y(30) | 297 | -840 | -12 | 12 | 12 | | | 7300 |
| Y(31) | -16,2 | 42 | 0,6 | -0,6 | -0,6 | 1 | 1,4285714 | 1900 |
| | | | | | | | | -174 |

Abbildung 11: Darstellung des Optimierungsansatzes von Programm AFIX (Fortsetzung)

| Aktiva | Programm AMAX o. RE Tsd. Euro | Programm AMAX m. RE Tsd. Euro | Programm AMIN Tsd. Euro | Programm AFIX Tsd. Euro |
|---|---|---|---|---|
| **A. Anlagevermögen:** | | | | |
|   I. Immaterielle Vermögensgegenstände: | | | | |
|     1. Lizenzen | 100,00 | 100,00 | 100,00 | 100,00 |
|     2. Entwicklungskosten | 0 | 0 | 0 | 0 |
|   II. Sachanlagen: | | | | |
|     1. Grundstücke und Bauten | 700,00 | 700,00 | 610,00 | 70,00 |
|     2. Technische Anlagen und Maschinen | 900,00 | 930,00 | 900,00 | 900,00 |
|   III. Finanzanlagen: | | | | |
|     1. Beteiligungen | 50,00 | 50,00 | 50,00 | 50,00 |
|     2. Grundstücke | 220,00 | 220,00 | 290,00 | 220,00 |
| **B. Umlaufvermögen:** | | | | |
|   I. Vorräte: | | | | |
|     1. Roh-, Hilfs- und Betriebsstoffe | 410,00 | 410,00 | 410,00 | 410,00 |
|     2. unfertige Erzeugnisse | 460,00 | 500,00 | 460,00 | 460,00 |
|     3. fertige Erzeugnisse | 740,00 | 740,00 | 740,00 | 740,00 |
|   II. Forderungen und sonstige Vermögensgegenstände: | | | | |
|     1. Forderungen aus Lieferungen und Leistungen (davon mit einer Restlaufzeit von mehr als einem Jahr: | 490,00 (102,00) | 490,00 (102,00) | 481,35 (102,00) | 474,30 (102,00) |
|     2. sonstige Vermögensgegenstände | 40,00 | 40,00 | 40,00 | 40,00 |
|   III. Wertpapiere: | | | | |
|     1. eigene Anteile | 24,00 | 24,00 | 24,00 | 24,00 |
|     2. sonstige Wertpapiere | 340,00 | 340,00 | 340,00 | 340,00 |
|   IV. Kassenbestand, Guthaben bei Kreditinstituten | 26,00 | 26,00 | 26,00 | 26,00 |
| | 4.500,00 | 4.570,00 | 4.471,35 | 4.484,30 |

Abbildung 12: Ergebnisse der Optimierungsdurchläufe [zieloptimale Einheitsbilanzen zum 31.12 (t = 1)] Aktivseite

| Passiva | Programm AMAX o. RE Tsd. Euro | Programm AMAX m. RE Tsd. Euro | Programm AMIN Tsd. Euro | Programm AFIX Tsd.Euro |
|---|---|---|---|---|
| **A. Eigenkapital:** | | | | |
| I. Gezeichnetes Kapital | 2.000,00 | 2.000,00 | 2.000,00 | 2.000,00 |
| II. Gewinnrücklagen | | | | |
| 1. Rücklagen laut Gesellschaftsvertrag | 160,00 | 100,00 | 160,00 | 160,00 |
| 2. andere Gewinnrücklagen | 323,00 | 0 | 381,62 | 333,82 |
| III. Bilanzgewinn | 172,00 | 618,00 | 101,62 | 150,00 |
| **B. Rückstellungen:** | | | | |
| I. Rückstellungen für Pensionen (la) | 785,00 | 792,00 | 776,76 | 796,17 |
| II. Ertragsteuerrückstellungen (ku) | 244,20 | 236,65 | 236,96 | 229,85 |
| III. sonstige Rückstellungen: | | | | |
| 1. Rückstellungen für Umweltschäden (ku) | 180,00 | 180,00 | 180,00 | 180,00 |
| 2. für Schadensersatzford. (la) | 70,00 | 70,00 | 70,00 | 70,00 |
| **C. Verbindlichkeiten:** | | | | |
| I. Verbindlichkeiten aus Lieferungen und Leistungen | 540,00 | 540,0 | 540,00 | 540,00 |
| (davon mit einer Restlaufzeit bis zu einem Jahr (ku) | (470,00) | (470,00) | (470,00) | (470,00) |
| II. Sonstige Verbindlichkeiten für Geschäftsführertantiemen (ku) | 25,80 | 33,35 | 24,39 | 24,46 |
| | 4.500,00 | 4.570,00 | 4.471,35 | 4.484,30 |

Abbildung 12: Ergebnisse der Optimierungsdurchläufe [zieloptimale Einheitsbilanzen zum 31.12 (t = 1)] Passivseite (Fotsetzung)

| alle Werte in Tsd. Euro | | Programme | | | |
|---|---|---|---|---|---|
| Erfolgsgrößen | | AMAX o. RE | AMAX m. RE | AMIN | AFIX |
| Vorläufiger Jahresüberschuss vor ergebnisabhängigen Aufwendungen | | 540,00 | 540,00 | 540,00 | 540,00 |
| + Summe der jahresüberschusserhöhenden Aktionsparameter | | 120,00[32] | 150,00 | 181,35 | 104,32 |
| - Summe der jahresüberschussvermindernden Aktionsparameter | | 175,00[33] | 142,00 | 256,76 | 186,17 |
| = Soll-Jahresüberschuss vor ergebnisabhängigen Aufwendungen | | 485,00 | 548,00 | 464,59 | 458,15 |
| - Körperschaftsteueraufwand | | 121,66[34] | 104,41[37] | 117,75 | 111,79 |
| - Gewerbeertragsteueraufwand | | 122,54[35] | 132,24 | 119,21 | 118,07 |
| - Tantiemenaufwand | | 25,80[36] | 33,35 | 24,39 | 24,46 |
| = Soll-Jahresüberschuss | | 215,00 | 278,00 | 203,24 | 203,83 |
| + Entnahmen aus (anderen) Gewinnrücklagen | | - | 340,00 | - | 27,70 |
| - Einstellungen in andere Gewinnrücklagen | | 43,00 | - | 101,62 | 81,53 |
| = Soll-Bilanzgewinn | | 172,00[38] | 618,00 | 101,62 | 150,00 |

Abbildung 13: Ergebnisse der Optimierungsdurchläufe [zieloptimale (verkürzte) Gewinn- und Verlustrechnungen]

---

[32] 120 Tsd. Euro = 80 Tsd. Euro + 40 Tsd. Euro.
[33] 175 Tsd. Euro = 120 Tsd. Euro + 40 Tsd. Euro + 15 Tsd. Euro.
[34] 121,66 Tsd. Euro = 0,25 · (485 Tsd. Euro + 150 Tsd. Euro - 122,54 Tsd. Euro – 25,80 Tsd. Euro).
[35] 122,54 Tsd. Euro = 0,05 · 4,25 · (485 Tsd. Euro + 150 Tsd. Euro + 90 Tsd. Euro – 122,54 Tsd. Euro – 25,80 Tsd. Euro).
[36] 25,80 Tsd. Euro = 0,12 · 215 Tsd. Euro.
[37] 104,41 Tsd. Euro = 0,25 · (548 Tsd. Euro + 150 Tsd. Euro – 132,24 Tsd. Euro – 33,35 Tsd. Euro) - 1/6 · 280 Tsd. Euro + 3/7 · 42 Tsd. Euro.
[38] 172 Tsd. Euro = 0,8 · 215 Tsd. Euro.

# IT-gestützte Rechnungslegungspolitik auf internationaler Basis

|   | Kennzahl | Ist | Soll | AMAX o. RE | AMAX m. RE | AMIN | AFIX |
|---|---|---|---|---|---|---|---|
| a | Anlagevermögen : Umlaufvermögen | 0,84 | ≤ 1 | 0,78 | 0,78 | 0,77 | 0,78 |
| b | Anlagevermögen : Bilanzsumme | 0,46 | ≤ 0,50 | 0,44 | 0,44 | 0,44 | 0,44 |
| c | Bilanzsumme : Eigenkapital | 1,71 | ≤ 1,70 | 1,69 | 1,68 | 1,69 | 1,70 |
| d | langfristiges Fremdkapital : Bilanzsumme | 0,20 | ≤ 0,30 | 0,21 | 0,20 | 0,21 | 0,21 |
| e | kurzfristiges Fremdkapital : Bilanzsumme | 0,21 | ≤ 0,30 | 0,20 | 0,20 | 0,20 | 0,20 |
| f | Anlagevermögen : langfristiges Fremdkapital | 2,30 | ≤ 3,50 | 2,13 | 2,15 | 2,13 | 2,10 |
| g | Anlagevermögen : Eigenkapital | 0,78 | ≤ 0,85 | 0,74 | 0,74 | 0,74 | 0,75 |
| h | [Anlagevermögen + Vorratsvermögen] : [Eigenkapital + langfristiges Fremdkapital] | 1,04 | ≤ 1 | 1 | 1 | 1 | 1 |
| i | kurzfristiges Fremdkapital : Umlaufvermögen | 0,40 | ≤ 0,40 | 0,36 | 0,36 | 0,36 | 0,36 |
| j | Eigenkapital : Jahresüberschuss | 10,89 | ≤ 14 | 12,35 | 9,78 | 13,01 | 12,97 |
| k | Eigenkapital : Jahresüberschuss vor ergebnisabhängigen Aufwendungen | 4,98 | ≤ 10 | 5,47 | 4,96 | 5,69 | 5,77 |
| l | [Eigenkapital + Fremdkapital] : Jahresüberschuss | 18,57 | ≤ 22 | 20,93 | 16,44 | 22 | 22 |
| m | [Eigenkapital + Fremdkapital] : Jahresüberschuss vor ergebnisabhängigen Aufwendungen | 8,48 | ≤ 12 | 9,28 | 8,34 | 9,62 | 9,79 |

Abbildung 14: Vergleich der entscheidungsrelevanten Kennzahlen auf der Basis von Ist-, Soll- und Optimalwerten

## 4 Zusammenfassung und Weiterentwicklung

Anhand rechnungslegungspolitischer Modellansätze ist gezeigt worden, dass die Gestaltung des Jahresabschlusses von Kapitalgesellschaften unter Berücksichtigung *komplexer Zielstrukturen* auf Basis der *mathematischen Planungsrechnung* zielentsprechend durchgeführt werden kann. Mit Hilfe des hier vorgestellten, auf *Personal Computer* einsetzbaren Optimierungsprogramms sind die zieloptimalen Entscheidungswerte für die Gestaltung von Jahresergebnis und Ausschüttung schnell und übersichtlich zu ermitteln. Ergibt sich keine Optimallösung, weist das Programm diejenigen *Struktur- und Schlupfvariablen* aus, die sich widersprechen. Durch diese Informationen werden die Verantwortlichen der Rechnungslegungspolitik in die Lage versetzt, solche Daten des Zielplans (z.B. Soll-Bilanzgewinn, angestrebte Bilanzsumme und/oder bestimmte Kennzahlenniveaus), die eine optimale Lösung verhindern, festzustellen und ggf. revidiert in eine *neue Zielkonzeption* einfließen zu lassen, bis eine mit den rechnungslegungspolitischen Zielvorstellungen abgestimmte und unter den gesetzten Rahmenbedingungen realisierbare optimale Gestaltung des Jahresabschlusses bestimmt worden ist (vgl. Abbildung 1).

Bereits zu den weiterentwickelten Simultanmodellen veröffentlichte Beispiele verdeutlichen, wie vielschichtig eine zieladäquate Rechnungslegungspolitik ansetzen muss.[39] Es zeigt sich, dass die optimale Lösung unter realitätsnahen Bedingungen nicht von Hand, sondern nur mit Hilfe eines *IT-gestützten Optimierungsmodells* zu erreichen ist. Die Ergebnisse der Simulationsrechnungen bringen zugleich zum Ausdruck, welche (vermeidbaren) Nachteile, z.B. hinsichtlich der Steuerlast oder Jahresabschlussstruktur, durch eine nicht optimal gestaltete Rechnungslegungspolitik verursacht werden können. Die vorstehend beschriebenen computergestützten Modellansätze zur Rechnungslegungspolitik bieten deshalb wertvolle Hilfestellungen im Rahmen der *Jahresabschluss- und Finanzplanung*.

Leistungsfähigkeit und Nützlichkeit eines computergestützten rechnungslegungspolitischen Optimierungsmodells sind daran zu ermessen, dass von Hand unter realistischen Verhältnissen wegen der Komplexität der Zusammenhänge optimale rechnungslegungspolitische Entscheidungen selten zu erreichen sein dürften, gleichzeitig aber von diesen Entscheidungen beträchtliche Auswirkungen auf so zentrale Sachverhalte wie das Bild der *Erfolgslage*, die *Ausschüttungskraft*, die *Ertragsteuer- und/oder Tantiemenbelastung* des Unternehmens ausgehen. Da die vorgestellten Planungsansätze alle wechselseitigen Beziehungen zwischen Wahlrechten, Kennzahlen, Ertragsteuer-, Tantiemen- und/oder Ausschüttungsfaktoren in Gestalt einzelner Koeffizienten berücksichtigen, die Eingang in die Variablen der Zielfunktion und der Beschränkungen finden, werden sie als *simultane Koeffizientenmodelle* bezeichnet. Darüber hinaus erweisen sich die Entscheidungsmodelle als *genügend flexibel*, um auch die jüngsten Reformen des Steuerrechts und die

---

[39] Vgl. *Freidank* 2001b, S. 9-19.

Gestaltungsinstrumente der IAS/IFRS aufzunehmen. Schließlich wurde erreicht, dass die Optimierungsansätze in der Lage sind, die geplante Ertragsteuer- und/oder Tantiemenbelastung der Kapitalgesellschaft exakt zu erfassen.

Die vorgestellten computergestützten Optimierungsmodelle sind in vielfältigen Richtungen *erweiterungsfähig*. Zunächst wird eine Verfeinerung im Hinblick auf die Einbeziehung *zusätzlicher (wertorientierter) Kennzahlen* (z.B. Economic Value Added oder Cash Flow/Return on Investment) sowie in bezug auf die Berücksichtigung spezifischer (auch erfolgsneutraler) Einzelwahlrechte ohne Probleme realisierbar sein. Ferner sind die vorgestellten Modelle dadurch gekennzeichnet, dass sich alle relevanten rechnungslegungspolitischen Zielausprägungen, sofern sie hinreichend operationalisierbaren Charakter tragen, ohne Schwierigkeiten entweder in Form einer Zielfunktion (als Primärziele) und/oder als Nebenbedingungen (als Sekundärziele) in mathematisch formulierte Optimierungsansätze integrieren lassen. Hierdurch wird es möglich, *Mehrfachzielsetzungen* des Entscheidungsträgers, die zueinander in Konkurrenz stehen können (z.B. Maximierung des Bilanzgewinns und Realisierung bestimmter Kennzahlenniveaus) einzubeziehen und einer optimalen Gesamtlösung zuzuführen. Berücksichtigt man darüber hinaus, dass ein Ausdruck, der formal richtig für Nebenbedingungen (z.B. einzuhaltende Kennzahlen- oder Bilanzsummenniveaus) festgelegt wurde, ohne weiteres bei Erweiterung der Modelle als Zielfunktion übernommen werden kann, dann besteht im Hinblick auf die Integration rechnungslegungspolitischer Absichten als Primär- oder Sekundärziele grundsätzlich vollkommene *Austauschbarkeit*.

Weitere Variationen sind etwa im Hinblick auf die Berücksichtigung des *Solidaritätszuschlages, aktienrechtlicher Regelungen*,[40] und die *Übertragbarkeit auf die internationale Konzernrechnungslegung*[41] möglich. Ferner bietet sich die Integration der erweiterten Planungsansätze, die nach dem dargelegten Konzept auch für getrennt von den Ertragsteuerbilanzen zu erstellende handelsrechtliche oder internationale Jahresabschlussrechnungen zu konzipieren sind,[42] in *menügesteuerte Softwarepakete*[43] an, wodurch die zielgerichtete Gestaltung der internationalen, handels- und/oder steuerrechtlichen Rechnungslegung erheblich vereinfacht werden dürfte. In Verbindung mit einer computergestützten Katalogisierung und Kommentierung des internationalen Potenzials an Wahlrechten und Ermessensspielräumen können die aufgezeigten Modelle den Ausgangspunkt für die Entwicklung *rechnungslegungspolitischer Expertensysteme* bilden.[44]

Weiterhin können die Ansätze auch zur Lösung *mehrperiodiger rechnungslegungspolitischer Entscheidungsprobleme* Verwendung finden. Aus steuerrechtlicher Sicht bestehen grundsätzlich keine Schwierigkeiten, sowohl für *firmen- als auch für anteilseig-*

---

[40] Vgl. *Freidank* 1999, S. 814-819; ders. 2001a, S. 1033-1037.
[41] Vgl. *Hahn/Schneider* 1998, S. 333-405; *Schäfer* 1999; ders. 2000, S. 163-193.
[42] Vgl. *Freidank* 1990, S. 114-172; *Krog* 1997; ders. 1998, S. 273-331.
[43] Vgl. etwa *Layer* 1998, S. 1121-1162.
[44] Vgl. *Freidank* 1993, S. 312-323.

*nerorientierte Konstellationen*[45] mit hinreichender Sicherheit optimale *periodenbezogene Gewinn- bzw. Ausschüttungsreihen* zu berechnen. Die auf diese Weise ermittelten Ziele können als Fixierungsgrößen Eingang in die Modelle finden, wodurch mit Hilfe der effektiv zur Verfügung stehenden Manövriermasse der jeweiligen Rechnungsperiode und unter Berücksichtigung weiterer Nebenziele (Kennzahlen, Bilanzsumme) der realisierte Ergebnisausweis zweckbezogen transformiert werden kann. Insbesondere vor dem Hintergrund der Erkenntnis, dass die Hauptarbeit des Steuerbilanzplaners nicht in der Bestimmung der optimalen Gewinnminderung oder auch Gewinnerhöhung je Jahr besteht, sondern im Auffinden der für die Periode passenden *erfolgswirksamen Aktionsparameter,*[46] dürfte den vorgestellten simultanen Koeffizientenmodellen besondere Bedeutung zukommen. Darüber hinaus sollte im Rahmen zukünftiger Forschungen der Frage nachgegangen werden, wie sich die Entscheidungsmodelle an die *veränderten Zielstrukturen einer unternehmenswertsteigernden Rechnungslegungspolitik*[47] anpassen lassen.

Da nach der Verlautbarung des Vorstandes der Wirtschaftsprüferkammer zur Abgrenzung von Prüfung und Erstellung des Jahresabschlusses (§ 319 Abs. 2 Nr. 5 HGB) der Abschlussprüfer sog. *prüfungsvorbereitende Beratungen des Mandanten* vornehmen kann,[48] die ebenfalls rechnungslegungspolitische Strategien mit einschließen können, dürften die präsentierten Ansätze auch im Beratungsbereich von Wirtschaftsprüfungsunternehmen erfolgreich einsetzbar sein. Darüber hinaus stellen die Optimierungsmodelle mit ihren Erweiterungsmöglichkeiten Hilfsmittel im Rahmen der die erfolgsabhängigen Aufwendungen (z.B. Ertragsteuern und Tantiemen), den Eigenkapital- und Erfolgsausweis sowie die Ergebnisverwendung von Kapitalgesellschaften betreffenden *Prüfungshandlungen* dar und tragen folglich zu erheblichen *Rationalisierungen* der *handelsrechtlichen Jahresabschlussprüfung* bei.[49] Sofern der Abschlussprüfer die für seine Prüfungsaufgabe entsprechenden Modelle übernimmt oder (weiter-)entwickelt hat, braucht er neben der vorläufigen Jahresabschlussrechnung lediglich die erforderlichen Variablen (z.B. Ertragsteuer- und/oder Tantiemensätze, Wahlrechte, Ermessensspielräume, Kennzahlen, Bilanzsumme, rechnungslegungspolitische Zielsetzung des Mandanten) in die Modelle einzusetzen. Die entsprechenden zulässigen handels- und/oder steuerrechtlichen Lösungen werden ihm dann von dem jeweiligen Optimierungsprogramm geliefert.

---

[45] Vgl. *Freidank* 1990, S. 206-222; *Wagner/Dirrigl* 1980, S. 293-311.
[46] Vgl. *Heinhold* 1985, S. 47-58.
[47] Vgl. Arbeitskreis „Externe Unternehmensrechnung der Schmalenbach-Gesellschaft für Betriebswirtschaft e.V.", 2002, S. 2337-2340; *Freidank* 2000, S. 4-29; *Günther* 1997, S. 203-398.
[48] Vgl. *Wirtschaftsprüferkammer* 1996, S. 196 f.
[49] Vgl. *Freidank* 1999, S. 811-820.

## Literaturverzeichnis

*Arbeitskreis „Externe Unternehmensrechnung der Schmalenbach-Gesellschaft für Betriebswirtschaft e.V."*: Grundsätze für das Value Reporting, in: Der Betrieb, 55. Jg. (2002), S. 2337-2340.

*Ballwieser, B.*: IAS 16 Sachanlagen (Property, Plant and Equipment), in: Baetge, J./Dörner, D./Kleekämper, H./Wollmert, P./Kirsch, H.-J. (Hrsg.): Rechnungslegung nach International Accounting Standards (IAS), Kommentar auf der Grundlage des deutschen Bilanzrechts, Band 1, 2. Auflage, Stuttgart 2002.

*Bellavite-Hövermann, Y./Barckow, A.*: IAS 39 Finanzinstrumente (Financial Instruments: Recognition and Measurement), in: Baetge, J./Dörner, D./Kleekämper, H./Wollmert, P./Kirsch, H.-J. (Hrsg.): Rechnungslegung nach International Accounting Standards (IAS), Kommentar auf der Grundlage des deutschen Bilanzrechts, Band 2, 2. Auflage, Stuttgart 2002.

*Buchholz, R.*: IAS für mittelständische Unternehmen? Vor- und Nachteile neuer Rechnungslegungsvorschriften in Deutschland, in: Deutsches Steuerrecht, 40. Jg. (2002), S. 1280-1284.

*Bundesministerium der Justiz/Bundesministerium der Finanzen (Hrsg.)*: Mitteilungen für die Presse Nr. 10/03 vom 25.02.2003: Bundesregierung stärkt Anlegerschutz und Unternehmensintegrität: http://www.bmj.bund.de/ger/service/pressemitteilungen, S. 1- 13.

*Coenenberg, A.G.*: Jahresabschluss und Jahresabschlussanalyse. Betriebswirtschaftliche, handelsrechtliche, steuerrechtliche und internationale Grundlagen - HGB, IAS/IFRS, US-GAAP, DRS, 19. Auflage, Stuttgart 2003.

*Coenenberg, A.G./Schmidt, F./Werhand, M.*: Bilanzpolitische Entscheidungen und Entscheidungswirkungen in manager- und eigentümerkontrollierten Unternehmen, in: Betriebswirtschaftliche Forschung und Praxis, 35. Jg. (1983), S. 322-333.

*Fischer, A./Haller, A.*: Bilanzpolitik zum Zwecke der Gewinnglättung. Empirische Erkenntnisse, in: Zeitschrift für Betriebswirtschaft, 63. Jg. (1993), S. 35-59.

*Freidank, C.-Chr.*: Entscheidungsmodelle der Rechnungslegungspolitik. Computergestützte Lösungsvorschläge für Kapitalgesellschaften vor dem Hintergrund des Bilanzrichtliniengesetzes, Stuttgart 1990.

*Freidank, C.-Chr.*: Modell zur PC-gestützten Optimierung des Jahresabschlusses, in: Lachnit, L. (Hrsg.): Controllingsysteme für ein PC-gestütztes Erfolgs- und Finanzmanagement, München 1992, S. 159-183.

*Freidank, C.-Chr.*: Anforderungen an bilanzpolitische Expertensysteme als Instrumente der Unternehmensführung, in: Die Wirtschaftsprüfung, 46. Jg. (1993), S. 312-323.

*Freidank, C.-Chr.*: Jahresabschlussplanung mit Hilfe quantitativer Methoden, in: Bogaschewsky, R./Götze, U. (Hrsg.): Unternehmensplanung und Controlling. Festschrift zum 60. Geburtstag von Jürgen Bloech, Heidelberg 1998, S. 107-143.

*Freidank, C.-Chr.*: Matrizenmodelle als Hilfsmittel zur Prüfung ergebnisabhängiger Aufwendungen, in: Die Wirtschaftsprüfung, 52. Jg. (1999), S. 811-220.

*Freidank, C.-Chr.:* Internationale Rechnungslegungspolitik und Unternehmenswertsteigerung, in: Lachnit, L./Freidank, C.-Chr. (Hrsg.): Investororientierte Unternehmenspublizität. Neuere Entwicklungen von Rechnungslegung Prüfung, und Jahresabschlussanalyse, Wiesbaden 2000, S. 4-29.

*Freidank, C.-Chr.:* Einfluss des Steuersenkungsgesetzes auf die Ermittlung ergebnisabhängiger Aufwendungen, in: Betriebs-Berater, 56. Jg. (2001a), S. 1031-1037.

*Freidank, C.-Chr.:* Jahresabschlussoptimierung nach der Steuerreform, in: Betriebs-Berater, 56. Jg. (2001b), Beilage zu Heft 9, S. 1-22.

*Freidank, C.-Chr.:* Auswirkungen der EU-Verordnung auf (nicht) kapitalmarktorientierte Unternehmen, in: Accounting, o.Jg., April 2003, S.8 f.

*Gibson, C.:* Financial Ratios as Perceived by Commercial Loan Officers, in: Akron Business and Economic Review, Summer 1983, o.Jg., S. 23-27.

*Günther, T.:* Unternehmenswertorientiertes Controlling, München 1997.

*Haase, K.D./Diller, M.:* Steueroptimale Finanzierung einer personenbezogenen Kapitalgesellschaft, in: Der Betrieb, 55. Jg. (2002), S. 229-230.

*Hahn, K.:* Deutsche Rechnungslegung im Umbruch. Stand und Entwicklungstendenzen der deutschen Rechnungslegung vor dem Hintergrund neuer EU-Vorgaben, in: Deutsches Steuerrecht, 39. Jg. (2001), S. 1267-1272.

*Hahn, K./Schneider, W.:* Simultane Modelle der handelsrechtlichen Bilanzpolitik von Kapitalgesellschaften unter besonderer Berücksichtigung der Internationalen Rechnungslegung, in: Freidank, C.-Chr. (Hrsg.): Rechnungslegungspolitik. Eine Bestandsaufnahme aus handels- und steuerrechtlicher Sicht, Berlin et al. 1998, S. 333-405.

*Heinhold, M.:* Neuere Methoden der Steuerplanung im Unternehmen, in: Datenverarbeitung, Steuer, Wirtschaft, Recht, Sonderheft 1985, o.Jg., S. 47-58.

*Jacobs, O.H.:* IAS 2 Vorräte (Inventories), in: Baetge, J./Dörner, D./Kleekämper, H./Wollmert, P./Kirsch, H.-J. (Hrsg.): Rechnungslegung nach International Accounting Standards (IAS), Kommentar auf der Grundlage des deutschen Bilanzrechts, Band 1, 2. Auflage, Stuttgart 2002.

*Kommission der Europäischen Gemeinschaften (Hrsg.):* Verordnung 243 Nr. 1606/2002 des Europäischen Parlaments und des Rates vom 19. Juli 2002 betreffend die Anwendung internationaler Rechnungslegungsstandards, in: Amtsblatt der Europäischen Gemeinschaften vom 11. September 2002, S. 1-4.

*Krog, M.:* Rechnungslegungspolitik im internationalen Vergleich. Eine modellorientierte Analyse, Landsberg a.L. 1997.

*Krog, M.:* Einsatzmöglichkeiten mathematischer Optimierungsmodelle für die internationale Rechnungslegungspolitik, in: Freidank, C.-Chr. (Hrsg.): Rechnungslegungspolitik. Eine Bestandsaufnahme aus handels- und steuerrechtlicher Sicht, Berlin/Heidelberg 1998, S. 273-331.

*Layer, M.:* Die Analyse der Einsetzbarkeit integrierter Standardsoftware für die Rechnungslegungspolitik am Beispiel von R/3 der SAP AG, in: Freidank, C.-Chr. (Hrsg.): Rechnungslegungspolitik. Eine Bestandsaufnahme aus handels- und steuerrechtlicher Sicht, Berlin/Heidelberg 1998, S. 1121-1162.

*Müller, S./Wulf, I.:* Jahresabschlusspolitik nach HGB, IAS und US-GAAP, in: Betriebs-Berater, 56.Jg. (2001), S. 2206-2213.
*Müller-Merbach, H.:* Operation Research, 3. Auflage, München 1973.
*Oechsle, E./Müller, K./Wildburger, D.:* IAS 21 Währungsumrechnung (The Effects of Changes in Foreign Exchange Rates), in: Baetge, J./Dörner, D./Kleekämper, H./Wollmert, P./Kirsch, H.-J. (Hrsg.): Rechnungslegung nach International Accounting Standards (IAS), Kommentar auf der Grundlage des deutschen Bilanzrechts, 1. Auflage, Stuttgart 1997.
*Pellens, B.:* Internationale Rechnungslegung, 4. Auflage, Stuttgart 2001.
*Pellens, B./Gassner, J.:* EU-Verordnungsentwurf zur IAS-Konzernrechnungslegung, in: Zeitschrift für kapitalmarktorientierte Rechnungslegung, 1. Jg. (2001), S. 137-142.
*Pellens, B./Sürken, S.:* Rechnungslegungspolitische Spielräume im Rahmen der International Accounting Standards, in: Freidank, C.-Chr. (Hrsg.): Rechnungslegungspolitik. Eine Bestandsaufnahme aus handels- und steuerrechtlicher Sicht, Berlin et al. 1998, S. 195-228.
*Reichmann, T.:* Controlling mit Kennzahlen und Managementberichten, 6. Auflage, München 2001.
*Schäfer, S.:* Entscheidungsmodelle der Konzernrechnungslegungspolitik. Computergestützte Gestaltungen des Konzernabschlusses nach den Vorschriften des Handelsrechts und der International Accounting Standards, Landsberg/Lech 1999.
*Schäfer, S.:* Optimierungsmodelle für die Konzernabschlusspolitik nach IAS, in: Lachnit, L./Freidank, C.-Chr. (Hrsg.): Investororientierte Unternehmenspublizität. Neuere Entwicklungen von Rechnungslegung, Prüfung und Jahresabschlussanalyse, Wiesbaden 2000, S. 163-193.
*Schönbrunn, N.:* IAS 23 Fremdkapitalkosten (Borrowing Costs), in: Baetge, J./Dörner, D./Kleekämper, H./Wollmert, P./Kirsch, H.-J. (Hrsg.): Rechnungslegung nach International Accounting Standards (IAS), Kommentar auf der Grundlage des deutschen Bilanzrechts, Band 1, 2. Auflage, Stuttgart 2002.
*Vater, H.:* Bilanzierung von Immobilien nach IAS 40 „Immobilienanlagen", in: Betrieb und Wirtschaft, 56. Jg. (2002), S. 535-539.
*Wagner, F.W./Dirrigl, H.:* Die Steuerplanung der Unternehmung, Stuttgart/New York 1980.
*Wirtschaftsprüferkammer (Hrsg.):* Verlautbarung des Vorstandes der Wirtschaftsprüferkammer zur Abgrenzung und Erstellung (§ 319 Abs. 2 Nr. 5 HGB), in: Wirtschaftsprüferkammer-Mitteilungen, 35. Jg. (1996), S. 196-197.
*Wollmert, P./Hofmann, M./Schwitters, J.:* IAS 19 Altersversorgungsaufwendungen (Retirement Benefit Costs), in: Baetge, J./Dörner, D./Kleekämper, H./Wollmert, P./Kirsch, H.-J. (Hrsg.): Rechnungslegung nach International Accounting Standards (IAS), Kommentar auf der Grundlage des deutschen Bilanzrechts, 1. Auflage, Stuttgart 1997.

# Symbolverzeichnis

| | |
|---|---|
| a | Soll-Kennzahl für den Quotienten aus Anlagevermögen : Umlaufvermögen |
| as | Ausschüttungsfaktor mit AS : sJnach |
| AS | geplanter Ausschüttungsbetrag von sJnach |
| b | Soll-Kennzahl für den Quotienten aus Anlagevermögen : Bilanzsumme |
| BS | Obergrenze der Soll-Bilanzsumme |
| c | Soll-Kennzahl für den Quotienten aus Bilanzsumme : Eigenkapital |
| d | Soll-Kennzahl für den Quotienten aus langfristigem Fremdkapital : Bilanzsumme |
| e | Soll-Kennzahl für den Quotienten aus kurzfristigem Fremdkapital : Bilanzsumme |
| EK 02 | mit 0% Körperschaftsteuer vorbelastetes Eigenkapital |
| EK 40 | mit 40% Körperschaftsteuer vorbelastetes Eigenkapital |
| f | Soll-Kennzahl für den Quotienten aus Anlagevermögen : langfristiges Fremdkapital |
| f(vJvor) | Funktion des vorläufigen Jahresüberschusses vor ergebnisabhängigen Aufwendungen |
| g | Soll-Kennzahl für den Quotienten aus Anlagevermögen : Eigenkapital |
| ga | gewerbeertragsteuerrechtliche Modifikation (Hinzurechnungen und Kürzungen) sowie vorgetragener Gewerbeverlust |
| GE | Gewerbeertrag |
| h | Soll-Kennzahl für den Quotienten aus (Anlagevermögen + Vorratsvermögen) : (Eigenkapital + langfristiges Fremdkapital) |
| he | Gewerbesteuer-Hebesatz (in Prozent) : 100 |
| i | Soll-Kennzahl für den Quotienten aus kurzfristigem Fremdkapital : Umlaufvermögen |
| j | Soll-Kennzahl für den Quotienten aus Eigenkapital : Jahresüberschuss |
| k | Soll-Kennzahl für den Quotienten aus Eigenkapital : Jahresüberschuss vor ergebnisabhängigen Aufwendungen |
| ka | Abweichungen zwischen handelsrechtlichem Soll-Jahresüberschuss (sJnach) und zu versteuerndem (körperschaftsteuerrechtlichem) Einkommen) (zvE) |
| ka$^*$ | Abweichungen zwischen handelsrechtlichem Soll-Jahresüberschuss (sJnach) und zu versteuerndem (körperschaftsteuerrechtlichem) Einkommen (zvE) ohne Körperschaftsteueraufwand (XKSt) selbst |
| l | Soll-Kennzahl für den Quotienten aus (Eigenkapital + Fremdkapital) : Jahresüberschuss |
| m | Soll-Kennzahl für den Quotienten aus (Eigenkapitel + Fremdkapital) : Jahresüberschuss vor ergebnisabhängigen Aufwendungen |

| | |
|---|---|
| me | Steuermesszahl Gewerbeertrag (in Prozent) : 100 |
| oAs(XA) | mögliche Obergrenze des Sachanlagevermögens, die sich durch den Einsatz des Parameters XA realisieren lässt |
| oAü(XAü) | mögliche Obergrenze des übrigen Anlagevermögens, die sich durch den Einsatz des Parameters XAü realisieren lässt |
| oFk(Xfk) | mögliche Obergrenze des kurzfristigen Fremdkapitals, die sich durch den Einsatz des Parameters Xfk realisieren lässt |
| oFl(Xfl) | mögliche Obergrenze des langfristigen Fremdkapitals, die sich durch den Einsatz des Parameters Xfl realisieren lässt |
| oUü(XUü) | mögliche Obergrenze des übrigen Umlaufvermögens, die sich durch den Einsatz des Parameters XUü realisieren lässt |
| oUv(XU) | mögliche Obergrenze des Vorratsvermögens, die sich durch den Einsatz des Parameters XU realisieren lässt |
| RFvor | Obergrenze der maximal möglichen Entnahmen aus Gewinnrücklagen |
| RFvor(Ent) | gewünschte Entnahme aus Gewinnrücklagen |
| RS | rechte Seite (des Simplextableaus) |
| sBI | Soll-Bilanzgewinn |
| sd | definitiver Körperschaftsteuerfaktor |
| se | Faktor zur Erfassung der Körperschaftsteuererhöhung bei Entnahmen aus Gewinnrücklagen |
| sg | Gewerbeertragsteuerfaktor mit me · he : (1 + me · he) |
| sJnach | Soll-Jahresüberschuss nach ergebnisabhängigen Aufwendungen und Manövriermasseneinsatz |
| sm | Faktor zur Erfassung der Körperschaftsteuerminderung bei Entnahmen aus Gewinnrücklagen |
| t | Periodenindex mit t = 1,2,...,T |
| T | Anzahl der gesamten Perioden (t) |
| ta | Veränderungen des Jahresüberschusses aufgrund von Tantiemenvereinbarungen |
| tb | Bemessungsfaktor für Tantiemen mit $0 \leq tb \leq 1$ von TB |
| TB | Bemessungsgrundlage für Tantiemen |
| uAs(Xa) | mögliche Untergrenze des Sachanlagevermögens, die sich durch den Einsatz des Parameters Xa realisieren lässt |
| uAü(Xaü) | mögliche Untergrenze des übrigen Anlagevermögens, die sich durch den Einsatz des Parameters Xaü realisieren lässt |
| uFk(XFk) | mögliche Untergrenze des kurzfristigen Fremdkapitals, die sich durch den Einsatz des Parameters XFk realisieren lässt |
| uFl(XFl) | mögliche Untergrenze des langfristigen Fremdkapitals, die sich durch den Einsatz des Parameters XFl realisieren lässt |
| uUü(Xuü) | mögliche Untergrenze des übrigen Umlaufvermögens, die sich durch den Einsatz des Parameters Xuü realisieren lässt |
| uUv(Xu) | mögliche Untergrenze des Vorratsvermögens, die sich durch den Einsatz des Parameters Xu realisieren lässt |

| | |
|---|---|
| vA | vorläufiger Bilanzwert des Anlagevermögens |
| vAs | vorläufiger Bilanzwert des Sachanlagevermögens |
| vAü | vorläufiger Bilanzwert des übrigen Anlagevermögens |
| vE | vorläufige Ertragsteuerbelastung |
| vFk | vorläufiger Bilanzwert des kurzfristigen Fremdkapitals |
| vFl | vorläufiger Bilanzwert des langfristigen Fremdkapitals |
| vGewESt | vorläufiger Gewerbeertragsteueraufwand |
| vJnach | vorläufiger Jahresüberschuss nach ergebnisabhängigen Aufwendungen aber vor Manövriermasseneinsatz |
| vJvor | vorläufiger Jahresüberschuss vor ergebnisabhängigen Aufwendungen |
| Vk | körperschaftsteuerrechtlicher Verlustabzug |
| vKSt | vorläufiger Körperschaftsteueraufwand |
| vTA | vorläufiger Tantiemenaufwand |
| vU | vorläufiger Bilanzwert des Umlaufvermögens |
| vUü | vorläufiger Bilanzwert des übrigen Umlaufvermögens |
| vUv | vorläufiger Bilanzwert des Vorratsvermögens |
| X | Index für veränderliche (Aktions-)Parameter |
| XA, Xa | gesamter Wert derjenigen erfolgswirksamen Aktionsparameter, die den Betrag des Sachanlagevermögens unter ertragsteuerlichen Auswirkungen erhöhen bzw. senken |
| XA 0 | Entnahmewert aus mit 0% vorbelasteten Gewinnrücklagen |
| XA 40 | Entnahmewert aus mit 40% vorbelasteten Gewinnrücklagen |
| XAü, Xaü | gesamter Wert derjenigen erfolgswirksamen Aktionsparameter, die den Betrag des übrigen Anlagevermögens unter ertragsteuerlichen Auswirkungen erhöhen bzw. senken |
| XFk, Xfk | gesamter Wert derjenigen erfolgswirksamen Aktionsparameter, die den Betrag des kurzfristigen Fremdkapitals unter ertragsteuerlichen Auswirkungen senken bzw. erhöhen |
| XFl, Xfl | gesamter Wert derjenigen erfolgswirksamen Aktionsparameter, die den Betrag des langfristigen Fremdkapitals unter ertragsteuerlichen Auswirkungen senken bzw. erhöhen |
| XGewESt | Wert des Gewerbeertragsteueraufwands |
| XKSt | Wert des Körperschaftsteueraufwands |
| $XM^+$ | Summe aller jahresüberschusserhöhenden Aktionsparameter |
| $XM^-$ | Summe aller jahresüberschussvermindernden Aktionsparameter |
| XTA | Wert des Tantiemensteueraufwands |
| XU, Xu | gesamter Wert derjenigen erfolgswirksamen Aktionsparameter, die den Betrag des Vorratsvermögens unter ertragsteuerlichen Auswirkungen erhöhen bzw. senken |
| XUü, Xuü | gesamter Wert derjenigen erfolgswirksamen Aktionsparameter, die den Betrag des übrigen Umlaufvermögens unter ertragsteuerlichen Auswirkungen erhöhen bzw. senken |
| Y | Index für Schlupfvariable |

| | |
|---|---|
| zvE | zu versteuerndes (körperschaftsteuerrechtliches) Einkommen |
| Z | Zielfunktion, Zielgröße |
| = | gleich |
| < | kleiner als |
| > | größer als |
| ≤ | kleiner oder gleich, höchstens gleich |
| ≥ | größer oder gleich, mindestens gleich |

## Abbildungsverzeichnis

| | |
|---|---|
| Abbildung 1: | Ablaufdiagramm zur Planung des zieloptimalen Jahresabschlusses |
| Abbildung 2: | Berechnung der körperschaftsteuerlichen Bemessungsgrundlage |
| Abbildung 3: | Berechnung der gewerbeertragsteuerlichen Bemessungsgrundlage |
| Abbildung 4: | Ermittlung der Bemessungsgrundlage für Tantiemen |
| Abbildung 5: | Allgemeine Darstellung des Planungsmodells |
| Abbildung 6: | Ausgangsbilanz für die Jahresabschlussoptimierung |
| Abbildung 7: | Simultanes Gleichungssystem in Matrizenschreibweise |
| Abbildung 8: | Entscheidungsrelevante Kennzahlen auf der Basis von Ist- und Sollwerten |
| Abbildung 9: | Darstellung des Optimierungsansatzes von Programm AMAX ohne Rücklagenentnahmen |
| Abbildung 10: | Darstellung des Optimierungsansatzes von Programm AMAX mit Rücklagenentnahmen |
| Abbildung 11: | Darstellung des Optimierungsansatzes von Programm AFIX |
| Abbildung 12: | Ergebnisse der Optimierungsdurchläufe [zieloptimale Einheitsbilanzen zum 31.12 (t = 1)] |
| Abbildung 13: | Ergebnisse der Optimierungsdurchläufe [zieloptimale (verkürzte) Gewinn- und Verlustrechnung] |
| Abbildung 14: | Vergleich der entscheidungsrelevanten Kennzahlen auf der Basis von Ist-, Soll- und Optimalwerten |

Monika Palloks-Kahlen

# Kennzahlengestütztes Marketing-Controlling

| | | |
|---|---|---|
| 1 | Zielsetzung | 673 |
| 2 | Kennzahlengestütztes Marketing-Controlling | 673 |
| | 2.1 Verdichtete Informationsbereitstellung durch Kennzahlen und Kennzahlensysteme | 673 |
| | 2.2 Kennzahlengestützte Informationsbereitstellung im Marketing | 676 |
| | 2.3 Anforderungen an ein Marketing-Kennzahlensystem | 676 |
| 3 | Modellstruktur eines Marketing-Kennzahlensystems | 679 |
| | 3.1 Modelltheoretische Grundlagen zur Kennzahlensystemstruktur | 679 |
| | 3.2 Abbildungsbereiche des Marketing-Kennzahlensystems | 680 |
| | 3.3 Informationsdimensionen von Marketing-Entscheidungen | 682 |
| 4 | Aufbau einer Kennzahlensystemsstruktur für das Marketing | 687 |
| | 4.1 Kennzahlengestützte Wirtschaftlichkeitsanalysen | 687 |
| |     4.1.1 Planung und Kontrolle der Marketing-Erfolgsträger | 687 |
| |     4.1.2 Planung und Kontrolle der Marketing-Mix-Maßnahmen | 688 |
| |     4.1.3 Planung und Kontrolle der Effizienz von Marketingorganisationseinheiten | 690 |
| | 4.2 Kennzahlengestützte Strukturanalysen | 691 |
| |     4.2.1 Interne Strukturanalysen | 691 |
| |     4.2.2 Externe Strukturanalysen | 694 |
| | 4.3 Kennzahlengestützte Lageanalysen | 695 |

| | | | |
|---|---|---|---|
| 5 | Implikationen | | 696 |
| | 5.1 | Verknüpfung von operativer und strategischer Informationsversorgung | 696 |
| | 5.2 | Disaggregation von Spitzenkennzahlen zur erweiterten Informationsversorgung des Marketing-Management | 698 |

Literaturverzeichnis 700

Symbolverzeichnis 702

Abbildungsverzeichnis 702

# 1 Zielsetzung

Die kennzahlengestützte Informationsversorgung für Marketing-Entscheidungen hat sich zunehmend verbessert. Der Einsatz von Kennzahlen wird für Marketing-Entscheidungen nur in Teilbereichen vorgenommen; eine durchgängige Anwendung von Kennzahlensystemen im Marketing-Management findet noch nicht statt, da eine umfassende Konzeption, die die planungs- und kontrollrelevanten Sachverhalte hinreichend abbildet, fehlt. Wenn Kennzahlen im Marketing zum Einsatz kommen, sind sie zumeist auf eine Unterstützung kurzfristiger Marketing-Mix-Entscheidungen beschränkt. Strategische Aspekte des Marketing-Management werden kaum berücksichtigt.

In diesem Beitrag soll eine Konzeption für den strukturellen Aufbau eines Marketing-Kennzahlensystems entwickelt werden, dessen Ziel es ist, operative wie auch strategische Entscheidungsbereiche des Marketing-Management systematisch abzubilden. Die Analyse wird an den Abbildungsebenen und Bezugsobjekten im Marketing ansetzen und aufzeigen, wie eine umfassende Wirtschaftlichkeitsanalyse von Marketing-Entscheidungen durch Kennzahlen angelegt werden kann. Darauf aufbauend wird zu diskutieren sein, inwieweit die Integration von internen Daten des betrieblichen Rechnungswesens und markt-, wettbewerbs- sowie kundenbezogenen („externen") Informationen zu einer kennzahlengestützten Fundierung strategisch orientierter Marketing-Entscheidungen beitragen kann.

Im Mittelpunkt steht nicht die konkrete Ausgestaltung der führungsrelevanten Informationsbereiche des Marketingentscheidungsträgers mit bestimmten Einzelkennzahlen, sondern die Evaluierung einer grundsätzlichen Struktur für ein Marketing-Kennzahlensystem zur verbesserten Versorgung des Marketing-Management mit entscheidungsrelevanten Informationen.

# 2 Kennzahlengestütztes Marketing-Controlling

## 2.1 Verdichtete Informationsbereitstellung durch Kennzahlen und Kennzahlensysteme

Kennzahlen zählen heute zu den zentralen Controllinginstrumenten und werden in der deutschsprachigen Literatur fast übereinstimmend als Zahlen definiert, die quantitative

Sachverhalte in konzentrierter Form darstellen.[1] Aufgrund ihres Informationscharakters, ihrer Quantifizierbarkeit und der spezifischen Form ihrer Informationswiedergabe sind sie in der Lage, einen schnellen und konzentrierten Überblick über komplexe betriebliche Sachverhalte zu geben.[2]

Kennzahlen stellen eine verdichtete, d.h. aggregierte Form der Informationsbereitstellung dar. Die Verdichtung von Informationen dient der Unterstützung von Führungsentscheidungen und gehört zu den zentralen Controllingaufgaben.[3] Sie ist durch einen Umformungsprozess gekennzeichnet, bei dem Einzelinformationen unter Verwendung von Algorithmen zu einer Gesamtinformation verarbeitet werden, in der die ursprüngliche Information zwar untergeht, ihre ontologische Substanz jedoch erhalten bleibt.[4] Die quantitative Verdichtung erfolgt mit dem Ziel, den Umfang der bereitzustellenden Einzelinformationen zu reduzieren, so dass insbesondere bei komplexen Sachverhalten ein „Informationsoverload" verhindert wird und sich dem Entscheidungsträger eine vertiefende Informationsversorgung bei Bedarf nach Detailinformationen über einen individuell anzulegenden top-down-Analysepfad eröffnet.[5]

Aufgrund der begrenzten Aussagefähigkeit von Einzelkennzahlen werden Kenngrößen, die in einer sinnvollen Beziehung zueinander stehen, systematisch zu Kennzahlensystemen verknüpft. Als betriebswirtschaftliche Beschreibungsmodelle erfassen sie „(...) in deskriptiver Sprache einen nach festen Kriterien geordneten Gegenstandsbereich"[6]. Dazu werden in einem zweifachen Reduktionsprozess die realen Sachverhalte in einem Modell abgebildet.

Ausgehend vom allgemeinen Systemansatz, nach dem unter einem System eine Menge von Elementen zu verstehen ist, zwischen denen Beziehungen existieren,[7] werden Kennzahlensysteme als Zusammenstellung von Systemelementen aufgefasst. Zur Konkretisierung der Beziehungsart, welche unter Systemelementen vorherrschen muss, wird auf die Verknüpfung der Einzelkennzahlen abgestellt. Dies führt einerseits zu mathematischen Kennzahlensystemen, deren Einzelkennzahlen durch Rechenoperationen miteinander verbunden sind. Die Spitzenkennzahl eines solchen Rechensystems ist das Ergebnis mathematischer Verknüpfungsregeln auf den darunter liegenden Hierarchieebenen, wie dies bspw. im *Du-Pont-* oder im *ZVEI-*Kennzahlensystem dokumentiert ist. Als Spezialfall solchermaßen logisch verknüpfter Kennzahlensysteme können systematische Beziehungen der Kennzahlen zueinander unterstellt werden, bei denen „(...) von einem auf ein Oberziel ausgerichteten System von Kennzahlen ausgegangen (wird), das die wesentli-

---

[1] Vgl. *Reichmann* 2001, S. 21 f.
[2] Vgl. *Geiß* 1986, S. 48.
[3] Vgl. *Palloks* 1991, S. 244 f.
[4] Vgl. *Carduff* 1981, S. 22; *Garbe* 1977, S. 201.
[5] Vgl. *Reichmann* 2001, S. 48-50.
[6] *Reichmann* 2001, S. 58.
[7] Vgl. *Geiß* 1986, S. 77 f; *Staudt et al.* 1985, S.30.

chen Entscheidungsbereiche des Unternehmens erfasst und die wechselseitigen Auswirkungen erkennen lässt. Dabei handelt es sich um ein deduktiv aufgebautes Kennzahlensystem, dass, wenn man alle Verknüpfungen in quantifizierenden Relationen aufzeigt, zu einem mathematisch aufgebauten Kennzahlensystem wird"[8].

Wird bei der Kennzahlensystembildung ein Ordnungssystem zu Grunde gelegt, stehen die Kennzahlen in einem sachlogischen Zusammenhang zueinander. In einem ebenfalls pyramidial aufgebauten Kennzahlensystem erfolgt dann die Verdichtung zu einer Spitzenkennzahl durch Aggregation.[9] Die „Verdichtungsregel" für die Aggregation zu einer Spitzenkennzahl kann z.B. eine Bezugsgrößenhierarchie, wie sie aus der Deckungsbeitragsrechnung bekannt ist, (individuell) festgelegt sein. In diesem solchermaßen empirischen Kennzahlensystem werden die festgestellten Realitäten (Realsystem) in vereinfachten Zusammenhängen in einem Modell abgebildet. Um den Gegenstandsbereich mit hinreichender Genauigkeit wiedergeben zu können, finden weiterhin alle aus der Sicht des Anwenders wichtigen (entscheidungsrelevanten) Sachverhalte Berücksichtigung. Diese empirisch-induktive Überprüfung aus der Sicht des Systemanwenders stellt die praktische Umsetzbarkeit empirischer Kennzahlensysteme sicher.[10]

Ein empirisch-induktiv aufgebautes Kennzahlensystem ist als offenes System angelegt, da die Einzelkennzahlen durch den Informations- bzw. Analysebedarf des Entscheidungsträgers festgelegt werden. Dabei gilt der Grundsatz, auf jeden planungs- und kontrollrelevanten Sachverhalt *nur eine* Kennzahl zu setzen (vgl. Abbildung 1). Umgekehrt erlaubt dieses Kennzahlensystem bei veränderten Entscheidungsbedingungen, planungs- und kontrollrelevante Sachverhalte neu aufzunehmen, zu modifizieren oder auch nicht mehr entscheidungsrelevante Bereiche zu löschen. Ein besonderes Kennzeichen von Kennzahlensystemen, die auf dem Aggregationsgedanken aufbauen ist, dass der planungs- und kontrollbezogene Informationsbedarf auf den unteren Entscheidungsebenen stärker auf die Bereitstellung von Einzelinformationen ausgerichtet ist. Die Notwendigkeit, Führungsinformationen entscheidungsebenenbezogen verdichtet bereitzustellen, nimmt mit aufsteigender Hierarchieebene zu. Bei Über- oder Unterschreiten von Schwellenwerten erfolgt zur rechtzeitigen Gegensteuerung ein drill-down in detailliertere Informationsebenen. Die konkrete Festlegung von Kennzahleninhalten und -werten einerseits sowie der erforderlichen Verdichtungsstufen andererseits orientieren sich an den jeweiligen Analysezielen der Kennzahlenanwender.

Da der in einem kennzahlengestützten Führungsinformationssystem nachgefragte Verdichtungsgrad einer Information durch die Tiefe des problemrelevanten Entscheidungsbereiches bestimmt wird,[11] kann durch eine entscheidungsebenenbezogene Aggre-

---

[8] *Reichmann* 2001, S. 23.
[9] Vgl. *Staudt et al.* 1985, S. 30; *Siegwart* 1998, S. 29.
[10] Vgl. *Reichmann* 2001, S. 23.
[11] Vgl. z.B. *Carduff* 1981, S. 22 f.

gation bei konsequenter Bezugsgrößenhierarchiefestlegung einem Informationsüberangebot auf allen Hierarchieebenen entgegengewirkt werden. Eine benutzerspezifische Informationsversorgung wird erst durch einen individuell angelegten Analysepfad sichergestellt.[12]

## 2.2 Kennzahlengestützte Informationsbereitstellung im Marketing

Kennzahlen fanden erst Ende der 80er/Anfang der 90er Jahre des vergangenen Jahrhunderts Eingang in Marketingplanung und -kontrolle. Ihr eher zögerlicher Einsatz im Marketing-Management beschränkte sich längere Zeit auf interne Steuerungszwecke vor allem auf Basis differenzierter Deckungsbeitragsrechnungen.[13] Heute herrscht in Wissenschaft und Praxis weitgehend Einigkeit darüber, dass Kennzahlen im Marketing die Aufgabe zu kommt, Erkenntnisse über Anpassungsmaßnahmen bei wechselnden Absatzmarktbedingungen rechtzeitig bereitzustellen. Dies bezieht sich vor allem auf unterjährige Analysen der am Absatzmarkt platzierten Erzeugnisse, des dazu eingesetzten Marketing-Mix-Instrumentariums sowie der gewählten Absatzkanäle.

Eine verursachungsgerechte und verantwortungskonforme Marketingplanung und -kontrolle sollte sich nicht nur auf quantitative Endgrößen wie Umsatz, Gewinn und Kosten stützen, sondern mittels Kennzahlen innovative Entwicklungen kritisch überwachen, Fehlentwicklungen rechtzeitig erkennen und durch permanente Kontrolle bspw. die Lernprozesse in Marketing und Vertrieb beschleunigen.[14] In der jüngeren Literatur wird daher zunehmend der Einsatz von Kennzahlen zur Operationalisierung von Kunden- und Wettbewerbsinformationen thematisiert.[15]

## 2.3 Anforderungen an ein Marketing-Kennzahlensystem

Die Hauptaufgabe von Marketing-Kennzahlen besteht in der Bereitstellung von Führungsinformationen für Marketing-Entscheidungsträger.[16] Für eine zielentsprechende In-

---

[12] Vgl. *Reichmann* 2001, S. 47 f.
[13] Vgl. *Reichmann/Palloks* 1997, S. 462-468.
[14] Vgl. z.B. *Belz* 1999, S. 335.
[15] Vgl. *Palloks* 1995, Sp. 1149-1152 sowie 1998, S. 253-264; *Reinecke,* 2000, S. 36 ff.
[16] Vgl. *Palloks* 1991, S. 248.

formationsversorgung ist es von entscheidender Bedeutung, dass sich die Marketing-Kennzahlen zu einem kohärenten System ergänzen, komplementär zueinander sind und insgesamt darauf ausgerichtet sind, eine klar definierte Strategie zu unterstützen. Insoweit ist - die erläuterten grundsätzlichen Beziehungsarten zwischen Kennzahlen in einem Kennzahlensystem aufgreifend - ein empirisch ausgerichtetes Ordnungssystem einem auf Rechensystematiken basierenden mathematischen Kennzahlenmodell für die Abbildung des Marketing-Entscheidungsbereiches vorzuziehen.[17]

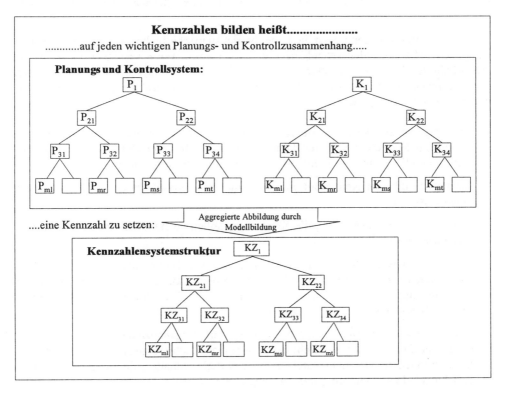

Abbildung 1: Abbildung der planungs- und kontrollrelevanten Sachverhalte in einer Kennzahlensystemstruktur

Der zu entwickelnde Gestaltungsvorschlag für ein Marketing-Kennzahlensystem wird als Beschreibungssystem angelegt, dessen Zielsetzung darin besteht, „(...) anhand von Attributen Aussagen über ökonomische Sachverhalte (...) für spätere Planungen zu ge-

---

[17] Vgl. *Reinecke/Tomczak* 1998, S. 101.

winnen"[18]. Insoweit orientiert sich die nachfolgende Analyse an der generellen Anforderung an empirisch ermittelte Kennzahlensysteme einen auf dem Informationsbedarf des Systemanwenders basierenden bestimmten Realitätsausschnitt durch einen zweifachen Reduktionsprozess in einem Modell abzubilden.[19] Es wird sich um eine empirisch-induktive Kennzahlensystemstruktur handeln, d.h., es wird ein Modell zu Grunde gelegt, „(...) in das die intersubjektiv nachvollziehbaren Vorstellungen des Systemerstellers eingehen"[20] und durch das gewährleistet ist, dass sich die Einzelkennzahlen gegenseitig ergänzen und zugleich Überschneidungen bzw. redundante Informationen vermieden werden.

Diesen Anforderungen tragen die in der betriebswirtschaftlichen Theorie entwickelten „allgemeinen" Kennzahlensystemkonzeptionen nur ansatzweise Rechnung, da sie unterschiedliche Analyseziele akzentuieren. Aus den jeweiligen Analyseschwerpunkten lassen sich die marketingspezifischen Anforderungen an eine kennzahlengestützte Informationsversorgung wie folgt ableiten:

- *Einbezug von strategischen Messgrößen,* insbesondere bezogen auf die Marktorientierung im Marketing bzw. die Umsetzung eines Customer Relationsship Management durch Einbezug von Wettbewerbs- und Kundeninformationen;[21]

- *Kausalität,* d.h. die Kenngröße muss zumindest langfristig durch das Management beeinflussbar sein;[22]

- *Operationalisierbarkeit,* d.h., die Kennzahlen sollen verständlich und möglichst einfach messbar sein;[23]

- *Integration von analysierenden (vergangenheitsbezogenen) und prospektiven (zukunftsgerichteten) Kennzahlen:* neben Endgrößen, z.B. Umsatz, Deckungsbeiträge usw. sind auch Vor- und Zwischengrößen wie z.B. Kundenzufriedenheitskriterien, Marktentwicklungen etc. einzubeziehen

- *Kombination von Induktion und Deduktion:* Marketingkennzahlen erfüllen ihre Aufgaben nur dann, wenn sie sowohl dem operativen Ausführungssystem stellenadäquat Informationen zur Verfügung stellen als auch Ziele enthalten, die direkt aus der Unternehmens- bzw. Marketingstrategie abgeleitet werden;[24]

---

[18] *Reichmann* 2001, S. 57.
[19] Vgl. *Reichmann* 2001, S. 23.
[20] *Reichmann* 2001, S. 23.
[21] Vgl. z.B. *Palloks-Kahlen* 2002, S. 111 f.
[22] Vgl. *Reinecke/Tomczak* 1998, S. 102.
[23] Vgl. *Mende* 1994, S. 76.
[24] Vgl. *Reinecke* 2000, S. 39 ff.

- *Einbettung in ein übergeordnetes Controllingsystem:* Einerseits ist damit die Integrationsfähigkeit des Marketing-Kennzahlensystems in ein unternehmensbezogenes Führungsinformationssystem, wie z.B. das R/L-Controlling-Kennzahlensystem[25] angesprochen. Andererseits bezieht sich die Forderung auf die im Rahmen des wertorientierten Controlling diskutierten Kennzahlen, damit eine effektive Koordination zwischen Marketing und Rechnungswesen gewährleistet werden kann.[26]

## 3 Modellstruktur eines Marketing-Kennzahlensystems

### 3.1 Modelltheoretische Grundlagen zur Kennzahlensystemstruktur

Aus den modelltheoretischen Grundlagen zur Kennzahlensystembildung und den spezifischen Anforderungen an ein Marketing-Kennzahlensystem ergibt sich für die Abbildung des Realsystems Marketing eine differenzierte Vorgehensweise (vgl. Abbildung 2).

Aufgrund der Abbildungsfunktion, die die Marketing-Kennzahlen für das Realsystem „Marketing" übernehmen, wird das Marketing-Kennzahlensystem auf der Modellebene als Beschreibungsmodell konzipiert und umfasst das Zielsystem des Marketing-Controlling, nämlich die Unterstützung des Marketing-Management bei der Sicherstellung der langfristigen Wettbewerbsfähigkeit (strategisches Ziel des Marketing-Controlling) bei gleichzeitigem wirtschaftlichen Einsatz des absatzpolitischen Instrumentariums (operatives Ziel des Marketing-Controlling).[27] Daraus resultieren drei Abbildungsebenen im Marketing, die sich auf die strategische wie auch die operativen Zielsetzung des Marketing-Management beziehen (1. Reduktionsstufe).

Ausgehend vom Anspruch einer verdichteten entscheidungs*ebenen*bezogenen Informationsversorgung des Marketing-Management wird die Aggregation der Kennzahlen über ein Ordnungssystem erfolgen. Auf der Modellebene sind damit als Selektionsregeln für die Auswahl von Einzelkennzahlen die Informationsdimensionen des Marketing festzulegen (2. Reduktionsstufe). Ihre Verknüpfung zu einer Kennzahlensystemstruktur erfolgt anschließend über die Aggregation im Rahmen von ein- bzw. mehrdimensionalen Bezugsgrößenhierarchien.

---

[25] Vgl. *Reichmann* 2001, S. 68 ff.
[26] Vgl. *Reinecke* 2000, S. 47; ders. 2000, S. 40 f.
[27] Vgl. *Palloks* 1991, S. 122-124.

Die Gestaltung eines Marketing-Kennzahlensystems setzt voraus, dass die Entscheidungsbereiche des Marketing-Management hinreichend genau abgebildet werden, so dass eine deduktiv ermittelte Kennzahlenstruktur erkennbar wird.[28] Dazu gilt es die Abbildungsbereiche und Informationsdimensionen des Marketing zu evaluieren.

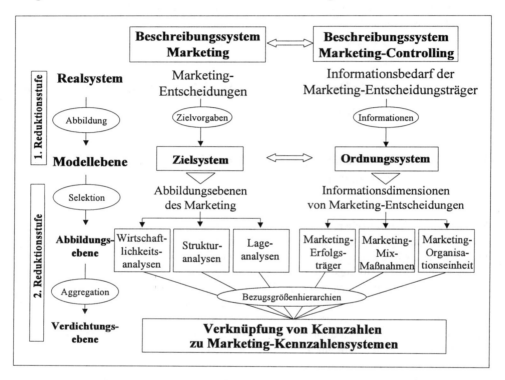

Abbildung 2:   Modelltheoretische Konzeption des Marketing-Kennzahlensystems

## 3.2    Abbildungsbereiche des Marketing-Kennzahlensystems

Bereits bei der Entwicklung aussagefähiger Einzelkennzahlen muss festgelegt werden, welche Analysebereiche durch die Kennzahlen abgebildet werden sollen. Die Anforderung, auf jeden planungs- und kontrollrelevanten Sachverhalt eine Kennzahl zu setzen,

---

[28] Vgl. *Reichmann* 2001, S.51-55.

lässt sich nur dann sinnvoll umsetzen, wenn man die entscheidungsrelevanten Sachverhalte zunächst in Abbildungsbereiche strukturiert.[29]

Ausgehend von der Zielsetzung im Marketing, die Wettbewerbsfähigkeit des Unternehmens langfristig zu sichern und unterjährig die bestehenden Produkt-Markt-Kombinationen zielbezogen zu positionieren, sind drei Abbildungsbereiche zu unterscheiden, die es ermöglichen, die Kennzahlen des Marketing-Kennzahlensystems in einen zweckadäquaten sachlogischen Zusammenhang zu stellen.

Traditionell besteht die zentrale Aufgabe eines kennzahlengestützten Controllingansatzes in der Beurteilung der Wirtschaftlichkeit von Entscheidungen.[30] Ausgehend von der operativen Zielsetzung des Marketing-Management, das bestehende Produkt- bzw. Leistungsprogramm optimal durch entsprechende Marketing-Mix-Maßnahmen auf den Märkten zu platzieren, besteht unterjährig ein Informationsbedarf bei den Marketing-Entscheidungsträgern insbesondere im Hinblick auf den wirtschaftlichen Einsatz des Marketing-Instrumentariums. Die Planungs- und Kontrolldimensionen des operativen Marketing-Controlling umfassen die systematische und objektive Überprüfung der Produkt-Markt-Beziehungen, der Marketingorganisationseinheiten und der Marketingaktivitäten.[31] Bestimmungsfaktoren für Marketing-Planung und -Kontrolle sind dabei Kosten, Erlöse, Deckungsbeiträge, Kapitaleinsätze, Umsatz- und Kapitalrenditen sowie Absatzmengen. Dementsprechend bildet eine *kennzahlengestützte Wirtschaftlichkeitsanalyse* einen zentralen Bestandteil eines Marketing-Kennzahlensystems.

Daneben muss eine umfassende kennzahlengestützte Beurteilung auch Analysen zu den Rahmenbedingungen, unter denen ein Unternehmen am Markt agiert, ermöglichen. Dies bezieht sich zum einen auf eine externe (Wettbewerbs-) Strukturanalyse, mit der festgestellt werden soll, unter welchen strukturellen Bedingungen der Wettbewerb auf den Märkten stattfindet (externe Strukturanalyse). Eine intern orientierte Strukturanalyse fokussiert hingegen auf die strukturellen Voraussetzungen im Unternehmen, insbesondere des Marketingbereiches und gibt aus unterschiedlichen Blickwinkeln Hinweise auf deren Flexibilität bzw. Anpassungsfähigkeit an wechselnde Beschäftigungs- bzw. Auftragslagen sowie Markt- und Wettbewerbsbedingungen. Im Mittelpunkt der *Strukturanalysen* stehen mithin verdichtete Analysen der internen und externen Erfolgsbestimmungsfaktoren, die auf Anpassungen an veränderte Rahmenbedingungen hinweisen.[32]

*Kennzahlengestützte Lageanalysen* dienen der Beobachtung von Entwicklungen, mit der Zielsetzung, frühzeitig Trends und v.a. Trendbrüche als diskontinuierliche Entwicklungen sichtbar zu machen und Anpassungsmaßnahmen zu initiieren. Um langfristig zentrale Vorlaufindikatoren evaluieren zu können, muss zumindest die Entwicklung aus-

---

[29] Vgl. *Palloks* 1995, insbes. Sp. 1138-1143.
[30] Vgl. *Reichmann* 2001, S. 467 ff; *Reichmann/Palloks* 1997, S. 455-458.
[31] Vgl. z.B. *Köhler* 1993, S. 393 ff; *Palloks* 1997, S. 399-402.
[32] Vgl. *Palloks* 1991, S. 247–255; *dies.* 1995, Sp. 1140.

gewählter Kenngrößen des Marketing-Kennzahlensystems im Zeitablauf festgelegt werden.

## 3.3 Informationsdimensionen von Marketing-Entscheidungen

Die Entscheidungen des Marketing-Management in Bezug auf die optimale Platzierung des Produkt- bzw. Leistungsprogrammes sind komplex, da sie i.d.R. aus einem Mix von Einzelentscheidungen bestehen. Die im Kennzahlensystem abzubildenden planungs- und kontrollrelevanten Entscheidungen umfassen mehrere Dimensionen, die es i.d.R. durch isolierte Auswertungen zu beurteilen und in der Kennzahlensystemstruktur zu manifestieren gilt. Die Evaluierung der Dimensionen von Marketing-Entscheidungen bildet damit den Ausgangspunkt zur systematischen Abbildung in einer entsprechenden Kennzahlensystemstruktur.

Dazu wird auf die unterschiedlichen Informationsebenen des Marketing-Accounting[33] rekurriert, dessen Ziel es ist, auf bereits im Unternehmen vorhandene, aber in anderen betrieblichen Erfassungssystemen gespeicherte Daten zuzugreifen, sie für marketingpolitische Entscheidungen zu erfassen und entscheidungsebenenbezogen bereitzustellen. Es handelt sich dabei um Daten, die speziell für das Marketing bereitgestellt werden (Primärdaten) und des weiteren um Sekundärdaten, die zunächst ohne spezifischen Verwendungszweck z.B. in der Betriebsdatenerfassung oder der Kostenrechnung erfasst und marketingspezifisch aufzubereiten sind.[34]

Diesem Grundgedanken folgend ist für die Informationsversorgung des Marketing-Management zwischen einer Erfassungsebene, auf der es darum geht, vor allem die Kosten- und Leistungsdaten des betrieblichen Rechnungswesens, detailliert und trotzdem anwendungsneutral zu erfassen und einer Auswertungsebene zu unterscheiden, auf der diese Daten je nach Entscheidungssachverhalt strukturiert gemäß den differenzierten Analysezielen ausgewertet werden. Bereits bei der Erfassung muss festgelegt werden, was geplant und kontrolliert werden soll, da sich daraus der Informationsbedarf des Marketing-Management ableitet. Ausgehend von der Mehrdimensionalität von Marketing-

---

[33] In einer weiten Begriffsfassung wird das Marketing-Accounting als eine marktorientierte Führungskonzeption bezeichnet, das die funktionsübergreifenden Erkenntnisse der beiden Disziplinen Marketing und Rechnungswesen miteinander verbindet. Vgl. *Hünerberg* 1995, Sp. 1508 f.

[34] Der Terminus Accounting signalisiert in diesem Zusammenhang, dass die marketingorientierte Aufbereitung von Kosten- und Leistungsinformationen zur Erfüllung von Führungsaufgaben des Marketing-Management beitragen soll. Vgl. *Köhler* 1992, S. 837.

Entscheidungen, sind folgende Dimensionen der Informationsversorgung im Marketing zu erfassen,[35] die in der Auswertungsebene für konkrete Entscheidungszwecke miteinander zu kombinieren sind (vgl. Abbildung 3):

*Marktsegmente bzw. Produkt-Markt-Beziehungen* werden durch Produkte bzw. Produktgruppen, Kunden bzw. Kundengruppen, Absatzwege bzw. -gebiete und über Auftragstypen bzw. Auftragsgrößen bestimmt, die untereinander entsprechend der konkreten Auswertungsziele miteinander kombiniert werden.[36] Sie dürfen jedoch nicht zu fein gegliedert sein, damit bei der Analyse keine Zahlenfriedhöfe entstehen. Umgekehrt führt eine zu grobe Aufgliederung zu globalen und damit ebenfalls zu unzureichenden Erfolgsaussagen. Die Untersuchungsobjekte werden untereinander durch ein System von Bezugsgrößen verknüpft und durch die Zurechnung von Kosten und Erlösen in der Auswertungsebene zu Erfolgsträgern.[37] Die Zielsetzung einer kennzahlengestützten Analyse besteht darin, die gegenwärtigen Erfolgsträger zu identifizieren.

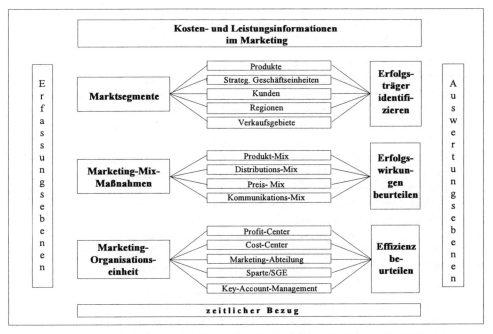

Abbildung 3: Dimensionen der Informationsversorgung im Marketing-Management

---

[35] Vgl. z.B. *Köhler* 1992, S. 838.
[36] Vgl. *Spelsberg* 1989, S. 224.
[37] Vgl. *Köhler* 2003b, S. 485 f.

*Marketing-Mix-Maßnahmen* beeinflussen nicht nur die Marketingkosten und -erlöse, sondern auch die Kosten anderer Unternehmensbereiche (z.B. Auswirkungen des Produktdesigns auf die Entwicklungs- und Konstruktionskosten oder die Wahl der Distributionskanäle auf die Lager- und Transportkosten). Im Rahmen eines kundenorientierten Marketing kommt der Frage, ob, wann und mit welchen Mix-Instrumenten welcher Kunde (bzw. welche Kundengruppe) angesprochen werden soll besondere Bedeutung zu. Die Zielsetzung einer kennzahlengestützten Analyse besteht vor allem darin, die Erfolgswirkungen der Marketing-Mix-Instrumente zu bewerten. Zu beachten ist dabei, dass über den Einsatz der Marketing-Mix-Instrumente selten isoliert entschieden wird. In Folge dessen ist es problematisch, die Wirtschaftlichkeit einzelner Instrumente zu bewerten, da sog. Spill-over-Effekte (sachliche Ausstrahlungseffekte) und Carry-over-Effekte (zeitliche Ausstrahlungseffekte) verhindern, dass Erfolgswirkungen einzelnen Maßnahmen eindeutig zugeordnet werden können. Da weiterhin oftmals wegen möglicher Ausstrahlungs- und Verbundeffekte auf das Marketing-Mix als Ganzes weder qualitative noch quantitative Wirkungsdaten eindeutig ermittel- und zuordenbar sind (z.B. i.d.R. des Kommunikations-Mixes), können einzelne Instrumente nur insoweit hinsichtlich ihres wirtschaftlichen Einsatzes beurteilt werden, als Kostenabweichungen, Kostenveränderungen oder aber Elastizitäten als Ersatzwerte ermittelt werden.

*Marketing-Organisationseinheiten* stehen in Form eines Cost-Center, Profit-Center oder Key Account Management im Mittelpunkt der Betrachtung. Ihnen werden Kosten und Erfolge in unterschiedlichem Umfang direkt zugeordnet. Bspw. verursachen Cost-Center primäre Kosten und durch die Leistungsinanspruchnahme anderer Kostenstellen, sekundäre Kosten. Bei funktionaler Gliederung von Kostenstellen können im Marketing z.B. die Marktforschung, die Werbeabteilung oder die Marketing-Verwaltung nur als Cost-Center geführt und ihre Leistungen im Wege interner Verrechnungspreise bewertet werden (Accounting entity). Demgegenüber können den Profit-Centern Kosten und Erfolge direkt zugeordnet werden (responsibility center), sofern die Marketing-Organisationseinheiten bspw. objektbezogen gebildet werden, wie z.B. beim Kunden- bzw. Key Account-Management.[38] Unabhängig von der gegebenen Organisationsstruktur besteht das Auswertungsziel einer kennzahlengestützten Analyse darin, die Effizienz der Marketing-Organisationseinheit zu beurteilen, wobei sich der Informationsbedarf der Führungsverantwortlichen nach den objektorientierten Aufgaben und Entscheidungen richtet.

Der Zeitbezug von Marketing-Entscheidungen überlagert alle vorgenannten Dimensionen gleichermaßen. Je nach Planungszeitraum werden die Daten in unterschiedlichem Verdichtungs- bzw. Genauigkeitsgrad benötigt, denn je weiter der Planungshorizont gesetzt wird, desto ungewisser wird die Entwicklung marktbezogener strategischer Erfolgsfaktoren. Darüber hinaus werden mit zunehmender Zeitdauer interne Kostenstrukturen disponibel und damit beeinflussbar. Unabhängig vom Zeitbezug der Marketing-Entscheidungen gilt für Beschreibungsmodelle, dass sie nur dann Erkenntnisse über marke-

---

[38] Vgl. *Rieker* 1995, S. 161.

tingplanungs- und kontrollrelevante Sachverhalte liefern können, wenn deren Ergebnisse anderen Größen als Plan-Ist-, Zeitreihen- und/oder zwischen- bzw. überbetriebliche Vergleiche gegenüber gestellt werden.[39]

Ergebnisanalysen im Marketing basieren primär auf vergangenheitsbezogenen Informationen (Plan-/Ist-Vergleiche), die monatlich, quartalsweise oder teilweise sogar wöchentlich bereitgestellt werden, um mittels Soll-Ist-Vergleichen Abweichungsanalysen durchzuführen und Veränderungen in der Erfolgsstruktur der untersuchten Bezugsobjekte aufzuzeigen. Operative Marketing-Mix-Planungen sind mit Hilfe von zukunftsgerichteten (Plan-)Kosten- und Erfolgsinformationen zu fundieren, und für strategische Planungen sind zusätzlich zu den „harten" Schätz- und Prognoseinformationen „weiche" Umwelt- und Früherkennungsinformationen erforderlich.[40]

Eine umfassende Informationsversorgung des Marketing-Management wird fernerhin dann erreicht, wenn rechnungswesenbasierte Kosten- und Erfolgskenngrößen zur Abbildung der internen Analyseperspektiven mit Kennzahlen verknüpft werden, die auf der Grundlage marktbezogener Informationen (externe Analyseperspektive) erste Analysen nicht nur zur strategischen Ausrichtung des Produkt- bzw. Leistungsprogrammes, sondern zu den strategisch relevanten Dimensionen „Kunden", „Markt" und „Wettbewerb" erlauben.[41] Damit wird der zunehmend im Rahmen des Customer Relationship Management geforderten Integration der Markt- und Kundenorientierung Rechnung getragen.

Verknüpft man die aufgezeigten Abbildungsebenen und Informationsdimensionen des Marketing, so ergibt sich die in Abbildung 4 dargestellte Modellstruktur als Grundlage für das nun schrittweise aufzubauende Marketing-Kennzahlensystem. Im Hinblick auf die zu Grunde liegenden Datenquellen und Informationsdimensionen bietet es sich an, zunächst den Bereich einer umfassenden kennzahlengestützten Wirtschaftlichkeitsanalyse auszugestalten, um zum einen eine laufende Marketing-Planung und -Kontrolle sicher zu stellen und davon ausgehend schrittweise strategische Aspekte der Informationsversorgung des Marketing-Management zu integrieren.

---

[39] Vgl. *Reichmann* 2001, S. 59.
[40] Vgl. *Palloks* 1991, S. 171 ff.; *Köhler* 2003a, S. 207 f.
[41] Vgl. *Palloks* 1991, S. 247–255; *dies.* 1995, Sp. 1140.

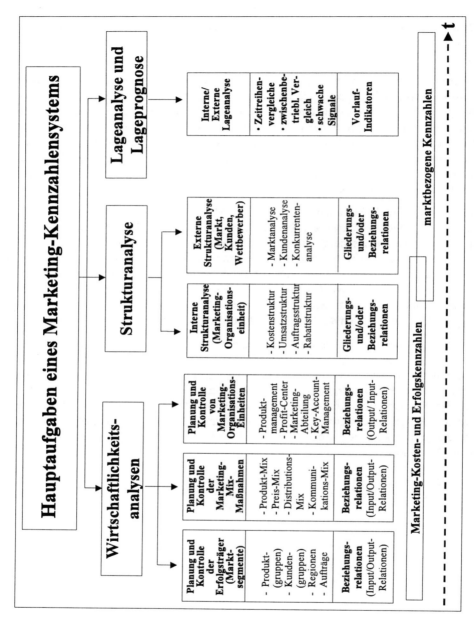

Abbildung 4: Modellstruktur eines Marketing-Kennzahlensystems

# 4 Aufbau einer Kennzahlensystemsstruktur für das Marketing

## 4.1 Kennzahlengestützte Wirtschaftlichkeitsanalysen

### 4.1.1 Planung und Kontrolle der Marketing-Erfolgsträger

Objekte der Kosten- und Erlöszuordnung im Marketing sind die *Erfolgsträger „Produkte", „Kunden", „Aufträge", „Regionen"*[42], für die je ein Kennzahlenbereich vorzusehen ist. Grundlage der deckungsbeitragsbezogenen Spitzenkennzahlen sind Produkt- bzw. Artikelerfolgsrechnungen und/oder Kundenerfolgsrechnungen, deren Differenzierungsgrad von der zu Grunde liegenden Bezugsgrößenhierarchie bestimmt ist. Um eine möglichst tiefgehende Deckungsbeitragsstruktur zu generieren, muss eine Bezugsgrößenhierarchie gebildet werden, in der die Kosten möglichst immer als Einzelkosten ausgewiesen werden. Kosten, die auf einer unteren Ebene Gemeinkosten darstellen, können dann auf einer höheren Ebene als Einzelkosten erfasst werden. Werden bspw. eindimensionale Bezugsgrößenhierarchien, wie z.B. „Produkt – Produktgruppe – Produkthauptgruppe – Sparte" gebildet, werden in der höchsten Verdichtungsstufe die Erfolgsbeiträge der Sparten überblicksartig abgebildet.

Den vielseitigen Auswertungszielen im Marketing folgend, müssen die Rechnungswesendaten verschiedenen Analyseobjekten zurechenbar sein. Kosten, die bspw. für eine bestimmte Sparte Einzelkosten darstellen, können für die Auswertungsdimension „Verkaufsregionen" Gemeinkostencharakter haben. Deshalb sind mehrdimensionale Hierarchisierungen (bspw. „Produkt - Produktgruppe - Kunde - Kundengruppe - Region") vorzusehen, in denen mit aufsteigendem Verdichtungsgrad die Bezugsobjekte wechseln. Bspw. sind die Kosten eines regionalen Verkaufsbüros in einer produktbezogenen Auswertung Gemeinkosten, haben aber in einer gebietsorientierten Analyse ggf. Einzelkostencharakter. Wird die Deckungsbeitragsrechnung regionenbezogen aufgebaut, leisten die dort ermittelbaren Deckungsbeiträge einen wesentlichen Beitrag zur Regionenerfolgskontrolle.

Das Bezugsobjekt „Auftrag" nimmt bei der Auswahl einer Spitzenkennzahl eine Sonderstellung ein, denn eine Hierarchisierung ist u.U. nicht zielführend. Vielmehr wird vorgeschlagen, Aufträge weiter in Auftragsgrößenklassen zu differenzieren. Eine mögliche Spitzenkennzahl ist dann die Auftragsgrößenkonzentration, die Hinweise auf die Auftragslage bzw. das Auftragsvolumen geben kann.

---

[42] Vgl. *Engelhardt; Günter* 1988, S. 141-155.

## 4.1.2 Planung und Kontrolle der Marketing-Mix-Maßnahmen

Geht man von der operativen Zielsetzung des Marketing-Management aus, das bestehende Produkt- bzw. Leistungsprogramm optimal auf den Märkten zu platzieren, besteht ein Informationsbedarf bei den Marketing-Entscheidungsträgern insbesondere im Hinblick auf die laufende Beurteilung des Einsatzes von marketingpolitischen Maßnahmen. Kernstück der kennzahlengestützten Informationsversorgung sind Analysen der verschiedenen Dimensionen des Marketingerfolges, denn erst alle drei Komponenten begründen den Marketingerfolg. Zum einen muss die Planung und Kontrolle der Erfolgsträger (Produkte, Kunden, Regionen, Aufträge) bezogen auf ihren Beitrag zum Gesamterfolg erfolgen. Zum anderen sind die Erfolgswirkungen von Marketing-Mix-Maßnahmen zu beurteilen, und begleitend ist eine laufende Überprüfung der Effizienz der Marketingorganisationseinheit vorzusehen (vgl. Abbildung 5).

Wesentlicher Erfolgsfaktor des Marketing-Management sind die aufeinander abgestimmten Instrumente des Marketing-Mix, die innerhalb der Preis-, Produkt-, Distributions- und Kommunikationspolitik weitere Sub-Mixes konstituieren und zu erfolgreichen Gesamtmixes kombiniert werden.[43] Zur Komplexitätsreduktion wird vorgeschlagen, die Planung und Kontrolle der Erfolgswirkung der jeweiligen Submix-Entscheidungen zunächst isoliert durch je eine Spitzenkennzahl zu beschreiben. Bezogen auf das Produktmix kann dies bspw. der Umsatzanteil der Haupterfolgsobjekte (z.B. SGE) am Gesamtumsatz sein, der ggf. i.R. einer ABC-Analyse gewichtet zunächst nur für A-Produkte gebildet wird. Im Rahmen des Preis- und Konditionenmix ist es denkbar, die Instrumente der Rabattgewährung durch eine Spitzenkennzahl wie z.B. die „Rabattquote" einer genaueren Planung und Kontrolle zu unterwerfen. Für das Distributionsmix ist z.B. die Kennzahl „Umsatzrentabilität" denkbar, die aufzeigt, wieviel Gewinn pro Umsatzeinheit erzielt wurde und die damit einen Hinweis auf die Erfolgswirksamkeit des distributionspolitischen Instrumentariums geben kann. An dieser Stelle ist eine Schnittstelle zu einem differenzierten Vertriebs-Controlling-Kennzahlensystem[44] herzustellen, denn i.d.R. wird neben dem Marketing-Management der Vertrieb für die Gestaltung der Absatzwege zuständig sein. Diese Schnittstelle ist v.a. deshalb vorteilhaft, da sie eine engere aufeinander abgestimmte Zusammenarbeit zwischen Marketing und Vertrieb ermöglicht. Die Ermittlung einer das Kommunikationsmix dokumentierenden Spitzenkennzahl nimmt wiederum eine Sonderstellung ein. I.d.R. ist eine verursachungsgerechte Verknüpfung der kommunikationspolitischen Maßnahmen mit Umsatz- bzw. Erfolgsgrößen auf Grund fehlender Kenntnis über eindeutige Zuordnungen von Werbeerfolgswirkungen zu Werbebudgets problematisch. Hier werden - ausgehend von zugewiesenen Marketing-Budgets - lediglich Elastizitätswerte ermittelbar sein. Beispielhaft sei hier die Kennzahl „Verkaufsförderungsmaßnahme" aufgenommen, bei der in einem Zeitvergleich die Ver-

---

[43] Vgl. bspw. *Nieschlag/Dichtl/Hörschgen* 2002, S. 21 f.; *Kotler/Bliemel* 1992, S. 97 ff.
[44] Vgl. *Reichmann/Palloks* 1997.

änderung des zugewiesenen Budgets ins Verhältnis zu Umsatzveränderungen des gleichen Betrachtungszeitraumes gesetzt werden. Damit wird aufgezeigt, inwieweit Umsatzerhöhungen durch kostensintensivere Verkaufsförderungsmaßnahmen realisiert wurden.

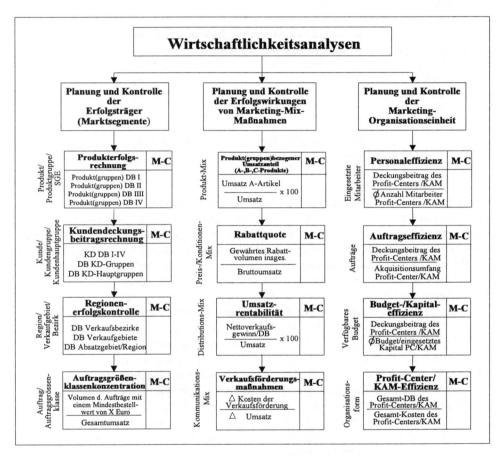

Abbildung 5: Kennzahlengestützte Wirtschaftlichkeitsanalysen im Marketing

Insbesondere die letztgenannte Spitzenkennzahl zeigt, dass zwischen den einzelnen Aktivitäten sowohl sachliche als auch zeitliche Interdependenzen bestehen, die den Marketingerfolg beeinflussen. Zum einen werden durch den kombinierten Einsatz verschiedener Mix-Instrumente Synergieeffekte erzielt. Zum anderen sind Wirkungsüberlagerungen von zeitlich nacheinander gestaffelten Maßnahmen möglich, oder die Absatzwirkung setzen erst mit zeitlicher Verzögerung ein.[45] Da die Bedeutung der Submix-Instrumente situativ sehr unterschiedlich sind, kann ein Maßnahmenkatalog bzw. das Aktivitätenniveau nur vor dem Hintergrund einer konkreten Entscheidungssituation festgelegt und einer kennzahlengestützten Analyse unterworfen werden. Zudem ist bei der Auswahl diesbezüglicher Spitzenkennzahlen einschränkend zu berücksichtigen, dass nicht alle (Teil-)Entscheidungen über den Einsatz von Marketing-Mix-Instrumenten einer Wirtschaftlichkeitsanalyse zugänglich sind. Es ist deshalb erforderlich, die controllingrelevanten Bereiche des Marketing-Mix im Hinblick auf eine quantitative Ergebnisplanung und -kontrolle abzugrenzen.

### 4.1.3 Planung und Kontrolle der Effizienz von Marketingorganisationseinheiten

Eine hohe Intensität der Marketing-Aktivitäten allein ist noch keine Erfolgsgarantie, denn diese können immer nur so gut sein, wie es die dahinterstehende Organisationsstruktur zulässt. Die Überprüfung der Effizienz der Marketingorganisationseinheit stellt deshalb einen weiteren wesentlichen Teil einer umfassenden Wirtschaftlichkeitsanalyse dar. Sie bezieht sich in erster Linie auf Effizienzgrößen, d.h. auf das Verhältnis von Output- zu Inputgrößen der wesentlichen Einsatzfaktoren einer Organisationseinheit. Diese ist neben den eingesetzten Ressourcen (hier z.B. Mitarbeiter, Budget) vor allen die Erfolgsgröße „Auftrag". Ziel der Analyse ist es festzustellen, inwieweit innerbetriebliche Unwirtschaftlichkeiten verursacht werden. Unabhängig von der Organisationsform im Marketing sollte die Personaleffizienz, die Auftragseffizienz und die Budgeteffizienz betrachtet werden, da diese Relationen Ausgangspunkt für eine permanente Auditierung des Marketing sind. Liegen überdies spezielle Organisationsformen im Marketing, wie z.B. das Key Account-Management oder eine Profit-Center-Organisation vor, sind Effizienzbeurteilungen auf Basis der Relation „Deckungsbeitrag zu Gesamtkosten" denkbar. Letztere haben zugleich wesentliche strategische Bedeutung, da sie unmittelbar Aufschluss darüber geben, inwieweit über organisatorische Veränderungen Anpassungen an veränderte Marktbedingungen erforderlich sind.

Die vorgeschlagenen Spitzenkennzahlen der Abbildungsbereiche einer kennzahlengestützten Wirtschaftlichkeitsanalyse sind lediglich als Beispielkenngrößen aufzufassen. Eine Besetzung jedes Abbildungsbereiches ist nur dann zwingend erforderlich, wenn dies durch den Informationsbedarf des Marketing-Entscheidungsträgers evident wird.

---

[45] Vgl. z.B. *Kühn* 1996, Sp. 1617-1628.

## 4.2 Kennzahlengestützte Strukturanalysen

Strukturen sind dann erforderlich, wenn sie dazu geeignet sind, die Zielsetzungen eines Systems zu unterstützen. Zwar unterliegen sie nicht einer direkten Einflussnahme durch das operative Geschehen, müssen aber im operativen Entscheidungsmanagement Berücksichtigung finden, da sie die Beziehungsgefüge von Elementen beeinflussen und langfristig zur Veränderung von Rahmenbedingungen beitragen.[46] Damit ist die strategische Ausrichtung auf eine frühzeitige Anpassungsfähigkeit eines Systems angesprochen, die in das Marketing-Kennzahlensystem Eingang finden muss.

Das Ordnungssystem „Marketing-Kennzahlensystem" wird durch ein Beziehungsgefüge von Elementen - hier Abbildungsebenen des Marketing - konstituiert. Strukturelemente legen die wesentlichen Eigenschaften eines Systems fest und begrenzen die Einflussmöglichkeiten des Systemanwenders, durch entsprechende Gegensteuerungsmaßnahmen ein beobachtetes Systemverhalten zu beeinflussen.[47] Da gewollte positive Zustandsveränderungen „(...) sowohl von den Austauschrelationen der Strömungsprozesse (d.h., der Beziehungen, A.d.V.) mit der Umwelt als auch von den Transformationsprozessen im System ab(hängen)"[48] ist im strukturanalytischen Teil des Marketing-Kennzahlensystems ein Bereich vorzusehen, der die kennzeichnenden Austauschrelationen mit der Umwelt (externe Strukturanalyse) abbildet. Darüber hinaus sind die dazu gehörigen systemimmanenten Transformationsprozesse i.R.e. internen Strukturanalyse mittels Kennzahlen darzustellen. Die hier zu entwickelnden Kennzahlen stehen in Wechselwirkung zu den operativen Kenngrößen der Wirtschaftlichkeitsanalyse, indem sie operative Analysebereiche durch weitere Informationen ergänzen und umgekehrt auf Basis operativer Kenngrößen zu Strukturkennzahlen kombiniert werden (vgl. Abbildung 6).

### 4.2.1 Interne Strukturanalysen

Die interne Sicht stellt auf die strukturelle Beschaffenheit der Marketing-Organisationseinheit ab und dient dazu, aus unterschiedlichen Perspektiven die Flexibilität bzw. die Anpassungsfähigkeit der zu Grunde liegenden Marketing-Organisationseinheiten an wechselnde Marktbedingungen zu beurteilen. Dies beinhaltet neben einer Analyse der Marketing-Kosten insbesondere die kritische Betrachtung der erfolgsbestimmenden Einflussfaktoren „Umsatz", „Aufträge" und „Rabattgewährung".

---

[46] Vgl. *Grochla/Lehmann* 1980, insbes. Sp. 2209 f.
[47] Vgl. *Grochla/Lehmann* 1980, Sp. 2206-2213.
[48] *Grochla/Lehmann* 1980, insbes. Sp. 2210.

Mit der Kennzahl „Marketingkostenstruktur" lassen sich bspw. in Ergänzung der Angaben über *Höhe* der Marketingkosten, welche aus den Deckungsbeitragsrechnungen i.R. der Wirtschaftlichkeitsanalyse zu entnehmen sind, die Kosten*strukturen*, die durch das Marketing verursacht werden (Anteil variable Marketingkosten, Anteil fixer Marketingeinzelkosten, Anteil abbaufähig fixer Marketingeinzelkosten jeweils an den Gesamtkosten des Marketing-Erfolgsträgers) genauer dokumentieren. In Erweiterung der Idee des Fixkostenmanagements[49] stehen die abbaufähigen Fixkosten im Mittelpunkt, damit beurteilt werden kann, inwieweit eine Organisationseinheit flexibel auf veränderte Markt- bzw. Beschäftigungssituationen und damit verbundenen Budgetanpassungen reagieren kann.

Wesentliche Indikatoren für eine nachhaltige Beschäftigungssituation sind Auftragseingänge und Umsätze. Eine Umsatzstrukturanalyse kann bspw. auf die Relation „Umsatz je Artikelgruppe zu Gesamtumsatz" abstellen, um Rückschlüsse auf die Attraktivität der Artikelgruppen beim Kunden zu ziehen und eine Erfolgsoptimierung bestimmter Artikelgruppen stärker zu forcieren. Überdies sind Auftragseingänge direkte Erfolgsindikatoren für die Nachhaltigkeit der Umsatzerzielung. Hier interessiert insbesondere ihre strukturelle Beschaffenheit (viele kleine Aufträge vs. wenige Aufträge mit hohem Auftragswert), die auf die Effizienz der Auftragsgewinnung hinweisen. Da zudem die Umsatzhöhe v.a. in konjunkturell schwachen Zeiten von den gewährten Rabatten beeinflusst wird, sollte auch immer die *Rabattstruktur* geprüft werden, denn hohe Umsätze können u.U. mit hohen Rabatten bzw. Sonderkonditionen erkauft sein und die Erfolgswirkungen der preis- bzw. konditionenpolitischen Instrumentariums beeinflussen.

---

[49] Vgl. *Reichmann* 2001, S. 240-243.

# Kennzahlengestütztes Marketing-Controlling

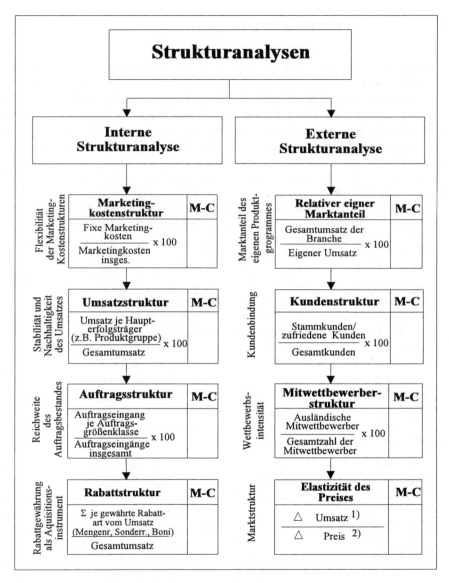

$$^{1)}\ \Delta\text{Umsatz}\,(U) = \frac{U_t - U_{t-1}}{U_t} \qquad ^{2)}\ \Delta\Pr\text{eis}\,(P) = \frac{P_t - P_{t-1}}{P_t}$$

Abbildung 6: Strukturanalysen im Marketing

## 4.2.2 Externe Strukturanalysen

Die externe Strukturanalyse hat das Ziel, kennzahlengestützt die markt- und wettbewerbsbezogenen Bedingungen, unter denen das Unternehmen agiert, abzubilden. Der Abbildungsbereich zielt auf die Sicherstellung der langfristigen Wettbewerbsfähigkeit der Unternehmen und insoweit auf die frühzeitige Anpassung an veränderte Marktbedingungen. Diese umfasst neben einer permanenten Überprüfung des eigenen strategischen Programms v.a. das Erkennen, Aufbauen oder Ausbauen von Erfolgspotenzialen im Rahmen der zukünftigen Marketingstrategieentscheidungen. Das dieser strukturanalytische Teil des Kennzahlensystems primär auf die o.g. Austauschrelationen mit der Umwelt fokussiert, ist es naheliegend, bei der Auswahl der Spitzenkennzahlen auf das strategische Dreieck „Produkt-Kunde-Konkurrent" zu rekurrieren. Die den Kennzahlen zu Grunde liegenden Informationen basieren in erster Linie auf marktbezogenen Daten, die z.B. durch die Marktforschung oder durch regelmäßige eigene Datenanalyse der durch das Internet zugänglichen Datenbanken erfolgen können. Insoweit ist die Aufnahme der Kennzahlen in diesem Analyseteil in hohem Maße davon abhängig, inwieweit die erforderlichen marktbezogenen Daten verfügbar sind und mit internen Daten des Rechnungswesens sowie aus Primärerhebungen verknüpft werden können.

Idealtypischerweise kann neben dem relativen eigenen Marktanteil als Indikator für die Attraktivität des eigenen strategischen Programms eine Kennzahl zur Evaluierung kundenbezogener Daten herangezogen werden. Bspw. kann über die Kennzahl „Kundenstruktur" eine erste Analyse bezüglich der gegenwärtigen Kunden, ggf. auch bezogen auf den Aufbau bzw. die Pflege von Key Accounts sowie die Ermittlung des Kundenwertes[50] erfolgen. Ergänzend besteht die Möglichkeit die kundenbezogene Kennzahlenanalyse, um Kennzahlen zur Kundenzufriedenheitsmessung zu erweitern, um die i.R. des Customer Relationship Marketing-Ansatzes geforderte Kundenbindung einer regelmäßigen, institutionalisierten Kundenanalyse zuzuführen.

Vor dem Hintergrund des zentralen Stellenwertes und den differenzierten Aufgaben von Wettbewerbsanalysen[51] sollen hier die Voraussetzungen für eine kennzahlengestützte „(....) kontinuierliche Beobachtung und Überwachung der Wettbewerbssituation und der wettbewerbsbeeinflussenden Faktoren, mit dem Ziel laufend über wichtige Entwicklungen informiert zu sein und Veränderungen frühzeitig aufzuzeigen (....)"[52] geschaffen werden. Dies umfasst sowohl die konkrete Beobachtung von Kunden- und Konkurrentenverhalten, wie auch das Erkennen von Chancen und Risiken i.S.e. Wettbewerbsfrüherkennung. Beobachtungsobjekt können dabei neben den für den Unternehmenserfolg besonders bedeutsamen Produkt-Markt-Kombinationen v.a. die Mitwettbewerber sein.

---

[50] Vgl. *Palloks* 1998, S. 245 ff.
[51] Vgl. z.B. *Görgen* 1995, Sp. 2720-2726.
[52] *Görgen* 1995, Sp. 2719.

Bezogen auf die Analyse der Mitwettbewerber ist vor dem Hintergrund des z.T. begrenzten Zuganges zu konkurrentenbezogenen Informationen ein erster Analyseschwerpunkt auf die Mitwettbewerberstruktur zu legen, um die Wettbewerbsintensität auf den (Teil-) Märkten abschätzen zu können. Zusätzlich können aber auch Kennzahlen für Sonderanalysen vorgesehen werden, die z.B. beim Eintritt neuer Konkurrenten auf angestammten Märkten durchgeführt werden müssen.

Ergänzend zu den o.g. Kennzahlen, kann bspw. die Marktstruktur einer genaueren Analyse unterzogen werden. Stellvertretend für die Vielzahl möglicher Kennzahlen, die branchen- und/oder markt-(segment-) bzw. geschäftsfeldspezifisch die strukturellen Bedingungen eines Markteintritts- bzw. einer Markteintrittsbarriere durch vertikale oder horizontale Differenzierung weiterer Marktteilnehmer zeigen können, wird hier die Elastizität des Preises als ein möglicher marktrelevanter Indikator eingestellt.

## 4.3 Kennzahlengestützte Lageanalysen

Wie bereits ausgeführt, dienen Lageanalysen der permanenten Beobachtung marktrelevanter Entwicklungen. Angelegt als Zeitreihenanalysen zeigen sie bereits frühzeitig kontinuierliche Entwicklungen i.S.v. Trends bzw. diskontinuierliche Entwicklungen (Trendbrüche) auf. In der regelmäßigen Beobachtung von Kennzahlen im Zeitablauf liegt ihr Potenzial, sich als Vorlaufindikator für marktbezogene Entwicklungsänderungen zu qualifizieren. I.S.e. strategischen Früherkennung wird im Marketing-Kennzahlensystem ein lageanalytischer Teil zu installieren sein, der explizit die Beobachtung ausgewählter Kennzahlen im Zeitablauf vorsieht. Ausgehend von den bisherigen Analyseschwerpunkten des dargestellten Kennzahlensystems wird eine Zeitreihenanalyse für die Umsatzstruktur-, Auftragsstruktur-, die Marktentwicklung sowie die Entwicklung des Grades der Kundenbindung vorgeschlagen (vgl. Abbildung 7).

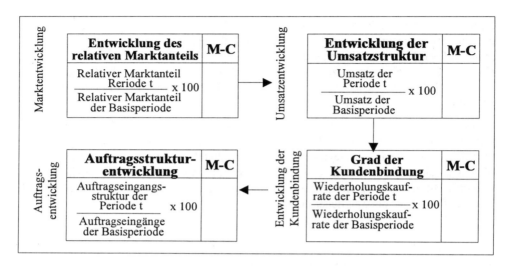

Abbildung 7:  Kennzahlengestützte Lageanalysen im Marketing

# 5 Implikationen

## 5.1 Verknüpfung von operativer und strategischer Informationsversorgung

Das aufgezeigte umfassende Marketing-Kennzahlensystem (vgl. Abbildung 8) lässt auf Grund seiner aufgezeigten Abbildungsebenen und Verdichtungsprozeduren eine durchgängige operative, als auch strategisch ausgerichtete Verfolgung der wesentlichen Erfolgsindikatoren im Marketing zu:

Die *Umsatzverfolgung* beginnt bei den Erfolgsträgern und gibt z.B. über die Kennzahl „Umsatzrentabilität" erste Hinweise auf die Erfolgswirkungen bestimmter Marketing-Mix-Maßnahmen. Über die Kennzahl „Umsatzstruktur" sowie als Bestandteil der Kennzahl „Relativer Marktanteil" gibt der Umsatz zugleich erste Hinweise auf die zukünftige Umsatzentwicklung, ggf. auch im Zeitablauf als Frühwarnindikator für diskontinuierliche Entwicklungen.

# Kennzahlengestütztes Marketing-Controlling

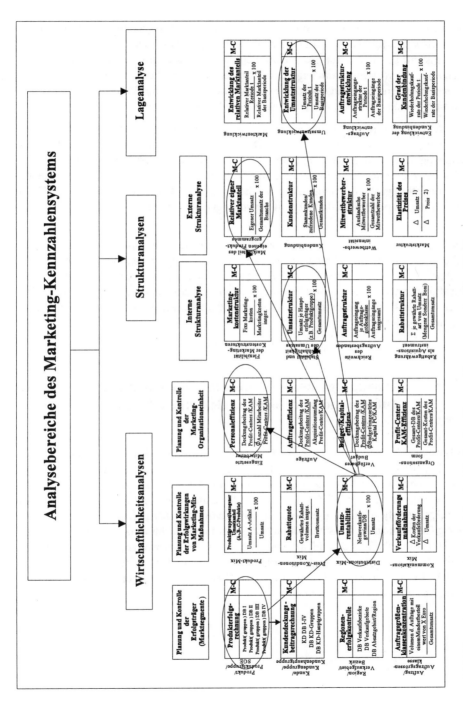

Abbildung 8: Analysebereiche des Marketing-Kennzahlensystems im Überblick

Die *Auftragslage* kann in analoger Form über die Auftragsgrößenklassenkonzentration, die Auftragsstruktur und -effizienz einer zeitreihenbezogenen Analyse als Indikator für eine zukünftige Ausrichtung der Unternehmensstrategie Anwendung finden. Ergänzend dazu ist die *Rabattgewährung* zu verfolgen, und zwar ausgehend von der Rabattquote im operativen Marketing-Mix über die strukturanalytische Betrachtung der Rabattstruktur und deren (indirekte) Auswirkung auf die Preiselastizität.

Vor dem Hintergrund der geforderten *Kundenorientierung* ist auf die Analyse der kundenbezogenen Kennzahlen zu fokussieren. Als Ausgangspunkt bieten sich dabei die kundenbezogenen Deckungsbeiträge an, die in die Kundenstrukturanalyse ebenso Eingang finden, wie in der Identifizierung bzw. Erkennung langfristiger Geschäftsbeziehungen.[53] In der strategischen Perspektive sind die zu Grunde liegenden Werte in der Kennzahl „Grad der Kundenbindung" bzgl. ihrer strategisch relevanten Implikationen zu verfolgen.

Last but not least sollte auch im Marketing-Management eine intensive *Kostenverfolgung* durch das Marketing-Kennzahlensystem möglich sein, in dem ausgehend von den ermittelbaren Deckungsbeiträgen v.a. die Kennzahlen zur Effizienz der Marketing-Organisationseinheit dokumentiert werden und im Zusammenspiel mit der Marketing-Kostenstrukturanalyse eine permanente Anpassung an veränderte (Absatz-) Marktbedingungen eingerichtet wird.

## 5.2 Disaggregation von Spitzenkennzahlen zur erweiterten Informationsversorgung des Marketing-Management

Das aufgezeigte Kennzahlensystem wird aus einer Reihe von Spitzenkennzahlen gebildet. Der Begriff der Spitzenkennzahl setzt voraus, dass sich in den darunter liegenden Analysebereichen weitere Kennzahlen befinden, die der Benutzer im Rahmen der Gestaltung des eigenen Analysepfades bei Über- oder Unterschreiten eines Schwellenwertes zur genaueren Analyse hinzuziehen kann. Beispielhaft ist dieser individuelle Analysepfad für die Spitzenkennzahl „Umsatzstruktur" aufgeführt. Ohne im einzelnen auf die weiteren, die Umsatzstruktur erklärenden Kennzahlen eingehen zu wollen, wird deutlich, dass die in Abb. 9 aufgezeigten Einzelkennzahlen zur Erklärung der Spitzenkennzahl und dem erweiterten Informationsbedarf des Marketing-Entscheidungsträgers dienen und ggf. Handlungsoptionen aufdecken können.

---

[53] Vgl. *Palloks* 1998.

Kennzahlengestütztes Marketing-Controlling 699

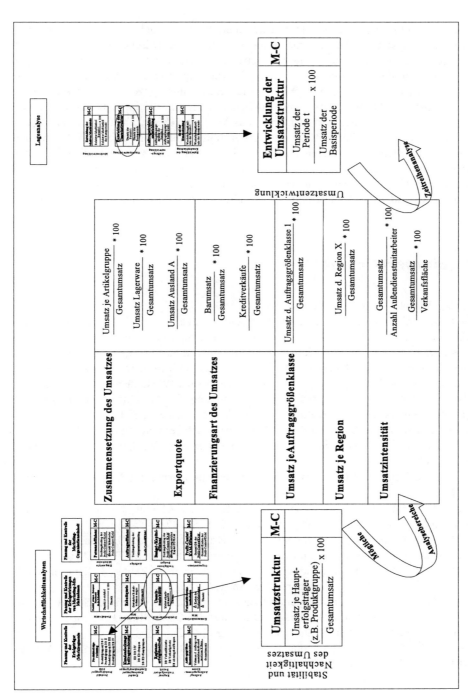

Abbildung 9: Disaggregation der Spitzenkennzahl „Umsatzstruktur"

Eine im aufgezeigten Sinne stringente operative wie auch strategisch orientierte Kennzahlenanalyse wird dazu beitragen können, die Lücke zwischen einer rechtzeitigen erfolgreichen Anpassung der Marketingstrategien an externe Marktentwicklungen („doing the right things") und der operativen Umsetzung in Detailplanungen („doing the things right") zu schließen. Gleichwohl hat die Analyse auch gezeigt, dass zukünftig unterschiedliche Aspekte der Markt- und Kundenorientierung, die im Rahmen der Marketingforschung zur Zeit diskutiert werden in das Marketing-Kennzahlensystem einzubringen sind. Insoweit gestaltet sich der hier vorgestellte Ansatz als offenes, i.S.v. permanenten strukturellen Anpassungen unterliegendes System. Es erhebt daher auch keinen Anspruch auf Vollständigkeit, und dies ist nicht nur aufgrund von pragmatischen und methodischen Überlegungen, sondern insbesondere im Hinblick auf seine flexible Anpassung an veränderte Entscheidungssachverhalte im Marketing auch nicht beabsichtigt.

## Literaturverzeichnis

*Belz, Ch.:* Verkaufkompetenz, St. Gallen/Wien 1999.
*Carduff, Th.:* Zielerreichungsorientierte Kennzahlennetze industrieller Unternehmungen. Bedienungsmerkmale, Bildung, Einsatzmöglichkeiten, Thun/Frankfurt a. M. 1981.
*Engelhardt, W.H./Günter, B.:* Erfolgsgrößen im internen Rechnungswesen aus der Sicht der Absatzpolitik, in: Domsch, M./Eisenführ, F./Ordelheide, D./Perlitz, M. (Hrsg.): Unternehmenserfolg. Planung - Ermittlung - Kontrolle, Wiesbaden 1988, S. 141-155.
*Garbe, H.:* Der Verdichtungsgrad von Informationen, in: Grochla, E./Wittmann, W. (Hrsg.): Management Informationssysteme, Wiesbaden 1977, S. 199-219.
*Geiß, W.:* Betriebswirtschaftliche Kennzahlen, Frankfurt/Bern/New York 1986.
*Gleich, R.:* Die Balanced Scorecard, in: Die Betriebswirtschaft, 57. Jg. (1997), S. 432-435.
*Gleich, R.:* Performance Measurement, in: Die Betriebswirtschaft, 57. Jg. (1997), S. 114-117.
*Görgen, W.:* Wettbewerbsanalyse, in: Tietz, B./Köhler, R./Zentes, J. (Hrsg.): Handwörterbuch des Marketing, 2. Auflage, Stuttgart 1995, Sp. 2716-2729.
*Grochla, E./Lehmann, H.:* Systemtheorie und Organisation, in: Grochla, E. (Hrsg.): Handwörterbuch der Organisation, 2. Auflage Stuttgart 1980, Sp. 2204-2216.
*Hünerberg, R.:* Marketing-Accounting, in: Tietz, B./Köhler, R./Zentes, J. (Hrsg.): Handwörterbuch des Marketing, Stuttgart 1995, Sp. 1508-1519.
*Kaplan, R.S./Norton, D.P.:* Strategieumsetzung mit Hilfe der Balanced Scorecard, in: Gleich, R./Seidenschwarz, W. (Hrsg.): Die Kunst des Controlling, Festschrift zum 60. Geburtstag von P. Horváth, München 1997, S. 311-342.
*Köhler, R.:* Marketing und Rechnungswesen- „zwei Welten" oder Partner?, in: Absatzwirtschaft, 28. Jg. (1985), S. 72-77.

*Köhler, R.:* Kosteninformationen für Marketing-Entscheidungen (Marketing-Accounting), in: Männel, W. (Hrsg.): Handbuch Kostenrechnung, Wiesbaden 1992, S. 837-857.

*Köhler, R.:* Beiträge zum Marketing-Management, 3. Auflage, Stuttgart 1993.

*Köhler, R.:* Ergebniskontrolle im Marketing, in: Horváth, P./Reichmann, Th. (Hrsg.): Vahlens Großes Controllinglexikon, 2. Auflage, München 2003a, S. 207-208.

*Köhler, R.:* Marketing-Kostenkontrolle, in: Horváth, P./Reichmann, Th. (Hrsg.): Vahlens Großes Controllinglexikon, 2. Auflage, München 2003b, S. 485-486.

*Kotler, Ph./Bliemel, F.:* Marketing-Management, 7. Auflage, Stuttgart 1992.

*Kühn, R.:* Marketing-Mix, in: Tietz, B./ Köhler, R./ Zentes, J. (Hrsg.): Handwörterbuch des Marketing, 2. Auflage, Stuttgart 1995, Sp. 1615-1628.

*Meffert, H.:* 16 Thesen zu Marketing und Controlling, in: Absatzwirtschaft, 25. Jg. (1982), S. 100-107.

*Meffert, H.:* Marketing-Management, Analyse – Strategie – Implementierung, Wiesbaden 1994.

*Mende, M.:* Ein Führungssystem für Geschäftsprozesse, Diss. St. Gallen, 1994.

*Nieschlag, R./Dichtl, E./Hörschgen, H.:* Marketing, Berlin 2002.

*Palloks, M.:* Marketing-Controlling. Konzeption zur entscheidungsbezogenen Informationsversorgung des operativen und strategischen Marketing-Management, Frankfurt/ Bern/New York u.a. 1991.

*Palloks, M.:* Kennzahlen, absatzwirtschaftliche, in: Tietz, B./Köhler R./Zentes, J. (Hrsg.): Handwörterbuch des Marketing, 2. Auflage, Stuttgart 1995, Sp. 1236-1253.

*Palloks, M.:* Marketing-Accounting mit Database Marketing, in: Link, J. et al. (Hrsg.): Handbuch Database Marketing, Ettingen 1997, S. 397-418.

*Palloks, M.:* Controlling langfristiger Geschäftsbeziehungen. Konzeption eines kennzahlengestützten Kundenbindungsmanagement im modernen Beziehungsmarketing, in: Lachnit, L./Lange, Chr./Palloks, M. (Hrsg.): Zukunftsfähiges Controlling. Konzeptionen, Umsetzungen, Praxiserfahrungen. Festschrift zum 60. Geburtstag von Th. Reichmann, München 1998, S. 245-274.

*Palloks-Kahlen, M.:* Kennzahlengestütztes Kundenbindungsmanagement, in: Controlling, 14. Jg. (2002), S. 111-112.

*Palloks-Kahlen, M.:* Stichwort „Informationsverdichtung", in: Horváth, P./Reichmann, Th. (Hrsg.): Vahlens Großes Controlling Lexikon, 2. Auflage, München 2003, S. 289.

*Reichmann, Th.:* Controlling mit Kennzahlen und Managementberichten. Grundlagen einer systemgestützten Controlling-Konzeption, 6. Auflage, München 2001.

*Reichmann, Th./Palloks, M.:* Modernes Vertriebs-Controlling, in: Link, J. et. al. (Hrsg.): Handbuch Database Marketing, Ettingen 1997, S. 449-473.

*Reinecke, S.:* Konzeptionelle Anforderungen an Marketingkennzahlensysteme, Arbeitspapier des Forschungsinstituts für Absatz und Handel an der Universität St. Gallen, März 2000.

*Reinecke, S.:* Marketingcontrolling – eine neue Perspektive, Arbeitspapier des Forschungsinstituts für Absatz und Handel an der Universität St. Gallen, Juni 2000.

*Reinecke, S./Tomczak, T.:* Aufgabenorientiertes Marketingcontrolling, in: Reinecke, S./ Tomczak, T./Dittrich, S. (Hrsg.): Marketingcontrolling, Thexis, St. Gallen 1998, S. 90-109.

*Rieker, S.:* Bedeutende Kunden - Analyse und Gestaltung von langfristigen Anbieter-Nachfrager-Beziehungen auf industriellen Märkten, Wiesbaden 1995.

*Siegwart, H.:* Kennzahlen für die Unternehmensführung, 4. Auflage, Berlin 1998.

*Staudt, E./Groeters, U./Hafkesbring, J./Treichel, H.:* Kennzahlen und Kennzahlensysteme. Grundlagen zur Entwicklung und Anwendung, Berlin 1985.

*Spelsberg, H.:* Das Rechnungswesen als Informationsquelle für Planung und Kontrolle der Produktpolitik. Ein konzeptioneller Beitrag zur Integration von Marketing und Rechnungswesen, Köln 1989.

# Symbolverzeichnis

| | |
|---|---|
| $\Delta$ | Delta, Veränderungszeichen |
| $\Sigma$ | Summe |
| DB | Deckungsbeitrag |
| K | Kontrollgröße |
| KAM | Kosten aller Mitarbeiter |
| KD | Kunde |
| KZ | Kennzahl |
| P | Planungsgröße, Preis |
| PC | Profitcenter |
| t | Periodenindex |
| U | Umsatz |
| $\emptyset$ | durchschnittlich |

# Abbildungsverzeichnis

| | |
|---|---|
| Abbildung 1: | Abbildung der planungs- und kontrollrelevanten Sachverhalte in einer Kennzahlensystemstruktur |
| Abbildung 2: | Modelltheoretische Konzeption des Marketing-Kennzahlensystems |
| Abbildung 3: | Dimensionen der Informationsversorgung im Marketing-Management |
| Abbildung 4: | Modellstruktur eines Marketing-Kennzahlensystems |
| Abbildung 5: | Kennzahlengestützte Wirtschaftlichkeitsanalysen im Marketing |
| Abbildung 6: | Strukturanalysen im Marketing |
| Abbildung 7.: | Kennzahlengestützte Lageanalysen im Marketing |
| Abbildung 8: | Analysebereiche des Marketing-Kennzahlensystems im Überblick |
| Abbildung 9: | Disaggregation der Spitzenkennzahl „Umsatzstruktur" |

# Autorenverzeichnis

DIPL.-KFM. HANS-JOACHIM DINTER

FONTANESTR. 84
40789 MONHEIM

(Jahrgang 1940), Studium der Betriebswirtschaftslehre an der *Universität zu Köln*, Diplomexamen 1964, 1965/66 Traineeprogramm in der deutschen Stahlindustrie sowie bei der Hohen Behörde für Kohle und Stahl in Luxemburg, von 1966 bis 1969 Referent bei der *Wirtschaftsvereinigung Stahl*, seit 1969 tätig bei der *Henkel KGaA* in wechselnden Arbeitsgebieten: Unternehmensplanung und -entwicklung, Controlling in einer Sparte/ Tochtergesellschaft, Konzernplanung und -berichterstattung, Leiter Interne Ergebnisrechnung *Henkel KGaA*, von 1988 bis zur Pensionierung im Jahr 2002 Leiter Betriebswirtschaftliche Systeme im Bereich Planung, Abschlüsse und Controlling *Henkel*-Gruppe, zuständig für Grundsatzfragen des Managerial Accounting. Veröffentlichungen und Fachvorträge über Finanzkennzahlen zur Konzernsteuerung, Shareholder Value, Investitionsrechnung, internationale Konzernverrechnungspreise.


PROF. DR. SVEN FISCHBACH

FACHHOCHSCHULE MAINZ
UNIVERSITY OF APPLIED SCIENCES
STUDIENSCHWERPUNKT CONTROLLING
AN DER BRUCHSPITZE 50
55122 MAINZ

(Jahrgang 1963), Ausbildung zum Bankkaufmann und Berufstätigkeit bei der *Kreissparkasse Pinneberg* (1983-1986). Studium der Betriebswirtschaftslehre an der *Universität Hamburg* (1986-1990); danach wissenschaftlicher Mitarbeiter und Assistent an den *Universitäten Eichstätt/Ingolstadt, St. Gallen (Schweiz)* und *Hamburg* (1990-1994). 1996 Promotion. Praktische Tätigkeiten als Controller, Vorstandsassistent und Referent für Unternehmensentwicklung bei der *Landesbank Hessen-Thüringen* in Frankfurt a.M. und Erfurt (1994-1997) sowie als Abteilungsleiter Vorstandssekretariat bei der *Sparkasse Vogtland* (1997-1998). Seit 1998 Professor für Rechnungswesen und Controlling am Fachbereich Wirtschaftswissenschaften der *Fachhochschule Mainz*. Seit 2000 Mitleiter des *Instituts für unternehmerisches Handeln*, Mainz. Lehrbeauftragter an verschiedenen Akademien und Hochschulen, u.a. der *Fachhochschule Kiel* und der *European Business School*, Oestrich-Winkel.


O.UNI.-PROF. DR. HABIL. CARL-CHRISTIAN FREIDANK

UNIVERSITÄT HAMBURG
INSTITUT FÜR WIRTSCHAFTSPRÜFUNG UND STEUERWESEN
LEHRSTUHL FÜR REVISIONS- UND TREUHANDWESEN
MAX-BRAUER-ALLEE 60
22765 HAMBURG

(Jahrgang 1950), Studium der Betriebswirtschaftslehre an der *Universität zu Köln* (Abschluss: Dipl.-Kfm.). Promotion (1981) an der *Universität Passau*, Habilitation (1989) an der Universität Oldenburg. 1978-1982 wissenschaftlicher Assistent und Akademischer Rat an der *Universität Passau*. 1982-1986 Dozent und Fachleiter der Fachrichtung Steuern an der *Berufsakademie/Staatliche Studienakademie in Baden-Württemberg* in der Funktion eines Professors. 1986-1989 Professor für Betriebswirtschaftslehre, Bilanzsteuerrecht und Wirtschaftskriminalität an der *Fachhochschule für Öffentliche Verwaltung/Fachbereich Finanzen in Hamburg*. 1989 Universitätsprofessor für Betriebswirtschaftslehre, insb. Betriebswirtschaftliche Steuerlehre an der Universität Hamburg. 1989 Ernennung zum Steuerberater. 1989-1992 Inhaber des Lehrstuhls für Allgemeine Betriebswirtschaftslehre, insb. Controlling und Betriebswirtschaftliche Steuerlehre an der *Katholischen Universität Eichstätt/Ingolstadt*. 1992-1993 Ordinarius für Rechnungs-, Prüfungswesen und Betriebswirtschaftliche Steuerlehre an der *Universität St. Gallen (Schweiz)*. Seit 1993 Inhaber des Lehrstuhls für Betriebswirtschaftslehre, insb. Revisions- und Treuhandwesen an der *Universität Hamburg*. Forschungsschwerpunkte: Rechnungslegung, Prüfungswesen, Controlling und Steuermanagement.

## Prof. Dr. Andreas Gadatsch

University of Applied Sciences (FH Bonn-Rhein-Sieg)
Fachbereich Wirtschaft
Professur für Betriebswirtschaftslehre,
insb. Wirtschaftsinformatik
Grantham-Allee 20
53757 Sankt Augustin

(Jahrgang 1962), nach einer Ausbildung zum Industriekaufmann zunächst Studium der Betriebswirtschaftslehre mit dem Schwerpunkt Controlling bei Prof. Dr. *Elmar Mayer* an der Fachhochschule Köln. Anschließend nebenberuflich ein Studium der Wirtschaftswissenschaften an der FernUniversität Hagen und Promotion dort als externer Doktorand am Lehrstuhl für Wirtschaftsinformatik bei Prof. Dr. Hermann Gehring.
Von 1986-2000 in verschiedenen Unternehmen (*Walterscheid GmbH*, Lohmar; *Uni Cardan Informatik GmbH*, Rösrath; *Klöckner Humboldt Deutz AG*, Köln und *Deutsche Telekom AG*, Bonn) tätig. Zuletzt als Leiter Arbeitsplatzsystem-Management und IT-Sicherheit im zentralen Informationsmanagement der *Deutschen Telekom AG*.
Zum WS 2000/2001 einen Ruf auf eine Professur für betriebswirtschaftliche Organisation und Datenverarbeitung an der *Fachhochschule Köln*. Zum SS 2002 folgte ein Ruf auf eine Professur für Betriebswirtschaftslehre, insb. Wirtschaftsinformatik an den Fachbereich Wirtschaft der Fachhochschule Bonn-Rhein-Sieg, St. Augustin.
Bevorzugte Lehr- und Arbeitsgebiete sind Einsatz betriebswirtschaftlicher Standardanwendungssoftware, Geschäftsprozess- und Workflow-Management sowie IT-Controlling.


## Prof. Dr. Martin Hauser

Controller Akademie AG
Leutstettener Str. 2
82131 Gauting

(Jahrgang 1958), 1978-1984 Studium der Geographie und der Wirtschaftswissenschaften an *der Universität Tübingen* und *Freiburg*. 1984-1989 Wissenschaftlicher Assistent am betriebswirtschaftlichen Lehrstuhl von Prof. Dr. *Ralf-Bodo Schmidt* an der *Universität Freiburg*, Freiberuflicher Dozent an der *Berufsakademie Villingen-Schwenningen*. 1989 Promotion. 1990-1994 Controller, z.T. in leitender Position, in Konzernunternehmen der

Industrie und Finanzdienstleistung. Seit 1994 Trainer an der *Controller Akademie, Gauting/München*. 1996 Gesellschafter der *CA Controller Akademie, Privates Institut für Unternehmensplanung und Rechnungswesen GmbH, Gauting/München*. 1999-2000 Geschäftsführer der *CA Controller Akademie GmbH, Gauting/München*. Seit 1999 Mitglied der Prüfungskommission beim *SIB Schweizerisches Institut für Betriebsökonomie*, Zürich. Seit 2000 Mitglied des Vorstandes der *Controller Akademie AG*, Gauting/München. Seit 2001 Herausgeber des Newsletter *Controlling & Finance*. 2002 Professur an der *Hochschule für Wirtschaft und Technik der Zürcher Fachhochschule*. Seit 2002 Mitglied im Geschäftsführenden Ausschuss der *International Group of Controlling (IGC)*.


DR. THOMAS HOFFMANN

BAYER AG
KONZERNPLANUNG UND CONTROLLING
CONTROLLING
51368 LEVERKUSEN

(Jahrgang 1970), 1991-1996 Studium der Betriebswirtschaftslehre an der *Universität zu Köln*. 1997-1998 Mitarbeiter im Beteiligungscontrolling der *Stinnes AG*. 1998-2000 Wissenschaftlicher Assistent an der *Universität zu Köln*. 2000 Promotion. 2001 Stipendiat des AREHCAS Netzwerks an der *University of Edinburgh*. Seit 2001 Mitarbeiter des Konzerncontrollings im *Corporate Center der Bayer AG,* Leverkusen.


O.UNIV.-PROF. DR. PÉTER HORVÁTH

UNIVERSITÄT STUTTGART
BETRIEBSWIRTSCHAFTLICHES INSTITUT
LEHRSTUHL FÜR ALLGEMEINE BETRIEBSWIRTSCHAFTSLEHRE
UND CONTROLLING
KEPLERSTR. 17
70174 STUTTGART

(Jahrgang 1937), Inhaber des Lehrstuhls Controlling der *Universität Stuttgart* und Aufsichtsratsvorsitzender der *Horváth AG*. Studium Maschinenbau an der *TH Aachen* und Wirtschaftsingenieurwesen an der *TU München*. Die Universitätslaufbahn führte nach Praxisjahren und nach der Promotion (1969) sowie der Habilitation (1973) an der *TU*

*München* an die *TH Darmstadt* (1975) und an die *Universität Stuttgart* (1980). Auslandserfahrungen als Gastprofessor in *New York, Wien, São Paulo* und *Shanghai*.
Seit 1981 auch Unternehmensberater. Die *Horváth AG* ist eine weltweit tätige Managementberatung mit mehr als 200 Mitarbeitern und Büros *in Stuttgart, München, Düsseldorf, Berlin, Boston, Wien, Budapest, Zürich* und *Prag*.


O.UNIV. PROF. DR. LAURENZ LACHNIT

UNIVERSITÄT OLDENBURG
INSTITUT FÜR BETRIEBSWIRTSCHAFTSLEHRE
PROFESSUR FÜR BETRIEBSWIRTSCHAFTSLEHRE/RECHNUNGSWESEN
AMMERLÄNDER HEERSTR. 114-118
26111 OLDENBURG

Inhaber des Lehrstuhls für Betriebswirtschaftslehre mit Schwerpunkt Rechnungswesen (Controlling und Wirtschaftsprüfung) an der *Carl von Ossietzky-Universität Oldenburg*, war wissenschaftlicher Sachverständiger im Unterausschuss „Bilanzrichtlinien-Gesetz" des Bundestags-Rechtsausschusses und ist Mitglied des *DVFA*-Arbeitskreises „Finanzanalytische Kennzahlen". Industriepraxis in Unternehmen des Anlagenbaus. Nach der Promotion an der *Freien Universität Berlin* folgte die Habilitation an der *Universität Dortmund*. Seit 1981 Inhaber des Lehrstuhls für Betriebswirtschaftslehre/Rechnungswesen an der Carl von Ossietzky-Universität Oldenburg. 1985 einen Ruf auf den Lehrstuhl für BWL/Controlling an der *WHU Koblenz*, 1989 einen Ruf auf den Lehrstuhl für BWL/Wirtschaftsprüfungswesen an der *Universität GH Essen* und 1996 einen Ruf auf den Lehrstuhl für BWL/Rechnungswesen an der *Universität Leipzig*. Verfasser zahlreicher Publikationen zu den Gebieten Bilanz- und Unternehmensanalyse, Wirtschaftsprüfung, Unternehmensführung, Controlling, Planungs-, Steuerungs-, und Kontrollsysteme, Managementtechniken und -systeme sowie EDV im Rechnungswesen.

## Prof. Dr. Konrad Liessmann

PROFESSOR (ENTPFL.) FÜR BETRIEBSWIRTSCHAFTSLEHRE
UNIVERSITY OF APPLIED SCIENCES COLOGNE (FH KÖLN)
CLAUDIUSSTR. 1
50678 KÖLN

(Jahrgang 1936), studierte an der *Universität zu Köln* Betriebswirtschaftslehre und absolvierte an der *Harvard Universität* ein Postgraduierten-Studium (Abschluss: ISMP). Beruflich war er über 25 Jahre in leitenden Funktionen als Geschäftsführer und Vorstandsmitglied in Unternehmen des *Lufthansa-* und *Dornier-Konzerns* tätig, zuletzt als Vorsitzender der Geschäftsführung der *Lufthansa City Line GmbH*.
Veröffentlichungen und Fachvorträge, insbesondere auch im internationalen Umfeld, über Entwicklungen im Controlling und Finanz- und Rechnungswesen sind Ausdruck seines wissenschaftlichen und beruflichen Engagements. 1986 wurde der Autor Honorarprofessor an der *Fachhochschule Köln*, 1990 ordentlicher Professor für Betriebswirtschaftslehre, Controlling und Rechnungswesen. Erfahrungen aus der langjährigen Tätigkeit an verantwortlicher Stelle in Unternehmen der Luftfahrt- und Luftverkehrsindustrie, die intensiv vom technologischen Wandel geprägt sind, werden im Beitrag „Strategisches Kostencontrolling – Wettbewerbsvorteile durch effiziente Kostenstruktur" zusammengefasst.


## Dr. Stefan Maus

DYNAMIT NOBEL KUNSTSTOFF GMBH
KEY ACCOUNT MANAGER DAIMLERCHRYSLER COMMERCIAL VEHICLES
JAHNSTRAßE 18
91781 WEIßENBURG

(Jahrgang 1966), 1987-1991 Studium der Wirtschaftswissenschaften an der *Bergischen Universität/Gesamthochschule Wuppertal*. 1992-1996 Wissenschaftlicher Mitarbeiter am Lehrstuhl für Allgemeine Betriebswirtschaftslehre an der *Katholischen Universität Eichstätt/Ingolstadt*. 1995 Promotion. 1996-1999 Referent für Beteiligungsprojekte bzw. Leiter Strategisches Controlling bei der Mannesmann *Sachs AG*; u.a. verantwortlich für Feasibility Studien, Unternehmensbewertungen und Due Diligence sowie Vertragsverhandlungen bei Akquisitions- und Joint Ventureprojekten. Seit 2000 Leiter International Business Development bzw. Key Account *Manager DaimlerChrysler Commercial Vehicles* (seit 2003) bei der *Dynamit Nobel Kunststoff GmbH*.

## Prof. Dr. Elmar Mayer

Professor en. für BWL, Controlling & Rechnungswesen
Gründer der AWW Köln (1971)
Welscher Heide 21
51429 Bergisch Gladbach

(Jahrgang 1923), Abitur, dreieinhalb Jahre Kriegsdienst, als Leutnant viereinhalb Jahre in russischer Kriegsgefangenschaft in Stalingrad, Lehre als Industriekaufmann (1951), anschließend drei und ein halbes Jahr Tätigkeit in der Finanzbuchhaltung und Kostenrechnung. Studium der Wirtschaftswissenschaften an der *Universität zu Köln*, Diplomexamen im Jahre 1959, Berufsbildender Schuldienst, 1964 Lehramt an der *HWF Köln*, 1968 Promotion zum Dr. rer. pol. an der *Universität zu Köln* (*Prof. Dr. Gerhard Weisser*), 1971 Umwandlung der *HWF* in den Fachbereich Wirtschaft der *FH Köln*. 1974 Ernennung zum Professor im Fachbereich Wirtschaft der *FH Köln* mit dem Lehrauftrag „Betriebswirtschaftslehre, insbesondere Controlling und Rechnungswesen". Anwendungsbezogene Lehre und Forschung auf dem Gebiet der Deckungsbeitragsrechnung mit operativen Controlling-Werkzeugen im Controllingkonzept. Gründer der „*Arbeitsgemeinschaft Wirtschaftswissenschaft und Wirtschaftspraxis im Controlling und Rechnungswesen*" (*AWW Köln* 1971) als Institut der *FH Köln*. 1989 Entpflichtung (EN.). Durch zahlreiche Publikationen > 98, davon 19 Bücher, Vorträge und Seminare im EG-Raum (*AIX-EN-PROVENCE* 1984, *Paris, London, Schweiz, Austria*), aktive Mitarbeit an der Entwicklung eines Leitbild-Controlling-Konzeptes für den deutschsprachigen Raum in Westeuropa, insbesondere für mittelständische Unternehmen, ab dem Jahre 1990 auch für den osteuropäischen und asiatischen Raum. Gründer und Herausgeber (1982-1994) der Loseblatt-Zeitschrift „*Der Controlling-Berater*"; Mitherausgeber (*Mayer, E./Weber, J.*) „Controlling-Handbuch" (1074 Seiten, 53 Autoren), 1990; Mitautor (*Mayer, E./Neukirchen, P.*) „*Deckungsbeitragsrechnung im Handwerk als dv-gestütztes Controlling-Werkzeug*", 4. Auflage 1995, mit CD-Rom; 1983 (*Mayer/Mann*) „*Controlling für Einsteiger*" (7. Auflage 2000, mehr als 100.000 verkaufte Exemplare), übersetzt in elf Sprachen; Mitherausgeber (*Mayer/Walter*) „*Management und Controlling im Krankenhaus*" (1996), Nachdruck 1997; (*Mayer/Walter/Belling*) „*Vom Krankenhaus zum Medizinischen Leistungszentrum (MLZ)*", 1997, Nachdruck 1997. Das Buch „*Kostenrechnung*" (*Mayer/Liessmann/Mertens*), 1997, in der 7. Auflage erschienen, bietet das Basiswissen für Praktiker, Ingenieur- und Wirtschaftswissenschaftler im Controllerdienst an.
Inhaber der Ehrenmedaille der *IHK Paris* (1987), Träger des Bundesverdienstkreuzes am Bande der *BRD* (1988), Inhaber der Verdienstmedaille der *FH Köln* (1989), Inhaber der Eugen Schmalenbach Ehrenmedaille (1998), Inhaber der Ehrenmedaille der FH Köln in Gold (2000).

PRIVATDOZENT DR. STEFAN MÜLLER

UNIVERSITÄT OLDENBURG
INSTITUT FÜR BETRIEBSWIRTSCHAFTSLEHRE
PROFESSUR FÜR BETRIEBSWIRTSCHAFTSLEHRE/RECHNUNGSWESEN
AMMERLÄNDER HEERSTR. 114-118
26111 OLDENBURG

(Jahrgang 1966), Oberassistent bei Univ.-Prof. Dr. Laurenz Lachnit an der Professur für Betriebswirtschaftslehre/Rechnungswesen der *Universität Oldenburg*. Promotion mit dem Thema „Transfer von Controllingkompetenz in die mittelständische Unternehmensführung" 1997 sowie Habilitation im Fach Betriebswirtschaftslehre mit dem Thema „Konvergentes Management-Rechnungswesen" 2003 an der *Universität Oldenburg*. Die aktuellen Forschungsschwerpunkte liegen mit den Themen EDV-gestützte Systeme zur Erfolgs-, Bilanz- und Finanzlenkung von Konzernen, Risiko-Managementsysteme, Implikationen der internationalen Rechnungslegungssysteme auf das Controlling, wertorientierte Bewertungskonzepte sowie internationale Abschlusspolitik und Abschlussanalyse sowohl im internen wie auch im externen Rechnungswesen, bei kleinen und mittelständischen als auch bei global agierenden Unternehmen sowie bei privatwirtschaftlichen Unternehmen als auch bei Non-Profit-Institutionen.


JOBST FREIHERR VON OLDERSHAUSEN

INFOSOFT HERSTELLERNEUTRALE SOFTWARE-BERATUNG
ELBCHAUSSEE 499A
22587 HAMBURG

(Jahrgang 1954), 1975-1981 Studium Wirtschaftsingenieurwesen an der *Technischen Universität Karlsruhe* zum Dipl. Wirtsch.-Ing. 1982-1985 *Jungheinrich AG, Hamburg*: Traineeprogramm, Assistent des Vorstandsvorsitzenden, Abteilungsleitung Kommissioniersysteme mittels Datenfunkanbindung. 1986-1988 *Siemens AG, Nürnberg* und *Hamburg*: Vertrieb Automatisierungstechnik. 1988-2003 *INFOSOFT AG*, Hamburg: Gründung, Aufbau und Vorstand der Gesellschaft.

## Dr. Karsten Paetzmann

Angermann & Partner
ABC-Strasse 35
20354 Hamburg

Studium der Betriebswirtschaftslehre an der *Universität Hamburg*. Anschließend Wissenschaftlicher Mitarbeiter am Treuhandseminar der *Universität zu Köln*. 1994 Promotion bei *Prof. Dr. Günter Sieben*. 1994-1996 Beteiligungsberatung bei der *Deutschen Bank* in *Frankfurt am Main*. 1997-2000 Risiko-Management beim *Gerling-Konzern* in Köln. Seit 2001 Partner in der Mittelstandsberatung bei *Angermann & Partner* in Hamburg.


## Dr. Monika Palloks-Kahlen

Universität Dortmund
Lehrstuhl für Unternehmensrechnung und Controlling
Otto-Hahn-Str. 6a
44227 Dortmund

(Jahrgang 1958), 1978-1984 Studium der Betriebswirtschaftslehre an der *Universität Dortmund*. Seit 1984 wissenschaftliche Mitarbeiterin bzw. wissenschaftliche Assistentin am Lehrstuhl für Unternehmensrechnung und Controlling an der *Universität Dortmund*. 1991 Promotion bei Prof. Dr. Thomas Reichmann an der Universität Dortmund zum Thema „Marketing-Controlling". Zu den heutigen Forschungsschwerpunkten zählen das Marketing- und Vertriebs-Controlling, Service-Controlling, Kundenzufriedenheit und Kundenbindung sowie das Umweltmanagement. Mitherausgeberin verschiedener Werke zum Controlling und Kostenmanagement.

## Prof. Dr. Klaus Palme

Institut der Deutschen Wirtschaft Köln
Hauptabteilung I
Leitung Bereich Innovation, Informationstechnologien
und Verbandsberatung
Gustav-Heinemann-Ufer 84-88
50968 Köln

Studium *Technische Universität München* und *Wien*, Betriebsberater für Produktionsrationalisierung, Aufbau und Leitung einer Weiterbildungsabteilung für mittlere und obere Manager im Bereich "Zentrale Technik" eines Großunternehmens.
Seit 1980 Leiter des Bereiches "Datenbanken, Innovation, Informationstechnologien, Arbeitsorganisation und Verbandsberatung" am *Institut der deutschen Wirtschaft, Köln*. Durchführung mehrerer Forschungsprojekte zum Aufbau und zur Nutzung von Datenbanken, Innovationsstimulierung und Beratung von Verbänden beim Einsatz von Büro- und Telekommunikation, Leitung der Informationsdienste im Internet: „Deutschland-innovativ" (www.deutschland-innovativ.de) „Deutsche Wirtschaft" (www.deutsche-wirtschaft.de) und eCl@ss (www.eclass.de), Lehraufträge an der *Fachhochschule Köln*, Ernennung zum Honorarprofessor im Dezember 1997.
Zahlreiche Veröffentlichungen über Innovationsthemen, Informationsmanagement, Weiterbildungsthemen, Videotechnik, Datenbanken, Moderationstechnik, arbeitswissenschaftliche Themen u.a. in Form von 7 Fachbüchern, 44 Fachzeitschriftenartikeln, 10 Buchbeiträgen, 3 Lehr- und Lernprogrammen sowie 18 sonstigen Veröffentlichungen.


## Dipl.-Kfm. Christian Reibis

Universität Hamburg
Institut für Wirtschaftsprüfung und Steuerwesen
Lehrstuhl für Revisions- und Treuhandwesen
Max-Brauer-Allee 60
22765 Hamburg

(Jahrgang 1977), 1997-2002 Studium der Betriebswirtschaftslehre an der Universität Hamburg mit den Schwerpunkten Revisions- und Treuhandwesen, Betriebswirtschaftliche Steuerlehre und Wirtschaftsrecht. Seit Mai 2002 Wissenschaftlicher Mitarbeiter am Institut für Wirtschaftsprüfung und Steuerwesen der Universität Hamburg.

## O. UNIV.-PROF. DR. HABIL. THOMAS REICHMANN

UNIVERSITÄT DORTMUND
LEHRSTUHL FÜR UNTERNEHMENSRECHNUNG UND CONTROLLING
OTTO-HAHN-STR. 6A
44221 DORTMUND

(Jahrgang 1938), Studium der Betriebswirtschaftslehre an der *Johann Wolfgang Goethe-Universität in Frankfurt am Main*. Wissenschaftlicher Assistent an der *Johann Wolfgang Goethe-Universität in Frankfurt am Main* von 1963-1966. 1966 Promotion. 1966-1971 Wissenschaftlicher Assistent an der *Johann Wolfgang Goethe-Universität in Frankfurt am Main*. 1971-1972 Professor an der *Johann Wolfgang Goethe-Universität in Frankfurt am Main* für Rechnungswesen (C3). Habilitation 1972. Ab 1972 ordentlicher Universitätsprofessor für Allgemeine Betriebswirtschaftslehre und Unternehmensrechnung an der *Universität Dortmund*. Ruf und Lehrstuhlvertretung an der *Universität der Bundeswehr München (*1980*)*.
AUTOR DES STANDARDWERKS „CONTROLLING MIT KENNZAHLEN UND MANAGEMENTBERICHTEN" 1985 (1. AUFLAGE), 2001 (6. AUFLAGE). Veranstalter des *Deutschen Controlling Congress (DCC)* 1986 (1. DCC), 2003 (18. DCC). Gründer und geschäftsführender Gesellschafter der *Controlling Innovations Center GmbH & Co. KG* 1988. Ab 1989 gemeinsam mit *Péter Horváth* Herausgeber der *Zeitschrift für Controlling*. Ab 1996 Vorstand der *Gesellschaft für Controlling e.V.* Herausgeber des *Controlling Lexikon* gemeinsam mit Péter Horváth 1993 (1. Auflage), 2003 (2. Auflage).


## O. UNIV.-PROF. DR. UTZ SCHÄFFER

EUROPEAN BUSINESS SCHOOL
LEHRSTUHL FÜR BETRIEBSWIRTSCHAFTSLEHRE, INSBES. CONTROLLING
SCHLOß REICHARTSHAUSEN
D-65375 OESTRICH-WINKEL

(Jahrgang 1966), 1989-1993 Studium der Betriebswirtschaftslehre an der *Wissenschaftlichen Hochschule für Unternehmensführung in Koblenz* mit Auslandssemestern an der *ESC Lyon (Frankreich)* und an der *Kellogg Graduate School of Management, Northwestern University (USA)*. Als Praxiserfahrung sind neben einer Banklehre und zahlreichen Praktika im In- und Ausland ein Jahr als freiberuflicher Mitarbeiter bei der *CTcon Consulting und Training im Controlling GmbH, Vallendar und Düsseldorf,* sowie zwei Jahre als Berater bei *McKinsey & Company in München* zu nennen. Im Rahmen seiner wissenschaftlichen Laufbahn Assistent von Prof. Dr. *Jürgen Weber* an dessen *Lehrstuhl für Betriebswirtschaftslehre, insbesondere Controlling und Telekommunikation*, an der *WHU Koblenz*: 1996 Promotion („Controlling für selbstabstimmende Gruppen") und 2001 Habilitation („Kontrolle als Lernprozess"). Seit 2002 Inhaber des *Lehrstuhls für Betriebswirtschaftslehre, insbesondere Controlling*, an der *European Business School (ebs) in Oestrich-Winkel* (www.ebs.de/Lehrstuehle/Controlling). Zu seinen Forschungsschwerpunkten gehören Controllingtheorie und -instrumente sowie Planungs- und Kontrollprozesse.

DR. ERNST F. SCHRÖDER

PERSÖNLICH HAFTENDER GESELLSCHAFTER
DR. AUGUST OETKER KG
LUTTERSTR. 14
33617 BIELEFELD

Nach Geschäftsleitungspositionen in nationalen und internationalen Unternehmen der Konsumgüterindustrie seit 01.04.1989 Mitglied der Gruppenleitung der *Oetker-Gruppe* und seit 01.01.1993 Persönlich haftender Gesellschafter der *Dr. August Oetker KG*, der Obergesellschaft der *Oetker-Gruppe*, einer diversifizierten Unternehmensgruppe. Tätigkeiten in verschiedenen Beiräten und Verwaltungsräten. Mehrere Publikationen zu den Themenbereichen Controlling, strategische Planung und Unternehmensführung.

DIPL.-KFM. PETER SINN

VORSTANDSVORSITZENDER DER
CP CORPORATE PLANNING AG
GROSSE ELBSTRASSE 27
22767 HAMBURG

(Jahrgang 1955), 1976-1982 Studium der Betriebswirtschaftslehre an der *Universität des Saarlandes zu Saarbrücken*. 1983-1989 Assistent der Geschäftsleitung und später kaufmännischer Leiter eines mittelständischen Industrieunternehmens in *Schleswig-Holstein*. 1989 Mitbegründer der *CP Corporate Planning Software* und *Unternehmensberatung GmbH*. 1992 Geschäftsführer der *CP Corporate Planning GmbH*. 1996 Managing Director der *CP Corporate Planning Software UK Limited in London*. Seit 2000 Vorstandsvorsitzender der *CP CORPORATE PLANNING AG*.


DIPL.-KFM. MATTHIAS SURE

KPMG DEUTSCHE TREUHANDGESELLSCHAFT
BUSINESS PERFORMANCE SERVICES
BARBAROSSAPLATZ 1 A
50674 KÖLN

(Jahrgang 1966), 1989-1994 Studium der Betriebswirtschaftslehre an der *Universität Mannheim*. 1994-1995 Mitarbeiter im Konzernstab Finanzen und Controlling der *Dresdner Bank Frankfurt*. 1996-1999 Mitarbeiter bei *KPMG Consulting in Frankfurt*, seit 1998 Produkt Manager und seit 1999 Prokurist. 2000-2001 Senior Manager bei *KPMG Consulting in Singapore*, seit 2001 Leiter des Bereichs „World Class Finance". Seit 2002 Senior Manager bei *KPMG Business Performance Services in Köln* mit deutschlandweiter Verantwortlichkeit für den Bereich Prozess- und Kostenmanagement.


DR. DIRK SUWELACK

BAYER AG
KONZERNPLANUNG UND CONTROLLING
LEITER CONTROLLING
51368 LEVERKUSEN

(Jahrgang 1950), 1968-1972 Studium der Physik an den *Universitäten Münster* und *Dortmund*. 1972-1975 Systemanalytiker im *Softwarehaus MBP*, Dortmund. 1975-1979 Wissenschaftlicher Assistent an der *Universität Dortmund*. 1979 Promotion. 1979-1980 Postdoctoral Associate am *Massachussets Institute of Technology, Cambridge, Massachussetts, USA*. 1981 Eintritt in die *Bayer AG*, Geschäftsbereich Pharma, *Forschungszentrum Wuppertal*. 1981-1985 Isotopenlabor im Institut für Pharmakokinetik, 1985-1988 Projektleiter in der Entwicklung neuer Arzneimittel, 1988-1992 Stabsleiter (inkl. Controlling) für internationale klinische Entwicklung. 1992-1996 Leiter Corporate Planning der *Bayer Yakuhin Ltd., Osaka, Japan*. 1996-2001 Leiter der Strategischen Planung des *Geschäftsbereichs Pharma, Leverkusen*. Seit 2001 Leiter des Konzerncontrolling im *Corporate Center der Bayer AG*, Leverkusen.

DIPL.-ÖKONOM MARCO SWOBODA

COGNIS DEUTSCHLAND GMBH & CO. KG
CORPORATE FINANCIAL CONTROLLING
PAUL-THOMAS-STR. 58
40551 DÜSSELDORF

(Jahrgang 1971), 1992-1997 Studium der Wirtschaftswissenschaft an der *Ruhr-Universität Bochum*. 1997-2000 Konzerncontrolling/Strategieberatung bei der *Henkel KGaA, Düsseldorf* und während dieser Zeit maßgeblich beteiligt an der Einführung und Weiterentwicklung wertorientierter Steuerungssysteme der *Henkel Gruppe*. Von 2000 bis Ende 2001 tätig im Corporate Development der *Cognis B.V., Roermond (NL)*, der in 1999 als rechtlich selbständiges Unternehmen ausgegliederten Chemiesparte der *Henkel Gruppe*. Die Arbeitsgebiete umfassen M&A, Divestments und Unternehmensstrategie. Nach dem Verkauf der Cognis Gruppe an eine Investorengemeinschaft Ende 2001 Leitung des Corporate Financial Controlling, der finanziellen Betreuung der Tochtergesellschaften der *Cognis Gruppe* sowie Leiter des Projektes zur globalen Cash Flow Optimierung.


DR. DIETER TRUXIUS

MITGLIED DER GESCHÄFTSFÜHRUNG
HERAEUS HOLDING GMBH
HERAEUS-STR. 12-14
63405 HANAU

(Jahrgang 1952), Studium der Wirtschaftswissenschaften an der *Ruhr-Universität Bochum*, anschließend wissenschaftlicher Assistent am dortigen Seminar für Angewandte Wirtschaftslehre. 1980 Promotion zum Dr. rer. oec. Von 1981-1990 in verschiedenen leitenden Positionen im Rechnungswesen und Controlling bei der *Hüls AG* in *Marl*. Von 1990-1995 kaufmännischer Leiter der *Röhm GmbH, Darmstadt*, einer Tochtergesellschaft der *Hüls AG*. Zum 01.04.1995 Wechsel zur *Heraeus Holding GmbH* als Direktor Finanz- und Rechnungswesen. Seit 01.01.2000 Mitglied der Geschäftsführung und Chief Financial Officer der *Heraeus Holding GmbH*.

## Dr. rer. pol. Burkhard Wiemers

PwC Deutsche Revision AG
Wirtschaftsprüfungsgesellschaft
Moskauer Straße 19
40227 Düsseldorf

(Jahrgang 1967), 1986-1987 Studium der Betriebswirtschaftslehre an der *Westfälischen Wilhelms-Universität Münster*. 1987-1988 Wehrdienst. 1988-1994 Fortsetzung Studium der Betriebswirtschaftslehre an der *Westfälischen Wilhelms-Universität Münster* mit Schwerpunkt Wirtschaftsprüfung, Rechnungswesen und Controlling. 1994 Dipl.-Kaufmann. 1995-1996 Promotionsstudium der Betriebswirtschaftslehre an der *Universität Hamburg*. 2000 Promotion. Seit 1995 Tätigkeit im Bereich Wirtschaftsprüfung der Service Line „Assurance & Business Advisory Services" bei der *PwC Deutsche Revision AG* und ihren Vorgängergesellschaften *C&L Treuarbeit Deutsche Revision* bzw. *C&L Deutsche Revision AG* in den Niederlassungen Hamburg und Düsseldorf.

# Stichwortverzeichnis

Abbildungsrisiko 566
ABC-Analyse 387, 414, 688
Absatz-
 - frühwarnung 580
 - marktbedingungen, wechselnde 676
Abschöpfungsstrategie 130
Abschreibung
 - kalkulatorische 144
 - ökonomische 302, 307
Abweichung(s-)
 - analyse 11, 76, 112, 384, 387 f., 397, 405, 409, 411, 414, 553, 613, 685
 - Beschäftigungsabweichung 11
 - Rüstzeitabweichung 13
 - ursache 236
Accounting entity 684
Activity-Based-
 - Budgeting 535
 - Costing 387, 414, 688, 711
Agency 204, 208, 241
Akquisitionsausgaben 169
Akquisitionen 71, 103, 159 f., 169, 171-173, 233, 247, 264, 284, 287
Aktien(-)
 - Belegschaftsaktien 36, 91, 236
 - rendite 146, 306
Aktions-
 - parameter 197, 621, 624, 626 f., 632 f., 642, 647, 668
 - parameter, erfolgswirksame 624, 627, 632, 635, 662, 668
Altgewinne, thesaurierte 628
Altrücklagen 628
Analysepfad 13, 698
Anderskosten 176
Anlage-
 - deckungsgrad I 636
 - deckungsgrad II 636

 - intensität 634
Anlagen-
 - buchhaltung 162
 - spiegel 580
Anpassungsfähigkeit 475, 681, 691
Anrechnungsverfahren, modifiziertes 628
Anreiz(-)
 - mechanismen 207
 - probleme 203
 - systeme 17, 144, 203 f., 462, 489, 504, 515 f.
Ansatz, gemischt-ganzzahliger 632
Anschaffungsausgaben 172
Apache 367
Application Service Providing (ASP) 351-353, 358-362, 366, 368
Äquivalenzziffernrechnung 470
Arbeits-
 - platzmanagement 331, 342, 350 f., 355, 357 - 359, 362
 - prozessanalyse 319, 329
Artikel-
 - erfolgsbeiträge 85
 - erfolgsrechnungen 687
 - gruppen 381 f., 397, 692
Asset-Management 181, 233, 342
Aufsichtsrat 26
Auftrags-
 - effizienz 690
 - ergebnis 477
 - größenklassen 687
 - größenklassenkonzentration 698
 - größenkonzentration 687
 - kalkulation 479
 - kalkulation, strategische 457, 463, 472 f.
 - management 340
 - struktur 695, 698

Aufwendungen, ergebnisabhängige 626 f., 630, 636, 639, 641, 643, 666-668
Ausbeuteoptimierung 128
Ausgleichsposten
- des Fremdkapitals (AG FK) 163
- für das Eigenkapital (AG EK) 163
Ausschüttungs-
- kraft 660
- maximierung 639, 653
- minimierung 639, 653
- politik 280
- ziele 477
Außen-
- finanzierung 403, 613
- kommunikation 504
Automobilindustrie 213, 353, 493

Balanced
- Chance & Risk Card 5
- Scorecard 3, 5, 13-17, 26-31, 57, 99, 104, 107, 220, 337, 370-379, 389 f., 396, 405, 411, 457, 460, 462, 464, 471, 473, 475 f., 479, 481-489, 492-498, 500-517, 535, 537 f., 610, 700
Barwert 46-49, 57, 143, 170 f., 174, 263
Basel II 392, 399, 403, 405, 589, 591, 595, 596, 600 f., 611, 615, 617-619
Batch-Betrieb 365
Bauwirtschaft 493
Benchmark 133, 290, 308, 315, 338, 503, 536 f.
Benutzersupport 335, 346
Beratung 29, 340, 343, 379, 477, 482, 606, 710, 712
Beratung, prüfungsvorbereitende 662
Bereitstellungsprozess 339, 342
Berichterstattung 146, 206, 233 f., 236 f., 255, 257, 260, 266, 269, 350, 393, 541, 608

Berichtswesen 6, 29, 63, 146, 393, 399, 411, 413, 415, 576
Beschäftigungsschwankung 521, 530, 533
Beschwerdemanagement 358
Bestätigungsvermerk 461
Bestell-
- prozesse 343, 359
- zykluss 535
Beta-Faktor 157, 172, 258, 532
Beteiligungs-
- finanzierung 592
- kapital 600, 614
Betriebs-
- abrechnungsbogen 529
- system 134, 337, 365, 401
Bewertungsstetigkeit 634
Bezugsgrößenhierarchie 675, 687
Bilanz(-)
- analyse 248, 392, 599
- brücke 165, 177
- Energiebilanz 63, 84-86, 92
- Handelsbilanz 63, 86, 92
- Handelsbilanz II 257
- manipulation 543
- planung 569
- rating 634
- Steuerbilanz 63, 86, 92
- struktur 52, 571, 580 f.
- summe 152, 155, 167, 177, 180, 286, 624, 636, 643, 647, 660, 662, 666
- Umwelt 85 f., 92
- Umwelt-Bilanz 63
- zusammenhang 279
Bio-
- biokybernetisches Gleichgewicht 83
- informatik 100
- Computer 93
Bonität 403, 593-596, 600
Bonitäts-
- einstufung 597

- prüfung 543, 596
- rating 403
Bootstrap 339
Break-Even-Analyse 387, 414
Broad-
  - Cost 123-127
  - Differentiation 123
Browser 366-368, 378
Buchwertgrößen, ökonomische 56
Budgeteffizienz 690
Bundesaufsichtsamt für das Kreditwesen (BAKred) 594-596, 616
Bundesverband für Materialwirtschaft, Einkauf und Logistik (BME) 447, 452
Business(-)
  - Exellence 295
  - Intelligence 368, 396, 399, 402, 411
  - Intelligence Tools (BIT) 399, 411
  - Planning 544, 553, 560
  - Process Reengineering 523
  - Repeat-Business 478
  - to-Consumer (B2C) 429
  - to-Business (B2B) 392, 426 f., 431 f., 449

CAD/CAM 128
Call-Center-Arbeitsplatz 352
Capital Asset Pricing Model (CAPM) 49, 258, 302
Capital Employed (CE) 154, 158, 184, 248, 252, 254-261, 263, 269, 275, 285, 287, 290
Carry-over-Effekte 684
Cash Cow 40, 532
Cash Flow
  - Brutto Cash Flow 40, 299, 303 f., 329
  - Cash Flow-Marge 309
  - Delta Unterschieds Brutto Cash Flow (DUB) 304-309, 329
  - Netto Cash Flow 143, 160, 326

- Return on Investment (CFROI) 76, 82, 141, 147, 150-153, 167, 183 f., 250-255, 268, 274 f., 299, 301-304, 310, 661
- Return on Investment (CFROI)-Hurdle 301-304
- Steuerung 142, 166, 169
- Unterschieds Brutto Cash Flow (UBCF) 303 f., 308, 326, 329
Cash Value Added (CVA) 250 f., 255, 275, 303
Cash-Management 406
Chain-Management 128
Chaosforschung 95
Chief
  - Financial Officer (CFO) 340
  - Information Officer (CIO) 331, 339-341, 350, 357, 361 f.
  - Operating Officer (COO) 340
Client(-)
  - Schicht 366
  - Server-Anwendung 366
  - Thin Client 346, 351
  - Value 478
Compact Disc Read Only Memory (CD-ROM) 105, 352, 429, 447
Competitive Advantage Period 57
Controller-Akademie Gauting bei München 42, 52, 99, 705 f.
Controlling(-)
  - Beschaffungs-Controlling 333
  - branchenspezifisches 461
  - Erfolgs-Controlling 11, 30, 462
  - Instrumentarium, risikoorientiertes 566
  - Instrumente 6, 471
  - Konzeption, mehrdimensionale 3, 5, 9
  - Konzern-Controlling 183, 268, 293, 311 f., 314, 325, 577, 706, 715 f.
  - Kosten-Controlling 309, 329, 464 f., 469 f., 473, 483

- Leitbild-Controlling 61 f., 65 f., 98, 106 f., 138, 361
- Logistik-Controlling 333
- operatives 423
- Produktions-Controlling 333
- Projektcontrolling 222, 325
- Risiko-Controlling 25, 167, 586
- strategisches 105, 219, 295, 452
- strategisches Kostencontrolling 109, 111, 113, 125, 136
- system 5, 8, 220 f., 225
- Vertriebs-Controlling 333
- wertorientiertes 33, 35 f., 42, 57, 59 f., 142, 167, 169, 179 f., 232, 291, 326, 328, 613 f., 679

Corporate
- Design 74, 379
- Governance 293, 479, 582
- Governance Strukturen 293
- Image 478
- Planner 368, 393
- Strategy 208
- Value 35 f.

Cost
- Center 684
- Cutting 522
- Management 138, 233, 537

Cross(-)
- Sell Ratios 478
- selling Effekte 322

Customer Relationship-Management 124, 678, 685

Data
- Marts 408
- Warehouse 29, 368, 399, 401 f., 408 f., 416

Daten-
- bank, Adresse 427
- banken 100, 400, 406, 416, 427, 445, 447, 462, 513, 694, 712
- banken, multidimensionale 410, 416

- formate 406
- sicherungskonzept 345

Decision Support Systeme (DDS) 401

Deckung(s-)
- beitrag 11, 30, 39, 82, 192, 223, 320 f., 409, 690, 702
- beiträge, kundenbezogene 698
- beitragsanalyse 414
- beitragsrechnung 11, 76, 79, 82, 91, 104, 106, 133, 321, 329, 467, 477, 482, 675, 687, 709
- beitragsrechnung, gestuft 611
- beitragsrechnung, stufenweise 146
- beitragsstruktur 687
- kennzahlen 635

Detailplanungszeitraum 44, 47
Deutscher Aktienindex (DAX) 50, 592
Differentialrente 130
Differenzzahlungsrechnung 190
Diffusionstheorie 575
**Dinter, Hans-Joachim** 229-269, 703

Discounted-
- Cash Flow (DCF) 50, 235, 239, 241-244, 251, 254, 256, 258, 263-265, 269, 274 f., 307, 613
- Free Cash Flow 41, 47, 49

Diskontinuität 551, 555, 559, 560, 575
Distributionspolitik 688
Diversifikation 544
Dividendenpolitik 52, 282, 286
Drifting Costs 133

Drill-Down-
- Funktion 411, 415
- Verfahren 379, 384, 387

DuPont-Schema 492
Durchführungskontrolle 505 f.
Durchschnittsbewertung 626

Earnings Before
- Interest and Taxes (EBIT) 39 f., 52, 54, 152, 154-158, 184, 229, 247-252, 255 f., 258, 260, 286, 288

- Interest, Taxes, Depreciation and Amortisation (EBITDA) 153, 167
eCl@ss 423, 432, 434-437, 439-447, 451-453, 455 f., 712
Economic Value Added (EVA) 33, 54, 75, 82, 141, 144, 157, 177, 229, 230, 248, 251-269, 271, 273, 275, 277 f., 281 f., 286, 290, 488, 661
Economy of Scale 128
Eigenkapital-
- kosten 37, 49 f., 143, 145, 156 f., 239, 258 f., 403
- quote 50, 163, 172, 635
- rentabilität 306, 551, 636
- spiegel 580
- unterlegung 391, 403, 591
- vereinbarung 591, 596
Einheitsbilanz 626, 639 f., 647, 650, 653
Einkommen, zu versteuerndes 628, 630
Einkommensteuer 171 f., 174, 177 f.
Einlage, verdeckte 629
Einnahmen 568, 608
Einpersonenkontext 200
Einzelfertigung 115, 579, 580
Elastizität(s-)
- des Preises 695
- grad 634
Electronic
- Business 423, 425-433, 438, 452-455
- Cash 434
- Commerce 425, 427, 433, 453 f.
- Mail (E-Mail) 348, 353, 379, 384, 390, 415, 427-430, 433, 443, 452
- Marketplace 448
- Procurement 425 f., 427, 445, 450-455
- Procurement-System 359
Elektronische
- Kataloge 425, 430, 432-434, 446, 450 f.

- Märkte 433, 444, 448, 450-452, 454
- Produktkataloge 446, 450
Empowernment 494, 500
Endwert 171-174, 242
Endziel 488
Ensure Rapid Implementation 323
Enterprise Information Systeme (EIS) 401
Entscheidungs-
- feld 192 f., 196, 198
- kompetenz 427
- modell 188, 187 195, 627
- orientierte Kostenrechung 188, 201
- orientierung 589, 603, 608, 610 f., 615
- rechnung, wertorientierte 530
- träger, risikoaverse 202
Entwicklung(s-)
- aufwendungen 256
- diskontinuierliche 681, 695 f.
- partnerschaften 213
- perspektive 477
- risiko 134
Erfahrungs-
- kurve 115, 120, 126-128, 139
- potenziale 179
Erfolg 15 f., 26, 37, 54, 96, 117, 176, 213, 225, 231, 312, 314, 358, 375, 413, 482, 534, 546, 568 f., 575, 577, 579-581, 585, 607, 613, 681
Erfolgs-
- engpass 75, 82, 86
- krise 546-548
- lage 549, 576, 581, 660
- lenkung 568
- planung 584
- potenzial 28, 388, 694
- rechnung, ganzjährige 569
- rechnung, integrierte 563, 572, 579
- rechnung, unterjährig 569

- steuerung 77-79, 108
- träger 671, 683, 687 f.
- ziele 568 f.

Ergebnis-
- abweichungen 176
- steuerung 141, 144, 155, 160, 166-170
- steuerung, unterjährige 176

Erleichterungen, publizitätsbezogene 636

Ermessensspielräume 466, 470, 623, 624, 633, 642, 662

ERP-Systeme 406, 417, 536

Ertrags-
- wert 171
- wertverfahren 619

Ertragssteuer-
- belastung 660
- quote 52
- rückstellung 635
- zahlung 39

Erwartungen, sichere 200, 202

Etappenziel 42

European Foundation Quality Modell (EFQM) 339, 362

Excel 406, 415

Existenzsicherung 52, 63, 68, 75-80, 83 f., 88, 92, 100, 111, 549, 580

Expansionspotenziale 16

Expertensysteme, rechnungslegungspolitische 661

eXtensible Business Reporting Language (XBRL) 392 f.

eXtensible Markup Language (XML) 367 f., 392 f., 432

Extraktion, Transformation, Laden (ETL) 399, 408, 416

Extranet 366, 394

Extremierung 624

Fabrik, virtuelle 222

Factoring 592, 600

Fair Value 255, 643

Faktor, immaterieller 75, 83, 91

Feedback-
- Analyse 77
- Orientierung 610
- Planung 65, 91 f.

Feedforward-
- Analyse 77
- Orientierung 610
- Planung 65, 77, 91 f., 610

Financial Accounting Standards Board (FASB) 255

Finanz-
- berichte 392
- flussrechnung 565, 571, 580
- instrumente 645
- lenkung 568, 569, 571 f., 578 f., 582, 585, 710
- mittelüberschuss 169
- Perspektive 477
- planung 41, 243, 406, 543, 553, 569, 585, 660
- rechnung, ganzjährige 569
- rechnung, integrierte 563, 572, 579
- rechnung, unterjährige 569

Finanzierungs-
- fehler 543
- kosten 231, 320
- leasing 256
- planung 569
- rechnung 183, 237, 413
- struktur 600

Firm Value 174

**Fischbach, Sven** 104, 539-561, 703

Fixierung 507, 624, 642

Fixkosten(-)
- deckungsrechnung, stufenweise 115
- degression 126, 128
- intensive Kapazitäten 544
- management 8, 692

Focus-
- Cost 123 f., 132

- Differentiation 123 f.
Forderungsmanagement 600, 619
Formalzielplanung 502
Free Cash Flow (FCF) 33, 37-42, 44, 46 f., 49, 57, 59 f., 241-243, 245, 247, 263 f., 269
**Freidank, Carl-Christian** 104-106, 138, 329, 361, 396, 481, 560 f., 616, 621-669, 704
Fremdkapital-
  - kosten 49 f, 145, 234, 258 f., 644, 665
  - zinssatz
    - nach Steuern 287, 290
    - vor Steuern 287, 289 f.
Front-Office-Bereich 463
Frühaufklärungs-
  - systeme 574
  - systeme, hochrechnungsorientierte 574
  - systeme, strategische 539, 556, 558, 575
Früherkennung 222, 541, 550, 560, 695
Früherkennungs-
  - signale 76, 91
  - systeme 574
Frühwarn-
  - funktion 244
  - indikator 298, 696
  - signale 83
  - system 29 f., 243, 265, 404, 556, 560, 565, 574 f., 583-585
Führungsinformationssysteme 11, 535, 565, 675, 679

**Gadatsch, Andreas** 102, 104, 331-362, 705
Gefahren-
  - abwehr 567
  - ausmaß 576
  - potenzial 576
Gemeinkosten, fixe 190

Gentechnik 92, 94, 96, 98
Gesamtkapitalrentabilität 551, 636
Geschäfts-
  - bericht 143, 493
  - portfolio 70
  - prozessoptimierung 347
  - und Firmenwertabschreibung 167
  - wert, derivativer 252
Gesellschaft mit beschränkter Haftung (GmbH) 415, 441, 605, 705 f., 708, 713-716
Gewerbe-
  - ertragsteuer 40, 626 f., 629
  - steuerhebesatz 641
Gewinn-
  - ausschüttung, verdeckte 629
  - bedarfsbudget 52
  - ermittlung, steuerrechtliche 623, 642
  - prognose 477
  - rücklagen 627 f., 631, 640, 650, 657, 667 f.
  - rücklagen, andere 631, 642, 647, 653
Gläubigerschutz 252
Gleichungssystem, interdependentes 629
Globalisierung 67, 76, 98, 213, 311, 405
Goodwill 229, 248, 252-258, 266, 285, 287 f.
Gordon Growth Model (GGM) 275
Großserienfertigung 579

Halbeinkünfteverfahren 628
Handelsgesetzbuch (HGB) 152, 154 f., 181, 183, 584, 599, 624, 636, 662 f., 665
Handlungsparameter, erfolgsunwirksame 624
Handwerk 106, 709
Hard Skills 478
Hardwarestandard 335

Haupt-
- buch 529, 531
- versammlung 143, 182

**Hauser, Martin** 33-60, 705

Henkel 61, 69-74, 229, 235, 237, 240, 244, 248, 251, 254-260, 265, 268 f., 703, 716

Herstellkosten 258, 310, 314, 317 f., 320, 324, 329

Hockey-Stick 46 f.

**Hoffmann, Thomas** 291-329, 706

Honorarumsatz 477

**Horváth, Péter** 104, 183, 211-225, 481 f., 515, 584, 617, 701, 706, 713

Human Capital 462, 478

Humankapitalpflege 99

Hurdle Rate 282

Hybrider Schritt 135

HyperText Markup Language (HTML) 367

HyperText-Auszeichnungssprache (XHTML) 367

Image 117, 496

Impairment Test 255

Implementation Guidance Committee (IGC) 645, 706

Incentive 118, 236

Incentivesystem 233, 236

Incentivierung 234, 264, 296

Inflation 243, 261, 263, 306

Information(s-)
- asymmetrien 295
- management 334, 339 f., 425 f., 445
- overload 674
- politik 72, 74, 380, 392
- qualitative 569
- systeme, Potenziale 500
- technologien 448
- verteilung, asymmetrische 203

Informix 416

Infrastrukturstandards 432

Innovation 16

Insolvenz 117, 124, 546, 549

Insolvenz-
- vorsorge 579
- zahl 541

Instandhaltung(s-)
- kalkulatorische 177
- maßnahmen 195

Internal Rate of Return (IRR) 275

Internal Ratings-Based (IRB)-Approach 404, 591, 593

International Accounting
- Standards (IAS)/International Financial Reporting Standards (IFRS) 154 f., 237, 255-257, 623 f., 626, 632-634, 639-646, 661, 663-665
- Standards Board (IASB) 255, 645

Internationale
- Berichterstattung 405
- Rechnungslegungsstandards 181

Interne(s-)
- Berichterstattung 257, 264
- führungsorientiertes Rechnungswesen 6
- Kontrollsystem, internes 221
- Revision 26

Internet-
- konferenz 369
- Marktplatz 448
- technologien 425 f., 444 f., 454

Internet Information Server 367

Interviewleitfäden 528

Intranet 360

Intrinsic Value 238, 240, 245

Investition(s-)
- Desinvestition 159, 162, 172, 544
- Ersatzinvestition 191
- Erweiterungsinvestitionen 191
- planung 197-200, 208 f., 357, 414, 569
- rechnung 37, 46, 49, 187 f., 237, 268, 338, 348, 703

- rechnung, dynamisch 41
- theorie 171
- Überinvestition 247
- Unterinvestition 249
Investor Relations 237
IRB-Ansatz 404, 593
IT-
- Asset-Management 339, 346
- Bebauungsplan 334
- Berichtswesen 338
- Controlling 331, 333, 336-342, 351, 361 f., 705
- Controlling-Werkzeuge, operativ 331, 337
- Vermögen, Inventur 358

Jahresabschluss-
- analyse 403, 596
- kosten 471
- planung 621, 623, 660, 663
- prüfung 26, 239, 461, 662
- struktur 660
- testierter/geprüfter 596
Joint Ventures 214

Kaizen 534
Kapazitätsnutzungsplanung, operative 199
Kapital 568, 608
Kapital-
- ausstattung, mangelhafte 542
- ergebnisrechnung 257 f., 269
- flussrechnung 38, 40
- gesellschaft 461, 623, 626, 639, 653, 660-664
- markttheorie 49, 170 f.
- marktzinssatz 532
- struktur 145, 168, 242, 477
- umschlag 42, 145, 153, 279, 308 f.
- wert 46, 194, 199, 209, 237, 302, 614
- wertkriterium 191, 194

- wertmethode 513
- wertrechnung 33, 46
Katalogstandards 432
Kennzahlen(-)
- analyse 414
- analyse, kundenbezogene 694
- anwender 675
- Ergebniskennzahlen 142, 170, 488 f., 500
- nicht-monetäre 477
- niveau 624, 642, 660 f.
- Spitzenkennzahl 11, 274, 277, 304, 674 f., 687-698, 702
- unternehmenswertorientierte 614
Key Performance Indicators (KPI) 274
Klassifikations-
- nummern 438-442
- systeme 452
Knowledge
- Management 462
- Mining 389
Kodex-Kommission 608
Koeffizientenmodelle, simultane 660
Kommunikation(s-)
- externe 233 f., 237
- politik 688
- programme 489, 504
- technologien 448
Komplexitäts-
- faktoren 469
- reduktion 468, 688
Konjunkturschwäche 310, 543
Konkurrentenverhalten 694
Konkursgründe 565
KonTraG 5, 30, 404 f., 415, 541, 561, 565, 571 f., 575, 583-586, 605 f., 616-618
Kontrollinstrumente 8
Konzern-
- finanzplan 283
- portfolio 284
- rechnungslegung 661, 665
- zielportfolio 233

Koordination(s-)
- aufgabe, systembildende 220
- systemkoppelnde 219

Körperschaftsteuer 171-174, 177 f., 626-629, 647, 666

Körperschaftsteuer(-)
- aufwand 626, 628 f., 631, 635, 666, 668
- Definitivbelastung 628
- erhöhung 628

Kosten-
- allokationsmodelle 204
- analyse, strategische 113
- artensubstitution 128
- auftragsfixe 85
- dokumentationsrechnung 5
- effizienz 128, 535
- entscheidungsrelevante 199
- fixe 113, 177, 201, 208, 318, 521, 692
- führer 112, 119, 122-127
- führerschaft 109, 125, 129, 187, 463
- gestaltung 112
- indirekte 344, 346, 522
- inflation 311
- kontrolle 112, 360, 477, 523, 701
- kurve, Industrie 318
- management, prozessorientiertes 527
- Monitoring 341
- Nutzen-Analyse 527
- objekte 526, 528 f., 532, 533
- objektportfolio 529
- planung 125, 133, 358
- reagibilität 523
- rechnungsmethoden 338
- rechnungssysteme 187, 191, 206, 277, 530, 610 f.
- reduktion 15, 340, 347, 351
- senkungsmaßnahmen 521
- senkungspotenzial 522
- strukturanalyse 698

- strukturen 112 f., 309-311, 319, 329, 346, 356, 521, 542, 544, 684, 692
- transparenz 355
- treiber 189, 401, 523, 526, 531, 533, 535
- treiberanalyse 520, 531, 536
- treiberprüfung 526
- verfolgung 698

Kredit-
- kosten 594
- risiko 403, 591
- würdigkeitsanalyse 403

Krise(n-)
- latente 549
- management, operatives 548 f., 559
- management, strategisches 548, 559
- potenzial 544, 553

Kunden-
- akquisition 15, 496
- beziehung 496
- datenbank 427
- deckungsbeitragsrechnung 76, 82, 85 f.
- gruppen 526, 683
- nutzen 86, 111-113, 122, 124 f., 130, 132, 134, 137
- profitabilität 524
- treue 15, 496
- zufriedenheit 15 f., 36, 75, 471, 496, 498, 576, 711
- analyse 694
- bindung 498, 694 f., 711
- erfolgsrechnungen 687
- orientierung 59, 515, 685, 698, 700
- portfolios 317, 322
- struktur 694
- verhalten 694
- wert 694
- zufriedenheitskriterien 678

Kundenbindung, Grad der 698
Künstliche Intelligenz 575
KWG 589, 595 f., 615 f.

**Lachnit, Laurenz** 481 f., 516, 560, 563-586, 618, 663, 665, 701, 707
Lage-
  - analyse 671, 681, 695 f., 702
  - bericht 565, 608, 618
Lager-
  - bestandsoptimierung 320
  - reichweite 42
Langzeitanalysen 141, 146
Leading Indicators 575
Leasing 592, 600
Lebenszyklusanalyse 84
Leerkosten 463
Leerkostenanalyse 471
Leerzeitanalyse 471
Leightweight Directory Access Protocol (LDAP) 367
Leistungs-
  - bereiche, indirekte 188, 464, 611
  - komplexität 459
  - rechnungsmethoden 338
  - transparenz 355
  - treiber 15-17, 476, 488 f., 496, 508
Lern-
  - kurve 125
  - kurveneffekt 129
Leverage 168, 248, 288
Lieferanten-
  - auswahl 528, 531
  - portfolio 319
**Liessmann, Konrad** 102, 105 f., 109-139, 183, 267, 361, 396, 618, 708
Lifo-Methode 626
Linux 124, 368, 416
Liquiditäts-
  - engpass 549
  - grad 636
  - krise 546-548, 600

- steuerung 142, 166, 169
- ziele 568 f.
Leistungsmengeninduzierte-Prozesse (lmi-Prozesse) 468
Leistungsmengenneutrale-Prozesse (lmn-Prozesse) 468
Lmn-Prozesse 468
Logistik-Outsourcing 213, 225
Lotus Notes 417
Lowest Cost of Ownership (LCO) 346, 362
Lücke-
  - strategische 546
  - Theorem 263

Mainframe-Rechner 365
Make-or-buy-Entscheidung 189
Management(-)
  - Board 340
  - Control 105, 603, 615
  - Erfolgsrechnung 38 f.
  - erfolgsrechnung, gestufte 611
  - fehler 542
  - Informationsdienst (MID) 77
  - Informationssysteme (MIS) 401
  - Linien-Management 350
Mandantenzufriedenheit 478
Mandats-Perspektive 477 f.
Manövriermasse 521, 626, 662
Market Value Added (MVA) 57, 251, 263
Marketing(-)
  - Accounting 682, 700 f.
  - Auditierung 690
  - Entscheidungsträger 676, 681, 688, 690, 698
  - Kennzahlensystem 671, 673, 679-682, 686, 691, 702
  - Kontrolle, laufende 685
  - kosten 314, 684, 692
  - kostenstruktur 692
  - Planung, laufende 685
Markt(-)

- anteil 46, 124, 126, 130, 135, 146, 478, 496, 505, 694, 696
- anteil, relativer 553
- austritt 190
- eintritt 543
- eintrittsbarriere 695
- kapitalisierung 232
- stagnierender 544
- übersicht 402
- veränderungen 521
- volumen 46
- wert des Eigenkapitals 232, 613

Massenfertigung 579 f.
Mass-Service-Betriebe 459, 464
Materiality-Entscheidung 470
**Maus, Stefan** 185-209, 708
Maximierung 14, 181, 194, 274, 613, 624, 642, 661
**Mayer, Elmar** 61-108, 138, 183, 267, 290, 361, 396, 560 f., 584, 616, 618 f., 705, 709
Mehrfachzielsetzung 661
Mehrjahresplanung, rollierende 413
Mehrpersonenmodelle 201
Merkmalleiste 435, 437 f., 441, 443, 453, 456
Metaplankarte 509
Mezzaninkapital 600
Microworlds 502, 507
Mieten, kalkulatorische 177
Mindest-
   - losgrößen 85
   - verzinsung 144, 242, 301, 307
Minimierung 249, 624, 642
Mitarbeiter-
   - treue 500
   - zufriedenheit 17, 348, 478, 576
Mittelstand 105, 363, 365 f., 372, 380 f., 396, 589, 591-594, 597, 602, 611-614, 618
Mitwettbewerberstruktur 695
Modell zur integrierten Erfolgs-, Bilanz- und Finanzlenkung für Unternehmen mit Einzel- oder individueller Großauftragsfertigung (PROCON) 580
Modell zur integrierten Erfolgs-, Bilanz- und Finanzlenkung (ERFI) 579 f., 585
Moderationstechnik 65, 67, 74, 76, 78 f., 83 f., 86, 92, 712
Monatsreporting 597, 613
Monitoring 310, 312, 334 f., 337, 555, 556, 558
Motivation 37, 52, 67, 72, 75, 79, 83, 91 f., 182, 207, 293, 312, 390, 488, 500, 554
MS-
   - Active Directory 367
   - Exchange Server 417
   - SQL-Server 416
**Müller, Stefan** 563-586, 665, 710
Multithreading 367
Mutterunternehmen, börsennotierte 623

Nanotechnik 62, 93-97
Navigator 79, 345
Neben-
   - bedingungen 569, 624, 647, 661
   - ziele 662
Net Operating Profit after Taxes (NOPAT) 251-253, 256, 286, 289
Net Present Value (NPV) 275
Net Working Capital 40, 44, 46
Net-Operating-Income 156
Netz(e-)
   - werkarchitektur 220
   - werke 211-218, 221 f., 225, 346
   - werkorganisation 214, 482
Neubewertungsmethode 644
Niedrigpreispolitik 113, 124
Notebooks 365
Nutzenfunktion 202, 204

Office-Produkte 337

**Oldershausen, Jobst Freiherr von** 399-419, 710
On-Line Analytical Processing (OLAP) 369, 399, 401 f., 409 f., 413, 416, 419
On-Line Transaction Processing (OLTP) 407-409
Opportunitätskosten 37, 109, 134 f., 139, 144, 177, 195-198, 206, 532
Optimierungs-
- modell, IT-gestützt 660
- programme, mathematische 624
Oracle 416
Ordnungssystem 675, 677, 679, 691
Organisation, lernende 502, 506 f.
OS400 416
Ostblockländer 565
Outsourcing 128, 189, 214, 314, 339, 342, 347, 523, 537
Overall Strategie Objective 78
Overhead-
- Bereiche 522
- Function 535
Ownership 525

**Paetzmann, Karsten** 589-620, 711
**Palloks-Kahlen, Monika** 671-702, 711
**Palme, Klaus** 106, 423-456, 712
Penetrationsstrategie 126
Pensionsrückstellungen 40, 156, 285, 300, 646
Performance(-)
- Measurement 5, 233, 235, 457, 473, 475, 481, 487, 700
- Measurement, mehrdimensionales 460, 475
- Messung 229 f., 232, 240, 243-245, 250 f., 254, 256, 259, 263-265, 268 f.
- Messung, wertorientierte 232, 250, 254

- Projekte 291, 293, 309 f., 312, 329
Personal Digital Assistent (PDA) 348, 368
Personal(-)
- effizienz 690
- stundensatz-Kalkulation 472
- Stundensatz-Rechnung, modifizierte 479
Phasenmodelle 243
Pionierphase 544, 553
Plan-
- abweichung 411, 553
- bilanz 52, 80, 283, 406, 414
- ergebnisrechnungen 283
- Ist-Vergleiche 685
- kapitalflussrechnungen 283
Planung(s-)
- instrumente 8
- modell, computergestütztes 647
- rechnung 208, 615
- simultan dynamische 198
- strategische 40, 83 f., 86, 99, 109, 115, 119, 188, 196, 203 f., 388, 501, 574, 685, 714
- Worst- und Best-Case-Planung 46
Plausibilitätsprüfung 119, 125, 130, 392
Point-in-time 594
Portable Document Format (PDF) 367, 384, 386, 397, 415
Portale 429, 434, 453
Portfolio-
- analyse 84, 389, 414
- management 295 f., 326
- steuerung 166
Positionierungsstrategie 112, 119
Potenzialanalyse 119, 389
Präferenz-
- system 202
- vorstellung 194
Prämissenkontrolle 505 f.
Preis-

- elastizität 698
- obergrenze 191, 351
- politik 688
- schwankungen 530
- untergrenze 189, 191
- untergrenzenentscheidungen 200

Primärziel 661

Principal-Agent 203, 205 f., 209, 215, 236, 267

Produkt(e)-
- design 684
- eigenschaften 496
- gruppenrechnungen 162
- lebenszyklus 44
- nutzen 129 f., 132
- politik 688
- portfolio 320, 529
- portfoliobereinigungen 322
- programmplanung 569
- standardisierte 320
- varianten 522

Produktionsprogramm 191, 204

Produktivität 67, 76, 129, 344, 492, 500

Professional-Service-Betriebe 457, 459-483

Profit-Center 82, 88, 91, 390, 414, 684, 690, 702

Prognose-
- bericht 608
- verfahren, quantitative 574, 580

Projekt-
- benchmarking 338
- controller 338
- rendite 250

Prozess(-)
- analyse 340, 357, 457, 466
- benchmarking 342
- bezugsgrößen 466 f.
- Deckungsbeitragsrechnung 467
- einzelkosten 468, 472
- Einzelkostenrechnung 467
- gestaltung, dynamische 454

- hierarchie 529, 531
- Index, qualitativ 468
- indexverfahren 479
- komplexität 462, 466
- Komplexitätsmatrix 469
- kosten 189, 344, 445, 457, 468, 472, 478, 523, 533, 535
- kosten, leistungsmengeninduzierte 189
- kosten, leistungsmengenneutrale 189
- kosten-Kalkulation 472
- kostenmethodik 463, 467-473, 478 f.
- kostenrechnung, modifizierte 479
- kostensätze 472, 523, 530, 538
- management 331, 334, 339, 525, 537
- optimierung 340
- tiefe 527
- verbesserung 339
- zeit 468, 477 f.

Prüffeld-
- bildung 466
- prozesse 466, 468

Prüfung(s-)
- ansatz, risikoorientierter 462, 481
- Erst- und Folgeprüfung 470
- pflicht 636
- prozesszeit 469

Public Relations 521

Qualifying Asset 644

Qualitäts-
- angaben 575
- benchmark 352
- führer 122, f., 129
- Management 529
- sicherung 10, 75, 129
- zirkel 76, 78

Quartalsberichte 392, 597, 613

Querschnittsfunktion 293

Quote-

- der kurzfristigen Verschuldung 636
- der langfristigen Verschuldung 635

Rabatt-
- gewährung 688, 691, 698
- quote 688, 698
- struktur 692, 698

Rating-
- agentur 403, 592
- bankinternes 589, 593
- internes 404
- systeme 404, 591, 596, 610

Rationalität der Führung 602
Reagibilität 533
Real Cost of Ownership (RCO) 346, 362
Real Earnings After Capital Charges and Taxes (REACT) 277 f., 282 f., 290
Rechnungsabgrenzungsposten 156, 300
Rechnungslegungs-
- forschung, empirische 639, 653
- politik 621, 624, 627, 634, 660, 663-665
- politik, unternehmenswertsteigernde 662

Reengineering 183, 494, 537
Regierungskommission Corporate Governance 608, 616
**Reibis, Christian** 621-669, 712
**Reichmann, Thomas** 3-31, 711, 713
Reichmann/Lachnit (R/L)-Controlling-Kennzahlensystem 679
Reifephase 544, 554
Rendite-
- messung 286
- Spread 252

Rentabilität 70, 73, 117, 146 f., 284, 301-311, 318, 336, 413, 478, 548, 635
Rente, ewige 49, 171-173, 243

Repetierfaktoren 197
Reporting 178, 182, 207, 221, 237, 355, 381, 384-387, 390, 392, 623
Reportingsystem, web-basiertes 380 f., 384
Reputation 496
Residual Value 243
Responsibility center 684
Restriktionen 621, 624, 627, 632-636, 639
Retail-
- geschäft 591, 596
- kredit 591

Return
- On Capital Employed (ROCE) 141, 146, 153-156, 183 f., 248 f., 252, 275-278, 280, 282-284, 287 f., 289
- On Equity (ROE) 248, 275, 285, 288 f.
- On Invested Capital (ROIC) 275, 286, 288
- On Net Assets (RONA) 56, 183, 248, 275, 278, 280, 282 f., 286-289
- On Permanent Capital 286
- On-Capital-Employed (ROCE) 141, 153-157, 181, 184
- On-Net-Assets (RONA) 141, 156

Revisionsunternehmen (RU) 461-470, 473, 475-480
Risiko-
- aktiva 403
- akzeptanz 24
- analyse 22 f., 576
- aufschlag 258
- ausgleich 70, 117
- bericht 567, 572, 577, 582 f.
- bestandsgefährdendes 565, 583, 606
- bewältigung 541, 567, 569, 608
- bewältigungssystem 567
- bewusstsein 18, 572

- controlling 29, 560, 563, 565-571, 583 f., 616
- entrittswahrscheinlichkeit 22
- fallen 606 f., 620
- früherkennung 572, 581 f., 606
- frühwarnsystem 567
- handbuch 572
- identifikation 20, 22, 24 f., 30, 572, 606, 608
- intensität 22
- inventur 21
- kapitalgeber 231
- klasse 593
- kosten 24, 179, 531-533
- management, aktives 295, 298, 607
- management, dynamisches 25
- management, passives 607
- management-Kultur 18 f.
- managementsystem 404, 541, 563-567, 571-573, 584, 586, 606 f., 613
- orientierung 589, 603, 605, 608, 610, 615
- politik 583
- politik, zieloptimale 582
- portfolio 577
- potenziale 20, 22, 24
- präferenz 23, 25, 203
- prämie 49, 146, 237, 258
- profil 20, 22, 50, 282, 283
- schwellen 581
- steuerung 24, 25, 166, 572, 583, 585, 606 f.
- systematik 606
- überwachung 19, 25, 606
- überwachungssystem 567
- überwälzung 24
- verhältnisse 403
- vermeidung 24
- verminderung 24
- zinsprämie 532
- zirkel 582

Risk-
- Card 26, 28
- Income Ratios 478
- Manager 393
- Map 22 f., 31
Rückstellungen 156, 163, 172, 178, 285, 299 f., 478, 639 f., 657

Sachziele 501, 569
Sanierungs-
- fall 600
- plan 549
- prophylaxe 600
SAP 36, 104, 124, 335, 417, 664
Scalable Vector Graphics (SVG) 367
Scanning 555, 558
Schadenserwartungswert 576
**Schäffer, Utz** 107, 396, 485-517, 619 f., 713
Schlupfvariablen 660
**Schröder, Ernst F.** 107, 138, 141-184, 619, 714
Secure Socket Layer (SSL) 367
Securitization 592
Security-Standard 335
Segment-
- berichterstattung 237
- bildung 466
- rechnungen 162
Sekundärziele 624, 661
Sensitivitätsanalysen 576
Server 335, 346
- Applikationsserver 367
- Http-Server 367
- Mailserver 345
- Webserver 367
Service(-)
- eigenschaften 496
- Level Agreement 118, 338
- Shop-Betriebe 459
Shared Service Center 535
Shareholder-
- Value-Gedanken 5

Stichwortverzeichnis

- Value-Konzept 273
Shop-Systeme 366
Sicherheits-
  - standards 432
  - ziel 18
Signale, Konzept der schwachen 610
Signale, schwache 552, 555 f., 560, 575
Simple Object Access Protocol (SOAP) 367
Simulation 369, 399, 408, 414, 502, 532, 558
Simultanmodelle 660
Single-Sourcing 44
**Sinn, Peter** 363-397, 714
Six Sigma-Tools 534
Skaleneffekte 113, 533
Skalierungsverfahren 576
Soft Skills 392, 478
Software(-)
  - Asset-Software 339
  - individual 335, 339
  - integrierte 13
  - lizenzen 418
  - pakete, menügesteuerte 623, 661
  - R/3-Software 10
  - Softwarestandard 335
  - Standardsoftware 13, 334 f., 339, 352, 402, 584, 664
  - Textverarbeitungssoftware 343
Solidaritätszuschlag 40, 628
Soll-
  - Bilanzgewinn 627, 639, 660, 667
  - deckungsgrad 82
  - Ist-Abweichung 545
  - Ist-Vergleich 25, 80, 405, 414, 550, 574, 685
  - Ist-Vergleich, rollierender 86
  - Jahresergebnis 626
  - Jahresüberschuss 627 f., 630, 666 f.
  - Marktwertsteigerung 244
Sortenfertigung 579

Sozial-
  - kostenrate 86
  - ziele 569
Sparkassensektor 597
Spezialisierungsstrategie 113, 115, 124
Spill-over-Effekte 684
Spiraleffekt 242, 244
Spreadsheet-Lösungen 392
Stakeholder 13 f., 35 f., 42, 57, 59, 100, 184, 191, 231, 273, 404, 493
Standard-
  - bericht 381
  - Kosten 133
  - zeitwert 471
Standardisierung 117, 120, 129, 191, 314, 331, 342 f., 346 f., 352 f., 358, 466
Standortkonsolidierungen 319, 323, 325
Stärken- und Schwächenanalyse 84 f., 91
Statements of Financial Accounting Standards (SFAS) 255
Steuer-
  - bilanzplaner 662
  - last 660
  - messzahl 629, 641, 667
  - optimierung 255
  - quote, kalkulatorische 50
  - zahlungen 44
Steuern, latente 156
Stichprobenumfang 469
Stock Options 236
Strategic Planner 393
Strategie-
  - implementierung 295, 370
  - operationalisierung 13
  - realisierung 3, 14, 17
  - verfolgung, unterjährige 298
Structure Capital 479
Strukturvariable 660
Substanzwert 171
Subsysteme 566

Suchmaschinen 429, 433
Supply Chain 451
**Sure, Matthias** 519-538, 715
Sustainable Growth Rate (SGR) 271-275, 278-284, 287-290
**Suwelack, Dirk** 291-329, 715
**Swoboda, Marco** 229-269, 716
Sybase 416
Synergie-
- effekte 71, 115-117, 689
Systemtheorie 215, 469, 700
Szenarioanalysen 576

Tabellenkalkulation 411, 536, 626
Tabellenkalkulationsprogramme 536, 626
Tantieme 626
Tantiemen-
- aufwand 626 f., 631, 635, 668
- belastung 660
Target-Costing 134
Technology Excellence 295
Terminal Value 243, 263
Text Mining 389
Thesaurierungsquote 279, 283, 288-290
Through-the-cycle 594
Time Sheets 471
Total Benefit of Ownership-Konzept (TBO) 348
Total Cost of Ownership (TCO) 346, 347-351, 357 f., 361 f.
Total Quality Management (TQM) 75, 339, 362, 494, 498
Total Shareholder Return (TSR) 237, 269
Totalmodell 185, 188, 193 f.
Trans-
- aktionsbasiertes Pricing 535
- aktionsstandards 432
Treiber(-)
- Haupttreiber 531
- reagibilität 520, 533

Trend-
- forschung 575
- brüche 575, 681, 695
**Truxius, Dieter** 271-290, 716

Über-
- gewinn 54, 177
- leitungsrechnung 165, 184
- rendite 178, 242
- schuldung 546, 565
- schusswertrendite 307
- tragungsstandard 432, 446
Umsatz-
- kostenverfahren 85, 585
- rendite 145, 159, 169, 308-310, 315, 553
- rentabilität 11, 44, 57, 688, 696
- struktur 695-698, 702
- wachstum 44, 57, 143, 247, 280-284, 308, 310
Umwelt-
- analyse 558
- schäden 640, 646, 657
United States - Generally Accepted Accounting Principles (US-GAAP) 154, 155, 255, 481 f., 663, 665
Unix 124, 417
Unternehmen(-s)
- beratung 59, 459, 481 f., 546, 585, 707, 714
- bewertung 171, 239-244, 265, 267 f., 619
- krise 539-549, 555, 559-561, 585, 600 f.
- krise, latente 545
- netzwerke 213 f., 224 f.
- planung 63, 83, 104, 378, 399, 411, 413, 516, 574, 599, 604, 613, 617, 663, 703, 706
- politik 67, 70, 240, 273, 278, 581
- rating 391
- steuerungspsychologie 167

- ziele 21, 26, 57, 79, 100, 217, 333-336, 370, 376, 388, 413, 427, 539, 545 f., 550, 568 f.
Ursache-Wirkungs-Kette 494

Value(-)
- at-Risk 576
- Based Management (VBM) 268
- Reporting 480
Valutaverbindlichkeiten 646
Variantenvielfalt 320
Verbindlichkeitenspiegel 580
Verbund-
- effekte 684
- wirkung 185, 188-197, 209
- zahlungen 190
Verdichtungsgrad 675, 687, 700
Vergütung, erfolgsabhängige 236, 239
Verkaufsförderungsmaßnahme 688
Verlustabzug 629 f., 641
Verlustabzug, körperschaftsteuerrechtlicher 629, 668
Vermögen 568, 608
Vermögen(s-)
- betriebsnotwendiges 177, 532
- deckung, langfristige 636
- immaterielles 300, 656
- operatives 248, 254
Verrechnungs-
- preise 119, 221, 351, 684
Verschuldungsgrad 248, 279, 280, 283, 287-290, 544, 551, 553
Versicherungswirtschaft 537, 606 f., 615
Vertragsmanagement 351
Vertriebs-
- Controlling-Kennzahlensystem 688
- kanäle 526
Vollausschüttung 171, 280, 639
Vollkostenrechnung 76, 79, 130, 189, 208, 523, 529, 611

Vorlaufindikator 695
Vorsichtsprinzip 252
Vorsteuergrößen 50, 85, 181, 259
Vorsysteme 6, 399, 406 f., 417

Wachstum 16
Wachstum(s-)
- engpässe 75, 82-84, 91
- konzept 136
- konzept, strategisches 111, 136
- perspektive 477 f.
- phase 544, 553
- preisinduziertes 127
- quote 151
Wahlrechte 623, 632 f., 636, 642, 647, 662
Währungsumrechnung 412, 665
Warenwirtschaft 527, 533, 535
Wartungsaufwendungen 418
Weak Signals 560, 575, 583, 615
Webbrowser 381
Weighted Average Cost of Capital (WACC) 49-51, 54, 60, 171 f., 241, 252, 278, 302, 532
Weiterbildungsprogramme 489, 504
Wendephase 544, 554
Wert(e-)
- beitrag, operativer (OWB) 177
- generatoren 231
- hebel 305
- hürde 244
- immaterielle 76
- kette 21, 498
- kettenanalyse 467
- management 35, 293, 304
- orientierte Unternehmensführung (WUF) 36
- orientierung 35, 42, 238 f., 245, 265, 295, 299, 589, 603, 613, 615
- schaffer 57, 236
- schöpfungskette 113, 488, 522, 597
- steigerungspyramide 60

- steuerung 142, 166, 170
- treiber (Value Driver) 33, 57, 143, 231, 245, 247, 250, 253, 261, 265, 520, 530 f.
- treiberanalyse 530
- treibersystem 57, 530 f.
- vernichter 236

Wesentlichkeit 565
Wesentlichkeitsgrenzen 469
Wettbewerbs-
- früherkennung 694
- position 69, 119 f., 454, 614

**Wiemers, Burkhard** 457-483, 717
Wirtschafts-
- analyse, kennzahlengestützte 671, 687, 689, 702
- prüfertestat 463
- prüfung 104, 239, 268, 459, 471, 481-483, 584-586, 606, 617-619, 663 f., 704, 707, 712, 717
- prüfungsbranche 461

Wissens-
- management 427
- perspektive 16

Workflow 99 f., 102, 381, 427, 705
Working Capital 42, 143, 178, 300 f., 326
Working Capital Ratio 42

Zahlungs-
- artenrechnung 191
- fähigkeit 413, 546
- stellenrechnung 191
- trägerrechnung 191
- unfähigkeit 546, 565

Zeit(-)
- Prozesszeit 468, 477 f.
- reihen 414
- reihenanalysen 695
- reihenverfahren 574

- treiber 468
- vergleich 550

Ziel(e-)
- deckungsgrade 76
- erfüllung 65, 75, 86, 336
- erreichungsgrad 376
- findung 315, 414
- funktion 621, 624, 626 f., 632, 639, 647, 650, 660 f., 668
- kapitalstruktur 49
- kosten 133, 316
- kostenmanagement 8, 138
- kostenrechnung (Target Costing) 115, 132-134
- kostenstruktur 291, 315
- Oberziel 613, 674
- plan 624
- rendite, strategische 52
- steuerung 65, 75, 86, 92
- strategische 17, 509
- system 679
- verkaufspreise 46

Zinsen, kalkulatorische 144, 164, 177, 178, 180, 359
Zinsfussrechnung 147
Zufriedenheit 340, 350, 496, 500
Zufriedenheitsanalyse 358
Zugriffsrechte 373, 390, 396
Zukunfts-
- erfolgswert 614
- orientierung 50, 98, 264 f., 566, 589, 603-605, 610, 615
- risiko 566

Zuliefererbeziehungen 213
Zuschlagskalkulation 189, 464
Zwischen-
- bericht 599
- berichte, unterjährig 615
- gewinneliminierung 119

# Die neuen Seiten des Controlling

## zfcm

**Erfolgreiches Controlling**

*Kostenloses Probeheft unter:*
*Tel. 06 11.78 78-129*
*Fax 06 11.78 78-423*

- **Fundiertes Know-How:**
  Die neue Fachzeitschrift „Controlling & Management" ist schnell, aktuell und lösungsorientiert und bietet für jeden Bedarf die richtige Informationstiefe.

- **Magazin:**
  Der neue Magazinteil liefert einen umfassenden Überblick über Themen, Trends, Tools, Unternehmen und Strategien, Köpfe und Meinungen.

- **Praxis:**
  Controlling & Management „Praxis" beschreibt fundiert Methoden, Instrumente und neue Entwicklungen des Controlling und enthält Praxisberichte zu aktuellen Themen.

- **Wissenschaft:**
  Controlling & Management „Wissenschaft" liefert den State of the Art aus Controlling-Forschung und Wissenschaft.

- **Nachgewiesene Kompetenz:**
  Der renommierte Herausgeber Prof. Dr. Jürgen Weber bringt die Experten der Community zusammen.

- **zfcm-online:**
  Mit einem Klick alles im Blick: Nutzen Sie unser Volltextarchiv im Internet: **www.zfcm.de**

Änderungen vorbehalten. Stand: Juli 2003.

Gabler Verlag · Abraham-Lincoln-Str. 46 · 65189 Wiesbaden · www.gabler.de

**GABLER**

# Mit einem Klick alles im Blick

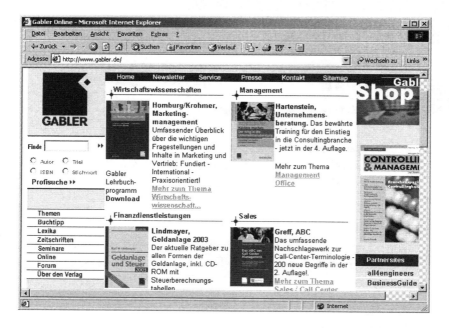

- Tagesaktuelle Informationen zu Büchern, Zeitschriften, Online-Angeboten, Seminaren und Konferenzen

- Leseproben - z. B. vom Gabler Wirtschaftslexikon -, Online-Archive unserer Fachzeitschriften, Aktualisierungsservice und Foliensammlungen für ausgewählte Buchtitel, Rezensionen, Newsletter zu verschiedenen Themen und weitere attraktive Angebote, z. B. unser Bookshop

- Zahlreiche Servicefunktionen mit dem direkten Klick zum Ansprechpartner im Verlag

- **Klicken Sie mal rein: www.gabler.de**

Abraham-Lincoln-Str. 46
65189 Wiesbaden
Fax: 06 11.78 78-400

KOMPETENZ IN
SACHEN WIRTSCHAFT